U0516473

i
imaginist

想象另一种可能

理
想
国
imaginist

文明的故事

THE STORY OF CIVILIZATION

8

路易十四时代
The Age of Louis XIV

〔美〕威尔·杜兰特　阿里尔·杜兰特 著
by Will Durant, Ariel Durant

台湾幼狮文化 译

上海三联书店

致读者

　　本卷为《文明的故事》第 8 卷，就历史上的某一过程来说，其起于何时、终于何处，实难确言。本卷历史背景是欧洲。时间则从《威斯特伐利亚条约》签订（1648 年）起，至路易十四去世时为止。路易十四在位时间是 1643 年至 1715 年，因而我们便把他的统治时代作为本卷的书名。

　　通篇主题是信仰和理性之间的"大争论"。信仰在这一时期占据王位，但是理性在霍布斯、洛克、牛顿、培尔（Bayle）、丰特内尔（Fontenelle）和斯宾诺莎诸人新说中也百花齐放。这一"'古典时代'，贯穿了于其结束时自称的'理性时代'"。本卷几乎有 1/3 的篇幅致力于"知识探险"以摆脱迷信和愚民政策，及有关学术、科学和哲学上的各持己见。尽管学者们的偏见很明显，但我希望以公正的立场来说明他们的观点。因此，对如帕斯卡（Pascal）、波舒哀（Bossuet）、费奈隆（Fénelon）、贝克莱（Berkeley）、马勒伯朗什（Malebranche）和莱布尼茨（Leibniz）这些致力维护个人信仰的学者，均寄以无限的同情。

　　我们希望第 9 卷《伏尔泰时代》能在 1965 年出版，第 10 卷《卢梭与大革命》在 1968 年问世。不过，有些困难已经发生，部分是由于 18 世纪的资料太多、篇幅很大，需要整理。

威尔·杜兰特与阿里尔·杜兰特

1963 年 5 月

谢 词

自 1926 年起，和我们携手合作这件"立言事业"的其中一位出版家已经谢世。我们永远忘不了他的爽朗性格。另一位依然是我们的朋友，他永远是热诚的、慷慨的、宽容的，像一个诗人。

我们相信，如果我们借此机会——可能是我们的最后机会——向替我们已出各卷争取广大读者的批评家们，表达我们的感谢，不会被说成"为了未来的销路"。没有他们的帮助，我们势必还在旷野行吟呢！

对我们的女儿埃塞尔，将惨不忍睹的二校稿精心校订，重新打字，深感歉疚。对我们的兄弟姐妹莎拉、弗萝拉、玛丽和哈瑞·考夫曼，为超过 1.2 万词条、4 万多个注从事的耐心分类，深表感谢。对洛杉矶公立图书馆的安妮·罗勃兹太太和好莱坞区立图书馆的姐妮·威廉小姐从全美各地搜集珍本的那份热诚，深表感谢，没有蕴藏丰富，而又乐于协助的图书馆，这几卷是无法完成的。而西蒙和舒斯特编辑部的维拉·薛奈德太太，对本卷和前卷进行了学术编辑，承她们受理，并此致谢。

总　目

目　录

第一部

路易十四与法国

路易十四，又称路易大帝。在位期间，他采取一切措施强化中央集权，宣称"朕即国家"，集政治、经济、军事、宗教大权于一身。伏尔泰把他比作罗马皇帝奥古斯都。

第一章 | 旭日东升
（1643—1684）

马扎然与投石党（1643—1661）

1643 年起，法国开始崛起于西欧，其政治上的影响力直到 1763 年，而在语言、文学与艺术上的影响力直到 1815 年仍然未衰。自西罗马奥古斯都以来，没有一个王朝像路易十四时代拥有如此多伟大的作家、画家、雕刻家与建筑家，并在礼节、时尚、思想、艺术上被他国艳羡模仿。外国人视巴黎为心智修养与教育的中心，许多意大利人、德国人甚至英国人，都认为巴黎较其故乡更可爱。

为什么法国在这段时期会得到如此优势的地位呢？其中一个理由是人力。1660 年，法国有 2000 万人，西班牙与英国各为 500 万、意大利 600 万、荷兰共和国 200 万。当时的神圣罗马帝国，包括德国、奥地利、波希米亚与匈牙利，总人口约为 2100 万，但这个帝国徒具虚名，又因"三十年战争"国势衰微，帝国境内又分裂成 400 多个敌对的主权国。这些小邦每个最多不过 200 万人口，却都有自己的统治者、军队、货币和法律。而法国在 1660 年后已是一个地理上统一的国家，拥有一个强大的中央政府，法国"大世纪"的催生，黎塞留（Richelieu）主政时期功不可没。

在欧洲哈布斯堡王室（Hapsburgs）与法国波旁王室的长期对峙中，后者逐渐占了上风。数十年中，部分神圣罗马帝国的土地落入法国手中，而西班牙的哈布斯堡王室也于 1643 年在罗克鲁瓦（Rocroi）战役和 1659 年的《比利牛斯和约》（*Peace of the Pyrenees*）中失势于法国。此后，法国成为基督教世界最强的国家，国内自然资源丰富，人民忠诚乐业，将军善于谋略，而其君主则为"真命天子"。这一时期，一位年轻的君主即位，在他近 75 年的主政期间，不仅统一了国土和人民，也统一了政府和政策。此后 50 年中，法国培养并吸纳了无数文学和科学方面的天才，建筑宏伟的宫殿，成立强大的军队，震惊与鼓舞了人类世界达半个世纪之久。法国的前景可比之为一幅史无前例的耀目图画，以人们的鲜血绘出了多彩多姿的画面。

路易十四于 1643 年嗣位时，年仅 5 岁，法国尚未统一，黎塞留未竟之业须另一位红衣主教来完成，这人便是马扎然（Jules Mazarin）。他的意大利原名是马萨里尼（Cuilio Mazarini），生于西西里一个穷人家，在罗马耶稣会受教育，后来在教廷担任外交工作，1630 年，因在紧急时候调解结束曼图亚之役（Mantuan War）而名扬欧陆。在出任教廷驻巴黎使节时，得识黎塞留，并投身于这位政治天才门下。黎塞留感其忠诚，封他为红衣主教。黎塞留临终时，向"国王保证没有人比马扎然更能干来接替其职位"，路易十三接受了黎塞留的推荐。

1643 年路易十三去世时，马扎然仍未露头角，由路易十四的母后、奥地利的安妮王后摄政，虽有两位亲王孔代（Condé）与奥尔良的加斯顿（Gaston）幕后执掌实权，但安妮王后任命这位 41 岁的意大利人为首相。在他被任命的第二天，法国在罗克鲁瓦战胜的消息传到巴黎，马扎然的统治一开始即颇为顺利，日后许多外交与战场上的成功巩固了其地位。他对选择政策、战术乃至谈判者，皆有他人不及的智慧。1648 年，签订《威斯特伐利亚和约》时，法国在其领导下确定了由战争赢得的优势地位。

马扎然并不像黎塞留那样具有伟大的综合能力与坚强的意志，但他更具耐心、精明，有一种个人魅力。吃亏之处在于他是外国人，他曾向法国人保证：虽然他出生于意大利，心却属于法国，然而法国人仍恐他有二心。我们不知马扎然向安妮王后尽忠到什么程度，他小心行事，最终赢得她的信任，甚至可能也赢得她的爱情。他知道他与安妮王后的安危系于能否继续黎塞留的政策，建立法国王室的权力以对抗分封的领主。他聚敛财物，为将来一旦失势未雨绸缪。当时法国正是崇尚风雅之时，人们视他为一个暴发户，厌恶他的意大利口音和他那些骄奢的亲戚，特别是他侄女们的挥霍。雷斯主教曾把他骂成"一个卑鄙小人……奸诈……穷凶极恶"，但这位曾败于马扎然之手的雷斯主教并不公正。马扎然敛财是事实，但他花钱颇为风雅，购置不少书籍和艺术品，后来都馈赠给国家。他的翩翩风度大大取悦了女士们。莫特维尔夫人曾形容他"举止文雅，与黎塞留的严峻大相径庭"。他易于宽恕敌对者，也易于忘却给别人的好处。他治国勤奋是众人皆知的，但这点也会招来攻击，因为他有时让一些贵宾在会客室苦等。他注重清廉，以为贪污是人的本性。关于他的私人道德，除了一些以王后为情妇的闲话外，倒无甚大错。他对宗教所持的怀疑态度使宫廷中人震惊，那时对宗教这种淡漠的思想尚未风行，他们认为他对宗教的忍让是由于缺乏宗教信仰。他上任后不久首先就确认《南特诏书》，允许法国境内胡格诺派教徒举行宗教性集会。在他任首相期间，没有一个法国人曾受到中央政府的宗教迫害。

马扎然如此不得众望，却能保持其权位，实在是令人惊奇。农民由于他征收重税以充战费而恨他，商人由于他的关税制度影响贸易而恨他，贵族由于他反对封建制度而恨他，议会由于他将国王和他本人置于法律之上而恨他，同时，由于王后禁止任何人批评他的治理，更增加了反对之声。但王后支持他，因为她发现有两种势力正企图趁妇人孺子当政之时觊觎政权：一方面是旧贵族欲削弱王室而恢复过去封建领主的特权，另一方面是议会欲建立一个由少数律师控制的政府。为了对抗旧贵族与新贵族这两种势力，安妮向马扎然求助。他的政敌曾先后两次企图罢免其职位和控制王后，这就形成路易十四时代的投石党（Fronde）。

巴黎议会成为投石党第一个（1648—1649 年）试图模仿英国将议会权力提升至国王之上的立法和司法机构。过去，巴黎议会位于国王之下，是法国的最高法院。根据传统，任何一项法律或税令均须得到这些议员（几乎全部是律师）通过并记录在案后，始能被公众接受。黎塞留主政时曾削减议会的权力，而他们现在决定再度确立它。他们认为目前在法国成立君主立宪政治的时机已到，应将王室权力置于代表全国民意的某种代议机构之下。但法国各地的十二个议会与英国国会不同，并非是由全国选举产生的立法机构，而是一个司法和行政机构，其职位是世袭或由国王指定的人员担任。如果投石党此举成功，法国政府便可能成为一个由律师组成的贵族政治政府。另外，由贵族、教士与平民三个阶级组成的全国会议（States-General）也可能发展成一个代议政体以限制王权，但全国会议只有国王有权下令召开。1614 年以来，一直到 1789 年法国大革命爆发前，这种会议都没有召开过。

巴黎议会的议员敢于为国家发言时，他们一时间成了全国人民的代表。1648 年初，议员塔隆（Omer Talon）谴责黎塞留与马扎然的苛税使人民变穷了：

> 十年间法国已残破不堪，农民只好枕草而卧，他们卖尽财产去充税捐。为了使某些人在巴黎过上豪奢的生活，无辜的人民只有靠最廉价的面包生存……他们除了自己的灵魂外一无所有，而这是因为还没有人想出办法来将他们的灵魂也一并出卖。

同年 7 月 12 日，巴黎议会在法院集会，向国王及其母后提出数项革命性的要求：所有个人税捐减少 1/4；非经议会自由投票同意，不得征收新税；由王室派驻各省的大臣，其权力在当地省长和法官之上应予废除；不得任意监禁人民超过24小时而不提交法院。如果这些要求得到允许，法国日后将成立一个君主立宪的政府，有着与英国相似的政治发展。

相比未来的政体，安妮更易接受旧制。在她的经验中，除了绝对王权，她不知有其他形式的政府。她认为，如目前依照议会要求出让王室权力，对王室的统治将是一个无可挽回的打击，不仅削弱王权在传统与习俗上的心理支柱，而且迟早有一天王权会沦泯于群众的混乱中。况且，先王（或黎塞留）时代享受的权力，她不能完整地传给她的子孙，这是可耻的事；也是她没尽到责任，将会受到历史谴责。马扎然同意安妮王后的看法，他已预见：如果同意议会的要求，他个人将无容身之地。8月26日，他下令逮捕布罗塞尔（Pierre Broussel）和其他议会领袖。年高的布罗塞尔曾以其"拒绝纳税"的口号而名噪一时，群众在皇宫前集会要求释放布罗塞尔。许多人带着投石器，当时人就称他们为"投石党"，那次事件也称为"投石之乱"。巴黎大主教继承人贡迪（Gondi，即雷斯红衣主教）向安妮进言释放布罗塞尔，遭王后拒绝。他愤怒之余转而鼓动人民反抗政府，当时他正致力于谋求一个红衣主教的职位。

8月27日，巴黎议会的160名议员穿过群众与街道上的路障，向皇宫前进，一路上群众高喊着："国王万岁！处死马扎然！"谨慎的马扎然认为这不是逞血气之勇的时候，只好建议王后下令释放布罗塞尔。她虽同意，但又愤怒于对人民的让步，便带着国王离开巴黎，退到郊区吕埃（Rueil）。马扎然暂时答应议会的要求，但故意拖延生效的时间。王后回到巴黎时，街道上的路障仍未撤除。人民对她表示不满，流传有关她与马扎然之间的绯闻。1649年1月6日，安妮再度出城，这次她与国王逃到圣热尔曼，典当珠宝购置衣物，夜间以稻草为枕，情况甚为狼狈。年幼的路易十四自此对群众甚无好感，对巴黎也无好感。

　　1月8日，议会在群情激奋的情形下发表一道法令，宣布马扎然是罪人，并促请全法国人民追捕他。另一道法令则下令没收所有王室资产，将之充公。许多贵族认为这次革命是争取议会恢复封建特权的大好时机，或许也认为如果没有名门贵胄领导这次起事，可能将乱得不能收拾，因而一些有势力的贵族，如朗格维尔公爵、波福尔公爵与布永公爵均加入革命行列，提供军队、资金，还为这段历史提供了不少传奇故事。布永公爵夫人和朗格维尔公爵夫人——麻面而美艳的女士——以及其子女一起住进巴黎维尔旅馆中，志愿作为人质以保证她们的丈夫对议会与人民的忠诚。那时，巴黎成了一座兵营，这些贵族夫人在市政厅内欢舞，朗格维尔公爵夫人与当时的马西拉克亲王（Prince de Marsillac），即拉罗什富科，还有一段暧昧关系。1月28日，朗格维尔夫人为马西拉克生了一个儿子。当时的投石党人有不少为贵族夫人充当护花骑士的，常为赢得美人一笑而决斗流血。

　　王后所处的危势由于孔蒂亲王（Prince de Conti）与他的长兄孔代亲王发生纷争而获得转机。孔代亲王被当时人称为"伟大的孔代"，曾率领法国军队在罗克鲁瓦和朗斯（Lens）获胜。现在，他以强大的军队转而支持王后母子，安妮立刻令他率部进军巴黎，向他的兄弟与姐妹（朗格维尔夫人）进攻，并将王后母子安全送回宫中。孔代集结军队，围攻巴黎，占领了在沙朗东（Charenton）的前卫要塞。城内叛变的贵族向西班牙和神圣罗马帝国求援。这是一个错误的决定，议会与人民的爱国情绪远胜于阶级意识，大多数议员都不愿丧失黎塞留时代外交胜利的果实，不愿再度引进哈布斯堡王室势力来干预法国内政。他们也开始觉得被贵族作为企图恢复封建势力的工具利用了。此举一旦成功，法国将再度分裂成许多各自独立的地区，无法发挥合力。因而，他们态度一变，派了一个代表向正起驾回宫的安妮表示归顺，并声称他们一直都是敬爱王后的。她赦免了所有愿意放下武器的人。议会解散自己的武装力量，并通告人民今后应服从国王。巴黎市内的街垒路障被撤除，安妮、路易十四和马扎然回到宫中（1649 年 8

月 28 日）。宫廷内重新集会，那些叛变的贵族也成为座中客，好像根本没有发生过什么大不了的事一样，一切都被宽恕，但没有被忘记。第一次投石党革命就此结束。

接着还有第二次。孔代自认为靖难有功，地位应在马扎然之上。他们发生了争执，孔代便煽动不满的贵族叛变。马扎然一不做二不休，将孔代、孔蒂和朗格维尔全部监禁于文森（Vincennes，1650 年 1 月 18 日）。朗格维尔夫人逃到诺曼底，鼓动叛变，并越过边境到达西属荷兰，引诱蒂雷纳（Turenne）将军叛变。这位名将也同意派一支西班牙军队对抗马扎然。伏尔泰说："所有的党派都彼此倾轧，各自订立盟约，又一个一个地背叛，没有一个人不是三番两次地改变立场。"雷斯主教回忆道："每天清晨我们准备彼此拼个你死我活。"他自己就险些被拉罗什富科（La Rochefoucauld）公爵杀死。每个人都自称忠于国王，路易十四想必惊奇于他承继的是如此支离破碎的王权。

一支军队攻下波尔多，而马扎然也率军亲征佛兰德斯，打败了蒂雷纳。这时，雷斯主教急于将王后的首相和情人排挤掉，便说服议会再次放逐马扎然。马扎然紧张起来，于 1651 年 2 月 13 日下令释放被监禁的亲王，同时，为自身安全着想，他逃到科隆附近的布吕尔（Brühl）。孔代亲王为报王后与马扎然一箭之仇，联合其兄弟孔蒂、姐妹朗格维尔夫人、内穆尔公爵和拉罗什富科公爵在 9 月向王室宣战，占领波尔多，以此为起事基地。孔代与西班牙结盟，与英国克伦威尔谈判，答应在法国建立一个共和国。

9 月 8 日，年方 13 岁的路易十四宣布终止母后摄政，他现在将亲自接掌政权。为讨好议会，他同意将马扎然放逐。但到了 11 月，他又鼓起勇气召马扎然率领一支军队返回法国。这时奥尔良的加斯顿公爵采取中立，但蒂雷纳已倾向王室一方。1652 年 3 月，路易十四派掌玺官莫雷（Molé）前往奥尔良要求联盟。城中的贵族通知加斯顿，除非他或他的女儿唤起市民来抵抗，否则他们将把城市献给国王。

这时，有一个像解救奥尔良城的圣女贞德一样有名的女人出现，她叫安妮·玛丽·路易，小时因黎塞留将其父放逐而在心里埋下了一粒反叛的种子。她的父亲加斯顿是路易十三的兄弟，从被放逐后正式改为平民称谓"先生"（Monsieur），她的母亲蒙庞西埃女公爵玛丽·波旁只称"夫人"（Madame），所以她即是"小姐"（Mademoiselle）。她长得高大强壮，人们又称她为"蒙庞西埃大小姐"。蒙庞西埃家财巨富，自小生长于财富与家世双重尊贵的环境中，她曾说过："我的出身没有一件事不是伟大而高贵的。"她曾希望嫁给路易十四，虽然他们是堂兄妹。后来她见对方无意，更激起反叛情绪。她听见奥尔良城的呼吁，见她父亲似不愿插手其中时，便征得父亲的同意自己出面。她一直反对习俗加之于女性的限制，特别是女人不能成为一个战士，现在她全副戎装，集合一些与她同道的贵族女战士，率领一小股军队向奥尔良进军。城内的官员拒绝她们进城，担心国王会震怒。她下令手下击破城墙，城墙守卫视而不见，于是她与两位女伯爵破墙入城。入城后，她炽热的演说煽动了全城民众。莫雷无功返回巴黎。全奥尔良城矢志效忠这位新圣女。

第二次投石党革命在巴黎达到最高潮。孔代自南方进军，击败皇家军队，准备将国王、王后和马扎然全部逮获。孔代的军队逼近巴黎时，城内的投石党人将巴黎市守护神圣吉纳维夫（St.Geneviève）的神龛抬出，上街游行，祈祷孔代一举获胜，推翻马扎然。蒙庞西埃小姐自奥尔良赶往卢森堡皇宫，恳求她父亲支持孔代，但她父亲拒绝了。蒂雷纳与国王的军队也接近巴黎，在城外靠近圣安东尼门处，与孔代部队相遇。两军相遇，蒂雷纳处于优势。此时这位小姐赶向巴士底，逼令其守将将炮口转向国王军队，此后她又以她父亲的名义，下令守军开城门让孔代的军队入城，及时将国王的军队阻于城外（1652年7月2日）。这位小姐真不愧为当时的女英雄。

孔代成为巴黎的主人，但此时稳健派人士开始反对他。他发不出军队的薪水，军队开始腐化，最终变成暴动。7月4日，一群暴动的人攻入市政厅，要求将所有支持马扎然的人交到他们手中，他们放火焚烧市政厅，并杀死了 30 个平民。城内经济活动被破坏，食物供给陷于一片混乱，半数的巴黎人都面临饥饿威胁。那些有产阶级开始怀疑：过去的王室独裁，甚至马扎然的统治是否比目前的暴民统治高明些？马扎然于城陷时自动引退，更使投石党人失去一个联合攻击的目标。雷斯主教这时已得到他渴望已久的红衣主教职位，认为这是保住既得利益的时候，便利用他的影响力使人民恢复对国王的忠诚。

10 月 21 日，安妮与国王在平静中再度返回巴黎。这位年方 14 岁的君主，潇洒、勇敢，让整个巴黎折服，街道上充满了"国王万岁！"的欢呼声。几乎过了一夜，群众的激情才平静下来，秩序恢复了。这不是武力造成的，而是慑于皇室的威仪，人民下意识中相信他们的国王真正是君权神授的。1653 年 2 月 6 日，路易十四因其地位已经稳固，放心召回马扎然，仍委以一切职权。第二次投石党革命就此结束。

孔代逃到波尔多，议会再无二心，叛变的贵族隐退到各自的城堡内。朗格维尔夫人在修道院里终其余生，蒙庞西埃小姐被放逐到她的一个采邑上，悔恨她在巴士底的所为已经断绝她与国王结婚的机会。她在 40 岁那年爱上了洛赞伯爵（Comet de Lauzun），此人比她年轻许多，也比她矮了一截。路易十四拒绝批准他们的婚姻。他们不顾一切决定结婚时，国王将洛赞关入监狱，一关就是 10 年（1670—1680年）。蒙庞西埃小姐对爱人矢志不渝，他被释放后，他们结婚了，生活在一起，一直到 1693 年她去世。雷斯主教曾被拘禁，后逃出，终得赦免，并出使罗马，最后隐退在洛林写他的回忆录。书中对当时人物有非常客观的分析，包括他自己在内：

> 我不曾做出一个虔诚教徒的模样，因为我深知自己的伪装绝难持久……我发现自己不能没有爱情而生活，因而发生了与蓬姆蕾夫人的一段恋情。她是一个年轻漂亮的女人，在她的家中，在

她的热恋中，浑身闪耀着光彩。她与别人的情史不过是为我掩饰……我是自己决定沉溺于罪恶之中的，但我同时决定忠实地尽我在宗教上的责任，我尽我所能以拯救其他的灵魂，虽然我并不在乎自己的灵魂。

至于马扎然，已经地位稳固，而且重握大权，路易十四这时对他仍言听计从。他于 1657 年与克伦威尔治下的新教英国签订一项条约，克伦威尔曾派遣 6000 人的部队援助王室抵抗孔代与西班牙的军队。1658 年 6 月 13 日，英法联军又赢得沙丘之役（Battle of the Dunes）。10 天后，西班牙军队便撤出敦刻尔克（Dunkirk），路易十四亲自参加入城式，然后根据英法 1657 年的条约，又将其让给英国。西班牙战败之余，损兵折将，元气大伤，便于 1659 年 11 月 7 日与法国签订《比利牛斯和约》，这项和约结束了长达 23 年的战争，但为未来一场战争埋下了种子。在和约中，西班牙割让鲁西永、阿图瓦、格拉沃利讷、蒂永维尔给法国，并放弃对阿尔萨斯的主权要求。菲利普四世还将其女儿玛丽亚·特蕾莎嫁给路易十四为后，他答应在 18 个月内送给他女儿一笔 50 万克朗的嫁妆，条件是她与路易十四声明放弃继承西班牙王位的权力，这一点使日后全西欧国家都卷入了西班牙王位继承之战。菲利普又以赦免孔代为和约的条件，路易不但赦免了孔代，恢复他以往的爵位与封邑，并欢迎他在宫廷内往来。

《比利牛斯和约》是黎塞留政策的实现——削弱哈布斯堡王室的势力，以法国取代西班牙成为欧洲的强国，马扎然完成了黎塞留未竟之功，他的政绩终于得到国人赏识。虽然很少人喜欢他，但承认他是法国历史上最能干的首相之一。法国可以很快地宽恕孔代的叛变，却永不原谅马扎然的贪婪。据伏尔泰的估计，他搜刮的民脂民膏达 2 亿法郎之巨。他挪用军事预算以饱私囊，出售皇家官职以肥己，甚至以高利贷向国王放账。他曾送给他的一个侄女一串项链，至今仍是世界上最昂贵的珠宝之一。

　　临死之前，马扎然向路易进言以后应自兼首相，不要将任何重大决策交由手下决定。他于 1661 年 3 月 9 日去世，他死后柯尔伯向国王透露马扎然财富的藏匿地点，路易将之全部没收以快民心，他自己也成了当时最富有的君主。巴黎当时流传一个笑话，将马扎然的医生盖诺捧为大众恩人："给这位老爷让路，他是杀死马扎然的好大夫！"

路易十四

　　路易十四可以说是法国最著名的君王，但他仅有 1/4 的法国血统。他的母亲安妮是西班牙人，其祖母玛丽·美第奇是意大利人，因而他习惯于意大利式的艺术与恋爱、西班牙式的虔诚与骄傲。日后，他肖似其外祖父西班牙的菲利普三世之处，远多于其祖父法国的亨利四世。

　　他生于 1638 年 9 月 5 日，初生时他被称作"天意"，也许法国人真相信他的生父路易十三如不靠天意绝对活不到做父亲的时候。父母亲的离异，父亲的早死，再加上投石党长期作乱，对年幼的路易十四有很大的影响。安妮与马扎然在应付一连串的权力斗争中常常把他忽略，在王室的逃难中，他也尝到了贫穷的滋味。没有人关心他的教育，他的教师们只着重于向他强调法国是他承袭的财产，他的统治权是神授的，他只须对上帝负责。他的母亲曾给他天主教教义与信仰的训练，这在日后他厌弃荣耀、热情消失后曾发生很大的作用。圣西蒙曾批评路易"几乎没有人教他读和写，对最熟悉的历史知识与其他常识也一无所知"。这几句可能是圣西蒙的夸张，不过路易的确对书本没多大兴趣，但他奖励作家，并与莫里哀、布瓦洛、拉辛等著名作家保持友谊，显示他对文艺的尊重。日后他遗憾自己不曾好好研究历史，他说："通晓历代大事，将足以供任何重要研究参考。"路易的母后不仅训练他养成良好的仪态，并教导他幽默感和骑士风度，他也处处表现出这些良好的教养，虽然有时不免被无餍的权力欲遮盖。他是一个严肃而柔顺的青年，看起来似乎不足以担当治国大任，但马扎然知道路易的资质可以成就"四个国王与一个受人尊敬的人"。

1651年9月7日，一位英国人伊夫林（John Evelyn）在霍布斯（Thomas Hobbes）的巴黎寓所中看到这位年方13岁的君王在盛大的成年礼行列中通过，他说："一个年轻的阿波罗，在整个游行中，他不断挥帽答谢挤满在窗口的女士与欢呼'国王万岁'的群众。"路易亲政后，本可自马扎然手中收回大权，但他尊重这位首相的老谋深算，由马扎然继续掌理大权达9年之久。马扎然死后，他坦白地说："如果他再活得长些，我将不知如何处置他了。"首相死后，各部门主管曾询问路易，以后他们将向谁听取指示，路易回答说"向我"。从那天起（1661年3月9日），直到1715年9月1日，他统治整个法国。法国人民喜极而泣，因为50年来，他们终于有了一个大权在握的君主。

人民崇拜他那优美的相貌。1660年，眼光精明的拉封丹看到他时曾说："你们认为世上哪些君主有如此美丽的身段与优雅的面貌？我想不会很多。我见到他时，我想象中已见到高贵本身的体现。"路易只有5.5英尺高，但看起来要高些，他强健优雅，是一个高明的骑士，舞跳得好，潇洒健谈，是那种令妇女注目而倾心的人物。一直对他没有好感的圣西蒙公爵曾写道："如果他只是一个平民，他也有本事制造同样多的风流韵事。"但这位公爵也承认路易十四的风范已开始在宫廷中流行，由宫廷传至全法国，由法国传至全欧洲：

> 没有人比路易十四更具有优雅的风度，而这种优雅更大大增加了他的恩惠的价值……他从不说任何粗鲁的话，如果他有什么地方应予责备或纠正，那也许是他过分礼貌而绝非他的怒气或严峻。没有人像他那样天生有礼貌……对女士们他的礼貌更是没人比得上的，即使走过最卑微的妇女面前，他也会脱帽，甚至女仆也不例外……他与女士谈话时也取下帽子，直到离开她们才再戴上。

他的心智并不像他的风度那样高明，在深入判断人物方面，几乎可媲美拿破仑，但智力方面则比不上恺撒，在政治家的仁爱与远见上也远比不上奥古斯都。圣伯夫（Sainte Beuve）曾说："他所有的，不过是良好的见识，在这一点上他拥有不少。"圣西蒙说："他的性情是谨慎温和的，小心翼翼，行动与言语都极有节制。"孟德斯鸠也说："他的心灵远比头脑伟大。"他的注意力与意志力在其盛年时弥补了他在观念方面的缺陷。他的弱点都体现在他在位的第二段时期（1683—1715 年），偏执使他的心胸日益狭隘，而早年的成就与周围的谄媚使他更志得意满，他虚荣得像一个演员，骄傲得像一座雕像。当然他的骄傲部分是为他画像的艺术家有意造成的，另外是由于他对身为天子的看法。如果他真要好好扮演这个"伟大的君主"的角色，他认为骄傲也许有助于他的统治。国家应该有个权威的中心，而这个权威的中心应该装饰得壮观伟丽。他曾对他的儿子说："看来我们应该对自己谦虚，又骄傲于我们所在的地位。"但他极少有谦虚的时候——也许只有一次，布瓦洛指正他在文学方面的错误，他没有动怒。在他的回忆录中，他心平气和地谈到自己的个性，认为其中最主要的一点是对荣耀的爱好，他好之"甚于其他任何事物，对生命本身是一种崇高的致敬"。他对荣耀过分地爱好，最后成为他致命的弱点。他写道："我们对荣耀感受的热情不是那种微弱的、随着拥有它就会冷却下来的热情。它的恩宠不经努力绝对无法得到，永远不会令人厌倦，而对那些不能再追求新的荣耀的人，他拥有的，将变得一文不值。"

即使（最后）他对荣耀的追逐毁灭了他和法国，路易十四仍有值得钦佩之处。他的宫廷都感到他的公正、仁厚、宽大与自制。那段时间几乎天天能见到他的莫特维尔夫人说："在这一方面，历代所有的君主都赶不上他。"接近他的人都知道他事亲至孝，即使公务繁忙，他每天都要去探望母后几次。他爱护他的子女，关心他们的健康和教养，不论他们是谁生的。他对个人似乎比对国家有更大的同情心，他可以向毫无抵抗力的荷兰宣战，并下令夷平巴拉丁（Palatinate），但他哀悼荷兰海军上将勒伊特（Ruyter）之死，因其曾败于法国海军之手。而路易十四对去位的英国国王詹姆士二世的王后与儿子的同情，也使他卷入一场所费不赀的战争中。

他似乎真的相信他是上帝指定来统治法国的，并拥有绝对的权力，他可以引述《圣经》证明他的想法，而波舒哀也乐意自《新约》和《旧约》中找出证据支持君权神授的看法。在他为儿子做指南而写的回忆录中说，"上帝任命国王为大众福利的唯一守护者"，因而他们是"上帝在尘世的代理人"，为有效地行使这项天赋的职能，他们需要无限的权威，因此他们必须有"完全的自由处置所有的财产，不论属于教士或平民的"。他并没有说过"朕即国家"，但他完全相信这一点。法国人民似乎并不反对这种意见，那是亨利四世有鉴于社会混乱而提倡的。他们对这位年轻的君王甚至有着一种宗教虔敬的景仰之心，对他的气派与权威深感骄傲。他们只知道，没有王权，国家将回复封建割据与敌对中。经过黎塞留的个人独裁、投石党的犯上作乱、马扎然的中饱私囊，法国的中下层阶级反而欢迎一位"合法"统治者的集权领导，因为他似乎能保证秩序、安全与和平。[1]

路易十四认为他的绝对君权不容任何侵犯。1665 年，巴黎议会想要讨论他的某项诏令时，他听到消息，从文森赶回来，身着猎装、高筒靴，手执马鞭，走进会议厅，向议员说道："你们的集会带来的不幸结果是众所周知的，我命令你们解散这次集体讨论诏令的会议。主席先生，我禁止你召集这种会议，并禁止你们任何一人提出这项要求。"巴黎议会作为最高司法机构的功能，从此被一个皇家的枢密院

---

[1] 路易十四的《备忘录笔记》（*Notes pour Servir aux Mémoires*）始于 1661 年，其间断续记载一直到 1679 年，那时他又加上"作为一个国君的感想"。书中除了绝对王权的理论外，尚有不少良好的见识，相形之下，其他哲学家对同样题目的论著则显得枯燥无味得多。这部备忘录显然是口述的，然后经秘书整理成适当的文体。它与同时代的其他文学作品一样，是一本可读性很高的书。

（Conseil Privé）取代，并一直处在国王的控制之下。

政府中贵族的地位显著地改变了，他们以华丽的服饰为宫廷与军队增添了不少色彩，但很少人占有行政职位。路易邀请重要的贵族离开他们的领地，一年大部分时间住在宫里：有些住在他们巴黎的行馆中，大部分住在凡尔赛宫，成为王室的贵宾。如果他们拒绝这种邀请，则将失宠于国王。贵族们是免税的，但在危机时，国王要求他们应该赶回各自的城堡、组织各自的侍卫，并率领他们加入军队。单调的宫廷生活使这些贵族乐于战争，他们是只会花钱而不事生产的人。禁于习俗，他们不从事商业或财政事务，但他们对经过自己领地的商旅可以抽取通行税，也可以自由向银行借贷。贵族的领地由佃农们耕作，他们缴纳部分作物，并供给各种服务与税款。贵族的责任是维持地方的秩序、公正与慈善。有些地方的贵族做得不错，并得到农民的尊敬；有些则住在宫廷，与领地的人民甚少接触，也未曾建立良好的关系。路易禁止贵族之间的私战，而且曾一度禁止决斗，这种私人决斗风气在投石党为乱期间恢复盛行，造成严重的社会问题。格拉蒙（Gramont）估计 9 年中（1643—1652 年），约 900 人死于决斗。那时私人决斗盛行的一个原因，也许是由于内部黩武侵略的气质转而向外发泄。

路易偏向于选择中产阶级的领袖担任政府实权职位。这些人按其才干升迁，是国王可以信赖的绝对王权政策者。行政事务主要由 3 个会议决定，每个会议均由国王亲自主持，他们搜集资料，提供建议，由国王做最后的决定。国务会议（Conseil d'Etat）由 4 至 5 人组成，每周集会两次，讨论国家的重要决策与行动。政务会议（Conseil des Dépêches）处理地方事务。财政会议（Conseil des Finances）掌管税收、岁入与开支。其他的会议则处理战争、商业与宗教问题。地方政府由不负责任的贵族转移到皇家长官手中，地方选举也经安排选出国王满意的首长。今天我们会认为如此中央集权的政府是压制民意的，但即便如此，也较先前地方上的寡头政府或封建领主的统治开明得多。1665 年，一个皇家委员会来到奥弗涅（Auvergne）调查当地领主滥用权力时，地方人民欢迎这次调查，因为这使他们自独裁领主的手中得到解放。他们看到一位"大老爷"（grand seigneur）为谋杀一个农民而被砍头时，不禁大为欣喜。其他的贵族也因恶行或残暴而受到惩罚。由这些事件，可见国君的法律已逐渐取代封建法律。

路易修订法律，一方面配合贵族政治，另一方面也使之合乎秩序与逻辑。因此，《路易法典》（Code Louis，1667—1673）在法国一直沿用至《拿破仑法典》（Code Napoléon，1804—1810）。《路易法典》的确优于自查士丁尼一世以来的一切法律，"对法国的文明有极大的贡献"。而且，他在巴黎成立一个警察系统以对付都市中的罪恶与污秽。勒内（Marc René），即达尔让松侯爵（Marquis de Voyer d'Argenson），首任巴黎警局总监 21 年之久，为这个难为的职位留下一个公正能干的良好记录。在他的监督下，巴黎的街道经过整修清扫，装上 5000 只照明灯，市民的安全也有了保障，在这些方面巴黎均为当时全欧之冠。但《路易法典》中也使不少野蛮与独裁的条文合法化：政府派出大批线民散布国内，窥探人民的言语与行为，国王或大臣可以出具秘密命令随意逮捕人民，囚犯不经审讯而被监禁数年，甚至连被捕的原因也不得而知。法典中禁止对巫术的指控，虽然终止对亵渎神祇处以重刑，仍保留使用刑讯以取得囚犯的口供。有不少罪犯的刑罚是被送往战船，那是一种大型低矮的船，由戴上脚镣的罪犯摇桨。每 15 名犯人划一支长 10 英尺的桨，他们听取一个狱监的指挥，一齐动作；除腰间一条缠腰布，别无其他衣着；头发、胡须、眉毛全被剃掉。他们的刑期很长，而且可能由于抗命而任意延长，有时甚至在刑满数年后仍不得释放。唯一轻松的时候是船靠岸时，他们可以戴着锁链上岸买些小东西或向人行乞。

路易本人是不受法律限制的，他可以任意下令惩罚任何人。1674年，他曾下令在凡尔赛宫周围 5 英里内，所有被发现与军人在一起的妓女，都将被割去耳朵与鼻子。他有时很人道，有时也很严酷。他对他儿子说："某种程度的严峻，即是我对人民的最大慈善。一味宽大的政策会带来无数的罪恶。国王一旦在他的统治上显示软弱，权威将会瓦解，和平也随之破坏。遇事总是下层人民受罪，人民将受到人品低下的暴君的压迫，而不是一个合法的君主。"

他的确尽责地从事他所谓的"王者的事业"（le métier de roi），他经常从他的大臣那里听取详细的报告，是全国消息最灵通的人。他不反对大臣提出与他看法相反的见解，有时他也听从他们的意见，与臣下经常保持友善的关系，只要他们随时记住他是君主。他曾对沃邦（Vauban）说："请你们不断告诉我你们心里的意见，如果我不常接受你们的建议，请不要气馁。"他对每件事都加以注意：陆军、海军、宫廷、家务、财政、教会、戏剧、文学、艺术。他在位的前半期，虽有忠心能干的大臣辅佐，主要的政策与决定，综合政府各部门成为一个有系统的整体，则都是他的事，他无时无刻不是一个君主。

王者的事业不是一件简单的工作。他的一举一动都有人侍候，但也事事为人注目。每天早上起床后，望弥撒，进早餐，然后前往会议室，约13时自会议室回来，吃一顿丰富的午餐，通常独自在一张小桌上进餐，旁边环绕着宫眷与侍者。饭后，通常由他的宠侍陪同，在园中散步或出外行猎。回来后，他又花三四个小时在会议室中。19时至22时，他参与宫中的娱乐、音乐、牌戏、撞球、舞蹈、会客、舞会，甚至调情。在这一切日常生活的各阶段中，"任何人只要愿意，都可与他说话"。虽然很少人这样做。他曾说："我赐予臣民，不分贵贱，均有自由在任何时候亲自或书面向我进言。"23时，路易与其子女和孙子进正式晚餐，有时王后也在座。

全法国都知道国王如何勤奋地处理政事，每天七八小时，每周6天，从不间断。荷兰大使曾写道："真是令人难以相信，这位年轻的君王以何等的迅速、清楚、决断与智慧来办理公事。他以极愉快的态度对待人，以极大的耐心听取别人的进言，仅这一点就赢得人们的好感。"他在位54年，躬亲政事毫不松懈，即使卧病在床也是如此。他参与会议均经详细准备，"决不凭一时冲动做决定，非经商讨也绝不轻易做决定"。他选择辅臣也极有眼光，其中有些人如柯尔伯是从马扎然时代留下来的，他都能留住他们，通常直到他们去世为止。他待他们极有礼貌，并给予适当的信任，但不放松监察。"我选择一个大臣后，会在他最意料不到时走进他的办公室……以这种办法我学得不少东西，对我大有助益。"

不论是否由于权威与领导的集中，也不论是否因为所有统治大权握于一人手中，法国在那段时间政治优良，国势也蒸蒸日上。

尼古拉·富凯（1615—1680）

法国的第一件大事是整顿财政。法国财政系统在马扎然的侵吞公款之下已遭破坏。富凯（Nicolas Fouquet）自 1653 年任财政大臣以来，以独断专行的手法处理国家的税收与经费。他曾减少对内贸易的障碍，激起海外贸易的成长。但他也与马扎然及其他"包税者"（farmers general）一样分享这个职位的利益。这些"包税者"都是一些资本家，他们向政府缴纳大批的税款，然后政府给予他们向农民征税的权力作为回报。他们征税手段的毒辣有效，使全国人民恨之入骨。在法国大革命时期，就有 24 个"包税者"被处决。富凯与这些"包税者"串通一气，从而成为巨富。

1657 年，他邀请建筑家勒瓦（Le Vau）、画家勒布朗（Le Brun）及园林建筑师勒诺特尔（André Le Nôtre）来设计、建造与装饰那座宏伟富丽的沃勒维康城堡，周围设计一座庭园，并饰以雕像。这项计划同时雇用了 1800 名工人，花费 1800 万利维尔，占地 3 个村庄之广。在城堡中，富凯收集了绘画、雕刻、艺术品及 2.7 万册藏书，其中包括《圣经》、《塔木德》与《古兰经》。据说，在那些豪华的房间中"最高阶级的贵族妇女，以惊人的代价秘密前来与他做伴"。富凯也邀请名士如高乃依、莫里哀、拉封丹前来为他的城堡增光。

路易一方面嫉妒他的气派，另一方面怀疑其资金来源，他要求柯尔伯调查这位大臣的账目。柯尔伯向他报告富凯极度腐化。1661 年 8月 17 日，富凯邀请国王前往他的城堡参加一次欢宴，席中 6000 名宾客使用金与银的餐具。莫里哀同时在花园中呈献他的喜剧《不称心的人》（*Les Fâcheux*）。这一晚的欢宴花了富凯 12 万利维尔，同时葬送了他的自由。路易认为这个人"偷得过了分"，他也不喜欢那座一只松鼠爬上树的塑像及其铭文"什么地方我会爬不到"。他认为勒布朗的其中一幅作品，画有露易丝·拉瓦利埃夫人的肖像，那时她已是国王的情妇。他原想当场逮捕富凯，但母后极力劝阻他，因为这将破坏一个美好的夜晚。

路易等到富凯的贪污罪证被查实时，始于 9 月 5 日下令火枪手队长逮捕他（火枪队队长查尔斯是大仲马小说中的主人公）。他的审判一直拖了 3 年，成为路易时代最轰动的一件大事。塞维涅夫人（Mme.de Sévigné）、拉封丹及其他富凯的朋友不断活动为他求情，但从他城堡中搜出的文件足以使他定罪。法院判决将他充军，并没收其财产。路易将之改判为终身徒刑。此后 16 年，富凯在皮德蒙特（Piedmont）的庇奈洛罗（Pignerol）城堡的监狱中度其余生，由他忠实的妻子陪着。这是一个严厉的判决，但它制止了政治贪污腐化，而且让人民知道，以公款充作私人享乐之用是国王才有的特权。

柯尔伯重建法国

路易写道："为了监视富凯，我将这项任务委诸柯尔伯，我对此人有完全的信心，因为我深知他的智力、能干与诚实。"富凯的朋友认为柯尔伯追查富凯是出于报复心理，也许还掺杂某些嫉妒在内，但那个时代全法国的确无人赶得上柯尔伯的尽心公益。据说马扎然死前曾向国王说："陛下，我对您亏欠不少，但将柯尔伯留下足以补偿一切。"

柯尔伯是兰斯一家布商之子，他的舅舅是一个富商。中产阶级的出身和经济学的教育，使他讲求规律与效率，而法国的经济状况也正等待这样一个人，将其从乡民社会的停滞与封建社会的割据中变成一个全国性的统一系统，农业、工业、商业与财政都在中央集权的王室下发展，为帝国的权势与威望奠定物质基础。

柯尔伯20岁时（1639年）进入陆军部当一个小秘书。他的努力受到重视，不久开始为马扎然掌管财富。富凯失势后，他被委以重建法国财政的重任。1664年，他成为全国建筑、制造、商业与艺术的总监。1665年，他被提名为财政总监。1669年，他成为海军部长和内务大臣。在路易十四的统治下，没有人像他擢升得如此之快，工作如此努力，成就如此之大。裙带关系玷污了他的前途，他大量任用亲族，给许多本家各种不同的职位，他所得到的与他的价值相当。他虚荣心切，坚持自己是某个苏格兰王室的后裔。有时因为急于达到目的，他竟无视于当时的法律，以优厚的贿赂消除反对的阻力。随着权势日增，他变得骄横专断，他对贵族的打击也使一般贵族大为震怒。在重建法国经济的过程中，他采取了黎塞留的独裁作风。他并不比黎塞留更好。

柯尔伯首先注意到的是一些大财主，他们经管收税，供应军队武器装备与食物，向封建领主或国家财政提供贷款。这些银行家中有些人富比王侯，贝尔纳（Samuel Bernard）便拥有3300万利维尔。贵族们对这些人很愤恨，因他们设法与贵族联姻，以高价收买贵族的头衔，其生活的奢豪绝非贵族所能享受。他们以贷款收回不易为理由，以18%的高利放款。经柯尔伯要求，路易成立一个司法委员会（Chamber of Justice），调查1635年来财政上的黑暗现象，"任何地位或职权的人均不例外"。所有的会计人员、税收员、收租的人都得打开他们的账本，解释他们所得的合法性。如不能证明他们的钱来路清白，他们的财产将被没收或遭到其他惩罚。司法委员会的调查员遍布全国，同时鼓励密报，有些大富翁被捕入狱，有些被送到船上充作苦役，有些被处以绞刑。这段"柯尔伯恐怖时期"使上层阶级震惊，下层阶级大悦。勃艮第的有钱人曾组织叛乱反对柯尔伯，但地方老百姓群起而攻之，政府很难使这些富人免于公众的愤怒。这段时期约有1.5亿利维尔归还国库，而恐惧心理抑制了财政的腐化达20年之久。

柯尔伯大刀阔斧地整顿国库，他撤换了财政部半数官员的职务。可能由于他的建议，路易撤除了宫内所有空衔无职的机构。20个"国王的秘书"必须另谋他就。宫廷中的侍从、侍卫及其他职员的人数大量削减。所有的财务人员均须保持正确而清楚的账目，以便查验。柯尔伯将政府的公债加以改变，并降低利率。他简化征税的手续，因为顾虑到追缴滞纳税的困难，他说服路易取消1647年至1658年未缴的税款。他于1661年降低税率，直到1667年为"荷兰王位继承权之战"（War of Devolution）筹款和装修凡尔赛宫，才不得已再度提高税率。

他最大的失败在于维持旧日的税收系统，也许他考虑到从根本上改变这个系统会引起财政上的混乱而危及政府的收入。法国当时收入来源主要是两种税——丁税（taille，又称人头税）与盐税。在某些省份丁税以房产计算，其他地区则以收入计算，贵族与教士是免缴丁税的，因而全部税捐落在"第三阶级"，也就是平民身上。每个地区的税收有一个计划总数，而地区的重要公民则负责完成这个税收指标。另一种是盐税，盐由政府统一买卖，强迫所有的公民定期购买一定数量的盐，价钱由政府决定。除这两种税外，还有不同的额外税捐及农民向教会缴付的什一税，但这项什一税实际上远少于农民生产的1/10，而且是带有捐助性质的。

柯尔伯的改革对农业的影响最小，耕作技术仍停滞于非常原始的阶段，完全不能支持2000万人毫无节制的生育，许多家庭甚至有20个子女。如果没有战争、饥饿、疾病与婴儿的高度死亡率，2000万人口在20年内就可增加1倍。

柯尔伯非但不在增加土地生产力上下功夫，还减免早婚者的税、奖励大家庭，10个子女的家庭奖助1000利维尔，12个子女的家庭奖助2000利维尔。他曾抗议增设修道院是对法国人力资源的一大威胁，然而在路易时代，法国的生育率下降了，因为战争增加了税捐，也加深了贫穷。在战争中失去的人口并不能平衡生育与粮食的差距，于是饥饿随战祸而起。一个地方只要雨季相连收成不好，便足以导致饥荒，因为那时交通不发达，无法有效地输送一个地区的多余粮食以赈济另一个灾区。全国各地没有一年不发生饥荒，1648 年至 1651 年、1660 年至 1662 年、1693 年至 1694 年及 1709 年至 1710 年，是饥饿的恐怖时期，在某些严重的地区，有 30% 的人口饿死。1662 年，路易自国外进口粮食，以低价发售或赈济贫民，并豁免 300 万法郎的税收。

立法的手段缓和了部分农村的困难。法律禁止掠取农民的牲口、车辆或农具以充债款，即使是欠国家的债；在各地成立养马场，便利农民繁殖牲口且不收费用；法律禁止猎人践踏耕地，同时对在弃耕的土地上恢复垦殖的农家减免税捐。但这一切措施不能直达问题的核心——人类生殖力与土地生产力的不平衡，缺乏机械耕作法。同时代全欧的农民面临同样的困难，而法国农民和英国或德国的农民比较而言，还算是幸运的。

柯尔伯牺牲了农业以成就工业，为供应足够的粮食给予人口日增的市镇与王室扩张的军队，他抑制粮价的上升。他的一个主要原则是，一个强大的政府必须有足够的收入及一支强壮、装备精良的军队。出生于艰苦农村的青年能成为一个吃苦耐劳的士兵，成长的工业与商业则供应财富与装备，因此柯尔伯的一贯目标是刺激工业成长，甚至贸易也属次要，国内的工业必须受到关税保护以免受外国竞争。他继续苏利（Sully）与黎塞留的经济政策，将全国各大重要企业归于政府管制下，每项工业包括行会、财政、师傅、学徒和职工，都组成一个公司组织，由政府规定价格、工资与销售。他要求建立高水准的工业，希望法国产品以其精美的设计与良好的品质赢得国外市场。他与路易相信贵族社会对精品的爱好有助于奢侈品的贸易，因而国内的金饰业、雕刻业、精细家具和帷幕编织，得以大行其道并驰名国外。

柯尔伯将巴黎的戈布兰（Gobelin）工厂完全收归国有，使之成为一个新榜样。他鼓励新企业，给予减免税捐，国家贷款降低利息至 5%。他准许一个新工业独占一个时期，直到完全确立。他还鼓励外国手工艺人将其技术带进法国，威尼斯的玻璃工人移入圣戈班（St. Gobain），铸铁业自瑞典工人介绍进来，并有一位荷兰的新教徒，得到法国给予信仰自由的保证与一笔资金后，在阿布维尔（Abbeville）建立纺织业。1669 年，全法国有 4.4 万架织布机，图尔一地即有 2 万名织布工人。法国那时已种植桑树，丝织业早已驰名，随着路易十四军队的扩张，纺织工厂也增加生产以应需要。在种种刺激下，法国的工业成长迅速，许多工厂的产品供应全国，甚至国际市场，其中有些在设备投资与管理上已达到资本主义的阶段。路易在这方面也配合柯尔伯工业化的目标，他访问工厂，准许在精美产品上刻上皇家纹章，提高商人的社会地位，晋封大企业家为贵族。

政府亦鼓励并提供科学与专业技术教育，卢浮宫、杜伊勒里（Tuileries）、戈布兰的工厂及海军船坞都成为学徒的训练所。在狄德罗编其《百科全书》（*Encyclopédie*）之前，柯尔伯已经赞助编修一部艺术与工艺的百科全书，并以图片描述所有已知的机械。法国科学院出版机械与机械工艺的论文，《学者月刊》（*Journal des Savants*）发表新的工业技术。承建卢浮宫东墙的建筑师克洛德（Claude Perrault）对一个能举起 10 万公斤巨石的机器大表赞叹，但柯尔伯反对使用这个机器，因为那将使工人失业。

柯尔伯急于要求秩序与效率，他将全国工业收归国有，建立公社或行会以便管理，由政府颁布细则规划生产的方法、产品的大小、颜色与质量、工作的时间与条件。他在每个城镇成立委员会，管制当地工厂与手工产品的质量，工厂的生产样品在镇上公开陈列，并附以制造者或管理人的姓名。二次触犯规定的人将在行会的会议上接受制裁，如果一个人犯规三次，他将被绑在柱子上公开示众。每个有工作能力的男性都得工作，孤儿们从孤儿院送入工厂，街上的乞丐也被带进工厂工作。于是，柯尔伯可向路易报告说，现在甚至连小孩子也能赚钱了。

工人们处在近乎军队式的管理下，懒惰、工作不力、咒骂、侮辱上司、不服从、酗酒、生活荒唐、拥有情妇、对教会不敬——种种行为均会遭雇主处罚，有时加以鞭笞。工人的劳动时间很长，通常在12小时以上，其间有30至40分钟的时间吃饭、休息。工资很低，部分工资以产品支付，而价钱由雇主决定。沃邦曾计算，一个大市镇的手艺工人平均每天的工资是30苏，1个苏在当时可买1磅面包。政府减少了宗教上庆典的日子，以减少工人的休假，以后一年仅剩38个宗教节日与星期日，工人一年总共有90天的休假。罢工是违法的，工人们为了改进状况进行集会是不被允许的。在罗什福尔（Rochefort），有些工人因抱怨工资太低而被捕入狱。商业阶级的财富增加了，国家的收入提高了，但工人的情况在路易十四时代可能连中世纪都不如。法国在工业中，如在战争中，都要求纪律。

柯尔伯与当时大多数政治家一样，相信一个国家的经济应在一国范围内生产最大限度的财富与自给自足。金与银是交易上最有价值的媒介，因此一国的商业应保持"有利的贸易平衡"——输出多于输入，借此黄金与白银就可以源源流入。只有靠这个方法，像英国、法国与联合省等不出产黄金的国家才能在战争中交换所需，供应其军队。这便是当时的"重商主义"。虽然许多经济学家嘲讽这个理论，但在当时战争频繁的年代这个理论也不是完全没有道理的。这个理论在国与国之间建立保护关税的系统，正是中古时代施用于领地之间的。国家代替领地成为一个生产与治理的单位后，关税保护的范围也扩大而及于国家。因此，在柯尔伯的理论看来，工人的工资必须降低，以便产品有能力在国外市场竞争中赚取黄金，而雇主的报酬应该提高，以激励他们扩大生产、增加产量，特别是奢侈品，这种产品对战争毫无用处，但输往国外能博得厚利。国家的利率应予降低，以便企业家贷款。人类的竞争天性在毫无法纪的国际情势中，因这种国家主义的经济而制造出更多的战争，和平实质是另一种方式的战争。

因此，在柯尔伯（及苏利、黎塞留、克伦威尔诸人）的观点中，商业的功能是输出成品以交换贵重金属与原料。1664 年至 1667 年，一些进口货物在法国的销量威胁到本国的工业生产时，他两度提高这些货物的进口税，这样做仍无法抑制其销量增加时，他干脆完全禁止其进口，他对基本原料的出口课以重税，但减低奢侈品出口的税率。

同时，柯尔伯试图免除国内贸易的通行税以促进国内贸易。他发现各省区领地之间的关税是国内贸易的一大障碍，货物从巴黎运往海峡地区，或从瑞士运往巴黎须捐付 16 个关口的通行税，从奥尔良运往南特的货物须在 28 个关口捐付通行税。这些通行税在过去也许是有意义的，那时由于运输困难，封建领地之间纷争不已，每个地区必须力图自给自足并保护自己的工业，现在法国在政治上已经统一，这种国内通行税反而成为国家经济的一大障碍。在 1664 年的一道诏令中，柯尔伯企图一举禁绝所有的通行税，此举遭到顽强的抵制，全法半数的关口继续收通行税，有些持续到大革命爆发，不过这只是产生大革命的次要因素之一。柯尔伯为了消除弊端订立了许多复杂的规章，这些规章却成为贸易流通的阻力，甚至使贸易不能进行，反而使他开展商业的工作成为泡影。批评柯尔伯的人曾说"自由是商业的灵魂，我们必须放任人民选择最便利的方式"。自此"放任"（*laissez faire*）成为一个创造历史的名词。

柯尔伯努力开辟国内交通要道，他着手一个全国的公路系统，最初的目的自然是军事需要，但一般来说，又便利商业的发展。那时，陆路交通仍然非常困难而缓慢，如塞维涅夫人从巴黎坐马车到达她在布列塔尼的领地维特雷（Vitré），就花了 8 天时间。柯尔伯在里凯（Pierre Paul Riquet）的建议下，发动 10.2 万名工人挖掘朗格多克运河（Languedoc Canal），长达 162 英里，有些地方高出海平面约达 830 英尺。1681 年，运河完工，地中海借罗纳河、运河与加龙河，和比斯开湾一水相连，法国商品自此不必经葡萄牙与西班牙转运。

　　柯尔伯很嫉妒荷兰人，当时（全欧的）2万艘商船中，荷兰人拥有1.5万艘，而法国仅有600艘。他重建法国海军，从原有的20艘船扩张至270艘；他整修港口与码头，鼓励人民加入海军；他在西印度群岛（West Indies）改革贸易公司；对东印度群岛、黎凡特（Levant）与北海的贸易公司，给予保护的特权。法国货在加勒比海、近东、中东和远东市场与荷兰、英国货竞争。马赛港一度因法国缺少船只而衰落，现成为地中海最大的港口。经过10年的实践、讨论与努力，柯尔伯在1681年颁布《海商法》施用于法国的海运与商业。不久，其他的国家都采用。他为海外的商业投资组织保险公司。他准许法国船只加入奴隶贩卖，但增订了许多基于人道的规定。

　　他鼓励海外探险、建立新的殖民地，希望成为销售成品并换取原料的市场，利用殖民地培养一支商船队以备战时之用。法国人那时已经在加拿大、西非洲与西印度群岛建立殖民地，同时正进入马达加斯加、印度与今斯里兰卡。库赛尔（Courcelle）与弗龙特纳克（Frontenac）正在大湖区探险（1671—1673年），卡狄亚克（Cadillac）在现今美国的底特律建立了一处大的法国殖民地，拉萨尔（La Salle）于1672年发现密西西比河，他乘一艘脆弱的小舟，顺河而下，经过两个月的冒险航程后到达墨西哥湾，占领了密西西比三角洲，并命名为路易斯安娜，法国至此控制了从圣劳伦斯河谷至密西西比河口的北美心脏地带。

　　这一切的一切，我们必须记得不过是柯尔伯成就的一部分。我们尚未提到他在科学、文学与艺术方面的成绩。他是历史上最努力且多方面发展的人物之一。从查理曼大帝以来，没有一个人像他那样在这么大的国家从事这么多的改革，并完成得这么好。他颁布的许多规则不免扰民，并使他失去民众的爱戴，但它们为现代法国建立了一个基本形式，日后拿破仑只是继续并修葺柯尔伯在政府与法律上打下的基础。10年之间法国享受着从未有的繁荣，然而整个系统的缺点与国王本身使法国走向下坡。柯尔伯抗议国王与宫廷的奢侈及他晚年时的不停争战耗竭了法国的国力，但这些战争是他制定的高额关税，也是路易对权力与荣耀的无餍要求而导致的。法国商业上的竞争者谴责法国禁止其货物进口，国内的农民与手工艺人怨恨柯尔伯的改革，甚至因此致富的商业阶级也不满他的繁复规则阻碍了发展，其中有一人对他说："你发现马车往这一边翻，想扶正它，但你把它推翻到另一边。"1683年9月6日，他在失势的沮丧中去世，遗体只敢在夜里发葬，以免被街头愤恨的群众侮辱。

礼仪与道德

这是一个礼节严格而道德松懈的时代，衣着是社会地位的标志。中产阶级的衣着非常简单朴素，衬衣、长裤，外加黑色上衣；贵族阶级的衣着则非常华丽，男人较女人更为讲究，帽子是阔边的大软帽，边缘饰以金线，帽檐斜向一边，插一支羽毛。路易十四的父亲因光头而戴假发，当时成为时尚，但路易即位后，因有浓密的栗色头发，废假发而不用。1670年后，他的头发渐稀，于是也戴起假发来。此后欧洲无论法国、英国或德国的贵族一律都是卷发如云，垂及肩膀，使每个男人看上去都是一样的。男人剃须，但唇口留着两撇小须。当时流行粗大镶边的手套。松围颈间的丝巾取代了高及颈项的绉领，紧身上衣也换成了长的绣花马甲，下装则为及膝长裤，裤口以扣子或束带束紧，外套则前短后长，硬里袖口，饰以花边。根据法律，只有贵族才可以在衣领口饰以金线或镶宝石，事实上任何阶级的有钱人都办得到。袜子多是丝织的，男人跳舞时无一例外地穿着长筒靴。

仕女的衣着较为自由，视各人爱好而不同。仕女们内着紧身花边胸衣，衬出身材；拉伯雷时代的大圆裙与蓬袖已经不流行了。当时的时装多半有华丽的镶边与鲜艳的色彩，足蹬高跟鞋，头发梳成卷发，饰以发带，缀以珠宝，喷以香水。第一本时装杂志于1672年出版。

礼节是堂皇的，但在衣着华丽、彬彬有礼的绅士淑女中，不少粗俗行为或言词仍然存在，男士们随地吐痰，幽默有时是粗鲁而猥亵的。一般谈话则文雅有礼，即使讨论到身体与性的问题也不例外。男人从妇女那里学到优雅的仪态与谈吐，他们说话清楚明白，带着轻松愉快的态度，面红耳赤地争执是很失礼的。进餐的礼节也改善了许多，路易本人一直是用手抓食的，但那时刀叉已经很普遍了；1660年后餐巾成为时尚，宾客们也不再用桌巾来擦手了。

在这个讲究礼节的时代，社会道德水准并不高，上层阶级的财富增加了，慈善之心反而降低。道德水准最高的是下等的中产阶级，他们有足够的安全感以表现良好的行为，而且怀着"往上爬"的心理。但在任何阶级，理想的人是有"好名声"的人——不是诚实的人，而是一个名声好听的人，将良好的教养与礼节表现在良好的言行上，至于诚实几乎是无关紧要的事。尽管有柯尔伯的规定与皇室的密探，政府机关内的贪污受贿依然大行其道，政府出卖官职以增加收入的事还是越来越多。社会上富人贪婪，穷人匮乏，因而犯罪盛行，并及于所有的阶级。

个人道德中，某种程度的偏差是容许的。在法律上，对同性恋者可以处以死刑。但执行这项法律发生了困难，因为路易的亲兄弟就是一个著名的同性恋者，他被人不齿，法律对他却无可奈何。自由恋爱被视为婚姻之外的调剂，但不能成为结婚的理由，保护与继承财产是比个人之间的情爱更为重要的理由。法国贵族社会大多数的婚姻都是基于财产的安排，所以社会容许姘居、纳妾，几乎每个有能力的男人都有一个情妇，男人吹嘘他们的恋爱就像吹嘘在战场上的英勇一样。如果一个女人除了丈夫以外没有别人追求，会觉得非常寂寞；而许多不忠的丈夫，对他们妻子的不贞，也只好视而不见。莫里哀剧中的一位人物说："其他地方的城镇里，还找得到比这里更有耐心的丈夫吗？"拉罗什富科的格言便是在这种自嘲的气氛下产生的。娼妓如果毫无风格，则为人不齿，像尼侬（Ninon）这样的妇女，以文学与机智装点她的皮肉生涯，却像国王一样有名。

尼侬的父亲是一位贵族、自由思想者，善与人决斗。她的母亲是一个自律极严的妇女，却是（如果我们信她的话）"没有感觉的人，她生了 3 个孩子，从来不去注意他们"。尼侬没有正式受教育，但学到不少知识，她会说西班牙语和意大利语，也阅读蒙田、沙朗（Pierre Charron），甚至笛卡儿的作品，受她父亲的影响，她成为怀疑论者。后来她讨论到宗教，使塞维涅夫人大为惊讶："如果一个人在这世上需要宗教来指导其言行，这表示他不是一个智力有限，便是一个内心腐化的人。"她在 15 岁那年（1635 年）成为一个妓女，她曾不在乎地说："爱是一种热情，不涉及任何道德义务。"尼侬的淫乱太过分时，路易的母后安妮王后下令将她监禁在一个修道院中。据说，在那里她的机智与活泼使修女们都喜欢她，她在修道院里过得很愉快，像度假一样。1657 年，路易下令释放她。

她的气质远非普通娼妓可比。不久，她的追求者便加进了许多当时法国最有名的人物，包括一些宫廷大臣，从作曲家吕里（Lully）到孔代本人。她的羽管键琴弹得很好，而且能演唱，吕里经常到她那里试奏他的新作品。塞维涅家族的老小三代——塞维涅夫人的丈夫、儿子与孙子都是她的裙下忠臣，有人远从国外前来追求她。她曾说她的爱人"从不同我争吵，他们对我的不能持久很有信心，每人耐心地等候轮到他"。

1657 年，她开了一个沙龙，邀请文人、音乐家、艺术家、政客、军人到她那里，有时连带邀请他们的妻子，她表现的智力比得上当时任何女人和大多数男人，使巴黎人大为惊奇，在一个爱神的面孔下，他们发现一个智慧女神的心智。请听一个严格的评判者圣西蒙如何谈到她：

> 受到她的接待是很有益处的，因为她主持的聚会很有意义。那里从没有赌博、纵声大笑、争执或辩论宗教政治问题，而是有着非常优雅的机智和豪侠情爱的新闻，不带诽谤，每个话题都是

敏锐的、轻松的、仔细选择的，她以她的机智与丰富的知识主持谈话。

最后，路易也对她产生了好奇，他要求门特隆夫人（Mme.de Maintenon）邀请她到宫中来，路易藏在帷幕后面听她的谈话，被她吸引了，便走出来并介绍自己。那时（约 1677 年），她已经成为一个备受尊敬的妇人。她的诚实与善良为她赢得更好的名声，许多人将大批钱财交给她保管，他们相信她，知道随时可以取出来。那时，全巴黎都知道，诗人斯卡龙（Paul Scarron）因瘫痪不能行动时，尼侬几乎每天都去看他，带着许多诗人买不起的滋补品。

她几乎比她所有的朋友都活得长久。年逾 90 的老友圣埃夫勒蒙（Saint Evremond）从英国的来信是她晚年的一大安慰。尼侬曾写信给他："有时我倦于老是做同样的事，我钦佩那个瑞士人，他就是为这个理由而跳河的。"她恨脸上的皱纹，"如果上帝非给女人皱纹不可，他至少应该把皱纹放在她的脚掌上"。她 85 岁那年将要去世时，耶稣会教士与詹森派教士（Jansenist）争着为她做临终仪式，她随着他们死在教会的怀抱里（1705 年）。在她的遗嘱中，她只为自己的葬礼留了 10 个埃库（e'cus，1 埃库相当于当时 5 法郎银币），"这样葬礼可以尽可能地简单"，但是"我请求阿鲁埃先生"——她的法律代理人——"准许我留给他的儿子（他现在耶稣会中）1000 法郎用来买书"。这个孩子买了书，阅读它们，他便是日后的伏尔泰。

这便是当时法国社会最迷人的地方。将性的激力扩大到心智的激力，女人在美丽以外，又加上智慧，男人自女人处学到了礼貌、良好的鉴赏力及优雅的谈吐。就这些方面来说，1660 年至 1760 年，法国是当时文明的顶点。那时候的社会有知识的女人超过之前任何一个时代。如果再加上她们面貌或身段的吸引力、心地的温柔仁慈，她们会成为社会上有力的教化力量。巴黎的沙龙训练男人对女性精致的敏感而使女人欣赏男性的智力。在沙龙的聚会中，谈话的艺术发展到以前或以后都不可及的精美程度。人们以言语交换意见，不带夸张与憎恨，而是礼貌、容忍、清晰、愉快与优雅。也许路易十四时代的谈话艺术较伏尔泰时代更接近完美——没有后者那样明辨、机智，但更为务实而友善。塞维涅夫人曾写信给她的女儿说："晚饭后，我们散步到一个最美的树林里谈话，我们在那里直到 6 点钟，进行各种谈话，如此的温柔、诚恳、亲切而愉快……使我内心深受感动。"许多人将她绝大部分的教育归诸这种谈话与社交接触。

在巴黎朗布耶府邸的"蓝室"（Blue Room）是第一个有名的沙龙，孔代来到这里，其他人包括高乃依、拉罗什富科、拉法耶特夫人（Mmes.de La Fayette）、塞维涅夫人、朗格维尔公爵夫人及蒙庞西埃小姐。在沙龙里，这些"名女人"建立起行为有礼、言语文雅的规矩。后来投石党作乱，沙龙的聚会中断了，朗布耶夫人搬到乡下，日后她的沙龙再度为法国的天才开放，而莫里哀的剧本《可笑的名女人》的首演（1659 年）却给它一个致命的打击。这个著名的沙龙在 1665 年朗布耶夫人去世后结束。

其他的沙龙继续这个传统，在萨布利埃夫人（Mmes.de La Sablière）、朗贝尔夫人（Marquise de Lambert）与斯屈代里夫人（Madeleine de Scudéry）的家中都有著名的沙龙。斯屈代里夫人是当时最有名的小说家，而人们到萨布利埃夫人家中不只因为她美丽，也因为她爱好物理、天文、数学与哲学。这些沙龙培养的女智者，是莫里哀 1672 年剧本中嘲笑的对象，但这种讽嘲并不都对，他冷静时，莫里哀或许会承认妇女也有权利与男子分享当时的知识生活。因为只有法国的女人，甚至比起法国男性的作者与艺术家来，更有资格称得上法国文明的冠冕，是法国历史上特殊的荣耀。

宫廷

路易十四与他的宫廷使法国文明化。1664 年，他的宫廷由 600

人组成，皇室、高等贵族、外国使节、仆役，在凡尔赛宫的最盛时期竟达 1 万人之多，但这包括偶尔进宫的显赫贵族、所有的娱乐人员与仆役，以及国王召见进宫以示奖赏的艺术家与作家。被国王召进宫成为一大热望，甚至仅有一天也是一个可纪念的狂喜，值得为之花半生的积蓄。

宫廷的魅力部分在于内部房间的豪华装饰，部分在于朝臣的衣着，部分在于奢侈的娱乐宴饮，部分在于男人的名望和女人的美丽。他们被金钱、名望与权势吸引，像磁石吸铁似的被吸往宫廷。一些著名的女人，如塞维涅夫人或拉法耶特夫人，由于她们与过去投石党的关系，很少在宫中见到，但余下的足够取悦这位对女性魅力极端敏感的国王了。在我们今天看到的画像中，这些宫廷仕女看来有点臃肿，肉体似乎要从她们上衣里溢出来，但很明显，当时的人是喜欢丰满身材的。

宫廷的风气是男女之间的淫乱、豪奢的衣着与豪赌、彼此之间争取地位头衔的钩心斗角，而这一切心机，都在表面优雅的礼节、强作笑颜下进行着。路易本人好穿昂贵的服装，特别是在接见大使时。有一次，他接见泰国使臣时，他披的皇袍上以金线织成花边，并在边缘镶着钻石，价值 1250 万利维尔，这种排场部分是出于政府的心理。宫廷的贵族与仕女将他们领地收入的一半用在衣着、仆从和配备上，最自谦的贵族也有 11 个仆从与 2 辆马车，较富有的显贵家中有 75 个仆从，马厩中有 40 匹马。通奸不再被禁止后，奸情反而失去了魅力，赌博变成宫廷的主要娱乐。路易本人是始作俑者，下大额赌注，他的情妇蒙特斯潘出手更大，她曾在一夜的赌局内输赢 400 万法郎，这种赌风很快自宫廷传至民间。拉布吕耶尔（La Bruyère）曾写道：“成千的人在赌博中倾家荡产，这是可怕的游戏……赌徒们梦想对手会输钱，带着赢钱的强烈欲望。”

宫廷内竞相争取国王的宠幸，争取有利可图的机会，造成宫中互相猜忌、诽谤、紧张敌对的气氛。路易曾说：“每一次我补上一个空位置，都会使 100 个人失望，而补上的这个人并不感恩。”朝臣们为在餐桌上或随侍国王时的排位而争吵，甚至圣西蒙也担心在一个行列中卢森堡大公会走在他前面 5 步。有一次，路易不得不将 3 个公爵逐出宫廷，因为他们拒绝让外国亲王排位在他们之先。路易对礼节有严格的要求，在晚宴上看见一位没有头衔的女士座位排在一位公爵夫人之上他会大为不悦。无疑，他要使 600 位贵宾各就其位，因为固定的次序是必要的；而外来访客对宫廷表面的和谐与庞大的朝臣行列总是赞不绝口。在路易宫廷的礼仪与娱乐中，这种法国式的礼节、仪态与欣赏的标准，逐渐遍传各国中上层阶级，成为欧洲传统的一部分。

为使这些贵族仕女们住在宫中不至于烦闷，各行业的艺人被召来安排娱乐节目，锦标赛、打猎、网球、台球、游泳、划船、晚宴、舞会、舞蹈表演、歌舞剧、芭蕾、歌剧、演奏会、话剧等等。当路易率领群臣在运河里划船，当乐器与歌舞打成一片，当火炬在星光下照耀着舞台——凡尔赛宫似乎成了人间天堂。镜厅举行正式舞会时，厅中的大镜里照映出 1000 支蜡烛的烛光照耀下优雅起舞的盛装男女，还有比这更堂皇华贵的情景吗？ 1662 年，路易之子多芬（Dauphin）出生，路易在杜伊勒里的广场前安排一场盛大的芭蕾舞以示庆祝，有 1.5 万人参加。1871 年的巴黎公社摧毁了杜伊勒里宫，但当时举行盛典的遗址，今日仍称为竞技广场（Place du Carrousel）。

路易爱好舞蹈，称之为"锻炼身体的最好与最重要的训练"。他于 1661 年在巴黎成立皇家舞蹈学院，他本人也参加芭蕾演出，朝臣们起而效尤。宫廷的作曲家须随时准备芭蕾与其他的舞曲，路易宫中的舞蹈组曲后来被英国作曲家珀塞尔（Henry Purcell）与德国的巴赫家族（the Bachs）技巧地加以引用发展，罗马帝国以来，舞蹈至此达到最优雅与和谐的形式。

1645 年，马扎然从意大利请来演唱家在巴黎成立的歌剧团，后因马扎然去世而中断。路易长大后，于 1669 年成立歌剧学院，委托皮兰（Pierre Perrin）组织剧团，1671 年从巴黎开始在法国各大城市巡回演出歌剧。但皮兰不久因在布景与器械方面耗费过巨而破产，路易将他的"音乐学院"的荣衔转交吕里，此人不久即一手包办了所有的宫廷舞蹈音乐。

吕里本人也是意大利人，他出身农家，在 7 岁时被"蒙庞西埃大小姐"的叔父舍瓦里埃·吉斯（Chevalier de Guise）自佛罗伦萨带到法国"作为一项礼物"献给她。她把他派到厨房做一名助手。他在厨房里拉小提琴，这使其他仆役非常讨厌，但"大小姐"赏识他的天才并为他请了一个教师，不久他加入由 24 支小提琴组成的皇家乐队。路易很喜欢他，让他在一个小乐队中做指挥。在这些小小的弦乐队里，他学到指挥与作曲——舞曲、歌曲、小提琴独奏、咏唱、教堂音乐、30 个芭蕾组曲、20 节歌剧。他与莫里哀友善，并与他合作写成数部芭蕾曲，还为莫里哀的一些剧本配以分幕音乐。

作为一个朝臣他同样很成功。1672 年，因为蒙特斯潘夫人的影响，他独占了巴黎的歌剧演出。他发现一个歌剧的作者基诺（Philippe Quinault）同时也是一个诗人，二人共同制作了一连串歌剧，在法国音乐史上产生一次革新。这些歌剧演出不但在凡尔赛宫大受欢迎，也把巴黎的贵人吸引到歌剧院。歌剧上演之日，街道上挤满了马车，有时车上的人不得不下车步行，穿过泥路以免错过了第一幕。布瓦洛曾批评当时的歌剧一派优柔气息，太过女性化，但路易在 1672 年颁布音乐学院的规章中宣称"在本学院的演奏会演出的先生女士不会降低他们的身份"。路易任命吕里为国王的秘书，将他提升至贵族之列，其他秘书抗议这个职位对于音乐家来说太高了，但路易对吕里说："我把一个天才置于他们中间，是给他们荣耀，而非给你荣耀。"吕里的好景一直持续到 1687 年，直到一次指挥时被他的指挥棒击伤了脚，他的伤口因庸医误诊而变成坏疽，这位才情洋溢的作曲家正值 48 岁英年去世，至今法国的歌剧仍受到他的影响。

那时的音乐界另有一个响亮的名字——库普兰（Couperin），他的家族是一个音乐世家，在两个世纪中为法国培养了不少作曲家，1650 年至 1826 年，库普兰家族一直主持圣热尔韦教堂的管风琴职位，

"老"库普兰主持这个职位达 48 年之久，他也是路易凡尔赛宫中教堂的皇家风琴手，是那个伟大世纪最著名的羽管键琴家。他的羽管键琴曲极受德国著名音乐家巴赫的重视，而他的论文《论翼琴弹奏的艺术》对巴赫的影响也很大。

路易的情妇

路易并不是一个浪子。我们必须记得，直到 20 世纪，作为一个国王，有时基于情势的要求，他们必须牺牲自己的喜好，以婚约来达到国家政治上的目的，因此社会（有时教会亦然）对国王在婚姻之外寻求感情的调剂或性的发泄也只好睁一只眼闭一只眼。如果路易能随自己的所好寻找妻子，他会娶一个他爱的女人。他曾深深地迷恋马扎然的侄女玛丽·曼奇尼（Marie Mancini）的美貌，曾向母后和马扎然要求娶她（1658 年）。安妮责备他不应在政治中涉及感情，马扎然只好将玛丽远嫁到科隆纳。一年后，这位精明的首相安排好路易与西班牙国王菲利普四世之女玛丽亚·特蕾莎的婚姻。如果西班牙一旦缺少男子承继，这位公主岂不将整个西班牙当作嫁妆似的带给法兰西国王吗？1660 年，在盛大豪华的婚礼中，路易与玛丽亚结成夫妇，当年两人都是 22 岁。

玛丽亚·特蕾莎是一个骄傲的女人，虔敬而自律，她自身的模范有助于改善宫廷的风气，至少在她周围的人之间。但她严格的自律使她显得沉闷乏味，她最大的爱好是扩大自己的影响，而巴黎的美女开始向她的丈夫送秋波。她生了 6 个子女，其中只有一个儿子多芬长大成人。[1] 不幸的是，在他们结婚那年，路易便发现他的弟妹亨利埃

---

[1] 蒙特斯潘夫人（她是有点偏见的）在她的回忆录中提到一个非洲亲王献给玛丽亚一个黑人侏儒，而玛丽亚便生了"一个漂亮健康的女孩，从头到脚都是黑的"，但王后将女儿的黑皮肤归之于在怀孕期间，被这个侏儒惊吓。巴黎的公报宣称，这个女孩出生后不久去世，但事实上她活了下来，在一个有色人的家庭里长大，后来做了修女。

塔·安妮（Henrietta Anne）是一个最迷人的年轻女性。

亨利埃塔是英王查理一世的女儿，她的母亲是法国亨利四世的女儿。她的父母是英国内战的牺牲者。议会军队逼近查理在牛津的城堡时，她母亲逃到埃克塞特，在那里生下了她（1644 年）——一个可爱的小公主。她母亲被议会党手下追索，再度逃亡，藏在海边一个秘密的地方。那时有一艘荷兰船，躲过英军的耳目，将她带到法国。她的女儿藏在一个英国人家里，直到两年后才安全渡过海峡。亨利埃塔到法国不久，正值投石党为乱。1649 年 1 月，她与她母亲及安妮王后会合从巴黎逃到圣热尔曼，那个月里有消息传来，她的父亲在英国被圆颅党（Roundheads）斩首。投石党之乱过后，亨利埃塔在她母亲抚养下长大，她们终于见到查理二世在英国复位（1660 年）。一年后，即 16 岁那年，亨利埃塔嫁给路易十四的兄弟、奥尔良公爵菲利普，世称"先生"，于是亨利埃塔成了"夫人"。

菲利普是一个矮小的人，圆圆的肚子，穿着高跟鞋，他的嗜好是女性的装扮与男性的身材。他勇敢得像战场上的骑士，但爱好修饰、脂粉、香水、缎带、珠宝，较最虚荣的女人也有过之。菲利普对洛林骑士的喜好甚于对妻子的喜好，使亨利埃塔非常悲哀，也感到羞耻。但其他每个人都喜欢她，不只因为她的纤美（她被认为是宫廷中最美的女人），还因为她的温柔诚恳，她像孩子似的活泼愉快，她到任何地方都带来一阵春风。拉辛曾说她是"一切美的事物的裁判者"。

最初路易认为她太纤柔脆弱，不合他的精壮标准，但后来发现她性格中的"温柔与明媚"，对她的在场感到愉快，愿意与她共舞、闲谈、做游戏，与她在枫丹白露公园散步，在运河里划船，直到全巴黎都认为她要成为路易的情妇了，认为这是公正的报复。但这次巴黎想错了，路易对她的爱不在这方面，而她，就像爱她的兄弟查理与詹姆士那样，将路易视作另一个兄弟，她认为自己有责任，将这三个人联结在一起，保持友善。

1670 年，她应路易要求渡海到英国，说服查理二世联合法国对抗荷兰，甚至要求查理二世声明自己的天主教信仰，查理二世在一项秘密的《多佛条约》(*Treaty of Dover*) 中答应了 (1670 年 6 月 1 日)，于是亨利埃塔满载胜利回到法国，她到达圣克卢自己的宫中没几天便突发重病，她怀疑被人下毒，全巴黎也这么想。国王、王后及她那悔罪的丈夫赶到她那里，孔代、蒂雷纳将军、拉法耶特夫人、蒙庞西埃小姐、波舒哀前来为她祈祷，6 月 30 日她的痛苦终于结束了。事后验尸结果证明她并非死于中毒，而是急性腹膜炎。路易为她举行了帝王之尊的葬礼，她的遗体落葬于圣丹尼斯教堂，波舒哀为她写的一篇悼词至今仍为人传诵。

由于亨利埃塔的关系，路易才得以结识他第一个公开的情妇。露易丝·拉瓦利埃于 1644 年生于图尔，早年在她的母亲和她做教士的舅父（日后的南特主教）那里接受宗教教育，有着虔诚的信仰。她还未达到领圣餐礼的年龄，父亲便去世了。她母亲改嫁，继父在当时的奥尔良公爵加斯顿家中做事，他为露易丝在公馆中找到一个女侍的职位，服侍公爵的女儿。加斯顿去世后，他的侄子菲利普继承为公爵，娶了亨利埃塔，以露易丝为女傧相 (1661 年)。因此她常常见到国王，被他的威仪、权力与个人风度迷惑。像其他许多女性一样，她爱上了国王，但从未梦想向他表白。

她的美表现在个性而非身材上。她苗条而健康，看上去有些娇弱，非常瘦。一个批评者说她"根本没有胸部可言"。但她的娇弱本身便是一种魅力，使她产生一种谦和温柔的气息，连女人都会心软。亨利埃塔为消除她是国王情妇的闲话，故意吸引路易注意到露易丝。这个计划太好了，路易立刻被这个 17 岁的胆怯女孩吸引，她与路易周围那群骄傲、虎视眈眈的仕女们多么不同。有一天，路易见她一人在枫丹白露公园，便向她表露爱意。当然，他的动机并不是很高尚的，令路易惊奇的是她承认她也爱他，但一直拒绝他的要求。她请求路易不要使她背叛亨利埃塔与王后。但最终，1661 年 8 月，她成了路易的情妇。如果是国王的意思，任何事都说得过去。

　　路易果然陷入情网，与这个羞怯的少女在一起，他感到从未有过的快乐。他们像孩子似的野餐，在舞会中欢舞，在打猎时她骑着马在他旁边，表现得非常勇敢，她的胆怯消失了，昂吉安公爵说"连男人也赶不上她"。她并不企图利用她的地位，她拒受礼物或参与宫廷的钩心斗角。她依然保持她的谦逊。她对她的地位感到羞耻，路易把她介绍给王后时，她感到非常痛苦。她给他生了几个孩子，有两个早死了，第三个与第四个得到合法的地位，即凡尔曼都瓦公爵与非常美丽的布卢瓦小姐。在她的产期中，她看见比她更美丽的脸孔吸引着国王的注意力。1667 年，路易迷上蒙特斯潘夫人，而露易丝开始考虑在一个修道院中度其余生以赎罪过。

　　路易感觉到她的情绪，他继续向她示爱，封她为女公爵，希望能把她留在宫中。但蒙特斯潘夫人与战争使路易无暇顾及她，而在宫廷中她除了路易也不留恋任何人。1671 年，她宣布放弃所有的财产，穿上最简单的衣服，在一个冬天的早上溜出皇宫，逃到圣玛丽·沙约一所修道院。路易找到她，向她表示爱意与痛苦，她仍自处卑下，同意回到宫中。她在宫中又住了三年，怀着对负心国王的爱，同时渴望宗教上的洁净与安宁，在私底下她在宫中已经过着修道院清肃的生活。她终于说服路易让她离去。她加入昂费路（Rue d'Enfer）的圣衣教派的托钵修女会（1674 年），成为露易丝修女。此后 36 年，她在修道院中过着禁欲的悔罪生活，她说："我的灵魂是如此的平静满足，我感谢上帝的美意。"

　　国王的第二位情妇名叫法朗苏丝，1661 年进宫成为宫女，1663 年嫁给蒙特斯潘侯爵。根据伏尔泰所说，她是当时法国三位最美的女人之一，其他两位是她的姐妹。她那饰以珍珠的金色头发，她那烦倦骄傲的眼睛、性感的嘴唇与含笑的嘴角、柔软的双手、水莲似的皮肤——这一切都是当时的人对她的描述，也是画家加斯卡尔（Henri Gascard）画在一幅有名的画像上的。她甚为虔诚，在禁食的日子严格地禁食，热心地参加教堂的礼拜。她有坏脾气与尖刻的机智，但这有时反而成为吸引男人的地方。

米什莱（Jules Michelet）引述她的话，说她到巴黎来就是要俘虏国王的。但圣西蒙说：她看到她吸引了路易后，要求她丈夫立刻带她回普瓦图（Poitou）去。但她丈夫拒绝了，因为他对能够保有她很有信心，而且她喜欢宫廷的气氛。一天晚上，在贡比涅（Compiègne），她走进一间卧室，那间卧室通常是为国王留用的。最初路易决定睡在另一间卧室，但他发现办不到，最后他占有了那间卧室，也占有了她（1667 年）。蒙特斯潘侯爵听到了这消息，穿上了鳏夫的装束，在他的马车上饰以黑边，在车的四角装上牛角。路易亲笔签发侯爵夫人的离婚证书，送给他 10 万埃库，要求他离开巴黎，此事在整个宫廷一时传为笑谈。

此后 17 年，蒙特斯潘夫人都是国王的情妇。她有着露易丝·拉瓦利埃所不能及的地方——机智的谈吐与刺激性的活泼。她曾自夸有她的地方就不会有沉闷，事实也是如此。她为国王生了 6 个子女，路易爱护子女，也感激她。但他不能抵制其他女人的诱惑，时而与苏比兹夫人（Mme.de Soubise）或鲁西耶小姐共度一宵，并封后者为芳达姬女公爵。路易的不忠使她不得不求教女巫师，以求得秘方或其他方法来保住路易的爱情。有关她计划毒杀路易或她的情敌的传闻，也许只是她的敌人造出来的谣言。

最后她却毁在孩子身上。她需要一个人照顾他们：有人介绍斯卡龙夫人，她被任用了。路易常常探视孩子，发现这个保姆很美。斯卡龙夫人本名法朗苏丝·奥比涅，是西奥多·奥比涅的孙女。她祖父是胡格诺派信徒，曾任亨利四世的助手。她生于尼奥尔（Niort）一个监狱中，那时她父亲正在狱中服刑。她受洗成为一个天主教徒，在一个分裂、贫困而混乱的家庭中长大。一些新教徒怜悯地养活她，她培养了对新教的信仰，竟置天主教不顾。9 岁那年，她双亲带她到马丁尼克岛（Martinique），她几乎死于母亲严酷的教育下。她父亲于次年去世（1645 年），母亲带着 3 个子女回到法国。1649 年她年方 14 岁，再度变成一个天主教徒，被送进一家修道院，以仆役的工作养活自己。如果她不嫁给保罗·斯卡龙，也许没有人会知道她。

斯卡龙是一个著名的作家，才华横溢，但因病不能行动，全身都已变形。他是一个著名律师的儿子，本有一个光明的前途。但他母亲去世父亲再娶后，后母不能容他，他父亲给他许多钱，打发他离去。那些钱只够他找便宜妓女。他染上了梅毒，又被一个庸医误治，用的虎狼之药伤害到他的神经系统，最后他全身瘫痪，只剩下双手还能动，他说到他自己时：

> 读者……我将尽可能地告诉你我像什么。我的身材矮小，但很适度，我的病使我整整矮了一英尺，我的头就身材来说太大了一点，脸庞是饱满的，但身体只剩下骨头。我的视力还算好，但双眼突出，一眼比另一眼低些……我的腿与股之间最初是一个钝角，然后变成直角，最后变成锐角。我的股与上身又形成一个锐角。我的头垂在胃上，使我整个看来就像一个"Z"字形。我的手臂、手指都像我的腿一样在瘦缩。总而言之，我是一个人类痛苦的缩影。

他在痛苦中以写作自慰，于 1649 年完成了一部以歹徒为题材的《罗马喜剧》（*Roman Comique*），获得相当的成功。这是一部闹剧，热闹中有幽默，恶意中有机智。巴黎人尊敬他在痛苦中也能保持愉快，马扎然与安妮王后给他一笔恩俸，后来因他支持投石党而被停发。他赚得不少花得更多，因而常年负债。他坐在一个箱中，只有头与手臂从箱里伸出来，他以热情与学识主持巴黎一个有名的沙龙。负债增加后，他要求宾客付晚饭的钱，而他们照来不误。

谁会嫁给这样一个人呢？1652 年，法朗苏丝 16 岁，她住在一个穷苦的亲戚家中。她的亲戚吝惜开支，决定把她再送回修道院。一个朋友将她介绍给斯卡龙，而他以痛苦的优雅接待她，他建议为她付修道院的膳宿费，这样她可以不必宣誓做修女。她拒绝了。最后他向她求婚，但表示他不能尽一个丈夫的责任。她接受了求婚，嫁给他，做他的护士与秘书，做他的沙龙的女主人，假装没有听到宾客们弦外之音的笑话。她加入谈话时，她的智识使其他人惊奇。她使斯卡龙的沙龙聚会变得令人尊敬，吸引了斯屈代里小姐、塞维涅夫人、尼侬、格拉蒙、圣埃夫勒蒙等人的光临。在尼侬的信中，似乎透露斯卡龙夫人在这个没有性生活的婚姻中有一段情史，但尼侬也提到她的"道德力胜过了意志薄弱，我愿医治她，但她太过于惧怕上帝"。她对斯卡龙的忠实是巴黎的谈话题目，这样的城市在不自觉中也希望见到一个贞洁的例子。后来斯卡龙的瘫痪恶化，甚至手指都不能动了，他不能再翻书或握笔。她读给他听，笔录他的口述，照应他所有的需要。在他死前，他写成了他的墓志铭：

> 在地里躺着的人，
> 唤起怜悯多于嫉妒，
> 他曾死过一千次，
> 在他生命消失前。
> 行人啊！不要发出声响，
> 留心不要惊醒他，
> 因为这是第一夜，
> 可怜的斯卡龙得以安眠。

除了债务，他没有留下任何东西。这位"斯卡龙的寡妇"年方25岁，再度被弃绝在世上。她向王后请求恢复被扣的恩俸，安妮安排一年给她2000利维尔。她住在一家修道院中，生活非常简朴，不时接受贵族人家各种小差使。1667年，蒙特斯潘夫人即将临盆时，派一位使者要求她做婴儿的保姆。最初她拒绝，第二次路易亲自来要求时，她同意了。此后数年内她一直做着王室子女的保姆。

她爱这些孩子，而他们尊敬她如母亲一样。路易最初嘲笑她的过分拘谨，后来逐渐尊敬她。其中一个孩子在她的悉心照顾下仍然夭折时，她的悲哀使路易深为感动。他说："她知道如何去爱，能被她爱是一种快乐。"1673 年，他宣布这些子女为他的合法子女，斯卡龙夫人不再司保姆之职了，她被召进宫廷成为侍候蒙特斯潘夫人的贵妇。路易给她 20 万利维尔作为礼物以维持她的新地位，她用这笔钱在门特隆买了一片地产。她从未住在那里，但这片地产给了她一个新名字，她成了门特隆侯爵夫人。

对一个不久前境况孤苦的人，这真是一个大转变。也许有一段时间她自己也迷惑了，她竟去劝告蒙特斯潘夫人结束她的罪恶生活。蒙特斯潘对她的忠告非常生气，认为门特隆正计划取代她的地位。事实上，1675 年，路易对蒙特斯潘的暴躁日益不耐，却发现与门特隆谈话非常愉快。也许在国王的默许下，波舒哀主教才会警告说，如果路易不送走他的情妇，他也许不能参加复活节的圣礼。于是路易要求蒙特斯潘离开宫廷，她离开了路易。路易领了圣体，生活节制了一段时间。门特隆夫人赞成他的做法，显然并没有自私的企图，因为不久她即陪着生病的梅因公爵（蒙特斯潘之子）到比利牛斯山区的巴雷日（Barèges）洗硫黄温泉去了。路易离开巴黎去参战，战后回来，他斥退了波舒哀，邀请蒙特斯潘重回凡尔赛宫。二人旧情复燃，她又怀孕了。

门特隆陪着病愈的公爵回到巴黎，受到国王与他情妇的欢迎，但她惊讶于路易正同时应付几个情妇。1679 年，路易决定结束他与蒙特斯潘的关系，任命她为王后家中的总管，这是他给玛丽亚·特蕾莎的许多不合体的待遇之一。蒙特斯潘愤怒哭泣，但得到许多礼物作为安抚。一年后，门特隆夫人又担任类似的工作——服侍路易另一个情妇多菲内（Dauphiné）。现在路易常来看多菲内，并与门特隆谈话，希望门特隆成为他的情妇，而她拒绝了。相反，她要他放弃他的不道德行为回到皇后身边。最后路易对她与波舒哀让步。1681 年，经过

20 年的放荡生活，他变成了一个模范丈夫。皇后早已对他的不忠实、甚至对他的情妇妥协，此时重享路易的宠爱仅两年之久，于 1683 年去世。

路易想，门特隆现在会答应做他的情妇了，但他发现她仍然拒绝，除非结婚，其他一切谈不上。后来可能在 1684 年某个日期，他娶了门特隆，那时他 47 岁，她 50 岁。这是一个不同阶级的通婚，婚后妻子与其子女不得继承丈夫的爵位或财产。路易的大臣费了很大劲，才劝止他不要给予他的新妻子全部的权力，包括加冕她成为王后。他们指出如果他们发现要向一位保姆行大礼，皇室与宫廷都会大为不满，所以他们的婚姻并未公开，有人怀疑也许根本没有举行过。圣西蒙总是坚持阶级之分的，批评说这是"一场可怕的婚礼"，但这是路易最好与最快乐的结合，是他唯一谨守的婚礼誓言，他差不多花了半个世纪才发现被爱是值得维持一个婚姻的。

路易亲征

黎塞留与马扎然的成就使法国成为欧洲最强的国家。神圣罗马帝国因德国内部的分裂而削弱，而且遭受土耳其人的威胁。西班牙在与尼德兰经过 80 年没有结果的战争后，已耗竭其人力与财力。英国在 1660 年后对法国依赖更大，特别是对其国王的秘密补助。法国本身也经过分裂与衰弱时期，但 1667 年投石党之乱平息后，法国再度统一。那时，第一流的人才正重建法国的军队。卢瓦是一个组织与训练的天才，沃邦是一个城堡防守、壕沟战与攻城的天才，并有两个最优秀的将军——孔代与蒂雷纳。现在，对于这位年轻而踌躇满志的国王来说，正是法国扩展至其天然地理国界——莱茵河、阿尔卑斯山、比利牛斯山与大海——的大好时机。

第一步是至莱茵河，荷兰控制着那个地区，法国必须征服它们，然后给它们一个信念，那就是千年之后，它们都是法国的盟友。一旦莱茵河的各个出海口被法国控制后，全部的莱茵河流域，也就是德国半数的商业，都将归入法国的势力之下。西属尼德兰（比利时）首当其冲，必须先征服它。西班牙的菲利普四世于 1665 年去世，将西属尼德兰留给查理二世，那是他二婚生的儿子。路易在此看到一个借口，他引述古代的法律，第一次婚姻的子女在财产继承上先于第二次婚姻，而路易的皇后是菲利普四世第一次婚姻生的子女，因此根据这项财产继承权，西属尼德兰应由玛丽亚·特蕾莎继承。不错，玛丽亚在她的婚姻中曾宣布放弃她的继承权，但这是附带一个条件的，西班牙需要付 50 万金克朗（gold crowns）给法国作为她的嫁妆，这笔嫁妆至今未付，因此……西班牙否认这个三段论法，于是路易宣布尼德兰王位转让之战，我们可以从他的回忆录看到他发动战争的动机：

> 西班牙国王之死与英国对荷兰的战争（1665 年），立刻给我两个发动战争的理由，其一是对抗西班牙，要求应属于我的权利；其二是防卫荷兰，以对抗英国。我很高兴地见到在这两次战争中我有很大的机会得以扬名，许多在我军服务的勇敢军人曾一再要求我给他们一个机会以示勇武……而且我总得维持一支庞大的军队，将之开进尼德兰，也较留在国内耗费粮饷好得多……借着与英国作战的理由，我将派遣我的部队与我的情报人员进入荷兰，开始执行更重要的任务。

这是一个国王对战争的看法，战争可以扩展国家的疆域，带来安全感与更多的收入，战争是取得名望与权力的捷径，战争可以发泄好战的冲动，可使耗费庞大的军队在国外取得补给，并有利于国家准备下一次战争。至于战争中丧失的人命，人总是要死的，而病死在床榻是多么荒唐的想法——有什么比为了祖国在战场上光荣牺牲更好呢？

1667 年 5 月 24 日，法国军队开进西属尼德兰。法军没遭到有效的抵抗，法国部队有 5.5 万人，而西班牙只有 8000 人。路易的军队势如破竹，一路占领了沙勒罗瓦、图尔奈、库尔特累、杜艾与里尔。沃邦负责坚守占领的市镇。路易的军队在每一站都有充足的补足，甚至连军营或战壕里军官进餐的银器也一应俱全。阿图瓦、埃诺、瓦隆、佛兰德斯均被并入法国版图。西班牙向神圣罗马帝国的利奥波德一世（Leopold Ⅰ）求援，而路易向利奥波德建议二人瓜分西班牙帝国，利奥波德同意了，因而并未出手援助西班牙。路易轻易地占领了佛兰德斯，接着指向弗朗什·孔泰（Franche Comté）。这是介于勃艮第与瑞士之间的地区，本为西班牙属地，法国对之垂涎已久。1668 年 2 月，2 万法军在孔代的率领下进入弗朗什·孔泰。法军以贿赂收买地方守将，因此法军处处频传捷报。路易亲自率军攻打杜尔（Dole），四天内城陷，在三星期内弗朗什·孔泰全境皆降。路易在胜利中班师回巴黎。

但路易得意得太早了，联合省于 1668 年 1 月说服瑞典与英国成立三国联盟（Triple Alliance），以对抗法国。这三个国家都知道，如果法国势力扩张到莱茵，他们的政治与商业自由将大受威胁。路易也看出他这次操之过急，他与利奥波德一世的秘密协定上，曾明订在西班牙的查理二世过世后，尼德兰全境与弗朗什·孔泰都将归于法国。而生病的查理二世很可能在一两年内死去，也许只须稍等些时候，这两个地区就会和平地归于法国了。因此路易同三国联盟谈和，他的外交官分赴瑞典与英国斡旋，终于在 1668 年 5 月 2 日签订《亚琛条约》，结束王位继承的战争。法国将弗朗什·孔泰归还西班牙，但保留沙勒罗瓦、杜艾、图尔奈、奥德那尔、里尔、阿尔芒蒂耶尔与库尔特累。路易保留了半数战利品。

1672 年，他再度进军莱茵，这次他的真正目标揭开了——不是佛兰德斯而是荷兰。法军几乎攻进阿姆斯特丹与海牙，荷兰不得不掘开堤防以阻其攻势。这次全欧警觉到法国威胁到权力的均衡，1672 年 10 月，利奥波德一世联合"联合行省"与勃兰登堡组成"大联合"。西班牙与洛林于 1673 年加入，丹麦、巴拉丁及卢森堡公国于

1674 年加入，而同一年英国议会强迫亲法的国王与荷兰谈和。

路易勇敢地面对这一挑战，不顾柯尔伯抱怨他会拖穷法国，他征收更多税，建立一支海军，将他的陆军扩张至 18 万人。1674 年 6 月，他以一支军队再度攻占贝桑松（Besançon），在 6 周内再度征服弗朗什·孔泰。这一战是蒂雷纳将军最成功而残酷的战役，他率领 2 万军队击败神圣罗马帝国的 7 万大军。为断绝敌人的补给，他使巴拉丁、洛林与部分阿尔萨斯变成焦土，莱茵河流域的残破景象再度出现。1675 年 7 月 27 日，蒂雷纳在巴登（Baden）勘察军情时阵亡，路易给他以王室的葬礼，葬于圣丹尼斯教堂。失去这位名将，不啻于吃十场败仗。孔代在尼德兰赢得大胜后，前来接替蒂雷纳，将罗马帝国军队逐出阿尔萨斯。后来这位亲王厌倦了戎马生涯，退隐在查恩提里（Chantilly），研究哲学与政治以终其年。路易现在统率在尼德兰的法军，他攻下了瓦朗谢纳、坎布雷、圣奥默、根特与伊普尔（1677—1678 年）。法国也称颂国王为伟大的将领。

但这时国内人民的重担已无法承受，波尔多与布列塔尼有叛乱发生。法国南部的农村在饥饿边缘挣扎，多菲内的老百姓靠着用橡子与树根做成的面包度日。荷兰提议和谈时，路易同意了，1678 年 8 月 11 日，他签订条约归还他所占的联合行省的全部领土，并降低荷兰货物进入法国的关税。他以这些让步强迫分裂中的西班牙将弗朗什·孔泰割让给法国，连同法国东北边境与西属尼德兰接壤的十几个市镇。他与利奥波德签订条约，法国取得布利沙克与弗赖堡两个战略城市，阿尔萨斯与洛林仍归法国。路易与欧洲国家签订的《奈梅亨条约》（Treaty of Nijmegen，1678—1679 年）与《圣热尔曼条约》（1679 年）是联合行省的胜利。但路易也没有失败，他的势力已经凌驾于神圣罗马帝国与西班牙之上，他已到达渴望已久的莱茵河。

即使在和平时期，他仍维持庞大的军队，他知道军队是外交的后盾。有武力在背后支持，同时利用神圣罗马帝国正对付来犯的土耳其人无暇他顾的时机，他在阿尔萨斯、弗朗什·孔泰以及布莱斯高成立"再结合委员会"（Chambers of Reunion），要求收回一些以前属于他们的边境地区。一经收回，这些地区均被法军占领。而像斯特拉斯堡这样的大城市，其官员受到大笔金钱的引诱下，也于1681年承认路易的王权。在同一年以同样的办法，米兰公爵向法国让出卡萨尔城堡，这是从萨伏依通向米兰的要塞。西班牙疏忽地交出尼德兰的城市时，路易再度派军进入佛兰德斯与布拉班特，并于沿途并吞了卢森堡公国（1684年6月）。在雷根斯堡（Regensburg）的停战条约上（8月15日），西班牙与神圣罗马帝国都承认法国的占领，因为那时土耳其人正在攻占维也纳，路易与科隆选帝侯的同盟实际上已将法国的势力扩展到莱茵，高卢人长久以来建立自然疆界的理想已经部分实现了。

　　这是法国王权势力如日中天的时候，从查理曼以来法国从未如此强大，如此扩展。繁华盛典点缀着"太阳王"的成就。1680年，巴黎议会正式宣布路易为"大帝"。勒布朗将他画成一个神，君临凡尔赛宫。有一位神学家论证路易的成就证明了上帝的存在。国内的老百姓，在其困境中将他们的统治者理想化，对他们似乎不可征服的威势感到骄傲。甚至外国人士也赞佩路易，认为他发动战争有地理上的理由。哲学家莱布尼茨赞扬他是"一位伟大的王者，是我们时代公认的荣耀，是后世可望而不可多得的"。自阿尔卑斯山与比利牛斯山以北，维斯杜拉河（Vistula）以西，全欧的知识阶级开始说他的语言、模仿他的宫廷、他的艺术与他的方式，旭日已经高升。

第二章 | 信仰的考验
（1643—1715）

国王与教会

历史学家像新闻记者一样，常会在他记述的戏剧性事件中忽略平凡的背景，因为他知道读者喜好特殊性的事件，而且希望在事件的过程中加上人格化色彩。在法国的君主、首相、廷臣、贵妇与将军之下，是平凡的男男女女，他们生活、求爱、爱护与责骂子女、犯罪、忏悔、娱乐、争吵，烦倦地去工作，偷偷地上妓院，谦卑地祈祷。对永生救赎的追求不时介入日常的生存竞争中。当尘世的欲望减退、天堂的梦想增加，教堂内清冷的空气使尘世的纷扰得到暂时的休息。宗教的神话是民间的诗歌，而弥撒代表着救赎的安慰，教士本人也许贪婪于现世，他传播的信息却安慰了穷人和失意者的心。除了政府以外，教会仍然是社会与权力的一大支柱，因为在宗教上的希望，人民才耐心地屈从于工作、法律与战争之下。

天主教的高级教士很清楚他们在社会秩序上的重要性。他们与国王和贵族分享国家的财富与宫廷的豪华，当时的主教与大主教及孔代、蒙庞西埃、塞维涅各家庭都维持礼貌的亲密关系。上千个修士一面领了圣职，一面结了婚，取乐于女人与思想之间。但是，大致说来，当时天主教教士的心志与道德水准，也许受了胡格诺派传教士的刺激影响，较前几个世纪都好得多。

女修道院并不像那些对宗教怀有敌意的人想象的，"是罪恶的温床"，许多是虔诚的甚至是禁欲的退隐之所，像露易丝·拉瓦利埃退隐的圣衣派修道院。其他的修道院成为一些年轻女子的庇护所。她们因为各种原因，或置不起嫁妆无法结婚，或曾犯过错，或触犯有权势的人。在这种修道院中，她们认为接待一个访客，与其他人跳舞，阅读世俗的读物，或以台球、牌戏来调剂枯燥的生活，并不是罪恶。雅克利娜·阿尔诺（Jacqueline Arnauld）便是由于改革这种修道院，而使波尔－罗亚尔女修道院（Port Royal）成为法国历史上最著名的修道院。

但说到修道院便不能一概而论了。许多修道院的确存在院规松懈、生活懒散、祈祷形式化及托钵僧强索烦求的现象。阿蒙·朗塞（Armand Jean de Rancé）曾改革诺曼底的特拉普圣母修道院（Notre Dame de la Trappe），建立特拉普派教规，流传至今。耶稣会士此时进入法国人民的生活与历史中。17 世纪初期，他们被怀疑为弑君者，但到最后成为路易的忏悔神父与指导者。他们称得上心理学专家，一位修女玛格丽特·阿拉科克（Marguerite Marie Alacoque）受到神秘的异象指示，于 1675 年建立一个教派，致力于耶稣圣心会（Sacred Heart of Jesus）的公众崇拜。耶稣会士鼓励这个运动，认为可以激发民众的信心。同时，他们承认犯罪是自然性的，为此减轻了罪人在宗教上的负担。他们又发展出一套"决疑论"（Casuistry），借此缓和十诫的严厉与罪人悔罪的痛苦。他们不久便成为最受欢迎的告解神父，并赢得"良心的指导者"的权威令名，特别是在法国上层社会的妇女之间，而她们有时会影响到国家的政策。

"决疑论"这个名词在 17 世纪并无不当，这个名词中令人不齿的意味是帕斯卡用在他的《省区书简》（*Provincial Letters*）中的。作为一个告解神父或心灵指导者，一个教士应该知道何者为重大的罪恶、何者仅为轻微的过失、何者不算作罪过。他必须准确应用他的知识，配合他的判断、他的忠告及赎罪圣礼，来适应一个忏悔者的特殊环境与个人情况。在犹太教中，拉比曾将这种道德裁决的理论发展到相当程度，而且成为犹太经典的合法的一部分。早在耶稣会成立之前，天主教的神学家即有不少论著讨论这个良心裁决论，以指导教士用之于道德训示与执行告解上。在什么情况下，道德律的条文可用其精神与意旨来解释？在什么情况下，一个人可以说谎、偷窃、杀人、毁约或否认信仰？

某些决疑论者要求严格地诠释道德律，认为就长远来说，严谨总比放纵对人有益。但其他的决疑论者，特别是耶稣会教士莫利纳（Molina）、埃斯科巴尔（Escobar）、托雷多（Toledo）与布森鲍姆（Busenbaum），却偏爱较宽和的律法。他们认为，人类天性、环境的影响、对法律的无知、对绝对遵守条文的困难、在热情发泄的半疯狂状态及任何有碍于自由意志的环境，都可以成为裁决时考虑的因素。为便利这种宽大的道德律，耶稣会教士又发展成一套"盖然论"（doctrine of probabilism）——如果某一位道德或神学上承认的权威偏向某一观点，则一个告解神父可随其意依照这个观点裁决，尽管其他的专家表示反对。一些耶稣会决疑论者又说，在某些时候说谎、不吐露实情是允许的，这是一种"心理的保留"。因此，一个被俘的基督徒，如果他必须改信其他宗教，否则将被处死时，他可以假装接受其他宗教，不算犯罪。埃斯科巴尔教士又说道，一个行动的道德本质，不在于这个行动本身，因为行动是无所谓道德的，而是在于行动者的道德意图，除非是个人自觉地、自愿地背离道德律，否则个人都不算犯罪。

多数耶稣会教士所持的决疑论是对中古时期禁欲的社会道德的一种合理而人道的调适，因为社会上发现享乐并不是罪过。但是特别在法国，其次在意大利，耶稣会教士将决疑论发展到如此纵容人性弱点的程度，许多虔敬人士，如巴黎的帕斯卡与威尼斯的萨尔皮

(Sarpi)，及许多天主教的神学家，包括几位耶稣会教士在内，均表反对，对于他们来说，这等于基督教向罪恶投降。法国的胡格诺派教徒是承袭了加尔文的严格教规的，因而不免震惊于耶稣会士对现世与肉身的妥协。在天主教内部，有一个强大的运动开展起来，即詹森教派反对耶稣会。他们在波尔－罗亚尔女修道院建立了几可媲美加尔文教派的清规，影响了法国与法国文学达一个世纪之久。路易十四也牵涉其中，因为他的告解神父是耶稣会的，而他的所为也是不合于清规的。1674 年起，夏斯神父（Pére La Chaise）成为路易的告解神父，伏尔泰描写他"是一个个性温和的人，跟他和解总是容易的事"。他在这个职位达 32 年，宽恕每一件事情，人人都喜欢他。路易说："他太好了，有时候我都责备他不要如此好心肠。"但这位安静而耐心的神父对路易产生很大的影响，最后指导他走向正常的家庭生活，并信服于教皇。

路易从来不是一个教皇至上者。他在正式场合是虔敬的，他很少缺席每天的弥撒，在回忆录中他告诉儿子：

> 部分由于感谢我承受的一切好运，部分由于赢得人民的爱戴……我继续表现对宗教的虔敬，那是我母亲自小教养我的……说实话，吾儿，我们疏于敬奉宗教时，我们不但失去了感谢与公正，也失去了谨慎与良好的见识。对宗教我们只不过是代理人，顺从宗教是我们的责任，也是身为王者应做的典范。

但这并不表示对教皇权威的顺从。路易继承了教皇权限制派（Gallican，又称法国国教派）的传统——《布尔热诏令》（*The Pragmatic Sanction of Bourges*）及 1516 年弗兰索瓦一世的《政教协约》。在这些条文中，给予法国国王权力，任命国内的主教与修道院院长，决定他们的收入，并在一个教区的主教死亡与新任到职之间一段时期内，得以任命任何圣职。路易表明他是上帝在法国的代理人，他对教皇的顺从，仅限于有关道德与信仰方面。全法的教士，在关系到法国国家方面，应该服从国王。

一部分法国教士——教皇全权论者——弃绝这种声明，坚持教皇高于国王、议会，对主教任命有绝对的权力。但大多数法国国教教徒，拥护国王在处理世俗事务上有完全的独立，否认教皇的永无乖错，除非是由主教会议一致同意的决定，而且清楚驱逐罗马教廷势力对法国教士是有益的。孔代曾说，据他看来如果路易愿意改奉新教，法国教士一定首先响应。1663 年，法国索邦（Sorbonne）神学院（后为巴黎大学）发表 6 项条款强调法国国教派的立场。法国议会采取同样的立场，而且支持路易的要求，法国国王有权决定教皇的诏书何者得以在法国发行或被接受。1678 年，教皇英诺森十一世反对法国国教派，并将图卢兹大主教逐出教会，代之以一位反对法国国教派的主教。路易召集一个教士会议，与会者几乎全由他选出。1682 年 3 月，这项会议重申巴黎索邦神学院的 6 项条款，并拟定了著名的 4 项条款，几乎使法国教会与罗马决裂：

一、教皇在有关精神的方面有管辖权，但没有权力废除国君或禁止臣民服从国君。

二、大公会议（Ecumenical Councils）在权威上高于教皇。

三、法国教会的自由传统不容侵犯。

四、教皇永无乖错，只有在与主教会议取得一致情形下始能成立。

英诺森宣布这项会议的决定无效，而且对所有赞同此项条款的新任主教拒绝授以教阶。由于路易只能提名此类人选，1688 年，法国有 35 个教区便没有正式主教。但在那时路易年纪已大，门特隆夫人使他软化下来，而倔强的教皇不久也去世了。1693 年，路易准许他提名的主教否认 4 项条款，新任的教皇英诺森十二世承认国王有权提名主教。路易因此再度成为一个最虔敬的基督教君主。

波尔-罗亚尔女修道院（1204—1626）

教廷与国家的纷争，只是路易时代三大宗教事件中影响最轻的一个，影响较深远的是代表国家与教士的正统天主教与几乎算是新教的詹森教派、波尔-罗亚尔女修道院之间的对立，而影响最深远也是最悲剧性的，则是法国胡格诺教派的摧毁。但是，为什么波尔-罗亚尔女修道院在法国历史上名气如此之大？波尔-罗亚尔女修道院是西都会修道院的一个女修道院，离巴黎约 16 英里，离凡尔赛宫约 6 英里，位于一个低湿的沼泽地区，塞维涅夫人称那里是"一个可怕的山谷，正是人类寻求救赎的地方"。波尔-罗亚尔女修道院建于 1204 年，几乎不曾在百年战争与宗教战争的多次战乱中被破坏。但修道院的人减少了，教规也废弛了，如果不是由于雅克利娜·阿尔诺掌管这个女修道院及被帕斯卡记录下来为其辩护，也许没有人会听到这个名字。

安东尼·阿诺德一世（Antoine Arnauld Ⅰ）在历史上之所以有名，是因为他的善辩与他的多产（生育众多子女）。1593 年，在巴里埃（Barrière）企图刺杀亨利四世后，阿诺德在巴黎议会做了充满义愤的演说，要求将耶稣会教士逐出法国。耶稣会教士对他深怀愤恨，而且以不怀好意的批评眼光注视其家族在波尔-罗亚尔女修道院的作为。阿诺德有 20 多个子女，其中至少有 4 个与修道院有关。雅克利娜在她 7 岁那年（1598 年）被任命为波尔-罗亚尔女修道院的副院长，一年后她的妹妹珍妮年方 6 岁，也成为圣西尔修道院（St.Cyr）的院长。她们都是由亨利四世提名，然后篡改年龄送到教廷被批准的。也许她们的父亲为她们谋得这个职位，是不想为她们准备嫁妆。

雅克利娜在 1602 年正式主掌波尔-罗亚尔女修道院，成为安热利克（Mère Angélique）教长时，她见到在修道院的 13 个修女的教规极为松懈，每人都有自己的私人财产，头发散在外面，使用化妆品，穿着当下流行的时装。她们很少领圣体，在 30 年中听讲道不超过 7 次。她逐渐了解那里的生活后，对之非常失望，并想到逃走（1607 年）。她说："我想到离开波尔－罗亚尔女修道院还俗，不告诉我的父母亲，以逃脱这个负担，然后结婚去。"她生了病，被送回家，受到她母亲细心的看护。她病好后再次回到波尔－罗亚尔女修道院，为了她母亲的爱，她决定谨守做修女的誓言。但是，她订购了一件鲸骨的紧身衣以保持身材，她仍然秘密地对宗教生活怀有反感。直到 1608 年复活节，正值青春盛年的她，听到一个卡普辛修会（Capuchin）的教士讲到基督的受苦。她日后记道："在讲道期间，上帝以如此的方式感动我，那一刻我发现修女的生活是快乐的……我知道如果上帝继续恩宠于我，我没有不能为他做的事。"这一次，用她的话说，是"神恩的第一次做工"。

同年 11 月 1 日的另一次讲道——"神恩的第二次做工"，令她满怀羞耻，因为她与其他修女都如此疏于信守安贫与隐居的誓言，她徘徊于对修女的爱护与加强教规之间不能决定，变得忧郁，加上强制的自律，她发热病倒了。她一定深受其他修女爱戴，她们问她悲哀的理由，于是她说出她希望她们回复到合于教规的生活。她们同意了，献出她们的财产，宣誓永远安于贫穷。

下一步工作，从世俗退隐，则更为困难。安热利克教长禁止修女们离开修道院，未经允许，不得接近访客（即使最亲近的家属也不行），如得允许，也仅在会客室见面。修女们抱怨这太难做到了，为了以身作则，她决定从下一次起不再见她的父母，仅能由会客室与修女房间之间的格子窗口相见。第二次她的父母亲来看她时，发现她只愿由这个窗口与他们谈话。这个窗口日（1609 年 9 月 25 日）于是成为波尔－罗亚尔女修道院文献上著名的日子。

她的家庭很快不再因被她摒绝而生气，而安热利克教长（现在 18 岁）的虔诚令他们如此感动，阿诺德家人一个接一个进入波尔－罗亚尔女修道院。1618 年，雅克利娜的妹妹安妮·尤金（Anne

Eugénie）宣誓成为修女。不久，其他姐妹也加入——凯瑟琳、玛丽与玛德琳。1629 年，她寡居的母亲跪在安热利克教长脚下请求成为一个新人，她宣誓做了修女，此后快乐而谦卑地在她女儿之下，尊称她为"母亲"（修女称教长为母亲）。这位母亲去世时（1641 年），她感谢上帝给她 6 个女儿献身宗教。她有 5 个孙女后来进入波尔−罗亚尔女修道院。她的儿子罗伯特（Robert Arnauld d'Andilly）与 3 个孙子成为那里的"隐者"。她最有名的儿子安东尼·阿诺德二世是巴黎索邦神学院的院士，成为波尔−罗亚尔女修道院的哲学家与神学家。我们惊奇于能生育如此众多子女的家庭，也不能不敬佩如此深刻的宗教虔敬、忠诚与信心。[1]

　　安热利克教长一步一步率领她的子民回到正规的西都派教规中。现在院中有 36 位修女，严格地谨守斋戒，进行长时期的静修，在凌晨 2 点即起身做晨祷，为地方上的穷人做慈善工作。波尔−罗亚尔女修道院将改革的风气灌输给在那里受训练的修女，然后送这些修女到全法国各地的修道院以激励修女谨守教规。有一个在莫比松（Maubuisson）的修道院最为松懈，亨利四世曾利用这里作为他与情妇加布里埃尔的幽会之所。修道院院长自己的私生女成群，修女们经常离开修道院去和邻近修道院的男修士相会或跳舞。1618 年，安热利克教长在上级的要求下，取代莫比松教长之职。她在莫比松 5 年，她回到波尔−罗亚尔女修道院时，有 32 位莫比松修女跟随她加入修道院改革工作。

　　1626 年，波尔−罗亚尔女修道院疟疾病蔓延，经人劝告那里低湿的气候不利于健康，安热利克与其他修女迁到巴黎居住。她们在巴黎受到詹森教派影响，加入与耶稣会和国王的对立。而"田野中的波尔−罗亚尔女修道院"则不久被隐修士占据，这些隐修士都是男性，

---

[1] 圣伯夫曾写过"数位在波尔−罗亚尔女修道院成为杰出的修女，她们早年都得过天花，使她们的脸孔变形"，又狡黠地说，"我不想说我们只把在世界上没有价值的东西献给上帝"。

他们并未宣誓成为修士，但希望过着仿佛修士般的生活，这其中有数位阿诺德家人——安东尼二世，他的兄弟罗勃，他们的外甥勒迈斯特和勒迈特及安东尼二世的孙子萨西。数位传教士加入他们，如皮埃尔·尼科勒（Pierre Nicole）和安东尼·森格兰（Antoine Singlin）。甚至有几位贵族——吕内公爵（Duc de Luynes）和邦夏杜男爵（Baron de Pont-château），也加入其中。他们一起清除沼泽，挖掘沟渠，修理房舍，养花种树。他们一起或分别过着苦修生活，斋戒、诵经、祈祷。他们穿着农民的服装，在最冷的冬天，屋内也不许点火取暖。他们研究《圣经》和教会初期的作品，他们有许多作品论及宗教虔诚与学术，其中一本《沉思的艺术》（*The Art of Thinking*）由尼科勒与安东尼二世合著，成为通行的逻辑教本，直到 20 世纪才被人遗忘。

1638 年，在波尔－罗亚尔女修道院的隐修士们开办一间"小学校"，他们邀请经过选择的 9 岁和 10 岁儿童加入。学校中教授法文、拉丁文、希腊文及笛卡儿哲学中的正统部分。学生们不许跳舞或观剧（这两者本都是耶稣会许可的），必须经常祈祷，但不是向圣像祈祷，他们举行弥撒的教堂并无宗教圣像。阿诺德的虔敬与当时宫廷的不道德形成明显的对立，而二者的对立终于形成詹森教派严谨的神学和伦理与耶稣会和基督教对人类天性妥协的对立。

詹森教派与耶稣会

詹森（Cornelis Jansen）是荷兰人，他所诞生的乌得勒支省是天主教区，但他很受邻近加尔文教派的奥古斯丁教派神学影响。他于 1602 年进入鲁汶的天主教大学，他发现当时的天主教有两派势力，一是耶稣会代表的经院学派，另一派则跟随巴依乌斯（Michael Baius），采取奥古斯丁教派的观点，强调命定论（predestination）与神恩。这两派正陷入激烈的对立之中。詹森倾向于奥古斯丁教派的观点，在他大学毕业后与实际工作之前，他接受一位同学迪韦吉耶·欧哈内（Duvergier Hauranne）的邀请在贝约讷（Bayonne）住了一段时间。他们研究圣保罗与圣奥古斯丁的作品，而且同意为维护天主教对抗荷兰加尔文派教徒与法国胡格诺派教徒，最好的方法是接受奥古斯丁教派强调命定说与神恩的观点，而且在天主教的教士与信徒之间建立严格的道德规律，以挽救当时宫廷与修道院中的颓废及耶稣会的放纵与轻浮的风气。

1616 年，詹森主持鲁汶一个荷兰学生招待所，他攻击耶稣会自由意志的神学，并宣讲一种神秘的清教主义，近似于当时在荷兰、德国与英国成形的虔信教派（Pietism）。他成为鲁汶大学的《圣经》注释教授及日后任伊普尔主教期间，一直攻击耶稣会。1638 年死时，他留下一部未完成的著作《奥古斯丁学说》（Augustinus）。这本书于1640 年出版，不久即成为波尔-罗亚尔女修道院学习经典的训义基础，并成为法国天主教神学争论的中心论题达一个世纪之久。

虽然这本书名义上是天主教的著作，尼德兰的加尔文派教徒宣称在其本质上是属于加尔文教派的，像奥古斯丁、路德与加尔文一样，詹森完全接受命定的理论。上帝早在世界创造以前，即已预先选定哪些男女将会得救，并已决定谁不能得救。人们的善行，虽弥足珍贵，但没有神恩之助绝不足以获得拯救，即使在少数好人中间也仅有少部分会得到救赎。天主教会并没有明显地弃绝圣保罗与圣奥古斯丁所持的命定说，仅把它放在不受注目的地位。因为命定说实在难以与自由意志论相调和，而就逻辑上来说，自由意志与道德责任或罪的观念似乎是不可分离的。但詹森说，人的意志不是自由的，人随着亚当的罪恶丧失了意志自由，现在人性的腐化超过自我赎罪的能力，只有上帝的恩典，借着基督的死，可以拯救人类。耶稣会维护自由意志，对于詹森来说，只是夸张善行以获得救赎的功能，使基督为拯救人类而死变得似乎是多余了。他又说，我们不可把逻辑过分看重了，理性的能力远低于坚定的无可怀疑的信仰，正如宗教仪式远低于灵魂直接与上帝沟通一样。

这些观念由圣齐兰（St. Cyran）教长，通过韦吉耶带进波尔—罗亚尔女修道院，怀着改革神学与道德的热诚，希望以内在的虔诚代替外在的宗教。这位圣齐兰先生，来到巴黎不久（1636 年）即成为巴黎波尔—罗亚尔女修道院与田野波尔—罗亚尔女修道院隐修士共同的灵性指导者，而这两个机构即成为詹森教派在法国的喉舌与榜样。黎塞留认为这些改革者是制造麻烦的狂热信徒，将圣齐兰监禁在文森（1638 年）。圣齐兰于 1642 年被释，一年后中风而死。

圣齐兰在狱中仍继续激励阿诺德家人，安东尼二世于 1643 年发表论文《常领圣体论》（De la Fréquente Communion）。他继承他父亲的主张，继续攻击耶稣会。他并未指名，但在文中谴责某些告解神父容许的观念，即一再犯罪可以借着经常忏悔与领圣体而加以补偿。耶稣会认为这种攻击是对他们而发，于是大加指责阿诺德家族。安东尼预料将有麻烦，便离开巴黎到田野波尔—罗亚尔女修道院。1648 年，在巴黎波尔—罗亚尔女修道院的修女惊于投石党之乱，迁回她们原住的修道院。在那里的隐修士让出房间，搬到附近的农家，称为"农舍"（Les Granges）。

1642 年，教皇乌尔班八世已经谴责詹森《奥古斯丁学说》中的一般教义。1649 年，巴黎索邦神学院一位教授要求其他同事谴责他认为在当时已经过分流行的 7 点意见。这件事提交到教皇英诺森十世那里，耶稣会教士见时机来临，向教皇强调詹森派教义的危险，说那是以天主教为伪装，本质上是加尔文教派的神学。最后他们说服教皇于 1653 年 5 月 31 日发表圣谕，谴责《奥古斯丁学说》一书中的 5 点见解为异端：

一、神的知觉是正直的人即使愿意也绝对无法服从的。

二、没有人能抵制神恩的影响。

三、人类有价值的行动不必是免于需要的，免于强迫即已足够。

四、认为人的意志可赋予一种抵制神恩的力量，或顺从其影响的力量，是一种半伯拉纠派（semi-Pelagian）的异端。

五、任何人说基督是为了所有人而死，是一种半伯拉纠派的异端。

这5种见解不是从《奥古斯丁学说》一书中逐字抽出的，而是耶稣会为这本书作为训义做的结论。就作为结论来说是颇为公正的，但詹森派教士争论这5点见解本身并不见于詹森的书中，阿诺德狡猾地暗示它们可见于奥古斯丁的著作中。在当时似乎还没有人读过这本书。

安东尼·阿诺德是一个战士，他承认教皇在信仰与道德事件中是永无乖错的，但事实上并非如此。1655年，他出版两封《致一位公爵与贵族的信》，再度向耶稣会攻击，指责他所称的耶稣会式的告解方法。巴黎索邦神学院驱逐他离校。他准备了答辩，在波尔－罗亚尔女修道院读给他的朋友听，但他们并不感动。其中有一个新近加入的人名叫布莱兹·帕斯卡，阿诺德对他说："年轻人，为什么你不能写些东西呢？"帕斯卡回到他的房间，开始写第一封《省区书简》，那将成为法国哲学与文学的经典著作。我们将以较多的篇幅谈帕斯卡，因为他不仅是法国最伟大的散文家，也是所有理性时代最优异的宗教辩护者。

布莱兹·帕斯卡（1623—1662）

·身世

帕斯卡的父亲安提尼·帕斯卡（Étienne Pascal）是法国中南部一个城市克莱蒙费朗（Clermont Ferrand）法院的法官。他母亲死于他3岁那年，留下他与姐姐吉尔伯特、妹妹雅克利娜。他8岁时，全家搬到巴黎。安提尼爱好几何与物理，成为伽桑迪（Pierre Gassendi）、马兰·梅森（Marin Mersenne）与笛卡儿的朋友。布莱兹常偷听他们的聚谈，很小便成为一个有志于科学的人。他在 11 岁那年写了一篇有关振动中物体的声音的论文，他父亲认为他对几何的热情会耽误其他的功课，有段时间禁止他在数学上继续用功。但据说有一天，他父亲发现他用一块煤炭在墙上写出"三角形三内角之和等于二直角"的证明，此后他得以学习欧几里得的几何学。在他满 16 岁以前，他即写了一篇有关圆锥体的论文，其内容大部分已无可查考，但这项定理至今仍冠以帕斯卡之名。笛卡儿见到这份手稿时，不相信这是出于儿子而非父亲之手。

同年（1639 年），他年方 13 岁的妹妹雅克利娜在他家造成了一个戏剧性的事件。他的父亲曾投资于地方债券，黎塞留减低了债券的利率，安提尼批评他，黎塞留威胁要逮捕他，于是安提尼逃往奥弗涅躲藏。但黎塞留喜欢戏剧与女孩子。斯屈代里的《暴君之爱》（*L'Amour Tyrannique*）在他面前上演，由一群女孩子担任演员，雅克利娜也为其中之一。黎塞留特别喜欢雅克利娜的演出，她趁这个机会要求宽恕她父亲。黎塞留同意了，并任命他为诺曼底首府鲁昂（Rouen）的钦命大臣。于是这一家于 1641 年迁往鲁昂。

在鲁昂，现年 19 岁的帕斯卡开始设计数架计算机器，其中有些现仍保存在巴黎艺术与工艺博物院内。其原理是一排齿轮，每个齿轮均有从 0 到 9 的 10 个齿，每当一个齿轮转一周，在它右边的齿轮则转 1/10 周，而总数则显示于上方的狭口上。这部机器只能算加法，虽并不实用，但那时能设计出来真令人惊奇。帕斯卡将其中一部送给在瑞典的克里斯蒂娜（Christina），附带一封情文并茂的信。她邀请他到宫中来，但他以一介寒士为由拒绝入宫。

这位年轻的科学家后来注意到托里切利（Torricelli）发表的关于大气重量的实验。帕斯卡得到一个想法：水银在一个托里切利试管中将依据气压的变化在不同的地方升至不同的高度。这个假设不是自托里切利得到的，但笛卡儿可能贡献了意见。他要求住在奥弗涅的姐夫带一个水银管到山顶上，记录在不同的高度水银管上升的数值。他姐夫照做了，1648 年 9 月 19 日，与几位朋友登上多姆山（Puy de Dôme），这里高出克莱蒙费朗约 5000 英尺。在山顶水银管的高度是 23 英寸，而在山脚下水银管升至 26 英寸。这个实验传遍欧洲，终于确定了气压测定法的原理与价值。

帕斯卡在科学界的名声，使一个赌徒请求他发展一种概率数学（1648 年）。帕斯卡接受这项挑战，他与费马（Pierre de Fermat）合作发展出概率的运算。这时，丝毫没有迹象显示他会将科学的热诚转向宗教，或竟会失去对理性与实验的信心。他继续在科学问题，主要是数学上研究了 10 年。1658 年，他匿名提出一笔赏金征求一个旋转形曲线的解法，当时有不少人提出解法：瓦利斯（John Wallis）、惠更斯（Christian Huygens）与雷恩（Christopher Wren）及其他人。然后，帕斯卡用一个假名发表他的解法。当时各竞争者之间有不少争论，包括帕斯卡在内，都表现得不太像一个科学家。

这时，有两件事在他生活中起了重大影响——疾病与詹森教派。18 岁那年他患上一种神经性疾病，使他没有一天不在痛苦中。1647 年，他患了麻痹，没有拐杖就不能行动。他头痛、消化不良、脚与腿冰冷，需要费大力才能使血液流通。他穿着在白兰地里浸过的袜子以温暖他的脚。为了得到较好的医治，他与妹妹雅克利娜搬到巴黎。他的健康好转了，但神经系统的受损却不能复原。此后他陷入日益严重的忧郁症，影响到他的个性与他的哲学。他变得易怒，时而蛮横不讲理，绝少现出笑容。

帕斯卡的父亲在他的科学本行中仍保持为一个虔诚的天主教徒，他曾对他的孩子说，宗教信仰是他们最珍贵的财富，有时远超过人类脆弱的理性与评价。在鲁昂，有一次他父亲受了重伤，一位詹森派医师治好了他，从此这一家与詹森教派开始接触。帕斯卡与其妹雅克利娜搬到巴黎后，他们时常参加巴黎波尔-罗亚尔女修道院的弥撒。雅克利娜希望进入修道院做修女，但她父亲不愿与自己的女儿分离。父亲于 1651 年去世，不久雅克利娜即成为田野波尔-罗亚尔女修道院的修女。她哥哥曾劝阻她而无效。

有一段时间他们为分父亲的财产起了争执，这一切解决后，帕斯卡发现他既富有又自由了——这可不是接近神圣的情境。他迁入装饰豪华的家中，雇用许多仆役，坐着 4 或 6 匹马拉的车在巴黎招摇过市。他暂时恢复了健康，这给他一种自欺的幸福感，使他从虔敬转向享乐。我们不可苛责他这几年的世俗生活（1648—1654 年），他享受巴黎生活的风趣：游乐与美女。他有一段时间在奥弗涅追求一位才貌双全的小姐——称之为"乡间的萨福"。约在这时他写了一篇《谈热情与爱情》（"Discours sur les passions de L'amour"），而且明显地考虑到结婚——这是他日后形容为"一个基督徒许可的最低生活情境"。在他的朋友中有一些自由分子，他们以道德自由配合思想自由，也许经过他们，他对蒙田产生兴趣，而蒙田的《散文集》深深影响他的生活。其最初的影响可能是使他倾向于宗教怀疑。

雅克利娜听到他最近的浮浪，责备他，祈祷他悔改。由于他特别易感的天性，一个意外事件终于成全了他妹妹的祈祷。有一天，他驾车经过涅里桥（Pont de Neuilly）时，他的 4 匹马受到惊吓，跃过桥栏冲进塞纳河中，几乎把马车也拖着下水，但幸好缰绳断了，于是马车半悬在桥边上。帕斯卡与他的朋友们爬出来。这位敏感的哲学家惊于自己死里逃生，昏了过去，暂时人事不省。恢复知觉后，他感到他见到了上帝的形象。在恐惧、悔罪与感谢的狂喜中，他将他见到的异象写在羊皮纸上，后来他将这羊皮纸缝在外衣的衬里上：

> 神恩降临的 1654 年
> 11 月 23 日，星期一，
> ……从下午 6 点半到夜里 12 点半。
> 逝去的
> 亚伯拉罕的神，以撒的神，雅各的神，

不是哲学家与学者的神，

确信、确信、感触、欢乐、和平。

耶稣基督的神……

他不能被寻到，除了用使徒教导的方式，

人类灵魂的荣耀。

正直的父，这世界从不知道你，但我已知道你。

欢乐、欢乐、欢乐、欢乐的泪……

我的神，你会遗弃我吗？……

耶稣基督，耶稣基督……

我曾与他分离，我逃避他，背弃他，

钉他十字架，

愿我再不会与他分离……

重新和解是甜蜜而完美的。

　　他再度拜访波尔—罗亚尔女修道院与雅克利娜，雅克利娜见到他谦逊与悔改的新态度非常高兴。他倾听安东尼·森格兰的讲道。1654年12月，他与萨西长谈，萨西使他相信科学的浮面性与哲学的虚幻。阿诺德与尼科尔发现这个新人怀着悔改的热情，善于以言辞表达，他似乎是由于神的旨意而来到他们中间，来维护波尔—罗亚尔女修道院对抗敌人。他们请求他拿起笔，与企图使詹森教派成为罪过的耶稣会教士展开激辩。他以如此的才华与笔力完成的作品，至今仍使耶稣会感到刺痛。

·省区书简

　　1656年1月23日与29日，帕斯卡发表了第1封和第2封"路易·蒙塔尔特致一个省区的朋友与耶稣会神父的信，谈他们的伦理与政治"。文章的构思是很聪明的：一个巴黎人假装向一个住在省区的朋友报告当时流行于首都的知识与宗教圈内的道德与神学问题。阿诺德与尼科尔供给帕斯卡需要的事实与参考，而帕斯卡结合一个悔改者的热情与一个世俗人的机智与技巧，为法国散文创造出一个更高的水准。

第一批信件中申述阿诺德所持的詹森教派神恩与救赎的观点，寻求公众的支持，其目的在于缓解巴黎索邦神学院反对、驱逐阿诺德的行动，但失败了。阿诺德被严厉地谴责并驱逐离校（1 月 31 日）。这次失败刺激帕斯卡与阿诺德攻击耶稣会教士告解神父的松懈与良心裁决论的漏洞，败坏了道德。他们研究埃斯科巴尔与其他耶稣会教士的著作，谴责"盖然论""意念的指导""心理的保留"等各种理论，甚至耶稣会传教士调和基督教神学也遭责备——虽然他们没有明显指控耶稣会教士为达到传教目的而不择手段。帕斯卡的书简继续下去，当阿诺德向他揭露更多的埃斯科巴尔的良心裁决理论，这位悔改者的热情升起了。第 10 封书简后，他放弃了一个巴黎人致省区朋友的虚拟形式，直接以他本人发言，以流畅的文笔与机智直接向耶稣会攻击。有时候他仅用 20 天时间完成一封信，然后赶着发表，以免公众的兴趣减退。他对第 16 封书简的冗长向读者道歉，"我没有时间缩短它"。在第 18 封也是最后一封书简中，他的笔锋指向教皇本人（1657 年 3 月 24 日）。教皇亚历山大七世于 1656 年 10 月 16 日又发表一道圣谕谴责詹森派教义。帕斯卡提醒读者教皇的裁决有时是错误的，如（他感到）对伽利略事件的裁决上。教皇谴责这些书简（1657 年 9 月 6 日），但全法国的知识分子都读它们。

这些攻击对耶稣会教士公平吗？书简中引述的耶稣会教士的作品是正确的吗？一位对这个问题相当了解的理性主义者说："确实，引述句中某些叙述词句被很不适当地删除掉了，少数句子的翻译是错的，而将整句节缩的结果在某些地方造成不公正的效果。"但他又说："这些情形很少，而且不是很重要。"现在一般都承认，书简中的引述句基本是正确的。但必须说明的是，帕斯卡采取的是某些决疑论者理论中最惊人也是最有问题的篇章，使部分读者产生错觉，认为这些神学裁判者阴谋摧毁基督教世界的道德。伏尔泰赞扬这些书简在文学上是最优秀的作品，但他认为"全书是建立在一个错误的出发点之上，作者很技巧地将少数西班牙与佛兰德斯耶稣会教士的夸张理论归罪于整个耶稣会"，而会中有许多教士根本持有不同观点。达朗贝尔（D'Alembert）遗憾帕斯卡为何不也对詹森派开火，因为"在詹森与圣齐兰理论中的惊世骇俗，较莫利纳、丹保林（Tambourin）与华斯魁兹（Vásquez）等人软弱的理论更有值得讥嘲之处"。

这些书简的影响非常大。它们并未立即削弱耶稣会士的势力——特别是与国王的关系——但它们如此地不齿于裁决论者的过分之处，令教皇亚历山大七世本人，一方面反对詹森教派，同时也谴责"松懈主义"（laxism），并下令修订裁决论的教本（1665—1666 年）。从帕斯卡的《省区书简》之后，使"良心裁决"，这名词带有了诡饰不当行为或观念的意味。在当时它已成为法国文学的杰作。从作品看来，好像一个世纪之前的伏尔泰——那种文字中愉快的机智、尖刻的讽嘲、怀疑的幽默、热情的抨击实实在在都是伏尔泰的，而且在书简的后部，那种对不公正的愤恨也影响了伏尔泰，使他不啻成为一部嬉笑怒骂的百科全书。伏尔泰自己称《省区书简》为"法国前所未有的最好作品"，这位最深刻与严格的批评家称帕斯卡"创造了法国的优美散文"。波舒哀主教被问及如果他没有自己的著作，他愿意写出什么样的书时，他答道，帕斯卡的《省区书简》。

·信仰的辩护

1656 年，帕斯卡回到巴黎主持《省区书简》的出版，他余生 6 年便一直住在巴黎。他并未弃绝现世，在他死的那年他还与朋友在巴黎组织一个定期的马车运输——现在公交系统的前身。有两件事恢复了他对宗教的虔诚，并使他完成对宗教与文学的贡献。1657 年 3 月 15 日，耶稣会教士促使太后安妮发布一道命令，关闭修士们开办的学校，禁止任何人再加入波尔－罗亚尔女修道院。他们安静地服从命令，学校的孩子，包括拉辛在内，被送到朋友家中去，老师们也被遣散了。9
天后（正是《省区书简》最后一封信发表的日子），修道院里发生了
一个奇迹：帕斯卡 10 岁的甥女玛格丽特得了一种痛苦的泪腺瘘，从
鼻中与眼中都流出恶臭的脓来。安热利克教长的一位亲戚向波尔–罗
亚尔女修道院奉献一根本人与他人都说是耶稣当日所戴的荆冠上的荆
棘。3 月 24 日，修女们在严肃的仪式与颂诗中，将这根荆棘放在圣
坛上，每一位修女依次吻这个荆棘。其中有一人看见玛格丽特也在会
众中，便拿起荆棘轻触她的伤处。据说，那天晚上玛格丽特惊奇地说
她的眼睛不再痛了，她母亲检查她，发现瘘已消失。他们召来一个医
生，检查后报告脓与肿皆已消失。这位医生，而非修女们，向人说他
亲眼见到一个奇迹。其他 7 位在先前已知道玛格丽特病况的医生发表
一项声明说，据他们判断，这是一个奇迹。教区的官员调查这事，得
到同样的结论，并授权在波尔–罗亚尔女修道院举行赞美弥撒。成群
的信徒拥来看这根荆棘，并吻它。全巴黎的天主教徒赞美奇迹出现。
安妮下令不许再迫害波尔–罗亚尔女修道院修女，隐修士又回到"农
舍"中。1728 年，教皇本尼狄克特十三世提及这件事用以证明奇迹
的时代仍然存在，帕斯卡刻了一个纹章，上面是一只眼，周围围着一
个荆冠，有一行铭文——"我知道我信的是谁"（Scio cui credidi）。

　　他现在决定写出他最后的见证，对宗教信仰最精深的辩护，那时
他能做的是把孤立的思想写下，组成一个暂时的但有力的系统。1658
年，他的旧疾复发，其严重程度使他无法完成这项工作。他死后，他
的挚友罗亚纳公爵（Duc de Roannez）和波尔–罗亚尔女修道院的学
者将其遗作编辑出版，题名为《帕斯卡对宗教与某些其他题目的沉
思录》（*Pensées de M.Pascal sur la Réligion，et sur Quelques autres Sujets*，
1670 年）。他们害怕帕斯卡留下的这些片断思想会导致他们走向怀疑
而非虔信。他们掩藏了怀疑的部分，修改了其他部分，以免国王或教
会不悦。因为在那时教会对波尔–罗亚尔女修道院的迫害已经停止，
他们不愿再有新的冲突发生。直到 19 世纪，我们才得以见到《帕斯

卡沉思录》的全部与真正的版本：

> 如果我们大胆地去分析《沉思录》的源起的话，那我们可将起点放在哥白尼的天文学上。我们倾听帕斯卡时，再度感到哥白尼—伽利略的天文学是对传统基督教形式的沉重打击。

> 人试着在自然完美与崇高的庄严中沉思其全貌，让他把眼光自周围的卑下事物中放开；让他注视那白热的光，像一盏永恒的灯照亮着地球；让地球在其运行的广大圆周里对他不过是一个点；让他惊奇于这个广大的圆周对于在天苍运行的恒星来说不过是一小片。如果我们的视线被阻于此，就该让想象力越过障碍继续往前……所有这个可见的世界不过是伟大的自然胸怀中不可辨识的一小部分。没有任何思想能走得如此远——那是一个无限的范围，其中心在任何地方，而其边缘在无可及的地方。这是我们最能感知的上帝全能的形象，在这种思想中，连想象力也迷失所往。

接着，帕斯卡在其著名的哲学警句中说："在这个无限空间的永恒沉默令我震惊。"但是还有另一个无限——无限微小，在"不可分割"的原子中理论上无止境的可分性：无论我们将任何东西减缩到如何小，我们不得不相信它还由更小的部分组成。徘徊在无限的广大与无限的微小之间，我们的理性困惑而惊骇了：

> 那看到他自己的人将被自己震惊，而且，知觉到他是悬于……无限与空无的两个深渊之间，将会颤抖……会更倾向于在沉默中沉思其伟大而非加诸各种假设去探究。因为，究竟人的自然地位是什么呢？对于无限来说，他什么也不是，就空无来说，他就是一切，他站在空无与无限的中点上。他无法理解极远的两端，而结束、开始或事物的原则，都隐藏在不可穿透的秘密中。

他无法了解他所从来的空无，同样也无法感知他将投入的无限。[1]

因此，科学不过是一个愚蠢的假设。科学基于理性，理性基于知觉，知觉则是欺人的。我们的知觉只能作用于一个狭窄的范围内，又加上肉体短暂的限制。除了理性本身，理性不能了解——道德、家庭或国家，也不能成为其稳固的基础，更不能感知世界的真正本质与秩序，更不要说理解上帝。人在习俗中，甚至在想象与神话中，都比在理性中有更多的智慧，"人的想象力轻率地得出的结论，被最明智的理性引用为其原则"。世界上有两种智慧：一是那种简单"无知"的大众，他们生活在传统与想象的智慧中（礼俗与神话）；另一种是圣人，他通过科学与哲学认识他自己的无知。因此，"最合理性的事莫过于否认理性"及"无视哲学才能成为真正的哲学家"。

因为帕斯卡认为宗教寻求理性基础是不明智的。这一点，甚至一切詹森教派的人也试图这么做。理性不能证明上帝，也不能证明永生，因为每项证据都太过于矛盾对立。《圣经》也不能视为信仰的最后基础，因为其中充满意义模糊的篇章，而虔信的诠释者认为基督的预言也许根本另有其他的意义。其次，在《圣经》中，上帝的圣道是喻象的，其表面意义是容易导致错误的，而真正的意义只有那得到神恩的人才能明白。"我们不能了解上帝的作品，除非我们接受一个原则，即神希望蒙蔽某些人而启发另一些人。"（这里，帕斯卡似乎应用耶和华使法老心肠变硬的故事。）

如果依靠理性，我们便发现任何事物都不可理解。谁能了解一个人由物质的身体与非物质的心灵的结合与交感作用？"没有任何事比物质能自觉其自身更难以理解。"那些征服热情的哲学家——"什么物质能做到呢？"人类的天性，如此混合着天使与野兽的成分，表现

---

[1] 圣伯夫说："在法国语言中，再没有更好的篇章以简单而严格的文字描写出这无可比拟的景象。"

在心灵与肉体的对立，令我们想到契米拉（Chimera），它是希腊神话中母羊身、狮头、蛇尾的怪兽：

> 人多像一个契米拉，是一个怪物、一个巨魔、一片混乱、一个矛盾、一个非凡的东西。他是一切事物的裁判，是地球上的柔弱体，是真理的保管者，是错误与怀疑的缝制者，是宇宙的荣耀与弃物。谁能解开这一团混沌呢？

人在道德上是一个神秘。人表现或隐藏着每一种罪恶。"人只是一个伪装、一个说谎者、一个伪君子，对自己对别人都一样。""所有人自然地彼此憎恨，世界上找不到 4 个朋友。""人的心是如何的空虚，他的排泄物反而充实得多。"人是无底的、永不餍足的虚荣！"我们永远不会到海外旅行，如果我们以后没有机会告诉别人……我们会快乐地丧失性命，只要日后有人谈到……甚至哲学家也期望有崇拜者。"但这也是人的伟大之处：从他的罪恶、他的恨意与他的虚荣中，他发展出道德与法律的规条，以控制他的罪恶，并从欲望中发展出爱的理想。

人类的痛苦是另一个神秘。为什么宇宙花了这么长时间产生的人如此敏于感受快乐，每根神经如此易于感受痛苦，在每一个爱中感受悲哀，在每一个生命中经历死亡？但是，"人的伟大之处在于他知道自己是可怜虫"：

> 人不过是一根芦苇，自然界中最脆弱的东西，但他是一根有思想的芦苇。整个宇宙不须花大力来摧毁他。一个气泡，一滴水足以杀死他。但即使宇宙摧毁他，人仍高于那杀死他的，因为他知道他要死了，而宇宙对自己的胜利毫无感觉。

这一切神秘没有一个能在理性中找到解答。如果我们只是信任理性，我们势必把自己贬成一个绝对怀疑论者，除了痛苦与死亡之外怀疑一切，而哲学成为失败的最佳文饰。但我们不能相信人的命运如理性所见那样——去竞争、受苦、死亡，产生另一些人去竞争、受苦、死亡，一代接一代，没有目的地、愚蠢地活在荒谬而多余的无意义里。在我们的心中感觉到这不可能是真的，认为生命与整个宇宙是没有意义的，这将是最大的亵渎。上帝与生命的意义必须由人心来感受，而非由理性。"人心自有其道理，那是理性不可知的"，我们倾听我们的内心，"将信仰放在感受上"，因为所有的信念，甚至在实际事务中，是意志的一种形式，是注意力与需求的指向（"信仰的意志"）。神秘的经验比感官的证据或理论的推论更为深刻。

　　那么，人的感受给予生命与思想的神秘是什么答案呢？这个答案便是宗教。只有宗教能赋予生命以意义，恢复人性的高尚。没有宗教，我们将日益深陷于心理的挫折与肉身的徒然中。宗教给我们一部《圣经》，而《圣经》告诉我们人从神恩中堕落。只有原罪才能解释人类天性中奇异的结合，爱与恨，兽性的罪恶和对上帝与拯救的渴望。如果让我们相信（不管对于哲学家来说是何等荒谬），人开始是拥有神恩的，因为犯罪而丧失，由耶稣钉十字架的恩典才能得到拯救。这样我们会找到心灵和平，但哲学家永远得不到。那些不相信这个道理的人是要被诅咒的，由于他的不相信，显示上帝并没有将恩典给予他。

　　信仰是一个明智的赌注，因为信仰不能被证实。如果你赌它是真的，而结果证明它是假的，对你又有什么害处呢？"你必须打赌，这不是随便选择的……你赌上帝是存在的，我们可以计算一下得失……如果你赢了，你赢得所有；如果你输了，你也没有输掉任何东西。那么，不要迟疑，赌吧，赌上帝是存在的。"如果最初你发现难以相信，那么随着教会的礼俗与仪式，好像你已相信那样。"接受圣水的祝福，参加弥撒和同类的事情。在一种简单而自然的过程中，你会逐渐相信，并使你催眠"——会使你傲慢的批判安静下来。常常去忏悔并领礼，你会得到解救，并增强你的力量。

我们让这样一篇历史性的辩护如此草草结束，实在是有点不公正的。我们可以确定的是，帕斯卡在他相信之后，表现得不像一个赌徒，而像一个饱经生命忧患的灵魂，谦卑地承认他的智识、他的才华虽令朋友与敌人惊讶，对于宇宙来说，毕竟不算什么；而且发现只有信仰能给予他的痛苦以意义，并得到宽恕。圣伯夫曾说："帕斯卡很病态。我们阅读他的作品时必须记住这一点。"但帕斯卡回答说："谁不是病态的呢？让那些完全快乐的人拒绝信仰，让那些满足于生命的意义不过是从卑污的出生到苦恼的死亡的一条无望的轨道的人拒绝信仰。"——

试想一幅图画，一群拴着锁链的人全部已被判死刑，每天都有几个人在其他人眼前被绞死，剩下的人在他们同伴身上看见自己的情景，以悲哀而无望的眼光互相注视，每个人都在等待轮到自己。这便是人类的情况。

我们如何能辩称这种残忍的屠杀便是所谓历史？除了相信，不管有没有证据，有一天上帝终于会改正所有的错误之外，人如何拯救自己呢？

帕斯卡如此热烈地辩护，正因为他那无法完全驱逐的怀疑的思想，是从他阅读蒙田时得到的，他的自由分子的朋友在他的"世俗年代"影响他的，及他对自然界在"好"与"坏"之间存在无情的超然性的觉悟得来的：

这是我见到的，令我非常苦恼。我看见事物的每一面，每个地方我见到的只有含混不确定。自然不向我显示令我怀疑和不安的任何东西。如果我看不见任何神意的迹象，我可以确定自己拒绝信仰。如果我在每个地方都看见表示有一个创造者，那我也将安息在信仰中。但我看见太多不能拒绝"他"的地方，使我又太少能够确定的地方：我陷入一个可怜的情境。我会祈祷 100 次，如果自然界真有一个上帝，那应该毫不含糊地把他彰显出来。

这种深刻的不确定、这种明见事物具有两面性的能力，使帕斯卡对信徒与怀疑者同样迷恋。这个人感到一个无神论者对罪恶的愤怒的反对，也感到一个信仰者对善的胜利的确定。他曾经历了蒙田与沙朗知性的怀疑，又抵达了圣方济各与圣托马斯的快乐的谦逊中。这种从怀疑深处发出的呐喊，坚决地以信仰抗拒死亡，使《沉思录》成为法国散文中最生动的作品。这是 17 世纪中哲学第三次成为文学，与培根的冷静扼要不同，与笛卡儿讨好人的亲切不同，它带着一个诗人感受哲学时的感情力量，是以他的心与他的血写出的作品。在古典时期的高峰出现的这部浪漫作品，经过布瓦洛与伏尔泰时期的考验，越过一个世纪，又影响了卢梭与夏多布里昂（Chateaubriand）。在当时理性时代的黎明，在霍布斯与斯宾诺莎的时期，理性在一个垂死的人身上找到挑战者。

在帕斯卡的最后几年，他的姐姐佩里耶夫人（Mme.Périer）说，他"长期患着病，而且日益严重"。他开始想到"疾病是基督徒的自然状态"。有时他欢迎他的痛苦，因为它使他脱离诱惑。他说道："一个小时的痛苦是所有哲学家加起来都不及的好教师。"他弃绝各种享受，过着苦行的生活，用一条钉着铁钉的带子鞭打自己。他责备佩里耶夫人允许她的孩子抚摸他。他反对她的女儿结婚，说："婚姻在上帝眼中和信奉异教差不多。"他也不许任何人在他面前谈论女人的美丽。

1662 年，他让一家穷人住到自己家中，像他的许多慈善行为一样。其中一个孩子得天花时，他并未要求这个家庭离开，而是自己搬到姐姐家去住。不久他发病，腹痛剧烈。他立下遗嘱，将半数财产馈赠穷人。他向教士忏悔，并接受了临终圣餐。1662 年 8 月 19 日，他死于剧烈的痉挛，终年 40 岁。死后解剖结果显示他的胃与肝均有病，他的肠子生了坏疽。据医生报告说，他的大脑"异常的大，脑髓坚实"，但他的头盖骨缝只有一处是正常缝合的，这可能是他剧烈头痛的原因。在大脑皮层上有两处凹陷，"大得好像按在蜡上的手指印一般"。他死后葬在他教区的圣艾蒂安教堂。

波尔-罗亚尔女修道院（1656—1715）

帕斯卡的《省区书简》加强了耶稣会教士与主教们的决心，以新教主义的伪装为由来压制詹森教派。在法国主教的要求下，教皇亚历山大七世于 1656 年 10 月 6 日发表圣谕，要求全法国的神职人员呈交如下具结书：

> 我诚实地服从教皇英诺森十世于 1653 年 5 月 31 日发布的敕令，其真实的意义也见于教皇亚历山大七世于 1656 年 10 月 6 日的命令中。我承认我凭良心服从这些命令，而且我将心口如一地谴责詹森的 5 项见解的理论，见于他所著的《奥古斯丁》一书中。

马扎然并未强制执行在这张具结书上签字，但 1661 年 4 月 13 日马扎然死后不久，路易十四发布了在具结书上签字的命令。有一位温和派的教区主教在具结书之前加了一段和缓性的声明文字。由于这种软性处理，阿诺德与隐修士们都签了字，并劝告波尔-罗亚尔女修道院的修女们也这样做。安热利克教长那时患水肿卧病在床，拒绝签名，一直坚持到 1661 年 8 月 6 日去世，终年 70 岁。帕斯卡与他的妹妹雅克利娜也拒绝。雅克利娜那时已是修道院的副院长，她说："既然主教们只有女孩子的勇气，女孩子就应有主教的勇气。"最后所有活着的修女都签名了，但雅克利娜一直抵制到她力竭去世（10 月 4 日），终年 36 岁。帕斯卡在不到一年后也去世。

但这时路易又拒绝附加在具结书上的那段和缓性的前文，坚持修女们应在没有任何附言或改动的具结书上签名，少数签了名的修女被送到巴黎的波尔－罗亚尔女修道院。70 位修女由教长安奈率领，宣布她们凭良心不能在与她们信仰如此相反的文件上签字。1665 年 8 月，大主教宣布这 70 位修女与她们的 14 位俗家姐妹没有资格再领圣礼，并禁止她们与外界联络。在以后的 3 年中，有一位同情她们的教士翻进田野波尔－罗亚尔女修道院的院墙为垂死的修女举行临终圣礼。1666 年，萨西、勒迈特与其他三位隐修士被路易下令逮捕，阿诺德化装改容，藏在朗格维尔公爵夫人家中，并受她亲自照料。她与其他贵族夫人关切修女的状况，并说服路易宽大为怀。1668 年，教皇克莱门特九世发布一项新圣谕，其内容相当含糊，任何教派都可接受。囚犯们被释放了，遣散的修女再度回到田野波尔－罗亚尔女修道院。修道院的钟声沉寂了 3 年之后，再度响起来。阿诺德受到路易友善地接待，并写了一本书反对加尔文教派。尼科尔又写了一本书攻击耶稣会教士。

这段"教会的和平"持续了 11 年。朗格维尔夫人死后，和平也随之而去。路易年事渐高，他早年的胜利变成失败，而他在宗教上也趋于固执与恐惧。是否上帝因他容忍异端而在惩罚他？他对詹森教派的厌恶及于个人。有一位逢柏度先生（M. Fontpertuis）被推荐接任一个职位，路易拒绝他，因为他怀疑那人是詹森教派的，但后来他确定那人不过是一个无神论者，便很快任用他。他永远不能原谅那些违抗他命令不在具结书原文上签字的修女，为了及早关闭那个他最厌恨的波尔－罗亚尔女修道院，他禁止新人继续加入。他向教皇克莱门特十一世请求发表对詹森教派明显的谴责。经过两年的敦促，教皇终于在 1705 年的圣谕中对詹森教派严词谴责。在那时波尔－罗亚尔女修道院只剩下 25 位修女，最年轻的也有 60 岁。路易不耐烦地等着她们死去。

1709 年，66 岁的耶稣会教士泰利耶（Michel Tellier）继承夏斯神父成为国王的告解神父，他力催现年已 71 岁的路易：他的灵魂命运决定于他是否立即全部地摧毁波尔-罗亚尔女修道院。许多教士，包括巴黎大主教诺瓦耶（Noailles）在内，抗议此举操之过急，但路易一意孤行。1709 年 8 月 29 日，他派军队包围修道院。军队向修女们出示圣旨，命令她们立刻解散，只给她们 15 分钟的收拾时间。修女们的哭喊无济于事，她们被送上马车，被分散到 60 至 150 英里外的各个修道院中。1710 年，波尔-罗亚尔女修道院被夷为平地。

詹森教义却苟存下来，阿诺德与尼科尔被放逐到佛兰德斯后死去（1694—1695 年）。1687 年，一位巴黎祈祷所（Paris Oratory）的教士魁奈（Pasquier Quesnel）在其著作《新约道德的思辨》（*Réflexions Morales sur le Nouveau Testament*）中为詹森神学辩护。他于 1703 年被捕入狱，不久逃往阿姆斯特丹，在那里建立了詹森教派教会，后来他的书在法国教士中得到多数支持。路易再请教皇克莱门特十一世发布圣谕（1713 年 9 月 8 日），谴责魁奈的 104 条见解。许多法国的高级教士反对这项圣谕，认为教皇已过分干涉法国的国教教会。詹森教义在法国国教派的复兴运动中与之合而为一。路易去世时，法国的詹森派教徒较以前都多。

今天我们也许难以理解为什么当时那些如此艰深的问题，如神恩、命定说、自由意志等会令一个国家分裂，使一个国王如此激动？那是因为我们忘了宗教在当时的重要性。詹森教派可视为宗教改革在法国最后的努力，是中古时代最后一朵火花。从历史的眼光来看，它是一次反动而非一次进步。但在几个方面它的影响是进步的。它曾有一段时期为宗教自由而战，但我们不久将发现它在伏尔泰时代比在教皇时代更缺少容忍。它限制了良心裁决论的滥用，它的道德热忱是对当时忏悔的放纵政策的一大抵制，有助于维系法国的道德风气，因而在教育上有良好的影响。它创办的"小学校"是当时最好的学校。在文学上它的影响不但见于帕斯卡，也多少见于高乃依，及生动地显现于拉辛身上。他是波尔-罗亚尔女修道院的学生与历史学家。它在哲学上的影响是间接而无意的，它对上帝的观念是神将永恒的苦痛加于大部分人类，这个观念也许部分地导致伏尔泰与狄德罗对整个基督教神学的叛变。

国王与胡格诺派教徒（1643—1715）

即使这样，路易还不能拯救他的灵魂，因为法国尚有 150 万新教徒。马扎然继续黎塞留的政策，保护胡格诺派教徒的宗教自由，只要他们在政治上顺服就好。柯尔伯也认识到他们在法国商业与工业上的重要性。1652 年，路易确认他祖父亨利四世 1598 年颁布的《南特诏书》。1666 年，他又表示赞扬胡格诺派教徒在投石党作乱时的忠诚。但令他悲哀的是，法国不能在宗教上如同政治上一样统一，约 1670 年他在回忆录里写下预示性的一段：

> 至于为数不少的臣民信奉的所谓"改革的宗教"，是一个罪恶……我对之非常悲哀……对于我来说那些好使用矫枉过正方法的人不知道这个罪恶的性质，那部分是由心灵的热诚引起，就应该让它过去，在不自觉中消失，而不应以如此强烈的对立重新激起它……为了逐步削弱国内的胡格诺派教徒的势力，我相信最好的方法是，第一步，不再以任何新的严刑峻法胁迫他们（那样做的结果已经可以从我的前任们看见），而是只给予他们司法与礼仪所能允许的最低限度。

在这里，我们看见一种真正不宽容的态度。这是一位以波舒哀的话——一个国王，一个法律，一个宗教——为格言的绝对君主的观点，不再有黎塞留的宽容。黎塞留任命有能力的人任职，不论他信奉什么教派，但路易继续表示将只任命优秀的天主教徒以职位，以为如此可以鼓励悔改。

法国教会从来没有赞同《南特诏书》中保证的宗教宽容。1655年，一个教士会议要求更为严格地诠释诏书的内容。1660年的教士会议要求国王关闭所有的胡格诺学院与医院，不许他们加入公职。1670年的会议建议年龄达到 7 岁的儿童应视为在法律上有能力弃绝胡格诺派异端，那些能做到这一点的儿童应将他们与其父母分离。1675年的会议要求宣布所有的天主教徒与胡格诺教徒之间的通婚均为无效，这种婚姻的子女应视为私生子。虔敬的教士，如贝律尔红衣主教，认为只有国家强制的压迫才是对付新教主义切实可行的办法。高级教士一个接一个向国王进言，他们的理论，政府的稳定基于社会秩序，社会秩序基于道德，社会如无全国统一的宗教支持，道德势将瓦解。天主教的信徒也拥护这种理论。地方上，行政官报告市镇中不同教派之间的冲突——天主教徒攻击新教的教堂、墓地与住宅，而新教徒也加以报复。

路易违背了他个性中的优点，一点一点地屈服于这些鼓动。由于随时需要钱用于战争与享乐上，他发现教士可以供给他大批捐款，只要他接受他们的观点。其他因素也驱使他走向同一条路。他曾鼓励——应该说是贿赂——查理二世使英国转向天主教，现在如何能让新教在法国存在？难道新教徒没有在 1555 年的《奥格斯堡和约》（*Peace of Augsburg*）与以后的其他条约中，同意"统治者的宗教须成为该国臣民义务性宗教"这一原则吗？难道德国与联合省的新教统治者没有驱逐那些坚持不同信仰的家庭吗？

从路易实际主政开始，他和他的首相就发布一连串的诏令，逐步趋向撤销宗教宽容的敕令（南特）。1661 年，他宣布靠近瑞士边界的热克斯行省的（province of Gex）新教崇拜为非法，理由是热克斯是在《南特诏书》颁布后才归入法国的。但那一省中有 1.7 万名新教徒，只有 400 名天主教徒。1664 年，除了天主教徒外，要在行会中升至师傅都变得非常困难。1665 年，年满 14 岁的男孩与 12 岁的女孩均被授权改信天主教，离开他们的父母，此后其父母须付出一笔年金支持其生活。1666 年，禁止胡格诺派教徒建立新学院，或继续维持教育青年贵族的学院。1669 年，若再发现胡格诺派教徒的移民，他们将被逮捕，他们的财产将被充公。任何人只要协助胡格诺派教徒移民，将被处以终生苦工船役。1677 年，路易捐建一项悔改基金，每一个改信天主教的胡格诺派教徒能从中得到约 6 利维尔。为了保证悔改信仰得以持久，路易下诏（1679 年）驱逐任何恢复原来信仰的悔改者，将其财产充公。这时，由于勃兰登堡选帝侯的抗议，柯尔伯抱怨这些措施将影响贸易，及路易本人的赴战，暂时中止了迫害。1681年，他再度结婚，与一夫一妻制的天主教义协调后，他再次展开对胡格诺派教徒的圣战。现在他告诉他的大臣，他感到无可推诿的责任去影响他所有的臣民悔改及禁绝国内的异端。1682 年，他发布一篇文告，命令所有的新教牧师读给会众听，文告中威胁胡格诺派教徒犯有比以往都要恐怖并足以致死的罪恶。在此后的 3 年中，全国 815 个胡格诺教堂中有 570 个关闭了，许多教堂被拆毁，教徒们企图在教堂废墟中崇拜时，他们遭受处罚，被视为国家的叛徒。

　　这时，龙骑兵的武力迫害已经开始。在法国，有个古老的习俗，军队须驻于民家，食宿由民家供应。1681 年 4 月，当时的战争部长卢瓦向路易建议，两年内改信天主教的人家得以免除被派定为驻兵之户。路易便如此下令了。卢瓦于是指示普瓦图与利穆赞（Limousin）两省的军事将领派遣龙骑兵驻扎于胡格诺派教徒家中，特别是有钱人家中。在普瓦图的统帅马里亚克（Marillac）暗示他的部队，他不反对他们对这些异教家庭发泄一点使徒的愤怒。于是这些士兵在胡格诺派教徒家中奸淫掳掠，无所不为。路易听到这些情形后责备马里亚克，暴行仍不停止，他将马里亚克撤职。5 月 19 日，他下令停止悔改家庭免派驻兵的办法，并谴责某些地区对教徒的暴行。卢瓦通知各省区长官武力迫害异教可以继续下去，但须小心不要让国王知道。于是武力迫害遍及法国大部分，使成千的新教徒悔改，某些省市——蒙彼利埃、尼姆和贝阿恩地区——全部转向天主教信仰。大多数的胡格诺派教徒在惊恐中假装悔改，但也有成千的教徒违抗命令，抛弃家庭与财产越过边界或逃往海外。有人告诉路易，现在法国只有很少数的胡格诺派教徒，因而《南特诏书》已不具有意义了。1684 年，教士大会向国王请愿，《南特诏书》应完全废除，"耶稣基督不受阻碍的统治……应在法国重新建立"。

1685 年 10 月 17 日，路易宣告废除《南特诏书》，因为现在法国几乎全是天主教徒，《诏书》不再需要。所有胡格诺派教徒的崇拜与学校教育此后被禁绝。所有胡格诺教派的聚会所被摧毁或改建成天主教堂。胡格诺派教士被勒令在两星期内离开法国，但其他胡格诺派教徒的移民则严加禁止，违者将罚以苦工船的终生劳役。移民的财产一半分给告密者。所有出生在法国的孩童均须接受施洗，并须在天主教信仰中长大。最后，允许少许遗留的胡格诺派教徒获准在某些城市居住。这一条款在巴黎及其郊区照章实行。胡格诺教派的商人受到警方的保护，在巴黎附近地区再没有武力迫害，凡尔赛宫的舞会继续下去，国王可以问心无愧地安眠。但在其他地区，在卢瓦的唆使下，武力迫害继续进行，固执的胡格诺派教徒被强掠与折磨。研究《南特诏书》之所以被撤销的法国权威米什莱说：

> 除了谋杀以外，士兵们什么都做到了。他们命令胡格诺派教徒不停地跳舞直到精疲力竭，把他们包在毯子里在地上滚动，用滚热的开水灌进他们的喉咙……他们鞭打教徒的脚掌，拔他们的胡须……用蜡烛灼烧他们的手臂与脚……强迫他们用手握住燃烧的煤炭……士兵们捉住许多人的脚，把它们放在大火上烧……他们强迫妇女赤身裸体站在街上，受过路人的辱骂讥嘲。他们把一个正在喂奶的母亲绑在床柱上，令她的婴儿哭喊着要奶吃，当她张口哀求时，他们把口水吐进她嘴中。

米什莱认为，这次 1685 年的神圣恐怖，远胜于 1793 年的革命恐怖。约有 40 万的悔改者被强迫望弥撒、领圣餐，有些人走出教堂后将口含的圣饼吐出则被判活活烧死。顽抗的胡格诺派教徒，男人被关在地牢中或没有暖气的囚房中，女教徒则被囚禁在修道院，但修女们对待她们相当慈悲。

有两个省份抵抗得特别顽强，其中多菲内的沃杜瓦（Vaudois）与萨伏依的皮德蒙特我们以后将提到。在朗格多克的色维尼山脉（the Cevennes range）山谷中，成千的"悔改者"依旧秘密保持他们的信仰，等待时机。他们的"先知"声称接受神的指示，向他们保证时候已将临近。西班牙王位继承之战爆发时，这些农民组成一个叛变团体称作"卡米萨"（Camisards），团员着白衬衣以便晚间相互辨识。他们发动一次袭击，杀死了谢拉教长（Abbé du Chayla），后者曾以特别残酷的手段迫害他们。但一队士兵被派到这里来，不分情由地屠杀他们，并摧毁了他们的房舍与农作物（1702 年）。少数生还者继续顽抗，直到维拉尔（Villars）出面调解，劝服他们安静下来。

1660 年，居住在法国的 150 万胡格诺派教徒，约有 40 万人在《南特诏书》撤销的前后十年间，冒着生命危险逃出边境。在这段苦难日子中，无数的英勇故事流传下来。新教国家欢迎这些逃亡者。日内瓦，一个 1.6 万人的城市，容纳了 4000 名胡格诺派教徒。查理二世与詹姆士二世，尽管本人是天主教徒，却对胡格诺派教徒提供不少物质援助，并减低他们加入英国经济与政治生活的困难。勃兰登堡选帝侯给他们如此友善的接待，1697 年柏林 1/5 的人口是法国人。荷兰也大开欢迎之门，建筑数千房舍以容纳新来者，借钱给他们重建事业，给他们全部公民权。荷兰天主教徒、新教徒与犹太人合作，为胡格诺教派难民募集捐款。心怀感激的难民不但繁荣了联合行省的贸易与工业，还加入英国与荷兰的军队中与法国作战。其中有些人跟随威廉三世到英国协助他对抗詹姆士二世。法国加尔文派教徒舒姆贝格元帅（Schomberg）曾为路易十四赢得胜仗，现在率领英军与法国作战，1690 年在博因河战役中击溃了法军，而他自己不幸阵亡。胡格诺派教徒在每个接纳他们的地方贡献他们在手工艺、商业与财政上的技术。全欧的新教国家都从法国天主教的胜利中获得好处。伦敦市一整个区都住满法国丝织工人。英国的胡格诺派教徒成为将英国思想传到法国的媒介，他们将培根、牛顿与洛克的思想介绍到法国。

有一小部分法国天主教徒曾私下谴责《南特诏书》撤销时期的屠杀，并秘密给许多难民协助与掩护，但大多数法国人欢呼胡格诺教派的摧毁是国王最伟大的成就。他们说，现在法国终于成为天主教的统一国家。当时最著名的作者——波舒哀、费奈隆、拉封丹、拉布吕耶尔，甚至詹森教派的阿诺德，都交口称赞路易完成了一项他们认为是全国民意的工作。塞维涅夫人写道，没有比这更好的事，没有一个国王曾做过或会做出更值得纪念的事。路易本人也快乐地认为他完成了一件不愉快但神圣的工作。圣西蒙说：

> 他相信自己已恢复了使徒们传道的日子……主教们为他写颂辞，耶稣会教士的布道无非是对他的赞扬……他听到的都是颂赞，然而真正诚心的天主教徒内心痛苦地见到正统教派对待错误与异己的态度，正像暴君与异教徒曾经对待真理、忏悔者与烈士一样，但他们也未必做得出如此偏激与亵渎神圣的事。

圣西蒙与沃邦是少数法国人中，首先明白驱逐这么多勤谨的公民将对法国经济造成巨大损失的人。卡昂丧失了织布工厂，里昂与图尔失去了 3/4 的丝纺织机。昂古姆瓦的 60 个纸浆磨坊中只剩下 16 个，梅济耶尔镇上的 109 家店铺只剩下 8 家，图尔的 400 家制革厂只剩下 54 家。马赛港口由于失去许多国家的市场而衰落。那些国家中，得胡格诺派教徒之助，生产出原来是从法国进口的产品。法国由柯尔伯一手重建的经济部分被破坏了，他费大力发展的工业现在在那些与法国竞争的国家中繁荣。由于工业收入大量减少，政府复又落到从柯尔伯手中挣脱出来的高利贷者手中。法国海军失去了 9000 名水手，陆军失去了 600 名军官与 1.2 万名士兵。也许这些损失部分造成了法国对西班牙的王位继承战的失败，几乎动摇了国家根基。由于法国对新教迫害的野蛮手段及日后新教移民的诉愿，更加强了欧洲新教国家联合对抗法国的决心。

《南特诏书》的撤销也许直接有助于法国生活中的艺术、风气与典雅。加尔文教派的精神，其弃绝装饰、图像的过分沉重的态度，压抑了艺术、优雅与机智：一个清教徒的法国是反常的，而且是一个错误。《南特诏书》的撤销，对法国宗教却是一大灾害。现在法国天主教徒的心目中，在天主教与不信者之间再无任何回旋余地。在瑞士、德国、荷兰与英国，还有新教主义来表示对教会的反叛，但法国再没有这种表示反对的工具了。现在运用全盘怀疑的形式比公开的抗议（新教徒称为"抗议教徒"）安全得多。法国的文艺复兴由于没有受到新教主义的影响，在路易十四死后便直接进入启蒙时代。

波舒哀（1627—1688）

就当时来说，法国教会是胜利的，正处于其权威与尊严的顶峰。虽然教会的精神不宽容，手段残酷，但无可否认地拥有全欧知识层次最高的团体，残酷之士不少，圣徒也不少。有数位主教是人道主义者，诚心地尽心公益，其中有两位主教像帕斯卡一样才华横溢，而且当时的名声比帕斯卡还高：在法国的宗教史上，确实少有人比得上波舒哀的威望与费奈隆的盛名。

波舒哀于 1627 年生于一个富有的家庭，他父亲是一位有名的律师，也是第戎议会的议员。他的父母希望他成为教士，8 岁时便让他受洗，13 岁时他在梅斯（Metz）大教堂中成为一名修士。15 岁时，他进入巴黎的那瓦尔学院（Collège de Navarre）就读，到 16 岁时已颇有才名，因而朗布耶厅中的才女们说服他在沙龙中发表布道词。他以优异的成绩毕业，回到梅斯，接受了圣职，不久进修神学博士的学位。他惊骇地发现在梅斯的 3 万生灵中有 1 万人是上帝诅咒的新教徒，从此他与一位胡格诺教派领袖费里（Poul Ferry）的关系处于一种有礼貌的对立状态中。他承认天主教中有某些罪恶，但他认为教会分裂则是更大的罪恶。他与费里在信仰的对立中维持友善达 12 年，此后他与莱布尼茨合作，设法使基督教世界重新联合。国王的母后安妮听了他在梅斯的讲道，认为这样一个人才不应放在如此偏远的地方，说服路易邀请他到巴黎。他于 1659 年迁往巴黎。

最初，他在圣拉扎尔修道院（the Monastery of St.Lazare）向普通听众布道。1660 年，他在皇家广场附近的米尼姆教堂（Church of Les Minimes）向一群时髦的会众讲道。路易听说这位年轻的讲道者不但口才好，信仰纯正，而且有坚强的个性，于是邀他到卢浮宫发表严斋期讲道（Lenten sermons，1662 年）。路易以令人注目的虔敬参加这些布道会，除了一个星期日他赶到一个修道院中去寻找露易丝·拉瓦利埃。在国王的气质风度熏染下，波舒哀逐渐改变了省区的粗俗、学者的迂腐及辩证式的论争等各种气质，宫廷中的优雅与礼节也传染了这位高级教士。波舒哀的布道向高一层的境界发展，从而使布道进入一个雄辩时代。他布道的雄辩，足以比拟德摩斯梯尼（Demosthenes）与西塞罗的法庭式辩论。此后 8 年，波舒哀成为宫廷教堂中最受欢迎的布道家。他成为许多名门贵妇，如亨利埃塔公爵夫人、朗格维尔夫人、蒙庞西埃小姐等人的宗教指导者。有时他在讲道中直接向国王说话，通常是夸大的奉承之辞，有一次热诚地召唤路易放弃他的情妇回到自己妻子身边。因而国王有段时间对他大为不满，但当波舒哀感化蒂雷纳悔改后，再度得到国王的宠信。1667 年，路易请他在安妮王后的葬礼上发表葬礼演说，两年后他又在亨利埃塔·玛丽亚的葬礼上发表演说。1670 年，他又心情沉重地为年轻的亨利埃塔·安妮发表葬礼演说，她是他心爱的赎罪者，以青春盛年死在他的怀中。

这两篇为英国查理二世的母亲与姐妹发表的讲道是法国文学中最著名的演说——也许更著名的应该是教皇乌尔班二世号召欧洲组织第

一次十字军的演说（1095 年），但那篇演说虽在法国发表，却是以拉丁文写成的。波舒哀第一篇演说开始于一个勇敢而令人喜欢的主题：一个国君应从历史的教训中学习，如果他不用他的权力为人民造福，神的惩罚将会降在他身上。但他看不出英国查理一世应该受到这种惩罚，除了过分宽厚，他找不出英王的错来，而他在英王忠心的妻子身上更找不到过错。他称呼过世的王后为一个圣人，因为她努力使她丈夫与英国转向天主教。他的语锋最后转向一个他喜欢的题目：各种名目繁多的新教主义，由信仰的混乱而产生的道德的混乱，在英国发生的大动乱是上帝对其背叛脱离罗马教廷的惩罚。但查理一世被处决后，他的王后表现的行为如此令人可敬！她承受她的悲哀，视为一种祝福。她感谢上帝的所为，在谦逊而耐心的祈祷中生活了 11 年。最后她得到了报偿：儿子加冕复位，而身为母后的她现在可以再住回宫中。但是她情愿住在法国一个修道院中，除了广施善行外，她从不动用她的财富。

更令人感动的、在历史上更为人熟悉的是第二篇演说，是波舒哀在十个月后为亨利埃塔·安妮之死而发表的。那时他刚被任命为法国西南部康敦（Condom）的主教，为这篇演讲他特地赶到巴黎圣丹尼斯教堂，摆出全副主教排场，头戴法冠，前有使者为前导，亨利埃塔公主生前给他的大翡翠戒指在手指上闪耀。通常，在这一类的演说中，演说者的感情总是节制的，以一般的语气谈到死亡。然而现在这位死者，她昨天还是国王的欢乐与宫廷的荣耀。他说到如此实在而痛苦的打击使整个法国陷入悲哀、困惑于上帝如此做的理由时，这位威严的主教忍不住掉下泪来。他没有以冷静客观的语句描述亨利埃塔，代之以热烈的偏爱——永远是甜蜜的、安静的、慷慨的、宽和的，而他仅仅简短地暗示到，她的快乐比不上她受的苦难。有一刻这位谨慎的主教，正统的支柱与护卫者，甚至敢于询问上帝为什么世界上有如许多的罪恶与不平。最后他回忆到亨利埃塔临死的虔诚，临终的圣礼净化了她所有在尘世的牵绊。他向自己与会众宣布，一个如此温柔纯洁的灵魂值得救赎，更值得进入天国乐园。

　　一向善于判断的路易，被他的辩才感动，做了一个少有的错误决定，任命波舒哀为其子多芬的教师（1670 年），信任他去训练这个迟钝的孩子，以使多芬在知识与性格上足以在将来统治法国。波舒哀忠实地接受这项工作，他辞去了主教职务，以接近宫廷与他的监护人。他又为年轻的太子写了许多热心的著作，包括世界史、逻辑、基督教信仰、政府、国王的责任，殷切期待着把这个孩子训练成完美的君主。

　　在这些文章中，有一篇《从圣经经句中引出的政治学》（1679年、1709 年），波舒哀维护绝对王权与君权神授的理论，较贝拉尔米内红衣主教维护教皇至上论更为热切。在《旧约》中说道："上帝给每一个人民以统治者。"在《新约》中，保罗权威地说道："那权力是上帝授予的。"使徒保罗又说："因此，不论何人抗拒这个权力，便是抗拒上帝的委托，那抗拒的人将受到永恒的诅咒。"很明显，任何接受《圣经》为上帝圣道的人须尊奉国王为上帝的代理人，或如以赛亚称居鲁士为"上帝所圣化的"。因此，国王是神圣的，王权神授是绝对的，国王只对上帝负责。但这个责任给予他严格的义务，他必须在言语与行为上都服从上帝的律法。对于路易来说，幸运的是上帝在《圣经》中对多妻制并无甚恶意。

　　波舒哀也在 1679 年为多芬写下了那本名著《世界史论》。他对笛卡儿的理论——以为上帝只是推动的第一因，此后客观世界的所有事件均可依自然的律令机械地加以解释——感到愤怒。相反，波舒哀认为历史上的主要事件都是上帝计划的一部分，是全能的神领导其子民经过基督的牺牲、基督教的发展，最后进入天国的过程。波舒哀再度引用《圣经》，他将历史集中在《旧约》中的犹太人与接受基督教的国家上。他说："上帝利用亚述人与巴比伦人来惩罚神的选民，用波斯人以复其国，以亚历山大保护他们，以安提奥卡斯（Antiochus）试探他们，以罗马人保护犹太人的自由来对抗叙利亚国王。"如果这种理论看起来很愚蠢，我们须记得这同样是《圣经》作者的理论，而波舒哀相信《圣经》是其作者在上帝启示下而写的。因此，他以对《旧约》历史的节要作为开始，以一贯的秩序、扼要、谨严与雄辩的笔法写出这一段。《圣经》纪年是采用厄谢尔大主教（Archbishop Ussher）的编年，定创世的日期为公元前4004年。对于在《圣经》范围以外的国家，波舒哀仅一笔带过，但在这些大略的叙述中却见出他有卓越独特的洞见与了解。在帝国的兴盛与衰亡中，他看出某些进步的原则。在他及其他一些当时作家维护现代与古代的对立之中，进步的观念逐渐成形，并为日后杜尔哥（Turgot）与孔多塞（Condorcet）的理论铺路。这本书尽管有许多错误，但它是第一本现代的历史哲学，波舒哀的成就也可谓不小了。

但波舒哀的这位皇室学生并不能赏识这些为教导他而写的伟大著作，而且波舒哀的性格过于严肃、严格，不能做一个讨人喜欢的老师。将露易丝·拉瓦利埃自通奸的生活引向修道院，倒是更适合他做的事。露易丝宣誓时，是由他发表讲道的。1675年，他再度责备国王在情感上的放浪。路易对他很不耐烦，将他派到莫城做主教（Meaux，1681年），与凡尔赛宫相距不远，使他仍得以接近宫廷的繁华。此后一代之间他是法国教士的权威代表与领导人物，是他拟定4项条款确定法国教会的自由传统以对抗教皇的控制。因此，波舒哀虽得不到一顶红衣主教的帽子，但他在实际上成了法国的教皇。

他并不是很差的教皇。他坚持教会的尊严与仪式，但和蔼且富于人道，一视同仁地对待天主教信仰各个不同的派别。他不原谅《省区书简》中的热情与轻蔑，但他同意谴责良心裁决论的滥用，1700年他说服教士会议通过弃绝耶稣会良心裁决论中的127条见解。他一直与阿诺德及其他詹森教派人士保持友好关系。他对忏悔者很宽大，也反对一般的教徒实行苦修，但他对阿蒙·郎塞的禁欲理论表示赞同。他经常在特拉普圣母修道院静修，希望在修道院的静室中会得到和平，但宫廷豪华生活的吸引胜过对圣洁的向往，使他的神学沾上了政治野心的色彩。有一次他要求莫城女修道院教长说："为我祈祷，使我不致爱这个现世。"晚年他变得更为严格。我们须原谅他谴责戏剧与莫里哀《喜剧的格言》的剧本（1694 年），因为莫里哀的作品仅显示了宗教在清教徒与伪君子的一方面，对樊尚·保罗这种人是不公正的。

波舒哀在行动上较他在理论上更为宽容。他认为，对于任何一个人来说，不管他如何聪明，自以为可以在他的一生中获得足够的知识与智慧裁决其家庭、社会、国家与教会的传统与信仰是荒谬的。社会的"集体意识"（*Sens Commun*）较个人的推理更值得信赖，这并不是指一般民众的"普通常识"（*Common sense*），而是指许多年代的集体知识，得自多少世纪以来的经验，而表现于人类的信仰与习俗之中。人如何能说他比这许多人更知道人类灵魂的需要，去回答那些仅凭知识根本无法回答的问题？因此，人心需要一个权威给予他和平，而自由思想则足以摧毁和平。人类社会需要一个权威给予其道德，自由思想由于探究道德律是否起始于神，从而造成整个道德秩序的瓦解。因此，异端邪说是背叛其社会、国家与教会的，"认为一个国君不应在宗教事件上使用武力……是大不敬之罪"。波舒哀倾向于使用劝服而非武力使异端信仰者悔改，但也赞同武力强制是最后的办法。他赞扬《南特诏书》的撤销，认为它是"一项虔信的诏令，将给予异端一个致命的打击"。在他自己的教区中他执行诏令极其宽大，以致省区的钦差大臣报告说："在莫城教区什么也没做到，主教的软弱是令教徒悔改的一大阻碍。"在那个地区，大多数胡格诺派教徒仍维持他们的信仰。

他甚至希望他的论证可以感召荷兰、德国与英国返而信仰天主教，他与莱布尼茨商讨多年，提出一个重新团结分裂的基督徒哲学家计划。1688 年，他写成杰作《新教诸派史》。巴克尔（Buckle）说这本书可能是所有直接攻击新教的最可怕的作品。这部四册的巨著是一部辛苦的学术作品，每一页都附上了参考资料，这种负责的态度当时正开始成形。作者在书中也力求公平。他承认路德反叛的教权滥用。他肯定路德的性格有许多可尊敬的地方，但他不能接受路德身上那种轻率的粗俗混合着爱国者的勇气与男子气的虔信。他把梅兰希顿（Philip Melanchthon）描写成一个可爱的人。但是，借显示这些宗教改革者的个人弱点及他们在神学上的争论，他希望离间那些追随者对这些大师的崇敬。他嘲笑每个人均可以自由解释《圣经》及借一本著作建立一个宗教的想法。任何熟识人类天性的人都可预见，如果此举不加反对，其结果是将基督教割裂成无数的派别，形成一个个人主义的道德。在这种状况下，人性的本能只能在不断加强的警察力量下才得以控制。从路德到加尔文到苏塞纳斯（Faustus Socinus），从拒绝教皇到拒领圣餐礼到拒绝基督本人，然后从唯一神论到无神论，这是一步步对信仰的分解。从宗教叛乱到社会叛乱，从路德的论文到农民战争，从加尔文到克伦威尔到平等主义者（Leveller）到弑君，这是一步步趋向社会秩序与和平的解体。只有一个权威的宗教才能保证一个国家的道德与稳定，才能给予人类心灵在面对困惑、离乱与死亡时以力量。

这是一个强有力的论证，展示了丰富的知识与辩才，其文采在当时的法国散文中除帕斯卡外无人可以匹敌。如果书中诉诸理性的论据不牵涉进《南特诏书》的撤销期间野蛮愚蠢的武力迫害，其效果可能更为成功。在新教国家出现许多驳斥文字，痛诋作者诉诸理性的伪装，因为他竟然以强掠、驱逐、没收财产与苦工船劳役为天主教辩护的论据。而且，难道天主教中没有派别吗？哪一个世纪中没有天主教会的分裂——罗马天主教、希腊天主教、亚美尼亚天主教？难道当时波尔–罗亚尔女修道院的詹森教派不正和他们耶稣会的天主教弟兄开战吗？难道法国的国教派教士不是由波舒哀本人领导，与教皇全权论派发生严重的争执，几乎与罗马教会分裂？难道波舒哀没有与费奈隆争执吗？

费奈隆（1651—1715）

费奈隆生于一个贵族之家。他同样信仰纯正而满怀野心，也是一个主教与廷臣，一个皇家教师与散文大家，但除此之外他与波舒哀完全不同。圣西蒙对他印象很深刻：

> 一个非常高而瘦的人，身材优美，苍白的脸，一个大的鼻子，眼中闪烁着热情与智慧。他的体态似乎由相对的东西组成，但是，这些对立很协调。他是沉重而英勇、严肃而愉快的。他表现出一个医生、一个主教、一个贵族的气质，而且，较其他更明显的，在他脸上也在他身上，是那种优美、谦和与心智的高贵。要费大力才能使别人将眼睛从他身上转开。

米什莱认为他"生来即有点老成"。他是一个年老贵族的最小的儿子。年老贵族不顾已成年的儿子的反对，娶了一个贫穷的贵族小姐。他们生的儿子没有财产可以继承，便献给了教会。费奈隆由他母亲抚养长大，他养成几乎是女性的优雅谈吐与纤细的感觉。他从他的教师与巴黎的耶稣会教士那里接受良好的古典教育，他变成一个教士，同时也是学者。他能与任何异教徒相互引述异教的经典，写得一手敏感、优雅、精致的法文，其文风与波舒哀那种男性气概的、宏伟的演说相比，恰有天壤之别。

他24岁那年（1675年）领圣职，不久即被任命为新天主教徒修道院的监督，他的工作是使那些新近从新教家庭分离的年轻女子接受天主教信仰。她们听他讲道最初是不情愿的，再后是顺从的，最后变成热情的，因为爱上费奈隆是很容易的事，而他又是她们唯一能接近的男人。1686年，他被派往拉罗歇尔（La Rochelle）协助使胡格诺派教徒悔改的工作。他赞成《南特诏书》的撤销，但反对暴力，而且警告政府官员说，强迫的悔改只是表面而短暂的。回到巴黎的修道院后，他发表了一篇《论女子的教育》（1687年），鼓吹温和的教育方法，非常近似于卢梭。路易十四任命博维利耶公爵为他8岁大的孙子勃艮第公爵路易的监护人，公爵拜访了费奈隆，请他做这个孩子的教师（1689年）。

这个孩子个性骄傲、任性、热情，有时蛮横而残忍，但有精明的头脑与活泼的机智。费奈隆感到只有宗教可以驯服他，于是他在孩子的心中灌输了对上帝的爱与恐惧。他对孩子严格但带着对少年人同情的理解，赢得了学生的尊敬。他梦想从教育这位未来的国王身上改革法国。他教导这个孩子：战争是荒谬的，促进农业是必需的，从农民抽取重税以建立奢华的城市、支持侵略战争是错误的。在他为他学生而写的《死者的对话》（*Dialogues of the Dead*）中，他描述道："没有法律只有个人意志的政府是野蛮的……统治者必须首先服从法律，如与法律分离，他个人不过是无物。"既然人类是兄弟，所有的战争不过是内战，"每个人对全人类——那是一个伟大的国家——的责任远远超过对他出生的某一个国家"。路易十四对这种秘密的指导尚不知情，但见他孙子的性格大有增进，便任费奈隆为坎布雷大主教以示酬劳（1695 年）。费奈隆每年花 9 个月的时间住在他的教区内，使不少高级教士非常惭愧。其他时间他花在宫廷内，急于影响政治，并时而对勃艮第公爵进行指导。

这时，他遇见那个在真实意义上将成为他"命运女神"的女人。让娜·玛丽·德拉莫特·居伊昂夫人于 16 岁结婚，28 岁时成为一个美丽而有钱的孀妇，成群的追求者包围着她。但她曾受过严肃的宗教训练，这成为她抗拒野心男人的一个保护屏障。她发现外在的天主教崇拜与仪式中不能恰当地显示她的虔信，而倾听当时的神秘主义却觉得很有感应。这派人士不注重忏悔、圣礼与弥撒的形式，而是由沉浸于沉思一个全能的神、一种完全而充满爱心地将自我屈服于上帝面前，从而得到心灵的和平。在这种与神的恋爱中任何世俗事务将不再顾及，在这种心灵的欢乐中，人可以忽略所有的宗教仪式而仍然可以得到天国，不但在死后，在生时亦然。西班牙教士莫利诺斯（Miguel de Molinos）曾因为在意大利传播这种"寂静主义"（Quietism）被宗教裁判所定罪（1687 年），但这种学说已经传遍欧洲——在德国与尼德兰有"虔诚教派"，在英国有教友派信徒与剑桥柏拉图学派信徒

(Cambridge Platonist)，在法国则有"虔诚者"。

居伊昂夫人在数本书中，以动人的笔锋说明她的观点。她说，灵魂是从上帝发源的脉流，直到灵魂在她里面消失像河流归于大海，它才会找到真正的安宁。然后个体消退，再没有自我的意识或世界的意识，甚至没有意识本身，只有与上帝完全的合一。在这种状态下，灵魂是永无乖误的，超越好与坏、道德与罪恶，无论它做什么都是对的，没有任何力量能伤害它。日后居伊昂夫人对波舒哀说，她不能要求赦免她的罪，因为在她狂喜的世界没有罪存在。有些贵族仕女发现这种神秘主义有一种高贵的虔诚的形式，有些人成了居伊昂夫人的信徒，其中包括博维利耶夫人、谢弗勒斯夫人、莫特马尔夫人，甚至在某种程度门特隆夫人也算在内。费奈隆发现自己被这个结合虔信、富有而可爱的妇人吸引，他自己的个性就是结合神秘主义、野心与多愁善感的。他说服门特隆夫人，让居伊昂夫人在门特隆夫人设立于圣息尔的学校任教。门特隆请求她的告解神父对居伊昂夫人的事给予忠告，他与波舒哀商量，波舒哀邀请这位神秘主义者向他解释她的观点。居伊昂夫人照做了。这位谨慎的主教发现她的理论对神学与天主教崇拜都有威胁，因为它们不但弃绝圣礼与教士，甚至连使徒与基督都不需要。他责备她，给她圣餐礼，要求她离开巴黎停止传道。最初她答应了，但又拒绝了。波舒哀将她囚禁于一个修道院中8年（1695—1703年），然后有条件地释放，条件是她要与外界隔绝地住在布卢瓦附近他儿子的领地内。她死于1717年。

波舒哀为了把神秘主义限制在可容许的程度，于1696年写了一本《祈祷状态的指导》（*Instruction on the States of Prayer*）。他将一份原稿给费奈隆看，要求他表示赞同。费奈隆不愿意，并写了一本书《圣者对精神生活的格言的解释》（*Explanation of the Maxims of the Saints on the Internal Life*，1697年）来反对他。这两本书几乎同时出版，一时间与波尔－罗亚尔女修道院同样成了热烈谈论的话题。路易十四信赖波舒哀，解除费奈隆的勃艮第公爵教师的职位，要求他留在坎布雷教区内。由于波舒哀的敦促，路易要求教皇正式谴责费奈隆的著作。那时英诺森十二世想起波舒哀的高卢教派立场与费奈隆维护教皇的教皇全权论派立场，迟疑不能决定。路易继续施加压力，教皇屈服了，但他对费奈隆的书尽可能加以温和的谴责（1699 年 3 月）。费奈隆安静地顺服了。

在坎布雷他公正而虔诚地尽其职责，得到全法国的尊敬。波舒哀与国王对他的不满本已缓和，但 1699 年 4 月，一个书商在作者的同意下，出版了一本费奈隆为他的王孙学生所写的传奇，书名为《荷马奥德赛续集》（*Suite de l'Odicée d'Homère*），流传至今的题目是《尤里西斯之子泰莱马克的冒险》（*Les Aventures de Télémaque, fils d'Ulysse*）。在这本书中作者以优雅流畅的文笔与几乎是女性的温柔，再度向他的学生说明他理想主义的政治哲学。书中人物曼都（Mentor）在说服国君们接受和平时，警告他们说：

> 因此，在不同的名目与首领之下，你们将成为一个民族……四海之内皆兄弟，人类为大家庭……那些在兄弟们的血中寻求残忍的荣耀的人是不虔敬、不快乐的……战争有时是必要的，但却是人类的耻辱……呵，王者，别告诉我，人应该以战争去获得荣耀……任何爱好他个人荣耀甚于人性情感的人，是一个骄傲的怪兽而非一个人。他只能得到虚伪的荣耀，因为真正的荣耀只存在于良善的温和中……人民不必太关心他，他自己就不关心别人，而且使别人流血以赢得一个残暴的虚荣。

费奈隆承认君权神授，但仅视为上帝给他们的权力是为人民谋幸福，而且是一项由法律限制的权利：

> 绝对王权将每一个臣民降格到奴隶的状况。暴君有受人奉承甚至颂扬的地位，而每个人都在他的眼光下颤抖。但一旦发生叛

变，这个蛮暴的强权将被自己种下的暴行毁灭，因为它完全得不到人民的爱戴。

在这些大胆的言论中，路易十四看到自己被描写进去，他的战争遭到谴责。宫廷内不再对费奈隆友好了，"泰莱马克"的出版商被逮捕，警察开始查禁这本书。但这本书在荷兰重印，不久即行销全法国，几乎每一个读书人都读过。此后 150 年中，它是法国最受欢迎、读者最多的一本书。费奈隆抗议地申辩：他在那些关键地方写的并不是路易，但没有人相信他。两年过后勃艮第公爵才敢再给他老师写信。后来路易缓和了，并准许他到坎布雷拜访费奈隆。这位大主教一直希望有一天他的学生会继承王位，也许会征召他成为另一个黎塞留。但他的学生死于路易之前 3 年，而费奈隆自己也在路易之前 9 个月（1715 年 1 月 7 日）去世。

波舒哀走得比他们都早。他的晚年并不快乐，他曾胜过费奈隆，胜过教皇全权论与神秘主义者，他也见到教会对胡格诺派教徒的胜利，但这一切胜利无法减轻他所患的膀胱结石病症的痛苦。疾病的痛苦使他几乎不能为他心爱的宫廷继续主持仪式的工作，而没心肝的讥嘲者还问：他为什么不走开静静地死在莫城？他看见在他周围兴起了怀疑主义、《圣经》批判主义，而新教的论战者将箭头指向他。一位被驱逐的胡格诺派教徒肖利厄（Pierre Jurieu）告诉全世界，这位主教中的主教波舒哀，被视为道德与刚直的形象，竟是一位拥着情妇、口出狂言的骗子。他开始写新书来反击这些无耻的敌人，但疾病很快夺去他的生命。1704 年 4 月 12 日，他的痛苦中止了。

也许我们将认为波舒哀代表天主教在现代法国的全盛时代。天主教几乎已收复所有丧失在路德与加尔文手中的土地。教士们改革他们的道德风气，拉辛以他最后的剧本贡献给宗教，帕斯卡令怀疑主义者开始怀疑，国家成为教会顺从的代理者，而国王差不多变成了一个耶稣会士。

但这些并不很乐观。耶稣会教士仍在《省区书简》的阴影下，詹森教派并未被摧毁；胡格诺派教徒正在鼓动半个欧洲反对法国；蒙田较帕斯卡拥有更多读者；霍布斯、斯宾诺莎、培尔的理论正可怕地打击着信仰的大厦。樊尚·保罗于 1648 年说："有数位教区牧师抱怨他们的会众较以前减少。圣舒尔皮斯少了 3000 人，圣尼古拉−沙尔多内的牧师发现复活节圣礼中少了 1500 人。"培尔于 1686 年说："我们生活的这个时代充满了自由思想者与自然神论者，人们惊于他们数目如此之多。"一种对宗教的漠然情绪蔓延各地，他认为那是由于战争与基督教的对立。尼科尔说："你们必须知道，世界上最大的异端不是加尔文教派或路德教派，而是无神论。"巴拉丁公主于 1699 年说道："你现在难得看见一个年轻人不希望成为无神论者。"莱布尼茨于 1703 年在巴黎报告说："所谓的'坚强心灵'（esprits forts）现在很时髦，虔敬反而遭到嘲笑……在一个如此虔诚、严格而绝对的君主下，宗教的混乱是基督教世界从未见过的。"属于这些"坚强心灵"——指心智坚强得足够怀疑任何事物——的有圣埃夫勒蒙、尼侬、伽桑迪的传述者贝尼埃、内韦尔公爵与布永公爵。过去曾是巴黎圣殿骑士团聚会之所的圣堂，现在成为各自由思想者小团体的聚集中心，如肖利厄、西维安、拉法尔等，他们对摄政时期的不同的态度一直流传下来。那位终有一日会与百科全书派碰头的近百岁老人丰特内尔，在 1687 年就已出版他的《圣经史》（*Histoire des Oracles*），狡猾地对基督教的奇迹根基进行打击。在路易十四的宗教虔诚中，他已为伏尔泰铺好道路。

第三章 | 国王与艺术
（1643—1715）

艺术组织

历史上或许除了希腊的伯里克利政府外，再没有像路易十四时代有如此蓬勃鼎盛、卓越超群的艺术了。

黎塞留以其卓越的鉴赏力和购买力，大量搜集自宗教战争以来散失的法国艺术品。在安妮摄政期间，一些私人收藏家——豪门、贵族——已经开始竞相搜集艺术品了。银行家克罗扎（Pierre Crozat）独拥提香与韦罗内塞油画各百幅、鲁本斯 200 幅、凡·戴克百余幅。众所周知，尼古拉·富凯对艺术品的真伪鉴别尤其慎重，搜集油画、雕像和沃城（Vaux）中少数艺术品。路易杀了他，没收其所有，同时另有数件私人收藏的作品也被搜入卢浮宫和凡尔赛宫。马扎然唯恐货币贬值，倾其部分资财收购艺术品。他对意大利艺术的爱好，多少促成国王对古典的偏好，也可能是他教导路易十四对艺术的收藏、展览和兴趣会增加人君的荣耀。这些作品对法国艺术教育和发展提供了具有激发力与稳定力的楷模。

下一步是把艺术家组织起来。马扎然仍居于领导地位。1648 年，他成立绘画雕刻学院。1655 年，该学院荣获国王的特许状，成为第一所用来训练艺术家的学院，指导他们服务国家、装饰建筑。柯尔伯继马扎然之后领导法国艺术，虽然他本人对艺术的评判未下断言，但他希望"艺术在法国比世界各地更蓬勃发展"。他开始为国王购买戈布兰的壁毯（1662年）。1664年，他荣膺建筑业的监督职位，得以控制建筑及其附属的艺术。同年，重组绘画雕刻学院为皇家艺术学院。亨利四世曾在卢浮宫安置技工行会以装饰皇宫。柯尔伯使这群人成为御用家具工厂的核心（1667年）。1671年，他成立皇家建筑学院，激发艺术家从事建筑与装饰来体现国王认定的优美格调。所有这些行会中，技工听命于艺术家，艺术家又受政府官员的领导。

为加强弗朗索瓦一世在位时法国艺术吸收的古典倾向、去除佛兰德斯的影响，柯尔伯和勒布朗在罗马成立法国皇家学院（1666年）。在巴黎学院荣获罗马奖（Prix de Rome）的学生由法国政府派送意大利留学5年。他们凌晨5时即起，夜晚10时方得休息。他们抄袭、摹绘古典与文艺复兴的作品，期于每3个月产生一件"杰作"（就公会来说），并于返国后，优先受禄于政府。

这种艺术的赞助与国家化的结果产生了引人注目的作品，宫廷、教堂、雕像、绘画、壁毯、陶器、奖章、雕版、铸币等无一不铭刻着"太阳王"的骄傲与格调——通常是铸刻其肖像。法国艺术并不如某些人所怨尤的带有罗马风格，相反，是罗马的艺术附属于路易十四。他的风格即表现在追求古典化以期与王室的威仪一致。柯尔伯斥巨资买入意大利古典的或文艺复兴的艺术品，凡能将历代罗马皇帝的显赫转移到法国国都与国王身上的无一不做，结果使举世震惊。

"路易十四是有史以来最伟大的艺术赞助者"（伏尔泰评语）。他"对艺术的奖掖，要比所有其他君王来得大"。当然，他是最慷慨的艺术收藏家，他画廊中的画从200幅增加到2500幅，其中多数是王室委托法国艺术家创作的作品。他搜购太多古典作品和文艺复兴时代的雕刻，使教皇下令禁止艺术品的外销，以免使意大利成为艺术荒漠。路易雇用有才气的人，像吉拉东（Girardon）或夸瑟沃克斯

（Coysevox），复制他不能购得的雕像，而且罕有其他赝品能与原作如此酷肖。宫室、庭园、巴黎的花园、凡尔赛和马尔利（Marly）塑像林立。最讨好国王的方法是献赠完美无疵或蜚声遐迩的作品，因此阿尔城在 1683 年呈贡它那座著名的维纳斯雕像。路易也并不吝啬，据伏尔泰的估计，每年所买的法国艺术品要花费 80 万利维尔，送给各城市、机构和朋友作为礼物，目的是资助艺术家并散播美与艺术。国王的趣味高雅，对法国艺术的发展帮助很大，却局限于发展古典风格作品上。初出茅庐的泰尼耶（Teniers）的作品展给他看时，他说："把这些俗物拿开！"在他的庇荫下，艺术家的收入和社会地位显著提高。他亲自表彰他们，以表示他的爱好。有人对他赐爵位给画家勒布朗和建筑师芒萨尔（Jules Hardouin Mansard）有微辞时，他有点不高兴地说道："我在 15 分钟内可以册封 20 个公爵或贵族，但要数百年才能造就一个芒萨尔。"他御赐芒萨尔每年 8 万利维尔。勒布朗沉迷在巴黎、凡尔赛和蒙莫朗西（Montmorency）的巨邸深宅中，拉吉利埃（Largillière）和里戈（Rigaud）每幅画可卖得 600 利维尔。"没有一位卓越的艺术家埋没于贫穷。"

各地都效法京城，贵族也学步于国王，齐力尊崇、奖励艺术。各城市纷纷自设艺术学校，如鲁昂、博韦、布卢瓦、奥尔良、图尔、里昂、普罗旺斯地区的艾克斯、图鲁斯与波尔多等。由于国家延揽现有的才俊，贵族作为赞助者的角色相对减少，但仍然维持着。欧洲最开明贵族们的喜好对路易十四治下艺术作品的纤巧风格的推动很大。有地位、有财富的男男女女，浸淫于美好的环境和事物中，气派优雅，耳濡目染自有尺度。艺术家们便只有投其所好。当时法国贵族们的理想艺术风格是含蕴、收敛、优雅、柔美、光鲜，艺术也追求这些格调，社会也雅爱古典之风。艺术获益于这些影响和控制，但也付出代价。它是与平民脱节的，不像荷兰的艺术那样表现尼德兰的风格。它成了一个阶级、国家和国王的传声筒，而不是整个民族的心声。这个时期的艺术，我们找不到多少热情和深度，没有鲁本斯的艳丽色彩和丰满血肉，也没有笼罩伦勃朗的僧侣、圣者、豪富们的浓厚阴影。我们看不到农夫、工人、乞丐，看到的只是红尘场里的逍遥。

柯尔伯和他的老师满心愉悦地发现勒布朗是一个热诚的公仆，而且是艺术作品古典风格的卓越裁判者。1666 年，在柯尔伯的推荐下，勒布朗成了国王的主要画家和艺术学院院长。一年后，他掌管戈布兰装饰所，被委派监督艺术家的教育和实作，冀盼从他们的作品中启示一种王室独具的有代表性的和谐风格。勒布朗在他志同道合的助手的协助下，在学院设立演讲会（1667 年），借此把古典风格的原则从观念、例证和权威等方面灌输给学子。意大利的拉斐尔、法国的普桑（Poussin）是当时最完美的楷模，每一幅画都以他们作品中的原则来评判。勒布朗和布尔东（Sébastien Bourdon）确立了这些准绳，他们视线条重于色彩、格律重于创意、秩序重于自由。艺术家的责任不是复制自然，而是使自然更美丽；不是反映它的零乱、残缺和怪异，也不是那些微不足道的可爱处，而是挑选那些足以使人的灵魂呐喊出最深沉的感触和最崇高的理想的事物或形象。建筑师、画家、雕刻家、陶工、木匠、金属匠、玻璃匠、雕刻家等共同表现出法国的梦想和国王的荣耀。

建筑

法国这些意大利化的艺术家从罗马回来，不知不觉地就带回装饰怪异的趣味。当时正风靡法国的艺术风格已于先前提过，古典形式的明爽利落的情感充盈磅礴的气势、富于雕琢。古典的——更确切地说是希腊式的——理想和当前"大时代"的雕刻、绘画和文学酷似时，建筑和装饰更参照米开朗基罗死后蔚然大盛于意大利的雅致而华丽的形态。路易的建筑师追求古典，成就奇特怪异的装饰——凡尔赛宫表现的是绝对华艳，卢浮宫正面建筑则极美好地融合了独特与古典。

那一时期第一座重要的主体建筑是在巴黎的圣谷（Val-de-Grâce）

大教堂。安妮许过愿，如神和路易十三给她生个儿子，她就建一座富丽堂皇的神殿。她摄政时期手头宽裕，便任命芒萨尔着手设计。1645 年，年仅 7 岁的路易十四奠下第一块基石。芒萨尔的计划由勒默西埃（Lemercier）依意大利式的古典风格完成，其圆顶至今仍令建筑界惊叹不已。布吕昂（Libéral Bruant）建了息养堂（St.Louis-des-Invalides）大教堂（1670 年），收容居住在息养院（Hôtel des Invalides）的资深修士。1676 年，卢瓦任命小芒萨尔完成教堂，使其拥有歌唱席和圆顶。就纤雅优美来说，教堂的圆顶是该时期建筑业的杰作。1699 年，小芒萨尔再度设计凡尔赛的小教堂。在这里和息养堂的工作由他的亲戚科特以奢华的装饰完成。他也建造了里昂的市政厅、圣丹尼斯修道院和圣罗希堂的正面建筑。

王权在财势和威势上凌驾于教会之上时，王室建筑也取代了教会的建筑。这时问题不在表现虔诚，而在表现权力上。对这一点，卢浮宫极占传统上的优势，历代子民眼见它兴起，各朝君王也加上自己时代的表征。马扎然手下的勒默西埃兴建主厢的西侧正面，再沿黎伏里路（Rue de Rivoli）建起北翼。勒瓦继其后将之完成，重建南翼的正面建筑（临塞纳河），打下东翼的地基。这时，柯尔伯升任建筑业的监督，他反对勒瓦所拟东翼的蓝图。他的构想是把卢浮宫往西扩建，直到连接伊勒里河。他向法国和意大利的建筑师宣布一项正面建筑设计的竞赛，为赢得最佳战果，他说服国王礼聘当时欧洲艺术家中极负盛名的贝尔尼尼（1665 年）前来巴黎，并提出设计方案。贝尔尼尼声势浩大而来，他轻蔑法国艺术家的工作，惹起众怒，并拟定一项工程之浩大几乎须拆除整个卢浮宫的计划。柯尔伯发现水管的装置和居住的设备都有缺点，贝尔尼尼忿道："柯尔伯先生当我是小孩子，尽讲些地下水管的无聊话。"结果达成协议：国王照贝尔尼尼的设计为工程奠下第一块基石。这位艺术家留居巴黎半年之后，钱囊丰盈，载誉返归意大利。为回报这些恩情，他以路易十四的半身雕像（现存凡尔赛宫）和现存罗马布格丝画廊（Galleria Borghese）的路易骑马的雕像相赠。贝尔尼尼的卢浮宫的蓝图被弃而不用，各建筑物依旧保存。查理·佩罗（Charles Perrault）受权承建东翼正面。著名的卢浮宫柱廊建起来了，显眼的瑕疵使批评纷涌而来，它却在今日被公认为世界上最巍峨建筑的正面之一。

柯尔伯希望国王从圣热尔曼窄小的御址迁入修复的卢浮宫，但路易记得投石党作乱时与其母逃离巴黎的景象，他认为群众的声音即暴乱的声音，他也不愿在他绝高的统治下孤注一掷。令柯尔伯大为震惊的是，他决定兴建凡尔赛宫。

1624年，路易十三曾在该处兴建一座狩猎小屋，勒诺特尔发现那微隆的、林木苍郁的斜坡是建筑园林的极好所在。1662年，他向路易十四提出此地的整个计划。在今日，如果说凡尔赛公园的建筑物逊于草坪和湖泊，花卉、丛木和各式各样的树，可能就是勒诺特尔当初的本意。相比而言，它堪称户外生活的一个邀请，而不是建筑史上的杰作：在经过艺术改造过的大自然中吐纳芬芳的花树，在古典的雕塑艺术中放逐目光、尽情遨游，林中狩猎、追逐女人，草地上野宴、舞蹈，河川、湖泊上泛舟，露天下欣赏吕里和莫里哀的名剧。这里是神仙的花园。用2000万法国人的民脂民膏建造起来而百姓罕得一见，但为了国王的荣耀又感到光荣。欣慰的是，除了皇家节日外，凡尔赛公园是对外开放的。

庭园的艺术和其他许多艺术一样，来自意大利，带来数以百计的设计和惊喜——园亭、格子花棚、岩穴、洞窟、奇异的雕刻、着色的石子、鸟房、雕像、花瓷、溪涧、喷泉、排水管，甚至流水飞溅清唱的风琴。勒诺特尔已经替富凯在沃城设计了花园，也即将为王后擘划杜伊勒里宫，为亨利埃塔夫人在圣克卢、为孔代在查恩提里设计花园。1662年后，路易让勒诺特尔全权打理凡尔赛，把凌乱不堪的荒野经营得有如乐园，花费之大令柯尔伯瞠目。国王对勒诺特尔倾心相与，后者只关心美丽，不关心金钱，也无心机。他是园林界中的布凡洛，决心把自然界的"漫无章法"变成条理井然、安详和谐、合理而尚堪入眼的形式。他可能太过于坚持古典风格，但他的创造在 300 年后，竟成为人类建筑艺术的一大圣境。

路易仍然嫉妒富凯，所以把沃城的建筑师勒瓦召来将猎屋扩成皇宫。芒萨尔于 1670 年接掌工作，开始建造宏伟的构筑、画廊、接待室、大厅、侍卫室、办公室——现在的凡尔赛宫。1685 年，有 3.6 万人、6000 匹马为此工程卖命，有时还日夜轮作。柯尔伯早就诤谏国王，像这样的建筑，继不停的战争后，将使财政枯竭。但 1679 年路易为避开凡尔赛的拥挤，在马利又另建宫殿，1687 年替门特隆夫人建了大特里亚农宫（Grand Trianon）为隐僻居所。他命一队包括有常备兵的军队，导引厄尔河（Eure）流水经过 90 英里的水道——门特隆水渠，供给凡尔赛的湖、溪、泉及泳池的水。1688 年，在花了一大笔钱后，这项大工程由于战争而被放弃。凡尔赛的建筑物、家具、装饰、庭园和水渠，总共加起来，到 1690 年共花费 2 亿法郎。

就建筑而言，凡尔赛过分繁复、随意起建，谈不上完美。教堂太耀目，这般装饰几乎和祈祷者的谦卑难以和谐。部分宫室很美丽，通向花园的楼梯富丽堂皇。但设计者不理会猎屋，只加上厢房和饰物，损害了整体的面貌。有时过多的柱子予人冷漠单调的印象和一种迷宫式的重复——一房接一房扩占到 1320 英尺。内部的安排好像没考虑到实际的方便，也似乎假设在他们高贵的细胞中有惊人的记忆力，要想净手，须摸索过六间以上房子，毫无疑问，在这种紧急时刻我们听说过有人在楼梯和走廊就解决了。房间本身显得太小、不舒适，只有大走廊是空旷的，延伸到花园前面 320 英尺。那里装饰匠表现出他们所有的技巧——挂上戈布兰和博韦的壁毯，沿墙各处散置着雕刻，让每件家具都那么完美，在那些大镜前反映出它们的光彩，也因而赢得第二个名字——镜厅。天花板上，勒布朗达到他一生艺术的巅峰，历经 5 年（1679—1684 年）画成了王朝长期统治的神话式的象征，也不经心地画出它的悲剧：这些打赢西班牙、荷兰和德国的胜利图画激怒了复仇女神来报复好战的路易。

1671 年后，路易断断续续住在那里，部分时间待在马利、圣热尔曼和枫丹白露。1682 年后，那里就成了他长久的居留处。如果我们认为凡尔赛只是他一个人的居处和玩乐地，那对他是不公道的，他只占用不算大的一部分，其他地方住着王后、王子王孙、情妇、外国公使团、大臣、法庭及一切王室的执役。无疑，这种庄严雄伟带有部分的政治目的——要使大使惊叹，让他们从这里来衡判法国的财力和能力。他们和其他访客的确相当吃惊，他们向自己的国家报告凡尔赛的瑰丽，使凡尔赛成了欧洲大陆朝廷羡慕的对象和模型。而在后来，此地似乎予以人民一种专制主义的侮辱表征、人类骄傲对永不可改变的人类命运的无情挑战。

装饰

即使是文艺复兴时代的教皇，也不曾对装饰艺术有过如此的鼓励和展示。厚地毡、雕柱、大桌子和烟囱瓷瓶、银质大烛台、水晶吊灯、镶钻大理石钟、墙上镶板或画着壁画或挂满图画、优雅的飞檐、镂刻的或作上画的天花板——所有这些和其他的艺术在凡尔赛、枫丹白露、马利、卢浮宫甚至私人官邸，几乎使每个房间都成了装满目眩心迷、完美神秘的艺术博物馆。勒布朗和他的助手画上了众神、女神、丘比特、纪念品、象征物、复杂图案、花环叶圈、佩上水果的羊角，来装饰王室胜利的姿容。

路易十四时期的家具是奢华而富丽的。在这里，古典的单纯退让给极度繁复的装饰，椅子通常是极尽雕镂之能事，精细小巧，除了雅致的坐垫外，其他各部分不能与之相争。另一方面，桌子又可能是沉重坚固到显然搬不动的地步。写字桌和秘书用的办公台是那样优美，足以使拉罗什富科或塞维涅夫人写出好文章。橱、柜大都刻画雕琢或镶嵌金属和珠玉。布勒（André Charles Boulle）是路易十四在卢浮宫最受宠（1672 年）的柜具专家，他的名字被用来命名他那种特别的镶雕艺术——最好是乌檀木——将雕镂过的金属、龟甲、珠母等镶嵌在家具上，并加上花束或美化过的动物图案。他的一件镶嵌柜橱1882 年要卖到 3000 镑，布勒 90 岁时（1732 年）却死于贫困。较合我们口味的是雕刻的靠背椅，就是这个时期在巴黎圣母院建造的。

此时，壁毯成为王室的一种艺术。国王掌管了戈布兰和奥比松工厂，柯尔伯犹嫌不足，劝他再接管博韦的壁毯厂。壁毯是墙壁、宫室布幕、游行、竞赛、国家庆典、宗教节日的好装饰。博韦的比利时画工亚当·默伦（Adam van der Meulen）设计了一套出色的"路易大帝的征服"壁毯，为此他追随皇上出入锋垒，描画征服地区的环境、城堡和乡村。戈布兰厂雇 800 艺人，不仅制壁毯，也造纺织品、木器、银器、金属品和镶嵌细工的大理石。在勒布朗的指导下，织出拉斐尔在梵蒂冈的斯坦齐（Stanze）庞大的壁画。同样闻名的有其他好几套作品，都由勒布朗亲身设计：《自然力》（The Elements）、《季节》（The Seasons）、《亚历山大史》（The History of Alexander）、《皇居》（The Royal Residences）和《国王史迹》（The History of the King）。最后一组高达 17 幅，前后花了 10 年时间。一件华美的样品仍挂在戈布兰展览室中——人物栩栩如生，毫发毕现，甚至墙上的风景画也没放过，都是用有颜色的丝线，以灵巧的手，在费神的目力下耐心地织成的。难得有为了赞美一个人而投注下那么多的辛劳。路易以这般歌功颂德使染工、织工得到工作和收入，以外交赠礼为借口，向柯尔伯解释。

在王室大手笔之下，各种次要艺术也都生机盎然，近巴黎的沙文里（La Savonnerie）生产美好的地毯，鲁昂和穆斯捷（Moustiers）生产上等的彩陶，奈弗尔生产陶器，鲁昂和圣克卢生产瓷器。17 世纪末，法国工匠受柯尔伯影响，学会了威尼斯的铸造法、碾压法和磨光玻璃板的秘密，因此制成凡尔赛宫镜厅中大而明亮的镜子。狄弗登和小樊尚等金匠都由柯尔伯和勒布朗组织起来，安置在卢浮宫，为国王和有钱人家制成数千种金子或银子的制品——直到路易和贵族们把这些装饰品熔毁来资助战争。除了意大利外，法国珠宝、奖章、银币的切割和雕镂都成为欧洲通行的式样。自文艺复兴以来，制造大奖牌还没有谁像伯努瓦（Antoine Benoist）和莫热（Jean Mauger）如此卓越。1662 年成立的金属镌刻学院，"为使国王的勋业永垂不朽……以金属铸上他的光辉"。1667 年，雕刻学校在卢浮宫设立。南特伊、塞巴斯蒂安、博纳尔和勒波特尔以磅礴无拘的雕刻风格，表现王朝的气度和事件。即使是中世纪家道中落留下的小型图画，也会由后人呈献给国王的古物登录处中得以保存。就是这些小艺术，远超过其他行业，展现出了伟大世纪的风格和匠艺。

绘画

两颗绘画界的新星在这个时期进入天体运行的轨道：尚帕涅（Philippe de Champaigne）和勒絮尔（Eustache Le Sueur）。尚帕涅从布鲁塞尔来，年方 19 岁（1621 年），参加装饰卢森堡宫的工作，不仅塑成卢浮宫中黎塞留的全身像，也在伦敦国家画廊中创作了这位主教的半身和侧面雕塑像。他在肖像画上富有同情心的才华使黎塞留以后法国半数领导人物皆委令他作画：马扎然、蒂雷纳、柯尔伯、勒默西埃……来法国之前，他已经为詹森作过画，也信奉詹森教派的教义。他喜爱波尔—罗亚尔女修道院，为安热利克、阿诺德和圣齐兰画了肖像。他为波尔—罗亚尔女修道院画出他最伟大的一幅画《宗教》——忧郁而甜美的阿涅斯和他当修女的女儿苏姗娜。尚帕涅的艺术生命虽不长，但他的艺术作品以其特有的感情和真挚带给我们温暖的感受。

一种相似但更正统的虔诚使勒絮尔在这时代中无法伸展自如，此时画坛正是他的对手勒布朗当权。这两位艺术家同受教于威埃（Simon Vouet）门下，同在一个画室习画，画同一个模特，同受到在巴黎访问的普桑的赞赏。勒布朗随普桑到罗马，吮饮古典的精髓。勒絮尔羁绊巴黎，带着多产的妻子难逃穷困。1644 年，在他的主人朗贝尔（Lambert）家里的爱情厅天花板上画上 5 幅画，描述爱神厄洛斯的故事。在另一个房间，他完成另一幅壁画杰作《法厄同要求驾太阳神车》（*Phaeton Asks to Guide the Chariot of the Sun*）。1645 年，勒絮尔与人决斗，杀死对手，即逃入加尔都西会修道院，在那里为其创始人圣布鲁诺作了 22 幅画：这是艺术家成就的最高峰。1776 年，这套画以 13.2 万利维尔的价格从修道院僧侣手中卖出，今天它们在卢浮宫中独占一室。勒布朗从意大利（1647 年）衣锦荣归时，勒絮尔却穷困潦倒。他死于 1655 年，仅 38 岁。

勒布朗领导巴黎和凡尔赛的艺术界，因为他同时兼有擘划设计和构思执行的能力。他是雕刻家之子，熟识许多父执辈的画家，别家子弟开始学习写字之时，他已经耳濡目染开始习画了。他 15 岁便遇到了机会，画成黎塞留的一生与成功的寓言，这位大臣授权让他为主教堂画一些神话式的题材。普桑把他带到罗马，他因而沉湎在拉斐尔、朱利奥·罗马诺和科尔托纳的传奇与装饰中。他在巴黎重露头角时，他那装饰寓意颇多的风格得以大显身手。尼古拉·富凯又在路易面前说项，网罗勒布朗入宫。大壁画的明朗耀目，女性身上肉感艳丽的美，雕梁画栋和壁带的变化多端，都吸引了马扎然、柯尔伯和国王的兴致。1660 年，勒布朗取材亚历山大事迹为枫丹白露皇宫作大壁画。路易认出在亚历山大钢盔下的面目竟是自己，大喜之余每日来探望这位艺术家作的《亚伯拉之战》（*The Battle of Arbela*）和《大流士家人屈膝亚历山大大帝脚下》（*The Family of Darius at the Feet of Alexander*）——这两幅画现均存于卢浮宫。国王以一幅镶上钻石的肖像奖赏他，任命他为首席画师，给他一笔 1.2 万利维尔的年金。

勒布朗的努力没有丝毫松懈。1661 年的一场大火烧毁了卢浮宫的中央画廊。他着手复建，把天花板和飞檐都画上阿波罗的传奇，因此中央画廊得了阿波罗厅的美名。同时，这位野心勃勃的艺术家也学建筑、雕刻、金属工、木工、地毯设计和装饰皇宫用得着的五花八门的艺术。所有这些艺术都融合在他各种不同的手艺中，因此他似乎得天独厚，把法国的艺术家联合起来产生另一种新风格：路易十四式。

早在任命他为艺术学院院长时，路易已经给他充裕的钱款，放手让他装饰凡尔赛宫。他前后工作 17 年（1664—1681 年），制定周详的计划，设计了专用的大画梯，以及亲自在"战争与和平大厅"（Halls of War and Peace）和大画廊（the Grand Gallery）作了 27 幅大壁画，详述国王从《比利牛斯和约》到《奈梅亨和约》的光荣战绩。在一片诸神、云朵、河流、马匹、战车中，他把国王表现在战争与和平之间：掷霹雳、渡莱茵河、攻陷根特，但也主持公道、摄理财政、布施灾民、兴建医院、奖掖艺术。这些画分开来看并非旷世杰作，古典的底子掺和太多巴洛克式的装饰，但从整体而言，它们是这个时代法国画家所做的最了不起的工作。无怪乎路易在看了同韦罗内塞和普桑的画摆在一起的勒布朗的画，对他说："你的画与大师的摆在一起毫无逊色。这些画要到它们的作者死后才更珍贵，但我们可不希望这种事太早发生。"勒布朗很快处处受妒。国王支持他，一如支持受困的莫里哀一样。当路易主持行政会议时，有人报告说勒布朗携来新作的一幅画《十字架的高举》（*The Elevation of the Cross*）请他过目，他丢下开了一半的会，仔细检视新画，以示他的高兴，然后把所有开会的人邀来，同他一齐欣赏。因此，在这个朝代，政府与艺术携手并进，艺术家与沙场将军同享酬劳与荣宠。

勒布朗艺术的底子虽源于意大利的装饰，其风格却独树一帜，那是鸿篇巨制，十多种艺术齐聚一堂、共同创出的整体的美。但一幅幅分开来创作，他又流于平庸。当国王由胜利转而败北，他的情妇向教会屈服，王朝的步调变了，勒布朗活泼明快的装饰意味也无用武之地了。卢瓦继柯尔伯之后出掌建筑时，勒布朗丧失了一度的艺术界大师的地位，虽然他还是学院院长。他死于 1690 年，一个光荣的象征结束了、消逝了。

许多艺术家都庆贺不再受他指挥，米尼亚尔（Pierre Mignard）尤其不满那种权势的优越感。米尼亚尔比勒布朗大 9 岁，也比他早带着调色盘像朝圣者一般来到罗马。和普桑一样，他十分着迷罗马这个永

恒之城（Eternal City），决心在那里度过余生，他也真在那里住了22
年之久（1635—1657年）。他画的肖像极力美化被画的人，所以教皇
英诺森十世终于也来让他作画，教皇可能是不满意委拉斯开兹为他画
的那张脸，而米尼亚尔把他画得更加可亲。1646年，正值34岁，米
尼亚尔娶了一个意大利美女，还来不及安顿下来做一个合法的父亲，
他就接到法国的召唤，回去侍候国王。他满心不情愿地去了，到了巴
黎，他拒不听从勒布朗指挥，拒绝加入学院，也愤于看到年轻人竞相
追逐奖赏与黄金。莫里哀将他推荐给柯尔伯，柯尔伯宁愿相信勒布朗
也许是对的：米尼亚尔达不到"大世纪"要求的堂皇宏伟的水准。但
20岁的路易需要一幅潇洒英俊的画像取悦西班牙来的新娘。米尼亚
尔受命而为。路易和玛丽亚·特蕾莎看了米尼亚尔的路易肖像画都非
常满意，米尼亚尔一跃而为当时最成功的肖像画家。他一幅接一幅地
为他的同代人作画：马扎然、柯尔伯、雷斯、笛卡儿、拉封丹、莫里
哀、拉辛、波舒哀、蒂雷纳、尼侬、露易丝·拉瓦利埃、蒙特斯潘夫
人、门特隆夫人、拉法耶特夫人、塞维涅夫人。他也能鉴赏安妮王后
的一双玉手，那是被公认为世上最美丽的一双手。她奖赏他，命他装
饰圣谷大教堂的圆形屋顶。这幅壁画是他的杰作，莫里哀曾经赋诗庆
贺。他为国王画过好几次画，最著名的是凡尔赛宫中骑在马上的一
幅。但我们发现他那幅可爱的肖像《童年的梅因女公爵》（*Duchess of
Maine as Child*）最逼真。柯尔伯去世后，米尼亚尔终于凌驾于勒布朗
之上。1690年，继他的对手之后成为宫廷画家，由皇家任命为学院
的一员。5年后，他手执画笔去世，享年85岁。

另有10余位画家也都为那位到处网罗人才的国王效命。迪弗雷
努瓦、布尔东、夸佩尔和其子安东尼、特洛伊、茹弗内、桑代尔、德
波尔特——他们都要求在庆典上列席露面。另外两位在王朝末期脱颖
而出。拉吉利埃继米尼亚尔之后成为当时最受欢迎的画家，不仅在法
国如此，一度（1674—1678年）在英国也是如此。他为勒布朗作了一
幅极了不起的肖像，赢得勒布朗的心，现存卢浮宫。他那玫瑰红的色

彩和明朗的笔触写尽了从路易十四的忧郁转入快乐的执政时期和华多时代（Watteau，法国画家）。

里戈性情倔强，他用画求进，而不是用奉承取宠。虽然他那巨幅路易十四全身像挂在卢浮宫镜厅的最尽头，远远看起来像是一种恭维，我们近看却注意到国王笨重、肥胖的身躯，高高站在权势之上和命运的边缘（1701 年）。那是当时身价最高也是最妥善保存的一幅画。

雕刻

比起画家来，雕刻家在这个时代比较不受欢迎，报酬也较少。勒布朗希望所有的艺术都可以运用在大理石雕刻上，花了大笔财力和人力在购买、仿造这种从古典世界的废墟中残存下来的雕像上。当然，路易不满足于仿制品，想起萨卢斯特和哈德良的罗马式花园，他召来一批有能力的雕刻家，用雕像把凡尔赛公园点缀得多彩多姿。像夸瑟沃克斯的《泥塑战神》（*Vase de la Guerre*），这类大花瓶有的放在海神的湾流，有的置在花坛上；马斯兄弟的《酒神的大器皿》（*Basin of Bacchus*）；杜比（Jean Baptiste Tuby）设计水中威武的《阿波罗的战车》（*Chariot of Apollo*），以太阳神象征国王；吉拉尔东在石头上刻上连普拉克西特勒斯（Praxiteles）都不会埋怨的《沐浴中的河泉女神》（*Bathing Nymphs*）。

吉拉尔东回顾一世纪之前，普里马蒂乔和古戎如何将女性的身躯完美化。古希腊艺术富于变化的美又回到他脑子来，也许有过之而无不及。我们再也找不出像《地狱王后之劫》（*Rape of Proserpine*）中这般完美的女性了。但他还能表现更强烈的情感，他为路易十四所作的画像现存卢浮宫中。他也为索邦神学院教堂雕刻了一座庄严的黎塞留的墓。勒布朗与他交好，因为他能与学院的风格和目标相符合。吉拉尔东继勒布朗之后，成为国王的首席雕刻师，在米尼亚尔死后，执掌

学院。他比路易早生 10 年，也比路易多活了好几个月，他死于 1715
年，享年 87 岁。

　　夸瑟沃克斯本人比他的名字更平和，同他的《波哥奈女公爵》
（*Duchesse de Bourgogne*）一画一样可爱。他出生在里昂，当勒布朗
请他参与装饰凡尔赛时，他正在里昂为自己谋一个雕刻工作的职
业。他从古典的雕像着手，能做出极好的复制品。他在布格丝别墅
（Villa Borghese）一块古代的大理石上雕刻出《贝壳女神》（*Nymph
of the Shell*），根据佛罗伦萨美第奇宫的一座雕像制出《弯身的维纳
斯》（*Crouching Venus*）——两者现均为卢浮宫的艺术瑰宝。仍保存
在凡尔赛的他的作品《卡斯托耳和波卢克斯》（*Castor and Pollux*），是
从罗马的卢道维希（Ludovisi）花园中得来。很快他就开始制作极具
权威性的真品，他为凡尔赛花园雕凿两座巨大的雕像代表加龙河和
多尔多涅河，同样为马利造了两座塞纳河和马恩河的象征。他为马
利制作的四座大理石像——《花神》（*Flora*）、《名誉》（*Fame*）、《森
林女神》（*Hamadryad*）和《骑上飞马的墨丘利》（*Mercury Mounted on
Pegasus*）——现存杜伊勒里宫花园（Jardins des Tuileries）。他手中的
凿子创作了凡尔赛各个主要房间大部分的雕刻装饰品。

　　他在那里工作了 8 年，为国王效劳达 55 年之久，为他造了 12 座
雕像，最著名的是在凡尔赛的胸像。他在雕塑界的地位好比米尼亚
尔在绘画界一般。他不和对手争论，而是以大理石凿出或用青铜浇
铸出人物像，既节省了他们的虚荣，也节省了他们的钱包。他塑的柯
尔伯胸像得到 1500 利维尔酬劳，他认为酬金过多，退还 700。他给
勒布朗、勒诺特尔、阿诺德、沃邦、马扎然和波舒哀塑过神采毕肖的
画像，也画出自己诚实、饱经风霜忧患的脸孔。他给孔代留下两座雕
像，一座放在卢浮宫，另一座放在查恩提里，表现出毫不妥协的率真
和肌肉贲隆的气力。体现完全不同风格的是《勃艮第女公爵戴安娜》
（*Duchess of Burgundy as Diana*）和存放在凡尔赛的这位女公爵的可爱
的半身雕像。他为马扎然、柯尔伯、沃邦、勒布朗设计了壮观的墓

碑。在他那戏剧性的情感主义与时而夸张的作品中，可以觉出怪异的气息，却也颇能表现国王和朝廷的古典理想。

在他和吉拉尔东四周聚集了雕塑界的七星：弗朗索瓦·安吉耶和他的兄弟米歇尔·安吉耶，菲利浦·科菲埃及其子弗朗索瓦·科菲埃，马丁·德雅尔丹，皮埃尔·勒格罗和纪尧姆·库斯图。库斯图的作品《马利的马群》（*Horses of Marly*）仍奔腾在协和广场（Place de la Concorde）宫内。

除此以外，与官方雕刻的温和理想主义背道而驰，皮热（Pierre Puget）用凿子传达法国的愤懑与悲惨。他于 1622 年生于马赛，从当一名木刻家开始他的艺术生涯。但他渴望像他的偶像米开朗基罗那样，成为画家、雕塑家、建筑师。他觉得最高境界的艺术家应把所有这些艺术挥洒自如。因为一心向往意大利的大师，他从马赛徒步到热那亚、佛罗伦萨、罗马。他在科尔托纳手下卖力地装饰巴尔贝里尼宫。他对博纳罗蒂亦步亦趋，也歆羡贝尔尼尼多彩的名声。回到热那亚，他因完成圣塞巴斯蒂安像而初露头角，路易十四的艺术先驱富凯又委任皮热替沃城雕刻一座《海格力斯像》。但富凯下台后，他赶紧南奔，在土伦安于贫困。他设计凿雕成人形柱（每一个是一座大理石的神像）用来作为市政府的阳台的支柱，他模拟码头上辛苦的脚夫，对他们贲张的肌肉和痛苦扭曲的脸，给予一种几乎是革命性的表现——这批被压迫的穷苦大众承担着世界。这在凡尔赛几乎是不可能做到的。

然而，柯尔伯对有才华的人是胸襟敞开的，依然请皮热造雕像。皮热为他送去 3 件作品，现都在卢浮宫：令人喜爱的浅浮雕《亚历山大和第欧根尼》（*Alexander and Diogenes*），极卖力而夸张的《帕修斯和安德洛墨达》（*Perseus and Andromeda*），强烈的《克罗托那的米罗》（*Milo of Crotona*）——一个健壮的素食者挣扎求脱于猛狮的爪吻。1688 年，皮热来到巴黎，但发现他的傲性和棱角锋芒的作风与朝廷的心思和艺术格格不入，于是返回马赛。他最伟大的雕刻很可能是他有意地评判国王的黩武：一件亚历山大的骑马塑像，英伟温雅，手提匕首，毫不悯惜地践踏马蹄下战争的牺牲者。皮热摆脱形式主义和勒布朗、凡尔赛的艺术束缚，他想直追贝尔尼尼甚或米开朗基罗的野心，导致他的作品追求肌肉和表情的夸张，如现存于卢浮宫的《美杜莎之头》（Head of Medusa）。总而言之，他是当地当时最富魄力的雕刻家。

伟大的王朝接近尾声时，战败把法国带入绝望，皇家的骄纵转变为虔诚，艺术从凡尔赛的高贵堂皇转向由夸瑟沃克斯的《路易十四在圣母院跪祷》（Louis XIV Kneeling in Notre Dame）表现出的谦卑：国王，现已77岁，仍炫耀着他的皇袍，谦卑地把他的王冠置于圣母玛利亚的脚旁。在最后那几年，凡尔赛和马利的财政支出紧缩了，圣母院的唱诗班又恢复、美化了。古典主义趋向冷淡，自然派取代了古典，艺术的异教气息因《南特诏书》的撤销和比国王权势更隆的门特隆夫人和泰利耶的超越而结束。新的装饰主题强调宗教而非荣耀，路易体认了上帝。

"伟大的君主"期间的艺术史以其难解的问题困扰着我们。艺术国家化究竟损害了艺术还是促进了艺术？柯尔伯、勒布朗和国王的影响所及，是否把法国从本土自然趋向的发展带向没落的希腊"古董"的差劲模仿？这些古董又和过分精巧的装饰混淆。40年间的路易十四风格是否证明艺术在君王的赞助、财富的大量集中、艺匠才子的和谐团结之下更见蓬勃发扬？或是在贵族政体之下，保存、留传、刻意修订的高雅的艺术尺度及和谐、严谨的艺术观念来势会更迅猛？或在民主政治下，普及机会于群众，解脱传统枷锁下的才气，令作品通俗并适应于大众的喜恶更好呢？意大利和法国如果不曾受到教会、贵族和国王的风格和嗜好的影响，是否会成为当今艺术和美的家园？伟大的艺术没有大量金钱的支持是否可能？

对这些问题做适度、恰当的回答，需要相当的智慧，每一种回答也都会因差别和怀疑而不同，也可能难以分明。大体来说，艺术如被权力卫护、指使和控制的话，将会失去本色、元气和神采。路易十四的艺术是学院式的艺术，有条不紊的辉煌成就诚然宏伟，艺术的成就诚然无匹，但"创意"匍匐于权威，不能与大众同声相应，而民众是使哥特式艺术广受爱戴的深度原因。路易时期艺术内容的一致令人惊讶，但它太整齐划一了，以致一点也没表现出一个时代和民族，只是表现了一个"个人"和朝廷。财富对庞大的艺术是必需的，但若财富和艺术发展从普遍的贫穷和贬抑的迷信而来，那么财富不免粗俗、艺术不免暗淡无光，因为美与善是不能常相隔绝的。贵族政府下如能对新秀敞开大门，并能幸免于成为特权分子和奢侈浮华的工具，则可能成为礼仪、境界和高雅趣味的保存者和传达者。民主政体下也能累积财富，并借知识、文学、慈善和艺术的滋养使之庄严可敬。但他们的问题在于不成熟的自由对秩序和纪律的漠视，在于新兴社会中品味发展迟滞，以及把他们的才华浪掷于奇奇怪怪的摸索中的倾向。这种摸索误把颖异视为天才、新奇当成美。

无论如何，欧洲贵族的评判是一致看好法国的艺术。宫廷的建筑、古典的雕塑和文学的体裁、家具与服装的巴洛克式的装饰，都从法国推广及西欧的每个上层社会，甚至影响到意大利和西班牙。伦敦、布鲁塞尔、科隆、美因茨、德累斯顿、柏林、卡塞尔、海德堡、都灵和马德里的宫廷都把凡尔赛当作礼仪和艺术的模仿对象。法国建筑师远至东边的摩拉维亚（Moravia）受聘设计皇室居所，勒诺特尔为温莎和卡塞尔设计花园，雷恩和其他国外建筑师来到巴黎寻求灵感。法国的雕像充斥着欧洲，直到几乎每位王子都拥有如法王骑马之姿一般的雕像。有关勒布朗神话式的寓言出现在瑞典、丹麦、西班牙和英国的宫室当中。外国君王冀求里戈替他们画肖像，不然随便他的哪一位门生也可以。一位瑞典的统治者订购壁毯来庆祝他的战功。自古代拉丁文化传遍西欧之后，历史上还未曾见过如此快速而完美的文化征服。

第四章 | 莫里哀
（1622—1673）

法国剧院

　　法国的戏剧和诗歌依然使欧洲望尘莫及。历史的微妙，使这一代的法国文学走上了舞台。长久以来被教会排斥的戏剧，竟然受红衣主教黎塞留的襄赞，意大利型的喜剧竟因红衣主教马扎然而被引进法国。路易十四也从两个辅佐他登基的大臣那里承袭了对剧院的嗜爱。

　　戏剧在意大利文艺复兴时期的风雅教皇的治下，已经形成文学形式。利奥十世也没有规定戏剧内容非适合于闺秀身份不可，但宗教改革时期及特伦特会议后将这种宗教的宽容收紧了。本尼狄克特十四世为防止意大利滋生更大的罪恶，允许戏剧演出。在西班牙则因为戏剧是教会的一种工具，也允许演出。在法国，由于舞台上性放任的表现令僧侣瞠目愕然，他们严责戏剧是公共道德的大敌。在长久持续的几个主教和神学家治下，许多演员由于自身的职业，实际上如同被革除了教籍。巴黎的教士借着波舒哀的权威拒绝替演员行圣礼，也不在教区内为他们安葬，除非他们忏悔。教士也拒绝他们的访谒。因为不能举行宗教圣礼、婚事，演员只有将就于平淡简单的普通婚礼。法国法律也明文规定演员的职业地位是卑贱的，不能担任荣耀的职务。法官被禁止看戏。

剧院能克服这种种阻碍，可算是近代历史上极为突出的一件事。人们为求得形式的慰藉和超越现实，产生了很多的闹剧和喜剧。一夫一妻制的拘束使观众对合法与不合法爱情的戏剧胃口大增。黎塞留显然和利奥十世一样认为：为使剧院不至于逾越规矩的最佳办法是奖助优者，而不是不分皂白地整个排斥，如此可以引导大众格调、提升高贵的情操。伏尔泰说："自黎塞留将戏剧带入宫廷后，巴黎足可与雅典比美。不仅学院中保留特别席位，而且学院会员中有几位是教士，甚至主教们也有席位。"1641 年，基于黎塞留的请求，路易十三将一群后来为大家熟知的皇家剧院的演员置于保护下，给他们年金 1200 利维尔，敕令剧院为合法的娱乐场所，并表达皇家的意思：希望演员这一称谓不再被社会歧视。皇家剧院在波哥奈厅（Hôtel de Bourgogne）建立了舞台，得到路易十四的官方支持，在他的治下，产生了很多好的悲剧作品。

为提高法国喜剧水准，马扎然邀请意大利艺人来巴黎。其中之一就有梯伯里·菲奥雷利（Tiberio Fiorelli），他饰演炫耀吹牛的丑角斯卡拉穆恰，使他在巴黎和宫中极为得宠。他和他的演出搭档，很可能促使科克兰四世对戏剧的着迷，并由此使其了解喜剧的艺术。斯卡拉穆恰回意大利后（1659 年），科克兰，即为日后在舞台及世界各地闻名的莫里哀，成为国王主要的喜剧演员，正如布瓦洛所评，他还成为王朝最伟大的作家。

学徒时代

在巴黎圣奥诺街（Rue St Honoré）96 号的建筑物上，镌有如下金字："此屋建于莫里哀于 1622 年 1 月 15 日出生的原址上。"那是室内装饰师科克兰三世的家，他的妻子格蕾西带来 2200 利维尔的嫁妆，生下 6 个孩子，婚后 10 年过世。长子科克兰四世对母亲印象殊浅，在戏剧中没有提过母亲的事。父亲再娶（1633 年），4 年后继母又过世。老父一人培养儿子的才华，指导他的教育及未来的出路。1631年，科克兰三世任皇室家具装饰监督，享有为皇室制床及居于宫中的特权，年俸 300 利维尔，数目不多，但每年只要侍从 3 个月。科克兰三世是从他哥哥手上买得这个职位，打算传给儿子。1637 年，路易十三认可科克兰四世是该缺适当的继承人选。当初如果父亲的期望实现的话，那么在历史上能写上他一笔的，也不过是皇家的一位制床匠。可他祖父对演戏有偏爱，时常带他外出表演，结果就大不同了。

为了让他习于皇室的造床业，父亲送他进克莱蒙费朗的耶稣会书院。他学了不少拉丁文，读特伦斯，颇有获益，从学校教授学生的拉丁文、文学和演说的舞台剧上培养了兴趣。伏尔泰认为他也聆听专教有钱人家子弟的哲学家伽桑迪的教诲。无论如何，他对伊壁鸠鲁研究甚深，译过不少卢克莱修写的《伊壁鸠鲁叙事诗》（*De Rerum Natura*），在《厌世者》（*Le Misanthrope*）中某些文句几乎正是卢克莱修作品的译文，可能他在青年时就已对正统信仰持怀疑态度了。

学院生活 5 年后，他学习法律，似乎也在法庭实习过一段时间。1642 年，他接替其父的工作，做了几个月。那一年，他遇见年方 24岁活泼可爱的贝雅尔（Madeleine Béjart）。5 年前，她是摩德纳伯爵的情妇。他很慈和地接纳她生的儿子，在孩子受洗时身任教父。现年20 岁的科克兰倾倒于她的美丽、愉快和蔼的气质，她接受了他。他对戏剧生活的狂热，加上其他许多因素，使他放弃装饰工作，把继承自父亲的职位以 600 利维尔出让，自己投身于演员生涯（1643 年），离开父亲，搬入贝雅尔家，与她和她两个兄弟，又与其他人签订合约成立公司，创立伊路斯特剧团（Illustre Théâtre，1643 年 6 月 30 日）。法国喜剧家把这个合约看作法国喜剧漫长的辉煌事业的起步。随演员惯例，他取艺名莫里哀。

他们开始时租一个网球场当剧场，演出各种不同剧本，然而破产了。1645 年，莫里哀三度负债，被捕入狱。父亲希望他能因此对舞台的狂热有所收敛，于是替他还债，保释他出狱。基恩（Guienne）总督伊波农公爵支持这家公司。莫里哀改组伊路斯特剧团，到处巡回演出。他们从纳博讷到图卢兹、阿尔比、卡尔卡松、南特、阿让、格勒诺布尔、里昂、蒙彼利埃、波尔多、贝济耶、第戎、阿维翁翁、鲁昂等地。1650 年，莫里哀升任经理，千方百计维持公司的开销和工作人员的生活。1653 年，莫里哀的老同学孔蒂亲王出名出钱来支持这些演员。孔蒂亲王出面，可能是亲王的秘书仰慕女演员帕克小姐的缘故。亲王后来却又受宗教因素影响，于 1655 年通知莫里哀，说他的良心认为他应与戏剧脱离关系。而后，亲王更公开地诋毁戏剧界，尤其指责莫里哀诱毁青年，是道德和基督教的敌人。

剧团在盛衰中浮沉，但也在逐渐改进演技和节目，因而收入逐渐丰余。莫里哀也学会了剧业中的艺术和手段。1655 年，他已能兼任演员与编剧。1658 年，他更认为他们要比在巴黎波哥奈厅演出的皇家剧团和在莫亚剧院（Théâtre du Marais）登台的那个私人小剧团的演出质量要高出许多。于是他就和贝雅尔自鲁昂赴巴黎，准备闯天下。在那里，他看望了他的父亲，也得到了父亲对他行为的宽恕。奔走的结果，莫里哀说动奥尔良公爵菲利普一世出面照顾剧团，而且设法介绍他们入宫晋见。

1658 年 10 月 24 日，这个平民剧团在卢浮宫的卫所和路易十四御前演出高乃依的悲剧《尼科梅德》（Nicomède）。剧中，莫里哀任主角，但演得不算好，据伏尔泰说："他吃亏在念台词时带点口吃，因而非常不适于扮演这种严肃角色。"然而"演起喜剧来如此倒有更佳的欢笑效果"。当日，莫里哀便利用余暇，在悲剧演出后，接着上演一个今已失传的喜剧。他活泼而欢愉地表演，满脸笑逐颜开，观众真不敢相信他会去演悲剧。年轻的路易能欣赏这种欢笑，而阅历老成者赞赏莫里哀的勇气，路易因此手谕莫里哀的剧团和意大利的斯卡拉穆恰剧团可以共同使用小波旁剧场（Salle du Petit Bourbon）作为演出场所。

在那里他们试演悲剧，同样遭到失败，他们没有像波哥奈厅皇家演员那样的人才。他们在喜剧上再获成功，尤以莫里哀的作品为甚。女演员认为她们在悲剧方面较突出，莫里哀也不以做一个喜剧演员为满足，因此他们继续上演悲剧。生活中的艰辛挣扎和荒诞不经，使人郁郁寡欢。要他整日喜剧化毋宁更悲惨，他已厌倦多情的诡计、固定的角色、代人受罚，这些几乎全是意大利的翻版。巴黎周遭所见的都如波丽辛奈（Polichinelle）和斯卡拉穆恰一样的可笑。"我再也不用普劳图斯和特伦斯教我了，米南德也不必多费心了，"他说，"我只要通晓人间冷暖足矣。"

莫里哀与女士们

《可笑的名女人》（*Les Précieuses Ridicules*）一剧（1659 年 11 月 18 日）开启了法国喜剧风格，增长了莫里哀的财富和名望。《可笑的精巧》（*The Laughable Exquisites*）短得一个小时可以演完，尖厉的刺痛却弥留长久。两位表姐妹，马德露（Magdalon）和卡瑟（Cathos）在文雅贤淑的层层裹束下，抗议她们重物质、缺钱用的长辈急于替她们完婚：

> **歌吉勃斯：**你还挑他们什么毛病？
>
> **马德露：**诚然，他们很殷勤，但何必马上谈到婚姻呢！……所有的人都像你的话，爱情故事一开始，马上就化为乌有……浪漫爱情未开始，不宜谈到婚姻大事。一个可人的爱人，必须懂得吐露情意，发出最柔、最腻、最热的叹息，谈吐合于尺度，不管是在教堂、花园，或是其他公共场合，首先他要注意那个令他倾慕的人，不然就死命地介绍朋友或关系给她认识，然后从她面前郁郁走开、焦虑若思。他应将对她心爱的热情掩饰一段时间，拜访她几次，谈话不放过献殷勤的言辞，来表现出众的机智……到

宣布他自己的那一天到来，通常是在花园中散着步，离开人群有好一程。求婚应立即被拒，女孩的羞赧使男士退却。然后他找到安抚我们的手法，使我们不知不觉听起他的甜言蜜语，使我们扭捏不安的困扰一扫而去。随之而来的就是惊险的事了——情敌的裹足不前，父亲们的考验刑磨，伪装的妒忌，抱怨牢骚、失望、私奔和结局。这些事都要做得漂亮得体，也是表现殷勤不可或缺的规则。但是，直截了当地结成夫妇——没有爱情的婚姻合同，凭着生殖的罗曼史——再说一次，亲爱的父亲，再也没有比这种程序更机械化了。我只要一想到这事，就心痛难过。

卡瑟： 叔叔，对于我来说，我能说的就是我认为婚姻是一个强烈的震惊。你怎能想象躺在一个赤条条的男人身边呢？

两个厮仆借了他们主人的衣服，打扮得一个俨然伯爵、一个仿佛将军，全力献殷勤，戏谑讨好，向两位女士示爱。他们的主人撞见他们俩，拆穿了西洋镜，让这两位年轻的小姐面对活生生、赤裸裸的事实。在莫里哀的大部分喜剧中，内文有粗鄙的、有淫亵的，但如此犀利地挪揄社会的愚昧，对当时的风尚习俗来说真是一件大事。一项不确定的传统证实，一位女观众站起来喊叫："有种！有种！莫里哀，这是好喜剧。"朗布耶夫人（Mme.de Rambouillet）的沙龙有一个常客在表演时出现，曾说："昨天我们赞颂那些受过仔细睿智批评的笑柄，如今却要如圣雷米对柯罗威说的：毁灭我们曾尊奉的，并尊奉我们所毁灭的。"朗布耶侯爵夫人巧妙地安排了莫里哀替她上演一出特别的戏，莫里哀为了答谢她的厚意，在开场白狠狠地讽刺了仿效她生活圈子中的人。不管怎样，名女人时代结束了。布瓦洛在他第十部讽刺剧中说道："那些美好的精神，昨日犹清新出名，让莫里哀用他自己的艺术给它一个当头棒喝。"

戏非常成功，首次演出后票价涨了两倍。第一年演出44次，国王召入宫中演了3次，3次都在场观赏，还赏了公司3000利维尔。

1660 年 2 月，公司感恩图报，送作者 999 利维尔的版税。但他犯了一个错误，在戏中插入了一段揶揄，挖苦道：

> 皇家剧团的演员们，他们除了沽名钓誉外，一无所长。其余的都是一些无知的动物，他们表演自己的角色就像一个人说说话而已。他们不懂如何使诗韵铿锵，或在精彩的部分稍加停顿。如果演员不停下来，通知你鼓掌喝彩，你怎么知道妙词何在？

波哥奈厅的皇家剧团公开诋毁莫里哀写不出悲剧，只会写一些粗浅毫无深度的喜剧。莫里哀为此创作并演出了一出稍过得去的闹剧《想象中的绿帽》（*The Imaginary Cuckold*），国王连看了 9 次。

这时，古旧的卢浮宫在整修，小波旁剧场不断缩小，看来莫里哀的剧团一时将没有舞台可用了。国王一向友善，指定宫中一度曾演过黎塞留剧本的房子给他，解决了他的窘境。剧团在此一直待到莫里哀去世。他在此新居的第一部作品，是他对悲剧的最后一次尝试——《唐·加谢》（*Don Garcie*）。他基于一些理由，认为高乃依和皇家剧团上演的悲剧，修辞过于浓艳而不自然，他极想写得更简洁真挚。若不是古典压倒一切，他很可能极成功地像莎士比亚那样把悲剧和喜剧调和运用。说真的，他最伟大的喜剧已经有悲剧的底蕴。尽管国王亲临 3 次捧场，《唐·加谢·德·纳瓦尔》还是失败了。

因此，他又回到喜剧。《丈夫学校》（*L'Ecole des Maris*）获得颇值欣慰的成功，从 1661 年 6 月 24 日一直演到 9 月 11 日。这出戏预兆莫里哀的婚事，那年 39 岁的他和 18 岁的阿蒙蒂·贝雅尔正准备结婚。问题是如何把一个年轻的女子训练成忠贞贤惠的太太？于是，喜剧内容围绕这个主题进行旋转：阿里士特（Ariste）和斯加奈里（Sganarelle）两兄弟幸运地都是女孩结婚的对象和监护人。阿里士特 60 岁，对他 18 岁的被监护人列阿娜宽柔敦厚：

我没有犯管制（她）太严的大罪，我不竭地满足她年轻的欲
望，谢谢上天，我绝不后悔。我让她去会见良友、玩乐、看戏、
跳舞。这些事依我看来，对一个青年是很适合的。世界是一个学
校，教给人生活的方式，比书本好得多了。她喜欢在衣服、衬
衫、时装……上花钱……我尽量满足她的欲望，我们经济条件供
得起时，就应该给年轻女孩这些快乐。

弟弟斯加奈里嘲笑哥哥被时下幻觉迷昏了头，他惆怅于旧道德的
沦丧和新道德的松弛，放纵了青年的懒散。他打算用严厉的约束使他
的被监护者伊莎贝拉成为服从的太太：

她要穿粗布裙钗……待在家中谨慎小心，专心家务，空暇缀
补衣服，或是织袜消遣。她……不该没人监管就到外头去……我
如力之所及，绝不戴绿帽子。

在一场鬼斧神工的计划后（从西班牙喜剧模仿得来），伊莎贝拉
和一个聪慧的情人私奔了，列阿娜和阿里士特结婚，到剧终一直对他
忠实。

莫里哀显然在和自己抗争。1662年2月20日，他已是不惑之年，
却和一个不到他一半年岁的女子结婚，更重要的是，新娘是与莫里哀
同居20年之久的情妇的女儿。他的仇敌指控他和自己的私生女乱伦。
蒙福里（Montfleury）——波哥奈皇家剧团的首领——1663年写信给
路易十四揭发莫里哀。路易的答复是：他将当莫里哀与阿蒙蒂的长女
的教父。当初莫里哀遇见阿蒙蒂的母亲贝雅尔时，她绯闻缠身，也搞
不清究竟谁是阿蒙蒂的生父。莫里哀显然不以为他是她生父，我们可
以说，在这点上他比我们更清楚。

阿蒙蒂长于剧团，是娇纵的宠儿，莫里哀几乎天天看着她，在她
还没长大成人以前，莫里哀就深爱着她。现在，她已是很有成就的演

员了。在这种背景下，她绝不适合于一夫一妻制，更不适于一个萎损了少年精神的男人。她热爱生命中的乐趣，她沉溺于一般认为是不贞的感情游戏。莫里哀痛苦，他的朋友和敌人窃窃私语。婚后 10 个月，他借批评男性的忌妒和辩解女性的解放来治疗他的创痛。他想做阿里士特，但阿蒙蒂绝不是列阿娜，或者他根本就演不成阿里士特，因为他像任何一位戏剧作家一样不能忍耐。在《凡尔赛即兴》（*Impromptu of Versailles*）一剧中（1663 年 10 月），他描述自己对太太说话："太太，你好生听着，你是头驴。"她却答道："多谢你，好丈夫，看是怎么回事。婚姻奇异地改变了一个人，一年半前你不会说这些话。"

他在《新娘学校》（*L'Ecole des Femmes*）一剧中，不停地想着嫉妒与自由，剧本于 1662 年 12 月 26 日首次演出。几乎在一开幕就探触到红杏出墙的问题。阿诺夫一角由莫里哀扮演，一位旧式的暴君，他相信一个失身的女人就是放荡的女人，要女人守妇道的唯一方法是训练她谦卑服从，严密盯住她，不要让她多受教育。他监护的人，即未来的妻子阿涅，天真无邪地问他："婴孩是不是从耳朵生出来的？"因为阿诺夫没告诉她男女之情，她对贺拉斯的垂青以无邪的欢悦接受。贺拉斯是趁她的监护人不在时，找到机会接近她。阿诺夫回来，她把贺拉斯来后的过程如实地告诉了他：

阿诺夫： 但是，他和你单独一起时，干些什么勾当？

阿涅： 他说他以无比的热情爱我，对我说世上最美妙的话，再也没有别的事能及得上。我每一次听他诉说时，都很沉醉，而且激起一种说不出的情感，完全给迷住了。

阿诺夫：（旁白）啊！问这要命的秘密真痛心，只让问者承受全然的折磨。（大声）除了这些话，这些美妙的方法外，是不是还亲了你？

阿涅： 喔！至于吻嘛，他捧起我的手和臂，根本就没花那个心思。

阿诺夫：难道他没从你身上拿走什么吗？阿涅，（茫然地望着她）嗯？

阿涅：为什么？他做……

阿诺夫：什么？

阿涅：拿——

阿诺夫：如何？

阿涅：那——

阿诺夫：你意思是什么？

阿涅：我不敢告诉你，因为，也许，你会生我的气。

阿诺夫：不会。

阿涅：会，你一定会。

阿诺夫：我永不会。

阿涅：那么，发誓。

阿诺夫：好，发誓。

阿涅：他拿——你会控制不住。

阿诺夫：不。

阿涅：会。

阿诺夫：不，不，不，不。这个谜究竟是什么鬼？他从你身上拿去什么？

阿涅：他——

阿诺夫：（旁白）我痛苦极了。

阿涅：他把你给我的缎带拿走了，老实说，我没办法。

阿诺夫：（回过神来）缎带没关系，但我要知道，他除了吻你的手外，没做些别的事吗？

阿涅：为什么？人们还做别的事吗？

阿诺夫：不，不……总之，我必须告诉你，接受他们的首饰盒，倾听这些纨绔子弟无聊的事，允许他们极缠绵地吻你的手，拨弄你的心，是罪恶，人们所能犯的最大的一种罪恶。

阿涅: 罪恶,他们说!什么道理?请说。

阿诺夫: 道理?这道理是因为做这些事冒渎上帝。

阿涅: 冒渎!凭什么算冒渎?天啊,那些多甜美,多快活。其中的乐趣我以前不知道,我赞美其间的动情。

阿诺夫: 喔,所有这些温存、谐和的交往、亲昵的拥抱有至乐存焉,但一定要在诚实的态度下去品味,罪恶应该以结婚来消除。

阿涅: 身体结了婚,就不再有罪了吧?

阿诺夫: 是的。

阿涅: 我请求,让我结婚去吧!

当然,阿涅立刻逃开,投入贺拉斯怀中。阿诺夫逮到她,正要鞭笞她时,她那楚楚可怜的娇声和形体使他怒火顿熄。莫里哀写到阿诺夫的境况时,或许他正想着阿蒙蒂:

> 那话语和表情使我怒火遏抑,使我再度体贴,不计她的罪过。恋爱多奇怪啊!男人竟然为了这些女叛贼而有这种缺点,每个人都知道她们是不完美的;她们放肆、轻浮;她们居心邪恶,理解力迟钝;她们再脆弱不过,再善变不过,再虚伪不过;尽管如此,人们为了这些动物的缘故,竟无所不为。

结局是她逃脱了他,和贺拉斯结婚。阿诺夫的朋友屈利沙安慰他,认为不结婚是免得戴绿帽子的最好办法。

这幕戏令观众大悦,头 10 个礼拜连演了 31 场。年轻的国王能够受得住它的放纵,朝廷上较保守的分子却指责此戏不道德。从耳朵生育证明不受女士们的喜欢;孔蒂亲王宣称以上所引阿诺夫和阿涅的第二幕,是舞台所曾演过的最猥亵的事,波舒哀诅咒整个剧本;有些法官认为对道德和宗教有威胁,应予停演。敌对的剧团讥笑该剧对话的粗鄙、人物的矛盾及剧情粗糙不可信。有一阵子，这出戏"成为巴黎家家户户的话题"。

莫里哀不可能对这些批评置之不理。1663 年 6 月 1 日，在皇宫演出的独幕剧《新娘学校的批评》(La Critique de l'Ecole des Femmes) 中，他描述一群批评他的人，由于他们大放厥词、不作回答，批评本身因过于夸张渲染，而劲力转弱，不攻自破，而且由滑稽演员道来，更显乏力。在波哥奈厅以一出讽刺短剧《反批评》(The Countercritic) 发起这一"喜剧之战"，而莫里哀则在《凡尔赛即兴》剧中挖苦皇家剧团（1663 年 10 月 18 日）。国王一直肯定地站在他这边，邀他共进晚餐，送他 1000 利维尔的年金，当他是最了不起的诗人而非喜剧家。时间对莫里哀有利，今天，《新娘学校的批评》被列为法国剧院第一部伟大的喜剧作品。

《伪君子》

莫里哀对法王的宠渥付出了心力。路易赏识他的机智和勇气，任命他为凡尔赛宫和圣热尔曼宫的娱乐总管。在欢乐节的庆典上，活动持续一星期（1664 年 5 月 7—13 日），有比武竞技、宴会、音乐、芭蕾舞、舞会、戏剧等，所有这些都在凡尔赛宫和公园上演，以火炬和饰佩 4000 支蜡烛的大灯来照明。莫里哀因此欢宴受赐 6000 利维尔。有些学者惋惜莫里哀的天才被法王误用于在朝廷演出开心的娱乐，他们认为这位喜剧诗人若花更多的时间去想去写，垂世的名作会更成熟。但他同时身负剧团的重担，不论如何，身为经理兼演员的操劳与责任也不容许他深居象牙塔中。许多作家穷而后工，逸裕反致庸碌，唯有困境能激荡灵感。莫里哀最杰出的一出戏是 1664 年 5 月 12 日在他创作盛期演出的《欢乐节》中的一部分。

这是《伪君子》(Tartuffe) 一剧的首演，与欢乐节的气氛不合，因为它毫不留情地把披着虔诚与道德外衣的虚假揭露出来。一个世俗人士组成的宗教团体圣克里门会，即后来的志士社（Cabale des Dévots），其会员都誓为禁演这出戏尽力。国王和拉瓦利埃的态度暧昧，久为这个宗教团体的信徒诟病。路易原有意支持莫里哀，但在凡尔赛宫看过这出喜剧后，收回成令，拒绝其在巴黎皇家剧院公演。为了安慰莫里哀，路易特请他在枫丹白露一个包括有教廷使节的团体前诵读《伪君子》，以为补偿。就历史材料所知，此团使节没有提出异议（1664 年 7 月 21 日）。同月，这出戏在奥尔良公爵及其夫人（亨利埃塔·安妮）的官邸，及王后、太后面前上演。公演的铺垫工作差不多时，8 月圣巴托罗缪主教皮埃尔·路累（Pierre Roullé）印发对国王的谏词，要求禁演此戏，并趁机指责莫里哀"作为一个人，或毋宁说是恶魔化身为人，是历来最不虔诚、最放荡的人"。他写《伪君子》用以"挖苦整个教会"，莫里哀"该被柱烧，以便预尝炼狱之火"。国王叱退路累，但仍不答应让《伪君子》公演。不过为表示他的立场，将莫里哀的年金提高到 6000 利维尔，并保护"先生剧团"，即"国王剧团"（Troupe du Roi）。

争议僵持两年之后，莫里哀将此剧稍作润饰，加上数行，念给国王听，指出这讽刺指向的不是真诚的信仰而是矫伪而已。亨利埃塔夫人支持作者，请准上演，路易口头上答应了。趁他去佛兰德斯作战时，《伪君子》第一次在皇家剧院公演，于 1667 年 8 月 5 日推出，距御前献演已有 3 年之久。翌晨，巴黎法务监，他也是圣克里门会会员，下令禁演，撕去所有海报招贴。8 月 11 日，巴黎总主教下令禁止在公私场合读、听或演这出戏，违者开除教籍。莫里哀宣布：如果《伪君子》继续被压制，他将从舞台退休。国王回到巴黎，让这位盛怒的戏剧家耐下性子来。莫里哀得偿其愿，最终获得解除禁演的回报。1669 年 2 月 5 日，此剧开始它的一连 28 场成功的演出。首场公演，观众为抢购入场券，许多人几乎窒息。这是莫里哀戏剧生涯最辉煌的一幕。在所有的法国古典剧中，它上演的次数最多——仅在法国喜剧剧场（Comédie Française）就演出 2657 次（截至 1960 年）。

对于它的漫长禁演和广受喜爱而言，戏剧的内容可提供多少解答呢？对虚假的虔诚进行正面攻击，是被禁演的原因；可是由于讽刺的猛烈和精彩，又是它成功的因素。戏中的揶揄无疑太夸张：伪善很少有像《伪君子》里描写的那样粗鲁和不顾一切，愚笨也很少像欧根（Orgon）那么过分，至于女佣，可再没人比多恩（Dorine）更傲慢无礼了。最后收场像莫里哀的大部分作品一样，几乎是耸人听闻的，但这难不倒他。在描绘了伪君子的嘴脸，也指控了虚伪后，自然而然地，把结局导向美德胜利和邪恶受罚。很可能该剧的尖酸刻薄是指向圣克里门会的，其会员多为俗士，它的会员都直接向良心负责，向公众坦承私下的罪，干涉家庭的宗教忠实与奉献。戏中两次提到一个会社，明显暗指志士社。此戏上演后不久，圣克里门会便解散了。

欧根，一个富有的资产阶级，第一次在教堂见到答尔丢夫（伪君子）就留下深刻的印象：

> 啊，只要看到他……你就会像我一样地敬爱他。他每天上教堂，风采凝练，在我身边屈膝跪下来。他向上帝祈祷的恳切吸引了全场的注意。他叹息，他呻吟，十分悲切，无论何时他都卑贱地俯伏在地上，我走出时他趋前替我取圣水……了解他的窘况，我送些礼物给他，他必谦卑地回报我……最后上天指引我，把他带回家来，从那时起，似乎一切都欣欣向荣。他不分贵贱的谴责，即使是我太太，他都很谨慎地顾及我的荣誉。他使我知道谁向她抛媚眼。

但答尔丢夫没有令欧根太太和孩子们衷心喜悦。他食欲旺盛，贪爱山珍海味，有圆滚的肚子和红润的脸颊，他讲道枯燥而无聊。欧根的妻弟克林特（Cléante）请他分清虚伪和宗教的区别：

> 在我看来，没有什么德行比真诚更伟大、更有价值，也没有

什么比热切的虔诚更高贵、更美丽，因此我想也没有什么比外袭的伪装热情更可憎，比江湖郎中、那些表演的信徒更可恨了……他们从事一项虔诚的交易，以一种伪善的眼神和假装心旷神怡而获得名誉和声望。

欧根仍然把答尔丢夫的指点当成金玉良言，他打嗝时也求上帝的帮助，甚至把女儿玛莉安（Mariane）嫁给他。她本人喜欢的是威拉（Valère）。剧中真正的女主角要算是玛莉安的侍女多恩，她如传统显示的，证明老天常错把天才和财富做反比例的分配。她对答尔丢夫上场的接待，最令人叫好不过：

答尔丢夫：（一面寻找多恩，高声对他的仆人说）劳伦斯，把我的睡帽和鞭子锁好，祈求上帝赐你慈悲。如果有人找我，就说我去监牢布施、周济。

多恩：（旁白）多虚假、多狡狯啊！

答尔丢夫：你干什么？

多恩：告诉你——

答尔丢夫：（从口袋拿出手帕）喔，天哪！请你说话前用这条手帕吧！

多恩：做什么？

答尔丢夫：掩起你的酥胸来，我看它可受不了。这些东西伤害灵魂，把它引到罪恶的念头上去。

多恩：你在诱惑中熔化了，肉体在你的感官上刺激很大吗？老实说，我不知有什么火焰会燃着你。至于我，可不是那么容易就渴的。现在，我看到你从头到脚一丝不挂，可一点也不会受你的肉体所惑啊！

次幕是此剧的核心。答尔丢夫与欧根的太太艾密尔（Elmire）调情，用虔诚的话来作说词。有人将他的奸诈告诉了欧根，他不相信，反而把所有财产给予他以表信任。答尔丢夫顺从地接受了，说："上帝的旨意安排了一切。"这情境由爱蜜儿解开，她把丈夫藏在桌子下，找了答尔丢夫来，稍展笑颜，立刻就诱得他心猿意马，跃跃作爱情探险。她装着顺从，但畏惧良心不安，对此答尔丢夫以诡辩家的技巧解决。显然莫里哀曾读过并爱好帕斯卡的《省区书简》：

> **答尔丢夫：** 假如上帝之外别无阻碍，那么移去这些小障碍可说易如反掌。上帝禁止某些满足固然不假，但不是没有调解之道。应该因不同情况调整我们良心的弦，以我们纯洁的意图来矫正我们的不道德是一种科学。

欧根从隐藏中走出来，愤然叫答尔丢夫滚蛋，答尔丢夫却说由于欧根前些日子的签字，这座屋子已属于他了。莫里哀用不太高明的手法解开这个结，国王的官员凑巧发现答尔丢夫是长期通缉犯。欧根幸得追回他的产业，威拉娶得玛莉安。剧终是和谐的颂歌，歌颂皇上的公正和仁爱。

多情的无神论者

国王的慈悲因莫里哀的大胆而受到限制。在《伪君子》纷争最热时，志士社派的气焰高涨压制它不得上演，莫里哀又在皇家剧院（1665 年 2 月 15 日）演出《石像的邀宴》（Le Festin de Pierre），以嬉闹的韵文形式演出脍炙人口的唐璜（Don Juan）故事，把鲁莽的卡桑诺瓦（Casanova）改成肆无忌惮的无神论者。运用莫利纳和其他人的故事作为外壳，将它填上对人性邪恶引以为乐的角色，竟然对上帝表示无忌。这幕戏是这场大争辩慑人的回响，宗教和哲学问题纠缠难解。

唐璜是一名侯爵，知道对他的城堡属地负有责任，不然他要对所有他欲染指的享乐尽情尝试。他的仆厮斯加纳里（Sganarelle）记下他主人引诱和遗弃的女人有 1003 人之多。"傻瓜才从一而终……"唐璜说，"我无法抗拒我见到的人间尤物。"如此的伦理观念亟须有相对应的神学理论，因此唐璜为了心之所安，是一个无神论者。他的仆人想和他争理：

斯：你真不信上帝吗？

唐：别啰唆！

斯：那就是不信！那么炼狱呢？

唐：唔！

斯：同样不信。至于魔鬼呢？请说说。

唐：是！是！

斯：当然又是很勉强。难道你一点也不相信另外一个世界吗？

唐：哈！哈！哈！

斯：这里这个人我很难说得动他。但告诉我，你确实相信 le moine bourru。[1]

唐：傻瓜蛋才遭殃！

斯：现在，我不难过了。因为再没有比鬼怪更是人所知的现象，如果那也不真，我可该上吊了。但是一个男人必须相信点东西，你相信什么？

唐：我相信二加二得四，四加四等于八。

斯：可爱的教义，美丽的信仰物件！你的宗教，目前看来，似乎是算术？至于我，先生……我很了解，这个世界并非像香蕈能在一夜之间长成。我要请教你，谁造这些树、岩石、地球和那

---

[1] 直译为"乖戾的修士"——一个虚构的鬼怪，保姆和母亲用来吓唬小孩儿的。

头上的蓝天，难道是它们自生的吗？看看你自己吧，譬如说，你就在这里，你难道是自生的吗？难道不是你父亲把你妈肚子弄大生下你来的吗？你能看清组成人体的这些神工，看到某部分令某部分发生功用，而会不叹为观止吗？……不管你怎么说，人是有些奇妙的，即使是博学之士，也永远说不清。看着我在这里，脑中同时打着千百个转，躯体照着我的意愿做，不是很神奇吗？我要拍掌、举臂、抬头望天、低头、动足、向右走、向左靠、前进、后退、转身。（他转身时跌了一跤。）

唐： 好得很！你的高论跌破了鼻子。

在下一幕，唐璜和宗教的争辩换了另一种形式。他遇见一个乞丐，乞丐说他每天为那些布施他的人祈祷。唐璜说："诚然，一个每天祈祷的人必然过得很惬意。"相反地，乞丐答道："更经常的是我连一片面包都没有。"唐璜给他一个路易，要他发个誓。乞丐拒绝："我宁愿饿死。"唐璜对他的坚定暗自吃惊。他递过钱币，说："为了人性的爱。"看歌剧的人都知道这个结局，唐璜偶遇一座司令官的雕像，他的女儿被他引诱过，也为他而死。石像邀唐璜共进晚餐，他去了，伸出手来，就被引入地狱。中世纪舞台上炼狱的刑具都出现了，"雷电大作，击打唐璜；地裂开，吞没了他；在他陷下去的地方冒出一团火焰"。

第一晚的观众震惊于莫里哀对唐璜不信神的展示。他们对莫里哀描述唐璜的贱不足道，缺乏神学素养，残暴而无良心，也无悲悯，所到之处随意播撒欺骗和悲愁等等，都尚能同意，也看得出作者对恶徒手下的牺牲者寄予同情。但他对无神论的答复假借一个信鬼怪比信神要来得坚定的愚人之口，即使唐璜最后的毁灭也没有缓和这个问题，因为他虽然落入地狱，既不悔罪也不恐惧。首演后，莫里哀修改最刺激的情节，大众的意见仍不平息。1665 年 4 月 18 日，罗西蒙（Rochemont）法官发表了一篇《对莫里哀的一个喜剧的观感》，他指出《石像的邀宴》一剧是"道地的邪恶……即使在异教时代，也没有比之更不虔诚的了"。罗西蒙向皇上提出诤谏，请求禁止这出戏的演出：

> 高贵的王子尽全力维护宗教时，莫里哀在摧毁它……没有一个人会那么笨，看了这戏后还会肯定，坚持演出的莫里哀是够得上参加圣事的，或没有公开的补过而能接受悔罪。

路易依然对莫里哀爱护有加。《石像的邀宴》自 2 月 15 日起每星期 3 次，一直演到棕榈主日（Palm Sunday，复活节前的礼拜天）才停演。等到作者死后 4 年才再上演，但经过了托马斯·高乃依的修改，他把上面有问题的一幕删除了。原版已流失，直到 1813 年，才发现 1683 年在阿姆斯特丹的盗印版。高乃依版到 1841 年仍然在舞台上演出。在莫里哀的全集中，有些采用高乃依修改的剧本。

鼎盛时期

莫里哀对他所树的敌人犹未尽兴，又向医生进军。他将唐璜描述成一个"在医学上不够虔诚"的人，并评估医术是"人类最大的错误"。他亲自发现 17 世纪医生的无能和虚伪。他认为医生的处方因为误用了锑而治死了他儿子，而且医生对他本人的肺结核又一筹莫展。国王也对每周的泻剂和放血很不耐烦，据莫里哀说，是国王鼓动他来嘲笑医生的。他从旧喜剧中撷取这个题材，5 天中写出一部《医生恋史》（*L'Amour Médecin*）。1665 年 9 月 15 日，在凡尔赛宫御前献演，国王"龙心大悦"。一星期后，在皇家剧院演出时赢得满堂喝彩。剧本大意是，有一位妇人生病了，召来 4 位郎中，他们私下议诊，谈的却是自家事。父亲坚持要他们做诊断，但一个开了灌肠药，另一个却认定说灌肠药会使患者一命呜呼。然而妇人没吃药而稍愈，大夫们居然为之勃然大怒。巴希（Bahys）医生急叫："照方吃药死去，比不照配方而痊愈要好得多。"

1666 年 8 月 6 日，莫里哀推出短剧《大夫袖手》，为《厌世者》（Le Misanthrope）一剧的轻松的开场戏，目的在于驱散悲观主义者的抑郁。莫里哀也没打算把这些对医药的讽刺剧看得过重。我们注意到他和他的私人医生莫维兰（M.de Mauvilain）相处得不错，曾替医生的儿子在国王面前说情，并找得个闲差（1669 年）。有一次他解释为什么他和莫维兰能处得这么好："我们彼此讲理，他开他的药方，我不吃我的药，也霍然得愈。"

《伪君子》争论期间，莫里哀于 1666 年 6 月 4 日又推出一剧，几乎没打算讨好民众或朝廷。如果说戏剧的灵魂在于动作的话，《厌世者》与其说是戏剧，不如说是哲学的对话来得恰当。一句话可说尽全剧：责己责人都严的阿色斯（Alceste）爱上了一位虽也爱他但又乐受他人追求和恭维的莎莉美（Célimène）。这只是莫里哀论道德问题的一种试验，做人处世究应率真还是讲情面呢？阿色斯憎恨社会上对真理的依违态度，他咒骂朝廷的矫揉虚伪，每个人装得凛然高贵，"热诚关注"，心底下每个人盘算挑别人的错，以阿谀谄媚取得爵位或权势。阿色斯咒骂这些，甚至临到自杀关头也要诚实无欺。奥伦特斯（Orontes），一个字迹草劣的追求者，坚持要念诗给阿色斯听，请他认真批评。果真得了评语后，他又声言要报复。莎莉美搔首弄姿，阿色斯责备她，她骂他假正经。这里我们大致可听到莫里哀在责备活泼的妻子。事实上正是莫里哀扮演阿色斯，阿蒙蒂演莎莉美：

阿：夫人，你要我对你坦白说吗？我对你的行为极感失望……夫人，我不和你吵，但你的本性，是对来者不拒。你有太多的情人在争逐，我的灵魂实在受不了。

莎：你责备我吸引情人吗？人们觉得我可爱，我有什么办法？他们高高兴兴来看我，我能拿棍子赶他们走吗？

阿：不，你要用的不是棍棒，而是在他们来时，不那么娇弱无力、那么脉脉含情就得了。我知道你的美艳无所不至，但你的魅力要比你秋波所及的还多，你的甜美在对你屈膝者心中完成了你媚惑的工作。

衬托阿色斯哲学的是他朋友菲林特（Philinte），他劝阿色斯对人类本有的缺点将就随和一点，认清礼貌是生活的润滑剂。本剧的动人之处在于莫里哀彷徨于阿色斯和菲林特之间。阿色斯的莫里哀是怕戴绿帽的丈夫，这位皇家的制床匠，为国王制床，要受贵族的严厉批评，他们以阀阅自傲，一如他以天才自负。菲林特就是莫里哀，是一位哲学家，以理智自许，对人性随和而慈悲。菲林特的莫里哀对阿色斯的莫里哀说的这段话，可当作诗人莫里哀的样本：

天呀！我们不必理睬时代的习俗，对人性稍作宽容；
我们不要以最严酷的心情来考验它，
而要以一种恩惠的慈怀来看它的缺点。
这世界上需要有一份温驯的美德；
由于理智的压力，人们也许该被责骂；
充分的理由可避免困境，
而且一切节制的话可使我们变得更为明智。
旧有的贞操观念和我们的时代与习惯冲突；
若要成为一个完人，
我们必须毫不固执地向时代让步，
而且如果你要改变这个世界实在是一件非常愚笨的事；
跟你一样，我认为，
每天都有千万件事情，正在朝好的方面进行；
但是，无论如何我还是会在每一件事中发现，
人们像你一样在盛怒中就看不清我了。

> 我冷静地择人，要他们名实相符；
>
> 我习惯于独自忍受他们所加诸我的；
>
> 同时，我以为在朝廷，与在城市，
>
> 我的冷静如你的坏脾气一样，都如一位哲学家。

拿破仑认为菲林特比较站得住脚。卢梭却认为菲林特是骗子，赞同阿色斯严肃的道德观。阿色斯像卢梭一样，谴责这个世界，孤芳自赏。

此剧的成绩平平，朝臣对讽刺他们的文雅仪态并不欣赏，一般观众对孤芳自赏的阿色斯也不感兴趣。但是，批评家既非朝臣也非俗士，为莫里哀勇敢地写出如此有新意的戏剧喝彩，随后饱学之士都认为这是莫里哀的作品中最完美之作。经过一段时间，被嘲弄的一代过去后，它又得到群众的喜爱，1680 年至 1954 年，在法国喜剧院演出1571 次，仅次于《伪君子》和《吝啬鬼》（*L'Avare*，又名《悭吝人》）。

由于不能和年轻的妻子和好相处（她将一夫一妻制与美丽看成互不相容的），他离开她到巴黎西部的欧特伊（Auteuil）与他的朋友沙普兰（Chapelain）同住（1667 年 8 月）。沙普兰温和地嘲笑他对爱情看不开，但莫里哀更像诗人，而非哲学家，他承认（如果我们能相信一位诗人描述另一位诗人）：

> 我曾决心和她住在一起，不当她是我太太。但你若知道我受的苦，你就会同情我。我的热情甚至已达到对她的一切兴趣都产生怜爱。我对她觉得不能再忍受时，我对自己说，她可能也是没法克制自己搔首弄姿的倾向，我觉得我更怜悯她，而不责备她。你无疑会跟我说，一个人对此事必须要有诗人般的感受。但对于我来说，只可能有一种爱，如不能感受微妙的情感便非真爱。在我心中世上的事都与她有关……我见了她，一种可以感到而不能言传的情绪，使我失魂落魄。对她的过失视而不见，只觉她如天

仙化人无有不妙，你说这不是无可救药的癫狂吗？

他试着在工作中忘怀她。1667 年，他为国王在圣热尔曼安排消遣的娱乐。他的喜剧《做主人》（*Amphitryon*，1668 年 1 月 13 日）以丘比特的爱情为中心。丘比特勾引安菲特律翁的太太阿尔克墨涅，丘比特对她说：

> *Un partage avec Jupiter*
> *N'a rien du tout qui déshonore*

即，一个女人和丘比特共枕并不丢脸——这句话是许多听众用来宽恕路易和蒙特斯潘夫人的话。果真如此，它可算是很宽容的奉承，因莫里哀决不同情挑逗者。像在《伪君子》结尾一样，他跟别人都拍了国王的马屁。另一出喜剧《困惑的丈夫》（*George Dandin*，*ou le Mari Confondu*）于 7 月 15 日在朝廷演出，又是一个困惑的丈夫的故事，怀疑妻子通奸，由于没法证实而疑虑、妒恨得痛心疾首。

那是一个忙碌的年头，只在数月之后（9 月 9 日），他推出最负盛名的喜剧之一《吝啬鬼》。这出戏的题材和部分情节取自普劳图斯的《一坛金子》（*Aulularia*），普劳图斯又取自希腊的新喜剧。守财奴，以及对守财奴的讽刺，恐怕就像金钱本身一样古老。没有人对这个题材的处理比莫里哀更真实、更强劲有力的了。阿巴贡（Harpagon）喜爱敛财，以致马都饿扁了，出骑也没钉上马掌。他贪婪到连"祝你有个好时光"也不肯说，只愿说"借你个好时光"。要是看见晚餐点燃两根蜡烛，他就吹熄一根。他不给女儿嫁妆，更以为儿子会比自己早归天。这样的讽刺，如莫里哀惯常的挪揄，已近于滑稽。观众嫌恶这种格调，演过 8 次后就停止了。但由于布瓦洛的赞扬，它再度受到欢迎。在它的前 4 年共演出 47 场，演出次数仅次于《伪君子》。

《中产阶级绅士》（*Le Bourgeois Gentilhomme*）乏善可陈，但更成

功。1669 年 12 月，一位土耳其大使到法国，朝廷极尽铺张，炫示外宾，但他反应矜持，无动于衷。他走后，路易召来莫里哀和吕里编写一出芭蕾舞台喜剧，把大使作为嘲弄的对象。莫里哀将之加长，讽刺那些越来越多的法国中产阶级：他们穿着和谈吐刻意装得俨然一副天生贵族的样子。1670 年 10 月 14 日，此剧首次在御前上演。11 月在皇家剧院演出时的收益，弥补了《吝啬鬼》演出经营的赤字。莫里哀扮约丹先生（M.Jourdain），吕里扮穆夫第（Mufti）。为了将自己贵族化，约丹请来音乐、舞蹈、剑术和哲学教师。他们来后，各自吹嘘自己的重要性——究竟是达到和谐、踩准步调、杀得利落，还是说文雅的法语更重要？从上句的音乐教师的话来看，我们看得出是有点儿挖苦浮夸攀附的吕里。半个世界的人都知道这一幕，约丹学的所有的语言不是韵文就是诗：

> **约丹：** 为什么当我说"尼可，拿拖鞋和我的睡帽来"，就是散文。
>
> **哲学教师：** 是的，先生。
>
> **约丹：** 我敢赌咒！40 年来我一直在说散文却茫然不知。我是世界上最该感激你告诉我这事的人了。

有些朝臣从市侩进入文雅社交圈不久，感觉此剧是针对他们的，因而诋毁此剧毫无意义。但国王对莫里哀说："你所有写过的，还没比这个更令我赏心。"基佐（Guizot）后来说："朝中立即响起一片赞美声。"

莫里哀和吕里再度合作，在宫中推出（1671 年 1 月）芭蕾舞台悲剧《赛姬》（Psyché），大部分的诗由高乃依和基诺执笔。吕里说服了莫里哀，由喜剧转向歌剧，由对话转向一般技巧，众神不再高高在上或深藏地底。皇家剧院的舞台因为上演该剧必须改建，耗资 1989 利维尔，但该剧票房收入也算斐然可观。

但是，传奇爱情故事不是莫里哀的拿手戏，他更擅长以他的机智取笑时代的荒谬。对于他来说，一位有学识的女子是一种极不惬意的反常，也是婚姻的阻碍。他曾听说这样的女子推敲文字、辩论文法优劣、征引古文、高谈玄学。科坦神父（Abbé Cotin）和诗人梅纳热（Ménage）一直猛烈抨击他的戏剧，此时来讽刺他们正是时机。因此，1672 年 3 月 11 日，他又推出《才女》（les Femmes Savantes）。菲兰米特解雇了一位用了一个学院规定不能用的字的女仆人。她女儿阿蒙蒂反对婚姻，因为结婚是令人憎恶的身体接触，而不是心灵的交融。特里索旦朗诵他的蹩脚诗给那些谦逊的人听。维迪斯诘难这些诗。在这些人中，莫里哀唯独替亨利埃塔辩护，她憎恶"亚历山大体"，需要一位能给她孩子而非讽刺诗的丈夫。是阿蒙蒂·贝雅尔变成名女人还是莫里哀已现出老态？

谢幕

极端刺激的生活、肺痨、婚姻和亲人的丧亡，榨尽他生命的活力，莫里哀死时才 50 岁。米尼亚尔为他作的画像是在他的黄金时期：隆额、丰唇、喜剧性的昂眉，早现的额纹，沉思的眼神。他忙于剧务，周旋于跃跃欲试的贵妇群、活跃的妻子和敏感的国王中，眼看着三子有两子丧生——这不是走向乐观的坦途，而是病痛和早殇的大道。可以想象得到他变成了"自蚀的火山"，忧郁、躁急、率真地批评，但又富同情地宽容。他的剧团体谅他，对他忠心耿耿，明白他为剧团的生计和成就而鞠躬尽瘁。他的朋友随时准备为他卖命——尤其是布瓦洛和拉封丹，有时加上拉辛，和莫里哀四人为当时极有名的"四君子"。他们觉得他教养好、知识广、机敏但寡欢，在舞台上是一个明朗人物，私底下却比莎士比亚的耶克（Jaques）还抑郁。

经过四年半的分居，他与太太重聚（1671 年）。他们重拾旧欢后所生的孩子，只活了一个月就夭折了。在欧特伊，他遵照医生嘱咐只喝牛奶，现在他恢复猛饮，为取悦太太常很晚进食。他无视日益严重的咳嗽，在最后一出戏《病态形象》（*Le Malade Imaginaire*）中，扮演主角阿甘（Argan，1673 年 2 月 10 日）。

阿甘怀疑自己患上 12 种病，把半数资财都花在请医生和吃药上。他的兄弟巴拉尔（Béralde）嘲笑他：

> **阿甘：** 我们病了该怎么办？
> **巴拉尔：** 哥哥，什么事都别做……我们只要安静下来。天意，我们不打扰她时，自然会让她引起的骚动复归于常轨。都是我们的忘恩、急躁把一切都破坏了。何况几乎所有的人都不是死于疾病，而是死于药石。

为了深一层嘲弄医生这一行，阿甘听说他自己在短期的安排下，可以成为大夫，可以轻易地通过考试，取得医生执照。该剧由此而写下了一段老少皆知的嬉闹式考试对白。

莫里哀的死几乎也是戏中的一部分。1673 年 2 月 17 日，阿蒙蒂和一些朋友察觉到他的疲惫，求他歇业几天，以恢复元气。但他说："我怎能那样做？这里的 50 位穷演员是按日计酬的，如果我们不演，他们怎么办？只要我还能演戏，而一日不给他们面包，我都会责备我的疏忽。"最后一幕，莫里哀，即剧中的阿甘（他两次装死），念到"我发誓"，正宣誓为医生，开始痉挛性地咳嗽。他装笑掩饰过去，把戏演完。他妻子和年轻的医生米歇尔·巴伦（Michel Baron）急速送他回家。他要一位牧师，但没人来。咳嗽越来越严重，最后血管破裂，血块哽住喉咙而死。

巴黎主教尚瓦隆下令，莫里哀没做临终忏悔，未得赦罪，不得埋于教地。阿蒙蒂纵使欺骗莫里哀时，也始终爱他，她到凡尔赛国王御前，虽不聪明，鲁莽，然而真诚地说："如果我丈夫是罪人，他的罪也是陛下亲自认可的。"路易给主教下了一道密令，主教妥协了。灵枢不能移进教堂行基督教仪式，但允许在黄昏日落安静地埋在蒙马特大道的圣约瑟墓园的角隅。

一般人都认为，莫里哀是法国文学史上最伟大的作家之一，却不是由于戏剧技巧的完美，也非诗句的华丽。几乎所有戏中的情节都是引用别人的故事，结局也都造作牵强、离奇不经；所有的角色都个人化，有些像阿巴贡，夸张几近于滑稽的地步；他的喜剧又常常沦为闹剧。但我们都知道，朝廷和大众都喜欢他的闹剧，不能接受他对一般毛病的尖厉的讽刺。如非为了维持他的剧团，他很可能会省去闹剧。

就如莎士比亚悼念的，他必须身为大众的丑角。莫里哀写道："在一般艺术中，对牛弹琴，听任蠢人的评判是一件苦刑。"他烦透了要时时让观众笑口常开，为此，他借剧中一个角色说："……这是一桩古怪的事业。"他有雄心撰写悲剧，虽没达到预期目标，但他使他最伟大的喜剧渗入悲剧的意义和深度。

这是他剧中的哲学，人情味和锐利的讽刺使每一位识字的法国人都读他的作品。它主要是理性派的哲学，这使 18 世纪的哲学家大为开心。"莫里哀没有丝毫超自然的基督教义"，《伪君子》剧中"宗教的发言人的解释'可能被伏尔泰认可'"。他从不妄评基督教的信条，他承认宗教在无数的生活中有裨益，他尊敬虔诚的信仰，但他严责在日常自私上加上一层礼拜日仪式的表面虔诚。

他的道德哲学在意义上是异端的，享乐合法，无罪恶感。那是更具伊壁鸠鲁和塞涅卡的风味，而少圣保罗和奥古斯丁的格调；更适于国王的放纵，而无波尔－罗亚尔女修道院的大胆。他驳斥德行的过分，赞美通达人情之辈，他们在荒谬的世界上睿智稳健地走他们的路，并使自己不受染于浊世。

莫里哀自己没达到中庸境界，身负喜剧作家的职业，迫使他冷嘲热讽，还时常夸大其词。对有学问的女人他太苛责了，对医生的攻击又太盲目了，即使对灌肠器他都来得客气些。但过分夸张是讽刺剧中应流的血液，对戏剧来说必不可少。莫里哀也许能更伟大，如果他能寻着一条讽刺当政腐化、军事野心及路易十四毁灭性的暴君主义的手法。然而，这位优雅的君王保护他对抗仇人，使他能够与偏执做对。然而他又很幸运，死在这位主人成为最具破坏性的偏执自大者之前。

法国人爱莫里哀、演他的戏，如同英国人爱莎士比亚、演他的戏。我们不能像某些狂热的法国人，拿他来与莎翁并列。他只是莎士比亚的一部分，其他部分是拉辛和蒙田。我们也不能像大多数人那样把他列在法国文林之首。我们也不敢肯定，布瓦洛禀告路易说莫里哀是当朝最伟大的诗人时，他是对的。布瓦洛说这话时，拉辛还没写出他的巨著《菲德尔》（*Phèdre*）和《阿达莉》（*Athalie*）。但在莫里哀说来，他不仅仅是法国历史上的作家，他还是这么一个人：受困扰却尽责的经理，受骗而宽宥的丈夫，以笑声掩盖悲戚的剧作家，挣扎到死都与迂阔、偏执、迷信和虚伪作战的艺人。

第五章 | 法国古典文学的全盛时期
（1643—1715）

当时的环境

　　法国古典文学的全盛时期，并不是在路易十四出生时便开始的（1638 年），而是在马扎然做首相、路易十四刚登基不久的那段日子（1661—1667 年），开始全面发展。那时，法国国泰民安，崇尚武功的作风尚未压倒对文事的注重。第一次引起大家对文学的重视，是黎塞留鼓励戏剧和诗歌的写作；第二次激励是 1643 年在罗克鲁瓦、1648 年在兰斯打了胜仗；第三次则是《威斯特伐利亚和约》的签订和比利牛斯谈判的成功（1659 年），使法国在外交上获得全面的胜利；第四次是文艺沙龙中有学识、有修养人士组成的男女作家协会的成立；仅有最后一次的鼓励，是来自国王和朝廷对文学及戏剧作品的保护与奖励。大多数法国文学史上的伟大作品都是在这个时期写作完成的，如帕斯卡所著的《省区书简》与《沉思录》，莫里哀所著的《伪君子》（1664 年）、《石像的邀宴》（1665 年）、《厌世者》（1666 年），拉罗什富科所著的《格言》（*Maxims*，1665 年），布瓦洛的《讽刺剧》（*Satires*，1667 年）、拉辛所著的《安德洛玛刻》（*Andromaque*，1667 年）等，都是 1667 年以前，在黎塞留和马扎然统治下写成的。

　　无论如何，路易十四是历史上最致力于保护文艺作品的君主。他刚即位不过两年（1662—1663 年），上述作品只不过才有两种问世。他就命令柯尔伯等人聘请专人，编制一本法国及其他各国的作家、学者、科学家的名录。这些人都是极有天分、极有成就而值得奖助的。根据这本名册，有 45 位法国人及 15 位其他国家的人，每年接受法国王室的奖助金。荷兰的学者丹尼尔·海因修斯（Daniel Heinsuis）和伊萨克·福修斯（Isaac Vossius），荷兰物理学家惠更斯，佛罗伦萨的数学家维维亚尼（Vincenzo Viviani），及许多其他外国人都很意外地接到柯尔伯的信，赞美他们的成就，并表示法国国王核准了每年给他们一笔奖助金。有些奖助金竟高达 3000 镑一年。诗人中的非正式会长布瓦洛，靠奖助金生活得像一个大公。他死后，留下了 28.6 万法郎的现金遗产。拉辛做了 10 年的王宫史官，总共获得了 14.5 万法郎。也许给外国人奖助金的目的是希望提高法国的国际地位，而给国内学者奖助金是为了在政府的控制与合作下，让学者专家们研究工业和艺术方面的新思潮。至少，对内的目的达到了。那时，一切出版物都要经过政府的严密检查。法国民间对这种检查和控制，极少表示出不满的情绪。同时国王的心中还有这种想法：那些接受了奖助金的诗人和作家们，也许会在他们的作品中对国王歌功颂德，使他名垂青史。事实上，作家的确也尽了最大努力做这件事。

　　路易十四不但给他们奖助金，还尽量保护他们、尊敬他们，提高他们的社会地位，欢迎他们到宫廷中。有一次，国王对布瓦洛说："记住，我永远有半个小时的时间是给你的。"他只对于正统的、严肃的、优美的作品有兴趣。他这种特殊的品德和爱好，不仅使法国国内局面稳定，也使平民的知识和道德水准普遍提高。有时他对文学作品的看法，比一般人或朝廷中的官员们还要开明一点。前文中也提到，莫里哀被教会和其他高尚人士攻击时，国王曾为他辩护的种种情形。后文中还会提到，他不断鼓励爱护拉辛的那一派人士，尽最大努力帮助拉辛成名、成功。

柯尔伯又向国王建议，根据黎塞留的计划，把法国国家学院升格为主要的政府机构之一，由国王自任院长，赋予充足的资金，并将院址设于卢浮宫内，柯尔伯自己也是一名院士。当其中一名院士，也是一个"大公"，为了舒服起见，搬了一把太师椅到院里作为办公之用，柯尔伯立即另外订了39张同样的椅子，以表示院内人人平等，也表示院内之人地位比其他人高。从此，"太师宝座"（les quarante fauteuils）就成了法国国家学院的别名。1663年，又成立了一个分院，名为"法国文史文献学院"（Academy of Inscriptions and Belles-Letters），其职责是编写那时发生的所有事情。

柯尔伯的责任是监视这40位终身会员，一定要天天去办公，并编一部大字典，以赚取他们的薪俸。编字典的工作进行得非常之慢，有一次波舒哀利用编字典时编每个字母所花的时间为意，写了一首诗，来表示他多么希望自己能长命百岁：

> 他们编 F 开头的字已有半年之久了；
> 啊，希望命运之神能保佑我，
> 一直活到开始编 G 开头的字时。

编这部字典的计划是十分周密的。他们计划将一切可能的字全部包括在内，并详细考证每个字的来源，它以前的拼法、用法与现在有无不同之处，并加上许多例句来解释。所以，从开始编写到第一次出版（1694年），一共花了56年之久。但这部字典有些缺点，比如说，它忽略了一般用语、专有名词及艺术用字，也修改了拉伯雷、阿米约（Amyot）、蒙田等人的作品，也除去了千余种法国人生动的口头用语。这是编这部字典的时代背景造成的必然结果。那个时代注重逻辑、精确和清晰，因此使几何学成为那时最理想的科学和哲学。同样地，柯尔伯也以这原则统治法国经济。勒布朗以这原则绘出法国史画。这种庄重和正规的气氛，充满法国宫廷，同时也造成了波舒哀、费奈隆、拉罗什富科、拉辛和布瓦洛那种墨守成规的作品格式，成为法国当时文学的代表。也正是这些因素控制了大字典的编者们，这部字典经过多次修正与重印出版，以便与不断进步的社会相符合。其正统特性经常被侵犯，有时甚至被击败。侵犯和击败它的因素有：人为的错误、科学的用语、商业上的暗语、市井俚语等。其实，一部字典和历史，与政府有许多相似之处，它代表了少数掌权人和多数人的争斗。虽然，这部字典中失去了语言的生动和活力，却充分表现出语言的纯真、精确、优美、高雅。它虽然没有制造出像莎士比亚那种大胆、突出的人物，至少它使法文成为欧洲最崇高的一种文字，是外交上的国语、是贵族社会的语言，也使欧洲各国对法国崇拜了100多年。

高乃依（1643—1684）

高乃依在37岁，也就是路易十四登基的那年，他的才华显然已经发挥到了最高点。他的全盛时期以一部名叫《勒门特尔》（*Le Menteur*）的剧本开始，这部剧本铸成了法国喜剧的模型，就好像《元帅》（*Le Cid*）是悲剧的典范一样。此后，高乃依每年都要推出一部悲剧剧本：包括《罗多古娜》（*Rodogune*，1644年）、《泰奥多尔》（*Thèodore*，1645年）、《伊拉克利》（*Heraclius*，1646年）、《唐桑肖》（*Don Sancho D'Aragon*，1649年）、《安德罗梅德》（*Andromède*，1650年）、《尼科梅德》（*Nicomède*，1651年）和《佩拉里特》（*Pertharite*，1652年）。有少数几部曾经很受欢迎，可是由于他一部接一部地写剧本，显示出他是在仓促中未经仔细琢磨赶写而成的，而且写得太多，也确实使他到了江郎才尽的地步。他创造出来的高尚风度，由于和人辩论过多而逐渐丧失。即使他的辩才也因为发挥了太多次，而变得不足为奇了。莫里哀曾经说过："我的朋友高乃依，拥有与生俱来的灵感，帮助他写成世界上最美丽的诗句。有时这份灵感离开了他，他就变成了原来的自己，这时，他的一切表现，就会很差了。"《佩拉里特》演出后，人们的反应坏极了，有 6 年之久（1653—1659 年），他未曾编过一个剧本在戏院中演出。这 6 年中，他专写些批评别人作品的文章，出了几本名叫《检讨集》（*Examens*）的专集。同时也写了 3 本《对话录》（*Discours*）讨论戏剧和诗歌。在这些文字中，又把他在批评方面的才华显露出来了，虽然这时他的诗歌方面的才华已消失了。他的这些辩论文章成为现代各种批评文字的根源。德莱登（John Dryden）在为自己几篇平凡的诗歌作品辩护时，就是以高乃依的作品作为典范，文字写得极好。

1659 年，这位由富凯提拔出来、富于想象力的高乃依先生，东山复出。复出后的作品《俄狄浦斯》（*Oedipe*）由于年轻国王的赞美，赢得一般人的欣赏。可是以后的作品，如《塞多留》（*Sertorius*，1662 年）、《索福尼斯伯》（*Sophonisbe*，1663 年）、《奥顿》（*Othon*，1664 年）、《阿热西拉》（*Agésilas*，1666 年）、《阿蒂拉》（*Attila*，1667 年）等剧，毫无出色之处，丰特内尔几乎不相信这些是高乃依的作品。布瓦洛曾写过一段无情的讽刺短诗："写完了《阿热西拉》，天啊！写到《阿蒂拉》时，停止吧！"亨利埃塔夫人，一般认为是世界上最仁慈亲切的夫人，却促成了高乃依更加不幸的命运。有一次，她邀请拉辛和高乃依（二人彼此知道对方名气）同时写一部故事相同的剧本，内容是描写提图斯（Titus）王子爱上了一位犹太公主贝雷尼丝（Bérénice）。拉辛写的剧本《贝雷尼丝》于 1670 年 11 月 21 日在波哥奈厅上演（这时亨利埃塔夫人已去世将近 5 个月），演出十分成功。高乃依的剧本名叫《泰特·埃特·贝雷尼丝》（*Tite et Bérénice*）于一星期后由莫里哀剧团推出上演，却不受欢迎。这次的失败使高乃依精神崩溃。他鼓起余勇做最后的尝试，1672 年写的《布尔歇利》（*Pulchérie*）、1674 年写的《苏莱拿》（*Suréna*），都失败了。此后，高乃依静静地度过了他生命中最后 10 年平静而郁郁寡欢的生涯。

高乃依是一个非常不善于理财的人，虽然路易十四每年给他

2000 镑赏金和其他各种赏赐，他死时仍然一贫如洗。由于某些疏失，高乃依曾有 4 年之久未接到赏金，还是在他向柯尔伯申诉后，柯尔伯才设法把赏金恢复了。可是，柯尔伯死后，赏金又告中断。布瓦洛听到这消息，告诉路易十四他情愿放弃自己的赏金，全数给高乃依。国王知道了这件事，马上送给高乃依 200 镑接济他。没多久高乃依就死了（1684 年），享年 78 岁。死后，一群法国国家学院的院士，高乃依的对手，也是继承人，写了一篇纪念他的颂文，赞美他是急公好义、富于辩才的一代诗人，他使法国的诗歌和戏剧达到了巅峰。

拉辛（1639—1699）

与莫里哀一样，拉辛出生于中等家庭。他的父亲是巴黎东北 50 英里处米隆（La Ferté Milon）的食盐专卖商。他母亲是维莱-科特雷斯（Villers Cotteré-ts）一位律师的女儿。她死于 1641 年，那时拉辛还不满两岁。一年后，父亲也死了。他是由祖父母抚养成人的。他家中大多数是詹森教派的教徒，有一位姑祖母和一位姑母是波尔-罗亚尔女修道院的修女。他 16 岁时也被送到小学校做修士，独处一室，与外界隔绝。在那里，他受到宗教和希腊语两方面的严格训练，这两种修养对他以后的一生有很大影响。他热爱索福克勒斯和欧里庇得斯的剧本，而且翻译了几本他们的作品。后来，他在巴黎的哈可学院（Harcourt）念哲学及更多的古典文学。同时，他发现了少女或少妇的神秘动人之处。他和他的表兄维德（Nicolas Vitart）住在奥古斯丁码头（Quai des Grands Augustins）。那位表兄经常来往于波尔-罗亚尔女修道院和戏院之间。在这段时间，拉辛观赏了几场戏，也写了一个剧本交给莫里哀，但写得并不理想，不能用来演出。莫里哀给了他 100 利维尔做稿费，并鼓励他继续努力，因此拉辛决定终身从事文学创作。

他的亲友们被他的决定震撼，又风闻了一些他的桃色之事，于是送他去法国南部的乌泽斯（Uzès），同他做神父的叔叔学习做一名天主教神父，他被允许领一笔俸禄，只要他愿意专心念神学、成为神父的话。有一年之久，这位念念不忘巴黎的年轻诗人，以黑袍盖住了满腔的热情，定下心来念阿奎那的作品，另加上一点阿廖斯托（Ariosto）和欧里庇得斯的作品。有一次，他写信给拉封丹说：

> 女人都是明艳照人的……身段苗条，肌肤白嫩。可是，在这里第一件事，他们就叫我节制欲念，我只好绝口不提女人了。身处一个祈祷之家，又作为一个受俸禄的神父，谈这些，会被认为是亵渎神明……他们叫我"做一个瞎子"，假使实在办不到，至少可以做个哑巴。因为我既然住在僧侣之中，就该做出僧侣的样子，就好像我在你们这群色狼中，也变成了一头色狼了。

不久，教会发生一些困难，允诺给拉辛的圣职也变得不确定了。拉辛自己也感觉到，牧师不是一种适合他的职业。他改变了装束，放弃了清高，于1663年回到巴黎。

回到巴黎后，他写了一首颂歌，从皇室的口袋里得到100个路易。不久，莫里哀提供一个故事，拉辛据此完成了他的第二个剧本《拉·泰拜德》（*La Thébaïde*）。1664年6月20日，莫里哀将它推出，虽然只不过演出了4次，流言却满天飞，很快就传到了波尔-罗亚尔女修道院。他的修女姑母写了一封信给拉辛，内容生动、文笔流畅，足可成为剧本中的一部分。这位姑母的写作技巧与拉辛相比毫不逊色：

> 听说你计划最近到这里来，我已向主母请求批准，让我见你……可是最近，我也听到一些流言使我深深感到不安。写这封信时，我的心是沉重的，滴滴泪沾湿了我的衣襟。真希望我现在流的每一滴泪，都是为了在天主宝座前为你代祷，求他赦免你的

罪而流下的。最叫我痛心疾首的是，听说你经常和一群声名狼藉、不准进教堂、不得领受圣体的人为伍……想想看，亲爱的侄儿，听到这类传言，我心中是多么的伤痛、多么的不安。你应该最清楚我爱护你的这一番心意。我这一生，除了全心全意地希望你成为一个上帝的忠心仆人外，几乎就别无他求了。因此，我请求你，我的爱侄，摸摸自己的良心，心平气和地仔细想想，你这样的行为会使你陷入多么可怕的深渊啊！真希望，别人告诉我的这些传言都不是真的。假使，很不幸，你不能及时回头，而仍然过着冒犯天主又使人类蒙羞的生活，你千万不要来看我。你想，我明知你的行为为人不齿又违背教义，我还能和你说话吗？但我依然每天不断地为你代祷，求天主赦免你的罪。你的罪能得赦免，对于我来说，是太重要了。

我们不能不对这女人寄以深切的同情。她既然能写出这封真情流露的书信，又为何不能找出一个借口，来改变她年轻时对法国舞台剧不良的印象呢？曾经在波尔–罗亚尔女修道院教过拉辛念书的皮埃尔·尼科勒先生，在发表的一篇公开谈话中，语气就没有这么温和了：

> 人人都知道拉辛写……舞台剧剧本……任何高尚人士都知道，这是一种不名誉的职业，如果站在基督教义或福音教训的立场来看，这是一种可怕的职业。小说家和剧作家就像贩卖毒品的人，他们制造的毒素，虽然伤害不了人们的身体，却污染了人们的灵魂。

高乃依、莫里哀、拉辛曾分别答辩了这项批评。拉辛是用十分愤怒的语气答辩的。但几年后，他为自己的鲁莽措辞感到非常懊悔。

他和波尔–罗亚尔女修道院的亲戚感情破裂后不久，与莫里哀之间也发生了裂痕。1665 年 12 月 4 日，莫里哀的剧团推出拉辛的第三部剧本《亚历山大》(*Alexandre*)。莫里哀的态度非常大方，他知道拉辛不认为他是一个好的悲剧演员，而且拉辛那时和他剧团中的演技不是最好但最漂亮的女演员热恋。因此，他自己和贝雅尔都不参加演出，让帕克演女主角，并不惜投下巨额资本。虽说演出十分受欢迎，拉辛对演员们的演技并不满意。于是他和皇家剧团合作，安排一次私人演出。他对自己退出莫里哀的剧团，而把演出权交给莫里哀的竞争者的这一决定感到得意万分。他还说服了帕克小姐（这时已是他的情妇了）离开莫里哀的剧团，加入皇家剧团。《亚历山大》在新的演出场地波哥奈厅，2 个多月的时间共演出了 30 场。这出戏并非拉辛最好的作品之一，但使他成为高乃依的继承人，也是这出戏使他和评论家布瓦洛成为莫逆之交。当时拉辛大言不惭地说："我在写诗方面有惊人的天才。"布瓦洛回答："我要教你如何在艰苦中完成它们（指诗歌）。"从此，这位大批评家开始引导诗人拉辛掌握正统文学的各种规定。

我们无法确知，拉辛下了多少苦工完成《安德洛玛刻》这个剧本。无论如何，在这部作品中，他在戏剧和诗歌方面的天赋，已发挥到最完美的地步。在献给亨利埃塔夫人的序文中，他曾提起，他念剧中一段给她听时，她情不自禁地掉下了眼泪。事实上，这是一部恐怖的戏剧故事，并不是感伤剧。其中包括埃斯库罗斯和索福克勒斯所能想出的一切不可避免的灾难。故事是描述一段多角恋爱。奥勒斯德爱海米丽，但海米丽爱菲留斯，而菲留斯又爱安德洛玛刻，安德洛玛刻爱已去世的赫克托尔(Hector)。菲留斯是阿喀琉斯的儿子，因为他在希腊战胜特洛伊一役中，立下功劳，被赐予三样奖品：伊比留斯(Epirus)由他统治，安德洛玛刻（赫克托尔的遗孀）做他的俘虏，海米丽和海伦的女儿做他的妻子。安德洛玛刻虽然经常以泪洗面，仍然年轻美貌。她活着只是为了怀念她高贵的丈夫，也怕她唯一的儿子阿奚纳斯(Astyanax)遇害。拉辛为了更加戏剧化，使阿奚纳斯还活着，使这个人物成为决定其他各人命运的关联。有一天，奥勒斯德，克莱特姆内斯特拉的儿子，又是杀父者，以希腊特使的身份来到伊比留斯，要求菲留斯把阿奚纳斯交出处死，免得他将来为特洛伊国报仇。菲留斯以一段难以翻译、如音乐般优美的诗句，拒绝了他的请求：

> 他们惧怕赫克托尔和特洛伊有一日会复活，
> 赫克托尔的儿子会取走我没有从他那里取走的生命。
> 先生啊，对将来预测得太多，未免太杞人忧天哟！
> 那过分遥远的罪恶，现在我实在不能知晓。但，
> 想想过去特洛伊的情况：
> 它也曾为它拥有坚固城堡而骄狂，
> 它属下的英雄斗士多于过江之鲫，
> 它几乎成为全中亚细亚的统治者。
> 曾几何时，我亲眼目睹它悲惨败亡的命运，
> 高塔被沙砾淹没，河水被鲜血染红，
> 辽阔的原野，一片荒凉凄清，只剩下
> 一个被锁链捆绑着的孩子。
> 在这种情形下，我怎么也想不到，
> 特洛伊将凭什么希望可以复国？
> 啊！假使我真想杀死赫克托尔的儿子，
> 为何迟至一年后的今朝还未下手呢？
> 为什么一定要把他当普里阿摩斯王的祭品呢？
> 他很可能是特洛伊战役中千万个死者之一，
> 那时，任何事都可能发生，
> 无论年老的年幼的，在奄奄一息时，虽无能为力，
> 仍要设法保护自己。

后来，胜利的狂喜使我们变得比本性还要残酷，

狂欢作乐时，很可能迷迷糊糊地屠杀生灵，

过去，我对那些被征服者的恼怒是很大，

但我能以残忍的行为来减低我的恼恨吗？

我能够囹顾我的恻隐之心，

而沐浴在一个孩子的鲜血中吗？

不！先生，让希腊去另找一个牺牲品吧！

让他们饶了特洛伊仅留下的最后一人吧！

我对特洛伊仇视的理由已经不存在了，

伊比留斯将要保留特洛伊所留下的最后一人。

但有一个漏洞，菲留斯，也许是拉辛，弄不清楚他对那被征服者所生的同情，是否或多或少由于他爱上了那个孩子的母亲呢？他甚至向她求婚（而他可以把她当奴隶看待），并愿领养她的儿子为自己的义子和继承人。她起先拒绝了，因为她忘不了被菲留斯杀死的丈夫赫克托尔，于是他以把她的儿子交给希腊人相威胁，她害怕了，终于答应嫁给他。可是，海米丽是一个有毅力、有智慧、可媲美麦克白夫人的女人，因被抛在一旁而胸怀怨恨。但她仍然爱着菲留斯，决心要杀死他，于是她接受了奥勒斯德的一片痴情，但以他必须杀死菲留斯为条件。奥勒斯德勉强同意了这个条件。剧中每段情节与情节之间、人物和人物之间，都有利害关系的冲突。每个角色内心的复杂和矛盾达到极点。作者把这些描写得非常细腻，不亚于任何伟大的文学作品。后来希腊军队违反了圣规，菲留斯在圣殿中与安德洛玛刻举行婚礼时杀死了他。海米丽听到这个消息，嘲笑了奥勒斯德一番，狂奔到圣殿，用一把刀刺进菲留斯的尸体，然后刺向自己胸前。这是拉辛最伟大的一部剧本，足以与莎士比亚或欧里庇得斯抗衡。而且，这剧本的结构很完善，每个角色都具有个性，演员都可以用生动的面部表情或

激烈的情绪来表演。[1] 再加上如此美丽、如此和谐、如诗歌般的对白，自龙萨（Pierre de Ronsard）以来，法国人从未听过如此精美的剧本。

《安德洛玛刻》立即被视为当时的巨作，使拉辛成为高乃依的继承者，甚至超过他。从此拉辛开始了他一生最快乐的 10 年生涯，成功的剧本一部接一部地推出。他甚至敢以一部喜剧向莫里哀挑战。剧名为《当事人》（*Les Plaideurs*，1668 年），是一个幽默的故事，描写一位贪财的律师、一个伪证者、一个贪污的法官，其中或多或少是拉辛的经验之谈。因为他打过一次官司，对打官司留下很坏的印象。有一次，他申请对一家小修道院收入的部分所有权，也获得了批准。但有一个修士对他的权利提出异议，于是一连串的官司开始了。这段漫长的官司使拉辛倒足胃口，终于放弃了。为了报复，他写了这个剧本。初演时，观众并不认为有什么可笑，等到这部戏在路易十四的宫中上演时，国王对其中的情节笑得前仰后合，终于使一般观众改变了他们的看法。于是，这部平凡的喜剧，达到了填满拉辛钱包的目的。

有件小事必须要提一下。1668 年 12 月 11 日，拉辛的情妇帕克小姐，在一种神秘的情况下死掉了。过了一段时间，他又找到一位女演员尚梅莱（Marie Champmeslé）。她有一个对她体贴入微的丈夫和足以迷惑人的嗓子。拉辛避开了前者，对后者倾慕之至。他们两人的关系由《贝雷尼丝》一剧开始到《菲德尔》（*Phèdre*）一剧。此后，正如一位聪明人形容的，这位女士被"连根拔出去了"：她被克莱蒙·托纳尔（Clermont Tonnerre）俘虏了。

拉辛认为《布里塔尼居斯》（*Britannicus*）是他花费心血最多的一部作品（1669 年），但人们多认为《布里塔尼居斯》、《菲德尔》、《阿达莉》（*Athalie*）这三部戏的成就都高于《安德洛玛刻》。对于现代的读者来说，无论对塔西佗的作品多么喜爱，也会觉得这部戏的内容平淡无奇，其中包括一个泼妇阿格里平娜、爱发牢骚的布里坦尼居斯、

---

[1] 蒙特弗艾里（Montfleury）因表演此剧，血管破裂吐血，不久便去世了。

胡言乱语的伯勒斯、品德卑下的纳西索斯，再加上一切邪恶的代表者尼禄王。剧中没有一个角色有复杂的个性，也没有发挥演技的机会。更没有任何一处，让我们看到那种悲剧中应有的高雅动人气氛。

《布里塔尼居斯》是从塔西佗的恐怖故事中找来的题材。而《贝雷尼丝》（1670 年）描写一位皇帝的恋爱故事，由苏埃托尼乌斯（Suetonius）的一则小故事改编而来。"他极不情愿地，马上把满心不悦的贝雷尼丝从城中赶走。"台多斯王子于 1670 年围攻耶路撒冷时，爱上了犹太公主。虽然他已结过三次婚，这位公主还是跟着他到罗马去做他的情妇。可是，他登上王位后，却发现罗马帝国不容许一个外国女子做皇后。他碍于皇室的尊严，只好忍痛地将她送走。这是一部充满柔情蜜意的戏，路易十四和一般观众都喜欢它。尤其是国王，他必定能欣慰地从《贝雷尼丝》形容那位年轻国王的荣耀诗句里，体会出是赞颂他的荣耀和种种胜利：

　　你曾看见过如此光辉灿烂的夜晚吗？
　　这些火把，这一堆堆木柴和这点燃了圣火的夜，
　　那些老鹰，那些树木，那一大堆聚集着的子民，还有，这些军队，这些君王，这些大臣，这些议员，
　　都是为分享我爱人的光荣而来的。
　　紫色和金色的光，因为他的荣誉，而变得更加明亮。
　　这一切的一切，都是为他的光荣胜利作证。
　　我们看见的分散在各处的每一双眼睛，都含着羡慕的眼光，迫不及待地，把视线集中在他的身上。
　　这位圣者的降临，今晚甜美的一切，
　　天啊，这些人是多么虔诚，多么心甘情愿哟！
　　把他们对他的信任，充分地表露出来。
　　无论由于何种人所不能知的命运，使他降临人世，
　　而世人只要看他一眼，就能认出他，就是世界的主人。

有哪一个人见到他后，不和我有同感的，说出来吧！

我们看过这段文字后，就不难了解，拉辛能如此不露痕迹地拍国王马屁，还会不深受国王宠幸么？

拉辛还有几部不太重要的剧本，《巴雅泽》（*Bajazet*，1672 年）、《米特里达特》（*Mithridate*，1673 年）——后者是路易十四最喜欢的一部。《伊菲革涅》（*Iphigénie*）完成于 1674 年。伏尔泰认为，它和《阿达莉》是写得最好的诗歌。《伊菲革涅》在凡尔赛宫的大花园中举行首演。由挂在橘子树和石榴树上的水晶吊灯照明，小提琴奏着优美的旋律，半数以上的社会名流观众陶醉在这飘飘欲仙的境界中。表演完毕，拉辛上台向观众致意，接受了他一生中最难忘的喝彩声。后来该剧在巴黎演出，3 个月中共演了 40 场。在那之前（1673 年），他被选为法国国家学院的会员。这时的拉辛应该心满意足了吧！

事实并不如此，这位大诗人仍有不称心之处。除非美丽被证明是永恒的欢乐，赞美声中不带任何负面的批评。拉辛曾对他的儿子说："我得到的喝彩，经常使我快乐无比，但只要稍微有一点对我不利的批评……带给我的困扰，便远超过了因赞誉得到的快乐。"他不仅性情暴躁、易怒、缺乏修养，而且只要有一句对他不利的批评，他必定加以反驳。在他事业最成功的时候，几乎半数以上的巴黎人，都在尽量找他的错处，甚至设法使他垮台。高乃依虽已作古，但他的拥护者仍然记得他早期悲剧作品中英勇的格调和主题、他谈吐中流露的那种高贵气质，以及在舞台上把荣誉和国家的地位看得比描述内心的罗曼史重要得多。他们批评拉辛贬低了悲剧的格调。因为他把下流人物的半疯狂情欲加入悲剧中，把对女人奉承阿谀的那种虚情假意搬上舞台，再用女主角的泪水浸湿这一切不雅。基于这些理由，他们下决心把拉辛弄垮台。

大家知道拉辛要写《菲德尔》这个剧本时，他的一群敌对者说服了尼古拉·普拉东（Nicolas Pradon）以同样的题材写一部剧本和拉辛打对台。两部戏都是根据《菲德尔和伊波利特》（*Phédre et Hippolyte*）改编而来的，原著者是欧里庇得斯，他以极正统的拘谨格式描写这个故事。菲德尔是忒修斯的妻子，对忒修斯前妻所生之子伊波利特产生了一种不可控制的感情，可是伊波利特对女人的态度甚为冷淡。菲德尔因此上吊而死，并写了一封报复性的遗书，控诉伊波利特曾企图破坏她的贞操。忒修斯一怒之下，把他无辜的儿子驱逐出境。没过多久，伊波利特在特勒泽（Troezen）海边骑马时，不幸身亡。拉辛把故事的发生次序改了一下，他使菲德尔听到伊波利特的死讯后，服毒自杀。拉辛写的这部剧于 1677 年 1 月 1 日在波哥奈厅上演。两天后，普拉东的剧本也在古里高（Guénégaud）戏院推出。两者在某一段时间内，获得同样的成功。普拉东的剧本早已被人遗忘了，拉辛的却通常被认为是一部最伟大的作品。菲德尔，这是所有法国女演员追求扮演的角色，就像哈姆雷特对所有英国悲剧演员的吸引力一样。[1] 拉辛，正统文学格式的典范，在《菲德尔》一剧中，除了浪漫的气氛之外，加上了菲德尔对她所爱的人的强烈欲望，还有伊波利特对阿里西亚（Aricia）公主的如火的热情（这点与传统不大相同）。菲德尔知道了伊波利特的这种情感之后，拉辛用令人如入其境的细腻方式描写一个女人对情敌的轻蔑、妒恨。此外，拉辛还加上一段令人惊心动魄的描述：伊波利特如何在海边被受惊而发狂飞奔的马拖死的情形，由此来清醒一下被前面那段爱情故事弄昏了头的观众。

在《菲德尔》的序文中，拉辛有意和波尔－罗亚尔女修道院和好：

> 我不敢说这部剧本……是我写得最好的悲剧……但我可以确定，在我所写的所有剧本中，没有任何一本像这部一样，把道

---

[1] 亚当·斯密（Adam Smith）认为《菲德尔》是"最好的悲剧，也许，用任何语言来表达，都是最好的"。

德放在最重要的地位。剧中人只要有一点点罪恶，马上就被严厉惩罚，只要心中有了犯罪的意念，就被认为和真正犯罪一样的可怕。爱的缺点，也在这里被认为是真正的缺点。情欲，在剧中提出来的目的，就是说明它是一切罪恶和祸乱的根源。邪恶，也用鲜明的颜色勾画出来，让人们看清楚并痛恨它的丑恶面目。抑恶扬善，可以说是一个为大众服务的工作人员应该努力的目标，有些行为虔敬、诲人不倦的知名人士，最近曾反对我写的悲剧，也许这部戏的内容可以改变他们对悲剧的看法。因为作者在写悲剧时，将这些教育意义融入故事中，使观众一面观赏悲剧、一面接受教育。如果他们能正确地体会出此剧真正的用意，教育的目的就达到了。

阿诺德就是一位行为虔敬、诲人不倦的知名人士，对这篇新写的序文表示欣慰，因此他公开对《菲德尔》的赞赏。也许在写这篇序文时，已经 38 岁的拉辛渴望能安定下来，由绚烂归于平淡。1677 年 6 月 1 日，他娶了一位很有钱的女子为妻，从此，他发现了家庭的温暖。有了第一个孩子后，他更发现抚儿的乐趣大于最成功的演出带来的快乐。敌对者的妒忌和奸险的态度，早已冲淡了他对戏剧的爱好。他把一切为编写剧本而写的故事大纲或笔记，都搁置在一旁 12 年之久。他仅偶尔写些诗或散文，内容主要是恭敬的、忠实地介绍波尔-罗亚尔女修道院的历史。

有一件痛心的、不幸的意外事件，打扰了他规律而平静的生活。1679 年，在审讯凯瑟琳·蒙瓦森被控毒杀罪的特别法庭上，蒙瓦森指称拉辛曾毒杀他的情妇帕克。蒙瓦森虽历历详诉，但没有确实的罪证。蒙瓦森知道她必定会判死刑，所以随便乱指控别人，对她不会有什么损失。同时，大家也注意到，她的一位侍从和好友苏瓦松女伯爵，曾是《菲德尔》事件中拉辛的反对派中的一员。1680 年 1 月 1 日卢瓦写给警察局局长巴生（Bazin de Bézons）的一封信上说："如果你需要的话，拘捕拉辛的皇家拘票会马上寄给你。"可是，继续调查下去，发现此案涉连到蒙特斯潘夫人，于是国王下令，封锁审讯的一切资料，对拉辛也没采取任何行动。

路易十四仍对这位剧作家怀有信心。1664年，他给了拉辛一份赏金。1674年，又给他一个在财政部的闲差事，年薪2400镑。1677年，他任命拉辛和布瓦洛为宫廷史官。1690年，拉辛成为国王的一般侍从，这又使他每年增加了2000镑的收入。1696年，他已相当富有，可捐一个皇家秘书的官位。

为了更好地完成他皇家史官的任务，也是他从戏剧圈中退出的原因之一。为了更忠实地记下所发生的一切，他陪伴国王参加各项活动。空闲时，他留在家里，为了他2个儿子和5个女儿的成长而忙碌着。有时，孩子们吵闹得太过分了，他真希望他之前选择做了修士。如果不是门特隆夫人恳邀，拉辛也许永远不会写剧本了。门特隆夫人要求他写一个完全不包括爱情的宗教故事，由她主持的圣西尔学院中的女孩子们来演出。《安德洛玛刻》曾经在那里演过，可卫道的门特隆夫人发现她们欣赏男欢女爱的情节。为了恢复她们虔敬的态度，拉辛写了《爱丝苔尔》(Esther) 这个剧本。

他以前从未根据《圣经》故事写过剧本，但他研读《圣经》14年之久，对《旧约》中所有的复杂故事都了如指掌。他亲自教导那些女孩子演她们的角色。同时，国王捐了10万法郎，资助她们订制剧中所需的波斯服装。该剧首次演出时（1689年1月25日），路易十四是少数在场观赏的男士之一。后来由于教士和宫廷中人士吵着要看，圣西尔学院又演了12次。《爱丝苔尔》一直到1721年才正式公演。这时，路易十四已去世6年了（宗教也失去了皇室的保护），其演出的反响平平。

1691年1月5日，圣西尔学院推出拉辛的最后一部戏《阿达莉》。阿达莉是一个邪恶的女王，她领导犹太人信仰异教，敬拜巴力神有6年之久。后来，发生了一次教士革命，终于罢黜了女王的王位。拉辛的这部戏，只有对《圣经》的叙述方式十分熟悉、对正统的犹太教或基督教仍坚信不疑的观众，才能真正体会出它的含义，其他的人会对其中冗长的对白和严肃的内容感到兴味索然。这部戏似乎赞成驱逐胡格诺派教徒，而使天主教这一派系得到胜利。另一方面，也包括了大主教们对年轻的约德王（King Joad）的警告，即一段强烈要求废止绝对权力的话：

> 你是在离开皇冠很远的地方长大成人的，从没有亲身体会出它能害死人的迷人之处。你不知道拥有至高特权，是多么令人陶醉。懦夫们对你的奉承，多能迷乱你的心。很快地，他们就会告诉你一条最神圣的法律……必须服从国王。一个国王可以随心所欲，不受任何限制。他可以为了保持自己的尊严，而不惜牺牲任何事……啊！他们终于把最聪明的国王带上了歧途。

这些话在 18 世纪得到最多的喝彩。也许因此影响了伏尔泰和其他人的看法，转而认为《阿达莉》是法国最伟大的戏剧。后来，有些评论认为，这只是大主教们要求国王和大主教们彼此协调的辩白之词而已。

路易十四那时对宗教比拉辛更加虔敬，并不认为这出戏有何不妥之处，仍在宫中接待拉辛，尽管大家都知道拉辛更同情波尔-罗亚尔女修道院。1698 年，拉辛终于失去了王室的宠幸。应门特隆夫人的请求，拉辛写了一篇陈情文，叙述路易十四在位最后几年中法国人所受的煎熬痛苦。她念这篇文章给国王听时，国王感到十分惊讶，把文稿拿过来，问她作者是谁，她说是拉辛。国王听了勃然大怒："难道他以为，因为他是一个了不起的大诗人，就懂得任何其他事吗？因为他能写出最好的诗，就也想当宰相吗？"门特隆夫人为这事向拉辛致以最大歉意，并保证这场风波很快就会平息。确实如此，不久拉辛回到朝廷中，被礼貌地接待，但他认为已不如从前那么受欢迎了。

夺去拉辛生命的，并非国王对他的冷淡，而是肝溃疡症。他曾动过一次手术，病势好转了一段时间。但他并没有因此被欺骗，他说："死神已把账单寄来了。"布瓦洛抱病前来探望他，坐在他床边，拉辛说："我欢喜快乐，因为可以死在你之前。"他写了一份简单的遗嘱，其中最重要的一段，是对波尔－罗亚尔女修道院的一个要求：

> 我希望死后把我的尸体送到田野波尔－罗亚尔女修道院，并葬在那里的墓地……我衷心地盼望主母和修女们能赐予我这份荣幸。我知道我不配得享这份殊荣，一方面由于我过去生活上的不检点；另一方面因为我以前在那里接受过最完美的教育，也在那里见过最虔诚、最有耐心的模范人物，而我却没有好好利用学到的这一切……正因为我冒犯上帝太多，也就更需要像这样神圣地方的人士，多多为我祈祷。

1699 年 4 月 21 日，拉辛逝世了，享年 59 岁。国王继续支付给未亡人和遗孤们年金，直到他们家中最后一人去世。

法国人认为拉辛是法国最伟大的诗人之一。他与高乃依代表了近代古典戏剧的最高发展。根据布瓦洛的意见，拉辛采取了所谓的"三一律"，创造了所向无敌的独特编剧方法：把戏剧力量和感情，集中在一个情节里，故事发生在一个地方，一天之内结束。他避免有第二主题存在，也避免把悲剧和喜剧混在一起。他的故事中没有平凡的人物，全都是公主和王子、国王和王后之类的。他戏中对白所用的词句，绝不包含那些在沙龙中或皇宫中不适合的语言。如果有一个字会使法兰西学院里的人皱一下眉头，他马上摒弃不用。他曾抱怨在他的戏中不敢描写吃的动作，在荷马的诗中却有许多。他的目的是在文学中替法国贵族阶层塑造一个谈吐和风度的典型。就因为这些特色，才限制了拉辛作品的范围。在《爱丝苔尔》之前，每一部新作品，和前一部的内容大同小异，描述的感情也都差不多。

如果不考虑正统思想中所谓的智慧表现在生命中、控制人的情感和谈吐的那种说法，拉辛是比较喜欢表达人们天生的浪漫思想和充沛的感情的。而高乃依表达的情操是重视荣誉、国家及高尚人格。拉辛剧本的重心在于描写爱情或情感。从他的作品中，我们可以感觉得出迪尔费、斯屈代里夫人及拉法耶特夫人的恋爱对他有很大的影响。他最欣赏的剧作家是索福克勒斯，可他的作品使我们想起欧里庇得斯，而不是索福克勒斯。因为后者作品中的情节，经常因保守而庄重的表达方式，而不得不放弃对情感和热情的描述。在《哈姆雷特》和《麦克白》中，对用词方面的限制，比《安德洛玛刻》和《菲德尔》大得多。拉辛很坦白地说明他的看法：戏剧的"第一规则"是"使心灵快乐，受感动"。为了达到上述目的，他经常和心灵打交道。他把戏中的重要角色（通常是女人）刻画成十分冲动而且有强烈欲望的人，因此他的剧本成为感情心理学。

他接受了正统规则中不得在舞台上表演暴露行为的限制，只用道白的方式表现情欲，这使他的剧本十分拘泥于形式。其中必定有一大串念白，而且采用所谓的"亚历山大诗行法"，即每十二个单节成一行，一行又一行不停地念下去，终于使人感到沉闷而单调。在拉辛的剧本中我们找不到高乃依的那种自然而具有伸缩性、令人捉摸不定、富于变化的"伊丽莎白无韵诗行法"。为了使作品符合审美的格式，硬要把那种令人厌烦的单调内容，重复地运用在那么拘泥、简单的形式中，一个人需要花多少的心血、需要有多大的天赋，才能办得到啊！拉辛和高乃依的剧本是不适于阅读而适于听的，最好是夜晚在巴黎荣军院或卢浮宫中聆听。

将拉辛和高乃依比较，曾是法国人的消遣之一。塞维涅夫人在看了《巴雅泽》后，那时《伊菲革涅》和《菲德尔》还未推出，她以她一贯的热情作风宣布，她还是欣赏高乃依。在仓促中，她写出下面一段话，也许她的意见是正确的：

拉辛永远不会写出比……《安德洛玛刻》更好的剧本。他
所有的剧本都是为尚梅莱小姐而写的……他逐渐成长而不再恋爱
时，大家就可分晓我的见解是对的还是错的。因此，我们的老朋
友高乃依万岁！请大家原谅以前写文章攻击高乃依的那些人吧！
至少他曾写过许许多多令人振奋的高雅作品。

一般说来，这段话是所有具有高度欣赏力的人士都同意的说法。
可是后来，伏尔泰负责整理高乃依的遗作，注意到这位伟大的剧作家
的作品中，有许多误谬、生硬和夸张之处。他的这一发现震惊了法兰
西学院。他写道："我承认，整理了高乃依的作品后，我成了拉辛的
崇拜者。"高乃依所犯的那些错误，由于时间的流逝，渐渐被人发现，
也由于时间的流逝，被人原谅了。拉辛与高乃依相比占有的一个优势
是：拉辛成名在他之后，把法国的戏剧由以前的水准，提高到与《元
帅》或《波利厄克特》（Polyeucte）同样地位，比起《安德洛玛刻》和
《菲德尔》把戏剧的内容以出神入化的情感、如诗如歌的对白表达出
来要困难多了。拉辛和高乃依是那个伟大世纪的两大诗人——以最有
力的方法，表现了荣誉（阳）和爱情（阴）。必须把他们两人放在一
起，才能领悟出法国古典戏剧的范围和力量。正如我们必须同时研究
米开朗基罗和拉斐尔，才能评论意大利的文艺复兴运动；也必须同时
了解贝多芬和莫扎特二人的特点，才能窥知18世纪末德国音乐的发
展情形。

大卫·休谟（David Hume），一位聪明的苏格兰人，对法国语言
和文学有很深的素养，认为就舞台剧来讲，"法国已超过了希腊，而
希腊远胜于英国"。这种评语，会使拉辛本人惊异不已，因为他最崇
拜索福克勒斯，认为他是完美无缺、无人堪比的。拉辛自认敢与欧里
庇得斯媲美。事实上，他的确可以与欧里庇得斯齐名，这是不含任何
虚伪的评语。他把近代戏剧的地位提高到一个水准，只有高乃依和莎
士比亚曾经达到过。除了歌德曾尝试过外，其他人连碰也不敢碰。

拉封丹（1621—1695）

在文学家彼此激烈仇视的那个时代，居然出现了令人欣喜、半传奇性的一个组织"四友会"（La société des Quatre Amis），代表着 4 位伟大文人不朽的友谊。他们就是布瓦洛、莫里哀、拉辛、拉封丹。

拉封丹的全名是让德·拉封丹（Jean de La Fontaine），是这 4 个人中的"害群之马"（black sheep）。他像其他三人一样，出生于中产阶级家庭。那时，贵族社会太重视生活的艺术，没有时间来培养艺术的生命。拉封丹出生于香槟地区的一个小城沙托特里（Château-Thierry），他的父亲是当地森林水源管理会的主管。他在那个环境中长大，对他周围的一切，发生了浓厚的兴趣。他热爱原野森林、小树、溪流及生活在其中的生物。他观察它们的习惯，并用富于同情的爱心，去了解它们的人生目标、它们的忧虑、思想等。那里有数百种动物，他都设法了解它们。因此，他写作时，唯一要做的，就是使这些"哲学家"开口说话。于是他变成了伊索第二，他写的寓言故事，溶化在千万人的脑海中。

他的父亲和母亲都希望他成为一名牧师，但他对超自然的事物没有任何兴趣。他曾经尝试着做一名牧师，但他觉得诗歌比较有意思。1647 年，他与一位富有的女孩子结婚，生了一个儿子。1658 年，他设法与她分居，到巴黎发展。到了巴黎，他巴结富凯，赢得了他的喜爱，从这位慈祥的贪官手中得到了每年 1000 镑的赏金，但他必须每3 个月以写好的诗来换取。后来富凯垮台时，他曾大胆地写了一份请愿书，求国王宽恕那位财政家，结果使他一生中再也没有受到朝廷的恩泽。他失去了每年 1000 镑的赏金，又没有其他谋生的技能，走投无路时，幸好布永公爵夫人收容了他，供给他食宿。这位女士在前文曾提起过，是投石党的成员。在她的资助下，拉封丹于 1664 年出版了他的《叙事诗》（Contes）专集中的第一本书，其中收集了他作的一些短篇小说和诗，内容如薄伽丘式的有伤风化，但用非常简单、无邪的笔调写出。很快，半数以上的法国人，甚至红着脸的少女们，都看这本书。

不久，洛林的玛格丽特，奥尔良公爵的遗孀，安置拉封丹到卢森堡宫中做一名侍从。他在那里又写了好几篇《叙事诗》式的作品，同时他出版了他最先的 6 本《寓言》（*Febles*，1668 年）。他假装那些是伊索或菲德洛斯（Phaedrus）寓言的翻译和解释，事实上，只有一部分是，有些是从印度的《传奇故事》（*Bidpai of India*）摘录而来，有些选自法国寓言故事，但绝大多数是他根据自己汹涌的灵感源流和诗歌天赋写出来的。他第一个故事就是叙述自己不机智、不谨慎，只爱歌颂人生的生活：

> 那只小蚱蜢，已经歌唱了一夏天？
> 忽然发现自己缺乏食料，
> 当秋天的寒霜下降，
> 连一只苍蝇或小昆虫都不见了。
> 她实在饿坏了，只有向她邻居求救，
> 她到邻居蚂蚁先生那里，
> 求借点食物给她。她说：
> "只要一点点，够我活到春回大地就好了。
> 我愿意付代价，包括本金和利息，
> 凭一个动物的信用。"
> 蚂蚁先生不愿意借东西给别人，
> 这不是他的错；
> 他问那位小蚱蜢，
> "整个的夏天你都在做些什么？"
> "日日夜夜我都在对着每个接近我的歌唱，
> 我唱的是：'不要灰心失望。'"
> 蚂蚁说："你现在唱吧，我也喜欢听你唱，

也跳个舞吧。"

拉封丹比笛卡儿聪明多了，因为后者认为一切动物都是没有思想的活动机器。拉封丹热爱它们，试着了解它们的思想和逻辑，结果发现它们都是生动的哲学教训。法国人很欣慰地从这种易于消化的小故事中获得智慧。这位寓言作家也成为法国拥有最多读者的作家。报上对拉封丹的批评终于和大众的意见相同，第一次加入了赞誉他的行列。在他淳朴的文字中，洋溢着他的灵气。他熟悉法国农村的方言和乡土的情调，他的诗句中充满了柔和的韵律和令人愉快的变化，每个诗句都像一幅生动的图画。他使法国中产社会的人们在欢欣中发现他们的动物，甚至他们的昆虫，都时时刻刻用诗歌交谈。拉封丹说："我利用动物来教导人们。"

1673 年，洛林的玛格丽特去世了。诗人拉封丹一直在无忧无虑地歌唱人生，对他写那些书的微薄报酬没有好好加以管理。因此，玛格丽特死后，他发现自己负债累累。不过，他的运气可比他书中的蚱蜢好得多，因为有学识又有好心肠的萨布利埃（La Sablière）夫人让他住在她位于奥诺雷街的家中，供他吃住，并给予他慈母般的照顾。他十分舒适地住在那里，直到 1693 年萨布利埃夫人去世。他告诉我们，他把他的时间分为两部分：一部分作睡觉之用，另一部分作无所事事之用。拉布吕耶尔描述他可以使动物、树木和石头说起话来既流利又生动，自己和别人谈话时却是迟钝的，"木讷而害羞"。可是如果他找到了一个知音，谈起话来也会滔滔不绝。有许许多多趣事，大部分是传说，可以说明他是一个漫不经心的人。有一次，他赴宴迟到了，向主人解释说："我刚刚参加了一只蚂蚁的葬礼，我跟着出殡的行列，一直走到墓地，又送死者的家属回去，所以我迟到了。"

路易十四反对他当选法兰西学院的院士，因为拉封丹的生活方式和他早年的《叙事诗》都不合时宜。最后，路易十四终于软了心肠（1684 年），他说：假使拉封丹能行为正直、生活严谨的话，可以让他当法兰西学院院士。可是这位老诗人分不清楚道德和罪恶，只分得出自然和非自然，他是在树林中学会他的行为和道德标准的。他和莫里哀一样对波尔－罗亚尔女修道院没有好感。他说："那些'诡辩者'教的东西，对于我来说，有一点太颓丧了。"有一段很短的时间，他加入教会中自由思想派的团体。可是，有一次他在街上忽然中风，差一点死去，他终于决定应与教会讲和了。但他仍然怀疑地问："圣奥古斯丁是否真的比拉伯雷聪明？"他死于 1695 年，享寿 74 岁。他的护士充满信心地认为他可以获得上帝的赦免而进入天堂，因为"他是那样单纯的一个人，上帝不会有勇气罚他下地狱的"。

布瓦洛（1636—1711）

"四友会"在老哥伦布街（Rue du Vieux Colombier）聚会时，大部分时间都是尼古拉斯·布瓦洛发言。他曾制定了文学和道德的标准，具有绝对的权威性和可靠性，像英国伦敦的约翰逊博士一样。与约翰逊一样，布瓦洛的重要性在于他的文学批评，而不是他的著作。他最好的作品不过是一些极其平凡的诗歌，但他的文学评论在文学史上的伟大成就，甚至超过路易十四在政治上的成功。他和莫里哀、拉辛之间的友谊，加上他在评论中对他们二人作品的赞赏，使他们在众多敌对者的攻击声中，屹立不动。

布瓦洛是巴黎法务院中一位职员的第 14 个孩子。父母原来希望他做一名牧师。他起先在巴黎索邦神学院念神学，可是一点兴趣也没有。后来改学法律，开业做律师。1657 年，他父亲死了，留给他一笔遗产，足够供他当一个诗人。他花了 10 年时间磨炼他的写作，从 1666 年开始，先后写了 12 篇《讽刺诗》（Satire），批评他的文人朋友们的作品。他十分惊奇地发现，在文艺界有"一大群快要饿死的二流诗人"。他像攻击一群蝗虫似的攻击他们。他指名道姓地骂人，用各类诗文制造仇敌。在他心中，女人是处于最下等地位的。因此，他讥讽斯屈代里夫人和拉法耶特那些风花雪月的作品，是浪费法国纸张和法国人的时间。他赞美古代的作家们。至于当代的作家，他喜欢马莱布（Malherbe）、拉康（Racan）、莫里哀及拉辛。"我认为，"他说，"只要不昧着良心，不损害国家利益，我们有权利指出：坏诗就是坏诗。我们更有充分的权利，对那些愚钝的书感到厌恶。"

在他的《讽刺诗》中，他采用了尤维纳尔（Juvenal）的严肃态度。后来，他又写了一些叫书信体诗（1669—1695 年）的专集。在这个专集中，他的笔锋稍微收敛了一点，近于贺拉斯讽刺作品的风格。也就是这些诗般的作品，使国王路易十四邀他入宫。国王问他对自己所写的诗最满意的是哪一首，布瓦洛抓住这个晋身的机会，故意不念任何一首已出版的作品，却念了一首"最不坏"的作品，内容是歌颂路易的。国王赐给他一年 2000 镑的赏金，使他成为王宫中一位重要人物。国王说："我喜欢布瓦洛，他是一条必要的鞭笞，替我们鞭打那些二流作家的坏作品。"国王支持莫里哀"反对盲从"的看法，布瓦洛出版了有关修士的长篇叙事诗《读经台》（Lutrin，1674 年），嘲笑一些好吃懒做的牧师们时，国王没有阻止。1677 年，这位讽刺家和拉辛一起成为王室的史官。1684 年，在国王明确的指示下，在许多被他谩骂过的人的反对声中，布瓦洛终于成为法兰西学院院士。

使布瓦洛成为那个时代的名人的关键，是他于 1674 年写了《诗的艺术》（L'Art Poétique）。这本书的成就甚至超过了它模仿的对象——贺拉斯的《诗艺》。布瓦洛在这本书的开始，就警告一些年轻的诗人，帕纳索斯山（Parnassus）是很难爬上的。他叫他们注意，在他们下决心攀登缪斯的圣山之前，先要想想是不是有什么值得一写的事情，这些事能不能阐明其理或是很有内容、很富情调。"变化你的内容，"他奉劝他们，"太单调、太统一的像布瓦洛写的那种诗会使人昏昏欲睡。"而且，"从庄重变为甜蜜，由轻松转为严肃的一首小诗，会使一个诗人感到身心舒畅。""用心听你诗中每一个字的声韵。在用字和格式上，遵守马莱布的规则。不要研究和你同时代的诗人，却要多谈古人如荷马及维吉尔的叙事诗。写悲剧，学索福克勒斯；写喜剧，学特伦斯；写讽刺诗，学贺拉斯；写田园诗，学狄奥克里塔斯；把匆促变为徐缓，但不要泄气。把你的作品放在铁床上提炼20次……偶尔加多一些分量，时常减去一些不必要的。""爱那些批评你的人，改正自己的错误，不要埋怨。""为荣耀而工作，别让几个臭钱成为你辛勤工作的主要目标。"假如写戏剧剧本，要注意"一统"原则：

> 让一件事，在一个地方、一天内完成，会使戏院永远满座。研究宫廷生活，熟悉都市的环境，也许就是莫里哀能在艺术上有今天这种成就的原因。

布瓦洛和莫里哀一样，认为那些名人是可笑的，也厌恶那种虚伪的情诗，他认为就是那些诗使法国的诗歌作品萎靡不振。他反对过度夸张的哀怨悱恻，赞成笛卡儿崇尚真理、教诲人们适度克制欲念的传统论调。他制定了诗歌的正统格式，并用两行正统诗说明它的内容：

> 热爱"意义"，然后用你的笔写出它（意义）的美丽与价值。不要过于感情用事，不要乱冲动，不要太过夸张，不要卖弄学问，不要矫揉造作，不要故弄玄虚。最理想的文学作品，就像生活一样，需要有适当的自制，不可言过其实。

布瓦洛喜欢莫里哀，但惋惜他后来的剧本走入闹剧的格调。他也喜欢拉辛，但很明显，他不赞同拉辛剧本中过分提高爱情的地位，也不喜欢那些感情冲动的女主角，如海米丽、贝雷尼丝、菲德尔等。布瓦洛是一个过分忙碌的辩论者，他没有多余的时间去了解帕斯卡所说的——一个人心中有许多事情，是头脑不能理解的。不带感情的文学，就像大理石一样的光滑，也像大理石一样的冰冷。贺拉斯也赞成用感情写作，他说："假如你希望我看了你的作品后哭泣，你在写作时必须自己先哭过。"中世纪的文学和艺术，布瓦洛似乎都没有看见过。

布瓦洛的原则对人们的影响力极大。法国的诗歌和散文有3代之久努力遵守他的正统规则。同时，他的原则也成了英国"奥古斯丁时代"文学的典范。那时，它的倡导人很明显地模仿《诗的艺术》写了一篇《论批评》（*Essay on Criticism*）。布瓦洛的影响有好的一面，也有坏的一面。为了免去想象力和情感，法国在拉辛以后，英国在德莱登以后，就没有出现过什么好诗。最好的诗不过是从一个"雕像"中取出最美丽的一部分，却缺少了画像的柔和气氛和美丽的彩色。无论如何，把"意义"注入纯文学中是好的，欧洲已有太多与爱情或宗教有关系的无聊作品，需要布瓦洛用愤怒的责骂来清除文学作品中无稽、荒诞、虚伪、造作及空洞无意义的情感。莫里哀从闹剧作家变为哲学家，拉辛的艺术造诣终于趋向完美，也许布瓦洛有部分功劳。

1687年，布瓦洛用国王的赏金在欧特伊买了一栋花园洋房。在他的作品中，一句也没有提过他四周优美的环境，这就是他的个性。他把它改名为德普雷奥（Despréaux），几乎一直住在那里度完余生。他生活得十分宁静，从不进宫去，但热诚欢迎他的朋友们。人们发现他"虽然说每个人的坏话，却有许多朋友"。他很有勇气对波尔－罗亚尔女修道院表示同情，并告诉一位耶稣会教士，帕斯卡的《省区书简》是法国最伟大的散文作品。在尊称他为伟大的理论家的那一群人中，他活得最久。莫里哀早就死了，拉封丹于1695年离开了人世，拉辛在1699年也去世了，这位年老多病的讽刺家感慨地说："我失去的那些亲爱的朋友，就像一个人的梦，醒来时已消失得无影无踪了。"死亡快要来临时，他离开了欧特伊去圣母院，死在听他忏悔的神父的房中（1711年）。他希望死在那里，撒旦就不敢碰他。

罗曼史的提出

女士们对文学经典中所谓的理性、保守和自我抑制，如年老的高乃依和年轻的拉辛的那一套，并不苟同。她们的世界是充满感情和罗曼史的。传统婚姻对她们的束缚并没有最后的成效，反而激起她们对爱情的幻想。当时的文学出版物，除了古典戏曲外，爱情文艺小说也占了极大的比例，受到千万人的喜爱，甚至在国际上也具有较广泛影响。法国的女士们，从不感到这种小说太多，也不觉得它们太长。戈捷（Gauthier）写了 10 卷《埃及女王》（Cléopâtre）便打算停止时，他的未婚妻拒绝跟他结婚，除非他再多写两卷，使整个故事有个结果。

斯屈代里小姐以她 10 卷的小说《居鲁士大帝》（Le Grand Cyrus）和《克雷莉娅》（Clélie）征服了半数以上的法国人。法国人很高兴地发现，那些充满浪漫色彩的主角，虽用假名掩饰，却是社会上一些知名人士，这些故事的内容，就是描写他们的生活情形。很快，沙龙中的先生女士们，开始用小说中主角的名字来称呼自己，并学那些虚构的人物，为爱叹息或否认爱的存在。斯屈代里女士变成了萨福。沙龙中的人们，一直这样称呼她直到她 94 岁去世。她写这些小说是为了取悦她的哥哥斯屈代里，出版时便以哥哥的名字作笔名。她喜欢他对她婚姻的监督。她的作品吸引了有学问的女士和有脂粉气的男子。莫里哀的《可笑的名女人》和《才女》出版后，改变了文学的典型，斯屈代里女士却勇敢地把她最后 90 卷作品保留着，不予出版。那些有闲空的人，仍旧可以从 1.5 万页的《居鲁士大帝》和 1 万页的《克雷莉娅》中，找到最细腻的情感描写及最生动、最清晰的分析角色个性的文字。斯屈代里女士值得后人对她永久怀念，因为至少她曾十分努力地提高了法国女人的教育水准。

波西因为结婚成为拉法耶特伯爵夫人，一个更引人注目的角色。因为她不仅写了一本著名的罗曼史，自己也生活在一个更著名的罗曼史中。她接受过在那个时代很不寻常的、最完整的教育。结婚（1655年）后，她搬到奥弗涅住。不久，她就觉得那里的生活枯燥无味。于是，她和丈夫在平和气氛下分居（1659年），自己来到了巴黎。她加入了经常在朗布耶厅聚会的那个集团，成了亨利埃塔夫人的侍从。以后，为了纪念亨利埃塔夫人，她特别写了一部动人的回忆录。她不仅是斯屈代里女士的亲戚，也是知己好友。斯屈代里和她做了40年的莫逆之交，对她们之间的友谊，曾写过这样一段话："我们之间的友谊，从未有过一丝阴影。长时间的交往，从未使她对我冷淡过。友谊的气氛永远是新鲜的、热烈的。"这一段话，对两人都是极大的恭维，因为友谊和爱情一样，是很难永不改变的。

她决定和斯屈代里一样做一个作家时，她发明了一个革命性的理论。她写了一个爱情故事，200余页。她的原则是，在其他情形不变的情况下，最好的写作是省去许多不必要的冗文。她曾说："每省去一句话，就使这本书增加了20个金币的价值；每省去一个字，就增加100法郎的价值。"在几本不太重要的作品后，她完成（1672年）并出版了（1678年）她的名著《克利夫王妃》（*La Princesse de Clèves*）。故事描述一段三角恋爱故事（人物很多）：夏特小姐生得如花似玉又温柔端庄，克利夫斯王子对她一见钟情。夏特小姐遵母命嫁给他。可是，除了得到他的敬爱外，他并没有给予她热情。不久内穆尔公爵遇见了她，马上就爱上了她。起先，她曾善意地指责过他。但他那稚气而持久不衰的热情，终于感动了她。渐渐地，她由怜生爱。她把这种情况告诉丈夫，求她丈夫带她离开宫廷，远离诱惑。她丈夫不相信她是清白的，他不停地幻想着妻子的不贞，终于使自己忧愤咯血而死。这位王妃同情丈夫不幸的死亡，拒绝了公爵的爱情，而把余年寄托在慈善事业上。怀疑论者培尔评论道："如果法国有如此纯洁又忠于爱情的女性，我将不惜跋涉1200英里去拜访她。"

这本书是匿名出版的，不久文艺界人士就一致认为，这是一段著名的罗曼史产生的结果。斯屈代里女士说："拉罗什富科和拉法耶特

夫人合写了一本小说……我听人说写得非常好。"她又加上一句："他
们两人的年龄，已不允许他们共同做其他任何事了。"这两位作家同
时否认这本书是他们之中任何一人写的。斯屈代里夫人写道："《克利
夫王妃》这本书，是一个可怜的孤儿，既无父，又无母。"不管怎么
样，大家都承认，这是有史以来写得最好的一本法国小说。丰特内尔
承认，他看过四遍。罗曼史的反对者布瓦洛评论拉法耶特夫人是"法
国女性中有着最伟大的精神、最动人的文笔的一位"。历史也证明，
《克利夫王妃》是同期法国小说中唯一的一本到现在仍能毫无困难地、
一口气读完的小说。

塞维涅夫人（1626—1696）

　　还有 10 卷作品，从那个时代一直流传到现在，也是由一位女士
写的。玛丽·尚塔尔（Marie de Rabutin Chantal）女士，童年时代双
亲就过世了，继承了很大的一笔遗产。法国人中头脑最好的几个联合
起来，完成了她的教育。法国最高尚的几个家庭指导她学会了生活的
艺术。18 岁时，她嫁给塞维涅侯爵。但塞维涅先生是一位调情圣手，
只爱她的钱，并不爱她，将她财产的一大部分浪费在他的情妇身上。
有一次，为了某个情妇与人决斗，不幸失败身亡（1651 年）。玛丽尝
试着把他忘记，可是，她一直没有再嫁。她将全部心血花在养育她的
一对儿女身上。也许，正如她那讨厌的表兄拉布丁（Bussy Rabutin）
形容的，她是一个"冷酷的"女人。也许，她发觉到，如果母爱充分
发挥了，性爱也就不那么重要了。她的每封信都充满了快乐与生趣，
而且几乎都与母爱有关。

　　她热爱社会的程度与她不信任婚姻的程度一样深。作为一个拥
有 53 万利维尔财产的富孀，她当然拥有不少追求者，蒂雷纳·罗昂、
比西……她不认为应该从中选择一个最合适的做终身伴侣，而把其余
的赶走。但终其一身，从无任何桃色新闻，或她与哪个男人有暧昧

关系的谣言玷辱她的名声。朋友们用毫不猜疑的情感热爱着她。她的朋友有雷斯、拉罗什富科、拉法耶特夫人、富凯等人。前两人不得进入宫廷，因为他们参加了投石党。最后那个，因为有些来源不明的财富，也不许进宫。塞维涅夫人对他们四人忠实而友善，教会因此也不太欢迎她。《爱丝苔尔》一剧在圣西尔上演时，国王曾对她说了一些客气、赞美的话。除朝廷外，许多团体都欢迎她参加，因为她具有一切有教养的女性应有的风度与仪表。她的谈吐和她的文章一样生动有趣，这和我们平常夸奖人的方式有些不同，因为我们常听到的话是：某人会不顾一切把想要说的话写出来，谈话时却十分谨慎。

在她如今存留的 1500 多封信中，大多都是写给她女儿弗朗西丝·玛格丽特（Françoise Marguerite）的。她女儿于 1669 年嫁给格里南（Grignan）伯爵，随丈夫搬去普罗旺斯省居住，她丈夫担任副省长的职务。1671 年至 1690 年，几乎每次邮差送信到她女儿家中时，都有一封母亲写给女儿的信，甚至一天有两封。她对女儿说："我写给你的这些信，是我最大的财富，是我生命中唯一的乐趣。任何其他事情，和这事一比，都无足轻重了。"她把不能给予男人的爱，全部变成了对女儿的溺爱，连女儿自己都觉得不配。弗朗西丝是一位很保守的女士，她不懂得怎样用热情的言语来表达她心中的感情。她有丈夫和孩子要照顾。她有时也会不耐烦，也有忧虑。可是，有 25 年之久，她每星期写两封信给母亲，除了生病之外，几乎从未间断过。这位快乐的母亲，有时会担心，写信是否浪费了女儿太多的时间。

这些信中最感人的一件事，是格里南伯爵夫人的第一个孩子的出生，及后来被送进修女院与世隔绝的情形。为了使母亲便于照顾她，伯爵夫人到巴黎生产。孩子出生后，她马上向丈夫致歉，因为生了一个女儿，必须辛辛苦苦地教养成人，长大后还得花大笔金钱陪嫁，出嫁后，就失去了她。产后不久，她离开巴黎回到普罗旺斯去，暂时把女儿玛丽·布兰切留在兴奋的外祖母身边。塞维涅夫人写信给女婿说："假使你想要个儿子，努力生一个吧！"她写信给那对不领情的父母，详细地告诉他们，那个他们不愿拥有的女儿，在成长过程中一切令人欣喜的细节：

> 你们的小女儿越来越可爱了……肌肤雪白，银铃般的笑声不绝于耳……她的相貌，她的嗓子，她身上的每一部分，都美妙极了。她懂得做 100 种小动作：牙牙学语，打人，画一个十字，请人原谅，鞠躬，亲自己的小手，耸肩，跳舞，拍马屁，摸人的下巴……我跟她在一起玩时，她可以给我好几个小时的欢乐。

外祖母必须把小胖外孙女送回普罗旺斯时，曾流了不少眼泪。后来，她的父母在她不到 5 岁大时，就把她送到一家修女院，塞维涅夫人更是伤心欲绝。这个孩子从未离开过修女院，15 岁时正式宣誓成为修女，从此与世隔绝。

副省长是一个极度奢侈的人，喜爱宴游，经常入不敷出。他的太太隔一段时期就写信告诉母亲，他们快要破产了。母亲总是带着爱心责备他们，也必定接济他们一大笔钱。"一个拥有这么多金银珠宝、豪华家具的人，怎么居然会生活得像那些极端贫穷的人一样。会有这种事情发生，真是天晓得。"寄了这么多钱给女儿，为了维持自己的财富，塞维涅夫人只好辛辛苦苦地下乡到布列塔尼省的罗契村，那里有她的产业。她亲自察看那些财产是否被人好好地照顾保管。"产业出租的收入，除了一小部分被人吞没外，大多数都到达她手中。"她经常到乡下，使她在旷野里、森林中及布列塔尼地方的农民生活里，找到许许多多新的乐趣。她在信中对乡村生活的描述，也和对巴黎形形色色的描写一样生动有趣。这些事情，一周两次，像新闻简报一样送到她女儿那里。

她的儿子查理是另一个令她头痛的问题。她很喜欢他，因为他本性善良。她写道，他是"机智和幽默的源泉……他过去常念几段拉伯雷的幽默的短文给我们听，使我们笑痛了肚皮"。查理是一个模范儿子，只是他继承了父亲的习性，一个情妇又一个情妇，直到有一天——还是让我们看看夫人写给女儿的一封信，其中已非常明白地说出，当时到底是怎么一回事：

> 告诉你一件有关你弟弟的事……昨天，他对我说，有一件可怕的意外发生在他身上。他和一个女人曾有一段美好的时光，可是到了紧要关头——就有点奇怪了。那个可怜的女孩，可能一生之中从未有过如此美好的经验。而我们的这位勇士，惨败而归，认为自己可能中了女巫的毒。更好玩的是，他说，他如不亲口把这事告诉我，他心中会感到十分不安。我取笑了他一番，并告诉他，以这种方式来惩罚他的恶行，真使我高兴极了……这真是给莫里哀编剧的一个好题材。

她儿子得了梅毒，她痛责他，但也细心地照料他。她曾试着灌输一些宗教思想给儿子，但她自己对这方面知道得太少，也没有什么可教给他的。她听了布尔达卢牧师的布道后，十分感动，心中也一度燃起圣灵的火花。可是，她看到宗教的游行行列经过住宅区时，受到那么热烈的欢迎，又觉得不值一笑。她常读阿诺德、尼科尔、帕斯卡等人的作品，她也同情波尔-罗亚尔女修道院。可是，她讨厌信教的人致力于使自己不受诅咒的那一套，因为她永远无法相信有地狱这种地方存在。一般来说，她避免想太严肃的事，因为那些不是一个女人该想的，又打扰了她平静安宁的生活。不过，她的阅读能力是最优秀的。她可以读维吉尔、塔西佗、圣奥古斯丁的拉丁文作品，蒙田的法文作品，她对高乃依和拉辛的剧本了如指掌。而她的幽默感比莫里哀更真诚、更令人愉悦。听听她讲的一个心不在焉的朋友的故事：

> 白仑卡有一天在街上走路，不小心掉到沟里去了。他十分安闲自在，对那些纷纷跑来援助他的人说：有什么事，需要我效

劳吗？他的眼镜摔破了。如果不是他的运气比他的机智好一点的话，头也一样会破的。但发生的这一切都不能打断他的沉思默想。今天早上，我写了一封信，告诉他，他摔了一跤，而且几乎折断了脖子。我猜他大概是巴黎唯一不知道这事的人。

总而言之，这些信，在所有文学作品中，最能真实地表现出一个人的一切。塞维涅夫人毫不掩饰地，按事情发生的先后次序写出她犯的错误和她的美德。她是一个热爱子女的母亲，在巴黎的家中、在法国首府的沙龙中、在布列塔尼省的乡村，她写了一封又一封信给她女儿。她告诉女儿巴黎贵族社会中最新的闲言闲语，同时也告诉她"夜莺、杜鹃还有八哥儿已开始在春天的树林中歌唱了"。她有成百上千的朋友，老是打扰她完成 2000 页的作品，但她从不说他们一句坏话。她随时准备帮助别人，注意修饰自己的言谈，以便能适度地恭维别人，又不失礼。偶尔，她也会因为太高兴了而不知不觉地犯些小错。她同情不幸的人，也原谅她那个时代、那个阶层的人们不道德的行为。事实上，她自己的言行可以说是无懈可击。她是一个神采飞扬的女人，不厌其烦地劝人为善，告诉大家"生存的乐趣"。她谦虚地说，自己不够资格出版一本书，可她是在法国文学巅峰时代里写出最优美法文作品的作家。

她有没有想到要出版她写的信呢？有时她也使自己沉湎在修辞学的梦里，好像嗅到了印刷机的油墨味。可是她的信中很多都写的是生活上的琐事，是过度亲昵的私人感情，有时也揭发了社会上某些有碍观瞻的事件。这些事，她都不太愿意公开让大家知道。她知道，她女儿把这些信件给友人们传阅，这是当时社会上的一种风气。因为在那个时代，书信是住得距离较远的朋友们唯一交换消息的方式。她的另外一个外孙女保琳，她极力设法不让她和姐姐玛丽·布兰切一样进入修女院，继承并保留了她的那些信件。这些信件一直到 1726 年，即塞维涅夫人死后 30 年才出版。现在，这些信是法国古典文学中的瑰宝，犹如一大把艳丽的花束，其香味随着时间的逝去越来越浓郁。

她的生命快到尽头时，她对宗教问题想得比较多了。她承认她惧怕死亡和末日的审判。布列塔尼多雾，巴黎多雨，她患了风湿症，丧失了生命的乐趣，也终于发现，她是不可能长生不死的：

> 我来到这世上，并非出于自愿，如今又必须要离去。这种事简直叫我无法忍受。我如何离去？……我何时离去？……每天我都在想这些事。我终于发现，死亡真是太可怕了。我恨生命，是因为生命逐渐走向死亡，而并不是因为其中有太多的刺，刺得人痛彻心扉。你也许会说，我希望永远活下去。绝对不是！不过假使你真要问我的意见，那么，我情愿死在我护士的臂弯里。唯有如此，才能除去我精神上的一切痛苦。也唯有如此，才可以确定地、轻易地，把天堂赐给我。

她说她恨生命，因为生命导致死亡，这是不对的。正确地说，是她恨死亡，因为她几乎享受了77年无忧无虑的生活。她忍受着病痛，越过整个法国（约400英里），抵达格里南，希望死在女儿身边。死亡来临时，她以一种连自己都感到惊讶的勇气来面对，因为有临终圣餐及希望自己能青史留名这件事安慰她。事实上，她的愿望的确是实现了。

拉罗什富科（1613—1680）

近代最著名的愤世嫉俗学者，最无情的揭人假面具的专家，也是一个忧悒的残废者，喜欢诽谤女人和爱情，却有3个女人爱他至死。他的一生，是怎样与众不同呢？

他名叫弗朗索瓦·拉罗什富科六世。他的祖先不是王子，就是公爵。父亲是王后和摄政玛丽·美第奇的服装总管，他是长子。在继承他父亲的公爵领地（1650 年）之前，他是马西拉克亲王。他学过拉丁文、音乐、舞蹈、剑术、纹章图样学、礼仪学等。14 岁时，由父亲做主，娶安德莉·维沃内为妻，她是已过世的法国最伟大的养鹰者的独生女。15 岁，他担任骑兵团团长。16 岁，他花钱买了一个上校的职位。他经常去朗布耶夫人的沙龙，在那里学会了礼仪和风度。像一切理想主义的年轻人一样，他喜欢成熟的女人。他爱上了王后，爱上了谢弗勒斯夫人，爱上了奥特福小姐。安妮王后与黎塞留争权时，他为她服务，被查了出来，因此坐了 7 天的牢。出狱后，他被放逐回韦尔特伊（Verteuil）的家中。此后，有一段时间，他改变生活方式，和妻子共同生活，和年幼的两个儿子弗朗索瓦和查理游玩。他也领悟出乡村生活中有许多优美的情趣，只有在都市生活过的人才体会得出。

在那个时代，法国上流社会的法定婚姻不可以随意解除，但可以置之不理。拉罗什富科过了 10 年不和谐的一夫一妻生活后，下决心要出来在爱情和战争方面探险。在他打朗格维尔夫人的主意时（1646 年），已不是由于理想主义的热情，而是想借此机会征服一个有名气又防卫森严的城堡。这和引诱一位公爵夫人又是大孔代的妹妹，完全是两回事。在她那一方面，可能是为了政治上的因素而接纳了他。他在贵族谋反运动中，可做一个有用的联络人，而她想成为这次运动的主要人物之一。她告诉他她已有了他的孩子时，他马上倾全力支持投石党。1652 年，她背弃了他，爱上了内慕尔公爵。拉罗什富科试着说服自己，这是他自己希望如此的。对这件事，他后来这样解释："当我们爱上了一个人，到了时时刻刻要担忧的时候……最好是……发生了背叛的事情，使彼此的感情有正当理由冷淡下来。"那年，他在巴黎市郊为投石党作战时被毛瑟枪射中了双眼，成为一个半瞎子。因此，他从军中退伍，又回到老家韦尔特伊。

如今，他已经 40 岁了，开始有风湿痛的毛病。他以前所做的错误决策伤透了他的心，更加重了他身体上的病痛。朗格维尔夫人的负心，投石党内部成员的阴狠毒辣，及其最后不光荣地垮台，这种种打击，使他的理想主义消失无踪。为了打发时间，也为了开拓自己的事业，他写了一本《回忆录》（*Mém-oires*，1662 年），这本书显示出他在正统文学方面有极高的涵养。1661 年起，宫廷允许他进入，于是他把时间分为两部分：一部分用来陪伴在韦尔特伊的妻子，另一部分用来和巴黎沙龙中的朋友们交游。

他最常去的沙龙是由萨布莱夫人主持的。她和她的客人们常常做一种"串句游戏"，由一个人先说出一句对人性或人的行为的评语，然后由在座的客人一句一句地接下去。萨布莱夫人是波尔-罗亚尔女修道院的邻居，也是修女们的知己好友。她接受了修女院认为人性邪恶的看法，也同意他们说的世俗的生命是空虚的那种论调。拉罗什富科从战争和爱情的噩梦中惊醒，受尽政治阴谋和身体病痛的摧残，曾经欺骗人也被人骗过。这些因素使他成为极端悲观的人，所以沙龙女主人的詹森教派主义，可能会改变一些他的悲观论调。他发现在空闲时，修改自己或别人的句子，颇有苦中作乐的趣味。他允许萨布莱夫人和其他朋友阅读，偶尔也可以修改一下他的格言。他的某个朋友抄写了一些；一个荷兰盗印者出版了其中的 189 句，是以匿名的方式发行的。约 1663 年，沙龙中的朋友们都知道那些是拉罗什富科的话。因此，拉罗什富科本人，于 1665 年发行了一本较好的、有 317 句格言的书，名为《道德箴言录》（*Sentences et Maximes Morales*）。这本小书很快被简称为《箴言》，也几乎成为一个模范读本。读者们不仅赞佩其文字上的精练、简洁和优雅，更欣赏它把人的自私自利的丑恶言行暴露无遗。但很少有人想到，那些话说的正是他们自己的缺点。

拉罗什富科的出发点是他的第二句格言："所谓'自爱'，就是一个人只爱自己，或纯粹为了自己的缘故，而爱其他的人或事物。人的一生就是不断进行或鼓励着'自爱'。""虚荣心，只是'自爱'的一种形式，仅仅这一种形式，就几乎包括在人的每种思想、每种行为中。""那些拒绝旁人第一次称赞的人，其目的是为了等着旁人的第二次称赞。"想要得到喝彩，是一切表现自我的文学创作和英雄主义的来源。"世上所有的人都是骄傲的，只是他们表现出来的方式不同而已。""道德，由于人们对自己过分的重视而消失了，就好像河水消失在海中一样。""假如人人反省一下自己内心深处的秘密，就会发现我们心中藏有许多邪恶的念头。如果这种邪恶在别人身上被发现了，我们会毫不犹豫地加以指责。因此，人们可以由自己的败坏无能，而推论出所有人类都是下贱而堕落的。""我们都是自己欲望的奴隶，如果一个欲望被克服了，绝不是由于明白了事理，而是由于另一个更大的欲望发生了。""智慧永远被感情欺骗。""人们从不因为有真正正确的理由，而急切地需要一件东西。""最平凡的人，如有欲望在后面指使，会比一个最聪明而没有欲望的人占优势。"

所谓生活的艺术，就是尽可能地隐藏"自爱"，免得侵犯了别人的"自爱"。我们每个人都必须假装有利他主义的思想。"伪装是邪恶对美德的敬意。"这位哲学家被人认为是轻视财富和出身高贵，其实这只是表扬他对人生有正确看法的一种方式而已。友谊，"只是一种交易，在这种交易中，永远希望'自爱'是赚钱者"。"注意到没有？有时我们并不因为朋友们的不幸而感到真的难过，这可以衡量出友谊的真实性。""我们比较容易原谅那些伤害过我们的人，而不愿原谅我们伤害过的人，或曾赐我们某些恩惠，因此我们有义务报答的人。""社会就是其中的每一个人对抗所有人的战争。""真爱好像是鬼，大家经常谈起它，可是很少有人看到它。""假如我们从未听人讨论过爱情，那么大多数人就不会坠入爱河了。""可是，如果是真爱，是多么令人难忘的经验，女人只要一得到真爱，就没有余力与人产生友谊了。同时她也发现，友谊与爱情相比，是太平淡无奇了。因此，女人如不在恋爱中，就几乎不存在。""有时，你也许会遇到几个女人，从无任何钩心斗角之事，可是很难找到一个女人有过一次艳事之后不再有第二次。""大部分诚实的女人，就像隐藏着的宝藏，只因没有人去寻找，才会安全可靠。"

这位多病的愤世嫉俗者知道得很清楚，他的这些警句并不能完全公正地刻画人性。因此，他常用模棱两可的词句，如"差不多""几乎是"或类似的哲学上应有的保留词句。他承认"要懂得一般人的通性，是很容易的；可是，要了解某一个特殊的人，是很难的"。而且，他书中的前言曾特别指明，这些警句并不适用于他的那些"少数知己好友，这些人，连天堂也愉快地为他们保留席位……算是赐给他们的特殊恩典"。他一定也把自己包括在这些少数人中，因为他写道："我对朋友们真是忠心耿耿，如果为了帮助别人而必须要牺牲自己，我会毫不犹豫地马上去做。"但无疑地，他必定会解释说，做这样的牺牲，比不这样做，要使他快乐得多。他常常说："感恩，是聪明而慷慨的人的美德。""纯洁而不包含任何欲望的爱（如果真有这种爱的话），是藏在心底深处、不表示出来的。""虽然，我们可以很有把握地说，人从来不会不为自己的利益去做一件事。但这并不一定表示，人所做的一切事都是败坏的；也不表示世上没有留下一丝公平或真诚。人可以控制自己，使自己有高尚的精神，而且（在自己心中）计划着要做一些有益大众的事。做这些事，会受到大家的赞美与称颂。"

年龄渐大，拉罗什富科的心也逐渐软了，他的不幸却更加深重。1670 年，他的妻子逝世了。她忍耐而忠心地对待他有 43 个年头之久，为他生了 8 个孩子。在过去的 18 年中，她细心地照料多病的他。1672 年，他母亲也去世了。他承认，他母亲的一生充满了爱的奇迹。同年，他的两个儿子参加对荷兰的战争，都负了伤，其中一个重伤而死。朗格维尔夫人为他生的私生子，他并没有承认，但非常喜欢，也死在同一场可憎的战争中。"我曾看见过拉罗什富科哭泣，"塞维涅夫人说，"是那样的伤感，不禁使我肃然起敬。"他对母亲和儿子们的爱，是"自爱"吗？假使我们认为，他的这些爱是他自己的一部分，或是他自己的延伸，那么，就是"自爱"。这是利他主义和利己主义之间的协调。所谓利他主义，就是把自己或自爱扩展到自己的家庭、自己的朋友或社团中。社会上只要包含了这种度量宽大的自私，就足以令人心满意足了。

拉罗什富科所说的最肤浅的话之一是"女人的价值，很少比她的美丽长久"。他的母亲和妻子是例外。千千万万的女人，为了侍候丈夫、照顾孩子，牺牲了自己容貌和身段的美丽。说这种话，对她们简直太不公平了。1665年起，有第三位女性把她一生中的绝大多数时间献给他。她就是拉法耶特夫人。她觉得用各种方式安慰他，是她内心深处最大的乐趣。那年，他52岁，有风湿痛的毛病，又是一个半瞎子；她35岁，风韵犹存，也是体弱多病，患有隔日热。她被那位愤世嫉俗者所写的《回忆录》吓坏了。也许，她认为设法改变或安慰这位不快乐的人，是一件愉快的工作。因此，她邀请他到巴黎她的寓所。他由一顶轿子抬着来赴约，她为他包裹并用垫子垫着他疼痛的脚。她请来许许多多朋友，包括愉快的塞维涅夫人，来帮着她款待拉罗什富科。不久，他又去她家了，慢慢地越去越勤。这终于引起了巴黎人的闲言闲语，他只好不常去了。我们不太清楚，他们之间有没有性的关系存在，但这并不重要。因为，后来的事实证明他们二人是心灵相交的朋友。"他给我理解，"她说，"而我，改变他的内心。"他也许曾帮助她写作《克利夫王妃》，虽然书中温柔细腻的罗曼史与《箴言》（*Maximes*）冷酷无情的内容，简直是两个截然不同的世界。

拉罗什富科夫人去世后，这段具有历史价值的友谊变成了精神上的结合。在法国许多文学作品中，都描绘着那位纤弱、瘦小的女人，静静地坐在那位因疼痛而动弹不得的老哲学家身边。塞维涅夫人说："世上没有任何事物，能和他们迷人又充满信心的友谊相比。"有人说，基督教随着拉罗什富科的逝去而开始兴旺。这句话一点也没有说错，很可能是虔诚热心的教徒——拉法耶特夫人——终于使拉罗什富科信服，唯一能解答哲学问题的是宗教。他自觉死亡快要来临时（1680年），要求波舒哀主教给他领最后的圣餐。他的知己拉法耶特夫人，比他多活了痛苦的13年。

拉布吕耶尔（1645—1696）

拉布吕耶尔是一个小公务员的儿子。他是学法律的，捐了一个小官职。后来，他做了大孔代的孙子的家庭老师，也是孔代家中的一名侍从，又成为查恩提里的侍从，终于进入凡尔赛宫。他一直是光棍，从未结过婚。

他是个敏感而害羞的人。虽然他是中等家庭出身，又在宫廷中和贵族们在一起，可是，他曾受到法国阶级歧视的最大折磨，又不善于装出阿谀奉承的笑脸作为晋升之道。他以尖刻和仇视的眼光观察"皇家动物园"里的形形色色，把他的愤慨写在一本书中。那本书的写作几乎发挥了他所有的智慧。他把他的书取名为《从希腊文翻译而来的狄奥夫拉斯图斯书中的人物，用现代人的个性与品格来描述》，又名《品格论》。这本书很快就成为巴黎人的谈资。虽然书中人物用的是假名，还是分辨得出他们是巴黎或宫廷中的知名人士。每个人看到他们之中的其他人被写在书上，都有幸灾乐祸的心理。甚至发行了一本《索引》，说明书中所写的人都指的是谁。拉布吕耶尔曾声明过，如果书中人物与真实人物有相似之处，纯粹是巧合，但没有人相信他的话。他因此而享有盛名。1696年他去世之前，他的书共出了8版。每新发行一版，他就在书中增加几个新人物，使巴黎人可以清楚地看出当时的一幅"现世图"。

现在，我们再看这本书，由于我们对那个时代有所隔膜，似乎就有一点枯燥无味了。他的思想是传统似的陈腔滥调，语气中带点妒忌的味道，讽刺得太简单了，和一个心不在焉的人差不多。拉布吕耶尔并不要求法国的政府和宗教加以改革。他认为应该有穷人存在，否则要找佣人就很困难，而且也没有人去开矿、耕田。他认为惧怕贫穷是产生财富不可少的因素。他很骄傲地把波舒哀主教列为他的好友之一。在他书中最后一节《关于自由思想者》（"Of Freethinkers"）中，他仅说明那位伟大的布道家的辩论之词，具有较好的判断力，文笔也较高雅。他同意笛卡儿对上帝和永生提出的证据。他很巧妙地在文章中求神保佑那些"不可知论者"，赐给他们天上的秩序和尊严，改进对当时各种生物设计的图样，除去任何事都应用自己的意愿决定的思想，感化那些轻视心灵重要性的人。他责备贵族社会人士的狂傲自大、有钱人的贪心不足及宫廷中侍卫们服务的态度。他形容在凡尔赛宫的小教堂做礼拜时，大家都面对着国王，而不是面对圣坛。可是，他自己也小心翼翼地把保护的花束献给国王。不过，至少有一段话，他摒除了一切顾忌，大胆地描绘由于战争及对农民课征重税的影响，使农民人数大为减少，贫穷得像野兽一般的残酷现象：

> 有某种野兽，雄性的雌性的都有，分散在乡村各地。它们皮肤黝黑，面如死灰，都被太阳烤焦了。它们趴在地上挖掘，把挖出的土向上抛出，积起一座土堆。它们不分昼夜，不眠不休地工作着。它们有着发音清晰的声音。它们站起来时，有一张人类的脸。事实上，它们是人。

这一段文字，是法国古典文学中常被引证的章句。

补遗与结论

有一位沙普兰先生，在法兰西学院筹备时曾助过一臂之力。他被认为是那个时代（1595—1674年）最伟大的诗人。还有一位卢梭，他写的诗，人们都遗忘了，可是他写的刻薄的讽世警句，使他因人身诽谤罪，而被逐出法国（1712年）。差不多所有在政治上有地位的大人物，都写回忆录。我们提过雷斯、拉罗什富科的回忆录，以后还会提到圣西蒙的回忆录。除这三本以外，比较突出的回忆录是莫特维尔夫人写的三卷。她用令人着迷的平易语气，历述她在安妮王后的宫中服务22年的经过。我们必须注意到一点，就是她赞同拉罗什富科的想法。"我曾经历过人们虚伪友谊带给我的许多痛苦，使我不得不相信，世上没有任何东西比'正直'或'一颗感恩的心'更加稀有。"她就是这种"稀有之物"之一。

拉布丁是比西地方的伯爵，写了一本《高卢民族爱情史》（*Histoire Amoureuse des Gaules*）。这是一本黑幕书，书中描写当时人物的丑闻，用古代高卢人物作掩饰。国王对他书中所写关于亨利埃塔夫人的双关语，十分愤怒，把他送到巴士底狱关了起来。一年后，将他放出，但前提是他必须退休，回到自己的领地。他在那里烦躁不安地度完了余年，也写了一本十分生动的《回忆录》。更不可采信的，是一本塔勒芒（Tallemant des Réaux）写的《逸事》（*Historiettes*），书中还画些恶意的小插图，画的是文艺界的名人或丑闻的主角。弗吕里（Claude Fleury）写了一本不昧良心的《教会历史》（*Histoire Ecclésiastique*，1691 年）。蒂耶蒙（Sébastien de Tillemont）写了一本《皇家史》（*Histoire des Empereurs*，1690 年后），还写了一本《公元六世纪前宗教史》（*Mémoires pour Servir à l'Histoire Ecclésiastique des Six Premiers Siècle*，1693 年）。为写《宗教史》，他花了很多时间和精力，写得非常辛苦，但不知不觉地澄清了吉本写的《罗马帝国衰亡史》中的狂野、荒诞。

最后还有一位马克特（Charles de Marquetel），又叫圣埃夫勒蒙大公。他是态度最和蔼的"反灵魂不灭论者"（*esprits forts*）。他使天主教、胡格诺教派、耶稣会和詹森教派的人士都震惊了，因为他怀疑这四派最基本的信仰。他充满冒险的军旅生涯，使他几乎得到元帅的权杖。但他批评马扎然，又是富凯的好友，终于使他失去了宠信。知道自己上了被捕名单时，他逃到了荷兰，1662 年，又到了英国。他的优美风度和怀疑论者的机智，使他成为伦敦奥尔唐斯·曼奇尼（Hortense Mancini）沙龙和查理二世宫中最受欢迎的人物。他和多克坎库尔（Maréchal d'Hocquincourt）一样，都是英王面前最令人愉快的聊天者之一。他最喜欢打仗，其次喜欢女人，第三才是哲学。

他吸收了蒙田的轻松愉快，又和伽桑迪研究伊壁鸠鲁，他和那位邪恶的希腊哲学家同样下结论说：声色之娱是不错的，但求知的乐趣更好。不必考虑太多上帝的问题，因为上帝也不怎么关心人们。吃得好、写得妙，对于他来说是最合理的两件事。1666 年，他又到荷兰，遇见了斯宾诺莎，对多神主义的犹太人过着虔诚的基督教生活有很深的印象。英国政府给他的资助金，加上他自己财产的剩余部分，他有余力写些不太著名的小品文，都是用飘逸自在的文笔写的。这种笔调，对伏尔泰的成名有一点影响。他写的《论阶级的不平等》，对孟德斯鸠有很大的帮助。他写给尼侬的书信，创造了法国人书信中特有的宁馨之气。58 岁时，他形容自己是一个不可救药的意志不坚者："如果没有笛卡儿的名言'我思，故我在'，我真不知道会变成什么样子，这就是我研读这位名人作品得到的唯一益处。"他几乎和丰特内尔一样长寿，死于 1703 年，享年 90 岁。他还得到了法国人很难获得的特殊荣誉，即死后葬在伦敦的威斯敏斯特教堂。

"9 个世纪后，"腓特烈大帝写信给伏尔泰，"大家都会忙着翻译路易十四时代好作家的作品，就像我们现在翻译伯里克利和奥古斯都时代的作品一样。"早在路易十四去世前的好多年，很多法国人已经开始将他们那时的作品和古时最好的作品互相比较了。1687 年，查理·佩罗在法兰西学院，念了一篇叫《路易十四的伟大世纪》（"Le Siècle de Louis le Grand"）的文章。在该文中，他认为他那个时代的一切，早已超过了希腊或罗马时代的成就。佩罗认为布瓦洛也是当时超过前期同行们的伟大作家之一，但那位老批评家马上站起来表示，古时的成就比较伟大。他还告诉学院中的人，听佩罗这种无聊的论调真是可耻。拉辛为了缓和二人的冲突，只好假设佩罗是在开玩笑。佩罗却认为，他是站在有利的一面。1688 年，他重新奋斗，参加了"今古平等运动"（Parallèles des Anciens et des Modernes），那是一段持续时间较长却有趣味的口头辩论。他认为当时的建筑、绘画、演说术——除了《埃涅阿斯纪》等叙事诗外——都比古代好。丰特内尔非常高兴地支持他的论点，但拉布吕耶尔、拉封丹、费奈隆和布瓦洛站在另一边。

这是一种健康的辩论，它结束了基督教及中古时期所谓世风日下、人心不古的理论，也否定了文艺复兴时期把古代的诗歌、哲学和艺术抬举得比什么都高的那种思想。一般来说，大家都赞成当时科学方面的成就，确实超过了希腊和罗马的任何时期，连布瓦洛也这么说。路易十四的宫廷中人，更迫不及待地承认，生活的艺术在马利或凡尔赛宫早已发展到史无前例的优美境地了。我们并不在这里假定可以代他们下结论，我们先把这个问题放在一边，等我们把同一时期全欧洲的情况完全了解了之后，再下结论也不迟。我们并不一定要相信高乃依比索福克勒斯好，拉辛在悲剧上的成就超过了欧里庇得斯，波舒哀的口才比德谟斯梯尼更动人，布瓦洛生动的文学连贺拉斯也自叹不如。我们更不敢把卢浮宫与万神殿互相比较，或把吉拉尔东和夸瑟沃克斯与菲狄亚斯和普拉克西特勒斯的雕刻术相比。但至少有一件令人愉快的事：这种比较是一个值得讨论的问题，而古人的成就并非是无人可以超越的。

伏尔泰称路易十四时代是世界有史以来最开明的时代。他却没有想到，他的时代被人称为"启蒙时代"。我们必须修改一下他的颂文。那是一个反对开放、不容有异说的时代，由撤销民主的《南特诏书》一事便可看出。所谓"开明"只属少数不受朝廷欢迎或那些过度荒淫玩乐、为人不齿的人拥有的特权。那时，教育由教会控制，教的全是一些中古时代的教条。从没有人梦想过舆论自由，所谓自由只不过是一些有幕后人物保护的大胆言论。在黎塞留统治下的人，比路易十四时代的人更富于创造力和灵气，产生的天才人物更多。但路易十四时代，王室对文学和艺术方面的奖励、对文艺界人士的照顾，是之前任何时代或国家无法与之相比的。艺术和文学都达到最华美的地步，如卢浮宫的圆柱廊和拉辛的《安德洛玛刻》。但有时只是华而不实，凡尔赛宫的装潢和高乃依后来作品中的修辞学，都犯了这些毛病。而且，那时的悲剧和其他主要艺术，都有矫揉造作之感。他们太过于依赖希腊、罗马和文艺复兴时期的作品。他们从那些古物中找材料，而不是从法国人的历史、信仰和特殊风俗中找题材。他们只表现出一些受过特殊教育的特殊社会阶级人士的状况，并不能代表一般人民的生活和思想。所以，在这么多光芒四射的显赫人物中，只有平民化的莫里哀和拉封丹在今天最受欢迎，因为他们忘记了希腊和罗马，只记得法国，在那个正统文学的时代，净化了语言，塑成了文学的模式，美化了谈话的内容，同时在推理中加入了感情，虽然也使法国和英国的诗变得冷淡乏味。

　　不管怎么说，那是一个伟大的时代。在历史上，从没有一个统治者，以那么开明的态度对待科学、文学和艺术。路易十四迫害詹森教派信徒和新教徒，但在他统治下，帕斯卡写作，波舒哀证道，费奈隆教书。他把艺术当作政治手段和荣誉的一部分，在他的庇荫下，法国有了最伟大的建筑、雕刻和绘画。他帮助莫里哀对付一大堆反对他的人。他支持拉辛写完一个悲剧又一个悲剧。法国从未有过这么好的剧本、这么优美的书信和散文。国王的好风度、他的自我克制能力、他的耐心、他对女性的尊敬，使法国宫廷内外人士都养成彬彬有礼的优雅风度。这种风度流传到巴黎和全国，继而全欧洲。他错用了几个女人，但在他的统治之下，女性在文学和生活上，都达到了一定的水准，因此使法国在文化上有一个可爱的特点，就是男女都有发展的机会，那是世界上别的国家所没有的。尽管那么多有才干人物被剥夺了风采以至才华没有充分发挥，我们还是可以和法国人一起宣布，路易十四时代的法国，和伯里克利时的希腊、奥古斯都时的罗马、文艺复兴时期的意大利、伊丽莎白—詹姆士一世时代的英国一样，都达到了人类弧线上令人震颤的最高点。

第六章 | 尼德兰的悲剧
（1649—1715）

　　1555 年至 1648 年，在约 100 年中，尼德兰英勇地抵抗着当时称霸世界的西班牙王国。1648 年至 1715 年，则是一段最伟大的荷兰共和国抵抗英国海军大举进犯的历史。在这两件战事上，这个小小的国家，都以最大的勇气，保持了不败的纪录，使其在历史上占有极高的地位。在列强侵略的重担之下，它仍不断地发展商业、科学和艺术。它的城市，是心情苦闷的逃亡者的天堂；其民主制度下的各种机构，向包围在它四周强大的君主专制国家，投掷了一些挑战的灵感。

西属尼德兰

　　尼德兰的南部，又称西（班牙）属尼德兰，到 1713 年，仍由西班牙统治。该地民族众多，但绝大多数居民是天主教徒。他们宁可由遥远而国势渐衰的西班牙统治，也不愿由北方的新教徒统治，更不愿被随时威胁着他们、要吞并他们的法国邻居来统治。《比利牛斯和约》把大部分阿图瓦省割让给法国，《亚琛条约》又把杜艾和图尔奈两地给了法国，《奈梅亨和约》给了法国瓦朗谢讷、莫伯日、坎布雷、圣奥默、伊普尔等地。荷兰共和国和法国一样无情。西班牙急于撤回它

的军队，停止与法国作战，于 1648 年订立《威斯特伐利亚和约》，不
仅同意割让给荷兰共和国以前在佛兰德斯、林堡、布拉班特等地占领
的土地，也同意关闭斯海尔德河（River Scheldt）的对外贸易。这个
令人窒息的侮辱，使安特卫普的商业面临瘫痪，影响了西属尼德兰的
经济和贸易。因此，政治侵略渐渐深入到国家内部。

　　在四周强敌虎视眈眈的包围下，这个现在被称为比利时的国家，
仍然珍惜它的传统文化，欢迎耶稣会信徒，服从卢万市（Louvain）
的明智引导。1695 年，法国炮轰布鲁塞尔，使该城的大部分变成瓦
砾堆。大广场（Grand Place）的美丽建筑物几乎被毁坏殆尽，只剩下
一个市政府和高耸的维叶大厦（Ville）。皇家议院（Maison du Roi），
即皇帝对国务大臣们演说的地方，于 1696 年重新修建成美丽的哥特
式建筑。这个建筑和维叶大厦现在仍是欧洲最美丽的建筑之一。雕刻
家们花了大量的时间和精力装潢教堂和政府办公大楼的正面，及教堂
中的雕像、忏悔室和坟墓。布鲁塞尔继续以出产缀锦画闻名于世。

　　佛兰德斯式的绘画在鲁本斯和凡·戴克去世后，很快式微了。大
概因为这两位画家活着时，已把那个世纪的绘画天才全用光了。法
国在艺术和财富方面的兴旺与积累，造就了不少佛兰德斯式的画家，
如尚帕涅。有一位比较伟大的画家，小大卫·泰尼耶（David Teniers
the Younger），由于父亲的指导，在 23 岁以前，就成为圣路克聚会院
的"名师"之一。4 年后（1637 年），他暂停了他的事业，与布吕吉
的女儿安妮结婚。布吕吉是鲁本斯的崇拜者，也是继承人。1651 年，
利奥波德大公将泰尼耶从安特卫普召到布鲁塞尔，请他做一名皇室画
家和皇室博物馆的主持人。有一张泰尼耶的油画，画的就是他自己和
大公，站在挂了许多画的陈列室中。他勉强地按老式规则画了一些旧
题材，如《浪子回头》（*The Prodigal Son*）和《圣安东尼的诱惑》（*The
Temptation of St.Anthony*）。但他和同时代的荷兰画家一样，喜欢将农
夫的日常生活中比较不为人知的细节画出来，但没有像彼得·布吕
吉（Pieter Brueghel）那样把农夫的品德降低到跟野兽差不多。为了

多了解他们的生活，他经常参加农夫们的休闲或庆祝活动。他将对活动节目的了解详细地表达在《酒馆内》（*Interior of a Cabaret*）这幅画中。他也画一些乡村风景，用变化多端的天空云彩把画面陪衬得更加美丽。他喜欢光亮，就像喜欢阴影一样。他用最敏感的细腻画法来表现它们。他的这种画法，到现在都无人能及。

荷兰共和国

那时，荷兰的七个省联合起来，组成了一个值得骄傲、所向无敌的共和国。它的扩张和财富，使其四周的邻国又惊奇又妒忌。这是一个与其他各国完全不同的国家，没有国王。每个城市几乎完全独立，由当地有钱的公民组成市议会统治。每个市议会派代表参加省民大会，每个省民大会又派代表参加全国会议，而全国会议专管省与省之间的协调及外交事务。这种政体，至少对荷兰的商业巨子而言，是非常理想的，因为他们的财富全赖荷兰对外贸易的扩张而增加。可是也有人反对过这种商人的寡头政治，那就是荷兰唯一的贵族势力威廉一世——沉默的奥兰治（Orange）和拿骚（Nassau）王室的后代——曾经在荷兰顽强抵抗西班牙侵略的那段最艰难的时期，领导全国渡过难关。因此，全国会议为纪念他对国家的功绩，特别任命他做省长及军队的总司令。而且，省长与总司令这两个职位，都是世袭的。他掌握军队的控治权，足以使他随时推翻当时的寡头政治共和国，成立一个贵族化的君主专制国家。1650 年 7 月，奥兰治王朝的威廉二世以省长和总司令的身份，企图取得全国各省的最高统治权，发起了政变。数省的省长起而反抗他。威廉的军队抓了他们中的 6 个人，并关在牢里。其中包括雅各布·维特（Jacob de Witt），多德雷赫特（Dordrecht）的市长在内。可是威廉二世被天花夺去了生命，死于 1650 年 11 月 6 日。他死时只有 24 岁。他的遗孀玛丽·斯图亚特（Mary Stuart）在他死后一个星期，生下了奥兰治的威廉三世。威廉三世生来就注定了要获得比他父亲更高的职位——英国国王。

在这两个争权的统治阶级下有农民和渔民，他们担负着供给全国人民食品的重要工作，但他们所得的收入，只不过是商人、制造业者和地主们忽略的一小部分而已。如果我们相信荷兰画家画的画，那时农民已由于战争和重重的剥削变得一无所有，偶尔靠庆典节日调剂一下生活，都被酒精刺激得麻木不仁。在阿姆斯特丹、哈勒姆、莱顿等地，店铺里有手艺的匠人和工厂中的工人，所赚的工资比英国人要高，他们却于1672年发动了一次大规模的罢工。从法国移民来的胡格诺派教徒，以他们的储蓄和技能，使荷兰工业进步得更加迅速。1700年，荷兰共和国已取代了法国，成为世界第一工业王国。

荷兰最大的经济来源是发展、开拓对外贸易。1652年，它取得了好望角，又建立了开普敦市（Capetown）。荷兰东印度公司历时198年之久，平均每年付给股东18%的股利。荷兰殖民地的土著被当成奴隶使用，甚至被贩卖到各地。但在本土的投资者不大清楚那些事情，只是以荷兰人特有的平静心情领取股利。荷兰的对外贸易1740年之前，一直是世界第一。1665年，共有2000艘欧洲商船在海上行驶，担任海上商业运输工作，其中1500艘是属于荷兰的。当时全世界一致认为，荷兰的商人和银行家是最能干的。那时的阿姆斯特丹银行，几乎经营一切现代银行经营的业务。价值百万元金额的交易，在一个小时内可以处理完毕。大家对荷兰金融的稳定有极大的信心，所以荷兰政府可以用比任何国家都低的利率贷款，有时只要年息4厘就够了。阿姆斯特丹大概是那时全欧洲最美、最文明的城市。我们曾提过笛卡儿对它的称赞，斯宾诺莎也说过同样的话。佩皮斯（Pepys）对海牙也有相似的评语："城市的任何一个角落都做到最清洁。城中的每幢房子及房子中的每一部分，都尽可能地保持清洁。"

如果不是由于人性的贪婪，这些可爱的城市很可能会成为天堂。那里的繁荣引起了英国和法国的入侵，内部争权又造成了维特的悲剧。更由于宗教信仰的不同，使原本可以和睦相处的居民，变得水火不容、彼此仇视。绝大多数加尔文派新教徒只要可能，在任何地方禁止天主教的公开崇拜仪式。1682年举行的多德雷赫特宗教会议，也许是为了报复《南特诏书》的撤销，拟定了一篇宣布加尔文教派是正统教派的自白书，要求每个牧师在上面签字，否则就要被驱逐出境。会议任命朱里厄（曾是一个法国胡格诺教徒）主持一个加尔文教派宗教裁判会，传讯并审判有关的异教徒，并把这些异教徒逐出正规教会，更祈求上帝以"世俗的方式"让他们坐牢。但不管怎么样，亚米念教派（Arminian）兴旺起来了。他们是一群勇敢的人，不相信上帝会事先安排好，要把绝大多数人打进永不毁灭的地狱中。不同教派的信徒，包括门诺教派（Mennonites）、柯里尔教会（Collegiants，这一派曾庇护斯宾诺莎）、路西安教派（Lucianites）、虔信教派甚至唯一神教派（Unitarians），都能借着荷兰法律的漏洞和法律界人士的松懈，找到容身之地。苏塞纳斯派教徒为了躲避波兰政府的迫害，纷纷逃到荷兰，请求保护。但1653年，荷兰法律禁止他们上帝一神论的崇拜方式。1658年，丹尼尔·兹威克（Daniel Zwicker）在阿姆斯特丹出版了一篇论文，对耶稣基督的神性提出疑问，认为应该把《圣经》拿出来让大家用"全世界公认的真理"来分析。但1668年，一人发表了同样的言论，却被判十年徒刑，死于狱中。贝弗兰（Hadrian Beverland）也被判刑，因为他认为亚当和夏娃的原罪起于性行为，与苹果没有太大的关系。

17世纪末，荷兰对各种宗教的容忍程度又放宽了。由于与不同文化的国家贸易，它把港口和商业中心开放给各种不同信仰或无任何信仰的商人使用。荷兰政府发现，对各种宗教做有限度的容忍，能使国家赚更多的钱。虽然荷兰的宗教自由并不完全，但和其他任何基督教国家相比，要宽大得多。加尔文教派在政治上占绝对优势，但天主教因信徒太多，要完全镇压下去也不可能。更有甚者，如威廉·坦普尔爵士（William Temple）所说的，在社会和政治都由商界人士控制的情况下，宗教对荷兰的影响力，跟其他国家相比要小得太多了。从各国来的难民，对荷兰经济或文化多多少少有点贡献。当然，他们也应当要求有限的宗教自由。克伦威尔掌握英国的政权时，大部分英国皇族逃亡到荷兰。查理二世恢复了君主政体时，英国的民主政治家们又纷纷逃到荷兰请求庇护。路易十四迫害胡格诺派教徒时，他们中的一些人也逃到荷兰。洛克、柯林斯（Collins）、培尔畏惧英国或法国对他们的控诉时，发现荷兰是他们的天堂。阿姆斯特丹的葡萄牙犹太教会堂驱逐斯宾诺莎时，他马上被荷兰的学者们接待、协助，同时，维特还赏给他一笔年金。因此面积不大的荷兰居然成了全欧洲商业、财政、科学和哲学上的学术中心。

如果没有宗教自由及科学、文学、艺术等的润饰，荷兰的文化就会令人感到十分乏味，完全以物质文明为主了。惠更斯和其他荷兰科学家，我们以后还会谈到。荷兰也有诗人、戏剧家和历史学家，但他们的语言限制了他们的名声。荷兰的城市中，充满了书籍和出版社。英国只有两大出版中心：伦敦和牛津。法国也只有巴黎和里昂两处。荷兰却有阿姆斯特丹、鹿特丹、莱顿、乌得勒支、海牙五大出版中心，出版拉丁文、希腊文、德文、英文、法文、希伯来文，当然也有荷兰文的书籍。仅阿姆斯特丹一市，就有 400 家专门印刷、出版和出售书籍的店铺。

在荷兰，对艺术的鉴赏力，对金钱的贪心，对永生的盼望，三者互相竞争。荷兰自治市里的居民们信奉新教，剥夺了教堂里陈设装饰品的权利。但他们的女人和房子，却用从教堂里取来的东西作为装饰。荷兰人为了使太太开心，送她们天鹅绒、丝织品、珠宝首饰等礼物。他们的餐桌上摆设着金制或银制餐具。墙上挂着缀锦画，为墙壁增色不少。在饰架上或碗橱中，必定摆满了瓷器或雕刻精美的玻璃制品。1650 年后，代尔夫特的荷兰瓷器制造商，受了由中国和日本进口的瓷器影响，制成上了釉的瓷器，大部分是白底蓝花，给原来单调的家中增加了不少色彩。几乎每个荷兰家庭都拥有一幅或好几幅小油画，代表着住处的清洁和安宁。同时，让人们在室内的墙壁上，通过这些画看到了令人精神焕发的树木、花草、小溪等。

风俗绘画的兴旺

荷兰绘画的巅峰时期已经过去了。新的购画者人数众多，但都不富有。他们喜欢买小一点的画，但在这些小而精致的画中，要以写实的方式表现出一些事情，让大家一眼就看出，那是他们生活被提炼出的一部分，或经润饰后而美化的部分，要不然就希望那些画能引起人们极微妙但很平常的感触。或者，那些画可以使人放开眼界，走进优美的风景里。荷兰的画家们为了满足这种需求，只好用更精细的方式来处理画中的线条、明暗或颜色，并把这些艺术作品费尽心思、小心翼翼地挤在很小的一个空间里。欧洲和美洲都有很多此类艺术家，由于彼此之间的竞争十分激烈，他们不得不以最快的速度画出许许多多小画，再以最低的价格出售。现在世界上几乎没有一家博物馆，不挂上几幅这种小画。我们必须简单地介绍一下那位不幸却十分快乐的画家扬·斯泰恩（Jan Steen）、最伟大的风俗绘画家维米尔（Jan Vermeer），及举世闻名的荷兰风景画家雅各布·范·雷伊斯达尔（Jacob van Ruisdael）。

扬·斯泰恩是莱顿一个制酒商人的儿子，曾经在海牙、代尔夫特和哈勒姆工作过，最后成为莱顿一间酒吧的管理员。他属于自我奋斗成功。他的人像画在荷兰艺术界与伦勃朗齐名。1649 年，他 23 岁，娶了画家霍延（Jan van Goyen）的女儿玛格丽特为妻。她唯一的嫁妆就是她的面孔和身段。但有一段时间，她是供给他灵感的模特。他的画售价非常低。1670 年的一天，一个药剂师冲进他的房里，把他所有的画搜出来进行拍卖，以所得的价款抵偿 10 基尔德的欠债。他早期的作品多半以喝酒的乐趣或罪恶为主题。最好的例子是一幅名叫《放荡的生活》（*Dissolute Life*）的画。画中有一名女子喝得昏昏沉沉，另一个女子因酒醉睡着了，一个小孩从碗橱中偷东西，一只狗爬到桌子上吃剩下的食物，有一位修女刚刚走进来，正打算开始一项说教，说明饮酒的害处。画中的每个人或物，完全是按照艺术的规则、和谐的韵味而组成，通过图形上的混乱再次表达出来。还有一幅内容比较可爱的画，使它那不适当的名称《动物展览》（Menagerie）变得生动起来。画中有一个小女孩在喂小羊喝奶，许多家禽在附近昂首阔步地走着。一只孔雀站在一棵枯萎的树上，长长的尾巴垂向地面。成群的鸽子栖息在高处，还有一只鸽子从远处的街道上凌空飞来。这是一幅简单而美妙的田园图画。这幅画使所有哲学上的难题都显得毫无意义。这就是生命，画中的每种动物，都为了自己认为很充分的理由而活着，不管将来如何。扬·斯泰恩走出酒店时，他用画笔让我们看到了荷兰文化中光明的一面：其中有令人心旷神怡的室内装潢，上音乐课，嘉年华会，快乐的家庭，还有在《快乐的一群》（The Merry Company）中，正在抽烟的他自己。也有他在弹琵琶的自画像。后来，他的作品售价过低，使他心灰意冷，只好又回到卖啤酒的老本行。他经常借酒浇愁，烂醉如泥，仅 53 岁就去世了，留下 400 幅未出售的画。

只要看一眼维米尔的《少女的头像》（The Head of a Girl），就可以很清楚地看出，这位画家生活的世界和艺术造诣，跟扬·斯泰恩几乎完全不同。他这幅无价之宝的画，1882 年曾以两个半基尔德的价钱拍卖出去。现在，许多著名的绘画批评家认为它是"世上最好的十余幅画之一"。画中的少女，很明显来自一个好家庭并有一个好家世。她一双清澈明亮的大眼睛，不含一丝畏惧的阴影，甚至连一点正常的少年们应有的彷徨神色也没有。她静静地享受人生的乐趣，她对人生的乐章反应灵敏。而且，这幅画像也让人看出画家在配色、线条及光度方面所花的心血和工夫。他的画笔如此惊人地向人们传达着同情与了解。

维米尔于 1632 年出生在代尔夫特，据我们所知，他一生都住在那里，1675 年 43 岁时，也死在那里。他 20 岁时结婚，有 8 个孩子。他的画很值钱。他每画一幅画都很认真，要花费很长一段时间，仔细琢磨。而且，他花很多钱买画，所以他死时负债累累，他的未亡人必须向破产法院请求协助。但他现在仅存的 34 幅画中，都显示出他的生活环境像中产阶级那样舒适。有一幅画，画的是他在画室中工作。他戴着绒毛的软帽，穿着多色的短皮背心，袜子有点皱，好在是丝织品。臀部有点肥大，表示他因环境不错而发福了。他住的地方是代尔夫特的高级住宅区之一。也许是住在市郊某处，从那里他可以画出《代尔夫特景色》(*View of Delft*) 这幅画。他似乎比现在的画家们更安于家居生活，爱护家庭的感情。可是，维米尔的家似乎成了他的象牙之塔，他的妻子也因能帮助丈夫而感到骄傲。在他的《耶稣、玛利亚与马太》(*Christ with Mary and Martha*) 的画像中，他使马太和玛利亚站在同一平台上，他画中的女人，已不是在荷兰艺术品中偶尔会出现的、有一堆肥肉的庞然巨物，她们都是比较注重修饰而富于感情的。甚至于像《女主人和女佣人》(*Mistress and Maid*) 这幅画中的女人，穿着漂亮的长袍，有着细心保持的优美身段，头发式样也经过了仔细地梳理。乐器的陪衬使女子变得更加高贵，如《坐在小键琴边上的女士》(*Lady Seated at the Virginals*)。维米尔的画，如果是叙述家庭生活的片段或抒发情感，都是以简单而平凡的日常生活小节来表示，从不描写一大堆人从事复杂而混乱的活动。他最多画一个单独的女子，正在静静地读一封信，或是正在专心地缝纫，或是正在欣赏自己戴一串项链的模样；要不然，就是在缝衣时睡着了；再不然，干脆就是一个女孩在微笑着。维米尔以最完美的艺术方式，表现对一个好女人和一个好家庭的感激。18 世纪，他几乎完全被人遗忘了，他的小小的"巨作"，常被人认为是霍赫 (Hooch)、泰勃赫 (Terborch) 或伦勃朗的作品。1858 年，人们才把他的名字从坟墓里挖出来。现在他在荷兰画家中的名气仅次于伦勃朗和哈尔斯。

有一样东西，在荷兰的风俗绘画中是不大容易找到的，那就是在城市四周的大自然美景。意大利的普桑，曾经抓住了大自然的新鲜空气和原野美景。英国在下个世纪，将要发现自然的美。而这时的荷兰画家们，也暂时抛弃了他们简单或华丽的内部装潢，把画架搬到室外去捕捉溪流中诱人的涟漪、静谧而慵懒的风车、正在萌芽的稻田，还有那千年古木。外国驶来的船只在拥挤的港口中随风摇晃着。变化万千的云彩在天空中游移着。世人都十分熟悉霍贝玛（Meindert Hobbema）画的《米德哈尼斯路》（*Middelharnis Road*），以远近距离的配合表现马路渐渐消失在遥远的空间。但他的《红屋顶的水车》（*Water Mill with the Great Red Roof*）更富于美感：一头肥胖的牛，在青葱的沼泽中行走；一匹马因为口渴，停在一家小客栈前，或一艘帆船逐渐消失在海上，都使克伊普（Aelbert Cuyp）找到了灵感。萨洛蒙·吕伊斯达尔画了一幅微波荡漾的水中反映出船和树倒影的《运河和渡船》（*Canal and Ferry*），震惊了全世界。他还把他的侄儿教得比他自己更好。

雅各布·范·雷伊斯达尔生长在哈勒姆市，留下了一幅《哈勒姆一瞥》（*View of Haarlem*），与维米尔的《代尔夫特》同样给人留下深刻印象。但他的这幅画，把大而拥挤的都市中种种复杂的情形，表现得更加恰当。后来，他搬到阿姆斯特丹，成为门诺教派兄弟会中的一员。也许他们的神秘主义使他更加贫穷，也使他领略出大自然中凄惨的一面，他自己却喜欢沉浸其中。他知道平原、森林和天空，虽曾有过宁静和谐，但也有毁灭的能力。大自然有时会发狂怒，即使是最自大、最强壮的树，也会被狂风吹倒，甚至连根拔起。在美好的地面上，有时会发生恐怖的地层断裂。在《悬崖上的瀑布》（*The Waterfall on the Cliff*）中，没有诗情画意的美景，只是海中愤怒的巨浪冲击着岩石，发誓要把它们碾成粉齑。《大风暴》（*The Storm*），是大海在愤怒地击打它的敌人——海岸。《海滩》（*The Beach*），并非是令人愉快的海边景色，而是在阴沉的天空下，被像山一样高的巨浪冲击得乱七八糟的海滩。《冬天》（*Winter*），画的并不是供人滑雪的游乐场所，而是一个孤零零的小茅屋，在乌云密布的天空威胁下颤抖着。还有最富技巧的蚀刻画《橡树》（*Oak Trees*），则表现出那些橡树的叶子掉了大半或仅剩下空枝，树干则伤痕累累，又被酷寒的天气摧残着，以致它原来的尊严被掠夺殆尽。《犹太人的墓地》（*Jewish Cemetery*），本身就是死亡的象征：毁坏的围墙，快要枯死的树，滔滔的洪水流在墓地上，几乎淹没了所有的坟墓。虽然如此，这不表示雅各布·范·雷伊斯达尔永远是悲观、阴沉的。在《麦田》（*The Wheat Field*）这幅画中，他以深刻的情感，展示出一条静悄悄的乡村道路、受天保佑的大片庄稼及看到一大片空间的喜悦。荷兰人看了雅各布·范·雷伊斯达尔的画，会感觉到他们的土地和气候是邪恶的，因此只愿以极少的代价购买这位画家的画。有些人会认为，有史以来的风景画家，除了普桑外，他是最好的。

荷兰好比是一间永远富足的小房子。伦勃朗与哈尔斯、维米尔与雅各布·范·雷伊斯达尔、斯宾诺莎、惠更斯、特龙普与勒伊特、维特、威廉三世，他们在战争的号角声中，一直设法使和平的艺术存在。这就是 17 世纪的荷兰，"面积并不限制发展"。

维特（1625—1672）

荷兰共和国的独立，在《威斯特伐利亚和约》签订后获得胜利。此后荷兰人忙着赚钱、享乐和打仗。在历史上，这是一个最不能自给自足的国家，土地的出产品只够供全国人口的 1/8 食用。国家的经济来源仰仗对外贸易和开发殖民地。因此荷兰必须拥有一支强大的海军，以保护它的商船和殖民地上的人民。过去称霸于海上的西班牙，由于它的"无敌舰队"被英国击败而结束了霸业。英国海军，由于打了胜仗而狂傲自大，把船只分散在各处海洋中。没有多久，英国为了扩展海外贸易，常常在海上碰到荷兰船，也常跑到荷兰在印度、东印度群岛、非洲的殖民地，甚至还跑到新阿姆斯特丹，也就是后来的纽约去。有些英国人仍保有霍金斯（Hawkins）和德雷克（Drake）的火气，认为这无所不在的荷兰，应该被无所不在的大英帝国代替。只要在海上打一两次胜仗，就可以办到了。"商人们正在谈论着，"克拉伦登伯爵说，"和荷兰打一次面对面的胜仗，其利益可一直延续到无尽的将来。荷兰是很容易被征服的，打胜仗后，荷兰原有的贸易将由英国继续下去。"克伦威尔认为这个想法很好。

1651 年，英国国会通过了一项航海法，禁止任何外国商船运输不是他们本国出产的物资给英国。荷兰过去一直把所属殖民地的产品运到英国，这时，这个赚钱的生意只有停止了。荷兰政府派了一位大使到英国，希望英国能把这个法律稍微修改一下。英国不仅拒绝了他的要求，还进一步决定，荷兰的船只在"英国领土"（英国、法国与尼德兰之间所有的水上）航行时，应该把国旗降低，以表示尊重英国在领海上的主权。荷兰特使毫无收获地回到海牙。1652 年 2 月，英国扣押了 70 艘在英国领海上的荷兰商船。同年 5 月 19 日，一队由布莱克（Robert Blake）率领的英国舰队，在海上遇到了由特龙普率领的荷兰分遣舰队。特龙普拒绝把国旗降低，布莱克发动攻击，特龙普打不过就撤退了。从此开始了第一次荷兰战争。

所谓的联邦政府，其实政权是分裂的，这种情况使荷兰濒临绝境。军队的统一领导权，以前由奥兰治亲王负责，现在已经没有了。全国会议成了辩论中心，而不是代表一个国家。英国有一个强大的权力集中的政府，由富有雄心、果断有力的克伦威尔统治。他们有较好的海军，他们有一切地理上的优势，海上经常有西风帮助船只向西行驶。他们毁灭了无数荷兰的渔船，俘虏了荷兰的商船，而且在肯特郡击败了荷兰海军上将勒伊特。特龙普在丹支内（Dungeness）击败了布莱克（1652 年 11 月 30 日），他自己却死于次年 7 月的一场战役中。为期一年的战争，结果是英国以排山倒海之势展示其海军的威慑力量。英国封锁荷兰的海岸线，使荷兰共和国的经济活动几乎陷于停顿。荷兰的千万人民濒临断粮的边缘，随时都有发生暴乱的可能。

就在这个最不愉快的时期，维特负起了领导全国的责任。他出生于一个在荷兰商业和政治上都很显赫的世家。他的父亲雅各布·维特由民选连任了 6 届多德雷赫特市长。维特本人接受了一切可能的教育，和哥哥康里一起到法国旅行，又在英国晋见过克伦威尔。他于 1647 年在海牙定居下来，开业做律师。3 年后，奥兰治王朝的威廉二世省长，希望取得全国七省政治和军事的统治权时，他父亲是被关在监狱中的 6 个民主政治领导人物之一。后来，威廉二世去世了（1650 年），全国会议拒绝由他的遗腹子继承他的职位，于是世袭的省长职位就此中断了。从此，荷兰政府的政治舞台，一直上演着由维特代表的商人、民主政治集团和即将长大成人、既年轻又热情的威廉三世代表的军事和贵族集团之间激烈的争权斗争。

1650 年 12 月 21 日，维特只是 25 岁的青年，就当选为多德雷赫特市的首席法官，同时也是该市派驻全国会议的代表。1653 年 2 月，全国会议任命他为全国大统领，并派给他一个对外的艰巨任务——与打胜仗的英国进行和平谈判。克伦威尔铁面无私，他要求荷兰尊重英国领土起见，在英法海峡中应向英国国旗敬礼；荷兰承认英国海军舰长有权在海上随意搜查荷兰船只；荷兰应付给英国在英国领海中捕鱼的费用；荷兰对 1623 年在阿姆保纳（Amboyna）被谋杀的英国人，应负赔偿的责任；同时，属于奥兰治王朝的人员，全部不准担任公职，也不准拥有权柄。由于与英国斯图亚特王朝联姻，奥兰治王朝立誓，要恢复斯图亚特王朝在英国的王位。维特把这个条约给全国会议审核时，将最后一条除去，而获得了批准。可是，他又把最后一条加回去，给属于奥兰治王朝的荷兰省代表们看，强迫他们同意这个条约。威廉三世永远不能原谅他的这种行为。

维特娶了富有的温德拉比克为妻，更坚固了他的地位。靠她的关系，他与阿姆斯特丹的商业巨子们建立起联系。有了这些人的支持，他把一些荷兰政府最重要的职位给了他爸爸、哥哥、表亲们、朋友们。很快，他就一手控制了荷兰省政府的大权。其他各省也只好勉强接受他的领导，因为荷兰拥有好几个商港，比较富有，支付全国所需费用的 57%，大多数荷兰军舰都是由荷兰省资助的。一般平民都不太喜欢他，可他的政府很有朝气，也有足够的能力。他节制过度浪费的开支，降低政府的贷款利率，整修军舰，建造更好的船只，训练新的海军人员。代表着商人们的心愿，他致力于寻求和平，也随时准备作战。1658 年和 1663 年，他皆当选为全国首席执政官。他对政府工作的全力以赴，他谦虚又单纯的言行，他和谐宁静的家庭生活，都给旁观者留下了极深刻的印象。他太太的财富足够让他住在一所华丽的房子里，四周有各种装饰，使他可以在家里接见外国来的密使。其实，他的家是荷兰的文化中心，不仅仅是一个陈列奢侈装潢的地方。诗歌在那里和政治混在一起，科学和哲学在那里被很自由地讨论着，对维特的加尔文派选民来说，这种自由恐怕太过了。甚至那个可怕的异教徒斯宾诺莎，也发现了这位首席执政官是他的忠心好友，更是他们的保护者。

维特热爱和平，不喜欢战争，邻居们却联合他们的武力，要毁灭这个富有的共和国，这真是一个悲剧。1660 年，查理二世重新获得王位，马上就介绍他的外甥、奥朗日王朝的威廉三世向维特致意，并要求废止《退隐法案》（Act of Seclusion）。这个条约禁止威廉三世担任公职。维特同意了。就从此事开始，这个斯图亚特王朝的国王，不知不觉地使斯图亚特王朝走向覆亡之路。1664 年，一个英国探险队占领了荷兰的殖民地新阿姆斯特丹，并改名纽约，为了纪念约克公爵——后来的詹姆士二世——那时，他是英国海军总司令。荷兰的国务院向英国提出抗议，英国置之不理，于是第二次荷兰战争开始了。

维特所做的各项准备，现在证明了是有价值的。荷兰从前在领导权上的弱点，已转到英国查理二世的粗心大意和无能的政府去了。那个"快乐君主"正在忙着和情妇跳舞时，维特却孜孜不倦地处理军事战略上的问题，每个细节他都亲自过问。他的这种精神赢得了许多人，甚至他的敌人的称赞。他多次与军舰同时出海，把自己暴露在一切战争的危险中，使全体官兵被他的勇气和热情感动。荷兰海军的军舰不如英国多，海军的人数及训练的精良，远比不上英国。因此，在第一次与英国的主要战役中，约克公爵获得了全面压倒性的胜利。有耐心的荷兰人民重新组织舰队，并把指挥权交给历史上最能干、最勇敢的海军上将。1667 年 6 月，勒伊特率领 66 艘军舰，直驶泰晤士河，攻陷了希奈斯（Sheerness）碉堡（位于伦敦东部 40 英里处），攻破了阻止进入麦德威河（Medway）的防御工事（麦德威河由希奈斯流入泰晤士河），并俘虏、烧毁、击沉了 16 艘停泊在那里的英国军舰。英国人做梦也没想到，忽然来了如此不受欢迎的不速之客（1667 年 6 月 12 日）。查理二世对战争不感兴趣，请求他的外交官们与荷兰进行一个双方可以接受的和平谈判。1667 年 7 月 21 日，两个强国签订了《布雷达和约》，荷兰将显然不太重要的纽约交给英国，也同意在英国领海向英国国旗敬礼。英国割让它的殖民地苏里南（Surinam），即在南美洲的荷属圭亚那（Dutch Guiana）给荷兰，同时，英国必须把航海法改得对荷兰有利。这份和约是维特一次小小的胜利，也使他走上了事业的巅峰。

此时，他也犯下了一连串严重的错误。他更加疏远威廉三世的支持者。因为他于 1667 年 8 月 5 日，通过荷兰省民大会公布了一项"永久诏书"，不准任何一省的省长担任最高军事将领，也不准当海军司令。这样一来，这位年轻亲王的左右人员离开了军队，使军中失去有经验的领导人物。更不幸的是，这次阋墙之争，正好发生在法国侵略西属荷兰而严重威胁荷兰共和国之时。如果由法国控制南方各省，斯海尔德河马上会开放对外贸易，安特卫普的商业会复苏，阿姆斯特丹呈巅峰状态的商业活动会受到很坏的影响，因此所有北方各省的经济也会连带受影响。路易十四还要多久才会停止对荷兰边境的侵略呢？假使他决定吞并荷兰、控制莱茵河的出海口，那么，荷兰就要亡国了。荷兰新教徒的命运将会十分悲惨。

维特提出多个和解的条件，法国都拒绝了。于是他与英国（1668 年 1 月 23 日），不久又与瑞典，组成三国同盟，共同对付逐渐强大的法国，由三国共同协力抵抗。路易十四机警地同意中止"这场逐渐走下坡的战争"，但以必须保留他的军队在佛兰德斯和埃诺占领的城市与堡垒所连成的一条防线为条件。这些条件，英国和瑞典都接受了，荷兰也只好同意与法国签订《亚琛条约》（1668 年 5 月 2 日）。很明显，维特以外交手腕解除了这次危机。同年 7 月，他第四次连任任期为五年的荷兰共和国首席执政官。

但是，维特不了解法国和英国的两位国王真正的政策。路易十四永不会原谅维特对法国征服西属荷兰的干预。他曾宣誓道："假定荷兰像以前对西班牙一样跟我们捣乱，我将要派我的手下拿着锄头和铲子，把荷兰丢到海里。"他的意思是要毁坏荷兰海堤。他仇视荷兰共和国，又垂涎莱茵河的下游，因此他决定毁灭前者、控制后者。一场关税之战又加深了双方的仇恨。柯尔伯订下对荷兰进入法国的商品课以重税的条例，荷兰也还以颜色，订立同样的条例，但很聪明地把军需品除外。卢瓦，法国国防部长，说服了荷兰军火制造商卖给法国大量军火。同时，荷兰商人不同意提高税率以补充军队和军需品的方案。法国外交集团用各种方式，设法解除英国、瑞典与荷兰共和国的联盟关系，这证明了他们手段的高明或财源的丰厚。根据秘密的《多佛条约》（1670 年 6 月 1 日），查理二世同意放弃三国同盟，而帮助路易十四与荷兰作战。1672 年，瑞典因需要法国帮助防卫丹麦和德国，也退出了三国同盟。西班牙、神圣罗马帝国及勃兰登堡同意帮助荷兰，可是他们不是军力很薄弱，就是离荷兰太远，远水救不了近火，所以不足以应付荷兰共和国将要面临海上和陆上排山倒海似的大进攻。维特再次表示愿意让步或妥协，但被拒绝了。

1672 年 3 月 23 日，英国开始攻打荷兰。4 月 6 日，法国向荷兰宣战，13 万大军，由蒂雷纳、孔代、卢森堡大公、沃邦、路易十四等人率领向荷兰进攻。由于极其聪明和出人意料的战略，法军的主力部队经过德国境内，用"礼物"扫平各村落，即进攻荷兰边防较弱的地方。6 月 12 日，在荷兰军队的炮火下，路易十四的法国大军游泳渡过 60 英尺宽的莱茵河——因河水太深，不能涉水而过。这是路易十四多彩多姿的一生中最受喜爱的一段佳话。法军向北部荷兰的心脏地区进攻，轻易地占领了一个又一个的城市。乌得勒支省没有抵抗便投降了，奥威尔吉斯（Overijssel）和海尔德兰（Gelderland）诸省也跟着投降。只剩下阿姆斯特丹和海牙等着法军攻占。虽然勒伊特6月6日在南伍尔德（Southwold）海湾击败了英法联合舰队，仍不能挽回颓势。维特请路易十四提出条件，路易十四索取一大笔赔款，由法国控制荷兰所有的水上和陆上交通，并要求在荷兰境内重新建立天主教的势力。这些条件等于把荷兰贬为奴役，因此被拒绝。同时，荷兰决心抵抗到底。他们将堤防打开，用他们古老的敌人——海水，作急救之途。没多久，海水大量流上了陆地，法军事先没有防备，只得无助地退去。

无论如何，整个国家已被强敌吞灭了。明斯特（Münster）主教和科隆选帝侯的大军加入法军的阵营，在奥威尔吉斯省内横行无阻。英法军舰不顾勒伊特的存在，攻击荷兰商船，这个被围攻的国家，经济已濒临瘫痪了。维特在最艰苦的这几个月中，工作得比历史上的任何荷兰人都要辛苦：忙着筹募资金，忙着供给舰队的装备和粮食，站在甲板上勒伊特的身旁，参加南伍尔德海湾的战役，奔走于大使馆之间，企求可保持和平的协约。1672年6月，他向路易十四提供一项承诺，割让马斯特里赫特（Maastricht）和荷属布拉班省的一部分给法国，并负担战争的一切费用。这些也同样被置之不理。可是，荷兰人民听到这个消息时，他们同声指责维特正在计划一项叛国的投降。现在，人民把他们遭遇这一切不幸的责任，都推到维特身上。他们认为他无知，又不顾后果地信任查理二世和路易十四的话。他们控诉他把政府中十几个肥缺给他的亲友们。最重要的不满，是他拒绝让那些使国家自由繁荣的奥朗日王朝中的人士享有军事和政治上的荣誉。他们指出，维特挑选的那些军事将领都是平庸的、胆小的、无能的。加尔文教派的牧师指责他是一个秘密的自由思想者，是笛卡儿的信徒，是斯宾诺莎的朋友。甚至商界人士，他最主要的支持者，也转而认为他是一个失败的组织者。

他的哥哥康里曾和他分享工作上的报酬，也和他共同担负战争的重担和灾难，和他一样受到大众的仇视和侮辱。1672 年 6 月 21 日，有人企图刺杀维特，但没有成功。两天后，又有人谋刺康里失败。7月 24 日，海牙的官员拘捕康里，因他设计谋反奥朗日王子。8 月 4 日，维特辞去了首席执政官的职位。8 月 19 日，康里被严刑拷打，并被判驱逐出境。虽然有人警告他此去有生命危险，维特还是设法经过一个仇视他的城市，到吉万吉普特（Gevangenpoort）监狱探视他哥哥。马上就有一大堆群众聚集在外，由一个警长、一个金匠、一个理发师领头。有一队奉命来驱散群众、保护维特的侍卫队，他们也仇视维特兄弟。群众撞破了监狱的门冲进去时，侍卫队并没有加以阻止。兄弟二人被群众抓住，拖到广场上，活活地打死，并把他们的尸体倒挂在一个灯杆上。那天是 1672 年 8 月 20 日。

荷兰共和国从此寿终正寝。奥朗日王朝重新获得了权势。

奥朗日的威廉三世

玛丽·斯图亚特的父亲查理一世，于 1649 年被处决。她年轻的丈夫、奥朗日的威廉二世于 1650 年去世。世袭省长的职位被取消，奥朗日家族的人士，被剥夺了担任公职的权利。这些打击使她的精神濒于崩溃边缘，她把儿子教导成一个严肃、有自制能力的人，能静静地等待时间的流逝，使坚持不变的信心终于获得最后的胜利。他的身体虚弱，他的四周有敌人派来的卫士监视他。但他继承了奥朗日的威廉一世的座右铭："我要坚持下去。"他长成一个带有病容的年轻人，在一张表情严肃的脸后面，隐藏着果断和复仇的火焰。他严肃、端庄，待人态度冷淡，但有礼貌，避免过度的欢乐或轻举妄动。他喜欢户外运动，以克服他时常头痛又常会昏倒的毛病。他是一个外表脆弱的器皿，却装着能虏获英国王位又能折磨法国国王的精神。

　　1660 年，他的母亲去英国庆祝他哥哥登基，但在那年的圣诞节前夕，死于天花。1666 年，荷兰省政府宣布这位 16 岁的王子由国家来监护。维特将王子心爱的卫士和家庭教师换走，换来一些对省代表的政策比较信服的人。威廉三世对维特的仇视与日俱增。在维特的权力达到最高峰时，王子避开了他的卫士，从海牙骑马到贝亨奥普佐姆（Bergen-op-Zoom，1668 年），从那里坐船到泽兰省（Zeeland），这是对他的祖先最为忠实的一省。省会密德堡（Middelburg）市的人民，以最大的诚意向他表示他们对他的忠心和敬爱。他接受了泽兰省议会议长的职位，没有人表示犹豫，也没有人反对。回到海牙后，他宣布他已成年（1668 年 11 月 4 日），因此要求荷兰省代表撤回派给他的那些卫士。省代表予以拒绝，于是他遣走那些卫士，但卫士们不肯走。他只好忍耐着，等待时机的到来。

　　机遇终于在法国和德国军队把荷兰打得溃不成军时来了。荷兰的军队放弃了一城又一城，海牙似乎也无法防守。为了顺从军人的心意，也希望通过再度赋予奥朗日家族领导权，能重新使全国团结并提高士气，国务院任命威廉为全国的大将军（1672 年 2 月 25 日）。7 月 2 日，泽兰省代表不顾"永久诏书"的规定，选威廉三世做省长。7 月 4 日，荷兰省代表依样画葫芦。7 月 8 日，他被任命为全国陆军和海军的最高统帅。法王同意停战，可是要荷兰赔偿 1600 万弗罗林，并割让大部分土地给法国、明斯特及科隆，还附有一个秘密条件：承认威廉三世为所剩国土的国王。这时，威廉显示了他不屈不挠的精神。荷兰省代表问威廉对这些条件的意见时，他说："我们情愿被剁成肉酱，也不能同意这些条件。"第二位白金汉公爵从英国来劝威廉同意和谈时说："难道你看不出你的国家已失败了吗？"威廉回答说："我的国家是处在很危险的情况下，但我不会眼睁睁地看着它失败，因为我会战死在我们国家剩下的最后一条壕沟里。"不过，这位智慧杰出的 22 岁的年轻人，还是很有礼貌、很有耐心地和英国和谈，因为他已看出，和英国合作是荷兰抵抗法国侵略的唯一途径。他又尽力把荷兰与神圣罗马帝国、勃兰登堡之间的关系协调好。三国大同盟（Grand Alliance）的计划，这时已在他的心底萌芽了。

　　他随着大军前进，维特兄弟被杀时，他不在海牙。很明显，他没有参与这个计谋，但他听到这个消息时，没有掩饰心中的满足。他保护并支持那几个领导群众的人。他尝试做一个好将军，但从未成功，那些有经验的士兵们还是兴高采烈地参加他对陆军和海军的标准改制。胜利逐渐代替了失败。勒伊特和特龙普在斯库纳威德（Schooneveldt）和凯克敦（Kykduin）打败了英法舰队（1673年）。德国侵略者也被阻于格罗宁根（Groningen）。威廉收回了纳尔登（Naarden）。于是，海尔德兰、乌得勒支及奥威尔吉斯三省都看不见敌人的踪影了。几乎到处见到法军在撤退，至少，荷兰是暂时得救了。荷兰全国人民尊威廉三世为他们的救星。

　　除了上述胜利外，还加上外交上的胜利。1674年2月19日，他说服英国和荷兰签订双边和约，由英国支付200万弗罗林的战争赔偿费。4月22日和5月11日，他分别和明斯特、科隆签订和约。他使荷兰、西班牙、勃兰登堡、丹麦、神圣罗马帝国五国同盟的计划付诸实现，以共同对抗现在已是孤立的法国。更有甚者，他赢得了玛丽——詹姆士（约克公爵，英国国王的弟弟）的长女的芳心。如此一来，这两大新教徒的领导集团结合在一起。还有一件事不得不提，玛丽是除了她父亲之外第二个有权继承英国王位的人。在历史上，很少有这样年轻的政治家，能设计出如此有远见的计谋，而且又能如此成功。

　　同时，法国重新展开攻势，取得伊普尔和根特，并向荷兰边境进发。勒伊特在西西里海边被一队法国舰队击败（1676年4月22日），一周后伤重而死。路易十四又向荷兰提和谈条件，表示他愿将法军占领的荷兰土地归还，但要保持洛林和弗朗什·孔泰两地。神圣罗马帝国、勃兰登堡及丹麦都反对这项和平谈判，威廉也站在他们一边，但国务院被商业利益左右，出卖了盟友，径自和法国签订了《奈梅亨和约》（1678 年 8 月 10 日）。

威廉把这份和约视为暂时性的休战，在以后的 10 年中，仍努力与各国重建友好关系。荷兰商人限制了他在军事方面的欲求，商人们认为国家经过连年战乱后已十分疲惫，需要一段时间休养生息。这时，荷兰已渐渐恢复了往日的繁荣。1685 年，两件大事的发生与威廉有关。一是路易十四撤销了《南特诏书》，大批法国胡格诺派教徒涌入荷兰，形成了一个强大宣传力量，联合新教徒的势力对付法国。二是英国已由詹姆斯二世继任为王，他表示希望英国恢复为天主教国家。英国新教徒秘密地计划废去他的王位。于是，威廉的妻子玛丽成为王位的继承者。威廉曾和玛丽的知己好友伊丽莎白·维勒斯有一段暧昧关系，但玛丽原谅了他，并同意假使她继承了英国王位，她将让威廉做国王，服从他的意见。1686 年，威廉成功地组成了神圣罗马帝国、勃兰登堡、西班牙、瑞典等国的共同防御联盟。1688 年 6 月30 日，英国新教徒领导人邀请威廉和玛丽带兵进入英国，帮助他们推翻那个天主教国王。威廉犹豫了一阵子，因为路易十四的大军正严阵以待，等候国王令下，不进攻荷兰就攻打神圣罗马帝国。后来，路易十四改变主意，转而进攻德国。威廉的心理负担解除了。1688 年11 月 1 日，威廉率领着 1.4 万人马乘船东渡英国，取得英国王位。

第七章 | **鼎盛时期的衰落**

门特隆夫人

1683 年 7 月 30 日，玛丽亚·特蕾莎死后，法国未被加冕的王后是"斯卡龙寡妇"（Widow Scarron），这位兼任国王私生子家庭教师的门特隆女侯爵，很快成为国王的平民妻子（1684 年 1 月），也是此后在王朝中最有个人影响力的人。

现在已很难了解她真正的个性，历史学家们仍为此争论不休。她有许多敌人愤恨她的晋升和权势，其中一些是写历史的人，他们流传下来的记载，说她是一个自私而诡诈的恶人。然而，在她可以取代蒙特斯潘夫人成为王室的情妇时（尽管这个地位可以带给她所有的影响），她拒绝了，而且劝国王回到王后身边（1680 年 8 月）。那时王后 42 岁，比门特隆年轻 3 岁。很明显地说明女侯爵的美德是优于对权势的贪求的。王后死后，这位女教师仍拒绝为情妇，她冒着失去当时地位的风险，去求更高的名位。此刻若称她的美德是野心也不为过，她这种少女的羞涩绝不因此而容受玷污。路易娶门特隆夫人时，她 48 岁，米尼亚尔描述她是一位温柔可亲的年长妇女，早已失去诱人的身材。她对宗教是极为虔诚的，说她坏，她也不过是勇敢地下了一次赌注，而且赢了。

她被安置在国王住所附近，在凡尔赛宫中过着朴素的生活。宫廷生活"令她厌烦，她对虚饰也毫无兴趣"。她没有收聚财物，仅拥有的门特隆别墅也不曾使用、装修过。在他们最后几年，曾有记载，路易对她说："但是，夫人，你现在一无所有，若我死了，你将陷于贫困。告诉我，我能帮助你什么？"她为她的亲戚们要求了一些谦虚的宠赐及一笔为数可观的钱去支持她所喜爱的事业——她于1686年在圣西尔为家世好却缺钱上学的子女设立了一所学院。出于国王而非她的虚荣心，政府为一项没建成的水道工程强征百姓的劳力与金钱，不过以她的名字命名。

在许多方面，她表现出是一位好妻子。在忙碌的日子中，她一直处于国王与外界之间的缓冲地位，在朝臣们的钩心斗角和野心中维持平静，去迁就一群钻营高位者，像一位慈祥的姑妈去照顾丈夫的孙儿，满足丈夫的男性需求，在他失败挫折时给予慰藉，去取悦这位"王国中最难被取悦的男子"，在他几乎每小时都要做着影响百万人性命的决定的生活里，提供他一个家庭的安静气氛。在她死后的私人文件中有一篇祷辞，很明显是在她婚后不久写的：

> 主啊，你赐予我现在的地位，我将全心奉献于你的保佑下。赐我美德，作为一名基督徒，使我能承受忧伤，使喜悦圣洁，追随于你的荣耀下，而且……帮助国王的救世工作。禁止我私心无止境的激动……噢，上帝，承你的意旨，我将毫无保留地奉献自己，去实现世间真实的快乐。赋予我这种智慧，和处在你赐予我的这种高位上必需的其他精神力量，求你赐予我更丰富的才能。从你掌握的诸王中，开放路易的爱心，使我能放入你意愿的美善，使我能取悦、慰藉、鼓励他，甚而，若要屈于你的荣耀下时，使他能知悲哀。让我有勇气告诉他其他人不敢说的。使我们能处于你的荣耀和爱心，相爱在一起。赐允我们能不受责难地在

你的指引下前行，直到你的降临。

这可与爱洛绮丝（Héloïse）致阿贝拉尔（Abélard）的任何一封信件媲美，而且我们更加相信如此的祈祷能不受外界的变化而产生力量。或许在这种改革和引导他人的热望中，有某种神秘的支配意志，但在门特隆往后的日子里，证实了她信仰的真挚和褊狭。圣西蒙说："她找到的是一个自认为是传道者的国王，因为他终生信奉的是受迫害的詹森教义……这指示着她可在国王的心园中，挑选播种最能收益的谷物。"圣西蒙认为她曾鼓励迫害法国新教徒，但以后的研究澄清了她的行为，而一直与她作对的卢瓦才是做出这种不人道行为的人。一位很少亲近天主教的天主教派历史学家阿克顿勋爵（Lord Acton）批评她说：

> 她是一位最有教养、最能关怀别人、观察最仔细的女人。她曾是一个新教徒，有段时间曾热切想改变信仰。她极力反对詹森教徒，同时对牧师中的能者极有信心。世人认为她强化了对宗教的迫害，而且怂恿国王废止《南特诏书》，并以她的信件为证。但她的信件已被一位曾是窜改者、伪造家的编者篡改了。

她与当时的费奈隆、塞维涅夫人和几乎所有的天主教徒一样，也赞成废止《南特诏书》，但她利用她的影响力阻止了残忍的宗教迫害。

圣西蒙公爵的自尊永远无法宽恕这位出身低微的女子高升为法国女主人：

> 她曾长期处于贫困，这使她心胸狭窄，而感情和内心卑下。因她太受限于出身的环境，她的感情和思想事实上是经常比作为斯卡龙夫人时更差……没有比从这个低微的出身而高升到如此光芒的地位更使人不快的事了。

尽管有如此的批评，公爵还是从她的缺点中发现了一些美德：

> 门特隆夫人是一个极有才智的女人，她最初曾受此困扰，旋即发展开来，后更因对世间知识的丰富而焕发光彩，借着献殷勤的言行，使她拥有最令人愉快的才智。虽因身份的变迁，她仍保持往日的善于奉承、谄媚、自得其乐。她往日所见的，也是她必须具有的钩心斗角行为，使她对这方面有判断力和处理能力及习以为常。无可比拟的谦和、一种不慌不忙的态度，使她受人尊重，她曾长期处于卑微，却养成谦和的本性，更奇妙地助益了她的智能，有着柔和、确切、表达适当、流畅和简短的言语。因为她比国王大了三四岁，她的黄金时代是在能表现雅致的时期——过分纤细地去献殷勤的时日……她以后装扮一个重要的角色，但这逐渐转成一种令人欣羡的虔诚。她本性并非绝对虚伪，但情势使她必须如此，而且她好做奇思怪想的本性使她表现出的比实际虚伪一倍。

英国历史学家麦考莱做了更有骑士风度的观感，或许他认为对于这么一位"口才雄辩又简短"的女性来说，许多方面是可宽恕的：

> 她吸引了国王的注意时，她已不能以青春美丽自诩了；但她非比寻常地拥有那种更持久的诱惑力，对有理智的男性……对一女性伴侣最深深赞赏的……有着一种令人感觉体谅、韬光养晦却非过多的理智，温和又活泼的言谈。"一刻都不会被扰乱的安静脾气"，她的机智超越了其他女性，超越了她的性别，这些特质使这位话剧中的丑角——寡妇，成了备受信任的朋友，继而成为欧洲最有权势、最骄傲的国王的妻子。

最后，我们看看在一位被认为不够杰出的法国历史学家亨利·马丁（Henri Martin）眼中，她是怎样的人：

> 国王与女侯爵之间有一种与日俱增的心灵与态度的协调，她端庄、温和又认真的美丽，带着罕有的自然赋予的尊严，更合适地取悦了路易。她喜爱思考，犹如他爱荣耀，如国王的慎重、周详中充满着吸引力与高雅，她的言谈中也带着这份迷人，而且在她更丰富的想象和教育下，使她更长久的保持着。她有着像国王那样的强有力和自我追寻的个性，若非她的热情，这种个性将会更持久、更坚定些。她不若国王的激情，却更持久，国王一直是在友谊与爱恋中只忠实于她，她却不曾了解若牺牲她感情中的兴趣或安静，将会带给她什么后果：与路易十四相反的是她对小事的虔诚，而缺乏对大事的慷慨……她镇静、思索和理智的个性，不冲动也不幻想，帮助她坚持了德行。

总之，这位女子必定有着许多令人欣羡的特质，使一位精明干练的国王选她为妻，又信赖地让她知晓国家的机密事务。他经常在她的房间且她也在场的情形下，接见大臣们，虽然她保持着谨慎的距离和缄默，忙着针织的工作，路易"却时常转向她，询问她的意见"——他太重视她的判断，称呼她为"Votre Solidite"（公正殿下）。怀疑论者称她为"Madame de Maintenant"（现在夫人），因猜想她即将再婚，或被其他竞争者取代；相反地，国王直到去世一直是她深爱的丈夫。

她的影响力与时俱增。她试着节制国王的挥霍无度，分散他对战争的注意力，因此她被卢瓦敌视。她从皇室获得帮助去资助慈善事业——医院、修道院，帮助破产的贵族们，为闺秀作嫁。只有优秀的天主教徒才能获得她推荐职位。她将凡尔赛宫内装饰的较暴露的画像遮以布幔或藤蔓，把圣西尔女学院改为女修道院，从此即与世隔离。她本人几乎也成了宫廷中的女修士，"封闭的生活方式，孤寂的时日，使人觉得她似乎生活在女修道院中"。

国王起初嘲笑她表现的平静，最后却模仿她这方面的谦逊。国王周围的牧师们欣悦地看到他从事宗教仪式，她对他了解更深，她说："他绝不错过一次教会的聚会或圣礼，但他不了解他对自谦和赎罪观念的需要。"教皇亚历山大八世却已感满足，并恭贺夫人能纠正这曾是反教皇制度的人。或许是 1684 年后的精力衰退和肛门痔瘘，使他从自觉不可避免的死亡体会中益发虔敬了。1686 年 11 月 18 日，他承受了一次痛苦的手术。反法联盟曾因他死亡的谣言而一度欢悦。重生后，他去圣母院（1687 年 1 月 30 日）谢主治愈之恩时，信奉天主教的法国为他的复活而游行、欢呼。

伏尔泰说："国王从那时起，就不再去戏院了。"他早期在位时注重的奢华尊严，此时变得有些近乎朴素的严肃了，但有时容许自己过多的睡眠和膳食。初时国王因身体虚弱，继而受门特隆的影响，减少了宫廷庆典的游行，过着仿如平常人的休闲生活，满足于妻子带给他的家庭气氛中。他在王宫和花园的开支上仍极奢侈，为他的王权骄傲，他的嘴巴那样贪求食欲快乐。1686 年 3 月，他允许一位朝臣，即后来的弗亚德（La Fevillade）公爵奥比松（François d'Aubusson），在胜利地点竖立了一座铸像，题献他是一个"不朽者"，但我们对这事必须说明的是：奥比松又建议他设置一座昼夜明亮的许愿灯时，国王禁止了他对神性这种不成熟的假想。

由雪沃尔斯公爵夫妇博维利耶、莫特马尔夫人和柯尔伯 3 个女儿为中心组成的拥护贵族政治的集团，环绕在国王和王后四周，形成一圈警戒线，他们中有许多人宗教信仰很虔诚，一些人信取了居伊昂夫人的寂静主义，世间闻名的圣歌"Adeste Fideles"即是此时一位不知名的法国诗人的作品。宫廷中的其他人仅表面上迎合国王的新心境。他们舍弃了无谓的活动，常常去望弥撒和聚会地方，而渐渐较少去剧院、歌厅。狩猎、费钱的宴会、舞会和政治性的牌戏仍继续着，但已不如前了。巴黎的吵闹分子和自由思想分子藏缩着，不耐烦地等候着可期的摄政时期到来时再报复。但是法国百姓们却为他们统治者的高尚品德而欢悦，静静地忍受战争带给他们逐渐增加的赋税和死亡。

大联盟（1689—1697）

法国纳税仍不断增加。柯尔伯推行的由政府集中管理工商业的系统，在他死前（1683年）已开始崩溃。失败的原因之一是农田和工厂的人力被征用到战场和兵营。主要原因则是作茧自缚：政府的法规遏制了在监管和限制较宽松的情形下，较自由的生产和试验可能带来的成长。企业拘束于错综的命令造成的困难中，由辛苦的饥民和少数人的创造精神推动的复杂的经济活动机构，在如山的法令下呻吟、挣扎，终于被迫停止运行。所以，1685年（经济学家魁奈和杜尔哥前65年，亚当·斯密前91年）发出了给商业以所谓"放任政策"的呼吁。路易十四的一位监督官说："若是能允许完全自由的商业，就不会造成我们政府想在许多政令下集中建立制造和贸易却导致王国内百业俱废的后果。"当然，也有其他因素导致失败：受迫害的新教徒带着他们天赋的经济技巧和存款逃亡，因国王征服的欲望胜于经商而使贸易受困，输出受阻于外国对法国提高关税采取的报复行为。英国和荷兰在海上和殖民地的活动被证明是胜过骄傲而且没有耐心的法人：法国印度公司失败了。法国重税阻碍了本国商业的发展，而失去信用的货币导致金融混乱又使财政瘫痪。

继柯尔伯死后为路易服务的内阁们，都不如政治家黎塞留与马扎然留给路易的那些继承人来得能干。柯尔伯的儿子巴蒂斯特（Jean Baptiste）——塞涅莱侯爵（Seignelay）——掌握了商业与航海，克劳德·勒·皮埃特（Claude Le Peletier）管理财政，但旋即被蓬查特兰（Pontchartrain）诸侯路易斯（Louis Phély-peaux）接替，卢瓦仍为战争部长。新人们敬畏路易十四的荣耀和权势，不敢做决定，国事的运行期待着国王负重荷的心决定。只有卢瓦能执行自己的意志，但也全是为战事——反新教徒、入侵荷兰及整肃任何阻碍法国扩张的人。卢瓦已建立了一支欧洲最精良的陆军：有纪律，勇敢，装备了最新式的武器，掌握了优美的刺枪术。[1]这样的一支军队恐怕必须不断地作战，而且要获胜，方能保持它的精神吧！

法国为这支陆军而骄傲，欧洲其他国家却是又怒又怕。1685 年 5 月，路易宣称已死去的巴拉丁诸侯的部分领地由其妹、现为奥尔良女公爵的巴拉丁公主夏洛特·伊丽莎白继承，以至神圣罗马帝国的一些亲王们怀疑这位挑衅的国王下一步的要求是什么。路易得悉他提名的人当选为选帝侯，而成功地把科隆、希尔德斯海姆（Hildesheim）和明斯特三地与法国结合时，使情势愈发紧张（1686 年）。同年 7 月 6 日，信奉天主教的神圣罗马帝国皇帝利奥波德一世和天主教徒选帝侯巴伐利亚的马克西米利安二世联合勃兰登堡新教选帝侯、瑞典新教国王查理十一和荷兰联邦的一位新教省长威廉三世组成了奥格斯堡联盟，防御他们的领域或权力遭受任何攻击。皇帝（称"利奥波德一世"）那时仍忙着击退东方的土耳其人，他在木哈赤（1687 年）和贝尔格莱德（1688 年）所获的胜利，使神圣罗马帝国（下简称为"帝国"）的军队得以调到西方的前线。

法王在军事上犯了一个关键错误。荷兰省省长本已无力防备他对荷兰重施新的攻击，未料路易在帝国军队尚不及聚集于前线时便入侵德国。1688 年 9 月 22 日，他派遣主要的部队开往莱茵河时，对 27 岁的皇太子多芬说："孩子！我派你去领导我的陆军，给你一个建立功绩的机会，去表现给整个欧洲看看，在我死后，使他们仍能记得我。"9 月 25 日，法军开始横扫德国。在一个月内已占领了凯泽斯劳滕、新城、沃尔姆斯、宾根、美因茨和海德堡，10 月 29 日攻陷了战略性的堡垒菲利浦堡，11 月 4 日，皇太子乘胜攻击曼海姆。

或许正是这一连串的胜利，注定了法国的衰落。因为这些胜利树

---

[1] 早在 1500 年，刺刀（Baïonette）就在贝约讷（Bayonne）被制造出来，约 1647 年，才第一次被广泛地用于伊普尔。

敌太多，又带来了长久的战争，使荷兰能免于较早受到入侵，也导致联合省的荷兰议会同意并支持威廉三世入侵英国。当威廉确定了他的权利后，立刻转变英国过去对法国的依赖态度而成为法国的敌人，并恳求他的新臣民们保卫欧洲的政治和宗教自由。国会犹豫不决，怀疑威廉主要目的是解救荷兰，而荷兰是英国商业上最大的劲敌。但法国一再胜利成全了威廉的请求。

卢瓦催促国王，毁灭巴拉丁以阻断即将来犯的敌人支援，路易勉强同意了。1689 年 3 月，法军包围并焚烧了海德堡和曼海姆，继而士派尔、沃尔姆斯、奥本海姆、特里尔大主教和巴登侯爵的部分辖地也遭到同样的命运：德国莱茵地区几乎都被毁灭了。伏尔泰以一个善良的欧洲人的良知描述过这次毁灭：

> 正值寒冬，法国将军们不得不服从命令；因此他们向那些繁荣而且秩序井然的城市居民、村庄百姓及超过 50 座城堡的主人们宣告，离开他们的家园，因为那里即将遭到焚毁和武力的破坏。男女老少匆忙地离开了。一些人仍徘徊在乡间，其他人则在附近的土地上找寻避难所，然而士兵们开始……焚烧，围困了这个地方。他们始于曼海姆和海德堡；后来他们的宫殿和一般市民的住所都被毁坏了……这片美丽的土地，再度受到路易十四世的蹂躏，与这次的大火相比，蒂雷纳在 1672 年破坏巴拉丁时，焚烧两个城镇和 20 座村落的火焰只不过是一场大火灾里的小火花而已。

德国全境、荷兰和英国发出阵阵报复路易的怒吼声。在德国发行小册子的作者们公开指责法军像不带人类感情的蛮子，把路易描述成一个怪物、亵渎神明的人，更甚于土耳其人的野蛮人。德国历史学家揶揄法国人是由德国人那里接受文明与大学。朱里厄这位被放逐到荷兰的胡格诺教徒——已在那里出版了一本激烈的诋毁路易的书《奴役下的法国叹息》(*Les Soupirs de la France esclave*),称路易为残虐的暴君,煽动法国人民起来废除他的王位,以建立一个君主立宪政府。法国新闻界要求市民们将这些侮辱掷回到敌人脸上,并起而拯救他们勇敢、受围困、受敬爱的国王。1689 年 5 月 12 日,英国加入帝国、西班牙、荷兰联邦、丹麦和萨伏依组成的阵线,成为第一次大联盟,誓约成员国联合防御外来的侵略。这时已变成欧洲与法国之间的战争了。

路易的反应是将陆军增加到 45 万人、海军 10 万人:欧洲以往不曾见到如此庞大的军事力量。国王熔销他的银器以充税收,维持这笔庞大的军费,他命令所有人和许多教堂也这样做,而且准许蓬查特兰加铸钱币,贬币值 10%。首相增设了新官职,保留了以前废止的职位,用来售给那些迷恋头衔的喜求高位者。他对路易说:"陛下每增一个新职,上帝即造了一个愚人去购买它。"

塞涅莱劝国王命令他的舰队切断爱尔兰和英格兰。这个建议本来是可以成功的,因为 1690 年 6 月 30 日,图维尔(Tourville)上将率领 75 只船舰在俾赤岬(Beachy Head)击败了一支荷兰和英国的联合舰队,驶出东萨塞克斯(East Sussex)海岸。但路易仅派遣了 2000 人支援爱尔兰的詹姆士二世,一支较大的军队即可赢得 1690 年 7 月 1 日的博因河战役,可牵制英格兰的荷籍国王忙于爱尔兰,而无暇去欧洲大陆作战。威廉三世在此役获胜后,得以于 1691 年到荷兰,领导荷英联军抵抗法国。1692 年,路易试图入侵英格兰,从土伦出发的一支舰队受命北航,却受创于直布罗陀海峡的一阵暴风雨,而不能与图维尔在布雷斯特(Brest)的舰队联合,若它们联合起来,可击败英国任何的抵抗,运送 3 万部队渡过英吉利海峡。图维尔孤立无援地与荷英联合舰队作战,而在霍格(La Hogue)海外一场决定性的战役中战败,使入侵计划徒劳。这次战役后,英国保持了海上的霸权,很轻易地又占领了法国的殖民地。

在人员和物资的巨大损耗下,法国继续在大陆上取得胜利。

1691 年 4 月，骄傲疯狂的法国军队又围困并夺得具有战略地位的蒙斯（Mons），卢瓦死于同年 7 月 7 日，但国王并未因失去这位具进取性的战争部长而过于难过，他打算此后由他亲自制定所有的军事政策。他遵循一项法国习俗，把卢瓦生前的职位让予他的儿子——时年 24 岁、温柔而驯良的柏比斯（Barbezieux）侯爵。1692 年 6 月，路易亲率军队掳掠了那慕尔后，把指挥权转交给卢森堡公爵，他本人则回凡尔赛宫品尝胜利的荣耀。7 月，公爵惊讶威廉三世在斯登克（Steenkerke）出现，法军在初期战事失利，但在不算优异却坚强的将军带领和指挥下即刻恢复了秩序和勇敢，再次以很高的代价赢得胜利。后来摄政法国的奥尔良的菲利普二世，当时不满 15 岁，却勇为先锋，负伤痊愈后，继续参加作战。在那里，年轻的路易，波旁·孔代公爵（Duc de Bourbon-Condé，大孔代之孙），曾三次被困的沙场老将，孔蒂亲王、旺多姆公爵（Louis Joseph Duc de Vendôme，亨利四世的曾孙）和许多法国贵族都表现得很勇敢：虽然他们在和平时很奢侈，战时却成了人民的偶像，甚至敌人的表率。一位被俘的萨姆伯爵惊叹地说："多么神奇的国家啊！在战场上没有比他们更可怕的敌人，而在他们胜利时，也没有比他们更慷慨的朋友。"

一年后，法军又在布鲁塞尔附近的内尔温登（Neerwinden）击败了威廉，在这里又是一场大屠杀——联盟死了 2 万人，法国死了 8000 人。虽然威廉一再吃败仗，却又很快地带领新陆军和辎重出现。1694 年，他又攻下那慕尔。此时法国发现历时 5 年的血腥战争，甚至还不能征服西属荷兰。其他法国陆军在意大利和西班牙虽也赢得胜利，却发觉由于敌人的顽抗和各方面补充的不足，难以维持胜利。1694 年 7 月，一支英国舰队攻击布雷斯特，但由于亲爱尔兰的一些英国人士（据说包括马尔巴勒在内）将进攻计划透露给詹姆士二世，使他们能在布雷斯特海岸列炮以待，击退英军并予之重创。

1695 年 1 月，卢森堡侯爵去世，路易只剩下二流的将军。虽然法国本土未受联盟军的攻击，却也感到一种新型战争的压力，并无雇佣兵参加战争，但整个国家的百姓被征集去作变相的大屠杀。百姓们为他们的将军、英雄与胜利欢呼时，他们却受着前所未有的重税而身心濒于衰竭。1694年的饥荒更导致了贫困，仅一个教区就饿死了450人。国家经济也濒于崩溃。战时中止了桥梁和道路的维修，使运输一片混乱。在100条河流、道路上要求的通行税也使内部商业困窘，早被必须支付的进、出口欠款困累的法国贸易，受敌舰和海盗的横行的困扰而一筹莫展。那些在沿海打鱼和以经商维生的人们无以为继了。由于支援驻扎于地方上的军队，数以百计的市镇也耗竭了资源。贫穷、饥荒、疾病和战争，使法国的人口从1670年的约2300万，减至1700年的约900万。图恩省失去了1/4的人口，它的省会图尔在柯尔伯时尚有8万人，此时只剩下了3.3万人。17世纪末，法国各地的行政长官的报告说：

> 这些原本繁荣富裕的市镇，如今已无一工业了……省内原有的制造业如今已被放弃了……居民以往从土地所获远比今时为多；农业无法与20年前相比……过去30年中，人口和生产减少了1/5……

1694年，不久即为坎布雷大主教的费奈隆寄给路易十四一封匿名信，是法国精神的一个分水线：

> 陛下，冒失地写这封信给您的人对现世并无兴趣，也并非基于泄气、野心或是想混淆重要的事务。他深爱您却不欲您知；他从您身上发现了上帝的存在……他并无恶意使您痛苦地了解您在救世中必须了解的真理。不要惊讶他措辞或许会重些，但这也是由于真理本是自由和强烈的。您不会习惯听这种话。人性喜爱阿谀的错误，而不习于真实的道理可能带来的愤怒、痛苦或过度的行为，不明示您将是违背了真理……上帝为证，要禀告您的人是

完全出于一片热诚、尊敬、敬畏和基于关切您的虔诚……

近30年来，您主要的大臣们掌握大权，违背了国家所有古老的格言，极力提高您的权势；他们不再谈论国家和法律，只谈国王和他的喜好。他们无限制地消耗了国家的收入和您的经费。他们把您捧上天，说是要冲淡您祖先集体的荣耀，事实上他们却导致了法国全境的贫困，去建立一座巨大、无可救药、奢侈的宫廷。他们想把您高举于国内各毁灭阶级之上——似乎所有使您伟大的附属物必须毁灭，方能使您伟大。的确，您是嫉妒权势……但事实上，各部长是他们所管范围内的主人……他们无情、傲慢、不公正、暴力、没有信用。他们处理国内外事务并不循规令，只是以威胁、强制或毁坏的手段扫除所有反对他们的障碍……他们不断地使您受到几乎是偶像崇拜式的过分赞赏，陛下，这是您应觉有伤尊严而予以拒绝的。他们使您的名字遭受邻邦人民的憎恶——这是全国人民不能忍受的。因为他们要得到的仅是奴隶，而您却失去了所有的旧盟邦。他们是20年来血腥战争的罪魁……他们唯一的动机是荣耀和报复……由战争扩展的边境，都是不法获致的。您总是想由口授获得和约，加诸条款，却不以缓和的方式去安排，这即是和平不能获得的原因。被您击倒的敌人们只有一个念头：要勇敢地再站起来，互相团结反对您。惊讶吗？您想指定的和约条件，今天却连去想措辞的时间都未到。在和平时，您却制造了战争和扩大的征服……这种行动激起全欧洲反对您。同时，您应爱之如子的百姓们，他们如今仍对您如此忠心，却濒死于饥饿。土壤几乎无法种植；市镇和乡村里的人口减少；工业凋敝，已无法再维持工人生计了。商业也被毁坏了。您已消耗了国家一半的财富，去国外做徒劳的征服和防御工作……法国全境如今已成为一座巨大的医院，荒芜又缺乏供给。法官们都疲惫不堪，受人蔑视……普遍的暴乱正层出不穷，近您身畔的巴黎也不能幸免。官吏们须忍受暴徒的侮慢，而且要花钱去满足他们的要求。如今您已是如此悲哀和被羞辱，只能容忍暴动不受制裁的发生和滋长；或说是借着攫取战争税和他们用血汗辛苦赚得的面包，毫无怜悯地去屠杀已被您逼至绝境的百姓们……

拖延至今，上帝才高举了手臂惩罚您，但他是慢慢地打击您，因为他尚怜悯您这位终生受阿谀者包围的皇子，也因为您的敌人也正是他的……您并不深爱上帝，只是恐惧他，出于一种奴性的恐惧……您的信仰仅是存于迷信和狭隘的表面观察……您仅喜爱荣耀和获取。您想把所有的东西占有，好像您即是大地的神祇，其他的则成了您欲望下的牺牲品。相反地，上帝将您降世，只是为着您的百姓们……

陛下，我们深望您的议会能将您导入正途，但它因缺乏勇气和力量而作罢。至少有门特隆夫人和博维利耶夫人，曾因受您的信任而不欺骗您；但她们的软弱和无力是世人的羞惭和耻辱……您或许要问，她们为何如此。原因是：她们应指示您，在上帝万能的手下，若您不希望借它的惩罚来使您谦逊，您必须自己谦逊，去追求和平和补偿所有为造就您偶像地位的荣耀而牺牲的……为拯救国家，您必须尽快将所有您不能以正义保持的获得，归还敌人。

陛下，向您禀告事实的人，并非是反对您的利益，而是终生想使您了解到——正如上帝希望您的——正当利益；他将不断地为您祈祷。

费奈隆不敢把这封信直接送交王前，而交给门特隆夫人，或许希望：虽然她将会因这信反映了民情而不转交给路易，至少她看了会感动，而有助于对和平的影响。她把信转交给诺瓦耶大主教，说："信写得很好，但这些事实徒使国王愤怒、泄气……我们应在他的前途中，缓和地引导。"1692 年，她曾写道："国王了解他子民的痛苦，他将尽力解除他们的苦难。"毫无疑问,她了解国王对费奈隆的回答可能是:"基督徒的格言,不能用于政事。"

战争快结束时,布瓦吉耶贝(Boisguillebert)带了一个缓和地方困境和地方毁坏的建议书给蓬查特兰。他催促财政部长说:"请耐心地听我说,您刚开始或许会认为我是傻子,不久,将觉得我值得注意,最后您会满意我的想法。"蓬查特兰嘲笑他,打发他走。

这位气愤的法官将他被拒的原稿定名为《法国的详情》出版。书中公开指责多重税,认为这样是重施于贫者而轻施于富者,责难教堂聚敛太多的财富与土地,痛诋金融家染指为国王征收的税金。虽然论调过于夸张、缺乏政策,而且对柯尔伯生前的法国经济史批评欠妥,但书中认为政府对所有事情订以条规不易被人民了解的见解却是敏锐的。布瓦吉耶贝首先反对重商主义的幻想——认为贵重金属即代表财富,而商业的目的即在聚集金子。他坚持财富是丰富货物和货物生产力的代表。终极的财富是土地,而农民是经济的基础,他们的毁灭,即意味着所有经济的毁灭,各阶层终以共享的利益为依归。他认为生产者也是消费者,生产者所能获致的利益,迟早将因自身为消费方的不利而抵消。柯尔伯的规则制度是错误的,因为它压制了生产、阻扼了商业的流通。最聪明的方法是能让人们在国内自行生产、销售和购买。在法令的最低限制下,任使人性野心和贪求的欲望运作。自由的运作,将使他们发明新方法、创办企业、增长效用和创造工具,他们将会倍增土地的肥力、工业产品、扩大商业的活动范围。这样,财富最后的增加将提高国家新的收入总额。不平现象虽会发生,但在经济循环的过程中,会自行运作以补救。

若国王和他的部长们能发觉,在与半个欧洲战争时期是无暇试验这个长远的经济革命的,那么,他们或可受宽恕。但他们未对经济进行有效的改革,却提高纳税。1695年,法国颁布了一项施于每位男性的人头税,虽一度废除,又施行至1789年。原则上,贵族、牧师和法官都在此限,但事实上,牧师们可以缴低额奖金买得免除权,而贵族和资本家须寻找法律漏洞。每项政策都抽去了百姓的金钱。彩票公售，官职买卖，币价贬值，富人被乞惠和贷款。国王在皇家气氛和迷惑的催眠状态下亲自款待银行家贝尔纳，从他那里诱得数百万。纵使在新旧税收和政策下，国家 1697 年的收入总额为 8100 万利维尔，而花费为 2.19 亿之巨。

最后，路易也承认他的胜利榨尽了法国的生命。他吩咐外交官们与敌人达成协议。他们的谈判技巧多少挽救了他。1696 年，他们说服萨伏依公爵，与他们签订了一项个别的和平协议。路易秘密散布传闻，说他将终止对斯图亚特王室的支持，而将承认威廉三世为英国国王。威廉本人觉得金钱比流血更昂贵，他唠叨说："朕是一贫如洗。"但国会越来越不愿花钱支持他的军队。他要求将詹姆士二世逐出法国，作为和平的先决条件。路易拒绝了这项要求，但他建议恢复他的军队在战争中曾赢得的所有城市与领土。1697 年，在海牙附近签订了《里斯维克和约》（*Treaty of Ryswick*），中止了法国与英国、荷兰、西班牙之间的"巴拉丁战争"。和约中，法国保留了斯特拉斯堡，弗朗什·孔泰再获得印度的本地治里（Pondicherry）殖民地和美洲的新斯科舍半岛（Nova Scotia），但减低了对荷兰商业的关税。10 月 30 日，又与神圣罗马帝国签订了补充的和平协议。法国国王和罗马帝国皇帝都期待西班牙国王查理二世早死，欧洲外交界非常了解，他们签订的和平只是暂时休战，欧洲还在酝酿着更大的战争，而战利品将是最富有的帝国。

西班牙的问题（1698—1700）

即将去世的查理二世没有子嗣。谁将继承他自菲律宾群岛、意大利、西西里至南北美洲的广大土地和财产呢？路易声言是属于他的，不仅因为他是西班牙菲利普三世长女的儿子，而且因为他死去的妻子玛丽亚·特蕾莎是菲利普四世的长女。事实上，玛丽亚·特蕾莎在结婚时，已放弃对西班牙王位的要求，但那时宣称的条件是要由西班牙政府给法国 50 万金克朗做她的嫁妆。后因西班牙破产，这些钱不曾付给法国。

利奥波德一世却持相反的声明。他是菲利普三世幼女玛丽安娜的儿子，1666 年他娶菲利普四世的幼女玛格丽特·特蕾莎为妻，这二位女士皆不曾放弃可能继承西班牙王位的权利。利奥波德一世因时常受土耳其人的侵扰，又要与法国保持和平，与路易十四于 1668 年 1 月 19 日签订一项西班牙帝国最后瓜分的秘密协定，以妥协他的声明。一位英国历史学家批评这项协定说："他实际上是承认了路易十四世的争论，承认法国王后以前对西班牙王位的放弃宣称是无效的。"利奥波德生了第二个儿子时，他又声明，企图再次签署协定，以利于这位新的卡尔（Karl）大公。

英国、荷兰联邦和德国的诸邦均恐惧地观望广大的西班牙将落入法国或奥地利之手，无论哪种情形都将会破坏欧洲的均势：若路易胜了，他将统御欧洲，而危及新教；若利奥波德胜了，这位皇帝在拥有西属尼德兰后，会威胁荷兰共和国，不久将减少德国各邦的自治权、商业和王朝的利益。英国和荷兰的输出贸易以西班牙及其属地为其大部分工业产品的销售市场，以换取为数可观的金银，他们不愿这些商业被法国专断。英国政府在 1716 年说："保护英国和西班牙之间的商业，是二位王室继承者参与不久前的长期耗资战争的主要动机。"

威廉三世急于满足他国境内外的商人及保持欧洲的均势，建议路易搁置法国的声明而采取英国的意见：西班牙、印度群岛、撒丁和西属尼德兰委托给利奥波德之孙和巴伐利亚选王之子——约瑟夫·斐迪南（Joseph Ferdinand）。法国的太子取得托斯卡纳港和两西西里（意大利南部的教皇属地），而卡尔大公将得到米兰公国。路易接受了这个建议，于 1698 年 10 月 11 日与威廉签订了瓜分西班牙的第一次协定。利奥波德愤怒地拒绝这个建议。1698 年 11 月 14 日，查理二世希望保全西班牙帝国的完整而草拟遗嘱，定巴伐利亚选王之子为他的继承人。次年 2 月 5 日，亲王去世而使局势更加复杂。

路易向威廉建议一项新的划分：法国太子取得托斯卡纳港、两西西里和洛林公国，而以米兰补偿洛林公爵。西班牙帝国剩下的所有部分，包括美洲和西属尼德兰在内，归卡尔大公。1699 年 6 月 11 日，路易和威廉签订了第二次瓜分的协定。荷兰联邦同意这项协定，但查理二世拒绝他的领土遭受任何解体，威廉想为儿子争得所有继承权，因此支持西班牙的立场，拒绝了这个瓜分建议。查理身为哈布斯堡皇族，想将所有遗留给大公。但以一个西班牙人的立场，他憎恨奥地利人。身为拉丁人，他又较喜欢法国人，因为他是虔诚的天主教徒。他于是请教教皇，1700 年 9 月 27 日，教皇英诺森十二世告诉他，最好的办法将是把西班牙帝国遗留给能放弃法国王位继承权的波旁王室，这样，西班牙将能保持完整。很明显，法国外交官在马德里和罗马哄骗了奥地利人。西班牙同意了教皇的意见。英国大使在米兰报告说："一般倾向是向着法国的。"10 月 1 日，查理签订了决定性的遗嘱，把所有西班牙和它的领土遗留给法国太子的二儿子，时年 17 岁的安茹公爵菲利普，但以法、西王位不得联合为条件。11 月 1 日，查理去世。

遗嘱的消息传到巴黎时，路易为之高兴，也为之踌躇。他了解西班牙由哈布斯堡转到波旁王室手中将受到神圣罗马帝国皇帝的强烈反对，英国和荷兰也将加入抵制。这时，德国一位历史学家，还以为路易是因为爱好和平：

> 若认为路易当初的意向即是对他家族有利的遗嘱到手后，立刻就弃置瓜分条约于不顾的说法，是不对的。甚至查理在世时，在路易确定了遗嘱的消息后，他仍派遣驻荷兰大使向省长保证，他的意向是坚持承诺，而不接受其他的建议。另外，他努力使奥地利政府也加入瓜分的协定。

10 月 6 日，路易催请神圣罗马帝国皇帝接受第二次瓜分协定，利奥波德拒绝了。此后路易认为协定无效。

　　查理去世后，西班牙摄政团立刻派了一位大臣去巴黎通知路易，他的孙子一到西班牙、宣誓遵守国法后，即将被接受为西班牙国王。赴巴黎的西班牙大使收到指示，若法国拒绝了，就立即派朝臣到维也纳，向大公提出相同的建议，无论如何，西班牙帝国不可遭受瓜分。11 月 9 日，路易招来太子，国王秘书蓬查特兰、博维利耶公爵、托尔西侯爵和外交部长，在门特隆夫人寓所内举行会议，征询他们的意见。博维利耶请求拒绝西班牙的建议，以避免招来与神圣罗马帝国、英国和荷兰联邦的战争。而且提醒国王，法国已无力抵抗这样的联盟了。托尔西执意接受，他坚信战争终将无法避免，利奥波德将会为瓜分的协定和遗嘱而战，况且，若国王拒绝接受西班牙的建议，这会使利奥波德高兴，而法国又将被以前的警戒线包围——西班牙、北意大利和西属尼德兰，这是过去 200 年来，法国不惜大量流血所欲突破的。不如以遗嘱的理由诉之于战，将比违背西班牙的政府与百姓的愿望去瓜分西班牙要好得多。

　　路易经过三天进一步的商讨后，通知西班牙特使，接受遗嘱。1700 年 11 月 16 日，他在凡尔赛宫将安茹公爵介绍给朝臣。他说：“诸位，这位即是西班牙王，由于他的出身，查理王遗嘱中指定他继承王位。这是全西班牙的愿望，而且恳求我能同意，这是天的旨意，我将乐于履行。”他又对年轻的新王说：“你现在的第一件职责是要做一个优秀的西班牙人，但要记着，你生为法国人，要保持两国的联合，这才是使两国人民高兴的事，保护欧洲和平的坦途。”西班牙摄政团在米兰正式宣布菲利普为王，西班牙全境和属地很快也宣布同意。各政府也相继承认了新王，萨伏依、丹麦、葡萄牙、联合省、英国，几个意大利和德意志邦，甚至巴伐利亚选帝侯（他认为利奥波德已毒死了他的儿子）也是首批承认菲利普的人。这样一来，危机似乎克服了，一个世纪来，西班牙和法国之间的仇恨，似乎和平地消除了。西班牙大使在凡尔赛宫向新王跪誓效忠时，说了一句名言，伏尔泰误以为是路易说的：“比利牛斯山不再存在。”

大联盟（1701—1702）

查斯特菲尔德公爵写道："开始成为西班牙波旁王室的菲利普五世，平静高兴地被西班牙接受，被那些后来参加联盟、推翻他的大部分势力承认。"但利奥波德认为法、西这种实际上的联合若继续下去，将是哈布斯堡王室的不幸，因为哈布斯堡已长久地统治了神圣罗马帝国和西班牙帝国。人们通过小册子的发行表达他们的不满，指出查理二世把西班牙遗留给旧敌时，身心已不健全。验尸结果也表明国王的大脑和心脏已被疾病严重感染，因此，他的遗嘱是无效的，西班牙的统治权应属于利奥波德，因为他的母亲和妻子不曾放弃继承的权利。利奥波德催促旧盟友——荷兰与英国再和他联合，否认或撤回对菲利普的承认，尽管这意味着战争。

威廉赴英国后，荷兰联邦的领袖是海因西厄斯（Heinsius Antonius），他被选为总省长。早先他出任荷兰派往法国的公使时，曾受到卢瓦以违反外交豁免权为由的拘捕威胁，他一直没有忘记这个耻辱。他 59 岁了，住在海牙一所简朴的寓所里，珍爱书籍，每天步行上班，每天工作 10 个小时。为着向贵族政治的奢侈和君权至上的政府挑战，他过着中产阶级式的朴素生活。1700 年 11 月，他受荷兰议会的指示，送交路易十四一份请愿书，恳求他拒绝查理二世的遗嘱，以免严重地伤害利奥波德，再回到瓜分的政策上。1700 年 12 月 4 日，路易回答他，因为利奥波德一再拒绝瓜分计划，使他不得不接受遗嘱，而且若法国不接受西班牙的王位，利奥波德就会接受。

路易的行动加深了欧洲对法国势力的恐惧。1701 年 2 月 1 日，他命巴黎国会立了一项王室法令，保留菲利普的最后权利和为法王的家世关系。这并不一定意味着路易期望法、西合并，由一王统治，也可能示意所有法国王位预定继承人病死后，能确定一位合理的继承人。在这种紧急情况下，菲利普能放弃西班牙王位，而为法国国王，使波旁王室得以持续不坠。法王接下来的步骤却证实了他是怀着敌意的。

荷兰为防御入侵，曾和西班牙签订协定，要在一些西属尼德兰的缓冲城市中保持武装卫戍部队。2月5日，在路易和当时统治西属尼德兰的巴伐利亚选帝侯的默契下，法国军队开入这些城市，下令荷兰卫戍部队撤出。海牙的西班牙大使通知荷兰议会，解释这项行动是出于西班牙政府的愿望。荷兰议会先是反抗，继而屈服，但海因西厄斯同意威廉三世的意见，认为抵制法国的大联盟必须恢复。

威廉所持的立场是第二次的瓜分协定，认为这是他与路易之间的协议，不论利奥波德签订与否，协定仍然生效，但法国接受了西班牙遗产时，即撕毁了严肃的协定。然而，英国国会不愿再开启与法国间的昂贵争斗。法国政府通知英国菲利普五世继承西班牙王位的照会时，威廉亲自签署，恭贺他"极亲爱的兄弟——西班牙王——愉快地即位"——于1701年4月17日，正式地承认新的波旁王室。但法、西联合的巨大影响日益明显时——法军占领佛兰德斯后，使路易更接近荷兰，占有安特卫普后，使他能利用该港控制英国商业——英国人开始了解，这时并非仅是波旁和哈布斯堡王室间的问题，或天主教再度复活，新教徒处于穷途的问题；还是英、法之间的海权及欧洲殖民地和对世界商业的控制问题。1701年6月，英国国会支持威廉参加签署任何可能限制法国势力扩张的联盟。为了实现这一目的，国会批准了增加3万名海军和270万镑的经费。威廉接受了荷兰议会的请求，命令20只船和1万人去荷兰。7月，他本人也渡海到海牙。

声明对全西班牙执掌统治权的利奥波德已经备战了。1701年5月，他派遣一支6000名骑兵和1.6万名步兵的陆军，抢夺西班牙在北意大利的领土。他派萨伏依的年轻亲王尤金指挥，尤金的表现即将胜过英将马尔巴勒击败法军的纪录。尤金的祖父是伊曼纽尔二世公爵，父亲是住在法国的苏瓦松（Soissons）伯爵莫里斯，母亲是马扎然的一位迷人的侄女——奥林帕·曼奇尼。1683年，20岁时的尤金曾亲自要求路易十四让他指挥一支兵团，后因自己太年轻而被拒绝，尤金便离开法国为神圣罗马帝国服务。他与扬·索别斯基一同加入拯救维也纳和逐击土耳其人的战争。他在攫夺布达的战役中负伤,又在围攻贝尔格莱德时负伤。1697年,他领导帝国陆军,在森达(Senta)与土耳其人的决战中赢得胜利。一位无情的法人描述他"这个丑陋的矮子上嘴唇太短,而不能遮住牙齿,嘴上又是翻鼻孔",伏尔泰则认为他有"战争时的英雄气概,是和平中的伟人,一颗从小被灌输公正、自尊等崇高意识的心和指挥陆军时不动摇的勇气"。38岁时,他曾领军越过阿尔卑斯山,用谋略在那里击败了法国的分遣部队,并不断地战胜尼古拉斯·凯提纳特和维勒鲁瓦公爵,1701年9月,几乎为利奥波德赢得了全部的曼图亚公国。这是远在西班牙王位继承战争之前的事。

8月,西班牙同意了对法国有利的协约——由法国供应西班牙在美洲殖民者所需奴隶的协约,很明显,法国意图利用它对西班牙的影响,来攫取西班牙在三大洲领土上的商业利益。9月7日,英国、荷兰联邦和神圣罗马帝国的代表们签署了《海牙条约》,缔结了第二次大联盟。第二项条款宣称,神圣罗马帝国皇帝能取得对西班牙继承的权利,是欧洲和平必需的,而英国和荷兰联邦应获得海外属地、航运和商业的安全。条约中承诺,给利奥波德西班牙和北海沿岸低地国家的领地,但没有拒绝承认菲利普为西班牙王。签约国被要求不得妥协或签署个别的和平条约或协议,阻止法、西王位的合并,禁止法国在西属殖民地上的商业活动,保卫英国和荷兰联邦在西属印度群岛掠取的土地。《海牙条约》签约国给法国两个月的宽限,以决定是否接受这些条款,否则签约国将对法宣战。

路易以他独特的骄傲接受挑战。他正式宣布,信守维护查理二世的遗嘱和西班牙人民不愿使帝国遭受解体的决心。由于对权势和正当理由的过分自信,路易在临终的詹姆士二世床边,安慰他会答应并支持詹姆士三世为英王。詹姆士二世去世后,路易信守诺言,我们不知他这"豪爽的行为"是被寡妇悲泣的请求感动,还是军事上的计谋,去分离英国的威廉的支持者和欲恢复斯图亚特王室的詹姆士二世的支持者。总之，西班牙王位继承的战争，也是英国王位继承和为英国灵魂而战的战争，因为复辟后的斯图亚特王室可能恢复英国的天主教。虽然法国觉得联盟的行动违反了他们以前对菲利普继承西班牙王的承认，英国大部分人却觉得路易违反了《赖斯威克和约》中曾承认的——威廉为英王，而且对路易承认詹姆士三世感到愤怒，认为他这是越权，干涉了英国事务。大联盟的条约中另附一项条款，限制签署国在威廉未对路易所加侮辱释然前，不得与法缔和。1702 年 1 月，英国国会剥夺了詹姆士三世的公权——宣布他是叛徒。同时，以多数对一票，通过一项《宣誓法案》（*Abjuration Act*），要求所有英国人抛弃詹姆士三世，发誓向威廉三世和他的继承人效忠。1703 年 3 月 8 日，威廉去世，享年 52 岁。他去世得太早，但他缔结的联盟竟然有决定半个世纪以来的欧洲版图的深远意义。5 月 15 日，神圣罗马帝国、联合省的荷兰议会和英国国会同时向法国宣战。

西班牙王位继承战争（1702—1713）

事实上，波兰以西的全部欧洲和奥斯曼帝国皆被卷入战争，丹麦、普鲁士、汉诺威、明斯特主教辖区、美因茨与巴拉丁的诸侯和一些次要的德意志邦加入了联盟。1703 年，萨伏依和葡萄牙也加入了。他们联合起来，召集了 25 万人，组织了一支在人数、装备和领导上远优于法国的海军。法国此时有 20 万陆军，但分布于莱茵地区、意大利和西班牙的许多战地。它的盟邦只有西班牙、巴伐利亚、科隆和一年后加入的依仗法国陆军为其设防的萨伏依，西班牙的殖民地却在荷兰和英国舰队的掌握中。

在这场对弈中，我们不可忽略它所造成的史无前例的流血牺牲及其他影响。那主要是马尔巴勒和尤金的血腥战役。或许，马尔巴勒是恺撒大帝以来，把战争天才和外交艺术集于一身者。他具有随战事的变化，精于计划、运作和调动军队的战略，及迅速地观察、决断和操纵步兵、骑兵和炮兵的战术的才能。他在对付后方的政府方面，也有耐心和机智，甚至他的对手们都觉得他的个性像一位权威的政治家。有时，他没有怜悯心，时常是毫无忌惮的，他为求胜利不惜牺牲大量兵士。他曾告知詹姆士二世和詹姆士三世，他将以生命作赌注，一定使斯图亚特王室再度获得权势。

路易十四觉得他的王朝正处于盛衰的关键时期，而且西班牙问题的争论已变成对大陆的竞争。因此，他要求法国提供兵源和金钱。1704 年，他拥有一支与敌人为数相当的 50 万人的军队。他期望这场耗费巨大的冲突能早日结束，因此命令主力部队行经友好的巴伐利亚，攻击敌人最后的要塞——即使土耳其游牧民族都攻不下的维也纳。匈牙利的叛乱使帝国军队据守于东方，使首都防御几乎真空。一支由维拉尔率领的法国军队打算把马尔巴勒牵制在北海沿岸诸国时，马桑和塔拉尔率领的法军联结了巴伐利亚诸侯的军队，逐渐进逼奥地利。1683 年的历史重演，利奥波德心知如果他被敌人俘房，将使联盟的目的夭折，因此又逃出维也纳。

在这个危急时刻，马尔巴勒不顾荷兰议会的请求，在得到海因西厄斯的秘密同意后，决定冒险让荷兰遭受维拉尔的入侵，而率军由北海日夜行军到多瑙河（1704 年 5 月至 6 月），去拯救维也纳。他率军沿摩泽尔河南移，假装要找寻一个渡河处，以引诱维拉尔在河对岸相对的移动。到科不伦兹时，他突然东行，乘浮桥横渡莱茵河，再向下行军至美因茨，渡过美因河到海德堡，再渡过内卡河到雷士塔。此时，他实现了决定性的胜利会师：与荷兰的增援部队，一支尤金率领的帝国陆军和一支由威廉一世率领的军队会合。法国人和巴伐利亚人发觉马尔巴勒已脱离了维勒鲁瓦预期牵制处如此之遥，而大感惊讶。马桑、塔尔和巴伐利亚诸侯在多瑙河西岸的鲁兹英根和布莱尼姆两地，纠集了 3.5 万名步兵和 1.8 万名骑兵。1704 年 8 月 13 日，马尔巴勒和尤金率领了 3.3 万名步兵和 1.8 万名骑兵，在那里攻击他们，这就是法国人试图忘却的赫希施泰特战役，而英国人庆祝的布莱尼姆胜利。马尔巴勒的优秀骑兵征服了法军的主力部队,把塔拉尔的陆军逐入布莱尼姆,塔拉尔本人被俘,残余的1.2万人也投降了,马尔巴勒的骑兵继续增援在右翼吃紧的尤金,助他迫使马桑节节撤退。人员伤亡惨重:联盟死了1.2万人,而法国和巴伐利亚死了1.4万人,投降的有27营步兵和12队骑兵,这使法军名声扫地。巴伐利亚选帝侯逃往布鲁塞尔,而巴伐利亚被帝国的陆军占领,清除了法军。利奥波德安全地重返首都。

8月4日,盎格鲁—荷兰的联合舰队也记录了历史上的重要一天——控制了不毛之地直布罗陀海峡。英国人把此地改建为一座堡垒,两个世纪来,使他们能控制地中海。1705年10月9日,一支英国舰队攻下巴塞罗那,一支联盟陆军保护着反对菲利普五世的西班牙加泰罗尼亚叛乱,而在米兰拥护卡尔大公为查理三世(1706年6月25日)。但西班牙人见奥地利和英国人统治了自己的国家,不由得从麻木中唤醒,甚至牧师们也催促他们起而反抗。农民们尽可能地武装了起来,截断了联盟在巴塞罗那和米兰之间的联络线,贝维克(Berwick)公爵,即詹姆士二世的私生子菲茨詹姆斯(James Fitzjames)领导了一支法、西军队,从西方为菲利普五世于9月22日征服了米兰,把大公和他的英国异教徒赫里泰克斯(heretics)驱逐回加泰罗尼亚。

同时,马尔巴勒在克服了伦敦和海牙的政治困难后,纠合了一支由英、荷和丹麦人组成的6万名陆军,开入西属尼德兰。1706年5月23日,他在那慕尔附近的瑞米利耶(Ramillies),遭遇了由维拉尔率领的5.6万名法军的袭击。他奋力参战,与敌对阵,而忘记了将帅应死于床上而非战场上的忌讳,冲往前线时,被击下马。他的副官在助他上马时,被一颗炮弹炸烂了头颅。马尔巴勒恢复并重新整顿了部队,领导他们赢得又一次血淋淋的胜利,他的陆军伤亡5000人,法军为15 000人。他在轻微的抵抗下,又占领了安特卫普、布鲁日和奥斯坦德。他在那里拥有了与英国的直接联络线,与法国仅距20英里。

时年 62 岁的陆军元帅维勒鲁瓦忧伤地退休回家乡，却未受到国王的谴责，国王悲伤地对他说："在我们这种年龄，已不再有运气了。"

这时，除西班牙外，法军处于危险和退却中。1705 年，27 岁的约瑟夫一世在维也纳继承皇位，他强力支持他的将领们。萨伏依的尤金把法军赶出都灵（1706 年），继而收复整个意大利（1707 年）。米兰会议把米兰和曼图亚公国归并于奥地利帝国，而始于 1328 年的贡萨加的统治，此时结束。为西班牙总督辖地的那不勒斯王国，则转入奥地利的怀抱，虽然它仍是正式的教皇领地。在利奥波德的获准下，教皇仍保留其属邦，利奥波德的德国部队曾在教皇无助的反对下，行经他的领地。威尼斯和托斯卡纳仍保持独立。

路易十四完全改变了。他几乎不再有对权势的骄傲，但保持着代表国家的镇静尊严。1706 年，他向联盟方面提出和平条款，那是他们在 5 年前乐于接受的：西班牙向卡尔大公投降，菲利普领有米兰、那不勒斯和西西里，恢复荷兰控制西属尼德兰的缓冲城市和堡垒。荷兰愿意妥协，英国和利奥波德却拒绝。忧虑的路易转而增召一支新陆军和征新税，甚至小孩子受洗礼和婚姻若要合法化，都须纳税。处于贫困绝境的法国人，便在无牧师的帮助下结婚、使自己的孩子受洗礼。虽然这种结合下生育的后代，会被官方列为私生。

叛乱在卡奥尔、魁俄西和波黑高德爆发：成群的农民抢劫了城市的办公室和领主的庄园。因饥饿而枯瘦的人群，在凡尔赛宫门外吵闹着要求面包，瑞士守卫把他们驱散了。巴黎围墙上出现了警告路易的张贴，说在法国仍有"瑞瓦拉卡斯"（Ravaillacs），即想要刺杀国王者。新税因此废止。

早在 1707 年，沃邦侯爵（他的军事工程学曾是早前法军胜利的主要因素）以 74 岁的高龄，出版了一本书，建议较公正的税收——《谈什一税》（*Projet d'une dime royale*）。他描述了法国的穷困："几乎 1/10 的人成了乞丐，其余的 9/10 也是接受善施者远多于施舍者……罪恶的确被迫过甚了，若再无补救之法，人们将陷于万劫不复的地步。"他提醒国王说："是那些辛劳勤勉的下层阶级贡献了国家的财富，富裕了国王和他的领土。"但"这个阶层的人们因为战争的需要和尽量节省，如今已生活在衣衫褴褛和破裂草屋中，任其田地荒芜着"。为拯救这些最能从事生产的阶层，沃邦采用布瓦吉耶贝的思想，建议废止现行的所有税收，而以累进税取代，没有阶级能例外。地主付出 5%—10%，工人不超过 3.5%。政府控制食盐专卖，但习俗的税收仅限于国境边区。

路易责备他是梦想家，说他的计划在战争的危机中将颠覆王国的经济。1707 年 2 月 14 日，他在一次会议上颁布法令，禁止此书出版，而且让它公开受到耻笑。6 个星期后，这位年老的军官被伤心的羞耻折磨而死。国王后来说出一些追悔的话："我失掉一位忠心助我个人和国家的良臣。"

纳税和战争继续着。1707 年 8 月，原先为法国盟邦的萨伏依公爵维克托·阿马戴乌斯二世（Victor Amadeus Ⅱ）加入了尤金，联合一支英国舰队水陆夹攻土伦。若攻下此地，他们计划再攻马赛，马赛攻下后，可将法国势力逐出地中海。法国建立了一支新陆军逐退入侵者，虽然成功了，但在那次战役中，普罗旺斯的大部分地方遭到毁坏。1708 年，国王召集了一支 8 万人的陆军，由陆军元帅旺多姆公爵和王子勃艮第公爵率领，阻止联盟军到佛兰德斯。马尔巴勒和尤金也率领了 8 万人的军队。1708 年 7 月 11 日，两军在奥德那尔会战。战败的法军伤亡 2 万人，被俘 7000 人。马尔巴勒希望能逼近巴黎，却被尤金劝阻，先去围攻里尔，以免该地的卫戍部队截断联盟的联络补给线。两个月的围攻后，里尔才被攻克，联盟军损失了 1.5 万人。

路易觉得法国已无力再战。百姓的困苦，更由于他们记忆中（1708—1709 年）最严寒的冬季到来而更悲惨。所有河流持续冻结了两个月，甚至海岸边的水面也冻结得能使荷重的二轮马车在上面安全行驶。包括最耐寒的果树和种植在土地中的谷物，几乎所有的作物都冻死了。在那个令人恐惧的季节里，几乎所有新生的婴儿都死了，出生于 1709 年 2 月 15 日的未来的路易十五（国王曾孙，勃艮第公爵的儿子）却例外地活了。饥荒持续了整个春天和夏天。专卖商垄断了面包的供应，提高了价格，一直敌视路易的圣西蒙报告说，路易本人被控分享专卖者的赃利，亨利·马丁却说"历史虽是审慎的，但还不至于无疑地去相信圣西蒙不清楚的想象"。由巴巴利（Barbary）和其他地方输进的 1200 万公斤的谷物和在土壤解冻后即时种植大麦，才挽救了局势。

1709 年 5 月 22 日，路易在受挫于陆军的战败和百姓的灾难下，派托尔西侯爵前往海牙求和。托尔西提议：全部西班牙帝国向联盟投降，割让纽芬兰给英国，恢复缓冲城市给荷兰，终止所有法国对詹姆士二世支持者的诺言。他尝试贿赂马尔巴勒，但失败了。5 月 28 日，联盟致托尔西最后通牒，要求不仅西班牙和它所有属地向大公投降，而且若菲利普在两个月内不离开西班牙，法国陆军必须与联盟军联合，共同驱逐他；否则，他们则重燃战火。路易回答说，若要求他用军队驱逐刚赢得西班牙支持的孙子，实在是太过分了。他说："若我必须一战，那也宁可与我的敌人，而非我的孩子。"

联盟的要求激起了法国的愤怒。由于这种情绪，入伍似乎比填肚子更激动人心，至少在表面上人民是心甘情愿的。贵族们纷纷解银送往铸币厂，避过英、荷注意的法国帆船，从美洲购得值 3000 万法郎的金块。一支几万人的新军组成了，由不曾被联盟军击败的陆军元帅维拉尔率领。同时，马尔巴勒也集合了 11 万人。两军在马尔普拉凯开战，这是一场 18 世纪最血腥的战役。马尔巴勒在他这场最后的胜利中，死亡了 2.2 万人，法军折损了 1.2 万人。时年 56 岁的维拉尔身先士卒，在战场上被一颗炮弹炸碎了膝盖。法军秩序井然地撤退，但是联盟军又前往攫获了蒙斯。马尔巴勒写给妻子莎拉的信中说："赞美万能的主，现在和平的条件掌握在我们手中了。"

事实也是如此，很明显，法国已尽了最后的努力，又怎能从破碎的家庭中建立另一支军队，从荒废的土地上养活这支军队呢？农业、工业、商业和经济皆困累不堪，受困于逐渐崩溃中，引诱着前进中的敌人前往占领和瓜分这个国家。曾是百姓"天赐"偶像的国王，逐渐不受百姓的爱戴甚至尊敬。小册子和各地招贴的讥讽和侮辱，严重地伤害了他的自尊心。人们奇怪为什么在法国贫困时，凡尔赛宫的厅堂内仍挤满无聊、奢华和赌博的朝臣们，虽然此刻国王和王后正处于虔诚和冷静中，宫廷的人员和消费仍然不减。一些没有面包吃的巴黎人，唱着改写的《主祷文》，他们并不宽恕路易、他的妻子及新的战争与财政部长们：

> 我们在凡尔赛宫的父，人们不再尊您的名圣，您的国家不再伟大，您的旨意不再能行在地上和海上。赐予我们到处都缺乏的面包。免我们敌人的债，犹如我们免了您的将军们的债。不使我们受门特隆所有诱惑的试探，拯救我们脱离凶恶。

门特隆夫人哀伤地说："国王因他的挥霍无度受责，人们想要除去他的马匹、狗、仆从……想用石子掷我，因为在他们的想象中，是我不想让国王忧伤，而不曾告诉他任何令他不快的事。"

贵族们仍然效忠于款待和保护他们的国王，但路易要求他们拿出1/10的收入（1710年）作为对敌最后一战的经费时，他们的爱国心就消泯了。3年前，沃邦曾建议取代所有其他纳税的一般什一税率，如今却附加于所有其他纳税之上，贫民们看见可憎的税吏进入富家详审账目，多少得到些慰藉。国王不愿做干扰富豪的私事，但他的告解神父泰利耶以巴黎一所神学院博士们的意见，使他确信"他臣民们的财富即是他的，他要拿这些财富时，他仅是拿了属于自己的东西"。政府债券的偿付利息终止时，中产阶级对军事的热心也冷却下来。圣西蒙报告说，重新铸币和金融贬值"给国王带来一些利益，却毁灭了个人利益，导致了毁灭商业的无知"。贝尔纳之流的大银行家们也宣告破产，里昂几乎所有的商业都倒闭。"举目皆是逐步走向毁灭，整个国家耗竭了，虽然没有人能想象收入国王箱柜内的数百万钱下落如何，但部队都没领薪饷。"

1710 年 3 月，路易又向联盟求和。他提议承认大公为西班牙王，不再援助菲利普，甚而提供推翻他的资金。他将以斯特拉斯堡、布利沙克、阿尔萨斯、里尔、图尔奈、伊普尔、莫伯日等地向联盟投降。但联盟不接受他的求和，而建议两个月的停战，在这段期间，路易必须独力用法军把菲利普逐出西班牙，若他不能完成这项工作，他们就继续战争。路易把这些条款向百姓公开印行，他们也同意这是无法接受的。

法国又设法招募了新军。大公率领一支奥地利和英国部队又入侵西班牙、再度把菲利普逐出米兰时，路易派旺多姆公爵领导 2.5 万人，去帮助他的孙子。在西班牙志愿者的帮助下，公爵在布林尤哥和维拉维克萨击败了入侵者（1710 年 12 月），因而确保了菲利普的王位，使西班牙波旁王室继续到 1831 年。

同时，英国的政风转向。1706 年，安妮女王记道："我无野心……只想见到光荣的和平，无论何时，上帝召唤我入天国时，若我能带给我可怜的国家和所有的朋友和平与安宁，我就感到满足了。"安妮曾受激昂的马尔巴勒公爵夫人莎拉影响，维持战争政策。这时，她的影响力减弱了。1701 年，女王革退了莎拉，公开站在托利党一边。商人、制造商和资本家从战争中获利，而且支持制造战争的辉格党，地主们在战争的征税和通货膨胀中损失不少，他们支持女王对和平的渴望。8 月 8 日，她撤了马尔巴勒重要助手戈多尔芬（Godolphin）的职务，由哈利主持一个由托利党组成的内阁。英国转向和平。

1711 年 1 月，英国政府秘密派了一位长年居于伦敦的法籍牧师戈尔捷（Abbé Gaulthier）到巴黎。戈尔捷在凡尔赛宫进见托尔西说："您要求和吗？我带来了与荷兰无关的求和方法。"妥协进展缓慢。正值 32 岁壮年的约瑟夫一世，令人惊讶地去世了（1711 年 4 月 17 日）。大公继为帝国皇帝查理六世。曾允诺大公统治全部西班牙领土的英国和荷兰，发现在他们奢侈的胜利后，摆在他们面前的，却是一个与查理五世时期同样广大的新哈布斯堡帝国，而且对新教国家和自由有同样的危险。这时，英国政府以比较缓和的条件建议路易，承认菲利普五世为西班牙及其在美洲属地的国王；反对法、西由一个国王合并的保证，设立障碍堡垒，以保护联合省和德国不再受任何法国的入侵，承认英国新教徒的继承，并把詹姆士三世逐出法国；拆除敦刻尔克的军事工事，确保直布罗陀、纽芬兰和哈得逊湾地区为英国所有。法国转给英国贩奴到西属美洲的所有权。路易做了一些次要的修改后同意了。英国通知海牙，将同意这些和平条款，荷兰同意以此作为妥协的基础，和平会议已计划在乌得勒支召开。1711 年 12 月 31 日，觉得战争结果有利可图的马尔巴勒被免职，由第二任奥曼德公爵巴特勒取代，他受示除非接到进一步的命令，不得使英国部队冒战争的危险。

1712 年 1 月 1 日，会议在乌得勒支召开时，尤金认为英国的和平条款背叛了帝国的目的，继续作战。他在勤勉的维拉尔建立的防御线的抵抗下，逐日向前推进。7 月 16 日，伦敦通知奥曼德公爵，英法已签署了一项休战协议，因此他的英国兵团必须撤回敦刻尔克。这些兵团服从了命令，在奥曼德指挥下的大部分大陆分遣队却指责英国是逃兵，而自愿受尤金指挥。尤金这时约有 13 万人，而维拉尔有 9 万人。7 月 24 日，机敏的马歇（Maréchal）突向里尔附近的德南攻击一支 1.2 万人的荷兰支队，并在尤金未来得及支援前，便把它摧毁了。尤金撤退过斯海尔德河，以重组他庞大而不易控制的陆军，维拉尔前往攫获了杜艾和布钦，路易和法国为之欢跃。这是法国在北方战争中仅有的胜利，但旺多姆公爵在西班牙的胜利给了在乌得勒支和谈的法国代表们新的力量。

经过 15 个月的起草、斟酌细节和争论后，交战国中除了神圣罗马帝国外，都签署了《乌得勒支和约》（1713 年 4 月 11 日）。法国就先前承诺过的事情向英国让步，包括贩奴的专卖——这是那个时代羞耻的标志。各国对入口关税互相让步。荷兰归还法国里尔、艾尔和贝蒂纳，保留尼德兰的控制权，直到帝国参加缔和。同时，巴伐利亚选帝侯保有沙勒罗瓦、卢森堡和那慕尔。尼斯归还给萨伏依公爵。菲利普保有西班牙和西属美洲，他先是拒绝接受，直到 7 月 13 日他才同意把直布罗陀和梅诺卡岛割让给英国。尤金继续作战，强烈地反对英国单独的签订和约，但帝国的国库匮竭了，他的陆军被迫减至 4 万人，而维拉尔率着 12 万人的军队向他进逼。最后，他接受了路易的邀请，与维拉尔商量和平条款。1714 年 3 月 6 日，签订了《拉斯塔特条约》（*Treaty of Rastatt*），法国得以保有阿尔萨斯和斯特拉斯堡，但须归还帝国所有在莱茵河东岸的占领区，并承认由奥地利取代西班牙统治意大利和比利时。

《乌得勒支和约》和《拉斯塔特条约》并不比在 1701 年以外交途径和平达成的协定增加多少内容。经过 13 年战争的蹂躏后，如同《威斯特伐利亚和约》在"三十年战争"后确定了一代之久的欧洲版图，这两个协约也确定了此后 26 年的势力范围。这两次战争的目的，都是建立哈布斯堡和波旁王室之间的均势，目的也都达到了。英、法在美洲的均势也达到了，这个均势一直延续到"七年战争"（1756—1763 年）。

在这场西班牙王位继承的死伤枕藉的竞争中，损失较重的要算荷兰和法国。荷兰共和国在土地上获得军事优势，却失去控海权。它在航运、船艺、资源和战争上，不再能和英国匹敌，虽然取得胜利，但因耗竭过大而衰微下去。法国也几乎是致命的衰弱了。法国保持了任命的西班牙王位，却无法保持西班牙的帝国完整，战争期间 100 万人失去了生命，同时丧失了海权，经济也暂时崩溃。法国自路易十四以来，直到拿破仑时代，方恢复元气，但拿破仑又重蹈覆辙。

战争的胜利者是在欧洲大陆上的奥地利和势力扩展到所有其他地方的英国。奥地利如今拥有了米兰、那不勒斯和比利时，直到腓特烈大帝即位（1740 年），一直是欧洲最强的国家。英国更想控制海洋，而非扩张领土，获得了纽西兰和新斯科舍岛，却更珍视对商业通衢的控制。英国强迫法国降低关税，拆除敦刻尔克港口和炮台，因为这是对英国航运的威胁。拥有西班牙的直布罗陀和梅诺卡岛的马翰港口后，英国就保有地中海为其领地。这些战利品在 1713 年时并未显出奇观，但它们的重要影响却要记录在 18 世纪的历史中。同时，新教徒在英国的信仰和继承权已排除障碍，获得了保护。

战争中的一个主要结果，是增强了国家主义和国际的仇恨。各国忘却了已获得的，却记取了所受的创伤。德国永不宽恕巴拉丁二度遭受蹂躏，法国很久都不会忘却马尔巴勒在胜利下史无前例的大屠杀，西班牙每日因直布罗陀受控于外人手中而深感耻辱。各国都伺机复仇。

一些善良的人们认为欧洲是一块基督徒的大陆，希望能设法终止战争。圣皮埃尔修道院院长卡斯泰尔和法国代表一同去乌得勒支。回国后，他公开印行了一种致力于保持新寻得的和平的办法——《永维新建和平的计划》（1713 年），建议欧洲各国组成一个国际联盟，具有一个长期存在的代表会议、一个仲裁争端的评议会、一部国际公法的法规、一支反对任何违反国的联合制裁军，各国陆军裁至 6000 人，建立全欧洲统一的经济体系。圣克罗扎向莱布尼茨详细说明他的计划，但莱布尼茨已不再和以往一样，确信这是一种最好的世界形态，他悲伤地提醒圣克罗扎说："一些不祥的命运，总是介入人类和他欲达到的幸福中。"人类是一种竞争性的动物，这种天性就是他的命运。

诸神的黄昏（1713—1715）

从路易的一生看来，他并非像憎恨他的历史学家们认为的，是一个丑怪残暴的人。他只是大规模地采用了一种可获得令人嫉妒的成功的专制统治、领土扩张和军事征服的方法而已。这也道出了他的敌人们的行为或希望。甚至他的陆军在巴拉丁的残忍行为，也有 1631 年的马德堡劫掠史一例可循及马尔巴勒大屠杀的收场白。路易活得太长了，以致他骄傲和权势的罪恶，亲受复仇女神的报复，并加之于他的孩子们。

历史曾羡慕他在失败时表现的勇气和尊严，也同情他在诸多不幸中，与他的陆军和舰队几乎同趋于毁灭的子嗣们。1711年，他唯一的合法儿子"大多芬"死了，遗留给国王两个孙子勃艮第公爵路易和贝里公爵查理。在费奈隆的教导下，颇具气质的次孙路易是老王的慰藉。1697年，勃艮第公爵路易娶萨伏依的玛丽为妻，她的美丽、机智和迷人，使国王忆起萨伏依的亨利埃塔夫人和他的快乐青春。1712年2月12日，这位令人愉快的玛丽却死于斑疹，26岁。她忠心的丈夫拒绝离开病床；2月18日，也受感染而死亡，仅有29岁。在勃艮第公爵死后一年，被他们感染的两个儿子，一个死于3月8日，时为8岁；较年幼的却活下来了，但身体非常脆弱，没人会想到他能即位为路易十五，统治法国到1774年。那时，若这位脆弱的孩子也去世的话，王位将由伯利公爵查理继承，但查理死于1714年。

另外一位可能的继承者是西班牙王菲利普五世，他是大皇子的幼儿，但半个欧洲的国家决心要避免他联结两个国家。依家世数下来，次一位将是路易十三的孙儿，即为国王的侄子和女婿的奥尔良公爵菲利普。这位菲利普有一座化学实验室，因此在舆论的闲言下，被控毒害了勃艮第公爵夫妇和他们的长子。经过三次验尸后，医师们对他是否用了毒药的问题，意见不一。被这些怀疑困扰的菲利普，要求国王给他一次公开审判，路易相信他是无辜的，拒绝用这种裁判法加诸他精神的压力和耻辱。

若上述家世的继承都失败的话，还有最后一个方法。国王使他的私生子梅因公爵和图卢兹伯爵合法化。1714年7月，他颁布了一项敕令——巴黎国会没有抗议就通过了——若缺乏有王室血统的王子继承，以往的这些私生子可以继承他的王位。一年后，他又颁布了一项令圣西蒙和其他贵族们惊恐的法令，命令这些私生子的法律地位与合法王子相同。他们已逝去的母亲是蒙特斯潘夫人，但他们的养母是爱他们若已出的王后，她运用其影响提升了他们的荣耀和权势。

处于这些问题和失去亲人的伤恸中的路易，正面对战争的最后危机。他向即将开拔往比利时前线抵抗前进中的尤金的维拉尔告别时，已经 74 岁，不久就体力不支了。他说："马歇，你了解我的状况，历史中，甚少有像我遭遇的情形的例子——在一个月内，相继失去了我的孙子、孙女和他们的儿子，他们都受了我的最大承诺，是我最亲爱的人。上帝正降罪于我，我是罪有应得，在来世中，我将受苦少些。"恢复精神后，他说："让我们暂时撇开我家庭不幸的问题，看看如何避开王国的不幸吧！我现托付你军队和拯救国家的责任。命运或许会对你不利，若不幸降临到你统率的军队，对我将身受的结果，你会有何感受呢？"维拉尔没有回答。国王又说："我并不奇怪，为什么你没有立刻回答。但我要先告诉你我的想法。我知道朝臣们的推论，若我的军队再战败的话，几乎所有的人都希望我能退休到布卢瓦去。就我个人的决定，我知道像这般庞大的军队，即使战败了，也不至于不能保留下大部分的兵力，退守索姆河这条极不易渡过的河流。我将去佩罗纳和圣康坦，在那里聚集我能召集的所有部队，和你共同做最后的努力，与国家的命运共存亡。"

路易在那场战争后又活了 3 年，即死于和平后两年。除了早被治愈的肛门痔瘘病外，他良好的健康状况维持了 70 年。他饮食不节制，却不曾发胖，饮酒有节制，甚至在 1708 至 1709 年的严冬，他也不会把自己关在室内数日，而不外出做一些有益健康的运动。我们不清楚若他能少听些医生的话，他是否活得更长些，是否他们在治疗时所用的泻药、放血和发汗比他们欲治疗的病，更是祸因。1688 年，一位医师给他用了一贴强力通便剂，使他在 8 小时内通便 10 次。我们知道，在那次通便后，他变得十分衰竭。1701 年，里戈为他绘了一幅画像，如今在卢浮宫内极为夺目。他把那时的路易绘得充满精力和胜利的傲慢，穿着王服，黑色的假发隐饰了白发，肿胖的面颊证实了他良好的食欲。7 年后，夸瑟沃克斯在圣母院为路易铸了一座壮丽的人像，路易在跪着的祈祷式中，仍表现出高贵凌驾于死亡的神情。或许是这些艺术家们在他的感觉外，披上了一件更骄傲的自尊心的外衣，因为他从那失败的几年中，学会了谦虚地接受责难，至少对门特隆夫人的责难是如此。在狂热的耶稣会会员泰利耶手中，他像一个孩子："查理曼的继承人从一个农夫的儿子处祈求恕罪。"既然热情衰退了，荣耀也失去了光芒；路易得自母亲的对天主教信仰和虔敬的强烈的潜在意识，如今浮现出来。谣言说，国王从油然而生的虔诚中，于1705年成为耶稣会的会员；而在他的最后一场病中，谣传更说他已第四次立誓，为耶稣会社的会员了。1715年1月，明显的痛苦使他失去了曾经的食欲，在荷兰和英国都有赌注，赌他也许不会活过当年了。路易在读了这些新闻报道时，一笑置之，继续他日常的会议，接见大使，检阅他的军队，打猎，与他年已79岁的老妻——忠实、疲惫的门特隆——在一起，终其余年。8月2日，他草拟了一项遗嘱，指定梅因公爵为路易十五的监护人，并指定他参加摄政会议、统治法国，直到小王成年。8月12日，他的腿疼痛。这些痛处继又生疽，且发恶臭，热病入侵，使他病卧床上。8月25日，他又加了一项遗嘱的附录，命菲利普为摄政会议的首长，在意见分歧时能做决定性的投票。他对接受这项文件的两位法官说："我立下遗嘱，门特隆夫人、梅因公爵夫妇和他们的支持者，坚持我必须这样立。我必须这样做，以换得我的安静，若我一旦死去，它就会没有价值了。我太清楚我父亲遗嘱的结局。"

他死得像一个君王。在领圣体仪式后，他对床边的牧师们做了个补充而不受欢迎的告解：

> 我很遗憾把教堂的事务留在目前的情况下。如你们所知，我完全漠视了这件事情，因为是由你们在上帝前回答所有曾发生的事情，我要求你们证明，我对你们的要求，并非全然没做，而是全部做到了。在神祇的面前，我有着清楚的意识去控诉你们。但

我在你们的导引下入天国的途中，不过是一无所知的人罢了。

他对朝臣们说：

> 各位，我要求你们的宽恕，给你们立下了一个坏例子。我必须衷心地感谢你们服侍我的态度和你们一直对我表现出的忠贞。我要求你们对我的孙子，也给予相同的热忱和虔敬。他只是一个小孩子，可能必须承受更大的痛苦。我希望你们都为和平努力，如有任何人不能做到，你们应去要求他回到岗位。我心知我是被感情征服了，也使你们这样。我要为此请求你们的宽恕，我深信，你们仍会记得我。

他要旺达杜尔公爵夫人带来他 5 岁的曾孙，（据公爵夫人说）他告诉孙儿：

> 孩子，你将成为伟大的国王。不要模仿我对建筑和战争曾有的嗜好；相反，你要尝试与邻邦和睦相处。报答你在上帝名下受沐的恩泽，承认你在上帝名下的责任，使上帝能受到你臣民的荣耀。努力带给百姓舒适，这是我很遗憾未能做到的……亲爱的孩子，我赐予你衷心的祝福。

他对两位含泪的仆人说："你们为何悲泣？你们不是一直都以为我是永生的吗？"他又对门特隆夫人说："我以前想到的结局是更艰苦。我向你保证，死并非是十分可怕的事，这对我并不困难。"他请她离开他，好像知道在他死后，她在阶级意识存在的宫廷里，将是一个失势的人。她回家后，把她的家具分送给仆从们，自己前往圣西尔，而后她一直不愿再离开那个地方，直到 1719 年去世。

国王说得太自信了，他在死前曾痛苦地挣扎了一长夜，于 1715

年 9 月 1 日与世长辞。在他 77 年的生涯中，在位了 72 年——这是欧洲史上最长的王朝。甚至在他死前，焦虑于自身职位的朝臣们便迫不及待地遗弃了他，而向菲利普和梅因公爵宣誓效忠。一些耶稣会的会员围绕尸体，以他们的制度举行了普通的仪式。国王去世的消息，对于巴黎人来说，是由一个持续太久，并见到本身荣耀随着不幸与失败而消失的王朝里传出的喜讯。9 月 9 日，在把这位法国历史上最著名君王的遗体抬往圣丹尼斯的丧礼上，极少铺张。伏尔泰说："沿途中，我看到百姓们在他们搭设的小帐篷里，饮酒歌唱，笑着。"时年 11 岁的杜克洛（Duclos）后来回忆道："灵柩经过时，许多人甚至认为不值得上前去侮辱一番。"

那时，巴黎人极为清晰地追忆路易十四的过失。他们认为，是他对权势和荣耀的喜好导致法国濒于毁灭。他们愤怒于他的骄傲破坏了地方政府，而集权于个人不可更改的意志。他们为牺牲在美化凡尔赛宫的百万法郎和千万生命哀悼，而且诅咒国王对他动乱的国家不关心。很少人为可能对詹森教徒的停止迫害而高兴，大多数人仍称赞对胡格诺派信徒的排斥行为。从对历史的回顾中，很明显地看出，1672 年对荷兰的入侵、1688 年对德国的入侵和 1701 年匆忙地侵袭障碍城市，是极大的错误，招致法国四面受敌。但有几位法国人责难那些入侵，或对巴拉丁两度遭受蹂躏说过几句良心话呢？这个国家与他的国王同样有罪过，它坚决反对的，不是国王的过失，而是他的战败。一些牧师们对他私通加以责难，而对他的道德改革、虔诚和他对平民妻子的忠贞，却不表热心。许多年来，他已用谦逊有礼而使他的权势更为增光，直到战争的恶劣影响奴役了他，他曾支持柯尔伯改进法国的工商业，保护莫里哀不受盲目信徒的迫害和拉辛不受派系的迫害。他挥霍无度的开支，虽使他着迷于自身的奢华，也赋予法国在艺术上的新遗产。

百姓们感觉最敏锐、最正确的，却是他们付出流血和财富的巨额代价后所得到的，只是在国王死后即崩溃的荣耀和法国的孤立。法国几乎没有一个家庭不曾因为战争丧失一个儿子。人口减少太多，以致政府现在对拥有 10 个儿女的父母给予奖励。纳税抑制了对经济的鼓励，战争阻碍了商业通道，而且失去了法国货物的外国市场。国家不仅破产，而且负了 30 亿法郎的债。贵族把精力从地方上的管理转至宫廷内高视阔步而失去了用处，仅在华贵的衣饰和军事上的勇敢方面显出光芒。官衔向富有平民大拍卖，造成了新的贵族。一年内，国王以每位 6000 利维尔的代价，售予 5000 人贵族的身份。因此，一些古老家族的人员变为一些农奴子弟的奴仆。因为战争已变为非雇佣兵和竞技者的长久竞争，是一种国家资源和经济普遍耗竭的考验。中产阶级在人数和权势的提高上，已足向采邑贵族和牧师挑战，在普遍的衰微中，繁荣了资本家。

衡量路易十四的一生，我们须记得歌德人道的金言，认为人的罪恶，一般是受他所处的时代的影响，而他的德行才是他自己的。像罗马人以特殊的简洁表示出"罪恶是出于时代而非出于个人"，专制政体对宗教迫害所持的偏见态度、对荣耀的诱惑、对战争的嗜好，路易在孩提时，他的时代和教会就使他承受了这些观念。他个人的特征是慷慨、大度、礼貌而威严，对文学、艺术方面的鉴赏和鼓励，而且能负担集权而广大政府的重责，这些使他不愧为王者。歌德写着："路易十四是自然造就的帝王型的完美样本，结果却使他自身耗竭并毁掉了模子。"拿破仑说："路易十四是一个伟大的国王，是他造就了法国成为国际中第一流的地位。法国自查理曼大帝以来，又有谁能在各方面与他相比呢？"阿克顿勋爵的评价是："他是现代国王中，至今为止最有能力的人。"他进行毁灭性的战争，在建筑和奢侈上的挥霍，及沉湎于个人的骄傲中，他遏制哲学，纳税使百姓贫困，但他给法国一个井然有序的政府和统一的国家，并在文化上，使法国赢得西方世界中不容置疑的领导地位。他成为法国至高无上的时代中的代表和标记，至今仍处于他光辉被泽的荣耀中的法国，已学会宽恕他为造就她的伟大而几乎毁灭了她的事实。

第二部

英伦与欧陆的
革命与改革

在被押往监狱的路上，查理一世收到一个小女孩送的玫瑰。不久，威斯敏斯特特设高等法庭宣判，将他作为暴君、叛国者、杀人犯和人民公敌处决。

第一章 | 克伦威尔
（1649—1660）

对民主与平等的呼唤

把查理一世送上断头台（1649 年 1 月 30 日）后，获胜的清教徒面临在历经七年内战而紊乱无章的英格兰重建新政府、恢复生命和财产的安全等问题。残余国会（Rump Parliament）——长期国会（Long Parliament）经过 1648 年的普莱德大整肃（Pride's Purge）后，剩下的 56 名活跃分子组成的国会——宣布：平民院拥有最高权力，废除贵族院（1649 年 2 月 6 日）和君位，任命一个国务委员会作为行政机关。国务委员会的成员是 3 名将领、3 名贵族、3 名法官及平民院的 30 名议员。这些人全是独立派人（Independent），即共和派清教徒。5 月 19 日，平民院正式建立大英共和国，并宣称："英格兰此后将成为一个共和政体或自由邦，受国家最高权威、人民在国会之代表、暨受奉派为国务委员者，为人民之福祉而统治。"这个共和政府并非民主政治，国会宣称它奠基于民主原则之上，但克伦威尔说过，在战时排斥保皇派分子，在大整肃时也摒弃了长老会教徒（Presbyterians），它"经过了筛选淘汰，已变成一小撮人"。当初，国会仅由有产者选举，现在全国各郡在残余国会中均无代表。它的权力不是依赖人民的委任，而是军队的支持。只有军队可保护它免遭英格兰的保皇党、爱尔兰的天主教徒、苏格兰的长老会教徒及军队中的激烈分子等的叛乱的威胁。

为了适应政府的开支和必须付给军队的欠饷，残余国会和英王一样，大肆征敛巨额税款。它提议凡是投效查理一世麾下军队者，其财产一律没收充公。不过，在多数情形下，它折中地以接受一笔相当于财产价值 1/10 至 1/2 的罚款，作为抵偿。许多年轻的贵族在英格兰沦于赤贫之域，而移民往美洲，衍生了华盛顿（the Washingtons）、伦道夫（the Randolphs）、麦迪逊（the Madisons）、李氏（the Lees）等显赫世家。[1]有些保皇派领袖被处死，有些则锒铛入狱。即令如此，保皇运动仍极为棘手，因为保皇的情感在民间仍占优势。把查理一世处死，反倒使他由一名横征暴敛者变成了一名烈士。查理一世受刑后 10 天，就有一本名为《妖魔形象》（*Eikon Basilike*）的书出现。作者高登（John Gauden）是一名长老会传教士，此书旨在传述查理一世于死前不久，亲笔写下的思想和感触。其中部分可能依据查理一世遗下的信札阐明发挥。无论怎样去看，这本书呈现的是一位心肠慈善的统治者，真正地要保护英格兰，而与不仁的寡头暴政相抗。一年内，这本书卖了 36 版，译成 5 种文字，即使弥尔顿的《偶像的破灭》（*Eikonoklastes*，1649 年）的影响也未必超过它。它造成推动大众反新政府的反应，也鼓舞了遍布英格兰各郡的保皇派间谍立即开始煽动，期使斯图亚特王朝能够复辟。国务委员会针对这项活动，普遍设置效率极高的间谍密探，而且大肆逮捕可能筹划叛变的首脑人物。

另一个极端是，少数平民和大部分军人要求更为彻底而略带共产主义性质的民主政治。激烈的传单和小册子满天飞，利尔伯恩（John Lilburne）上校一个人就写了上百本小册子，弥尔顿在这时还只是一

---

[1] 美国"南北战争"（American Civil War）恰似英国内战的重演，南方的英国贵族后裔与北方的英国清教徒后裔之间的激战。

个小册子作家，而非诗人。利尔伯恩攻讦克伦威尔，称他为暴君、变节者、伪君子。一位作家埋怨说："你将难得向克伦威尔进言，一进言他就会以手贴胸，仰视苍穹，要求上帝做见证。他会低泣、会咆哮，也会懊恼后悔万分，其实却在内心窃笑。"另一位小册子作家问道："从前，我们受国王、贵族院和平民院的统治，而今，则受到将军、军事法庭和平民院的统治。试问，这又有何不同？"新政府感受到压力而不得不严格管制舆论和传教布道。1649 年 4 月，利尔伯恩和其他 3 个人，因为发行两本描写英格兰"陷于新枷锁"的小册子被捕入狱。军队大哗，要求释放他们，他们的妻子也威胁说，若是囚犯受害，则克伦威尔将有生命之险云云。利尔伯恩自狱中送出一份颇具挑衅意味的《举发克伦威尔和艾理顿叛国弑君书》（*Impeachment of High Treason against Cromwell and Ireton*）给出版商。10 月，这 4 名作家的审判轰动一时，引来数千人麋集法庭旁听。利尔伯恩向法官挑衅，并向陪审团申诉。当 4 人全部宣告无罪，群众"一致发出一阵响彻云霄的大喊，相信这是市政厅前所未闻的巨大喝彩，历半小时未停，法官们因之害怕得脸色苍白"。几近两年，利尔伯恩成为军队的英雄。1652 年，他被放逐；1653 年返乡，再度被捕，8 月再度获判无罪，但他被囚于牢中；1655 年，获释出狱；1657 年去世，享年 43 岁。

有些"平等主义者"的要求远超过利尔伯恩和民主政治，他们要求公平分配。他们问道：为什么应有贫富之分？为什么某些人应该挨饿受冻，富人却垄断了土地？ 1649 年 4 月，一位名叫埃弗拉德（William Everard）的"先知"，带着 4 个人到萨里（Surrey）的圣乔治岭（St.George's Hill）。他们占了部分停耕的土地，掘土、播种，并号召从者；约有 30 个人加入他们的行列，后来这批人被称为"挖地派"（Diggers）。据呈报给国务委员会的一份报告说："他们威胁邻人，不久即会使所有人全都来到岭上，参与劳动。"埃弗拉德被拖至全军统帅费尔法克斯爵士（Sir Thomas Fairfax）跟前。他解释说，他的从徒预备尊重私人财产，"只会触动那些普普通通、荒芜未耕的土地，让这些土地肥沃丰收"，但他们希望"有朝一日，忽然所有的人都愿意抛弃他们的土地和产业来归，向这个丰饶社会屈服"。费尔法克斯认为他是一个无害的狂想家，把他释放了。1649 年 4 月 26 日，他们中有个叫温斯坦利（Gerrard Winstanley）的人发表一篇宣言《真正平等主义者的高度标准》（*The True Leveller's Standard Advanced*），继续这一运动。宣言中说，"创世之初，造物主把地球作为兽类和人类的共同财富"，但坠入无知之渊的人类，不去役使田野上的走兽，却自相奴役，土地任由统治者买进卖出和圈围，成为少数人的所有。全体地主都是窃贼。唯有恢复公有制，才能制止一切罪行和仇恨。温斯坦利在《自由法则》（*The Law of Freedom*，1652 年）一书中，要求共和政体建立一个无买卖、无律师、无贫富分别的社会；凡人皆须强迫工作到40 岁，方才免除辛勤做工之劳；选举权应开放给全体成年男性；婚姻应取民事仪式，允许自由离婚。"挖地派"后来放弃了他们的计划，他们的宣传却深深刻进英国贫苦人民的记忆中，或许也曾渡过英伦海峡，进入法国或越洋至美洲。

克伦威尔本人是一个产业主，对人性颇为了解。他毫不信任这种公有财产制和成年选举权的主张。以暴力推翻一个政府后，无可避免地会产生一片紊乱，这时极需中央集权，克伦威尔对此深为赞同。许多恨他是一个弑君者的人，一度却欢迎独裁统治，认为唯有以独裁统治才可避免社会和政治解体的危机。甚至军队听到爱尔兰和苏格兰正在酝酿反革命行动时，也乐于在他的铁腕领导之下去敉乱。这批乱党追求的不是民主的乌托邦，而是恢复君位，进行报复。

爱尔兰之叛

爱尔兰境内对大动乱（Great Rebellion）的反应，促使境内的新教徒与天主教徒暂时结合起来。甚至在查理一世被处死前，爱尔兰副总督奥蒙德伯爵巴特勒（James Butler），即在基尔肯尼（Kilkenny）

与天主教联盟签订一项条约（1649 年 1 月 17 日）。条约规定，天主教联盟同意为他装备 1.5 万名步兵和 500 匹马，以酬报宗教自由和爱尔兰国会独立自主。奥蒙德立即致函被拥立为查理二世的威尔士亲王，邀请他到爱尔兰，领导一支新教徒和天主教徒的联军。查理二世决定奔赴苏格兰，克伦威尔却决定先处理爱尔兰的威胁。

他 8 月登陆都柏林时，奥蒙德已在莱斯米被效忠于共和政体的部队击溃，偕其残部 2300 人退往博因，坚守德罗伊达城。克伦威尔领军 1 万人围困该城，于 1649 年 9 月 10 日强力攻克该城，并下令屠尽全城幸存的守兵。有些平民也一起遭害；城里的牧师也被乱刀砍死；全部约 2300 人死于这次胜利的大屠杀中。克伦威尔向上帝誓言："我希望以全心全意的挚诚，将这一光荣献予主，献予确可承受荣耀的主。"他希望"由主的仁慈，这次剧痛将可免除来日更多的血腥迸流"。我们或许可以相信他的诚挚念头是：他要以类似的一件恐怖行为，迅速地敉平乱事，拯救双方的许多生灵。

但战争进行了 3 年之久。克伦威尔由德罗伊达转进，包围了韦克斯福德。韦克斯福德旋即陷落，1.5 万名守军及平民遇害。屠杀政策并未奏效。邓肯南和沃特福德两城击败了克伦威尔的围困。基尔肯尼城有条件地投降了，其他各地过去则绝无条件可言。克朗梅尔城固然攻陷了，却也折兵损将 2000 人。克伦威尔获悉查理二世已抵达苏格兰，立即把爱尔兰战争留交给女婿艾理顿（Henry Ireton），自己则兼程赶回英格兰（1650 年 5 月 24 日）。

艾理顿是一位能干的将校，1651 年 11 月 26 日死于疫病。屠杀政策被废弃，叛党获得宽恕，而且根据《基尔肯尼条款》（*Articles of Kilkenny*，1652 年 5 月 12 日），几乎全部叛党在获准不受阻碍的移居国外的条件下，向克伦威尔投降。又据 8 月 12 日的《爱尔兰土地解决案》（*Act for the Settling of Ireland*），凡是未能证实确曾效忠于共和国的爱尔兰人，不论其信仰为何，其财产全部或部分充公。因此，爱尔兰约有 250 万英亩土地，落入曾在爱尔兰境内支持克伦威尔的英格兰和爱尔兰士兵或平民之手，爱尔兰 2/3 的土地沦于英国人之手。基尔代尔、都柏林、卡洛、威克洛、韦克斯福德等郡，皆被纳入新的英国统治下；而且企图把爱尔兰业主全部驱出这些地方，其后又把爱尔兰人全部逐出这些地方。爱尔兰成千家庭因此被迫流离失所，直到 1655 年 3 月 1 日，方在他处卜居。成百家庭则被控游荡之罪而被发配往巴巴多斯或其他地方。

佩蒂爵士（Sir William Petty）估计，1641 年爱尔兰人口总数为146.6 万人，至 1652 年，其中 61.6 万人因战争、饥馑和瘟疫而死亡。一位英国官员说，在有些郡，"一个人可能走了二三十英里路，还见不到一个活生生的动物，无论是人、兽或鸟都见不到"。还有一个人说："太阳从未照射过这么一个悲惨的国度。"天主教信仰被列为非法；全体天主教教士奉命在 20 天内离开爱尔兰；匿藏一名教士可处以死刑；星期日若未出席新教礼拜仪式，依律将受严厉处分；执法者有权把天主教徒生下的儿子送往英格兰，接受新教信仰的教育。法国的新教徒于 1680 至 1690 年，身受天主教徒横加于身的人道待遇，爱尔兰的天主教徒早在 1650 至 1660 年，已自新教徒处备尝其中辛酸了。爱尔兰教会与人民已因一致遭受苦难折磨而结合在一起，所以天主教信仰成为爱尔兰爱国主义不可分割的一部分。这些悲惨的岁月永留在爱尔兰人的记忆中，成为不可磨灭的仇恨遗产。

苏格兰之叛

把查理一世解交给英格兰国会的苏格兰人，对他受刑被斩大为震惊，突然想到，查理一世的父亲也是苏格兰人。他们认为把长老会教徒从长期国会中整肃出来，已经违背了《苏格兰信奉规约》（*Solemn League and Covenant*）。根据其规定，国会曾誓言维护苏格兰及其长老会信仰。他们担心获胜的清教徒会强迫苏格兰人也和英格兰人一样，接受他们那套新教信仰。1649 年 2 月 5 日，距查理一世被处死尚不及

7天，苏格兰国会宣布，当时还在尼德兰的查理二世为大不列颠、法兰西及爱尔兰的合法君王。

他们在允许查理二世进入苏格兰以前，就要求他先签署《国家规约》（*National Covenant*）和《苏格兰信奉规约》，而且宣誓在其一切领土和采邑内，都要维持或树立长老会派的新教信仰。查理二世早已是一个天主教信仰和怀疑主义皆有的人物，他对长老会派的教义素无了解，对王位却十分热衷。1650年5月1日，他在布雷达（Breda），心不甘情不愿地签字，接受一切要求。当时苏格兰最显赫的蒙特罗斯（Montrose），从奥克尼（Orkneys）率领一小支军队进入苏格兰，希望能为查理二世组织一支不受盟约派（the Covenanters）节制的军队。但他兵败被俘，于1650年5月21日被处以绞刑。6月23日，查理二世登陆苏格兰，急欲领军对付把他父亲斩首的清教徒共和政体。苏格兰人在为他效命作战之前，说服他发布一项宣言。他声称"为了他父亲违背了《信奉规约》，及他母亲曾犯偶像崇拜（信奉天主教）之罪，他愿意在主之前，深深地卑躬认错"。苏格兰牧师为了救赎查理一世和查理二世父子的罪孽，规定军民进行庄重严肃的斋戒，同时向军队保证，现在幼主既已向上帝悔过，修正其信仰，则军队必成披坚执锐的常胜之师。由于大臣们的坚持，凡是把对国王的忠诚置于对《规约》及对苏格兰长老教会忠诚之上的军官，均自军中罢黜。因此，有80名最精干的将佐被解职。

克伦威尔向英格兰国会建议，毋待苏格兰人来攻，即由他挥兵进击苏格兰。拒绝参加审判查理一世的费尔法克斯，现在辞去其共和政体部队最高统帅之职。克伦威尔奉命接替他的职位。他以素来具有的决心和速度，把部队动员起来，身先士卒，率领1.6万名军队，进入苏格兰（1650年7月22日）。8月3日，他写了一封措辞强硬的信函，给苏格兰长老教会大会委员会。他说："你们所说的，是否就绝无谬误地合于《圣经》呢？我谨以基督的仁慈恳请各位想想，你们或许真的错了。"9月3日，他在邓巴与苏格兰主力大军相遇，大胜，俘获1

万人；随即又攻爱丁堡和利斯。苏格兰牧师颜面大失，也再未受到绝对的信任；被罢黜的军官立即再受起用。查理二世在斯昆正式加冕。克伦威尔在爱丁堡染病静养，但战事仍进行了数月。

　　后来，查理二世亲率重新整顿的苏格兰大军开入英格兰，希望全体保皇派和长老会派投到法统和真理的大旗下。克伦威尔在背后追击他们，并在大军经过英格兰城镇时，即纠集地方民团。1651 年 9 月 3 日，两军在伍斯特爆发大战，共和政体大胜，查理二世再度出奔国外。克伦威尔的劣势兵力以优越的战略和高超的勇气，击败了苏格兰的 3 万大军。查理二世固然骁勇，却非将才。他努力重整溃兵，但苏格兰军凛于克伦威尔常胜不败的盛名而战栗难战。许多人丢盔弃甲，潜逃而去。查理二世乞求军官们把他杀了，他们不从。少数最忠实的亲随，领着他暂时匿居在一名保皇派分子家里。他把头发剪得奇短，手、脸涂黑，换上工人服装，开始一段长途跋涉，一路上或以马代步，或步行，不时地由一地向另一地逃亡，睡的是阁楼、谷仓和树林。有一回他躲在勃斯科贝尔（Boscobel）的一棵"皇橡树"（Royal Oak）上，而共和军就在树下搜寻他。他和亲随们多次被认出来，却未被出卖。经过 40 天的逃亡，终于在萨离克斯的肖雷汉姆找到一艘船。船长同意冒生命之险，把他们送到法国（10 月 15 日）。

　　克伦威尔授命蒙克将军继续敉平苏格兰乱事。1652 年 2 月，乱事终告平定。苏格兰向英格兰臣服，其独立的国会被解散，但苏格兰获准派 30 名代表前往参加伦敦的国会。苏格兰长老教会被罚以禁止公开集会和宽容一切和平的新教教派。经济上，苏格兰因为与英格兰的新贸易自由而大蒙其益。政治上，它却期待、祷告有朝一日，斯图亚特家族会复辟成功。

克伦威尔专政

　　克伦威尔凯旋回到伦敦。目睹许多被召集来欢迎他凯归的群众，他有感而发地说，有朝一日恐怕也会有这么多的群众召来看他被处以绞刑。残余国会授予他每年 4000 镑津贴，把过去的皇家宫殿汉普顿宫赐给他。国会相信他会因留任统帅之职而满足。他提议举行新的选举，把议员增加到 400 人，但现任议员无须改选就可连任，而且有权决定：须具备何种条件才能享有选举权及选票是否有效。他为了使自己不受批评，严格限制传道和出版的自由。他规定："不得借传道自由为名而破坏和平及政府的荣誉。"英国国教会的传教士被剥夺工作。虔信天主教者，其财产的 2/3 被没收充公。告发一个天主教神父，可获奖金。

克伦威尔虽然很慢才下定决心，但他一旦下定决心后，就勇往直前。他耐心地忍受国会内冗长烦琐的辩论造成的政策举棋不定和行政迟滞不前；他同意查理一世的见解，认为行政权应该不受立法权牵制。他开始考虑：如果自己成为国王，是否可能不利？ 1652 年 12 月，他把这个念头向好友怀特洛克（Whitelocke）暗示，孰料两人因此决裂。1653 年 4 月 20 日上午，克伦威尔获悉残余国会即将通过使其无须改选就可以成为新国会的主宰，他立即召集了一小队士兵，驻扎在平民院门口，然后由哈里森少将陪同入内，阴郁地默默聆听了一阵子辩论。问题就要付诸表决时，他起身发言，起先语调还温和平静，旋即暴躁盛怒。他斥责残余国会是自封的终身寡头统治，不配统治英格兰。他咆哮："酒徒！"，暗指某位议员。他又厉声指责另一位议员是"妓院老板"。"你们根本不是国会！我说你们根本不配称为国会！我要勒令你们下台！"他转身回顾哈里森，下令："叫他们进来！叫他们进来！"他的士兵于是开进议事厅，克伦威尔命令他们清理大厅，把议员们驱逐出去。他们大声抗议："这是卑鄙行径！"空屋上锁，翌日发现大门上钉着一块告示牌："吉屋出租，自备家具。"克伦威尔又由两位将领陪同，闯进国务委员会正在开会的会议室，告诉他们说："如果你们是以私人身份在此开会，将不受打扰。但若以国务委员会的名义开会，你们就不许在此逗留……请各位注意，国会已经解散了。"从 1640 年以来长期在威斯敏斯特开会，改变了英格兰宪法与政府的长期国会（全体出席议事时以此为名，后来经过大整肃，演变成残余国会），就这样寿终正寝。于是，英格兰已无宪法，仅有一支军队和一位不具有真正头衔的国王。

一般而言，人民很高兴如此处置这个把英格兰动摇到无政府状态边缘的国会。据克伦威尔说，"从来没有这么多只犬吠叫庆祝……对它的解散，也没有任何形诸于色的不满"。虔诚的清教徒认为，解散国会是为"第五王政"（the Fifth Monarchy）——基督复临统治的来临清出道路。保皇派心中默念，互相耳语，传言克伦威尔现在要奉迎查理二世回国，自己只要能受封统治个大公国或当爱尔兰总督就满意了。但克伦威尔不是肯坐着听任摆布的人。他训令其军事助理选出 140 人，组成"敕命国会"（Nominated Parliament）。这 140 名议员主要选自英格兰各清教徒聚会所，其中 5 人是苏格兰人、6 人是爱尔兰人。1653 年 7 月 4 日，敕命国会于白厅（Whitehall）集会时，克伦威尔承认它是由军方所选，但他为它欢呼，认为它是以耶稣基督为元首的真正圣贤政府的开始，而且建议授予它最高权力及起草新宪法的任务。敕命国会在这项任务下，挣扎奋斗了 5 个月之久，却在长久争辩中纠缠不清，并在宗教信仰与宽容的问题上无可避免地发生分裂。

军方对这些人，与 4 月被他们驱逐的那批人一样，大为厌烦。军官们扮演着安东尼的角色，建议克伦威尔自立为王，这个"恺撒"婉拒此议。但 80 个议员在军方授意下，于 12 月 12 日向克伦威尔宣布这个新议会无法获致协议，而已投票决定自行解散。军方领袖准备好一份《治理纲要书》（*Instrument of Government*），建议以克伦威尔为"英格兰、苏格兰及爱尔兰共和政体护国主"；由具有财产资格条件的选民选出一个新国会，保皇派和天主教徒不得参加；由 8 名文官和 7 名军官组成一个国务委员会，执掌行政大权，这些国务委员膺选后即为终身制，担任护国主和国会的顾问。克伦威尔接受了，而且签署这份"空前绝后的英国成文宪法",于 1653 年 12 月 16 日宣誓就任护国主。共和政体结束,而护国主政府开始——两者都以克伦威尔为主角。

很显然,他嗜好权力,这是一种共同的嗜好,也是一种最自然的欲望。他曾经考虑自立为王及建立一个新的王室世系,使子孙世袭罔替。他似乎曾经诚心地把大权奉交给救命国会,但它的无能使他相信,若要避免紊乱,他非要掌握行政大权不可;如果他倒掉,似乎没有一个人能够获得足够的支持来发号施令、维持秩序。军中的激进分子谴责护国主政府只不过是另一种君主专制政府,换汤不换药;他们攻讦克伦威尔是"一个虚伪、做假证的恶棍",恐吓他会"比过去的暴君还不得好报应"。这些乱党被送进伦敦塔禁锢,率兵驱散残余国会的哈里森少将也锒铛入狱。克伦威尔为他自己的安全担心,这使他日益走上专制统治,因为他知道全国有一半人乐于目睹他被刺殒命。和其他统治者一样,他觉得需要在周遭营造一种令人敬畏的显赫与庄严;他迁进白厅(1654 年),豪华奢侈地重新修缮,并采用皇家朝仪。这种种表现无疑是要令各国大使印象深刻,令老百姓敬畏。

在私底下,他不是趾高气扬的人,生活俭朴,事母至孝,热爱妻子儿女。他母亲钟爱他,时时为他担心,每次听到毛瑟枪一响,就怕爱儿发生事故。93 岁临死之际(1654 年),她说:"爱儿,我为你祈福!"他本人还在 50 多岁盛年就衰老得很快;危机四伏,接踵而至,他钢铁般的意志也动摇了;在爱尔兰和苏格兰的征战生活,使他痛风大增;每天都在烦恼焦躁中度过。莱利(Lely)于 1650 年为他绘制一幅著名的肖像。人人都晓得,克伦威尔警告这位画家说:"莱利先生,我希望你以生花妙笔忠实地为我绘像,要像我,可不要阿谀我;要绘出所有的粗鲁、粉刺、赘疣及一切。否则我可不付分文给你。"莱利领了赏。他仔细地描绘这幅"护国主"画像,不仅如此,他还恰到好处地掌握住克伦威尔坚毅的脸型、个人的意志及濒于崩溃的神经质神情。

克伦威尔平常衣着晦暗、简单——只是一套简朴的黑袍，他因此颇受讥评。但在正式场合，他穿上一件绣金线的袍子。在公众前，他保持一种朴实的庄严；在私底下，他沉迷于玩乐和笑话，甚至是讽刺实事的笑话和日常生活的戏谑。他雅好音乐，风琴奏得很好。他对宗教的虔诚显然颇为诚挚，但他引用太多次"主"的名字（并非冒渎）来支持他的目的，使许多人指责他虚伪不诚。或许他在公开场合的虔诚，有些矫揉造作的虚伪成分在内，不过凡是认识他的人都承认他在私底下的虔诚绝少伪装。他的信函和演讲半是说教传道，而且他也太仰仗上帝。他的私德固然无可疵议，他的公德并不比其他统治者高明；如果他认为其主要目标有需要，则不惜使用诡计和武力。还没有人认为基督教精神与政府能混同一致。

就技术上说，他并未专制。依循《治理纲要书》成立了国务委员会，并选出国会。尽管护国主和军方努力要使顺服的代表回任，但于1654年9月3日集会的平民院中，有若干难缠的共和派，甚至还有一些保皇派。究竟国会或护国主谁应该控制军队？这个问题导致一场斗争。国会建议减少军队人员和饷费开支；军方叛变，迫使克伦威尔解散国会（1655年1月22日）。实际上，英格兰政府自从普赖德于1648年整肃国会以来，已是一种军事独裁政治。

克伦威尔现在被逼走上不用任何伪装，而凭戒严法统治的路子。1655年夏，他把全英格兰划分为12个军区，每个军区由一名少将率领一团士兵驻防。为支持这项建制的开销，他对全体保皇派的财产征课10%的税金。人民抗议，攻讦和叛变四起，要求查理二世复辟之声也甚嚣尘上。克伦威尔报之以严格检查、普设间谍、肆意逮捕，而且不经陪审团，不理人身保护状，径以星室法庭审理案件。哈利文爵士（Sir Harry Vane）是被捕入狱的旧革命派人士之一。革命吞噬了它们的发起人。

克伦威尔迫切需要钱，又不敢多征直接税，只好又召集另一个国会。国会于1656年9月17日集会时，他的国务委员会派了军官在平民院门口，阻止 103 位合法选出，但有共和派、保皇派、长老会派、天主教派同情者嫌疑的议员进入会场。被排斥在外的议员签署一份抗议书，谴责不允许他们开会是严重违背选民表达意志的行为。他们指责"暴君利用上帝和宗教之名及正式的斋式和祈祷，以掩饰其真相的黑暗"，是卑鄙的伪善行为。通过国务委员会检查的 352 名议员，有 175 人是军人，或是克伦威尔的亲戚和亲信。人数减少的这个俯首听命的国会，于 1657 年 3 月 31 日向护国主提出《乞情忠谏书》(*An Humble Petition and Advice*)，请克伦威尔接受王衔。克伦威尔意识到军中反对此举，因此拒绝不受；后来折中授权他有权提名其继承人担任护国主。1658 年 1 月，他同意准许被除名的议员进入国会；他又选派 9 名贵族和 61 位平民组成第二院。许多军官拒绝支持这项行动。他们与平民院中的共和派议员达成协议、要限制第二院的权力时，克伦威尔大为震怒，冲进威斯敏斯特宫解散国会（1658 年 2 月 4 日）。此时在法律上和事实上，英格兰共和终结，又恢复了君主专制。历史再次讽刺性地显示出柏拉图的君主政治、贵族政治、民主政治、独裁政治，而后又是君主政治的循环。

清教徒全盛期

清教徒的胜利涉及一项宗教革命。英格兰教会于 1643 年因废止主教制度而被破坏。新教徒中的长老会派——其聚会由听命于总会的地区宗教会议（episcopacy）管辖的牧师主持——曾于 1646 年被定为正式国教，但两年后，普赖德派把长老会派从国会中整肃出去时，长老会的独占优势就结束了。有一段时期宗教似乎不受政府管制或津贴。但克伦威尔（他竟与被他杀害的英王几乎事事意见相同）认为由国会资助的教会是教育和道德上不可或缺的。1654 年，他任命一个"甄试委员会"（Commission of Triers）以试验教士们是否合于接受圣职和薪俸，只有独立派（清教徒）、浸信会派、长老会派合于规定。每个教区皆可在有组织的长老会形式和聚会形式（每一聚会皆自行管理主持）中做一选择。清教徒采纳聚会形式，在苏格兰颇为盛行的长老会制度，在英格兰却大部局限在伦敦和兰开夏（Lancashire）。一度大权在握的国教会牧师却被逐出教区，只能和天主教神父一样，在秘密场合向信徒传教。伊夫林因参加国教会礼拜而被捕。天主教依然非法。1650 年和 1654 年，各有一位神父因"诱惑人民"而被处以绞刑；1657 年，清教徒国会在克伦威尔的同意下，通过一项法案，依其规定，凡年满 16 岁而尚未否认其天主教信仰者，其财产的 2/3 充公。1650 年，宗教和社会阶层的衡量相近：穷人倾向不同于国教的各派——浸信会、教友派、第五王政派、天主教等，中产阶级绝大多数是清教徒，贵族和大部分士绅（未有爵衔的地主）则皈依被解散的英国国教会。

不宽容的态度并非放松，反而倒转了。现在不再是国教会压迫天主教，反过来从前一再大声疾呼要求宽容的清教徒，得胜之后却压迫天主教徒。他们严禁使用《公共祈祷书》（*Book of Common Prayer*），即使在私宅也不许。清教徒国会限制对接受三位一体说、改革论、圣经为上帝圣道及拒绝主教的英国人予以宽容。苏塞纳斯派教徒或唯一神派教徒因此也在不宽容之列。法令规定批评加尔文教派的教义或仪式者，应受严厉制裁。克伦威尔比他的国会较为宽大慈悲。他默许若干国教会仪式，也允许一小批犹太人定居于伦敦，甚至可以建筑一所犹太教教堂。两个再洗礼拜教徒诋毁他是"启示录之兽"（the Beast of the Apocalypse），他竟耐心地容忍他们。他利用其影响力纠正法国对境内胡格诺派教徒及皮德蒙特对境内韦尔多教派的压迫，但法国首相马扎然请他在英格兰宽容天主教徒时，克伦威尔却把他无法控制清教徒的狂热当作借口。

清教徒日常生活中巨细靡遗无不受宗教信仰的影响，这种情形或许只有犹太人差可比拟。事实上，清教徒信仰除了基督的神性这一点外，也和犹太教教义几乎处处相同。他们鼓励识字习文，以便人人能诵读《圣经》。《旧约》特别受重视，因为它提供一种宗教主宰的模范社会。生命的主要事业是逃避地狱的炼火，魔鬼真正存在，而且无所不在，只有上帝的慈悲才能使少数选民获救。《圣经》上的字句和比喻深入清教徒的日常言辞中，上帝和基督（但绝不会是玛利亚）的思想和观点，使他心灵愉悦和畏惧。他们的衣物平实、俭朴，他们的言辞严肃、缓慢。他们也期望戒绝一切亵渎神圣的娱乐和感官上的享乐。1642 年，因战争爆发而关闭的剧院，直到 1656 年还因为清教徒的责难而大门紧闭。赛马、斗鸡、角力、蓄熊、玩牛皆受禁止，为了确使伦敦的熊不再被人逗弄作乐，清教徒的纽森上校（Colonel Newson）竟把它们全杀了。所有的五月柱（mayploe）都拆倒。美女受嫌弃。女人只有贤妻良母才能受到尊敬，否则她们会被清教徒视为荡妇而声名狼藉，被认为是男性不能进入天堂的原因。除了圣诗，音乐不受欢迎。教堂中的艺术全都摧毁，除了库珀（Samuel Cooper）和荷兰画家莱利的一些精美肖像外，别无其他作品。

清教徒企图制定的道德律法，可能是自摩西律法以来最彻底的。民事婚礼（非举行宗教仪式，而由政府官员证婚的婚姻）被承认有效，也准许离婚，但通奸可处以极刑，不过有两人因通奸罪被斩首后，再没有陪审团判此为有罪。立誓要受罚款，按照阶级递增办法处罚。他们规定公爵的罚款为男爵的 2 倍、为乡绅的 3 倍、为平民的 10 倍，有个人诅咒说"上帝是我的见证人"，也被罚款。每星期三人人都必须斋戒不吃肉，即使凑巧遇上圣诞节也不例外，而且士兵有权进入民宅检查是否遵守斋戒。星期日商店不许开门营业，当天也不许运动、竞赛，不准做世俗工作，若非必要也不得出门远行，甚至当天还严禁"无效用且冒渎上帝的散步"。

许多清教徒法律禁忌和社会禁忌，显示出对人类天性过于严格。据说，克伦威尔时代，大部分人民变成伪君子，和平常一样犯罪，追逐金钱、女色、权力，可是表面上道貌岸然，老是拉长脸孔、鼻子咻咻作响，装腔作势，嘴里猛念宗教用语。然而，大部分清教徒还是以虔诚、勇气，坚信《福音书》。我们应该看到 2000 名清教徒传道士在王政复辟之下，宁肯赤贫潦倒，而不放弃其理想原则。清教徒制度固然使人心智狭隘，却增强了意志和品格，它使英国人有自治能力。如果说整个国家因为畏惧地狱和清教徒的敕令而阴暗无光，平民的家庭生活却获得秩序和纯洁，而且在查理二世统治时上层阶级虽然道德沦丧，平民的这份纯洁仍保存下来。最可贵的是，清教徒政府的影响可能使得道德优美醇厚——18 世纪时循道宗（Methodism）又予以革新和加强——或许英国民族今天道德水准比较高，也要归功于他们。

教友派信徒

清教徒的一切美德都被其支脉教友派发扬光大，然而也一度因幻想和偏执而隐晦不明。他们如此敬畏上帝和撒旦，以至有时四肢发颤，他们也因此得名。1679 年，一位教友派信徒巴克莱（Robert Barclay）说道：

> 上帝的力量穿入信徒们的大会中，在信徒身上产生一阵阵内在的疼痛，人人力图克服内在的邪恶。这两种相对力量的作用，有如两股浪潮相激相荡，信徒们的动作越来越激烈，犹如在作战，这时身体会震颤撼动。真理的力量获胜，人就由剧痛转为呻吟，最后则以朗声感恩和赞美主而终。因此，颤抖者（Quakers）之名，就被人戏谑地加在我们身上。

教友派创办人福克斯（George Fox）的解释则稍有不同。他说："德比（Derby）的贝内特（Bennet）法官是第一个称呼我们为'颤抖者'的人，因为我们令他们畏服主的意旨而颤抖惊惧。这是 1650 年的事。"他们自称其宗派为"真理之友"，后来比较谦逊地自称"朋友会"。

显然他们起先是清教徒，只不过特别坚信他们在道德与邪恶之间的踌躇，就是在他们的心灵和肉体之间与他们的今世和永生都同在的一善一恶两种精神力量的挣扎。他们接受清教徒的基本教义——《圣经》的天启、亚当和夏娃的堕落、人类的原罪、上帝之子基督为救赎而死、圣灵由天堂降临、启示和荣耀个人的灵魂等。就教友会信徒而言，宗教的本质就是察觉并感受这种内启，欢迎它的指导。一个人若遵循这一启示，他就不需要布道师或牧师，也无需教会。这种启示高于人类的理性，甚至也优于《圣经》本身，因为它是上帝对灵魂的直接之声。

福克斯所受教育不多，但他写的《纪事录》（*Journal*）是优秀的古典英文作品，表露出简洁、诚恳、质朴的感人力量。他是一位织工之子，曾向鞋匠拜师学艺，他在"上帝驱遣"之下离开师傅和亲属，于 23 岁（1647 年）开始其巡回传教生涯，1691 年去世。早年，他曾受诱惑困扰，向神父求教。有位神父为他开药方，还要他抽血，另一位神父向他推荐香烟和赞美诗。虽然福克斯对这些神父失去信心，但每当他翻阅《圣经》，他就能从中找到慰藉：

> 我经常带着我的《圣经》，坐在中空的树里和寂静地带，直到黑夜来临，而且不时地在夜里孤独地哀伤而行，因为我是一个哀伤的人，在上帝初次遣使我时……上帝随即领着我，看清他的爱，那是永无止境、永恒不灭的爱，超越于人类在自然界所有的一切知识之上，而只有历史和书籍才能记录下来。

不久，他觉得圣眷已选他向世人传播内启之道。在莱斯特郡浸信会信徒的一次集会中，"上帝开启我的口，向他们传播永恒的真理，上帝的力量淹没了他们"。有消息传开来，说他有"洞烛一切的力量"，因此许多人前来听他布道。"上帝的力量发挥，使我获得伟大的启示，代他发言。""当我走在原野上，上帝告诉我：'你的名字已写在创世之前羔羊的书上。'"——这就是说，福克斯现在受到一种思想的鼓舞，认为他是上帝在创世之前所选的少数人之一，去承受他的恩典与福。现在他认为与任何人都是平等的，由于承蒙上帝恩选，他不能"向任何人，贵人或贱民脱帽，我被要求向尔等一切男女，不论贫富贵贱，都一视同仁"。

他深信真正的宗教不是在教堂中被发现的，只能求诸于内启，因此闯进诺丁汉附近的一座教堂，高声嚷叫真理的考验不在《圣经》中，而在内启中，破坏了人们的传道。他于1649年被捕，但执法官释放了他，执法官的妻子成为他最早的信徒之一。他到处流浪传播道理，闯进另一间教堂，"我受感动要向神父和人们宣扬真理，可人们盛怒地扑向我，把我打倒在地上……我被他们用手、《圣经》、棍棒毒打"。他再次被捕，法官开释他，但居民掷石头，赶他离镇。在德比，他宣称教堂和圣餐无法通达上帝，他被处禁锢感化6个月（1650年）。法官许他投军则可获释，他竟发言反对战争。狱卒把他关在"一间污秽、恶臭、低湿的牢房里，既无床铺，还与30名重刑犯同住，在那里住了近半年"。他在狱中仍致书法官力陈反对死刑，或许由于他的说项，一位因偷窃被处死刑的年轻妇人竟能免于上绞台。

出狱一年后，他又开始巡回宣扬福音。他在韦克菲尔德（Wakefield）感化了内勒（James Nayler）。他在贝弗利（Beverley）进入一间教堂，安静地听完教士传道，然后起身问这位教士"每年拿300镑来宣扬《圣经》，难道不觉得羞耻吗？"另一座城镇的教士邀请他进教堂传道，他不肯，他却站在教堂院子里向群众演讲：

> 我向人们宣称，我不是来制止他们进他们的偶像殿堂，也不是为他们的牧师、什一税，或……犹太教的异端仪式和传统而来（因为我对这些一概否认），我告诉他们，这块地方并不比其他地方神圣……因此我劝诫这些人抛弃那一切东西，指示他们探求他们身上的主的圣灵和恩典，及他们内心中的基督的启示。

他在约克郡的索思摩（Swarthmore），感化了费尔夫人（Margaret Fell），后来又感化了她的丈夫费尔（Thomas Fell）法官。他们的家索思摩厅（Swarthmore Hall）成为教友派第一个大聚会地点，直到今天，还是教友会信徒进香膜拜的圣地。

他的方法是粗糙拙朴的，尽管他连连被捕、被殴打，仍然奋勇向前，这种坚毅的耐心，足可弥补粗糙之失。清教徒、长老会派、国教会都因为他不接受圣餐、教堂和教士而攻击他。各地法官把教友派信徒拘捕入狱，其原因不仅是他们扰乱大众信仰，以和平主义蛊惑士兵，也因为他们拒绝宣誓效忠政府。教友派抗议说，任何种类的誓言都不道德，"是"或"不"应该就够了。克伦威尔同情教友派，很友善地与福克斯晤谈（1654年），分手时还说："欢迎再来我家，如果你和我能一天抽一小时共聚，我们应该会彼此熟络。"1657年，护国主下令释放全体被关的教友派信徒，而且训令各地法官把这些没有教堂的传教士"当作有强烈幻想的人"看待。

最悲惨的迫害落到内勒身上。他相信内启之说，到了自以为是或诡称自己就是基督再临人世的化身的地步。福克斯申斥他，但是一些虔诚信徒却崇拜他，有个妇人还证实她死了两天后，他使她复活。内勒骑马进入布里斯托尔（Bristol）城时，妇人在他坐骑前投掷围巾，唱赞美诗。他以亵渎神祇之罪名被捕。法官问他，这种主张是他提出的，还是旁人附会的？他除了说基督说过的"你说的"（Thou hast said it）之外，不作其他回答。清教徒占绝大多数的国会审理他的案子（1656年），为了应否判他死刑辩论了11天。死刑之议以96票对82票，未获通过，但是在人道精神折中下，他被判颈部上枷罚站2小时，鞭挞310下，前额烙上B字（代表亵渎者），舌头以火烫之铁穿透。他勇敢地承受这些酷刑。他的信徒把他当烈士膜拜，他们亲吻、舐吮他的伤口。他被单独幽禁，没有笔、纸、火或光线。渐渐地他的精神崩溃了，他承认被诱骗。他在1659年获释，1660年赤贫而死。

教友派信徒以其被同时代的人视为怪异的特点而不同流俗。他们的衣服上绝不许有饰物。他们拒绝向任何人脱帽，不管其地位如何，同时不论是在教堂、宫廷还是法院，也不脱帽。他们称呼任何人都是第二人称单数的"thou"（主格）或"thee"（宾格），用以代替最初是敬语的复数"you"（主格和宾格）。他们驳斥异教徒对一星期中各天和一年中各月份的名称，而说"第六个月的第一天"。他们在公开场合和在室内一样，随时祷告。每位祷告者被邀报告圣灵启示要他说的话，然后全体虔诚地静肃，这可能是狂热（enthusiasm）之后的镇定。妇女祷告和证道与男人同一方式。重实际的英国人厌恶早期教友派过度责难其他教派，及他们以上帝之选民和德行而自傲等倾向。否则，教友派信徒堪称模范的基督徒。他们不抗拒邪恶，他们只有对监狱中最恶劣的情况才提出口头上的抗议，他们不还手反击殴打他们的人。凡人对他们有所求，无不竭力供应。他们的婚姻生活无可疵议。他们不得与非教友派信徒结婚的规矩，限制了他们的繁衍。不过，1660 年时英格兰仍有 6 万名教友派信徒。他们诚实无欺、彬彬有礼、勤勉奋发及节俭朴实的声誉，使他们从贫民群中逐渐蹿升，至今天，其信徒已大部分是中产阶级了。

克伦威尔之死和赋税

在克伦威尔的统治下，最繁荣的是中产阶级，尤其是从事海外贸易的商人。国会现在包括许多代表商业利益或拥有商业利益的人士。为了他们的利益，1651 年的《航海法》（The Navigation Act）要求由殖民地运往不列颠的进口货物，全须由英国船只装运——这项措施显然是针对荷兰而发。克伦威尔当时颇有一种想法，想与荷兰结盟，以保护和推展新教信仰。但伦敦商人追求利润甚于虔诚，不久（1652年）克伦威尔发现自己卷入了第一次荷兰战争。其结果，诚如我们所知，颇令人振奋。

帝国主义的热潮随着海军的扩张而高涨。对霍金斯爵士和德雷克事迹的追忆，令商人们和克伦威尔觉得，西班牙在美洲的霸业或许可以打破，英国可能会夺得可获大利的奴隶交易，新世界的宝贵矿产可能被伦敦操纵，而且，如克伦威尔的解释，征服西印度群岛将使英国传教士把这些岛屿的居民从天主教徒转变为新教徒。1654 年 8 月 5 日，克伦威尔致书西班牙国王菲利普四世保证英国对西友善。10 月，他派遣布莱克率一支舰队赴地中海，并于 12 月再派威廉·佩恩和维纳布尔（Robert Venables）率另一支舰队夺取西班牙的伊斯帕尼奥拉岛（Hispaniola）。后一任务失败，不过佩恩在 1655 年为英格兰夺得牙买加。

1655 年 11 月 3 日，把宗教附属于政治之下的克伦威尔和马扎然，签订英法同盟，对抗西班牙。《威斯特伐利亚和约》（1648 年）后，西班牙与法国继续交战，这场战争使两国无暇干预克伦威尔在英国崛起掌政，现在它又使其外交政策运用成功。布莱基长久以来一直监视着西班牙自美洲驶回的运银舰队。他在加那利群岛（Canary Islands）的圣克鲁斯（Santa Cruz）港发现它们的行踪，一举将之彻底歼灭（1657 年 4 月 20 日）。英国士兵于沙丘之役占了上风，战胜西班牙（1658 年 6 月 4 日）。战争结束签订《比利牛斯和约》时（1659 年），法国割让敦刻尔克给英国，克伦威尔显然已一雪一个世纪前玛丽·都铎丧失加莱（Calais）之耻。他曾计划要使英国人的声名媲美罗马人，而他也接近于实现这个目标。海洋霸权现在落入英格兰之手。因此英国后来能君临北美洲，并扩张其统治至亚洲，皆拜其之赐。全欧洲都对这位崇敬上帝却又建立一支海军的清教徒抱敬畏之心。他宣扬福音，却又每战必胜，他以军事力量和祈助上帝之名而建立大英帝国。曾经认为他是暴发户的各国国王们，纷纷寻求与他缔盟，而不再计较其神学理论了。

国务委员会大臣瑟洛（John Thurloe）却向克伦威尔提出警告，认为协助法国对抗西班牙是不智之举，法国正蒸蒸日上，西班牙则日益衰落，英国为了确保本身的自由应支持欧洲大陆势力均衡的政策，英国需要的若不是支持西班牙，至少也要明白不能支持法国。现在（1659 年）法国是欧陆最强的大国，它往尼德兰、法兰奇—孔泰和洛林扩张之路洞开。将来许多英国人又要抛掷性命来牵制法王路易十四的侵略野心。

这时，商业巨子也因战争而大发其财。1657 年，东印度公司改组为一个股份公司，它"借"给克伦威尔 6 万镑，以避免政府检查其业务，现在东印度公司变成指挥英国政治经济走势的一个强有力因素。军费的开销是借着提高的税金来支付。大多数王室土地、英国国教会土地、多数保皇派的产业及半个爱尔兰，都被政府出售。即使如此，1654 年以后平均每年赤字仍有 45 万镑，小百姓受益无多。1642 年至 1649 年大动乱所争取的一切目标，现在全都抛在一边。征税未经代表或国会同意、逮捕不依法律适当程序、审判未经陪审团……这一切比过去的坏名声更为不堪；尤其为人诟病的是，军队和赤裸武力统治竟以宗教的芜词滥调为掩饰。"克伦威尔的统治受人憎恨的程度，是英国古往今来任何政府所不曾遭受过的。"

英国迫不及待，希望护国主早早驾崩。阴谋暗杀他的人多如牛毛。他必须永远有人为他守卫，他现在把卫队增加为 160 人。从前的一名激进派分子塞士比（Sexby）中校，参与一位桑德康（Sundercombe）刺杀他的阴谋，这个阴谋被侦破（1657 年 1 月）。桑德康被捕，死于伦敦塔中。5 月，塞士比出版一本小册子，名为《除害》（*Killing No Murder*），该书彻底主张谋杀克伦威尔。塞士比被缉获，也死在伦敦塔。反对护国主的阴谋在军队里及希望斯图亚特家族复辟的保皇派人士中，日益滋长。克伦威尔的长女嫁给激进派分子弗利特伍德（Charles Fleetwood）少将，她接受共和主义，对父亲的独裁统治颇为痛心。

忧虑、担心、丧子之恸，使这位强人的精神崩溃。和许多视权力如糟粕的人一样，有时他也后悔抛弃早年悠闲静谧的乡绅生活。"我在神前誓言……我愿住在森林边，看顾一群绵羊，而不愿担负如此一个政府。"1658 年 8 月，他最钟爱的女儿伊丽莎白久病之后，终告不治。她下葬后不久，克伦威尔也因间歇性的高热而病倒，奎宁或许可以治愈他，可是他的医生却因为奎宁是由崇拜偶像的耶稣会教士介绍传入欧洲的新药而拒绝用它。克伦威尔似要痊愈，他对他妻子说："不要以为我快死了，我确知我死不了。"国务委员会请他指定继承人，他答说："理查！"——他的长子。9 月 2 日，他旧病复发，而自知将不久人世了。他祈祷上帝赦免他的罪行，保护清教徒。翌日下午，他就逝世了。大臣瑟洛写道："他被人民洒泪铭记在心中，在圣者祈祷之翼上，升上天堂。"克伦威尔死讯传抵阿姆斯特丹时，全城"如获大消息般兴奋，孩子们沿运河奔跑，高兴地呼喊——魔鬼死了"。

倒退之路（1658—1660）

他的儿子才智概不如他，也没有毅力以武力和虔诚融铸成的链锁控制住英国。理查·克伦威尔和他姐姐一样，秉性温和，他俩对父亲的铁血政策暗自害怕。理查曾跪求克伦威尔赦免查理一世。在共和政府和护国政府时期，他平静地住在结婚时获得的乡间别墅中。他本人并无野心，却在父亲的意旨下，于 1658 年 9 月 4 日成为英格兰的护国主。露西·哈钦森（Lucy Hutchinson）形容他"温和、善良，天性却是农人，成就不了伟业"。

奥利弗压制住的各派现在全又露面了，尤其看到理查个性软弱，益发明目张胆。军方不满于他的文人背景，也希望把他父亲掌握的军法治事的大权操于手中，要求他把全部军队指挥权授予他的大姐夫弗利特伍德。他拒绝军方所请，却把弗利特伍德晋升为中将借以安抚。由于财库空虚，负债累累，他召集国会，国会于 1659 年 1 月 27 日集会。谣言盛传国会将计划奉请斯图亚特家族重返王位。军官们在成群的士卒簇拥之下，向理查要求解散国会。他召卫队来保护，卫队却不听命。他只好向武力屈服，签令解散国会（4月22日）。他现在只得任凭军方摆布。军中激烈的共和派以兰伯特少校（Major General John Lambert）为首，邀请长期国会残存的议员重行集会，而且把克伦威尔1653年在激烈的共和派的支持下解散他们时，丧失的所有的权力赋予他们。这个新残余国会1659年5月7日在威斯敏斯特集会。理查迫于政治压力，向它递辞呈（5月25日）。他归隐过平民生活，于1660年潜赴法国，化名约翰·克拉克（John Clarke）在法国隐居。他在1680年返回英国，1712年逝世，享年86岁。

一位保皇派人士于1659年6月3日写道："就目前的秩序与政府而言，混乱达于极点。"军方和国会继续争夺权力，但驻扎在苏格兰和爱尔兰的军队支持国会，而在共和派占优势的国会中，也有一支强大的保皇派。10月13日，兰伯特派兵驻守威斯敏斯特宫入口，驱散国会，宣布军方暂时接管政府。看来好像普莱德大整肃开始以来的整个经过要旧事重演了，而兰伯特就是新克伦威尔。

弥尔顿称兰伯特的政变是"最非法、羞耻之举，我担心自己将沦于野蛮……一支受雇的军队……因此就压制了建立它们的最高权力"。诗人却无能为力。在英国唯一可以对抗这个军事独裁政府的却是另一支军队，这是国会派给蒙克将军率领、驻扎在苏格兰以维持其权势的1万名军人。我们不晓得蒙克决定向伦敦夺权军人挑战，背后是否隐有个人野心。他宣称："我以良心和荣誉从事，以使英国免受一个无可容忍的武人政府的奴役。"他的声明一出，就鼓舞了一大群其他势力蜂拥而起，反对军事统治。人民拒绝纳税，爱尔兰境内驻军、当斯（Downs）的舰队、首都的学徒纷纷声援国会。伦敦财界巨子拒绝贷款给这批篡权的首脑，而军队粮饷素来全靠这些贷款支持。商人和制造业阶级，过去支持推翻查理一世，现在却觉得如此深邃、普遍的不安威胁了英国的经济，而开始怀疑若无一位国王（他的正统性可以安慰人民、可以征税、也可平息风暴），政治或经济的稳定是否能够恢复？12月5日，蒙克领军进入英格兰。军方领袖派兵迎战，他们却拒绝赴战。夺权的这批军官只得承认失败，恢复了国会，并降服听命（12月24日）。

得胜的国会有议员36人，仍是一个共和派国会。它第一批法案中就有一项，要求目前的及未来的议员，都要摒弃斯图亚特路线。拒绝准许在残余国会之前被整肃的长老会派议员复职，理由是他们赞同查理二世复辟。人民轻蔑它，认为它只是残余国会的复活，不能代表英国，而且他们在街头遍燃烽火，"火烧残余国会议员"肖像，以示民怨——仅在伦敦一条街上，就有31起烽火。蒙克大军于1660年2月3日开抵伦敦。他通知国会，除非它举行一次新的广泛选举，并于5月6日前自动解散，否则他将不再保护它。他劝告平民院承认被逐的长老会派国会议员复职，平民院照办。扩大后的平民院于英国重建长老会的宗教组织下，另举行新的选举，而且自行宣告解散。现在，长期国会终于正式地、合法地结束了（1660年3月16日）。

同一天，一个工人以油漆涂掉共和政府树立在伦敦交易所内的一项题词"皇帝全滚蛋了"，然后掷帽高呼："主佑吾王查理二世！"据说，这时候"整个交易所里欢声雷动"。第二天，蒙克秘密晤见查理的密使格林维尔爵士（Sir John Greenville）。不久，格林维尔携着蒙克致这位失去王位的英王的信函，起程赴布鲁塞尔。

国王回驾（1660）

自从1650年历尽千辛万苦逃出英国之后，查理在欧洲大陆过着近乎流浪的生活。他的母亲亨利埃塔·玛丽亚在巴黎收容他，但法国人已使她成为赤贫，因此一度查理和其仆从过得有如贫民，他那位忠心耿耿、日后出任财政大臣的海德（Edward Hyde）被迫只能日食一餐，查理本身家无隔宿之粮，在客栈吃饭，而且屡屡赊账。法王路易十四又富裕起来时，他给查理年金6000镑，查理才开始可以赡养母亲。

避居巴黎的日子，他学会以最纯洁的感情去爱护妹妹亨利埃塔·安妮。母亲和妹妹竭尽全力，想使他信奉罗马天主教，逃出英国的天主教徒移民，也未使他忘记他们是如何为他父亲效命沙场。长老会派的密使却答应他，如果他承认并保护他们的信仰，他们就帮助他复位。他礼貌地聆听双方的意见，却表示他决定坚信他父亲接受的英国国教会信仰。围绕着他的这些争论可能造成他倾向于对全部信仰都持怀疑精神。但是，他在法国到处看见的天主教仪式，似乎使他印象颇深。在他的小朝廷里，有个公开的秘密，他若能放手为所欲为，他会加入罗马天主教。1651年，他致函教皇英诺森十世，保证若能复位为英王，他会废除一切对天主教徒不利的法律。教皇对此未曾作复，但耶稣会的主持人通知查理说，梵蒂冈不能支持一名异教徒王子。

马扎然与克伦威尔开始谈判缔盟时，查理的顾问们奉劝他离开法国，马扎然也同意继续付他年金。他先迁往科隆，后往布鲁塞尔。他住在当地，一直到1660年3月26日，格林维尔为他带来了蒙克的信函。信中说：如果他肯答应普行大赦，赐予信仰自由，而且承认被充公的财产由现有主人所有，蒙克将协助他；同时，由于英格兰仍与西班牙交战，查理最好离开西属尼德兰。查理迁居到荷属不拉奔的布雷达，4月14日，他在当地签署一项协定，原则上接受蒙克的条件，详细精确的条件则留给新国会决定。

大选结果是恢复了一个保皇派占绝大多数的平民院，还有42个贵族组成的新的贵族院。5月1日，查理交给格林维尔带回的信，向两院公开宣读。在这篇《布雷达宣言》（Declaration of Breda）中，年轻的英王答应赦免全部人，"除了未来的国会认为应该例外者以外"，他听任国会处理充公财产的调整，他保证"不会有人因为并未扰乱王国和平的宗教信仰的意见不同，而受困扰不安或被召询问"，他又附上一份由财政大臣海德为他准备的明智的声明：

吾人谨以至诚之言向诸位保证，前人对国会的敬意决不会
高于吾人……吾人确信他们（国会）是王国宪法中至关重要的部
分，对政府言也至为需要；吾人深知若无他们，无论王者、平民，
均无幸福可言……吾人将永远视其建议为最佳谏诤，也将尊重其
特权，而且将其视为吾人最亲近、与吾人自身垂诸永久最需要
者，善加维持与保护。

国会满意。5 月 8 日，国会宣布查理二世为英国国王，其王衔生
效日期溯自其父去世之日起算，同时他继承王位是基于血缘继承权，
而非由国会立法奉于王衔。国会通过送他 5 万镑，并附上请驾函，邀
请他立刻回国就任。

几乎整个英国都高兴，20 年的动乱终告结束，而且未流滴血就
恢复秩序。钟声响遍全国，伦敦市内，人民跪伏在街上，为英王政躬
康泰举杯致贺。欧洲所有的国王也都为了正统获胜而欢呼喝彩，甚至
荷兰这个坚决的共和派政府，在查理由布雷达驰赴海牙时，也设宴饯
别。联省政府的首长过去一向无视于他的存在，这时也惠赠盘缠 3 万
镑，希望将来彼此交欢。一支英国舰队在甲板上悬着小旗和缩写徽记
"C.R." 开到海牙，于 5 月 23 日把 "Carolus Rex"（即查理二世）迎
上船。

5 月 25 日，这支舰队回到多佛港。两方人民齐集海滨迎接英王
回驾。查理的小艇靠岸时，他们一齐屈膝下跪，他一上岸，就齐声
感谢上帝。伏尔泰写道："在场亲睹盛况的老年人告诉我，几乎人人
眼眶里都噙着泪水。或许从未有过这么感人的场面。"沿途每英里路
几乎都挤着兴高采烈的民众，查理二世和其随从、护卫，骑向坎特伯
雷、骑向罗切斯特、骑向伦敦时，一路上数百人尾随。伦敦 12 万市
民夹道欢迎他，甚至当年和他敌对作战的军队，也和蒙克的军队一道
站在游行的行列中。国会两院在白厅迎驾。贵族院议长说："可敬的
大王，您是三个王国的希望，人民的力量和信心所托，期待您来使极

端分子缓和，捐弃歧见，大家修好……而且恢复这个民族崩溃倾塌的荣誉。"查理以和蔼亲切和幽默，接受一切道贺恭维。他在胜利中倦极而回居处小憩时，对一个朋友说道："我未曾早日回驾，真是大错之至，今天遇上的人，没有一个不抗议说，他一直希望我早早复辟登基。"

第二章 | 弥尔顿
（1608—1674）

约翰·布尼安（1628—1688）

清教徒热心推广宗教与道德，觉得根本无须世俗文学。英王詹姆士认为《圣经》作为文学已经足够，其他几乎为小道或罪恶的渣滓。1563 年，一位国会议员提议，除了经文及"雅各布（Jakob Bohme）的著作和其他同类作品"外，大学不得研读其他课程。这种提议似乎很令人沮丧，但人们应当注意，清教徒得势之际，乌尔喀特（Sir Thomas Urquhart）曾经印行拉伯雷的宗教理论译本，宁采垃圾占卜学，而不取末世学。

安德鲁·马韦尔（Andrew Marwell）在政权变换频仍期间，仍然居于领导的地位。他著有浓烈的抒情诗，欢迎克伦威尔自爱尔兰胜利凯旋，但其中也表达其对濒临死亡的查理一世的同情：

> 际此难忘时刻，
> 君更伟大不凡，
> 刀斧所至，
> 但迎以炯炯双目。

何曾恶毒呼唤上天，

卫护其无助大权，

但仅俯下潇洒君首，

低伏，宛如睡梦中。

马韦尔后为克伦威尔拉丁文秘书弥尔顿的助手，1659 年获选入国会，曾救弥尔顿免受胜利的勤王派的迫害，并眼见复辟 18 年的情形，撰文谴责其不道德、腐化、无能，但避免将该文公开出版。

约翰·布尼安的古典作品与弥尔顿的史诗一样，都是复辟后的作品，但两人都是清教徒掌权时培养的诗人。他说："我出生卑贱，我家是本国最卑贱最受轻视的家庭。"其父是贝德福德（Bedford）附近艾尔斯托村（village of Elstow）的修补锅盘工匠。托马斯·布尼安（Thomas Bunyan）赚钱送约翰·布尼安至贝德福德学校，在此他最少学习了读和写——足能"研读经文"和写下英国最伟大的书。在家中他是父亲的学徒，星期天下午，父亲还教他基督教经义。镇上的小孩教他说谎和渎神。他告诉我们，在这方面，他的对手不多。而且，他还犯了跳舞、打牌及在酒店中喝一杯麦酒的罪过——这都是清教徒禁止的。在他的少年时代（1628—1648 年），这些清教徒幸而尚未掌权。"在各种恶行及渎神方面……我是小集团的领袖。"这类自称曾犯大罪的忏悔，是清教徒最喜欢干的事，因为忏悔使其自新显得特别突出，并显示上帝救助世人力量的伟大。清教徒教义深入其心中后，布尼安从前恶行受阻于其畏惧死亡、最后审判与地狱。有一次，他梦见满天烧得火红，地球在其下面裂开。他从噩梦中惊醒，高声哀呼得令全家不安："哦，上帝呀！赐我慈悲……审判日已经来到，可是我还未准备好哩！"

16 岁时，他应征参加国会军队，并在内战中服役 30 个月。身为士兵，"我仍然在犯罪，而且越来越叛离上帝的诚言，根本不在乎我的赎救问题"。复员后，他娶了一位孤女为妻（1648 年），其嫁妆是两本宗教经书及时常说起其父如何虔诚的记忆。布尼安继承父亲的工场，替人修补锅盘养活妻子。他越来越富有，按时到教堂礼拜，逐渐放弃年轻时代的恶习。他几乎每天都读《圣经》，并尽力吸收其中的简单英语。艾尔斯托的人视之为模范镇民。

但（他说）神学的怀疑令他不安。他不敢相信上帝已赐恩于他，而缺少这种恩宠，他将来势必要下地狱。他疑心艾尔斯托和贝德福德的多数居民都将进炼狱。他深觉困扰的是所谓基督教信仰只是一种地理上偶发事件的思想。他自问："你如何晓得土耳其人也有好的经文证明穆罕默德为救主，犹如我们之有《圣经》证实耶稣是救主呢？""亵渎上帝，基督及经文的狂流冲击我的精神……攻击上帝及其唯一爱子存在的问题，仿佛在问事实上是否有上帝或基督？是否神圣之经文只是一种寓言及吸引人的故事，而非上帝神圣、贞洁的诚言？"他的结论是，魔鬼附体才引起这种疑心。"我看到狗与蟾蜍的情况，并察觉上帝已经制造了远较我这种可怖的状况为佳的世间万物……因为它们没有灵魂，就不会消失于炼狱或罪过的永恒压力中，不像我会消失。"

终于有一天，当他在乡间散步，沉思其邪恶之心灵时，突然记起圣保罗的一段话："通过在十字架上流的血，他已在世界上造成和平。"耶稣不但为别人而且为他而死的思想，在他的心中澎湃激涌，直到"我因欢喜及和平……而感到晕眩"。他加入贝德福德的浸信会（1653年），受了洗，并历经两年的精神愉悦和安宁。1655年，他移居贝德福德并担任当地教会执事，1657年受任讲道之职。所传之福音是路德（Luthur's）教义：除非一个人坚信，上帝之子耶稣之死，已替他补偿了天生的邪恶，否则他会——不管他多么具有德行——与多数人一道下炼狱。只有耶稣神圣的自我牺牲才弥补了人类邪恶的罪行。他认为，我们应清楚地告诉小孩这件事：

我的判断是人们教训小孩祈祷已经走错了路。对我来说，最好是尽早告诉孩子：他们是多么令人诅咒的生物，以及由于原罪及实际的犯罪，他们已惹怒了上帝。同时亦应告诉他们上帝愤怒的本质，及人类不幸的持久性。

　　除了这些劝诚以外，在布尼安的传道当中，亦包含如何养育小孩及对待雇工的许多忠告。就像其他的传道士一样，他亦受到教友派的麻烦质问，他们告诉他，不是经文而是内心的反省导致了解及得救。1656 年，他写了两本书攻击这支讨厌的新教派，他们的反应是控告他为耶稣会教徒、强盗、奸夫及男巫。查理二世复辟给他带来更大的困境。政府重新公布伊丽莎白之法律，要求英国人都参加国教礼拜，而且只能参加这类礼拜而已，其他非国教礼拜堂尽被封闭，非国教传教士均被禁止传道。布尼安依法封闭其贝德福德会堂，但是改在秘密地点接触会众和传道，于是被政府逮捕，假如他承诺不再公开传教，政府答应释放他，他率直拒绝，被关在贝德福德监狱（1660 年 11 月）。在那里，除了短期有限制的自由外，一共被关了 12 年。不久政府重提释放之建议，条件与以前相同，但是得到的仍是同样的答复："假如你们今天释放我，我明天就开始传道。"

　　或许其家庭生活已成为一种重担。1658 年他首任夫人逝世，留下 4 个小孩，一位是瞎子。而第二任夫人又怀孕了。邻人协助养育他的家人，布尼安则在狱中制造和出售饰带以维生计。他的夫人及小孩获允每天探监，而他本人亦获允在狱中传道。在狱中，他反复阅读《圣经》，并研读福克斯之《殉道书》（*Foxe's Book of Martyrs*）。在阅读新教徒英雄殉道传记当中，益坚其信仰之真诚，并在《启示录》的启示中发现了信仰。他一定是不缺笔和纸的，因为在前 6 年的监禁期中，他曾出版了 8 篇宗教论述，及一本大作《罪首之蒙恩》（*Grace Abounding to the Chief of Sinners*）。这是他的精神自传，几乎是令人害怕地揭露了清教徒的心灵。

　　1666 年，查理二世发布《第一宽容宣言》（*First Declartion of*

Indulgence），他才获释。但他又一次因传道而回到监狱去。1672 年，查理二世的《第二宽容宣言》允许非国教教士传道。布尼安获释，立即被选为其旧教堂的牧师。1673 年，该宣言废止，旧日禁令又再恢复，布尼安不加理会，遂又下狱（1675 年），但是不久就释放了。

　　在第二度或最后一次下狱期中，他写完《由此世界至即将来临的另一世界的天路历程》（*The Pilgrim's Progress from This World to That which is to Come*）的第一篇。1678 年，该书第一篇出版，第二篇于1684 年跟着出版（在一首打油诗代序当中，布尼安宣称：他写此书旨在自我消遣，而未计及出版）。在富于幻想的气氛中，他自然地推出其故事：

　　　　当我走过原野，我看到了一个兽穴，我躺在那儿睡觉；而当我睡觉时，我做了一个梦。

　　在其想象当中，基督徒应该放弃和忘却其他事物，具有专心追寻基督与乐园的思想。他离开妻子及小孩，开始寻找天堂的历程。霍伯福（Hopeful）加入他的旅程，并很简要地述说了清教徒的信仰：

　　　　有一天我觉得很伤心，我觉得比此生任何时候都要悲伤，这种悲伤来自我具有可厌的大罪的重新体认。而当我所能找到的只是地狱及我的灵魂永远受诅咒时，突然我想到，也看到耶稣基督从天上看着我说："信仰基督，你就会得救。"但是我答称我是一个大罪人。而他却说："我对你的赐福已足够赎罪了。"……现在我的心中充满了快乐。

　　经过许多苦难与争辩以后，这些人终于抵达天堂，而我们知道他们是抱着多么热切的希望：

看呀！当他们进入时，容貌为之一新，身上穿的是像黄金的衣服。还有琴声及金冠等待着给予他们——琴声赞扬他们，皇冠代表荣誉……再看呀！天堂的金光耀眼得像阳光一样；街上铺以黄金，有许多人在上面走动，头戴金冠，手上是棕榈枝，而金色竖琴在唱着颂曲。

可怜的伊革诺伦斯（Ignorance）断断续续地跟随他们，信仰不够坚定，虽然来到天堂之门，却因无入境证件而被拒，改下地狱。故事极为引人入胜，但是有时候我们很同情奥斯丁尼特（Obstinate），他谈到基督徒及其伙伴时说："这些人是昏了头的纨绔子弟，当他们妄想着将来时，他们的眼中露出比有理性的人更聪明的光。"

灵魂避开尘世诱惑，升入天堂极乐世界的思想早已有之。中古寓言式故事亦多包含此类思想，我们可以假定，布尼安曾经读过某些较早期的这类著作。这些著作因为这个特别成功的新故事而被遗忘。该书出版百年内就已印行了59版；布尼安死前共售出10万本之多，自此以后连续出售几百万本以上，共译成108种语言。在清教徒得势时的美国，几乎每家均有一本。其中某些词汇——失望灰心（the Slough of Despond）、虚华人世（Vanity Fair）、贤人（Mr.Worldly Wiseman）——都成为一般用语。到了20世纪，其声望迅速下降，清教徒的热潮已成过去，该书已不复为人类信仰及家中必需品之一，但是仍然为简单扼要英语的源泉。

布尼安共写了约60本书，现在大家已不需读这些书了。1675年最后一次释放以后，他成为当时最著名的传道家，为英国浸信教派的公认领袖。他高度赞扬查理二世，吁请其信徒向斯图亚特王朝诸王效忠，视之为英国对抗教皇的保护者。查理二世在病床上接受天主教两年后，布尼安亦了结其一生。奇异的是，他的死很像路德。有一对父子在书房中互相争吵彼此反目，布尼安很喜欢那个孩子，于是骑马离开贝德福德前往排解，使双方言归于好，但是在回程中遇到暴风雨，他冒着雨找到了避雨之地。风雨使他发高烧，自此不再复原。死时葬于本山（Bunhill Fields）异教徒公墓，至今他仍躺在那个石墓中。

年轻诗人（1608—1640）

弥尔顿的祖父是罗马天主教徒，1601 年以逃避国教礼拜被罚 60 镑，其子因放弃天主教信仰而无法继承其财产。这位身无恒产的约翰·弥尔顿在伦敦担任代书人，生活颇为宽裕——代书人善于书写或抄写原稿、权利状及其他法律文书。约翰·弥尔顿喜爱音乐，编过舞剧，家中有许多乐器，包括一架风琴。这种爱好音乐的特性想必遗传给了诗人，他应该同意，一个人要写好文章，必先在灵魂和心灵的耳朵中具有音乐感才行。诗人母亲萨拉（Sarah Jeffrey）是裁缝商的女儿，共生下 6 个孩子，约翰是第 3 个孩子。诗人的弟弟克里斯托弗（Christopher）成为斯图亚特王朝的勤王分子和高级僧侣，约翰则成为克伦威尔清教徒的共和派分子。他在面包街的房子成为清教徒组织的所在地，庄严虔敬但不够清净，此地文艺复兴的爱美已与宗教改革的爱善互相混合了。

老约翰购置房地产，日见兴隆，聘请家庭教师（清教徒）教育小约翰，等他 11 岁又送他至圣保罗学校就学。在校期间他学会拉丁语、希腊语、法语、意大利语及一些希伯来语。他曾读莎士比亚的著作，但比较喜欢斯宾塞的作品。我们现在已知他对杜·巴尔塔斯（Du Bartas）的《创世的六天》（*La Semaine*，1578）的英文译本印象极深，该书是描写 7 天创造世界的长诗：

> 我对知识的欲望极大，从 12 岁起，在午夜以前我从不辍读或上床睡觉，这是我失明的主因。我（像母亲）天生视力就不好，而且我经常为头痛所苦，不过那不会影响我的好奇心也不会减少我的上进心。

16 岁时，他转至剑桥基督学院就读。在该校，他与一位教师因争吵而互殴。弥尔顿被退学了一个学期，其后复学，他已经能写出好诗。1629 年，21 岁，他写成高雅的颂歌《基督降生之晨》（*the Morning of Christ's Nativity*）自娱，且在一年后编写了 16 行《墓志铭》（*Epitaph*），其后该诗纳入《莎士比亚全集》（*Shakespeare's Works*）第二对开版本中（1632 年）：

> 我的莎士比亚具有傲骨，
> 何须一代人力为他堆起一座石堆，
> 哦！那么其遗下圣骨该埋在
> 迈向星星的金字塔？
> 亲爱的难忘的人，伟大名声的继承人，
> 你的名字哪须这样愚拙的见证？[1]

弥尔顿在剑桥过了 8 年，1628 年取得学士学位，1632 年取得硕士学位，然后离开那所大学。父亲希望他担任圣职，但这位骄傲的青年不愿对国教教条及其礼拜式宣誓效忠。

他退居于其父在霍顿（Horton）的乡间别墅，很靠近温莎城。在那里，他一面努力读书（主要是读古典文学），一面仍受父亲供养。他渐渐熟悉许多拉丁作者，甚至最不出名的作者也在内。他写拉丁文诗，颇受一位天主教红衣主教的赞许，不久，他用拉丁文为克伦威尔写的辩护，势将得到欧洲各国的共鸣，甚至他写英文散文时，同时写下拉丁文，使其英文成为古典的倒置和迂回的混合，形成一种奇异引人的响亮文章。

或许是在霍顿，身处绿油油的英国乡间，他才写（1632 年？）

---

[1] 我们很遗憾地加上一句话，弥尔顿奉命为查理一世受刑辩护时，他在那个皇帝的污点中，列举了喜欢莎士比亚作品这一点。

了几首诗作伴，赞美其年轻时不在乎的欢乐和悲伤的情绪。《阿里葛多》(L'Allegro) 一诗中几乎每一行均"跃跃欲唱"。阿里葛多是"漂亮的女儿……丰满、活泼、快乐"，在"西风与曙光一同出游当中"出生。乡间诸物使诗人快乐：云雀惊醒了夜晚，鸡鸣叫醒了主妇，猎狗在猎人号角中追逐跳跃，初升的太阳"发出琥珀般的亮光"，唱着歌的挤牛奶女郎，轻咬细嚼的羊群，少男少女在草地上跳舞，在炉边或戏院度过晚上等等：

> 假设琼森喜剧用的软鞋已经穿上，
> 哦！甜蜜的莎士比亚呀，你是想象之子，
> 轻轻唱着狂野的森林之歌。

而音乐——

> 解开了锁住的锁链，及
> 潜藏的和谐的灵魂……
> 假使你能给予这种愉悦，
> 那么欢乐，我想与你活在一起。

这里出现的不是阴郁或失欢的清教徒，而是一位健康的英国青年，在他的血管中流动着伊丽莎白时代游吟诗人的血液和灵感。

面对着记起悲剧、寻找生命意义的恍惚心灵，发现哲学内找不到答案，反而出现前所未有的问题，致使这些乐事顿成小事时，就不时会出现另一种情绪。于是弥尔顿不知不觉作成一篇较有思想的田园诗 (Ⅱ Penseroso)：

> 注视着徘徊的月亮
> 正午迂回前进想要逼近她，

就像一个人走入歧途
想要穿过天上广阔难寻的路。

或是独自寂寞地坐在火旁——

熊熊柴火照亮了整个房间
教光明伪造黑暗
远离各种欢笑，
除了火炉上蟋蟀的叫声。

或是处身"某个寂寞的高塔"，目视星辰而自卑，翻阅柏拉图的
著作，怀疑天堂究竟在何处——

什么世界，什么广大的地域会拥有
这样不朽的心灵，放弃了
地处天涯一角的她的华厦

或回忆爱人之间的悲哀与帝王可悲的死亡。于是，比严肃哲学更
有意思的是，大天主堂中"勤奋的退隐情境"，其逐层而上的窗户和
幽暗的光芒——

此地风琴声铮铮地响着，
配合着下面唱诗班的柔美歌声，
圣礼已达高潮，赞美诗很嘹亮，
仿如一股甜蜜，穿过了耳旁，
我完全耽于极乐之中，
天堂呈现在我的眼前。

这些乐事是"沉思得来的"，假如它们与忧郁联结在一起，那么诗人的生活就与忧郁分不开了。在这两首可爱的诗里，弥尔顿透露了24岁的心声：一个年轻人深为生命的美丽所感动，并不以追求快乐为耻，但已经有了对生命和死亡疑惑的幻想，并感受宗教与哲学的冲突。

1634年，诗人有了第一次成名的机会，他受命写作一幕田园舞剧，以庆祝布里奇沃特伯爵荣任西区议会议长。劳斯（Henry Lawes）负责配乐，弥尔顿写的诗，为示谦逊并不署名，但因很受赞，他才承认是这些诗的作者。沃顿爵士赞许"在你的诗歌与颂曲中具有淳朴的美，对此……本国语言已找不到可与之比拟的"。这部诗原来称为《在勒德罗堡表演的歌舞剧》（*A Masque Presented at Ludlow Castle*），到了今天改为《哥玛斯》（*Comus*）。该剧由两位年轻贵族及其妹演出，来自亨利埃塔·玛丽亚王后宫廷的17岁女孩。虽然这个小舞剧多由无韵诗写成，屡被神话束缚，但其中含有节奏轻快的抒情诗和高雅的情调，在这方面较弥尔顿曾经写过的诗都胜一筹。其主题不离传统——一个可爱的少女，在森林中信步徘徊，唱着：

> 创造灵魂的那些气质
> 在死神的肋骨下

魔法师哥玛斯上前与她搭讪，施出魔法要使她失去贞洁。他劝她趁着年轻多多享乐，她却滔滔不绝地为德行、节制及"神圣哲学"辩护。这些诗大体演唱得很不错，只除了一段不吉利的赞扬共和的文字：

> 假如每一个公正的人如今都有这种需要
> 但是没办法恰如其分地享有
> 而卑鄙纵容的奢侈豪华
> 如今齐集在少数人身上，实在过分，

> 自然的全部恩惠应可更公平的分配
> 依据必要的公平比例，
> 所以她一点也不烦恼她的珍藏。

1637 年，诗人的心情很坏，因为其年轻朋友兼诗友爱德华·金（Edward King）遭受了溺死的噩运。在悼念集中，弥尔顿作了一首挽诗《利西达斯》（*Lycidas*），是充满匠心的田园诗，其中堆着一群死亡之神，但是诗意极为醇厚，至今其感恩的追念依然极为动人：

> 唉！受了什么激使，要非常的小心
> 去照顾家人轻视的牧羊人行业 [1]，
> 并审慎地冥想不知感谢的缪斯呢？
> 为何不与别人一样
> 在林荫里与乡村姑娘游戏，
> 或玩着妮艾拉的一束乱发？
> 名声是一种刺激物，会使纯粹的精神激荡
> （高贵心灵最终的弱点）
> 轻视愉快，而过着勤快的日子；
> 但公平的报酬，我们试着去找，
> 并想使它突然光辉灿烂之际，
> 所得的却是无尽的黑暗，用可怖的大剪刀
> 割裂了这个已够短暂的生命。

老约翰·弥尔顿似乎觉得，6 年在霍顿闲暇放纵的生活，造就了会写这种诗歌的天才已经不错了，他又送其子到欧陆旅行，且十分慷慨，代付各种费用。身边带着一位男仆，弥尔顿于 1638 年 4 月离开

---

[1] 指写诗的行业。

英国，在巴黎逗留数天（当时在尚武的黎塞留的统治下）后急忙赶至意大利。在佛罗伦萨停留的两个月中，他拜访了盲目、半受幽禁的伽利略，会见文学界人士，与学会中人座谈，互赠拉丁文诗，并写意大利十四行诗，仿佛他是在阿尔诺河或在波河旁长大的。在那不勒斯，他受到塔索和马里尼之友曼索侯爵（Marquis Manso）的殷勤接待。他在罗马停留 4 个月，拜访几个有学问的红衣主教，虽然喜欢他们，仍公开承认他信仰新教。接着又回到佛罗伦萨，并经博洛尼亚和费拉拉至威尼斯，经维罗纳至米兰，再经日内瓦、里昂和巴黎回到伦敦（1639 年 8 月）。

在其后的作品中，他著有两篇著名的意大利旅游记。他反驳其敌手的讽嘲说："我以上帝的名义作证，在那些作恶几乎不受干涉、行之不以为耻的地方，我从未越离完美和道德的常轨。"又回忆意大利评论家如何赞扬其诗歌：

> 至此，我开始同意你们和本地各类朋友的意见，而且相信在我内心日益增长的自我激励，即通过努力和专心的研究（我视之为生命的一部分），加上强烈的天生习性，我或可写下一些杰作传之后世，受到珍视，永垂不朽。

现在他开始写一部伟大的长诗，赞美国家或信仰，并使其名声永垂不朽。在他开始写作之前已耽搁了 20 年，在他能付印之前已费去 29 年的光阴。在其诗作第一期（1630—1640 年）至第二期（1658—1668 年）之间，他曾在清教徒大革命中扮演特殊角色，以如椽之笔，加入了战斗的行列。

改革者（1640—1642）

1639 年，弥尔顿寄居在伦敦圣布莱德教堂院落（St. Bride's

Churchyard）中的单身公寓里，做外甥的家庭教师。一年后，他与他们一起移居艾德斯门街（Alders gate Street）。在那里（1643 年），他招收更多的 10 到 16 岁的学生，供应食宿并加以教育，赚取微薄的收入聊补其父津贴的不足。在《致哈特利布先生》的信中，他建立对教育的主张。他为教育下了有力的定义："我所谓的完整、充实的教育，是指教人备有恰当、富于技巧和高尚的完成其公私、和战任务的功能而言。"教师的第一个任务是培养学生的德行，克服人类天生的邪性（原罪）。弥尔顿觉得，最佳的办法是给成长中的心灵适当地灌输对全知全能的上帝的强烈信仰，并通过严格的纪律使之习于自制。他以身作则，在学生面前树立"努力研读和节食"的典型，几乎没有一天"欢乐和享受"。除宗教和道德外，还应教以希腊和拉丁古典文学，弥尔顿不但把它们当作文学的范本，还当作自然科学、地理、历史、法律、道德、生理、医学、农学、建筑学、诗歌、哲学、神学的教育工具。而且，弥尔顿计划使其学生了解当时科学和历史的一些文献，以及某些应用艺术。他希望把猎人、航海家、园艺家、解剖家、工程师、建筑师带进教室中，由他们代传各家最近的技术新知。在音乐和戏剧课程方面他也分配了不少时间，而且每天有一个半小时做体操和军事教育。"每到春天"，其学生会"随着小心沉静的导游到本国各处旅行、学习和观察"，他们会"短期加入海军，学习航海技术和海战"。最后，年过 23 岁的，即可到国外旅行游学。这是很辛苦的课程，我们找不到弥尔顿学校完全照课程进行的证据，但假如其学生具有他的部分热情和勤劳，这些课程很可能被实行。

他不时梦想发展一所足以与柏拉图和亚里士多德媲美的学院，但其精神终被当时的大事吸引。长期国会的集会（1640 年）是其生命中的转折点，这几乎可以说是一种从诗歌与学界转向政治和改革的剧烈转变。12 月 11 日，有几个朋友参与的清教徒"枝干党"（Root and Branch Party），向国会提出奇异的请愿书，签署者达 1.5 万人之多（或许包括弥尔顿在内），要求消灭英国教会中的主教阶级。艾希特主教霍尔（Joseph Hall）提出《对国会最高法庭的谦逊忠告》（"An Humble Remonstrance to the High Court of Parliament"，1641 年 1 月）一文作为反击，辩称主教制度来自"圣使徒时代……一直未曾间断……而传之至今"。五位长老会牧师一同执笔提出《对一个谦逊忠告的答复》（"An Answer to an Humble Remonstrance"，1641 年 3 月），他们署名为"Smectymnuus"，是其缩写字母并成的假名。霍尔及其他主教又提出答复，最后平民院通过了请愿提案，贵族院却予否决。此项争论在圣坛上、报纸上、国会中沸腾一时，弥尔顿也写了 90 页的《关于英国教会纪律的改革》（*Of Reformation Touching Church Discipline in England*，1641 年 6 月）一书，提出其意见。

　　他使用强烈而令人为之屏息的句子，有时连续可达半页，把教会的腐化归纳为两个原因：保留天主教仪式，主教任命圣职的专权。他轻视"这些无聊的仪式，我们加以保留作为返回罗马天主教的危险保证，而且那仅成为……高级圣职铺张奢华的插曲而已"。主教们采用的礼拜仪式，暗中已等于返回天主教——这显然是在攻击已被封为红衣主教的大主教劳德。弥尔顿驳斥詹姆士一世和查理一世的主张，即所谓主教的存在对教会当局和王国组织确有必要。他呼吁苏格兰长老会教徒继续其反对主教制度之战，而且诉求三位一体的神只能为正义服务：

　　　　你这个三位一体的神，看看你那个几乎精疲力竭、日薄西山的可怜教会，别因而使它成为纠缠不休的狼群的猎物，它们在等待和垂涎直到吞尽你的柔顺的羊群为止；还有这些野猪闯入了你的葡萄园，它们污浊的蹄印烙在你的仆从的灵魂上。哦！别让它们策划可恨的阴谋，现在它们就站在无底深渊的出口，等待着看门人开门放出那些可怕的蝗虫和蝎子，要使我们永远陷入黑暗地狱的乌云中，让我们永远看不到你那像阳光似的真理，永远不敢希望可喜的黎明会来临，更永远听不到早晨的鸟啼呢喃。

他在结论中主张高级教会（High Church Party）党徒尽下地狱：

> 但是，他们……破坏、减少真正的信仰，虽则他们那不幸并受奴役的国家热望着高度尊严、规律及奖励，他们在此生可耻的生命结束后（他们的生命由上帝赐予），该永远地打下最黑暗最深的地狱，在那里，受到最轻蔑的对待，受到其他罪人的践踏藐视，而且在他们痛苦的受折磨中，降临其上的是叫骂和兽性的专制统治，被当作奴隶和黑奴，再无其他较好的待遇。他们将永远无法改变这种恶劣环境，永远是地狱中最卑劣、最低级、最受摒斥、最受糟蹋蹂躏的附庸。

霍尔主教答复并斥骂"Smectymnuus"的主张时，弥尔顿却强烈地支持这些主张，强烈到可能动摇了这位 65 岁的高级僧侣的圣职。《对忠告者答辩"Smectymnuus"的谴责》（*The Animadversions upon the Remonstrant's Defence against Smectymnuus*）于 1641 年 7 月匿名出版了。在序言中，弥尔顿为其措辞猛烈辩护：

> 要使任何恶名昭彰的敌人去认识和相信（承认）真理及其国家的安宁，特别是针对那些自负具有口若悬河、打动人心的影响者……用较粗暴的言辞，不取基督的柔顺来加以对付，或揭发其洒满自己的圣水的傲性，似乎并无不可。

主教与其子卷土重来，又发表了《谦逊的驳斥》（"A Modest Confutation"，约 1642 年 1 月）一文，使用愤怒的火辣辣的言辞，攻击《谴责》一文。弥尔顿写《反击谦逊驳斥的自辩》（"An Apology against a Modest Confutation"，约 4 月）一文加以答辩。他进一步强烈地指责那个主教，他攻击指称他曾被剑桥"开除"（vomited）的控诉是"信口雌黄"，他告诉世人，耶稣学院的研究员在他毕业时曾邀请他留校共同研究；他一再确认他虽受人指责，坚贞犹在：

> 虽然基督教所能教我的不多，我自己原有的某些天生脾性
> 及学自最高贵哲学的道德规律，已足够令我鄙视远较妓院更无耻
> 的行径。但鉴于《圣经》的道理揭示了贞洁和高度神秘……明示
> "人人为上帝，上帝为人人"，因而我自思，假如圣保罗称为男人
> 光荣之所在的女人失了贞，发生了丑事或不名誉，那么被视为是
> 神的偶像与光荣的男人如有同样情形，应该……是更加的可耻和
> 不名誉，这样他不但是侮辱完整男性的躯体，而且有辱寄托于女
> 人身上的光荣，最恶劣的是，有辱寄托于其身上的上帝的偶像与
> 光荣。

因此，弥尔顿痛心于许多古典诗人的无德，扬弃他们，而赞许但
丁和彼特拉克：

> 因为他们从不写作不名誉的作品，所写的诗篇尽以表彰荣
> 誉为能事，要展示高贵纯洁的情操，绝无僭越失德之处。而很快
> 地我就确信，一个不肯打击自己写好诗的希望的人……他本人就
> 是一首纯真的好诗。所谓好诗，即最佳、最荣誉事物的组合和模
> 型，即除非他自己有那类值得歌颂的经验，他就不会高声歌颂英
> 雄或著名的城市。

写完这篇示范文章后，弥尔顿进而讽刺主教的软鞋和双脚只会送
"恶臭到天堂"。假如有人指责这类言辞似与神学无关，他就以"最佳
修辞家的规矩"与路德的榜样作辩护，他还提醒读者，"耶稣自己，
谈到不良的传统时，也毫不顾忌地提到粪便和排泄物"。

这次拙劣无味的争论谈得已经够多了，之所以引述了这么多，是
因为从中可以看出弥尔顿的个性和当时的风气，也因在无聊的嘲骂、

文法的混战及冗长的句子当中，可发现像弥尔顿诗歌那样高雅流畅、如琴声般悠扬的散文。同时（1642 年 3 月），他署本名发表了较为普遍、不指特定人的文章《呼吁反对教会政府主教制度的理由》（"The Reason of Church Government Urged against Prelaty"）——这些主教粗暴的枷锁，在其宗教裁判及其残暴的愚拙行为下，根本不会使自由和高贵的机智（智慧）欣欣向荣。他承认道德和社会纪律的必要性。事实上，他认为纪律的兴衰是国家兴亡的关键：

> 在整个人生中，世界上没有比纪律更庄严、更重要的事。难道还需要举证说明吗？凡是研究国事的人……都会同意，文明社会的兴衰、人类历史演进及转变，都沿着纪律的轴心前后移动……在此生中，不同世俗或神圣的任何社交完美事物，皆不如纪律重要。事实上，纪律就像音乐的琴弦一样，使各部分得以联结在一起。

不过，这种纪律不应来自宗教层级节制组织，而应来自每个人担当"潜在僧侣"（potential priest）的观念。

他在其论述第二部中，作序表达类似片断自传的悲痛，即谓这次论战已使他暂时搁置长久以来一直想写的一部伟大著作，"那就是雅典人、罗马人或现代意大利人，及旧时希伯来人，以最伟大和精选的才智贡献给其国家的著作，而我想要取法于上，以基督徒的名义，希望提供一部杰作"。他说他已在选择这部著作的题材，但他希望这一部作品可以让他"描绘和述说……整部书的圣与善"，及"宗教上的神圣与高贵"。犹如已能预见，等到清教徒大革命容许他提笔完成这部著作，要费 16 年的光阴一般，他找了种种理由为其延搁自辩：

> 我并不引以为羞，要来和任何博学的读者约法三章，在几年以后我会偿还我今天欠下的文债，那部著作不是来自年轻一时的

冲动或熏人的酒气，就像从那些俗不可耐的庸人笔下流出的废料或寄生文人的逐臭滥调一般；也非得自司命女神及其塞壬女妖的召唤；而是虔诚地向永恒的上帝祈求。他会增强我的言辞和知识，并在圣坛的圣火中，派遣其六翼天使，去接触和净化他喜欢的嘴唇。除此之外，还要加上勤苦及有选择地读书，稳定的观察，透视美好丰富的艺术和事物；直到这些都已相当圆满地完成，那么虽是由我来冒险，我也不拒绝去达成那么多人为了相信我的保证而产生学的那种期望。

结婚与离异（1643—1648）

在《谦逊的驳斥》一文中，主教霍尔指控弥尔顿旨在钓取文名，并炫耀其能力和背景，以赢取"一位富孀"或其他报酬。在《自辩》一文中，弥尔顿嘲讽这种想法，反之，他曾自称"生长在富裕之家"，不需任何富孀，并主张"谨慎而态度优雅的男士会选择小康、清白之家的女孩，而不会选择富孀为妻"。英国进入内战时（1642年），弥尔顿也完成了婚姻大事（1643年）。

他不曾加入国会的军队，而且王军逼近伦敦时（1642年11月12日），曾写过一首十四行诗，劝请王军统帅像亚历山大大帝保护诗人品达一样，保护诗人的家乡及其安全，而且允诺将写诗赞扬"他们这种温和的行动"。不过，王军终被逐退，弥尔顿的小屋也告无碍，可以接待其妻。

他在牛津郡的森林山（Forest Hill in Oxfordshire）与玛丽·鲍威尔（Mary Powell）结识，其父是当地的和平法官。这位理查德·鲍威尔（Richard Powell）远在1627年，曾欠当时在剑桥的弥尔顿500镑的债，其后虽恩减为312镑，仍未偿还。显然，诗人曾在1643年5月至6月在鲍威尔家逗留了一个月——究竟为收债或为娶妻而去，则不得而知。弥尔顿或许觉得34岁该是结婚生子的时候了，而玛丽年仅 17 岁，显然是他所要的处女。回到伦敦时，弥尔顿身边已有一个妻子，这很使他的外甥感到意外。

快乐不是持久的。弥尔顿的外甥讨厌玛丽，视她为闯入的第三者。玛丽讨厌弥尔顿的书，想念自己的母亲及在森林山享有的"许多友伴和快乐，跳舞等等"。奥布里（Aubrey）说："她经常会听到弥尔顿的外甥挨揍痛哭的声音。"弥尔顿发现玛丽常识太少，而且只有一些保皇派的观念，于是又回到书中。其后他曾提到一位"暗哑无思想的伙伴"，并痛心于"一个男人发现他竟与粗俗及迟钝的偶像紧紧地结合，而且在这个甜蜜与快乐的社会里，他却必须把她当作相依为命的伙伴"。据传，玛丽拒绝与他圆房。一个月后，她要求给予假期返回娘家省亲。他表示同意，相信她会回来，但她这一离开就不再返回。他写信给她，她置之不理。由于找不到其他宣泄感情的方式，他提笔写下《离婚的原理和规矩》（*The Doctrine and Discipline of Divorce*），并匿名予以出版（1643 年 8 月）。他将之献给"英国国会与宗教大会"——威斯敏斯特宗教大会，当时该宗教集会正在进行长老会的忏悔仪式。他请求国会免除传统的婚姻束缚，如有与人通奸以外的正当理由也应准许离婚，以示改革。他提议：

> 由于本质上无可改变的理由而使两者的心理彼此嫌恶、不合或矛盾，而阻碍或可能会阻碍结合的主要利益，即阻碍互相安慰和安宁者，就比天生冷淡更有理由离婚，特别是无子或两相同意，都应认为有理由离婚。

他引述《申命记》第 24 章第 1 节犹太旧法："当男人娶了一个太太，结果她却发现在他的眼中她并不受宠，因为他发现她有些不干净，那么他就有权写一纸休书，把它放在她手里，并把她赶出家门。"耶稣显然摈弃这段摩西律法："有人说，谁想离弃自己的妻子，即可给她一纸休书了事；但是我要告诉你们，除了与人通奸的理由外，谁要休离其妻，只有使她犯了通奸罪而已。"（《马太福音》第5章第3132节）弥尔顿辩称："耶稣的话不能照字面解释。"并不断公然宣称，他一点也未改变摩西法的原意。他努力使其广泛的解释可以适用于他的案例，甚至要证明不能作"适当和投机的谈话"，离婚也是适当的：因为"不适当和有缺陷的反婚姻心理"能使婚姻生活"较之寂寞的独居，情况更为恶劣"，这种情况，等于活人与死尸结合在一起。

这本小书畅销一时，因为它受到普遍反对。弥尔顿在1644年2月出版第二版，滔滔雄辩，又增大其篇幅，并大胆署名于上。在《四弦琴》（"Tetrachordon"）和较轻松的《惩罚鞭》（"Colasterion"）两篇文章（均发表于1645年3月4日）中，他颇引经据典答复其批评者，尽情使用其丰富的骂人词汇来攻击他们——傻瓜、猪、野猪、大鼻子、无脑的恳求人、无耻的笨蛋、奇怪和恶臭的蠢货。弥尔顿在一页内，其文笔可以突然从文艺的天堂跃入粗俗的深渊。

由于无法获得国会的同意修改离婚法律，他决定反抗法律另娶妻子，他希望娶戴维斯小姐。除了知道她曾拒绝与他结婚外，对她我们一无所知。这件事传到玛丽·鲍威尔耳中时，她决定不管结果是好是坏，乘着还未太晚，要挽回丈夫的心意。有一天，在弥尔顿拜访一位朋友时，她突然出现在他面前，跪了下来，请求重修旧好。他迟疑了一下。朋友也代她求情，他终于同意重新开始。现在他与妻、父及学生一起迁到巴比肯街（Barbican Street）的一所大房子里。不久，玛丽双亲由于保皇派的失败而陷于贫苦困境，也来和诗人同住，因而使这个家庭可能走向疯狂或哲学的超脱。1646年，这个家庭又增加一个人——弥尔顿的第一个孩子安妮。理查德·鲍威尔的逝世（7月）缓和了一团糟的情况，而老约翰·弥尔顿也于次年3月结束了其漫长光荣的生命。诗人继承了在伦敦的两三间房子、一些现金，或许还有一些乡间的房地产。1647年，他解散了学校，带领妻、女及两位外甥移居海荷本街（High Holborn Street）。1648年他的第二个女儿玛丽又出生了。

言论自由（1643—1649）

1644 年 8 月 13 日，长老会教士帕尔默（Herbert Palmer）在国会两院讲道，提议将弥尔顿关于离婚的论文公开焚毁。若不是帕尔默这顿埋怨，也不会惹起伦敦书商、印刷厂、装订商、文具商公会向国会表示，许多书籍和小册子均违反应在注册许可后才能出版的法律规定。该法的存在与伊丽莎白王朝一样悠久，但国会仍在 1643 年 6 月 14 日另订条例增强该法的效能，规定：

> 任何……书籍、小册子、报纸或出版物的任何部分……将……不得付印……或出售……除非首先从国会两院或一院……指定负责发照许可的那类人……的手中得到出版许可和执照，然后依古代惯例在印刷厂注册，才得为之。

违反该法规定者，其作者和有关印刷人将受逮捕拘禁的处罚。

弥尔顿的诗作经常不照章注册。虽然《离婚的原理和规矩》是在该条例公布两月后出版，他仍不理会该法的规定。或许因为他支持国会对抗国王，是国会欢迎的人物，情形特殊。无论如何，国会并不干涉他的违法。但该条例对他一直有效，而且一直是对英国作家的有效管理法。对于弥尔顿来说，在这种著作检查的制度下，文学似乎不可能欣欣向荣地发展。假如国会和教会继续调查英国人的言论，那么放逐一位国王和吹毛求疵的主教又有什么用呢？1643 年 11 月 24 日，未经注册和许可，他发表了其散文中最优美的作品《司法者：约翰·弥尔顿先生为无照出版自由对英国国会的演说》（"Areopagitica：A Speech of Mr.John Milton for the Liberty of Unlicensed Printing, to the Parliament of England"）。[1] 此处已

---

[1] 司法者（Areopagitica）是关于雅典最高法庭之事，该法庭开庭于战神山（Areopagus），因此得名。弥尔顿采用这个题目，是仿伊索克拉底（Isocrates）曾于公元前 355 年上书战神山法庭之例。

见不到强烈的措辞，也无谩骂，《演说》所用的言辞和所含的思想极为高超。弥尔顿不断请求国会重新考虑书籍检查的条例，因该法"阻碍和扼杀宗教和民间智慧可能产生的进一步发现，打击各种学问的研究"。继而，他写下了一篇著名的文章，措辞高雅：

> 我不否认书籍与教会和国家的关系太密切，因此他们必须时时保持警戒，注意书籍会不会水准太低和贬低作者的身份，并因而视作者为罪犯，加以监禁、下狱或绳之以严刑峻法。因为书籍绝非死物，它具有生命的美感，是作者的子孙，像作者一样有活力。不，它们就是保持在小瓶子里的那种活生生的创作智慧，是最纯真的效力与精华。我知道它们是活泼、极有生命力的，犹如寓言的龙牙一样，而且在播种耕耘以后，有可能会产生生机勃勃的一群人。但在另一方面，也应力加慎重，把阻止一本好书出版视同几乎杀了一个人那样严重。杀人等于杀害上帝的偶像，即杀害有理性的生物。破坏了一本好书等于杀害了理性，即杀害了上帝的偶像，因为它是让人看的。许多人活在世上简直多余，好书却是伟大人物的宝贵精血，是刻意铭记和珍藏在超越生命的生命当中。诚然，没有一个时代可以恢复一个人的生命，也许这个生命并没有白活。时代的改革不一定常能补救真理受到拒斥的损失，缺少这种真理，整个国家都要蒙受其害。因此，我们要谨防对一般人在世的努力的迫害，及对在书中储存人类有用生命的打击。我们曾看到这类杀害，有时只是少数人的殉道，假如它扩展至整个印书行业，那就是集体屠杀了。这样做的结果不是杀害一个基本生命，而是打击了理性。事实上，它杀害的不是生命，而是永生的元素。

他引述古代雅典学术之所以发达，是因只有倡议无神论及毁谤的作品才受检查的缘故。"普罗泰哥拉的书籍被雅典最高法庭法官下令焚毁，其本人则被逐出雅典本土，这是因为他在书中供认不知世上究竟有神还是无神。"弥尔顿赞扬古代罗马政府给予作者自由，然后扼要说明罗马帝国和天主教教会检查制度的发展情形。他觉得这种出版许可证的条例含有"天主教式"的味道。"假如我们已避开了教鞭，现在却又要受到"出版许可证的刁难，"那么成年男人到底比学童好在哪里呢"？政府和发证者都易犯错，别让他们推销他们的偏爱给一般民众。还是让人民自己去选择和学习，即使会因此多费工夫或发生错误也在所不惜：

> 我不能赞许一味逃避、不肯面对现实的行为，那意味着从来不肯面对敌手，只会避开应有的竞争……除了其他自由外，让我有依据良心去学习、讲话和争辩的自由……虽然世界上存在许多空洞无聊的理论，但也存在真理，我们通过许可证和禁止出版的手段，伤害真理的力量。真理与虚假应该并存，在自由与公开的对抗中，谁知道真理对虚假有何影响呢？

不过，弥尔顿不要求完全宽容一切出版物。他相信倡议无神论、毁谤和黄色出版物均属违法，不得予以出版，而且他拒绝宽容天主教的出版物，因为那是国家的敌人，其本身即已具有不能宽容的性质。除此之外，凡具有思想和言论自由的国家，任何方面将臻于伟大的境界：

> 在我的心中好像已看到一个高贵的强国，像一个强壮的人从睡梦中醒来，摇动其无敌的头发。我看到她好像一只鹰，鸣叫着显示她的年轻有力，目光炯炯凝视着中午盛开的花朵……

国会对弥尔顿的请求置之不理，反之，又制定日益严苛的法律（1647年、1649年、1653年）对付无照印刷品。伦敦书局、印刷厂、装订商、文具商公会会员抗议弥尔顿未将《司法者》注册，贵族院指定两名法官审问他。我们不知结果如何，显然他并未受到处罚，因为他是胜利的清教徒有用的代言人。

1649 年 2 月，查理一世被杀两周后，弥尔顿出版小册子《论国王和地方法官的任期》（*The Tenure of Kings and Magistrates*）。该书采纳民约的理论，即政府的权力来自拥有主权的人民，而"任何有权力者皆可谴责暴君或邪恶的君王，一经定罪即可予以贬逐或置之死地，完全合法"。一个月后，革命议会邀请弥尔顿担任"对外事务秘书"。他暂时搁置其史诗著作，在以后的 11 年内，献身为清教徒政府和克伦威尔的护国主政权服务。

拉丁文秘书（1649—1659）

新政权需要一位处理对外交往的拉丁文秘书，弥尔顿是最佳人选。他可以像古代罗马人、佛罗伦萨人、巴黎人一样，写作拉丁文、意大利文和法文文书，而且在历经纷扰危险的几年中，他一直忠于国会，反对主教和国王。是议会而不是克伦威尔聘请他的。他跟那位新的统治者并无亲密关系，但一定常常见到他，可以揣摩其思想，从而写出几近其可畏人格的文章。议会雇用弥尔顿，不但要他将政府外交通讯译成拉丁文，而且要他写作拉丁文小册子，向外国政府说明其政策的确当公正及杀死国王的完全合宜。

1649 年 4 月，就任新职不久，弥尔顿联合议会其他职员，镇压反对新政权的保皇派和平等主义者的言论。此时的文字检查比英国历史上任何时期都要严苛得多，完全符合政府越不安全、检查越厉害的一般原理。曾经滔滔雄辩拥护出版自由的人，现在都改以统治阶级的观点来看待出版检查了。不过，应注意的是，弥尔顿在《司法者》一文中曾主张："书籍与教会和国家的关系太密切，因此他们必须时时保持警戒，注意书籍会不会水准太低和贬低作者的身份，并因而视作者为罪犯，加以监禁、下狱或绳之以严刑峻法。"

由于利尔伯恩是一位特别难缠的平等主义者，议会授意弥尔顿撰文答复其激进的小册子《新桎梏的发现》（*New Chains Discovered*）。我们不知道弥尔顿是否完成了这项工作。但他本人曾谈到，他曾受命答复《妖魔形象》一文。他编写（1649 年 10 月 6 日）一部 242 页的书，称为《偶像的破灭》。虽然不能确信无疑，但仍假定《妖魔形象》是查理一世的著作。在此前提下，弥尔顿逐点揭示保皇派的主张，然后尽其全力予以反击。他完全拥护克伦威尔的政策，认为杀死国王并无不当，并表示他很轻蔑这群"变化无常、悖理及盲信偶像的暴民……那是一群盲从无助的人，天生奴性……为暴君……所迷惑"。

查理二世在欧陆忧心忡忡，聘请欧洲最伟大的学者梭麦士（Claude Saumaise）为已死的英王辩护。梭麦士于 1649 年在莱顿发表《为查理一世辩护》（"Defensio Regia pro Carolo I"）一文。他攻击克伦威尔及其党徒是"一群狂妄的无赖……人类的公敌"，并吁请欧陆诸帝王为他们的利益着想，应该：

> 装备一支军队消灭这些害虫……显然那位伟大国王的血……要求基督教各国皇帝和君主为他报仇。最能够安慰其灵魂的，是恢复其合法继承人的全部权力……并重新扶持他登上其父王的王位……同时在神圣的死者墓前，杀死那些谋杀伟大国王的残暴野兽，作为祭品。

克伦威尔唯恐受到欧洲著名学者的攻击，此举会加深欧陆广泛反对其政府的恨意，要求弥尔顿发表反击梭麦士的文章。这位拉丁文秘书为了这项任务，历经近一年的努力，在烛光下工作的他，根本不顾医生对他可能因此失明的警告。此时，他的一只眼睛已经失明了。1650 年 12 月 31 日，约翰·弥尔顿的《英国约翰·弥尔顿为维护英国人民驳斥梭麦士为查理一世辩护书》（*Joannis Miltoni, Angli, Pro*

Populo Anglicano Defensio contra Claudii Salmasii Defensionem Regiam）终于发表了。该书首先斥责梭麦士出卖劳力给查理二世，然后指出 4 年前梭麦士曾撰文攻击主教制度，现在又加以维护：

> 哦，你这个受人收买、贪图金钱的代言人！……哦，你这个卑鄙鬼祟的叛徒……你，最愚蠢的蠢货，只配当愚人的部下，竟想用这种无知的论点鼓动国王和君王作战……你既无机智又无天分，只是一个好吹牛的讼棍，天生只会剽窃和抄袭其他作者的余唾，竟自认可以写出不朽的文章——你那些拙劣的文章紧紧与你联结在一起，相信我吧！到了下代就要被忘得一干二净，不是吗？你的那篇文章经过长期的忽视和束之高阁，也许有一天会再被提起，可是这种可能只存在于别人对你这篇文章的答复。

这点真是不幸而被言中。梭麦士将查理一世理想化了，弥尔顿则直接加以贬斥。他疑心查理曾怂恿白金汉伯爵毒杀其父詹姆士一世。他控告死去的国王与一些公爵"作恶多端"。他指责查理在剧院中拥吻妇女，并公开玩弄处女和妇人的胸部。梭麦士多次辱骂弥尔顿，弥尔顿的报复是将梭麦士称为笨蛋、蠢货、驴子、说谎者、变节者、毁谤者、白痴、无知之徒、无赖、奴才。他嘲笑梭麦士惧内，指责其拉丁文屡犯错误，劝他不如上吊算了，并保证他死后只有下地狱之途。霍布斯一向以哲学立足点来批评双方的书，称他不知何人的立论较佳，也不知何人的论点较差。议会决定表扬弥尔顿的贡献。

梭麦士目睹弥尔顿的《答辩书》一书时，正在斯德哥尔摩克里斯蒂娜女王的宫廷做客。他承诺作答，但迟迟未能动笔。同时，弥尔顿已由外交事务转向内政问题了。1649 年，他移居查令十字街（Charing Cross）一所较靠近其工作场所的大房子。在那里他的妻子生下一个男孩，但不久就告夭折，1652 年又产下一名女婴戴布拉（Deborah），而他的妻子却因生产失调死亡。同年，弥尔顿完全失明。现在他终于写下一首最伟大的十四行诗——《当我想到失明时》（*When I Consider How My Light Is Spent*）。议会续聘他为拉丁文秘书，另拨给他一位书记帮忙。

在失明当中他遭受另一项打击：他热心推许的共和国终告崩溃（1653 年），变成军人独裁政体，而护国主克伦威尔成为事实上的皇帝。弥尔顿只好容忍这种发展，只是批评"天意不可预测"而已。他继续赞扬克伦威尔，誉之为"最伟大、最光荣的英国人……你们国家之父"，并断然向他表示"在人类群体生活的社会中，没有比让具有最高智慧的人享有主权更能取悦上帝或更为合理"。

不久，他受命替护国主反驳一则强有力的控诉。1652 年，有人匿名出版了一本书，其特殊题目本身就代表作战的呼号：《国王的血向上天呼吁报复这些弑君者》（*The Cry of the Royal Blood to Heaven against the English Parricides*）。该书首先把弥尔顿描述为"可怕、丑恶、庞大、失明的怪物……一位绞刑吏……理应处以绞刑者"。该书将查理一世的受刑与耶稣上十字架相比，并把弑君视为重罪，蔑视"篡位者"的宗教忏悔：

> 他们对公众宣言的文辞充满了敬神的虔诚，配合克伦威尔及其党徒的口味。但这些秘密的无赖、公开的强盗竟想以宗教作为借口，掩饰其邪恶，只有令人为之苦笑不已……

这位匿名的作者像梭麦士一样，诉请欧陆强权入侵英国，并恢复斯图亚特王朝。该书于结尾致书"野蛮黑卫士、弑君赞助人约翰·弥尔顿"，希望不久他会受到无情的鞭笞：

> 整个善于作假的头颅
> 受到鞭笞是活该。寸寸都是鞭痕，
> 直到你将尸体击成一团酱。

你已停手了吗？还当继续，直到他
的胆汁从血眼中流了出来。

议会敦促弥尔顿答复这次愤怒的攻击。他却暂候一时，希望在梭麦士咆哮过后，一石二鸟同时反击。但梭麦士终告逝世（1653年），无法反驳弥尔顿的攻击了。弥尔顿误以为《国王的血向上天呼吁报复这些弑君者》的作者是米德尔堡的一位牧师和学者穆拉斯（Alexander Morus）。他要求尼德兰联邦联络员替他收集穆拉斯公私生活的资料。该书的出版商阿德里安（Adrian Ulacq）写信通知弥尔顿之友哈特利布，称穆拉斯绝非该书的作者，但弥尔顿拒不置信，阿姆斯特丹市民也支持弥尔顿的想法。1654年4月，约翰·德鲁里（John Drurie）写信警告弥尔顿，称他已误认该书的作者是穆拉斯。弥尔顿不理会这项警告，5月30日印行《弥尔顿第二次辩护》一书。

这本173页的书极为流畅雄辩，令人钦佩的是，那竟是一位盲人以拉丁文口授写成的。其敌人将其失明归因于上天对他的滔天大罪的处罚，弥尔顿驳斥这种说法不对，认为他的一生足为他人学习的榜样。他很高兴他的第一次辩护——

完全击败了我的敌手……使得他立刻投降，精神和荣誉两受打击，在死前的最后三年内，虽然极为愤怒，威胁再作驳斥，但已不足为患，只敢请某些卑鄙的人出力协助他。

接着笔锋转向新敌，弥尔顿指出，希腊文"穆拉斯"之意为"蠢货"。他指责穆拉斯是异端、放浪形骸、奸淫、拐诱梭麦士的女仆生子，然后始乱终弃。甚至该书的印刷人也受斥责，大家都知道他是一位"恶名昭彰的骗子和破产者"。

弥尔顿检讨克伦威尔的一生，笔锋较富幽默。他为克伦威尔远征爱尔兰、解散国会及取得最高权力辩护。他以护国主为对象说：

我们都心服于你不可估量的价值……所以，继续你仁慈的统治吧！哦，克伦威尔……你是国家的解放者、自由的创造者……为你的行动感动的人，从前不但是国王剥削的对象，而且是传奇英雄冒险的主角。

但在深致敬仰后，他又毫不顾忌地献策于护国主：克伦威尔应任用弗利特伍德和兰伯特（均为激进派）等人，他应建立言论自由，他应使宗教与国家分离。教士不得征收什一税，这些人已经获利太多了，"通常他们极富裕痴肥，甚至其中的智者亦不例外"。弥尔顿警告克伦威尔："假如他——我们之中没有人比他更公正、更高尚、更优秀——但后来竟侵犯他原来所保护的自由……则其后果，不但对他本人，就是对德行和虔诚的普遍利益，都为有害和致命。"弥尔顿明白指出"自由"的意思并不是民主。他问一般人民：

> 为何有人替你们争取自由投票权或选举国会议员权呢？是否你们应该……在城市选出你们同党的人或在镇中选出那些人，不管他们有无价值，只要能够奢华地请客或请那些乡党饮大量的酒就可以呢？那么我们选出的国会议员必不是审慎和权威的人，而是以党派和宴请来组成的。我们将选出来自城中酒店的葡萄酒商、零售商及来自乡间的畜牧商和牛商。我们是不是该把国事交给大家不敢把私事委托的那些人呢？

不，这种普遍选举权不能算自由——

> 有了自由相当于有了虔诚、聪明、公正、节欲、自足、不贪别人的财产，尤其是等于有了仁慈与勇敢。反之无此者即等于奴隶。而依神意，凡是不能自治的民族，不能克制自己，而成为欲望之奴者，势必受其他主人的主宰……不管顺己之意或违反自己

的意志，终会成为别人的奴隶。

1654 年 10 月，阿德里安在海牙重印弥尔顿的《第二次辩护》一书，另附穆拉斯的复文《公开作证》(*Public Testimony*)。在自序中，印书人坚称穆拉斯并非《呼吁》一书的作者，原稿系由梭麦士交给他（阿德里安），梭麦士不愿署作者的真名。穆拉斯严肃地否认他是该书作者，并称弥尔顿已多次被告知此情，而仍拒绝改写《辩护》一书，因为辱骂穆拉斯部分如果删去，该书即甚少内容可言。1655 年 8 月，弥尔顿发表 204 页的《自卫》(*A Self-Defense*)，他拒不采信穆拉斯的否认。他复述关于梭麦士女仆的丑事，并强调女仆在公平挑战中曾击败穆拉斯，几乎把他的眼睛挖了出来。其后弥尔顿才得知《呼吁》一书是由法国新教神学家皮尔（Pierre de Moulin）所写，穆拉斯主编，并题献辞。穆拉斯奉邀（1657 年）担任靠近巴黎一所新教教堂的牧师时，诗人即寄给该教区多份《第二次辩护》，企图阻止其任命。但教区宗教法庭仍然接受穆拉斯的任命，他结束其多灾多难的一生（1670 年）时，被公认为巴黎附近最善讲道的新教讲道师。

弥尔顿在其关于 1655 年皮德蒙特大屠杀雷霆万钧的十四行诗中，显露较温和的光芒。或许他曾替克伦威尔致书萨沃伊公爵请求结束对沃杜瓦人的迫害，并致书马扎然及瑞典、丹麦、尼德兰联省及瑞士的君王代向公爵求情。

1656 年，经 4 年独身生活后，弥尔顿虽双目失明，再娶凯瑟琳·伍德科克（Katharine Woodcock）为妻。她的确是一位贤内助，就像耐心的护士一样照顾盲目和脾气暴躁的丈夫，并善待 3 个女儿，但 1658 年她死于难产。那年是弥尔顿最难过的一年，因为克伦威尔也于同年逝世，使这位拉丁文秘书在党派纷争中，只有尽力维持其地位一途。虽然弥尔顿此时确已知道英国正走向斯图亚特王朝复辟之途，但他仍印行《辩护书》的新版本（1658 年 10 月），赞成查理一世的受刑，这几乎导致他殉道。在富有个性的自序中，他将第一次辩护称为"不易消逝……的纪念物",声称该书来自上帝赐予的灵感,并称该书挽救英国自由的贡献仅次于克伦威尔的功业。

彼目虽盲,仍有勇气抵拒查理·伊曼纽尔二世的复辟运动。蒙克军队开抵伦敦、国会摇摆于共和或君主之间难以选择之际,弥尔顿印行一本小册子《现有建立自由国家的最佳途径,及其与本国复辟的不便与危险相较下显示的优点》(*The Ready and Easy Way to Establish a Free Commonwealth*, *and the Excellence Thereof Compared with Inconveniences and Dangers of Readmitting Kingship in This Nation*),而且他大胆署名"作者约翰·弥尔顿"。他呼吁国会不要使——

> 无数赐予我们自由(我们以生命去换取)的忠勇英国人的血白流,或被污染……他们(我们的邻居)会怎么说我们,会怎么看整个英国的名誉,是不是只有嘲弄地把我们看为救世主提到的愚蠢建筑家,最初打算建筑高塔,结果却功亏一篑呢?这个共和国的高塔,英国人曾自诩能遮蔽帝王的光芒,成为西方另一个罗马,但到底建在哪里呢?……那些可以高贵地自治的人,现在懒散无力地想把权力交给独夫,这是多么疯狂呀!……最无男人气概的是仰独夫的鼻息,把我们的安全和我们的幸福寄托在他的身上,事实上除了懒人和小孩外,我们该自己照顾自己。除了上帝及我们自己的打算、自己的德行和努力外,我们实在不能依赖别人!

他预测复辟后,君主政体对人民自由的"以往侵犯行为"很快又会恢复。他提议改以民选的贤人全体会议代替国会,其成员采取终身制,只有犯了某种特定罪行的才能去职,另以定期选举补充不足。不过,该会议应有言论、宗教及地方自治的最大自由。弥尔顿在结论中说:"我相信我已说动了许多有常识、诚实的人——对于某些人,或许上帝会使他们这些基石成为'自由之子',并使他们团结在高贵的决心中，以期阻止破坏性的复辟提议，并纠正无知群众的一般缺陷。"

　　国会根本不理解散改组的提议。攻击弥尔顿的各种印刷品纷纷出现，有一本小册子甚至建议把他吊死。议会现已成为保皇派，下令逮捕弥尔顿作品的印刷人，并解除弥尔顿拉丁文秘书的职务。弥尔顿印行《现有的最佳途径》一书的增订第二版（1660 年 4 月）。他警告国会，新的王室权力集结以后，查理二世现在所作的诺言很容易就会被推翻。他承认多数人赞成查理二世复辟，但他力言多数人无权奴役少数人。"假如要诉诸武力，则少数人强迫多数人退还……他们的自由，较之多数人恶毒地强迫少数人成为他们的奴隶，要来得更公平。"抨击弥尔顿的人日见增加，其中一人吁请当时在布雷达的查理二世记住弥尔顿曾在《偶像的破灭》及其他著作里给他的各种侮辱，并建议弥尔顿应与实际参加弑君者一起被处死。

　　在这本小册子抵达查理手中前，他已出发赴英。5 月 7 日，弥尔顿离开其女，逃至朋友家中隐藏。不久他就被找到并拘禁狱中。3 个月内，他的命运一直操在保皇派国会的手中。许多议员主张他应该被绞死，但马威尔·达韦南特（Davenant）以其年纪和盲目为理由请求赦免。国会下令将他的某些著作焚毁了事。12 月 15 日，他获得释放。他在荷本街买了一座房子，与其女迁居于此，并在 11 年聚讼纷纭的散文生涯后，进入其诗歌的第二个黄金时代。

老诗人（1660—1667）

　　他从弹奏风琴与唱歌中获得一些自慰，奥布里称他有"温润和谐的嗓子"。1661 年他迁居一次，1664 年又迁居一次，这一次是其最后定居的住所，在艾帝勒利道（Artillery Walk）。那里有一所私人花园可供他散步，除靠手脚摸索外，无须导游协助。他的外甥已忘却从前挨的打，经常来看他、协助他。朋友们也不时过访，代为笔记其口授著作。他的 3 个女儿颇不耐烦地服侍他，但也相当费心。大女儿安妮跛脚、残废，说话有缺陷。戴布拉充任其笔记口授的秘书。她和玛丽学会用拉丁文、希伯来文、法文、意大利文和西班牙文读书给他听，虽然她们不了解自己在读什么。事实上，她们3人都未曾上学。她们接受了一些私人教育，但所受的教育实在太有限了。由于他的孩子根本不重视书本，弥尔顿死前把多数的藏书卖了出去。他抱怨，她们秘密卖掉他的书，她们不顾他的需要，与仆人共谋在家庭采购方面剥削取利。她们在严肃、要求甚严、善怒的父亲的管理下，觉得在这个阴沉的家庭中并不快乐。玛丽听说他计划再娶时说："他的婚礼没有新闻价值，但假如听到他死亡的消息，那就另当别论。"1663年，弥尔顿年已55岁，又娶了第三位妻子，24岁的伊丽莎白·明夏尔（Elizabeth Minshull）。直到他老死为止，她一直忠心耿耿地服侍着他。在与继母同居7年后（奥布里称她是"一个温柔、平静，颇具幽默的女人"），这3个女儿终于离开她们的父亲外出，花弥尔顿的钱学习各种生意。

复辟使他损失惨重——几乎损失生命，但也使其《失乐园》（*Paradise Lost*）一诗的写作成为可能。若无复辟，他可能在战意浓厚的散文中耗尽一生精力，因为他具有的斗士气质犹如其诗人气质一样强烈。虽然如此，在笔战中他从未放弃写出英国人在未来几个世纪中一直极为欣赏的作品的希望。1640年，他列出一首史诗或一出戏剧的题目表。除了亚瑟王的传奇外，亚当堕落的故事赫然列在表中。他对究竟使用拉丁文还是英文来写作迟疑难定，甚至他决定以《失乐园》为主题时，他还想以希腊悲剧或中古神秘剧的形式来表达。他不时写几行诗或几段诗，其后均塞入《失乐园》全诗中。直到克伦威尔死后，弥尔顿才有闲暇每天写史诗，接着是他的全盲（1658年）——

　　　　失意艰险的日子，只见恶言交加；
　　　　黑暗中，周遭都是危险。

他无助、失望地躺在床上时，许多佳句便浮上脑中。诗兴大发时，他找来笔记人，声言"要挤出脑汁"。写作的狂热临身，他会"一口气"口授四十行诗，然后在旁人重读给他听时，用心地加以改正。或许没有人会用力这样勤，用这么多的勇气来写诗。弥尔顿觉得他正在对英国演述荷马史诗和《以赛亚》（Isaiah），因而显得生气勃勃。他相信诗人就是上帝的声音，是天意授命教导人类的先知。

1665 年，瘟疫侵扰伦敦，一位尚在狱中的教友派朋友艾伍德（Thomas Ellwood）安排弥尔顿到白金汉郡查尔方特（Chalfont St.Giles），住进艾伍德在该地的十房"小屋"中。在这座"漂亮的厢房中"，诗人完成其《失乐园》（1665 年 6 月）一诗。但谁来印行呢？1665 年至 1666 年，伦敦一片混乱，紧跟着瘟疫来的是大火。大家还感兴趣的是复辟的喧闹取乐，对写原罪的 10 558 行诗则毫无胃口。弥尔顿的《辩护书》一书曾赚取 1000 镑。现在（1667 年 4 月 27 日）他把《失乐园》全部权利以 5 镑现款售与西蒙斯（Samuel Simmons），并订契约依出售情形每次另得 5 镑，他共得到 18 镑。该诗印行于1667 年 8 月。出版的前两年共售出 1300 份，前 11 年出售 3000 册。或许直到今天，任何一年皆无太多的读者。

该诗与《埃涅阿斯记》一样有作于荷马诗之后的缺点，因而关于战场和超凡战士的描写，均因模仿而失其力量。荷马无疑也模仿了以前的典型作品，但我们已经无从考据了。约翰逊认为《失乐园》"就其主题本质说，显然较优于其他作品，其内容有一贯普遍的趣味"，但他承认："没有人希望它会那样冗长。"其主题是：

> 人类首次不服从神命，及
> 禁园树上的果实，那致命的味道
> 给人间带来了死亡和烦恼。

这个主题在弥尔顿年轻时极为流行，当时创世记的故事被当作信史，大家天天都会想到天堂与地狱、天使与魔鬼。但到了此时，这个题目成为诗人最大的障碍，全诗共有 12 篇咏诵神仙的故事。现在述说这篇冗长、严肃、古老的宗教故事，必须从头到尾，特别费尽心力。但从来没有看过把这样无意义的事也能写得这样高贵典雅的。场面极为庄严伟大，包括天堂、地狱和人间在内。无韵诗严肃高贵地流动前进，复杂剧情的操纵自如，对自然新鲜柔和的描写，亚当和夏娃的实在感及个性的塑造极为成功，时时出现雷霆万钧的段落——这些都是《失乐园》成为英语最伟大的诗篇的理由。

故事的开始是在地狱中，撒旦被描写成"身材壮硕"、"双翼宽广"的一只鸟，向堕落的天使力劝不必绝望：

> 一切皆非无望；但凭无可征服的意志，
> 学会报复，及永恒的怨恨，
> 和永远不会萎靡或屈服的勇气；
> ……向人低头请求施恩
> 用乞求的膝盖，和崇拜他人的权利，
> ……那真是太卑鄙，
> 那等于堕落之余，
> 还要加上羞耻与侮辱……
> 此时我们的心理与精神都该保持
> 威武不屈……

这首诗听起来很像克伦威尔反抗一个查理，而弥尔顿则反抗另一个。许多描写撒旦的诗篇令人想起弥尔顿：

> 我们的心不该随时空而浮沉。
> 心灵自有它的境界，它的本身
> 可使天堂成为地狱，地狱成为天堂。

在较早的诗篇中，弥尔顿的滔滔雄辩诱导他几乎同情地把撒旦描绘为反叛现存专制政权的领袖。诗人终于没把撒旦写成史诗的英雄，只因他本人后来已化身为"说谎之父"，其人"蹲下来就像一只蟾蜍"，或像一条蟒蛇似的在泥土上弯弯曲曲地滑行。但在同一诗篇中，撒旦宛然成为知识的保护人：

> 知识该禁止吗？
> ……为什么他们的主
> 会羡慕他们的知识？知识有罪吗？
> 有知识该死吗？他们（亚当与夏娃）只配
> 无知下去吗？他们最幸福的是无知，
> 借以证明他们的服从和信仰吗？
> ……我要挑拨他们的心灵
> 用更多求知的欲望……

因而他像一位唯理主义者一样与夏娃辩论，攻击反启蒙主义的教会：

> 那么为何这也要禁止？为何只要使人敬畏，
> 为何要使你们低下和无知，
> 你们不是他的崇拜者吗？他知道在当日
> 你们在那里吃下禁果，你们的眼睛好像很明净
> 但有些朦胧，到了此时却要完全
> 张开和明亮，而你们就像神那样……

不过，天使拉斐尔促请亚当别对宇宙有好奇心。人类如果想知道生命以外的范围，那就太不聪明了。这就是说信仰还是比知识重要。

我们或会预期弥尔顿把"初罪"解释为指性交而不是求知欲。事

实不然，他反而作出反清教徒的诗歌，主张在结婚的许可下求得性交快乐完全合法。他还把亚当与夏娃描写为他们仍在"无罪的状态"时，已知道利用触觉取乐的价值。但在"堕落"以后——吃下了知识之树的禁果——他们开始感觉性交的可耻。现在亚当把夏娃当作万恶之源，"其肋骨天生弯曲"，并痛心上帝会创造女人：

> 哦！为什么上帝
> ……终于在世上创造
> 这个怪物，这个
> 自然美丽的缺憾；而不使人间只充满了
> 男人，就像天使无女性一般，
> 或另寻其他方法来产生
> 人类？

弥尔顿几乎忘了亚当的身份，在诗篇中重述其在散文著作中重男轻女的观念。他将在《力士参孙》（Samson Agonistes）中重诵这些诗句，那是他最喜欢的梦。而在秘密的小品文《基督教义》（De Doctrina Christiana）中，他建议恢复多妻制度。《旧约》不是鼓励这个制度吗？《新约》不是没有废止有益健康和重视男性的法律吗？

无论如何解释，"人类第一次不服从"这个主题太狭窄，根本不足以写12首诗。一首史诗需要的是情节、情节、情节，但故事开始、天使反叛完毕后，剧情只能通过回忆往事入诗，那等于枯萎无力的回声。战场的描述倒极逼真，有手臂互撞的响声，还有手脚裂开的声音，但我们不太会因想象的打斗而产生痛苦或狂欢的感觉。与法国的戏剧家一样，弥尔顿纵容其演说的热情，从上帝到夏娃，每一个人都在演讲，而撒旦发现地狱之火无阻于其虚饰的言词。我们很不耐烦地发现，在地狱中还要听人教训。

在这部史诗中，上帝并不是但丁在《神曲》中感到的那种无可描述的一团灿烂光辉，而是经院学派的哲学家，他提出令人无法信服的冗长理由，说明为何全能的他会容许撒旦的存在，并准许诱惑人类，还经常预见人类会屈服于其诱惑，给人类带来几个世纪的罪恶和不幸。他辩称没有犯罪的自由即显不出道德，没有考验即显不出智慧。他认为人类勇敢地面对诱惑和加以抵拒比毫无诱惑来得好，他根本未预见，基督的祷词会请求上帝不要使人类受到诱惑。谁肯同情撒旦反叛这位难以置信的虐待狂呢？

弥尔顿真的相信这种宿命论带来的恐怖吗？显然如此，因为他不但在《失乐园》中加以阐述，而且还在秘密小品《基督教义》中予以释述。在造人以前很久，上帝即已决定哪些人该获救、哪些人该下地狱。不过，那篇秘密小品包含一些异端邪说，弥尔顿从未加以付印，要到1823年才被发现，到1825年才付印。

这是一篇很奇特的文章。开始时他很虔诚地假定，《圣经》中每个字都来自神示，毫无疑义。弥尔顿承认《圣经》经文有很多"讹误、伪造及割裂"，但即使是现今的形式也是上帝的著作，因此他只容许逐字加以解释。假如经文说，上帝休息，或恐惧或悔恨，或愤怒或悲伤，这些文字均应照其字面加以接受，不得随便解释为暗喻，甚至关于上帝身体各部分和性质的描写也应视为在物质上完全真有其事。但除了在经文中对其外表有所启示外，上帝还给我们内在启示，那就是会在我们心中说话的圣灵。这种内在启示，"即每位信仰者特别拥有的东西，是远较经文更高超……更确定的指示"。不过，在其论证当中，弥尔顿曾引述《圣经》是最终及牢不可破的证明。

他以经文为基础，拒采正统派的三位一体论，而宁取阿里乌斯派异端之说（the Arian heresy）：基督绝对是上帝之子，但他是其父后来所生。因此，他与其父并不同时，即永远不会与其父平等。基督是上帝创造的代表，是其他万物产生的媒介。弥尔顿不承认由无生有而创造世界的理论：物质世界与精神世界一样，都是不时由神质衍生。精神是优美、轻柔之质，不能过分与物质分别。最终物质与精神赋之于人成为形体与灵魂，而成为一体。这种见解很像霍布斯和斯宾诺莎的理论，这两人与弥尔顿于 10 年内先后死亡。或许弥尔顿早已读过霍布斯的著作，它在查理二世一朝曾引起甚多争议。

弥尔顿的宗教观念是一神教与物质主义、亚未念教派的意志自由与加尔文教派宿命论的奇异混合。依其著作，他似乎是极为虔诚信教的人，但他不参加教会，甚至在目盲之前也不参加，他在家中也不举行礼拜。约翰逊博士写道："在其作息表中，并无祈祷时间，不论是单独或与家人在一起皆没有这个时间。不参与公共礼拜，就等于不参与一切礼拜。"他轻蔑教士，悲叹克伦威尔发给教士俸禄，视为是有害教会和国家的一种"偶像崇拜"。在一则最后宣告《论述真正宗教、异端、派系、宽容及避免教皇派系的发展的方法》（"Treatise of True Religion，Heresy，Schism，Toleration，and the Best Means to Prevent the Growth of Popery"，1673）中，他直接反击查理二世的第二次《宽容宣言》（1672 年），警告英国人不要宽容天主教徒、无神论者或任何不承认《圣经》为其教义基础的教派。

就是这位与异端挑战、反教士主义和非国教的人，给基督教教义最高贵的现代阐述。

暮景残年（1667—1674）

弥尔顿进入 70 岁时，除了盲目外，他仍保持身体健康，及使他在历经种种宗教与政治冲突时屹立不倒的傲骨。奥布里说他是"很瘦的人……中等身材……具有潇洒和架构平衡的身体……肤色特别明净……身体健康，不患各种恶疾，很少服药。只有接近逝世那段时期，才为痛风症所苦"。其头发中分，卷曲地落到肩膀上。他的眼睛看不出目盲。他的步伐仍然矫健、坚定有力。出门必定服装整齐、佩带宝剑，因为他深以其剑术高明自傲。他由于太过自信，变得严肃而缺少幽默，但在谈话中如果不是意见与之相左，他都是谈笑风生的人。他并非典型的清教徒：他具有清教徒对原罪、地狱、拣选及《圣经》无误的观念；他喜欢美感，爱听音乐，写作戏剧，并想拥有多位妻子；在其不知幽默的严肃态度中，仍可见对伊丽莎白时代热情的某种模仿。他很自大，甚至屡次表现其自我主义不常见的极端程度。像伍德所说的，他不是"不知自己才能的人"。约翰逊则说"少见有人写了这样多的书，赞许他人之处却那样的少"。或许天才需要以自我为中心，以自傲自恃，坚决地对抗广大群众。对弥尔顿，我们最难接受的是他怨毒的本性及他过火地辱骂异己者。他认为我们固该为我们的敌人祈祷，但我们也应"公开诅咒上帝和教会的敌人，犹如诅咒假的同道和诅咒犯有反抗上帝，甚至侵犯我们的严重大罪的人"。这种热辣辣的感情另一方面就是先知抨击其时代的勇气。不被复辟暴动吓阻，他仍敢攻击查理二世的"宫中奸情"、宫里的"贪欲和暴力"行动、"妓女的卖笑"和"放纵的舞剧及午夜的舞会"。

仿佛对黑暗时代投掷最后的抗议一般，1670 年 9 月 20 日，他印行了两部无情的著作：《复乐园》（*Paradise Regained*）和《力士参孙》。1665 年，艾伍德在读了其较早的史诗后，向弥尔顿挑战："你已说了很多失乐园，现在怎么又说找到了乐园呢？"弥尔顿也深知这点矛盾，但他不知怎样从历史中重新找到乐园。即使基督之死也未清除人类的罪行、贪欲和战争。但他认为从基督抵抗撒旦的诱惑中，可见上帝答应人类有一天可以去除心中的魔鬼，并使人类可以生活在基督的统治和人间的正义下。

因而在《复乐园》的 4 巨册中，弥尔顿并没有把耶稣一生的重点放在十字架上，而是放在抵御原野中的诱惑上。撒旦答应给基督"美少年……比盖尼米德还要潇洒英俊"，然后又答应给他"美貌女郎……和河泉女神……及看守金苹果园的诸仙女"，然后是财富——但耶稣不为所动。撒旦把精疲力竭、无子及失去众望的提比略皇帝统治下的罗马帝国，展示在耶稣眼前。基督是不是想要撒旦帮他发动革命，成为世界的皇帝呢？由于这也吸引不了耶稣，撒旦便把苏格拉底

和柏拉图的雅典展示给他。难道他不想参与而成为哲学家吗？撒旦和
耶稣比较希腊与希伯来文学的优劣，进行一场奇异的辩论。基督主张
犹太先知和诗人远比希腊人优越得多：

> 希腊的艺术传自我们，
> 我要模仿……

经过两"册"的辩论后，撒旦终于承认失败，狼狈而逃，一群天
使围在胜利的基督身旁齐唱：

> ……如今你终于替被排挤的亚当
> 报了仇，击退了
> 诱惑，再得失去的乐园……

弥尔顿并未以庄严洪亮的长篇史诗来述说这则故事，而是尽量使
用写诗的特长和辩论的偏好，不时展示其地理和历史的广博知识。他
并未将故事延长至耶稣上十字架，或许他并不同意基督之死才使乐园
重开的见解。他认为只有通过德行和自制才能获得幸福。他永远不会
了解为何英国人不曾看重这部重述《福音》的著作，他认为后期的史
诗除了篇幅较短外，并不逊于早期的史诗。听说大家喜爱《失乐园》
甚于《复乐园》，他觉得不能忍受。

最后，弥尔顿的光芒又显现于《力士参孙》一剧中。以史诗对抗
荷马、维吉尔和但丁后，现在他又采纳希腊悲剧的各种限制写成一部
戏剧，对抗埃斯库罗斯和索福克勒斯。在序言中，他请读者注意该剧
完全遵守古典派剧作统合论，并避免"诗人将笑料与悲剧的悲伤和严
肃混合在一起的错误，或引介无聊和粗俗的人物的错"。这里，弥尔
顿反对伊丽莎白时代的作风，改采希腊人的风格，其作品与其古典范
例相比相差也非甚远。参孙的力量寓于被黛利拉（Delilah）剪掉的头

发中，其双目在被非利士（Philistine）人俘获时被挖出。这不但是模仿失明的俄狄浦斯，而且他就是弥尔顿的化身，生活在仇恨及不见天日的世界：

> 四周都是敌人而我目盲，哦，这比枷锁、
> 地牢，或赤贫，或衰落的年代更糟！
> 上帝的佳作、光线，在我身上完全灭绝，
> 而他的各种乐事
> 已全取消，虽则那多少可以安慰我的悲伤……
> 哦！黑暗，黑暗，黑暗，在正午的炽热光芒中，
> 无可恢复的黑暗，完全不见天日，
> 没有重见白天的希望。

　　事实上，全剧显然可以解释为前后一贯的寓言故事：弥尔顿就是参孙，为逆境所苦。被击败的犹太人就是上帝的选民，是被复辟击碎的那些清教徒。胜利的非利士人代表获胜的异教保皇派，而他们圣庙的崩毁几乎就是使"偶像崇拜"的斯图亚特王朝诸王去位的"光荣革命"（the Glorious Revolution）的预言。黛利拉就是反叛的玛丽·鲍威尔，而另有合唱重述弥尔顿关于离婚之论点。弥尔顿几乎就是通过参孙代言来消除他自己的愤怒，参孙接受其面临的噩运：

> 不管是光荣的人或是耻辱的人，
> 不久我会与长眠的他们在一起。

　　1674 年 7 月，弥尔顿自觉濒死。为了我们不知的理由，他不曾写下遗嘱。反之，他仅给其兄弟克里斯托弗口述——仅用口说——的遗嘱，克里斯托弗其后转述如下：

兄弟，我前妻之父鲍威尔先生应给我的那部分，我遗留给我与她所生的那群不孝的女儿。事实上我什么都没得到。我的遗嘱是她们除了前述部分及我已经为她们做的安排外，不能再取得我其他的财产，她们对我太不尽人子之职了。至于我的其他财产，尽留给我的爱妻伊丽莎白处理。

这个口述遗嘱已多次说给其妻和其他人听。

他勇敢地为生命奋斗，但其痛风症日增其苦，手脚俱废。1674年11月8日，高热耗尽了他的精力，当天晚上即告逝世。他在世共65年11个月。葬于克里伯门（Cripplegate）教区圣吉里斯教堂墓地，靠近其父墓旁。

直到1677年，英国法律才承认口述遗嘱的效力，其执行应受法院的严密监督。他的女儿攻击弥尔顿的遗嘱无效。法院也驳斥其效力，判决2/3的财产归其妻，1/3（300镑）归其女。鲍威尔先生"遗留的部分"则永远未支付。

虽然我们知道弥尔顿的事比莎士比亚的多很多，而且他有很多事值得一提，但我们所知仍然有限，难以盖棺定论——假如对任何人都可以论定的话。我们不知道其女儿惹其怨恨的理由，也不知她们怎样对待其老年的第三任妻子。我们只是觉得他未能赢得她们的敬爱是一桩憾事。我们并未完全了解，为何他在为"无照印刷"滔滔作辩后，又担任克伦威尔的印刷检查者。在争辩中他的滥事谩骂多半可以归因于时代作风和模式。我们可以原谅他的虚荣和自大，因为天才得不到世界太多喝彩的支援，只有借此作为凭赖。我们赞许他是一位诗人和英国最伟大的散文家，但无须因此而喜欢他。

那些打算从头到尾读毕《失乐园》的人，意外地发现该诗常常达到想象及述作高潮，因而我们会宽恕其中索然无味的辩论、科学或地理的记述，当作介于许多异常高潮间的喘息。因为期望感情奔放的诗歌一直持续不断，简直是不可能的荒谬事。在短诗中可以这样做。在弥尔顿的散文中，也有几段文章，特别是《司法者》，在世界世俗文学的领域内，几乎找不出比它们更有力、更华丽、更深刻、更有音乐感的作品了。

其同时代的人只会嫉妒他。在其党徒得势时，他是写散文的战士。大家忘了弥尔顿早期的诗词。他在复辟时代印行大量的诗篇，那个时代蔑视他那类人，仅勉强让他活下来。路易十四命其驻伦敦大使列举英国现存的最佳作者时，该大使的答复是，除了弥尔顿外毫无值得引介的作者，不幸弥尔顿却袒护已死或还活着的将被绞死的弑君者。纵使在那个暴乱的时代，被弥尔顿认为是"好的诗作者但非诗人"的最著名诗人德莱登，已将《失乐园》评定为"此时代或本国最伟大、最高贵、最超绝的诗篇之一"。斯图亚特王朝被推翻后，弥尔顿才恢复其本来面目。艾迪生（Addison）在《旁观者》（*The Spectator*）刊物中盛赞他的贡献。此后，弥尔顿在英国人心目中的形象愈发光芒四射和神圣，直到 1802 年，华兹华斯以"顿呼法"加以歌颂：

> 弥尔顿，你该活在这个时代……
> 你的灵魂就像天上的星，独居一处；
> 你有像海一样雄宏的声音，
> 就像开放的天堂那样纯净、高贵和自由。

他的灵魂就像一座纪念碑，甚至与最亲近的人互相分离。但他的心就像高贵的天空一样，护佑着各种人，而其声音就像荷马的诗歌一样呼啸着。

第三章 | 复辟
（1660—1685）

快乐的国王

1660 年 5 月 29 日，刚好是他 30 岁生日，查理二世进入伦敦，当时伦敦市民的喜悦超过英国历史上的任何事件。伦敦市的 2 万名民兵护卫着他，旌旗招展，宝剑林立，通过洒满鲜花、遍悬织锦绣画的街道，小喇叭声、钟声高声喧嚣，半个城的人都出来夹道欢迎。伊夫林写道："我站在路边注视着，一面祈祷上帝保佑。"这句话象征着英国的气质和清教主义的失败——既然 6 年的战争动乱是要罢黜查理一世，现在却又不流滴血地让他儿子复辟。整个狂欢的夏天，英国人麇集到白厅向英王致敬。一名目击者说："男人、女人、孩童都是那么渴望能够瞻仰国王陛下的圣颜，并亲吻其手祈福，所以他一连多天牺牲进餐的余暇……国王极愿满足民众，无一例外，一一接见。"他说，他希望使其子民和他一样快乐。

如果他在那段胜利的日子里，很严肃地思考一些问题，那些留待他收拾解决的困难必会使他的蜜月黯然无光。国库里的现金只余 11 镑 2 先令 10 便士。政府债台高筑，负债达 200 万镑。陆军和海军已数年欠饷未发。英国与西班牙仍在交战。敦刻尔克所费不赀，坚守不退要斥资 10 万镑。为查理一世效命疆场而被克伦威尔罢黜的 1 万名骑士党人（Cavaliers）要求抚恤赔偿。1 万名忠臣和仆从要求派予官职。查理二世轻率地一口应承，而委任国会去寻找经费。

国会也沉浸在欢乐中。它首先要向狂欢的复辟的国王顺服："我们暨子孙后裔永远敬谨顺服、效忠陛下。"平民院表决通过："他们自己及英国人民都不能免于过去不当的叛变的可怕罪过，也不能免受因这种罪过应得的惩罚，除非陛下宽宏赦罪方可免于刑罚。"因此他们集体向这位快乐的国王下跪，接受他的免刑宽恕。平民院又因本身未经英王的召集或同意即行集会益觉罪孽重大，而谦逊地自称为"会议"，直到查理宣布它是合法的国会，才良心稍安。这些仪式过后，国会废除长期国会的一切立法，因其未获查理二世的同意。但它确认英王授予国会的那些特许权，其中包括国会对一切征税事宜享有最高权力。这些特许权也经查理二世承认。国会与国王一起使拖欠军队（他们统治英国达 10 年之久）的饷银付清了，4 万名军人解甲归田。

查理已同意赦免一切敌人，但国会不允给予的赦免者不在其列。国会费时数周辩论谁应赦、谁应杀。1660 年 7 月 27 日，英王亲赴贵族院，要求早日决定并宽宏裁决：

> 各位爵爷，如果诸位不能与我合力扑灭这种令人难以入寝的恐惧……诸位将使我无法履行我的诺言。我深信若非许下这些诺言，今天你我都不会在此议事。我深知有些人不能宽恕他自己的罪孽，也有些人的罪孽不能被我们宽恕，而且我感谢诸位对那些杀害先父的直接凶手予以公正惩处。但是——我坦诚地敬告诸君——我从未想使其他人例外（而不被赦罪）……这种慈悲和宽赦是使人们悔改的最佳方法……它可以使人们成为我的良好臣民，成为诸君的好朋友、好邻人。

国会希望大事株连，广为报复，但查理坚持应赦免全体，除了签署他父亲死刑者为例外。这些人之中，1/3 已亡故，1/3 潜逃了，只有 28 人被捕受审，其中 15 人被处以终身监禁，13 人被处以绞刑、碎尸开膛及赦免无罪（1660 年 10 月 13—17 日）。哈里森第一个受刑，目击者佩皮斯说："看来他视死如归，极为勇敢。"哈里森在断头台上还勇敢地说，他是受上帝的指示才投票同意把查理一世处死。佩皮斯说："他被公开斩首，而且首级、脏腑示众，观众对此报以高兴地大声喊叫。"12 月 8 日，国会下令把克伦威尔、艾理顿、布拉德肖（John Bradshaw）的尸首由威斯敏斯特大教堂掘出，并处以绞刑。1661 年 1 月 30 日，国会的这项决定执行了，以纪念查理一世被害的周年祭。他们的首级悬于威斯敏斯特堂示众一天，残肢就地埋于泰伯恩（Tyburn）刑台下的一个小坑中。凡此种种，使伊夫林很高兴，认为是"上帝伟大的、不可思议的判决"。另一位被害人哈利爵士曾任马萨诸塞海湾殖民地总督，于 1662 年被处绞刑，罪名是协助造成斯特拉福德被处死。在这个案子上，国王未曾用其赦罪权，他曾允许赦免这位颇孚众望的哈利爵士。但犯人在审讯时的大胆行径，使皇心大为不悦，因此未赦免他的罪。

1660 年 12 月 29 日，会议国会自行解散，为选举一个更具代表性的议事机关铺路。在这段空当，政府面临唯一的敌意示威，以考验政府在首都是否不孚众望。政府并未采取行动钳制依然希望有一个共和派政权的各派宗教。长老会、浸信会、独立教派、第五王政派的传教士都热心地传道，反对君王制。1661 年 1 月 6 日，星期日，查理二世在朴茨茅斯送别钟爱的妹妹亨利埃塔赴法国。这时一个制酒桶匠托马斯·文纳（Thomas Venner）在一个第五王政派"圣徒"的圣会上，高声呼叫叛乱举事。兴奋的听众们立刻武装起来，遍街奔跑，高喊只有耶稣才能为王，而且杀死所有反抗他们的人。一连两昼夜，这个城市陷于恐怖中，因为"圣徒"遍布各处，任意杀戮。直到最后，一小队卫兵奉镇静自持的政府之召，前来维持秩序，包围了暴徒，把他们一一送上绞架。查理匆匆赶回首都，组织新军来维持公共安全。

4月23日，英国守护神圣乔治的节日，快乐的国王在威斯敏斯特大教堂加冕，最庄严、最铺张的仪式令国王穷奢极欲，令百姓满心欢喜。恢复地位的英国国教会也要求他们这位接受涂油仪式的浪子宣誓保护信仰国教会。5月8日，新的"骑士派国会"召开会议，其名得自于比英王还更具保皇派色彩的大多数成员，而且急欲向清教徒复仇。查理在劝阻它不要再大事株连杀害他父亲的敌人上面，遇到了困难。理论上，它恢复了许多在查理一世手上失去的皇家特权：除非经两院和国王同意，任何法案皆告无效。英王对英国海陆军享有最高指挥权。它恢复设立贵族院，而且使国教会主教重新加入贵族院。但它拒绝复设星室法庭或高级法院，而且仍旧保留人身保护状的权利。克伦威尔时被充公的骑士党财产，现在归还原主，承购这种财产的人仅得到少许的补偿金。旧日的贵族重获财富与权势。被剥夺财产的家族转为反对斯图亚特王朝，后来更与乡绅和中产阶级携手组成辉格党，反对托利党。查理二世在其掌政的前期，对确保专断权力之事十分疏懒。他依法有权可以解散国会，他却听任骑士党国会存在17年之久。事实上，他仅是一个立宪国王。在王政复辟时代，尽管理论上王权专制至上，事实上"大动乱"的主要结果——最高权由英王移往国会，又由贵族院移到平民院——却保留了下来。

查理二世不喜理政，对国会是一大幸事。经历了14年的流浪和艰辛后，他认为现在上帝已赐予他享乐的权利。有时他也亲理国政。他疏忽国事被人们过分夸大，以致在他的王朝末期，人民很惊讶地发现，他竟以纯熟的技巧和坚毅的决断直接掌管政事。不过，在这段蜜月期，他把政府的行政事务甚至政策的决定，都委托给1661年受封为克拉伦登伯爵的爱德华·海德。

查理二世的个性影响到当时的风俗、道德和政治。他的家族和教育中法国式的成分极重。他的母亲是法国人，他的父亲是洛兰的玛丽的曾孙。他的祖父母辈一个是苏格兰人、一个是丹麦人、一个是意大利人，我们看到一个多彩多姿却不安定的混合。从16岁到30岁，他一直住在欧洲大陆，他在欧陆沾濡法国风俗，而且从他妹妹亨利埃塔·安妮身上发现法式的优美。他的黑色头发和皮肤像他那位意大利籍的祖母玛丽·美第奇；他的气质是拉丁式的，像曾祖母苏格兰女王玛丽；他动人的嘴唇、明亮眼睛、挺直的鼻梁及对女色的嗜好，则来自他的外祖父法国的那瓦尔的亨利。

在男女关系上，他是他那个时代丑闻最多的，他的宫廷、伦敦社交界和王政复辟时期的剧艺界，以他为仿效对象，频闻淫秽。他的情妇很多，我们能举出姓名的就有 13 位。18 岁那年，他由荷兰回英国为他父亲作战，他在军旅倥偬之暇，与"棕发、美丽、大胆"的露西·沃尔特生了一个男孩。这个男孩长大后，取名詹姆士·司科特（James Scott），查理后来也承认是自己的骨肉，封他为蒙茅斯公爵。露西追随他到欧陆，和一些迄今依然默默无闻的侍女一起，忠心耿耿地侍候他。查理登基后，宠幸芭芭拉·帕尔默。芭芭拉娘家姓韦烈尔，她未出阁时，伦敦已惊闻其艳丽倾城。1659 年，芳龄 18 岁的芭芭拉嫁给后来成为卡斯尔梅因伯爵的罗杰·帕尔默（Roger Palmer）。19 岁时，她与英王发生关系，立刻使查理神魂颠倒。他在白厅里为她设一间寝室，在她身上大肆挥霍，而且准许她卖官鬻爵，操纵各大臣的升黜。她生下 3 男 2 女，他都承认是自己的骨肉。然而，他怀疑她的忠心，担心她与其他男人有暧昧关系。她因淫荡而失欢。1663 年，她宣布改宗天主教。她的亲属要求国王劝阻她，但他告诉他们，他从不干涉女士们的灵魂。

1661 年，查理认为该成亲了。从许多候选人中，他选中了葡萄牙国王约翰四世的女儿凯瑟琳，因为她能带来大笔嫁妆，能符合这位挥霍无度的统治者和一个商业国家的需要——现金 50 万镑，丹吉尔港、孟买（当时孟买还是一个小城镇），而且可以和亚洲、美洲全部葡萄牙的殖民地自由交易。英国则宣誓协助葡萄牙维持独立。这位价值连城的公主抵达朴茨茅斯港时，查理亲往迎接。1662 年 5 月 21 日，他们先依罗马天主教仪式成亲，又按照国教会的仪式举行婚礼。他致函岳母大人说，他是"世界上最幸福的男人"，他也殷勤地忍耐她那种大家闺秀和严肃修女式的教养。她对他一见钟情。一连数周，情势良好。但7月，卡斯尔梅因伯爵夫人生了一个男孩。小孩命名时，查理竟当教父——这又是冒渎上帝之名的例子。芭芭拉离开了她丈夫，现在完全依靠国王了。她求他不要遗弃她。他让步，并立刻与她恢复关系，以最丑陋的节操对待她。他忘了常有的优雅风度，竟公然把芭芭拉引见给王后凯瑟琳。凯瑟琳受此大辱，鼻部出血，昏厥过去，被抬回寝宫。克拉伦登受查理之托，向她解释私通是一种皇家特权，欧陆上最高贵的家庭也承认此事。王后及时使自己适应了其夫君的东方式行径。有一回，她去见他，发现他床边有一只小拖鞋，她宽宏大量地回避，以免躲在帘幕后的"这个美丽的小傻瓜"着了凉。这一次的女人是女艺人莫尔·戴维斯。同时，凯瑟琳一再努力想为查理生个子嗣，可是，就和嫁给先前一个英王的阿拉贡的凯瑟琳一样，她数度小产。1670年，国会通过一项法案，放宽离婚的条件。有些朝臣渴望有个信奉新教的储君，因此力促查理以不育为口实，休了凯瑟琳，但他拒绝。这时，他已晓得要勉强自己去爱她。

佩皮斯对1667年7月27日的朝廷有下列写照：

> 芬告诉我，国王和卡斯尔梅因夫人已完全决裂，她就要离去，怀着小孩，她誓言国王是孩子的父亲……否则她可以把婴儿带进白厅……当着国王面前摔破孩子的脑袋。他告诉我国王和宫廷真是世界上空前的，他们豪赌、嫖妓、酗酒，有着世界上最邪恶的罪恶。因此这一切必将彻底毁灭。

1668年，查理对卡斯尔梅因夫人的坏脾气已感到厌倦。他最后一次和她幽会时，突然撞破了她和约翰·丘吉尔（John Churchill）——后来的马尔巴勒公爵的好事。据伯内特主教的说法，丘吉尔当时跳窗而出，以免与国王当面碰头。查理册封她为克利夫兰女公爵，终其一生，用公款赡养她。

我们很乐意介绍一位明智抗拒这只皇家大公鸡查理的美妇人——弗朗西丝·斯图瓦特（Frances Stewart），她被誉为"貌若天仙，绝代佳人"。安东尼·汉弥尔顿（Anthony Hamilton）说："一个女人如此不智、如此美丽，真是绝无仅有。"她嫁给里士满公爵后，国王还不停地去打扰她。佩皮斯描写他深夜单独划船到她的寓邸香舍宫："那里，园门未开，他竟翻墙而入拜访她，这种事真是可耻之至！"

1668 年，查理二世在杜鲁利巷剧院（Drury Lane Theatre）看到女伶内尔·格温的表演。她生长在最贫贱的家庭，在酒店买醉者间鬻歌，在剧院中卖橘子，在喜剧里先跑龙套，逐渐升为要角。她在事业中自行培养优雅的精神和意志，而使这位百无聊赖的国王一见钟情。她毫不费劲地成为他的情妇。查理囊中羞涩，她却能榨出一大笔钱，不过她大部分花在行善施舍上。不久，她与法国送来的美妇争宠。法国送来的路易丝（1671 年），想拉拢查理追随法国和天主教的路线，内尔却以顽皮的方式模仿她的贵族气派。举世皆知，伦敦居民误以为她就是那位天主教徒路易丝而揶揄她时，她把头伸出马车窗口，喊说："请勿喧哗，好人儿。我是那位新教徒的娼妓。"她继续受到查理的恩宠，直到他亡故。他临死仍对她念念不忘。立刻被封为朴茨茅斯女公爵的路易丝，让伦敦人怨恨，因为她看来像是一个很会挥霍的法国间谍，她一年要花掉查理 4 万镑，聚敛珠宝，生活又极奢华，连最忠心耿耿的伊夫林也大为恶心。她的专宠于 1676 年告终，查理又发现了马扎然大主教活泼的侄女儿荷丹丝·曼奇尼。

查理也有其他缺陷。他在年轻潦倒之时，失去了对人性的信心，如同拉罗什富科所形容的那样来判断一切男男女女。因此，他除了对他妹妹外，罕少挚爱，只是自己陷入迷惑中，也没有任何真诚或持久的友谊，可以使他缺乏光彩的生命再有任何充分的光耀。他抛售国土与买妇女欢心一样豪爽。他为其朝廷立下一掷千金豪赌的例子。虽然他的礼仪有一种难以言传的迷人魅力，有时在他身上也可发现他父亲身上几乎难得一见的——缺乏柔美纤细。他使格拉蒙（Gramont）注意到，他竟令侍从屈膝服侍他。他并不经常醉酒，可在颁布一道反酗酒敕令后，一连数天却极"可怕"。他通常对批评宽宏大量，但当约翰·考文垂爵士触犯大忌，在国会中公开质询"国王的乐趣究竟是在男人身上，还是在女人身上"时，查理龙颜大怒，命令卫士"给他留个记号"。他们半路上拦截约翰爵士，把他鼻子割破直到见骨。

很少有人像他这样乐善好施。从亨利八世青年时期以来，尚无一位英王如此受其朝廷诸臣的欢迎爱戴。他的姿态活力四射，他身上找不出粗鄙之处。他体贴、仁慈又大方，甚至他付款给娼妓出手也分外阔绰。他把他的公园做成各种各类动物的栖息处所，而且不准伤害它们。他的爱犬在英王寝宫中睡觉、结伴、做窝、喂奶。他和蔼可亲，不摆架子，很容易使与他对话的人轻松自如。除了考文垂，人人同意称他为"性情良好的国王"。格拉蒙认为他是"所有男人中，最和善、最温柔的"。奥布里说他是"礼仪的典范"。他过去在法国培养了他的礼仪，与法王路易十四一样，他也向低贱的妇女脱帽致意。他也远较其国人能宽容不同的意见与信仰。他为其政敌举杯祝福身体健康，甚至被人嘲笑后也大多能一笑置之。他的幽默感是朝廷的乐趣。佩皮斯描写他曾经带头跳一种老式乡村舞蹈。他的行乐只因瘟疫、火警、破产、战争等消息时才短暂中断。

他的智商固然不高，可也并无荒谬不智之处。他对科学有热烈的兴趣，做实验，颁赐特许状和礼物给皇家协会（Royal Society），而且数次出席皇家学会集会。他对文学没有特殊兴趣，却热衷艺术，大量收藏拉斐尔、提香及霍尔拜因的作品。他的谈吐充满活力，不时道及法国文化界各种活动的消息。他对德莱登的诗、珀塞尔（Henry Purcell）的音乐、雷恩爵士（Sir Christopher Wren）的建筑等都津津乐道，畅谈无碍，也称得上是这些行业中的一位具有鉴赏力的赞助人。必然出于令人敬爱的特质，他的妹妹在临死时提到他："我爱他犹胜生命，现在我垂死之际的唯一憾事是就要离开他了！"

宗教宽容

查理二世是否有任何宗教信仰？他的一生显示出我们在当时许多法国人身上可以发现的相同态度——生时有如无神论者，死时却似天主教徒。似乎是为了从天人两界中获得最佳利益，也是帕斯卡"赌注"说的最大改进。"他的宗教意识很少，"伯内特主教说，"因此他也不似伪君子般矫揉造作。在祈祷和圣事中，任何人都能从他粗心大意的无所谓的态度中看出他是多么不注意这些事情。"一位传教士在一次聚会中告诉一位瞌睡的贵族说："爵爷！你的鼾声太响了，会吵醒了国王。"与查理二世非常熟悉的圣埃夫勒蒙（Saint Evremond）形容他是一位自然神论者——承认有一最高主宰，多少是非人性的，而且把宗教信条解释得有如得人欢心的诗篇一般。白金汉伯爵和哈利法克斯侯爵也同意圣埃夫勒蒙的看法。伯内特说："有一回他告诉我，他不是一个无神论者，不过他也无法相信上帝会令一个人悲惨，因为这么做实在没有多大意思。"查理喜欢与唯物论者霍布斯为友，同时保护他，使他不因其信持异端邪说而遭神学家之害。伏尔泰认为查理二世"极端不重视一切通常使人群分裂对立的宗教争端，对保持其国政和平宁静，贡献匪浅"。

或许他是一个倾向天主教信仰的怀疑论者。也就是说，虽然怀疑天主教的神学理论，却因为它多彩多姿的仪式、与艺术的结合、对肉欲的宽宏及支持君主制度种种原因，而偏好天主教。他可能忘记天主教联盟和若干耶稣会神父曾认可杀害其父王查理一世。他记得英国的天主教徒曾为其父王效命疆场：为查理一世捐躯的贵族，有1/3是天主教徒；爱尔兰天主教教徒曾经对斯图亚特家族坚决效忠；也有一个天主教国家在他长期亡命国外时支持他。他这种普遍同情的精神，使他倾向于希望能缓和英国的反天主教的法律。这些法律依哈兰姆（Hallam）的判断，"非常严厉，甚至有时是血淋淋的"。他不曾和英国的新教徒一样记住"火药阴谋"（Gunpowder Plot，1605年），也不曾因害怕而向宗教裁判所和罗马屈服。他对他弟弟——若无更亲近的继承人，他弟弟就是王位的继承人——公开皈依天主教信仰未曾反对。我们从他临终时改变宗教信仰这件事来看，若有政治实效，他也可能立刻会宣誓信仰天主教。

因此，身为一名和蔼可亲的政客，他接受并支持英国国教会。国教会曾经效忠他的父王，查理一世也因国教会反对而死。国教会曾受克伦威尔的迫害，但也曾致力于复辟大业。查理二世认为某些宗教接受国家的管束和补助、担任教育与社会秩序的代理机构，是理所当然的事。他在宪法上受制于清教徒思想，而且它们在政府中也有相当力量，因表现太严苛而失民心。他无法忘怀，长老会曾囚禁其父王，清教徒则把他父亲送上断头台，而他本人也被迫接受他们的信仰，而且要为其父母亲的罪恶道歉。他签署了会议国会恢复英国国教会在共和政府下被解散的教区制。不仅如此，他也曾保证"给予温和的信仰自由"，而且没有人将因为和平的宗教信仰歧视而"不安"。1660 年 10 月，他提议普遍宽容一切基督教，甚至减轻反天主教的法律。但长老会和清教徒惧怕这种弛禁，便与国教会携手反对这项计划，为了与长老会和国教会修好，他建议一项妥协的祈祷文和一种有限制的主教制度，主教将受选任的长老会祭司的协助与忠告。国会否决了这个构想。由 12 位主教和 12 位长老会圣职人员组成的萨伏依会议（Savoy Conference）于 1661 年向英王报告，"他们无法获得一致协议"。

这是白费时间的努力，因为新国会绝大多数是国教徒。它重启旧创，在苏格兰与爱尔兰重建主教制度。它恢复宗教法庭以惩戒"亵渎神祇"及不付什一税给英国国教会的人。它强迫英国人接受《英国国教会共同祈祷书》（*The Anglican Book of Common Prayer*）。根据 1661 年 11 月 20 日的《自治法案》（*Corporation Act*），把凡在选举前未曾依照国教会仪式领受圣餐者，一律摒弃于公职之外。根据《信仰律》（*Act of Uniformity*，1662 年 5 月 19 日），要求全体牧师和教士宣誓不反抗英王，而且宣称完全接受《共同祈祷书》。拒绝这些条件的牧师们将于 8 月 24 日去职。约 1200 人拒绝，因而去职。这些人，再加上 800 名被复职的国教徒取代的牧师，联手许多聚会，即日益扩大的"反国教会者"共同努力，终于在 1689 年迫使国会通过了《宽容法案》(*Act of Toleration*，1689 年)。

查理二世试图修正《信仰律》，要求国会允许他赦免那些只是因为拒绝穿圣衣或是在浸礼时用十字架而失去圣职的传教士。贵族院同意，平民院拒绝。他为了缓和这个打击，延宕 3 个月才实施这个法案，但这也受到挫折。1662 年 12 月 26 日，他发布一项公告宣称，凡因为其良知阻止他发表该法要求的誓言，因而遭受惩罚的善良百姓，他有意赦免他们。但国会不通过，并驳回这个议案，不认为英王有默认权利可以"豁免"人民对法律的服从。查理于 1662 年 8 月 22 日释放狱中的教友派信徒，在他颁给罗德岛和卡罗莱纳的特许状中批准宗教宽容，在他给予牙买加及弗吉尼亚总督的训令中也同意宗教宽容，这些都表现出他的感情。

国会认为这种宗教宽容绝不容许在英国出现。为了结束教友派的"非法聚会"，它规定说，凡除屋主家属之外有 5 人以上的聚会概属非法。1662 年，又规定：任何人参加这种聚会，初犯者罚款 5 镑或囚禁 3 个月，再犯则罚款 10 镑或囚禁 6 个月，第三度犯禁就流放到殖民地。被告若付不出前往殖民地的交通费，应接受 5 年期契约的苦役。被流放的犯人若在刑期未满前逃亡或潜返英国，将处以死刑。1664 年，这些措施扩及于长老会与独立派。1665 年的《五英里法案》(*Five Mile Act*) 禁止不肯宣誓效忠英王的牧师们居住在任何市周围五英里之内的城镇，或在任何公私学校内任教。这些法律后来被称为《克拉伦登法典》(*Clarendon Code*)，因为它们是由查理的首席大臣克拉伦登不顾英王表达的意旨而一意孤行予以执行的。查理接受这些严酷的立法，因为他要向国会要求钱财支援，但他从未原谅克拉伦登，而且对那些在复职后立刻就表现出严酷报复而殊少仁慈心肠的主教们大大失去敬意。查理的结论是：长老会信仰不是绅士的信仰，而国教会信仰也不是基督徒的信仰。

英国国教会认识到它要依靠国王，因此比过去更坚决主张国王的神圣权利，并认为反抗当前存在的皇家政府是道德罪恶。1680年，菲尔默（Robert Filmer）爵士的《君主决断权力论》（*The Natural Power of Kings Asserted*），在他死后 27 年出版，成为这个学说的标准辩护书。英国国教会的首要领导牧师在《牛津判决与宣告》（*Judgement and Decree of Oxford*，1683 年）中宣称，主张"权力源自人民，如果合法的统治者成为暴君，他们就丧失统治的权力。国王只有与其他两个阶级——贵族与平民协调合作的权利"的说法，是"虚伪、煽动、亵渎甚至是异端邪说，大不敬"（因此是大逆不道的死罪）。又说："唯命是从是英国国教会的标记与特点。"两年后，詹姆士二世想使英国成为天主教国家时，这个说法成为一种极不舒服的学说了。

复职的英国国教会牧师们虽然不宽容异教，却有许多可敬的品质。他们允许自己的信徒有一种广泛的神学意见的自由，从高教会派（High Churchmen）的接近天主教祈祷文和理论到广教会派（Broad Churchmen）的主张同情一种自由神学。强调道德而非基督教信仰中的理论成分，不主张宗教迫害，而且力谋使清教徒、长老会和国教会修好，均受宽容。查理支持这些"有见解的人"，而且欣赏他们比较简洁的训诫。这些自由派神学家中最伟大的当推蒂洛森（John Tillotson），查理二世委派他做私人牧师，威廉三世于 1691 年封他做坎特伯雷大主教。蒂洛森是一个"头脑清晰、脾气柔和的人"，他反对罗马天主教义、无神论及以同样的热心进行迫害的行为，而且敢于把基督教精神置于理性之上。他说："一个人犯了错，我们只要听到他宣称反对理性，就不需要再听其他证明了，而且如此就可知道理性也是反对他的。"低级的国教会教区牧师现在变成地方贵族，甚至是乡绅的圣职仆人，甚至还跌到几乎庸俗的地位。可是在都市里的国教会牧师和圣禄较丰的国教会牧师，由于饱读经书，具有写作能力，获得重要地位，后来还产生一些欧洲最好的史籍。一般而言，英国国教会比反国教会各派更具有理论上的温和精神，反国教会各派方面，由于屡遭迫害反倒加强了其专断性。

清教徒现在不仅遭受政治迫害，也受到社会上的侮慢。那些在清教徒政府时代因为道德比较松弛而颇为不便的人，现在反过来嘲弄清教徒。他们勇敢地忍受时代风尚的转变。有些人移民到美洲，许多人迫不得已立下誓言。这个时代最好的人物是巴克斯特（Richard Baxter），他是一个理智的人，他愿意接受任何不会伤害到他狂热神学的折中方案。虽然他一生信服清教徒的意识形态，谴责把查理一世处死的做法，但也反对克伦威尔的专断统治而赞同王政复辟。1662年后，他被禁止传道，而且屡次因违反禁令被捕。他是清教徒中最开明的一个人，但仍为马萨诸塞的"塞勒姆火焚巫妇"而鼓掌，而且认为他的上帝这么做也使火神莫洛克（Moloch）看来可敬。谁是被救者？巴克斯特说："他们是一小部分迷失的人，上帝从永世里注定要他们得救。"他写道："被咒罚的痛苦必是极端可怕的，因为它们是上帝报复的结果。天怒可畏，复仇却难消。"他严禁性交，除非是为了与合法配偶有子嗣。如果这种清规需要清心寡欲的自制，他推荐冷水浴和素食，以减轻色欲之念。我们看到他以70高龄（1685年）站在残酷的杰弗里斯（Jeffreys）法官面前，因为对国教会的虚伪略有微辞而遭受审判时，我们几乎可以原谅他的神学了。他被剥夺所有为自己辩护或解释的机会，被判处罚款500马克或下狱直到这笔罚款付清为止。18个月后，他获释，但健康情形再也不能恢复。

教友派不断因为拒绝立誓或逃避国教会礼拜或召开非法集会等罪名被捕下狱或被没收财产。1662年，英国监狱中有4200多名教友派信徒。"若干教友派信徒被成群地下狱，以致牢房里人满为患、无处可坐……他们既无稻草可供躺卧，也无食物可吃。"他们的忍耐和坚毅，最后赢得了这场战争。迫害在事实上而非法律上消失了。1672年，查理二世开释1200多名教友派信徒。1682年，他弟弟詹姆士（约克公爵）赐予苏格兰籍教友派巴克利、富有的教友佩恩和其他人，一份在美洲东泽西（East Jersey）传道的特许状。

佩恩是替英国占领牙买加的海军大将威廉·佩恩的儿子。他 12 岁时经历了各种阶段的宗教骚动。这时他"突然惊讶地发现有一种内心的舒坦……及外界的光荣：从此，他一再诉说他得到了神圣不朽之玺"，深信"上帝的存在，而且人类的灵魂也能够享有与上帝交感的能力"。1661 年，他在牛津大学因拒绝参加国教会礼拜被罚款、开除。回到他父亲身边后，他因坦承具有教友派思想而遭受鞭挞，并被驱出家门。气愤难平的父亲把他送到法国学习"巴黎风仪"，或许他在当地学来一些谦恭的行为。1666 年，他与罪恶妥协，在爱尔兰从军。但一年后，他在考克参加一个教友派聚会。内战爆发，他因开除一名惹是生非的士兵被逮捕。他在狱中致明斯特市市长一封请愿书，盼能允准信仰自由。回到英国后，他自绝一切后路，义无反顾地成为一名教友派宣教师，因而再次被捕。1669 年，他的审案在英国法律史上写下一页。陪审团宣告他无罪。法官把陪审团以抗命之名罚款、下狱。陪审团员向平民上诉法庭诉愿，该法庭一致宣称他们被非法逮捕，侵犯了英格兰陪审团的权利。然而，佩恩因拒绝在法庭上脱帽之名下狱。他及时被释以出席其父亲的葬礼（1670 年），他父亲遗留给他每年 1600 镑的财产以及查理二世欠他父亲的 1.6 万镑债务。由于传教，他再次下狱。在狱中，他写了最精辟的宽容的辩词《良心自由的大业》（*The Great Case of Liberty of Conscience*，1671 年）。在一段自由的时间中，他娶了一个富家女，并买下今天被称为新泽西州的西半部的一片财产。1677 年，他为这块殖民地写了一部保证宗教宽容、陪审团主审、民选政府的宪法。但控制权由他手中交出，这部宪法的条款皆未实施。

1677 年，佩恩、福克斯、巴克利和吉斯渡过海峡赴欧洲大陆宣传教友派思想。有些来自科奇海姆（Kirchheim）因佩恩而改信教友派的人，在宾夕法尼亚建立德国城（Germantown），他们是第一批宣称基督徒拥有奴隶是不对的人。佩恩回到英国，他领导教友派不要加入对"天主教阴谋"的天主教徒的迫害。他的《对新教各派教徒的讲话》(*Address to Protestants of All Persuasions*，1679 年)，是主张宗教完全宽容的最有力的书之一——1681 年英王接受他的议案，即他放弃对英王的债权要求，以交换赐予我们今天名为宾夕法尼亚州的地方。他建议以西法尼亚市(Sylvania)命名这块广袤而高耸的树林区域。查理二世再冠以佩恩之名，以纪念他父亲。虽然最后臣属于英王，这个新殖民地的政府却是民主的，与印第安人的关系友好、公平，而且掌握全部大权的教友派移民，也听任宗教自由。佩恩在当地工作两年。1684 年，他得知英格兰发生了新的暴力事件压迫其教派，因而回到伦敦。一年后，他的朋友约克公爵即位成为詹姆士二世，佩恩成为政府的势力人物。

在这个不宽容的时代里，教友派顽强反抗迫害是造成宗教宽容最强大的力量。一位反国教会者估计，1660 至 1688 年，有 6 万人因宗教上不肯服从国教被逮捕，其中 5000 名死在牢中。国会的不宽容比宫廷和舞台的不道德更糟。一名著史而且在历史上有重要地位的人说："在这残忍的时代，英王几乎是唯一新思想和慈悲的声音……他的整个政权，不断地为宽容而努力。"1669 年，3 人因未参加国教会仪式而依一项古老的伊丽莎白时代法律，被判处向王室付大笔罚款时，查理宽宥了这笔罚金，并宣布他今后将不再实施这项法令，"他判断，人不应仅因信仰的缘故受刑"。

如果不是怀疑他想增强英国天主教的力量，会有更多的英国人赞同他。英格兰依然对天主教支配、西班牙式宗教裁判所和牧师统治深怀恐惧，因此长老会和清教徒宁可使自己的信仰非法，也不愿允许天主教信仰在英国出现。英国天主教这时候约占全人口的 5%。就政治而言他们固然无权，但王后是一名天主教徒，而且国王的弟弟也毫无意思要取消其变教(1668 年)。此时英国境内有 266 名耶稣会神父，其中一名就是查理的私生子，他们正开始有信心地出现在公开场合，而不顾最严苛的法律。天主教学校被设立在私宅中。英国忧心忡忡。

每年一度，新教徒庆祝一项反天主教的游行，而且把教皇和红衣主教们的肖像抬到史密斯菲尔德，高高兴兴地火焚。他们尚未忘掉福克斯的往事，天主教徒却抱着希望等候着。现在，随时都可能有天主教徒成为英王。

英国的经济（1660—1702）

1660 年，英格兰和威尔士的人口约 500 万人。1700 年，可能增加到 550 万人。它依旧不及法国和德国的 1/4，也不及意大利和西班牙的人口多。约有 1/7 的人民（自由民）拥有耕植的土地，耕种贵族和乡绅土地的佃农也约占 1/7，其余的人住在城镇。

由于人口的增加，每个家庭的木材供应量骤降，煤在家庭和商店中的使用日增。采矿和冶金术的发展使谢菲尔德成为铁业中心。生产和蓄财的热潮在英国高涨。制造厂主人要求国会通过法律，强迫懒人工作。国内的产业，尤其是纺织业，越来越添用童工。笛福见到科尔切斯坦（Colchester）和汤顿（Taunton）这两个地方"城里面或附近的村庄没有一个 5 岁左右的小孩"。

大多数工业是在私宅或家庭式的店铺中进行，工厂制度已在纺织业和铁业中扩展。1685 年的一本英国刊物说，制造厂商花费巨资建造整排大楼，其中有羊毛整理师、梳毛师、纺织工、织工、制衣者、染工等在一起工作。我们听说一个这样的工厂有员工 340 人。1700 年，格拉斯哥（Glasgow）有一家纺织工厂雇用了 1400 人。劳工的分工逐渐向专业化发展，佩蒂爵士 1683 年说："就制造一个钟表来说，若是一个人做转轮，一个人做发条，一人做雕刻针盘，另一人做盒子，这个表将比一切工作都由一个人做，要来得便宜和精良。"

农业工人的薪资依然由地方长官依伊丽莎白时代的《学徒律》（*Statute of Apprentices*，1585 年）确定，而且任何一个雇主付出或任何一个雇员收受多出固定薪资，会被处刑。这个时期，农业薪资每周 5 至 7 先令，附供膳食。工业界薪资稍高，平均每天 1 先令。房租也相当低，伦敦中等大小的一栋房子，年租约 30 镑。啤酒价廉，但糖、盐、煤、肥皂、鞋子和布料 1685 年时的价格和 1848 年一样。谷物价格从 1500 年到 1700 年上涨了 5 倍。劳工阶级吃的是由黑麦、大麦、燕麦等做成的面包，小麦面包是富人家的奢侈品，而且穷人难得吃肉。大家的贫困被视为一种正常状况，虽然这时可能比中世纪末要严重。罗杰斯（Thorold Rogers）如是说：

> 17 世纪的地主们努力要从其房客处挤出租金。他们竭尽全力，把不足温饱的薪金强加于工人身上。他们竭尽全力，利用立法机关以便从消费者处获得他们那份薄薪……这种种历史事实简直太多了。

1696 年，金（Gregory King）估计，英国 1/4 的人口依靠施舍度日，而收来赈贫的钱占全部出口贸易的 1/4。富者骑到贫者头上的胜利如此彻底，以致工人和农民无力反抗。同时，英国的阶级斗争已经沉睡半个世纪之久了。

英国国教会在查理一世时，尚敢为贫人仗义说话，现在，从清教徒革命中得出结论，其利益唯有他们完全认同于有产阶级的利益时方可获得最好保障。国会属于一个地主、制造商、商人、金融家等的结合体。国会针对雇主们的意见，要求放宽法律，由经济法则自行决定经济行为。17 世纪结束前——远在亚当·斯密之前——英国已听到雇主阶级呼吁经济自由，使商人免受法律、封建及公会阻碍的雇用、生产和贸易的呼声。公会的约束规避了，学徒制度也没落了，地方市长决定工资之事也被富裕的雇主和饥饿的雇工之间相对的交易取代。就在这种企业家力求拥有免受法律和道德约束的自由的喧嚣声中，现代的自由观念萌发了。

商业现在对英国经济至为重要，在争取国会同意的资金上也极为重要，即使地主控制的政府，也必须朝此方向努力，立法机关在荷兰、爱尔兰、苏格兰皆争相扩张之际同意英国交易。爱尔兰的牛、羊、猪完全被禁止输入英格兰（1660 年）。苏格兰的谷物也被禁止入口，对苏格兰的输入品则征收高税额。由于查理二世与凯瑟琳结婚，英国与葡萄牙也缔结盟约，这个同盟使它们与荷兰重启战争。坚决地占领直布罗陀，受到扩张英国商业及给予英国商业军事保护的希望的激励。由于战胜荷兰，英国商业 1660 年至 1688 年倍增。查理二世给他妹妹的信上说："最近于国民之心的事即是贸易，而且全神贯注为之。"商业财富现在可与贵族的土地匹敌。

英国商业向四方扩张其据点。在纽约、新泽西、宾夕法尼亚、卡罗莱纳和加拿大都发展着新殖民地。东印度公司获赐对其可掌握的全部印度有全部权利；它有自己的海军、陆军、城堡、货币和法律，有宣战或媾和之权。孟买是 1661 年因婚姻而获得。曼哈顿是 1664 年征服得来，同年，英国夺取了荷兰在非洲西海岸的占领地。这些殖民地使人们滋长了"诱拐当水手"的劣习，年轻的英国人被诱骗往殖民地工作，把他们灌醉或把他们击昏，然后带到一艘要启碇的船上，事后再向他们说明，他们已经签了一纸契约。法律禁止此事，却未实行。国会对此事完全了然。1642 至 1649 年以及 1688 至 1689 年的革命政治的结果固然是国会战胜了国王，同样地，经济革命也使国会被商业、工业和金融业控制。

伦敦现在已有数百名金匠摇身一变成为银行家，他们付 60% 的利息给存户，而以 80% 的利息贷出。查理二世一直想方法规避国会对钱袋的控制，因此大量向这些银行家借款——1672 年 1 月 2 日前，他已欠了 1328526 镑之多。当天，查理二世的国务会议即将与荷兰开战，宣布"财政部停付"（政府债务停付一年利息）而使金融业大为震惊。恐慌因之而起，银行家拒绝履行其对存户的义务或信守他们与商人的协定。国务会议郑重发誓在年底恢复付息，方才平息了这一风波。1674 年恢复付息，本金也在新政府的契约下偿付了。因此，事实上，1672 年 1 月 2 日象征着英格兰国家公债的开端，这是英国财政上的新发明。

伦敦是银行公司和商业巨子的大本营，现在也由于价格制度而从粮食、货品制造商处搜集得来的财富，成为欧洲人口最多的都市。巨商富贾的大厦在奢侈上——而不是在格调上——与贵族们媲美。商店鳞次栉比，招牌生动，直棂的橱窗中摆着来自全世界的货品，只有少数人才买得起。[1] 只有主要的通衢大街才铺设圆石。1684 年后，直到无日光的深更半夜，街道上才依稀点上街灯（每 10 家内立一盏街灯）。街上空无一人。白天，街上交通拥挤、嘈杂，小贩们用篮子、手推车或独轮车装着各种日常生活用品，如杀鼠剂等，沿街叫卖。乞丐和盗贼四起，街上也有街头艺人卖唱以求维生。商业中心称为伦敦城，由一名市长、一个德高望重的元老理事会和由各区房主选出的平民委员会管治。在此西边即是政治中心——有威斯敏斯特、威斯敏斯特宫（国会会址）和白厅、圣詹姆士皇家宫殿。在此外围是贫民窟，滋长着多产的穷人。当地路上毫无铺设，马车傲然驰过，把狭街上紧挨着墙脚的行人溅得一身泥水。当地的房子密接，顶层几乎紧合，因此阳光少有机会照下。当时伦敦尚没有下水道，有的是户外厕所和化粪池。车子把废物运往市区外倾倒或偷偷地、违法地把它们倒进泰晤士河。

空气污染已经是一个问题。1661 年，伊夫林应英王之请，准备并刊行了《除烟谈》（*Fumifugium*），一个清除伦敦上空臭气的计划。伊夫林说：

> 大量地燃烧煤炭使伦敦成为最脏乱难住的地方……而这些来自制酒厂、染厂、石灰厂、盐厂、肥皂厂等私人企业的烟囱，一个烟囱的排烟几乎可和全伦敦家用生火所排的烟量相等……伦敦

---

[1] 大约在这时，框窗开始取代门式窗，因为它能容纳更多的光线。

似乎已不是一个理性动物的集居区，而像埃特纳峰（Mt.Etna）边或是地狱旁……来往伦敦的人在几里外还没看到城就可以闻到这种味……这种刺激性油烟……对肺是有害的，常吸更会加剧，自伦敦每周的死亡报告数字上就可看出。

伊夫林向国会提出一个草案，欢迎这个草案的是比较富裕的工业家，而不是无组织的大众。国会对此置之不理。13年后，布朗爵士（Sir Thomas Browne）发出医学上的呼吁以警告：

> 沟内和脏地，及工厂中排出臭的废料而散发成气……生煤造成的烟雾……被人吸入后，都产生不良的效果，对血和呼吸器官都有害。

污浊的空气、简陋的卫生设施、恶劣不适的食物，使人们每年都担心时疫流行，而只要环境略合，就会爆发瘟疫。佩皮斯在1663年10月31日的日记上记道："瘟疫在阿姆斯特丹颇为流行，我们担心此地也会发生。"从荷兰开到英国的船只要接受检疫。1664年12月，伦敦有1个人因瘟疫而死；1665年4月有2个人；5月，有43人死亡，而且一直持续到酷热的夏季。雨水极少，无法洗净街道，传染病盛行，伦敦陷于恐怖中，察觉到自己面临的情形有似记忆犹在的1348年的黑死病。笛福当时还是6岁的孩童，1720年还能记得一些零星片断，他写下一半虚构的《瘟年日记》（*Journal of the Plague Year*）。这本书几乎被认为是历史：

> 从6月的第一个周起，传染病以可怕的速度传播，死亡率记录大增……任何人能瞒住得了病的，都瞒了它，以免邻居嫌他……及政府来封屋……6月……有钱人都逃赴外地……在威加普（Whitechapel），只见各种载着女人、孩子和物品的驮车，更

多的男人骑着马……真是一幕可怕的景象。

毁灭的恶兆和预言加重了恐怖。戏院、舞厅、学校、法庭全部关门。国王及其朝廷于6月移往牛津，他们祈祷上帝保护他们，不要被传染，虽然谣言纷起，认为他们的不道德才使上帝降此瘟疫作为天谴。坎特伯雷大主教留在兰贝斯岗位上，每周发数百镑照顾病人和料理死者。市府官员留下来英勇地工作，英王在一周内送来1000镑，伦敦城的商人送来600镑。许多医生和牧师逃走，也有许多人留下来，很多人死于时疫。每种治疗法都试过，样样无效，人们转而求助于神迹的护身符。

佩皮斯说（1665年8月31日）："本周死了7496人，其中6102人死于瘟疫。"掘墓工人成车地载走倒毙街头的死者，把他们埋在沟中。1665年，约有7万伦敦人，即全部人口的1/7死于瘟疫。12月，传染病停止了，人们渐渐回来工作。1666年2月，朝廷回到首都。

生返者几乎没时间来恢复他们的损失，伦敦又遭到一场灾祸。1666年6月，荷兰人大胆地驶进泰晤士河，在河上炮轰英国船，整个伦敦都听得见，灾情很惨。9月2日，星期天清晨3点钟，布丁街一家烘焙面包店起火，火势蔓延3天，几乎烧掉了整个泰晤士河北岸的区域。当时的房屋几乎全是木造且紧靠一起；许多人全家外出到乡间度周末，空无一人；店铺里摆满了油、松脂、沥青、大麻、亚麻、酒和其他易燃物品；一阵强风助长火势，一屋一屋、一街一街地蔓延开来；而且在深夜缺乏组织和设备来对付这场大火。伊夫林当时正在南沃克（Southwark），他奔到河岸时：

> 我们被挡住……整个城都在一片可怕的火海中，火势直逼水边。我们在那里瞧见……水边整个城市都陷入恐怖的火海中，伦敦桥一路的所有房子，所有泰晤士的街道，靠近齐普街（Cheapside）上方一带……过火面积如此之大，人们如此震惊，

从一开始，我不晓得是因为沮丧或疑惑命运何以至此，他们几乎都不做扑灭之举。除了一片哭喊和哀悼，像失魂落魄的生灵四处奔跑外，别无所闻、所见……大火烧毁了教堂、公厅、证券交易所、医院、纪念馆、装饰物……房舍、家具及其他一切东西。我们在这里看到泰晤士河漂满了各种货品，各型船只负载着有些人凭时间和勇气抢救出来的东西。河的另一边用驮车等物把各种运得动的东西载到田野，散置达数十英里远。灾民在那里搭盖帐篷，以便寄宿、寄物。啊，多么凄惨不幸的景象！这一意外，自世界创造以来，前所未见……天空一片火光，像是燃炉之顶……上帝赐我两眼，绝不料会瞧见现在 1 万户以上人家尽在一片大火中。一阵阵猛火的噼啪、爆裂、轰隆之声，妇女、小孩的尖叫，人们的四散奔走，高塔、房舍、教堂的崩塌犹如一场猛烈的暴风雨。周遭的空气炽热，迫使人们无法上前，只有让城市任凭烈焰焚烧，其范围几乎长达 2 英里、宽达 1 英里。

在这次危机中，英王和他那位不受人民喜欢的弟弟詹姆士表现颇佳：亲自参加救火行动，指挥并拨款赈灾，提供食物与住所给无家可归者。而且，他们力排众议，坚持炸毁房屋以阻火势进展，这救了泰晤士河北岸半市。伦敦城的商业中心几乎全毁；政治中心威斯敏斯特区则幸免于难。合计 2/3 的伦敦被毁，包括 13 200 户房屋，89 座教堂，古老的圣保罗教堂也被毁。只有 6 个人罹难，但 20 万人失去房屋。绝大多数书店被毁，价值 15 万镑的书付之一炬。全部损失估计 1073 万镑。

这次火患后，伦敦市政府组织了一个救火部；消火栓被置于主要的水管线上；每个工会都指定部分会员一听到火警就立刻出动救火；而且，一旦市民或警长召集，全体工人都要立刻报到。慢慢地，伦敦重建了，不是更美丽，而是更充实。皇家敕令以砖或石块取代木料为建屋材料。高耸入云的大楼不见了。街道修造得广阔平直，以平坦的石灰石铺设，而且留有人行道。卫生设施予以改建，大火摧毁了许多污物、鼠、蚤、病菌。伦敦不再有瘟疫。雷恩也重建了圣保罗教堂。

艺术与音乐（1660—1702）

克里斯托弗·雷恩生于宗教世家，习于科学而成于艺术。父亲为温莎副主教，叔父为伊利主教。他本人就读于威斯敏斯特学院和牛津华德汉学院（Wadham College），21 岁时（1653 年）成为万灵学院（All Souls College）的一员，25 岁时担任伦敦格雷舍姆学院（Gresham College）的天文学教授，29 岁时转任牛津的天文学教授。他似乎迷于科学，数学、机械学、光学、气象学、天文学都吸引他。他求出摆线之长（发现其直线长度等于摆线的曲线长度）。他证明撞击定律，结果由牛顿所做的、导致运动三大定律的试验加以证实。他费力改良望远镜和透镜的磨光工作。他测查土星的光圈。他发明一种装置，将咸水变为清水。他协助玻意耳（Boyle）首次将一种液体注入动物的血液里。他证明动物在除去脾脏后仍能安适地活着。他与威利斯（Thomas Willis）合力解剖一个人头，为后者的《脑的解剖》（*Cerebri Anatome*）绘图。他是皇家协会的起始会员之一，为其章程作序。大家做梦也没想到他会以英国最伟大的建筑家留名青史。

也许雷恩在绘画上的技艺使得查理二世任命他（1661 年）为工程总监约翰·德纳姆爵士（Sir John Denham）的助理。不久，他在建筑中发现了科学与艺术、真与美的结合，而此即是他思想的中心目标。"有两种美，"他写道，"自然与习俗。自然来自几何……习俗（或传统）之美则通常由我们将感觉应用在令人愉悦的东西上……但真实的考验总是自然或几何之美。"他认为，几何上正确的东西将会因自然而然地愉悦我们而呈现美丽（像世界上的任何大桥一样）。基于这一观点，他喜欢古典建筑甚于哥特式建筑，他的首批设计即遵循伊尼戈·琼斯（Inigo Jones）的风格。

1663 年，他为伦敦主教吉贝特·谢尔登（Gibert Sheldon）设计坐落在牛津的谢尔顿戏院（Sheldonian Theatre）。这里他先采纳古典原则，升高古代由维特鲁维亚（Vitruvius）、文艺复兴时期由维尼奥拉（Vignola）奠定的分成行列的圆形建筑。在法国的长期居留（1664—1666 年）更坚定了他对古典的偏爱，但他对芒萨尔圣谷大教堂的崇拜，也使他在其建筑正面增添几许巴洛克式的装饰。他重建圣保罗大教堂时，没忘记圣谷大教堂的圆顶。

他于 1666 年 3 月返回伦敦。4 月，他在谢尔登主教的邀请下，拟定重修将近 600 年之久、摇摇欲坠的大教堂。8 月 27 日，圣保罗教堂重修委员会采纳了雷恩的计划。两周后，这座教堂焚毁于伦敦历史性的大火中，其屋顶熔化了的铅流进街道。

这场肆虐首都 2/3 区域的大火，给建筑一个自火焚罗马城以来空前未有的良机。雷恩向查理二世提供重建伦敦城的宏大设计之时，余烬未熄。查理予以接受，但无法筹措资金，同时这一计划与财产权冲突。雷恩忙于其他计划。1673 年，他拟就一古典设计以建造一座新的圣保罗大教堂。教堂僧会予以反对，认为这一设计具有异教殿堂风味，他们敦劝雷恩依循老教堂的哥特式建筑。他勉强妥协，同意内部采用哥特式拱门、袖廊和歌唱队席，正面则以一座古典三角顶与两座巴洛克式高塔组成的文艺复兴时期的圆柱状门廊为主。结果是不同风格的不愉快地结合，但雷恩另在三角顶上冠以一座足与佛罗伦萨的布鲁内莱斯基（Brunelleschi）及罗马的米开朗基罗设计相匹敌的圆顶。圣保罗大教堂仍是新教徒所建的最好的教堂。

在这一计划实施的 35 年中，雷恩继德纳姆为工程总监，设计了其他 53 座教堂，其中许多以结合其美感与数学偏好的塔与塔尖闻名于世。另外，建造了伦敦的海关、格林尼治与查尔希医院（Greenwich and Chelsea Hospitals）、剑桥彭布罗克学院（Pembroke College）和牛津三一学院小礼拜堂、剑桥三一学院的图书馆、汉普顿宫古典式的东翼、36 座公会会厅及多座私家宅第。"17 世纪最后 40 年，凡属重要的建筑，似乎无不以雷恩为建筑师。"他历任查理二世、詹姆士二世、威廉与玛丽及安妮诸朝的工程总监。他86岁时退休，但仍监督威斯敏斯特的建筑达5年之久。有些人还把该寺高塔的建造归功于他。他91岁时逝世，葬在圣保罗大教堂。

雕刻在英国仍是孤立的，但木刻已成为一种主要艺术。格林灵·吉本斯（Grinling Gibbons）成为与雷恩相配的合作者，他雕刻圣保罗大教堂里的歌唱队坐席和宏伟的风琴盖子，温莎堡的肯辛顿宫（Kensington Palace）与汉普顿宫的各项装饰。

英国绘画继续输入大师并光耀后世。有些人把约翰·赖利（John Riley）列为复辟时期最优秀的肖像画家。他明白一张成熟的脸庞是一本自传。他能以忍耐的心态熟读脸上的线条，而且深读细读，他还以无利可图的勇气揭露其奥秘。查理二世就赖利为他所画的画像问了一句话"那像我吗？这，奇了，我倒成了一个丑陋的家伙了！"，这几乎毁了画家的名声。待至宫里的人了解这是对这位艺术家诚实的自然而然的恭维，已经是很久以后的事了。赖利也以同样的虔诚描绘了愚王詹姆士二世、变节诗人爱德蒙·沃勒（Edmund Waller）和虚浮贵族阿伦德尔伯爵。但他描绘雷恩与玻意耳时，他发现了天才的神韵并把握了他们脸上的刻痕和眼里的光彩。他于1691年去世，时年45岁。

荷兰人莱利（Lely）与德国人克内勒同为风行的斯图亚特王朝肖像画家。莱利之父是一个荷兰士兵，父名范·德费斯。他生于西发里亚（1618年），在哈勒姆习画，得悉查理一世具有鉴赏力与钱财之后，便搭船前往英国（1641年）。他继承凡·戴克成为英国境内最受人青睐的肖像画家，在克伦威尔和查理二世统治时期，仍然如此。他采用凡·戴克的方法，使被画者看来高雅——即使在穿着上。宫廷佳丽围绕着他，因此在国立肖像画馆里我们看到了圆胖而俏皮的内尔·格温，艳闻频传的什鲁斯伯里伯爵夫人，又在汉普顿宫里看见卡斯尔梅因夫人与路易丝仍在墙上抚弄着双乳。更可爱的是，约翰·丘吉尔被描绘成一位小孩而跟妹妹阿拉贝拉在一起——谁会料到这位天使般的男孩跟天使般的小女孩，一位成为无敌的马尔巴勒公爵，一位成为约克公爵詹姆士撼不动的情妇。莱利即以此类画像换来爵士的职位与财富。查理二世和六位公爵坐着让他画像。佩皮斯发觉他是一位"巍巍然的得意人物"，生活在"豪华与饮食堆中"。

1674 年，莱利去世前 6 年，一位德国人抵达伦敦，决心在绘画、财富及爵士职位上继承莱利，而且他终于完成了计划。克内勒那时 28 岁，查理二世任命他为御前画家。克内勒在詹姆士二世及封他为爵士的威廉三世的当政下，一直保持该职位。他画了 43 位具有政治势力的小猫俱乐部（Kit Cat Club）会员，威廉王朝的 10 位尤物，并使德莱登与洛克失去性格。就像每个人渴求不朽一样，克内勒进而把他奢华的画室变为大量生产的工厂，他率先雇用助手，每人各担负某项专长——手、衣服、花边。有时，他一天内招进 14 位作画者。他在乡间兴建一间大厦，坐 6 匹马的马车来往于别墅与城宅之间，历经政治变故，却高居其位，于 77 岁时（1723 年）以荣宠寿终正寝。那年，雷诺兹（Reynolds）出生，贺加斯（Hogarth）26 岁，而本土绘画正在形成。

清教徒几乎已抹杀了艺术，但没有封闭音乐。除了最寒微之家，其余皆备有某些乐器。在大火中，佩皮斯注意到泰晤士河上载运救济物品的每 3 艘船里就有一件小键琴。"不论我的行业是什么，"他写道，"我都不由得屈服于音乐与女人。"他好像提到自己的风流韵事般时时提到他的小风琴、琵琶、双头大琵琶及小提琴。他《记事》（Diary）里的每位人士都在弹奏乐器、歌唱。他认为朋友能参与歌唱是当然之举。他与太太和女仆在花园里合唱，引得邻居开窗听赏。

复辟时期，各类各式的欢乐歌曲一一绽放。查理从法国带来乐师，不久即传扬说，他不喜欢把数学当作悠扬、欢畅而可解的组曲。风琴再度制造，在国教各教堂里鼓鼓作响。为温莎宫圣乔治礼拜堂和埃克塞特教堂设计的风琴，是当时隆隆作响的奇物。但即使在教堂唱歌席里，那种庄严也已被乐器家与声乐独唱家的戏剧表演取代。查理二世和詹姆士二世下令音乐供作歌赋和假面具舞会之用，以庆祝皇家大事，教堂赋予音乐使命，剧院则试演歌剧。英国作曲家和乐师再度受到重视。

1656 年，达韦南特爵士游说护国政府，让他重开一家剧院，其理由不为演戏而为演歌剧。他的《首日娱乐》（*The First Days Entertainment*），与其说是歌剧，不如说是前、后、中间插以音乐的一系列对话。同年，达韦南特在自己的鲁特兰戏院（Rutland House）里排演第一出英国歌剧，剧名为《罗德斯之围》（*The Siege of Rhodes*）。瘟疫与大火导致剧场的关闭，干扰了这些试验。但 1667 年，这位有商业头脑的达韦南特，提供一出据说是其生父所著《暴风雨》（*Tempest*）改编而成的音乐剧。亨利·普塞尔的《狄多与埃涅阿斯》（*Dido and Aeneas*）则表明歌剧开始大举进军英国。

正如音乐史上常见的，亨利·普塞尔的天才源自青少年的生活环境。他父亲是威斯敏斯特合唱指挥大师，叔父是御前小提琴作曲家，兄弟皆是作曲家和戏剧家，儿子和孙子则继续担任威斯敏斯特风琴师。他本人只活了 37 岁（1658—1695 年）。他孩童时即在皇家教堂唱歌，直到倒嗓。年轻时，他作的圣曲在英国各教堂继续奉唱达一个世纪之久。他用两把小提琴与风琴或旧式钢琴演奏的十二奏鸣曲（1683年），将奏鸣曲的形式从意大利传到英国。他的歌曲、圣歌、清唱剧与室内乐，伯尼（Burney）说道："到目前为止都超过我们国家以前制作或从外输入的。相形之下，其他一切音乐组曲似乎立被投诸轻鄙、隐晦之林。"

普塞尔忙于风琴师和作曲家的工作，直到 1689 年，他才为伦敦一所女子学校的精选听众制作了一部《狄多与埃涅阿斯》歌剧。其音乐，甚至有名的序曲，今日看来似乎显得单薄。我们须记住，歌剧仍还年轻，而那时听众并不像我们爱嘈杂之音。最终的咏叹调——狄多的哀悼，"当我长埋地下"——乃是整个歌剧史上最动听的旋律。

德莱登填词普塞尔谱曲的《亚瑟王》（*King Arthur*，1691 年），并非完全是一出歌剧，因其音乐与剧中的气氛或事件似乎无甚关联——
正如我们知道的，剧本与马洛里和丁尼生（Tennyson）里的亚瑟传奇
少有瓜葛。一年后，普塞尔为《仙后》进一步谱出插曲，该剧由一无
名氏根据《仲夏夜之梦》改编而成。普塞尔生前未能看见该剧上演。
其乐谱先是沦失，后来于 1901 年被发现，现在被推列为普塞尔的最
佳作品之一。

　　1693 年，他为圣西西莉亚节（St. Cecilia's Day）谱出他许多歌赋
中最具匠心的曲歌赋。但其中最优秀的是 1694 年谱成的、气氛欢乐
的《谢恩赞美诗》（Te Deum and Jubilate）。这一歌赋到 1713 年为止，
每年都在"僧侣之子"这一节宴上演出，同时还与亨德尔（Handel）
的《乌得勒支颂歌》（Utrecht Te Deum）每年交相演出，直到 1743 年。
普塞尔另为玛丽女王的葬礼（1695 年）谱成一首著名的圣歌《主啊，
你知道我们内心的秘密》。晚年，他为德莱登的《印度女王》（Indian
Queen）制作插曲。显然他在完成这一工作之前便已卧病在床，因为
歌舞剧的结尾音乐由他兄弟丹尼尔制作。他于 1695 年 11 月 21 日，
或许因痨症而死。

　　尽管有复辟时期的一股活力，英国的音乐并未从被清教徒介入
而割断的伊丽莎白时代的传统中恢复。它不再植根于英国土壤，而是
遵循皇家要求，臣服于法国风格和意大利歌声。《狄多与埃涅阿斯》
之后，英国的歌剧由意大利人主唱的意大利歌剧所主宰。"英国的音
乐，"珀塞尔于 1690 年写道，"尚处于未成年阶段，一位早熟的孩子，
对未来的发展抱着希望……而其大师则将寻得更多的鼓励。"

道德

　　这一时期，未曾记载的老百姓道德，也许高于伊丽莎白王朝下的
老百姓，因为一则经济常规使他们稳定，他们并没有为恶的财富；二
则他们仍然感到清教徒信仰的刺激与监督力量。但在伦敦，尤其是在

宫廷，清教束缚的释放与反动，结果产生了一种放纵。脱离了英国本土文化而在法国无拘束环境中长大的年轻贵族，一则在放逐中把道德抛诸脑后，二则在归返时带来一种流动的混乱。为了报复多年的压迫与掠夺，他们尽情调侃清教徒的衣着与言谈、神学与伦理，直到他们阶级中无人敢为文雅说一句话。美德、虔诚与婚姻的忠实成了村野无知的表现形式，而最得意的通奸者——像威彻利（Wycherley）的《村妇》（*Country Wife*）一剧中表现的——反而成了时势下的英雄。宗教已经真正地丧失了阶级地位而附属于商人和农民。大部分传道家都被压迫成为长脸、长耳、夸夸其谈的伪君子和讨厌人物。唯一适合绅士的宗教是一种温文有礼的英国国教会。那里，主人参加主日仪式，以支持使村民恐惧地狱及在主人桌脚下作简短感恩祈祷的牧师。与霍布斯同为一位唯物论者，比与弥尔顿这位将《创世记》认作历史的目盲的老笨蛋同为一位基督徒更为时髦。在过去 20 年中过分夸大的地狱，就控制阶级而言，已丧失其恐怖力量。就他们而言，天堂便在当前，在一个从社会反叛和道德抑制中解放出来的社会，在以宫廷和国王为榜样的奸淫、赌博及寻欢作乐风气之下。

宫廷里尚有几位好男女。南安普敦的第四位伯爵和奥蒙德的第一位公爵，都是文雅之士。在英国国教会牧师，甚至在教阶中，还有一些诚挚的宗教之士。女王、范肖夫人、汉弥尔顿小姐（Miss Hamilton）及后来的戈多尔芬夫人，都敢当好人。

阶级越高，道德越低。王弟詹姆士·约克公爵的情妇多得数不过来。还在放逐荷兰期间，他便上了大使的女儿安·海德的床。她怀孕时央求他迎娶她，他予以拖延，但最后还是在她生产前 7 周（1660 年 10 月 22 日），暗中使她成为合法的夫人。根据他的自传所记，克拉伦登听悉这场婚姻后，向国王抗议说他对这一结合一无所知。"他宁愿让女儿成为公爵的娼妓，而不愿她当他太太。"如果他们真正结婚，"国王该立刻下令把这个女人……投入地牢"。同时"国会该通过法案，砍下她头颅，他不但赞同，还十分愿意成为第一位这样提议之人"。查理认为是庸人自扰而不予理会。安于 1671 年死于癌症，时年 34 岁。

安怀孕之际，詹姆士复与阿拉贝拉偷情。后者的兄弟很世故地予以接受，认为对自己在陆军里的升迁有利。为帮助阿拉贝拉和安，这位公爵尚又补充一些相好。伊夫林特别讨厌他与德纳姆夫人（Lady Denham，1666 年）的"无德"。詹姆士皈依天主教，在道德上并未使他有所改变。"他永远在左拥右抱中，"伯内特写道，"在选择上并不十分美好。国王对此曾经评论道，他相信他兄弟差牧师将自己的情妇送给他，作为忏悔。"在这些变化中，与阿拉贝拉的瓜葛一直以一种琴音继续存在。它见证安的死亡和詹姆士迎娶摩德纳的玛丽（1673 年）。

我们该补充说，这位约克公爵尚有一些令人赞扬的品格。担当海军总司令期间（1660—1673 年），他尽力克服由海军士兵低微的薪水、粮食供应和训练造成的混乱，他凭借勇气与技巧与荷兰人战斗。他能干而忠诚地照管行政的任务。他从未因犹豫而不对兄弟表现热诚，他耐心地等待 25 年才登上王位。他坦荡、诚挚、易于亲近，但过于看重自己的阶级与权威，因而不受欢迎。他是一位坚定的朋友，却是一位严厉的敌人。他刻苦多于敏锐，一意孤行。

宫廷里仅次于他的，是白金汉第二公爵乔治·维利尔斯（George Villiers）。身为詹姆士一世被谋刺的宠臣之子，他在内战时曾为查理一世也曾为查理二世在伍斯特（Worcester）打仗。这位复位的国王任命他为掌玺大臣。既英俊又机警，既温文又慷慨，他一时以其魅力主宰了宫廷。他写过一出剧名为《预演》（*The Rehearsal*）的喜剧，只是他的脸庞与财富毁了他。他追逐妇女，放纵嬉戏，大肆挥霍其财产。为了得到什鲁斯伯里女伯爵，竟然与她丈夫决斗。他杀了伯爵。那位快乐的寡妇立刻拥抱着身上仍然沾满她丈夫鲜血的胜利者，继而带着胜利一同返回死难者家里。维利尔斯后遭解职（1674 年），自甘堕落，结果死于贫穷和耻辱中（1688 年）。

在身材、机智、狂欢与腐败上相与抗衡的是罗切斯特的第二位伯爵约翰·威尔莫特（John Wilmot）。约翰难以置信地以14岁的年龄（1661年）获得牛津的硕士学位，17岁时受召入宫，担任国王宫内的参赞。查理一再驱逐他出宫，但一再让他回来，颇为欣赏他的机智。与白金汉一样，罗切斯特也是一位模拟专家。他乐于乔装为一位门房、乞丐、商人和德国医生，他模仿得惟妙惟肖，竟连最亲密的朋友也连连受骗。充当医生时，他假装以其星象学知识来治疗疑难重症，他吸引了数百病患，还治好了其中数位。不久，宫里的贵妇也前来求医，即使那些跟他很熟的人也认不出他来。他几乎在这些乔装里追逐妇女，完全不顾她们的阶级地位，她们也在追逐他。他以写讽刺的猥亵文字以自娱，并因醇酒和女色摧毁健康，还夸口说连醉5年之久。他33岁时死于贫穷与忏悔中。

宫廷里像他这样的人不知道还有多少，因此，本人在通奸上绝非业余家的佩皮斯，也怀疑"如此多的……醉酒、赌咒与乱爱，何时得了"。或像蒲柏（Pope）在《论批评》（"Essay On Criticism"）一文中，以对国王并非完全恰当的词句写道：

> 当爱情全成了一个安乐王朝的关注物，
> 罕在议会，从未在战争里，
> 荡女主政，政治家唯闹剧是写；
> 不，机智者享年金，年轻皇贵拥智士……
> 羞怯之扇不再上举，
> 少女对着从前羞赧之事微笑。

妻子与丈夫同样不贞，也被视为当然。这些人只要求他们的情妇忠实。安东尼·汉弥尔顿以法文所写的菲利贝尔伯爵的回忆录，读起来似乎是这位伯爵在查理宫廷的快乐放逐中，所目睹的一系列情场得意者与失意者的故事。

时光尽虚掷在跳舞、赛马、斗鸡、打弹子、打牌、下棋、室内游戏及纵情的化装舞会上。这样，伯内特说道，"国王、王后"及"宫廷上下全都戴起假面具，步入不知名的房舍，跳舞其间，大为狂欢"。游戏经常投以高额赌注。"今晚，"伊夫林说道，"按照习俗，国王陛下开启狂欢之幕……他亲在密室投下骰子……而输去了 100 镑（前一年，他赢了 1500 镑）。贵妇们也玩得十分沉迷。"宫廷在赌博与乱交方面树立的榜样，传遍了上层阶级。伊夫林提道："英国的堕落子弟，其淫乱放荡的疯狂程度，远超过其他任何文明国家。"

因爱情而步入婚姻之人为数日增，我们也听到一些有如多萝西（Dorothy Osborne）与威廉·坦普尔的美好例子。这被证明是快乐的婚姻，但多萝西写道："如果我们不看千百队如此结合的夫妇，几乎罕有一例可资效法而事后不后悔，那么，为爱情而结婚便是绝无可谴责之事。"写信给一位年轻女郎谈论其婚姻的斯威夫特提道，"那个人是你父母选来当你丈夫的"，同时写道，"你不过是一个谨慎与温顺的配合者，没有那可笑情欲的任何障碍"。"我结婚的第一意向，"克拉伦登回忆道，"除了渴求一笔方便的财产外，别无其他情欲。"

理论上，丈夫可以完全控制太太，包括她带来的嫁妆。在各个阶层，丈夫的意志便是法律。在下层社会，他动用他的合法权利鞭打太太，但法律禁止他使用粗于拇指的任何棍子。除了上层阶级的伦敦，一般家规都很严；在伦敦，克拉伦登抱怨父母对子女没有权威，而子女也不顺从父母，只是"每人各做自己眼里看来对的事情"。离婚甚少，但国会法案可能准予通过。与路德和弥尔顿一样，伯内特主教认为多婚制在某些情况下可予通融，同时向查理二世提出这一计划，因为王后不育之故。但查理拒绝进一步使其妻难堪。

犯罪继续威胁着生命与财产的安全。小偷和扒手成帮结队，夜晚大肆活动。法律禁止决斗，但仍留为绅士的特权。决斗时倘遵照规则，胜利者通常以短暂和礼貌的坐牢而脱卸因杀人而招致的死刑。法律试图以我们今日看来野蛮的惩罚来吓阻犯罪，但也许必须动用尖锐的尺度以刺透鲁钝的心灵。叛国罪的惩罚是折磨与死亡；谋杀、重罪或伪造钱币，则施以吊刑；杀害亲夫者，当被活活烧死；细微的盗窃处以鞭笞或割其一耳；在王宫前敲击任何人，断其右手；伪造、欺骗、偷减斤两尺寸，将招来枷刑，有时将两耳钉在板上，或以一根热铁穿舌。观众通常以目睹这些惩罚为乐，同时还以假日精神围观囚犯处绞。在欢乐王朝下，有 1 万人负债入狱。监牢污秽，但可贿赂狱卒提供一些安适之物。惩罚较近代的法国严厉，但法律较为自由。在英国没有秘密逮捕令，而且还有人身保护令和陪审制度。

社会道德也普遍放纵不检。慈善事业日渐增加，但英国境内的41 家贫民救济院，也可能仅仅是强者贪婪的另一面。几乎每个人玩牌时都在作弊。腐败在各阶层里都很普遍。商业行号发行新股票，伪造账目，对政府索价高昂。议决用于陆军或海军的资金，部分流入官吏和宫臣的口袋。达官显要，即使薪金丰厚，也出卖官衔、契约、委托、任命与宽赦，其规模大得使"常薪成为最小额的收入"。政府的高官像克拉伦登、丹比（Danby）、森德兰（Sunderland），几年内都成了巨富，购买或建造远非薪水所能负担的房产。国会议员将其投票权卖给阁臣，甚至外国政府。某些投票，曾有 200 位议员由于部长的贿赂而"放弃"反对。1675 年，据估计，平民院 2/3 的议员受到查理二世的酬庸，其他的 1/3 则受雇于路易十四。每当法国国王觉得查理超越波旁王室的政策而导致麻烦时，便贿赂议员投票予以反对。至于查理，他一再从路易那里接受大笔款额，同时在政治、宗教、战争上玩玩法国游戏。这是历史上最欢乐、最腐败的社会。

礼俗

与在法国一样，礼俗试图拯救道德，同时将华丽的衣衫、猥亵的文学与亵渎的言谈赋上一种讲究仪式的文雅。查理本人是礼仪的楷模，他的礼貌与风采传遍上层社会，并深刻影响了英国人的生活。男人相见时彼此行吻面礼。被介绍给一位女性时，也行吻手礼。伦敦仕女身在床上时也可接待绅士。文学、戏院与宫廷中散布着一种爽朗、轻视虚伪之风。但这种坦率在舞台和日常言谈上却泛出一股粗俗的洪流。亵渎空前罕见。查理在这里属于例外之一，他咒骂时限于用"笨蛋"这样的词。残存的清教徒除了辱骂对手外，都还言谈干净。教友派则拒绝发誓。

男人在花花绿绿的穿着上胜过女人，从涂粉的假发到丝袜、扣鞋应有尽有。假发是从法国传来的输入品之一。短头发的骑士党人及其他人士，憎恶自己被误认为是把头发剪短的清教徒圆颅党人，于是便用假发以示区分。头发转灰或变白的男人觉得假发可用以掩饰年龄，因为那时几乎所有的男人都刮脸。硬直的伊丽莎白、詹姆士时代的襞襟，已不复见。背心与外衣取代了紧身上衣与长斗篷，背心却长及小腿，并用一条腰带系在身上。裤子至膝盖而止。剑悬荡在贵族或富人的腿边。天鹅绒与蕾丝、丝带与毛皮，帮助完成宫廷人士的装扮：冬天，他可能把双手摆在从颈项垂下来的暖手筒里取暖。

时髦的仕女在头发上施粉或洒以香水，在前额上卷成小发圈，并补充以镶在密线上的假发。她们用稀奇的羽毛装饰帽边。她们在脸颊、前额或下颌上点上黑痣，以更能引诱追逐者。她们袒露臂膀和乳房的一部分：因此，路易丝让赖利画出一边裸露的乳房，格温则更胜一筹，偏把迷人的小腿掩藏起来。高贵的化妆用品日渐紧俏。妇女的妆饰已经是如此复杂的一件工作，怪不得复辟时期的一出剧本用夸张的语气写道：

> 她的牙齿在黑僧店（Blackfriar）、眉毛在斯特兰德街（Strand）、头发在银街（Silver Street）订制……她上床时把自己的头发拆散，放进约 20 个盆子里，次日中午时分，像一座大的德国钟一样再度装在一起。

浪费蔚然成风。生活再度讲究仪式，需要精心装饰。仆人大批受雇。伊夫林的父亲有近 50 个仆人。佩皮斯拥有一个厨子、一个女管家、一个夫人随侍及一个佣仆。三餐浩繁，且让我们看看 1660 年 1 月 26 日，早在他少不更事的时候，佩皮斯的餐点：

> 我内人已准备好一大顿美味——一盘髓骨，一盘羊腿肉，一盘小牛腰肉，一盘鸡肉，三只小母鸡，一盘两打装的云雀，一大块糕点，一条牛舌，一盘鳀鱼，一盘对虾与干酪。

主餐约在下午 1 点进食，为英国式烹调。查理解释仆人弯膝侍候以表尊敬，这时，格拉蒙说道："我感谢陛下的这种解释，我想他们是在乞求陛下原谅他们供奉如此差的一顿餐饭。"

喝酒精性的饮料已成为常态。人们，甚至小孩也罕曾饮水。啤酒比适于饮用的水还容易到手。因此，任何年龄的人都喝啤酒，而富豪之家另增加威士忌或舶来酒。大部分人每天造访酒店一次，而各阶级的人也不时喝醉。

咖啡约 1650 年来自土耳其，1700 年以前，大部分输自也门的莫查（Mocha）一带。18 世纪，荷兰人将它移植到爪哇，葡萄牙人移植到今斯里兰卡和巴西，英国人移植到牙买加。饮用咖啡能克服昏睡，因而鼓舞机智之士传播其声望。伦敦于 1652 年开设第一家咖啡店，1700 年，伦敦共有 3000 家咖啡店。三教九流之人每使其中一两家成为他们经常聚会之地，那里，他可会见朋友并知悉最新的丑闻与消息。查理二世试图压制作为政治煽动与阴谋中心的咖啡店。某些咖啡店成了后来在 18 世纪的政治上扮演重要角色的俱乐部，同时也变成了免于一夫一妻制的庇护所。然而，那时的咖啡店不同于后来的俱乐部，这不但因为咖啡是受人喜爱的饮料，还因为会谈也受到鼓舞。文学巨头如德莱登、艾迪生与斯威夫特在咖啡店里各有发表场所。英国的言论自由便在那里滋长。

　　茶于约 1650 年左右来自中国，但价钱昂贵，直到一个世纪以后方才取代咖啡而成为英国的风俗。佩皮斯饮啜第一杯茶时，还认为是人生的一大经历。同时，可可豆也从墨西哥与中美洲传入。约 1658 年，香精和糖加到可可中，制成了一种新饮料。合成的巧克力在复辟时期成了一种流行饮料，还供应在许多咖啡店中。

　　各阶级人士，包括妇女和小孩在内，都经常使用长烟筒吸食烟草。妇女认为这具有一些杀菌作用，如防止瘟疫。这一时期，人们吸闻鼻烟这一习惯，或许即起因于此。

　　清教徒的梦魇一经撤除，游戏和娱乐复盛极一时。穷人再次欣赏傀儡戏、马戏、斗鸡、斗熊斗牛、空中走索、摔跤、耍把戏、拳击和法术。富者喜欢狩猎和追求女色。查理二世一直打网球到 53 岁。伊夫林喜欢保龄球。曲棍球开始成为全国性的消遣，1661 年，我们发觉人们首次提到特别保留供作比赛曲棍球的场地。同年，沃克斯霍尔花园（Vauxhall Gardens）在泰晤士河南岸开辟，不久即成为时髦胜地。查理二世复将圣詹姆士公园开放给大众。海德公园也已建立起来作为由国王、王后领导的社会名流在愉悦的午后驱车出游之地。上流社会也开始流行在巴思洗温泉浴。

　　除了最贫穷的阶级外，都用驿马车旅行。后者从 1657 年起开始做定期的便士邮政（penny post）服务，又在 1658 年开始预约为旅客服务。出租马车从 1625 年起，成为沟通城市的一种交通方式。最有钱人家以"六马车"旅行：用 3 组马拉车并非为夸示，而是用以拖过泥泞的路面。有时，地方上的牲畜须系在马前，以便将马车拖出深及轮轴的泥淖。路面泥泞或灰尘滚滚。路旁的客栈，由于车夫、旅客、演员、商贾、小偷与荡女的热闹混杂，对英国文学颇有贡献。狄更斯（Dickens）年轻时熟悉的粗犷、充沛、可爱的英国，正在成形。

宗教和政治

信仰之争依然持续，国王与国会之间的旧冲突又起。快乐的国王哀伤地发现，平民院在百依百顺的蜜月期后，竟嫉妒他的权力，开始吝惜付他开支经费。查理内心柔和，意志却坚强，他转向法国国王私人贷款。他保证，而且显然希望，缓和英国天主教徒未能任公职之事。他支持路易十四对抗荷兰的政策，并把克伦威尔的士兵赢来的海峡港口敦刻尔克售予法国。敦刻尔克牺牲惨重得以保护下来，查理却以它换来 500 万法郎（1662 年），并附带波旁的秘密贿金，这使他一度可无视于现在掌握国会的地主和财主的寡头统治。

然而，这些寡头政治执政者们想用政府的经费来支付另一场为利益而对抗荷兰的战争。查理尽其可能地反对好战思潮。他在给他妹妹的信上说："在城市在乡村皆然，尤其是国会议员，我发现我自己是我的王国中唯一不希望发生战争的人。"

每件事都恶化。英国海军食物缺乏、衣不蔽体、军火不足，却作战骁勇，可胜负参半。战事进入高潮时，瘟疫和大火使伦敦残破，英国破产。1666 年年底，荷兰人公开和平谈判，查理乐于获得停战协议，派遣使节团赴布雷达。他相信协议在望，也由于他本人已濒于财匮力乏，于是把部分英国船舰驶入梅德韦河（Medway）整修，而且允许水手们为商人效劳。1667 年 6 月，勒伊特（Ruyter）率领一支荷兰特遣舰队，驶入泰晤士河和梅德韦河，把大部分无人的船只摧毁。佩皮斯说，在这个晚上，英王与卡斯尔梅因夫人在蒙茅斯公爵夫人邸寓共进晚餐，纵情寻欢作乐。荷兰人来袭的消息传抵伦敦，人们被召集起来。荷兰人也希望和平，因为法国人已侵入佛兰德斯。《布雷达和约》（1667 年 7 月 21 日）结束了第二次荷兰战争，但双方对条款皆不满意。

英王的地位因这一闹剧的结果和伦敦的祸事而十分脆弱，以致有些英国人想罢黜他。国会要求政府开支应由国会监督，查理因为无钱只有让步，另一步骤即走向国会至上。因为处理外交事务不当，国会要求克拉伦登去职。查理并非不愿意他去职，因为这位大臣曾反对他的宗教宽容的行动，也非难他把精神贯注在情妇身上。平民院不满意他辞职，起草一项议案，控诉他向法国阿谀。克拉伦登接受国王的忠告，逃往大陆。在为国家长年服务后，这个结局真是既可怜又残酷。这个老人的流亡，却因而写下一本在英国文学史上前所未见的最佳历史杰作，也算未虚度余生。他 1674 年死于鲁昂，享年 65 岁。

查理任命 5 个人接替他（1667 年）：克利福德男爵、艾林顿伯爵、白金汉伯爵、艾虚里勋爵（不久后成为首任沙夫兹伯里伯爵）、劳德戴尔伯爵。他们的姓名字首组成一个"cabal"字，这个新政府即被人们称为"卡巴"。克利福德是一名公开承认的天主教徒，艾林顿则倾向于天主教，白金汉是一个浪子，艾虚里是一个宽容的怀疑派，劳德戴尔是一名不受盟约派人士，他以兵力强迫国教会制度横施于其苏格兰同胞身上。查理听他们互不相同的建议，但更加我行我素。

他的目标基本上有二，恢复绝对君主制，提高英国的罗马天主教信仰。他渴望能由他的信天主教的弟弟詹姆士继承他的王位，他与罗马的耶稣会首脑通信，同时秘密接见一名由布鲁塞尔来到伦敦的教廷公使。1669 年 1 月，他告诉他弟弟、克利福德、艾林顿和阿伦德尔等说，他希望自己重皈罗马教会，而且让全英国回到天主教。他的妹妹亨利埃塔从未停止劝他大胆地宣布改变信仰。

1670 年 5 月，路易十四把亨利埃塔送返英国，由精明的外交官伴同，以勾结查理使之遵从法国和天主教政策。1670 年 6 月 1 日，克利福德、阿伦德尔、艾林顿代表英国签署了秘密的《多佛条约》。法王同意，只要查理公布改信天主教，就付他 15 万镑；如果需要增加，路易愿为查理装备 6000 名士卒，并以法国开支来维持这支精兵；查理在对方请求下，加入法国对抗荷兰的战争；战事延续时他每年可获22.5 万镑；他可得到并保有某些荷属岛屿及他支持路易继承西班牙的权利主张。为了瞒骗国会和英国人民，查理派白金汉赴巴黎草定一份假条约，而于 1670 年 12 月 21 日签字并公之于世。它誓言英国加入反荷兰的战争，却未提到宗教。

查理花了 15 年时间才宣布他改信宗教。他的弟弟于 1671 年公开宣称自己是天主教徒，但即使在亲天主教的艾林顿警告英王，同样的承认可能激起一次革命的情况下，查理仍然步向其目标，以颁布（1672 年 3 月 15 日）他的第二道《宽容宣言》（*Declaration of Indulgencs*），停止"针对任何种类非国教徒的宗教事务的刑法"。同时，他把所有因不肯承认国会的宗教立法而被下狱的人从牢里放出来。数百名反国教徒，包括布尼安和许多教友派在内获释，他们的领袖派了一个代表团向英王致谢。长老会和清教徒震惊地发现，给予他们的自由也扩及天主教和浸信会。国教会则为"天主教徒和成群的教派"公开在伦敦集会而惊惧。将近一年时间，英国的宗教宽容，几家欢乐几家愁。

1672 年 3 月 17 日，英国重启第三次荷兰战争。现在，国王和国会在这件事上意见一致。国会通过 125 万镑军费，这笔钱付给政府却是以小额分期给付，这显然是要靠英王顺服国会及其宗教立法而定。平民院宣布"宗教事务的刑事法令只有依《国会法》（*Act of Parliament*）方可停止"。它又致一封请愿书给国王，说他的《宽容宣言》应予撤回。亟须英格兰助一臂之力以支持其对抗荷兰战事的法王路易十四，劝查理取消这个《宽容宣言》，直到战争成功结束。查理让步，1673 年 3 月 8 日，《宽容宣言》被取消。

可能就在这时，新教派领袖听到有关秘密的《多佛条约》的风声。为了预防任何王室成员改变信仰，两院在三月底通过一个《甄试法》（*Test Act*）。依此法，英国一切文官和武官都需要摒弃天主教三位一体理论，而要依国教会仪式接受圣礼。克利福德激烈地反对这个法案，在它通过后，他辞去官职，归隐庄园，很快去世了。伊夫林认为他是自杀。沙夫兹伯里竭诚支持本案，他被罢黜出内阁，成为在野党领袖，反对支持英王的执政党。"卡巴"政府结束（1673 年），丹比勋爵成为首相。

詹姆士辞去官职。对他的反对曾在某种程度上缓和，因为大家认为他的第一任妻子虽曾接受天主教信仰，而她的孩子，即未来的女王玛丽和安妮，却成长为新教徒。但现在他再娶（1673 年 9 月 30 日）一名天主教徒，引起了恶毒的非难和谴责。摩德纳的玛丽素以"教皇的长女"著称，而一般认为她将把她的子女抚养成天主教徒。国会立刻提出议案，规定所有的王室子女必须依新教徒信仰养大。

事件的转折使英国对抗荷兰的战争兴趣转变了。如果英国将有一位天主教君王，他迟早会和法国、西班牙合作，极力摧毁荷兰共和国——荷兰现在显然不仅只是商业上的敌手，也是新教信仰在欧陆的堡垒。如果荷兰应推翻，则英国新教信仰又如何坚立？查理心甘情愿地派遣威廉·坦普尔爵士为使节，与荷兰单独媾和。1674 年 2 月 9 日，《威斯敏斯特条约》（*Treaty of Westminster*）结束了第三次荷兰战争。

天主教徒阴谋

接着是一段平静的日子。查理从路易那里收到一笔额外的 50 万克朗，关闭了惹麻烦的国会，回到他情妇身上。政治仍然持续，沙夫兹伯里和其他反对派领袖成立（1675 年）绿带社（The Green Ribbon Club），由此为核心，在野党展开攻势，支持国会和新教，反对国王与天主教的法国勾结，及立一位公然要娶一名天主教徒为妻的继承人。1680 年，在野党的这批人，被称为辉格党，支持皇权者则被指为托利党。在查理眼中，沙夫兹伯里是"最无道德、最邪恶的人"，伯内特批评他是"肤浅的……出奇的虚浮……缺乏理智"。可是与沙夫兹伯里生活了 15 年的洛克认为他是民权、宗教和思想自由的最勇敢的卫护者。伯内特称他是一位自然神论者，我们或许也可以由沙夫兹伯里"智者只有一种宗教"这句评论中推测出良多。当一位贵妇问他何者为是，他答说："智者不言。"

1677 年，宗教对立缓和不大，当时奥朗日王室的威廉娶了新教徒玛丽为妻，她是约克公爵的长女。如果詹姆士依然没有男嗣，玛丽将是詹姆士之后第二个可以继承王位的人，而英国将因婚姻而与新教的荷兰合作。但 1678 年 8 月 28 日，奥茨（Titus Oates）向英王御前宣称他发现了一桩"天主教徒阴谋"：教皇、法国国王、阿马大主教以及英格兰、爱尔兰和西班牙的耶稣会正计划暗害查理，让他弟弟即位，并以武力迫英国改奉天主教；3000 名凶手将屠杀伦敦的著名新教徒；而伦敦本身，这个英国新教信仰的要塞将被夷为平地。

奥茨当时 29 岁，是一名浸信会牧师的儿子。他曾是一名国教会牧师，却因行为不检点而被开除圣职。他曾经接受或伪装改信天主教，并曾在巴利亚多利德和圣奥默耶稣会的学院攻读，而在后者则被开除。同时，他声言，他曾获悉耶稣会征服英国的秘密计划。他自称曾出席 1678 年 4 月 24 日伦敦的一次耶稣会聚会，会中曾讨论杀害国王的方法。他举出 5 个天主教贵族参与这个阴谋：阿伦德尔、波伊斯、彼得、斯塔福德和贝拉西斯。奥茨又说贝拉西斯将出任天主教军的总司令时，查理大笑，因为贝拉西斯正因痛风卧病在床。英王断定奥茨捏造事实以图获赏，把他斥退。

枢密院认为对此控诉，最好还是宁信其实。于是召奥茨在 9 月 28 日到枢密院问话。奥茨担心此去即将被捕，他先到一个名叫戈弗雷的治安官那里，交给他一份详述阴谋内容的起过誓的供证词。枢密院为其证词所动，下令逮捕数名他控告的天主教徒，其中之一是约克公爵夫人多年来的秘书科尔曼。在被捕前，科尔曼烧毁了某些信件，但他来不及烧毁的信件显示出他曾与法王路易十四的耶稣会忏悔师谢兹通信，信中表示双方皆希望英国不久将成为天主教国家。在这些信件中，科尔曼建议路易十四给他钱，以影响国会议员中为天主教利益讲话的人，又说，一旦成功将带给新教空前的大风暴且让 3 个王国的改变信仰，而且，或许会彻底压制流行的异端信仰。基于科尔曼曾烧毁了大部分信件这一事实，枢密院相信，他曾知悉，或可能也是参与奥茨所说的这一阴谋的一个间谍。查理本人由这些信件判断，确有这一阴谋存在。

10月12日，治安官戈弗雷失踪。5天后，他的尸体被发现弃置在郊外。他显然是被谋杀——被间谍蓄意谋杀，新教徒认定是天主教徒为了制止奥茨的供词公之于世而谋杀了戈弗雷。这事件似乎证实了这一罪名，而且在秘密的《多佛条约》留下的不信任空气中、害怕詹姆士即位的心理阴影下，很自然，新教的英国大部分现在都相信奥茨所做的控诉，因而陷入一种狂乱。保护新教就要大事逮捕（若非处死）任何涉及阴谋的天主教徒。

恐怖政治开始，持续了约4年之久。詹姆士逃亡荷兰。伦敦市民武装自己，以反抗一项预料中的侵略。白厅部署好了大炮，派兵到国会两院底下的地窖中，以预防第二次火药案。国会通过一项法案，把天主教徒排出贵族院，并向奥茨致敬，视他为民族救星，奖赏他每年1200镑终身年金，而且给他在白厅中的一座寝室。牢狱里立即挤满了被奥茨或贝鲁控诉的耶稣会教士、俗世牧师和天主教信徒。贝鲁曾出面声言知道奥茨的控诉确实属实。

11月24日，奥茨又向枢密院揭发一项新的惊人罪案——他曾听到王后同意由她的医生下毒害死她丈夫。查理了解奥茨这个谎言毫无根据，对他的故事失去信心，并把他逮捕。平民院下令释放他，并逮捕了3名皇后的侍从，又通过一项议案，要求罢黜王后。查理出席贵族院为他妻子的忠诚辩护，并劝请贵族院拒绝同意平民院的提议。11月27日，科尔曼和其他天主教信徒初审，被处以叛国罪，应处死刑。12月17日，6名耶稣会教士和3名俗世牧师被处死。1679年2月5日，3人因谋杀戈弗雷的罪名被处以绞刑。这12个人后来被证明无辜。

攻击逐渐接近查理。1678年12月19日，国会获致巴黎的报告，显示丹比曾由路易十四那里接受大笔金钱。这位大臣拒绝解释这笔钱是法国给英王的贿款。平民院起诉他，查理害怕他这位忠心的大臣会被处死，解散了这个"骑士党国会"（Cavalier Parliament，1679年1

月 24 日）。它们断续在职近 8 年，比长期国会还长。

　　但 3 月 6 日召开的第一个辉格党国会，比其前身更激烈地反天主教、反国王。平民院控诉丹比叛国通敌。贵族院判他囚禁伦敦塔，救了他一命。在此后动荡不安的 5 年中，他舒适又焦虑地住在伦敦塔。依威廉·坦普尔爵士之劝，查理任命一个 30 人的新枢密院。为了安抚反对派，他把沙夫兹伯里和哈利法克斯侯爵萨维尔这两名辉格党领袖延揽入内。在英王的推荐下，沙夫兹伯里被选为枢密院院长。为了进一步平息风暴，查理向国会提出一个折中方案，以换取其弟弟不被排除继承王位之权：凡天主教徒皆未允准入国会或居任何要职；英王将无权指派任何宗教职位；英王提名法官应由国会同意才有效；国会可掌握陆军和海军。但国会还不放心詹姆士会尊重这种协定。5 月 11 日，沙夫兹伯里亲自以清晰无误的条文列出第一个排除法案："剥夺约克公爵继承国家的王位的权利。"5 月 26 日，以扩大人身保护权的法令颁布，保证任何被捕人，除被控叛国或重罪者例外，皆有权请准保释。在这些案件中，犯人将在法定下一次庭期中出庭受审或判决。法国还要等 110 年才能享到对抗专断滥施逮捕的同样的这种保障。5 月 27 日，英王担心《禁制法案》（*The Exclusion Bill*）将会通过，令国会休会。

　　人身保护权并未有助于被奥茨控诉的天主教徒，因为他们毫不迟滞地被审，而且若发现有叛国罪，则被愤怒地迅速处刑。整个 1679 年，他们走向断头台或囚房。审判处理迅捷，因为法官受到法庭外喊杀的群众的叫嚣声的恐吓，未仔细检查证据或允准复验证人，即定了许多被告有罪。鉴于奥茨受的赏格，伪证似受魔法般四起，誓言那些最狂妄的故事：有一说，一支 3 万人的军队正要从西班牙渡海而来；另一说，他被许以 500 镑及荣耀，去杀查理；另一说，他听见一个富有的天主教徒立誓要杀查理。这些案件被告不准有律师，直到审判日，被告才获知其被控罪名为何，而且除非他可证明无辜，他便被认定有罪。为使定罪迅速，一项旧伊丽莎白时代的法律复活了，此法曾使一名在英国的牧师被处以死刑。围观的群众对为被告辩护的证人恶言相加，极力诟骂。当被告被判有罪时则狂欢大叫。

凡此种种，都是使这位快乐的君王伤心的经历，他目击自己的所有希望破灭，权力受限、妻子受歧视、弟弟受鄙责和轻视。在风暴的高潮，他重病卧床，死期随时可至。哈利法克斯把詹姆士由布鲁塞尔召回。辉格党领袖下令军队防止他回国。沙夫兹伯里、蒙茅斯、罗素勋爵、格雷勋爵同意，若是查理驾崩，他们将领导一场起义，以制止他弟弟继位。詹姆士乔装入境，安然出现在查理的床边。查理显然痊愈了，而忧心中略带笑意，虽然他的敌人也曾预料过他的死亡。但他未曾真正复原。

反天主教的热潮持续，直到奥茨在审判王后的医师韦克曼爵士（Sir George Wakeman）时轻举妄动，铸成大错。在枢密院作证词时，他曾为这名医生开脱，在审判时他又控诉其计划毒害国王。曾经大力迫害天主教徒的斯克罗格斯大法官（Chief Justice Scroggs）指出这个矛盾。韦克曼被宣告无罪，此后奥茨的证词被人严察以闻。曾经证实他的伪证者不再支持他。阿马大主教普伦基特的处死，是反天主教恐怖的最后行动（1681 年 7 月 1 日）。

当恐惧和热情消失，神志清明的人觉察出，奥茨部分是无根据的猜测，部分是因为遵守诺言，才把许多无辜的人送往监狱以至被处死。他们断定，并无暗杀国王的计划，也无屠杀新教徒或火焚伦敦的阴谋。但他们也觉得，纵使没有罗马天主教的阴谋，天主教的阴谋也曾真正有过。这就是，政府的领导分子曾计划或希望，在法国经费（如果需要，再添上士兵）的支持下，铲除英国天主教徒被剥夺任公职的机会，让国王改变宗教信仰，让他那位改教的弟弟能登基，而且使用一切手段重建天主教为国教，最后成为全民的宗教。事实上这些全体现在 1670 年签署的秘密的《多佛条约》，查理曾由这一协议退让，但他的希望未变，而他依旧决定，他那位天主教的弟弟应继位为英王。

喜剧幕落

沙夫兹伯里的决定却相反。科尔曼在受审时承认，詹姆士知情也赞同他跟谢兹通讯。沙夫兹伯里觉得詹姆士一旦登基，将实现"天主教的阴谋"的第一阶段，他极力怂恿查理和未能生育的王后离异，娶一个新教徒，她可能会为他生个新教徒儿子。查理拒绝让王后凯瑟琳重蹈前王后、另一个阿拉贡的凯瑟琳的覆辙。沙夫兹伯里又转向支持英王的私生子蒙茅斯公爵，他无法宽恕其父因未娶其母，使他无权继承王位。沙夫兹伯里散播一个看法，说查理曾正式娶了露西·沃尔特，而公爵是王位的合法继承人。查理宣称，他除了凯瑟琳之外，绝未娶过他人，以为驳斥。发现沙夫兹伯里无法修好，英王把他驱出枢密院（1679 年 10 月 13 日）。

在这一连串危机中，查理几乎改变了他的个性。他放弃了生活上的乐趣和闲适，也抛开了他的安逸，全神贯注到行政和政治中，而且在对抗敌人时战略退却，直到他们过分骄纵而失败。在他最后的 5年，他显得如此坚决和能干，甚至他的朋友都惊讶。他逐渐恢复信心后，又召开了他的第四个国会。

国会于 1680 年 10 月 21 日集会。11 月，第二份排斥法案在平民院通过，并呈交贵族院。哈利法克斯在此以前一直支持辉格党，现在转向国王那一边，开始赢得"骑墙派"的头衔。他憎恶詹姆士，也不相信天主教信仰，但他赞同查理所谓世袭君主的原则应予维持，而且他担心沙夫兹伯里将领导英国进行另一场内战。在一次冗长的辩论中，他打动了贵族院，把这个法案否决了。平民院以拒绝拨经费给英王为报复，而且禁止任何商人或金融家把钱借给他。国会弹劾哈利法克斯、斯克罗格斯和斯塔福德子爵，后者是被关在伦敦塔中的 5 名天主教贵族之一。斯塔福德由于奥茨的证词而遭斩首（12 月 7 日）。国王又一次解散国会（1681 年 1 月 18 日）。

由于他极需经费，宁可牺牲其弟，查理决定再度向路易十四屈膝，以供政府开支。他同意袖手旁观，坐观法国的侵略政策，为了70万镑——足以使他没有国会的辅助也可独立3年。由此给予他力量召集了第五任国会。为使国会失去伦敦的僧侣和民团的支持，他命令国会在牛津集会。双方皆武装而来——查理率领许多卫士，辉格党领袖的随从皆携剑带枪，扬舞着"不要天主教，也不要奴役"的大旗。平民院立刻通过第三次排斥法案。在这个措施抵达贵族院之前，查理解散国会（1681年3月28日）。

许多人现在预料沙夫兹伯里会再次发动内战。同时舆论记起1642至1660年的历史，转为反对他而支持英王。国教会热心地辩论天主教徒的詹姆士有无继承王位权。沙夫兹伯里试图重组被解散了的平民院开一次革命会议时，查理下令逮捕他，陪审团宣告沙夫兹伯里无罪（11月24日）。他现在虽然病得几乎不能走路，还是加入蒙茅斯公爵的公开革命。英王把他们两人一齐下狱。沙夫兹伯里由伦敦塔中逃出，流亡到荷兰，精疲力竭，卒于当地（1683年1月21日），但他的友人洛克继续为他在政治上未能达成的目的在哲学理论上奋斗。

查理赦免蒙茅斯，但是他却饶不了对沙夫兹伯里宣告无罪的伦敦陪审团。这时他变得极端，他决定破坏城市的自治，因为在城市自治中，辉格党情绪上涨——甚至革命。查理下令检讨类似此等对皇家意旨熟视无睹的市特许状。由于它们被发现有法律漏洞被宣布为无效，随之颁布了新的特许状，规定所有市自治的选任官员，今后其任免可否应由英王决定（1683年）。言论和新闻自由现在受到新的限制。对反国教徒（不是天主教徒）的迫害又开始，因为他们大部分是辉格党。在苏格兰，詹姆士亲自领导镇压。王室特权超过国会权利的胜利似已完成，而且大动乱的成就显然也因全国恐惧再次发生内战，转而支持保皇派的反动而被牺牲了。哈利法克斯抛弃沙夫兹伯里，转而为英王效忠，担任掌玺大臣（1682—1685年）时，即反映了全国的这种感情。

沙夫兹伯里的追随者做最后的挣扎。1683 年 1 月，蒙茅斯公爵、埃塞克斯伯爵、卡莱尔伯爵、罗素勋爵和西德尼，在汉普登的家中密议设计要陷害詹姆士，而且若有需要，连查理也暗杀掉。西德尼希望行动进一步到建立英国共和。他是骑士党主席菲利普·西德尼爵士的侄孙。在内战时，他站在国会这边作战，在马斯顿沼泽（Marston Moor）负伤。他被任命为审问查理一世的委员会委员，但他拒绝出任，并说，这个委员会未获人民授权去审讯国王。他在欧洲大陆时发现国内已经复辟，就留在欧陆，致力于研究及阴谋反对查理二世。第二次荷兰战争时，他力劝荷兰入侵英国，而且他说，若是法国政府供给他 10 万克朗，他愿为法国政府效劳，在英国境内发起一次叛乱。查理允许他回到英国（1677 年）参加他父亲的葬礼，他留在英国，加入了在野党。在《论政府》（*Discourses concerning Government*，写于1681 年，但 1688 出版）中，他提倡准共和的原则，早在洛克之前，攻击菲尔默为君权神授说辩护，而且坚决主张人民有权评断和罢黜他们的统治者。显然，他和罗素两人都接受法国政府的金钱，法国乐于让查理二世因内部麻烦手忙脚乱，无暇他顾。

这"六人委员会"决定扣押英王。他们获悉他 3 月要出席纽马基特（Newmarket）的赛马会，他回伦敦时，马车将通过伦敦市北边霍兹登（Hoddesdon）的麦垅厦（Rye House），另一辆干草车会把那里的路堵上。英王，或许再加上他的弟弟，将被擒，不论生死。但 3 月 22 日，赛马场内发生了一场大火，赛马比原定日程提早一周结束，查理在阴谋者未能提早发动之前已安全通过，返抵伦敦。6 月 12 日，他们其中之一，因害怕真相暴露，希望获赦，竟把此阴谋向政府告发。卡莱尔被逮，认罪而获赦。蒙茅斯力辩无罪，虽然查理知道他儿子扯谎，却取消了逮捕的命令。罗素受审，定罪，被处死（1683 年 7月 21 日）。埃塞克斯在狱中自杀。查理说："他无须对皇恩赦罪绝望，因为我欠他一命！"埃塞克斯的父亲曾为查理一世而死。有些较不显要的参与"麦垅厦谋反事件"的人都被吊死。西德尼在证据不足下被定有罪，他为自己极力辩护，而勇于就死有如罗马人（12月7日）。他的座右铭是"这只手是暴君的敌人"，但那是有双重意义的。他在断头台上发出名句："上帝让各民族凭各自所好自由地建立各自的政府。"他临刑前拒绝任何宗教仪式，说他已和上帝平和相处了。

查理固然胜了，却也油尽灯枯。英国在他当政时曾经济繁荣，现在则政治安宁。詹姆士再度获胜，成为海军大臣，并积极对付其仇敌。1685年1月，詹姆士与奥茨在一场民事案中对簿公堂，获胜，获偿10万镑。奥茨付不出这笔巨款，被拘狱中。查理哀伤地说："当我逝世，我将仔细地把我的王国和平地交给他，希望他能保其长久。我不晓得我弟弟会怎么做，可是我十分担心，他即位后，他将被迫再次流亡在外。这是我害怕出现的，但看不出有多少希望和理由会好转。"詹姆士因他不带扈从驶过伦敦而向他进言忠告时，他劝其弟不用担心，"没有人会杀了我，好让你成为国王的"。

他那样说没错，但应该把庸医除外，庸医会误他。1685年2月2日，他惊风（痉挛），脸扭曲，嘴吐泡沫。金医生（Dr.King）刺破静脉放血，效果良好。侍从们找了18名其他医生来诊断、开方。一连5天的折磨，他们把他的静脉开了洞，把放血杯放在他肩头上，把他头发理光，好让头皮上的脓疱长出来，还在他脚底板上涂上沥青和鸽粪。一位医药史家说，为了从他脑子里除去幻想，他们往他鼻孔里吹蒜藜芦，让他打喷嚏；为了让他呕吐，他们把锑和硫酸锌灌进他嘴里；为了洗他的肠，他们给他喂下强烈的泻药，并多次洗肠。

垂死的国王要召见他那位长年辛苦的王后，竟未察觉她早已跪在他的床脚，摩擦他的脚。2月4日，有些主教建议他施国教会的最后仪式，他请他们停止。他弟弟问他是否要一名天主教神父时，他答说："是，是，我至为需要。"赫德尔斯顿神父受召而来，他曾在伍斯特战役救了查理一命，而查理在"天主教阴谋的恐怖时期"中也救过他一命。查理坦承有罗马天主教信仰，忏悔罪，饶恕其敌人，请求全数赦免，并接受最后涂油式和最后圣礼。他尤其要求太太恕他之罪，但也要求他弟弟好好照顾路易丝和他的儿女，"别让可怜的内尔挨饿"。他向围在病榻旁的人致歉说，他难过的是选了这个不适当的时候去世。

　　2月6日中午，约克公爵即位为王。

第四章 | 光荣革命

（1685—1714）

信奉天主教的国王（1685—1688）

从画家凡·戴克所绘的那幅约克公爵 2 岁时的美丽的金蓝色画像，谁会想到这位天真烂漫、敏感又害羞的小男孩，竟会使斯图亚特王朝倾覆，终于在"光荣革命"中，继踵其父，又把国王的权力移交给国会？但在赖利为同一个人所绘的詹姆士二世的画像中，羞怯畏生变成了昏庸糊涂，敏感也成了刚愎顽固。这种个性决定了悲剧的命运。

我们已提到他的某些优点。他服役海军时，经常身先士卒、奋不顾身。拿他和他兄长相比，人们喜欢他管理产业，他的开销耗费也较俭省，也比较信守诺言。他遵守查理二世的遗命，照弗其情妇——帮她付清债务，并为她购置别墅，使她能安度余生。登基后，他与最亲近的凯瑟琳·塞德利仍保持了一段时间。但在彼得神父的谏诤下，他付给她一笔钱，劝服她离开英国。因为他承认若是再见她一面，必将情难自禁，无以抗拒她魅力的影响。参与推翻他王位的伯内特主教评价他是"天生的公正和真挚，虽然有时也浮躁和睚眦必报，直到他的宗教信仰腐化了他原先的原则和方向之前，他一直是坚贞的友人"。

他自奉甚为俭朴，保持币制诚信，对人民也轻徭薄税。麦考利费了800页的篇幅描述他在位3年的治绩，其结论是："如果他是一个新教徒，不，他只要是一个温和的罗马天主教徒就好，具有这么多优点，他可能会有一个繁盛、光荣的治绩。"

他的过失植根于他的权力。他在登基前即傲慢自大，他接受他父亲的理论，认为国王应具有绝对权威，因此受到大多数人轻蔑，只有少数人和他亲近。他又缺乏他哥哥那份幽默，而不明白实际上的限制。我们必须尊重他对其宗教信仰的热诚及他给英国天主教徒信仰自由和政治机会平等的诚意。他热爱他信奉天主教的母亲和姐姐。过去15年，他在私邸中受到天主教徒的包围，而且他对一个产生这么多善良男女的宗教竟然受到英国人如此地限制和憎恨的现实，实在惊异。英国新教徒对"火药案"的印象鲜明，他们深恐信奉天主教的国王将倾向于（或迟早会被说服）接受切莫得罪意大利教皇的政策。他对此事却没有深刻的记忆。信奉新教的英国认为其宗教、学术和政治的独立，将会受到其信奉天主教的国王的危害。

詹姆士二世登基后的第一个行动，稍稍祛除了这种恐惧。他任命哈利法克斯为枢密院院长、森德兰为国务大臣、第二任克拉伦登伯爵亨利·海德为掌玺大臣——3人全是新教徒。他对枢密院发表首次演讲时，保证要维持既有的教会和国家体制。他对英国议会支持他继承大统敬申谢忱，而且保证他会特别照顾国教会。加冕时，他采取近代英国国王通行的誓词——维持并保卫国教。几个月中，他享有意想不到的民心支持。

他第一桩亲天主教的措施并未直接攻击新教。他下令把拒绝宣誓效忠及接受国教至上而遭禁锢的人，全部释放。因此，数以千计的天主教徒得以自由，也有1200名教友派和其他许多不信奉国教的人士被释放。

他严禁任何宗教信仰的告发与诉讼。他赦免了丹比及被奥茨起诉而囚禁伦敦塔的贵族天主教徒。在一件新审案中，奥茨承认犯伪证罪而使数名无辜者遭处刑。法庭对无法判处他死刑深表遗憾，仅判处他罚款 2000 马克，绑于马车背上，两次公开鞭刑——一次由埃尔门（Aldgate）到纽门（Newgate），两天后，再由纽门到泰邦（Tyburn）——而且终身每年要五度受枷刑示众。他受完苦刑后，幸保生命，又被押入监牢（1685 年 5 月）。詹姆士二世拒绝赦免他第二次鞭刑的要求。

然而，和平的氛围因两次叛乱而破裂。5 月，第九任阿盖尔（Argyll）伯爵坎贝尔在苏格兰登陆；6 月，蒙茅斯公爵詹姆士也在英格兰西南岸登陆，欲联合推翻这位天主教徒国王。蒙茅斯檄文谴责詹姆士二世是一个篡位者、暴君、凶手，指控他纵火焚烧伦敦、信仰天主教并毒害兄长查理二世的阴谋企图。同时誓言除非他们拯救了新教信仰、国家和国会的自由，否则绝不言和。阿盖尔于 6 月 17 日被粉平，6 月 30 日被处死，叛军北翼遂告失败。但多塞特郡的人民，大多是清教徒，都认蒙茅斯为救星，许多人投入他的叛旗之下，而他也径自僭取詹姆士二世的头衔。贵族和富人阶级没有支持他，他纪律欠佳的军队也于 1685 年 7 月 6 日在塞吉沼泽（Sedgemoor）被王室部队击溃——这是二战前在英国本土上进行的最后一场战争。蒙茅斯败亡，祈求国王宽赦，但遭拒绝，并被斩首。

玻西上校率领的皇家军队追捕叛军残部，而且不经审判即将人吊死。詹姆士二世任命杰弗里斯大法官为首的一个委员会到西部乡区，审判参加叛乱或协助叛军者。这些被告虽有陪审团审判，陪审团却受杰弗里斯的恐吓胁迫，因此很少有被告于这段"血腥巡回裁判"（Bloody Assizes，1685 年 9 月）期中获得幸免。[1] 将近 400 人受绞刑，800 人被判入西印度群岛的农场强制劳动。伊丽莎白一世于 1569 年、克伦威尔于 1648 年皆曾犯下同样残酷不仁的罪，但杰弗里斯远超过他们，他威吓胁迫证人和陪审团，将被告屈打成招，若被告想要行贿

---

[1] 巡回法庭是定期赴各郡办案的高等法庭。

欲求脱罪，必须厚币贿赂。詹姆士二世也有一些温和措施以缓和此等暴政，但大惨案一过，他擢升杰弗里斯，授以贵族爵位，并任命他为司法大臣（1686 年 9 月 6 日）。

这种报复行为使举国上下与国王疏远。他要求国会废止《甄试法》、修正《人身保护法》、设立一支直辖王室的常备军时，国会拒予通过。詹姆士二世勒令国会休会（11 月 20 日），径行任命天主教徒出任公职。哈利法克斯反对这种侮慢国会的行为，詹姆士二世将他解职，而以森德兰取代他出任枢密院主席。森德兰此时已宣称皈依天主教（1687 年）。詹姆士二世对法王路易十四废止《南特诏书》大表赞扬时，英国认定如果詹姆士二世的权力和波旁王室一样绝对至上，他也可能采取同样的措施对付英国的新教徒。詹姆士二世毫不讳言其看法，他认为他的权力已经绝对至上了，而路易十四是他心目中理想的君王。一度他接受路易十四给的津贴，但他拒绝让路易十四指令英国政府的政策，因此该津贴取消了。

路易十四明乎英国却不智于本国，他一面因迫害法国的胡格诺派教徒而削弱法国，一面又警告詹姆士二世不要立即将英国天主教化。教皇英诺森十一世也给他同样的忠告。詹姆士二世致函给他，允诺英格兰将及早归顺罗马教会。教皇劝英王抑制其措施，只要让天主教徒在英国获得容忍即可。他摒除政治野心而提此警告，命令耶稣会长老责难彼得神父竟在英国政府中居于高位。英诺森十一世未能制止其天主教信徒，但他担心路易十四的力量对他展开包围，并希望英国能摆脱开法国人的束缚，成为一位与法国人对抗的补充者。教皇派遣一名教廷大使赴英国——都铎王朝玛丽女王治下以来第一次——向詹姆士二世说明，国会和国王之间若决裂势必伤害罗马教会的利益。

詹姆士二世对此劝告未曾在意。他认为，他 52 岁才即位，要使他衷心珍视的宗教变革实现，已来日无多。他的子嗣已少有希望：一位信奉新教的女儿将继承他，而且除非他在死前稳固地建立其工作，不然必将被她推翻。彼得神父和教皇压制了所有深思熟虑的诤言。国王不仅驾车煊赫地去做弥撒，而且要大臣们陪他一齐去。一大群神父经常在宫廷中走动。他派任天主教徒出任军职，并说明法官（法官的任免权皆在他手中）认可其权力可以赦免这些膺受王命者免除《甄试法》课诸其身的刑罚。他建立一支 1.3 万人的军队，大部分由天主教徒军官统领，仅听命于他，此举显然已威胁到国会的独立。他停止法律对公开参加天主教礼拜仪式的刑罚的规定。他颁布一项赦令（1686年 6 月），严禁牧师们宣扬教义争端。夏普（John Sharp）宣传改宗信仰的动机时，詹姆士二世以英国教会法定领袖的地位，命令伦敦大主教康普顿（Henry Compton）将他在国教会中的职务停职。康普顿拒绝从命。詹姆士二世蔑视 1673 年的一项法律，任命一个新的教会委员法庭（Ecclesiastical Commission Court），受森德兰和杰弗里斯的指挥。该法庭以康普顿违抗王命的罪名，将他免职。传扬绝对服从的英国国教会开始转向反对国王。

他曾希望赢取英国国教会与罗马修好，但现在他的轻率举动排除了这一可能。他代之以采取联合天主教和反国教会者对抗英国国教会。威廉·佩恩劝动国王说，他可以废止全部禁止反国教会各宗派公开礼拜的法律，借此不费吹灰之力赢得英国国教派以外的全体英国新教徒的热烈支持。1687 年 8 月 4 日，詹姆士二世颁布他第一次《宽容宣言》。不管他的动机如何，这个文件在宽容史上占有一席之地。该宣言停止了对宗教所加的一切刑法，废除全部的宗教誓言，允许人民自由信仰，严禁干扰和平的宗教集会。它也将因宗教上未承认信仰国教而入狱的人们释放。它的宽容度超过了查理二世的同名宣言，查理的宣言对要任官职者尚须誓证信仰国教，而且只准天主教徒在私宅中礼拜。它向英国教会保证，国王将继续保护其所有的合法权利，可惜的是这个措施是对国会宣战的暗示。国会此时已被敕令为无能而遭解散，如果国会承认国王有权废止国会立法，内战就不会再次展开。

当时英国最杰出的智者哈利法克斯发表一篇匿名的《致反国教会者一封信》（*Letter to a Dissenter*）——当时最成功的小册子（1687 年 8

月）——介入争执。他向新教徒们进言，他们今天得到的宽容是来自一位向教会效忠的亲王，该教会曾声言绝对正确与明白地拒斥宽容。在良心的自由和绝对无误的教会之间，能否永葆和谐？反国教会者焉能信任他们的新友人，他昨天犹曾污蔑他们为异端！不幸的是，英国国教会就堕落的人一事与罗马取得协议，而在过去的 27 年中，反国教派分子即使在一位天主教国王治下，也可能无法有自由的信仰，且其身将受迫害甚至会遭绞刑。英国国教会当局急欲与长老会、清教徒、教友派等修好。它要求他们拒绝目前的宽容律令，而且保证国会与国教会即将批准采取一种容忍宽谅的态度。反国教会者致谢函给国王。大多数人对此事明哲保身，不表意见，而直到决定性的日子到来时，他们背弃了国王。

詹姆士二世继续其工作。英国各大学多年来即一再要求其教员和学生必须皈依英国国教会。不过，路德派的学位候选人的学位颁授和国教徒的荣誉学位颁授例外。但是，英国国教会当局认为牛津大学和剑桥大学是以替国教会僧侣提供人选为主要任务的组织，因而它又决定，天主教徒不应准许入学。詹姆士二世打破障碍，送了一封谕令函给剑桥大学副校长，指示他免除国教会的誓言限制，允许一名本笃会僧侣获得硕士学位。这位副校长拒绝从命，被教会委员会停职。剑桥大学派遣一个代表团，牛顿也是代表之一，向国王表明其立场。该本笃会僧侣随即退出，解除了对立情势（1687 年）。同年，国王又向牛津大学马达兰学院推荐一名天主教徒出任该院院长，院士们拒绝选举他。经过一段长久的争执后，詹姆士二世建议一位较不受反对的候选人，牛津出身的国教会主教派克出任该职。选举权在手的院士们又拒绝他出任。他们被国王下令去职，派克主教以强力就职。

詹姆士二世对天主教徒的顾问倚畀愈深，怨怼之情愈告滋长。他对彼得神父极其宠信，因此不断请求教皇将他擢升为主教，甚至大主教。英诺森拒绝其请。1687 年 7 月，詹姆士二世任命能干却鲁莽的天主教耶稣会员派特为枢密院一员。许多英国的天主教徒谴责此举明显是愚蠢的措施，但詹姆士二世急欲将此问题获致结论。因此，已有6 名天主教徒在枢密院中了，国王对他们宠信有加，亦使他们大权在握。1688 年，4 名天主教主教奉命掌理英国的天主教教会，詹姆士二世也为他们每人提供每年 1000 镑的津贴。事实上现在天主教与国教会已居于同样的地位，同为国家支持的教会。

1688 年 4 月 25 日，詹姆士二世重新颁布已有一年的《宽容宣言》，又加上一条，以重申他保障所有英国人民"永久的良心自由"的决心。此后，升迁与派职皆视功勋而定，而非宗教信仰。他预料宗教敌视的减少将为英国贸易打开新市场，也将为国家增加财富。他要求其臣民抛开一切怨恨，不以宗教信仰来选举下届国会。为了确保增加后的新的宣言能够广为流传，枢密院训令各地主教与其神职人员安排该宣言于 5 月 20 至 27 日，在英国的每个教区的教堂中宣读。过去有许多先例，使用神职人员向人民宣布政令，但尚无一项谕旨使教会如此不快。5 月 18 日，7 名国教会主教向国王提出一份陈情书，说明他们的良知无法允准他们向其下属神职人员推荐，他们不愿向信徒宣读这个宣言，因为该宣言违背国会的敕令。国会敕令称国会的立法只有在国会同意之下，方得中止。詹姆士二世回答说，他们自己的神学者已经不断违抗了须向其教会领袖国王服从的要求，而且在《宽容宣言》中没有与他们的良知抵触之处。他允诺考虑其陈情书，但他们若是翌日未获其答复，他们也须听命行事。

翌晨，该陈情书有数千份抄本在伦敦街头发售。这时，王室方面尚在考虑此事。詹姆士二世认为它已与所有议定书相违。他将此陈情书提交 12 名法官组成的皇家法庭，他们建议国王在其法定权力范围内行事，他将此陈情书搁置不复。5 月 20 日，伦敦 4 所教堂宣读这一陈情书，其余 96 所教堂则未曾置词。国王认为其权威受到冒犯，他命令这 7 名主教到枢密院。他们来到时，国王告诉他们说，他们将以刊登煽动性的毁谤文字的罪名提交审判。然而，起诉期间若欲暂免下狱，他愿接受他们的书面保证，随传随到。而这 7 名主教说，身为国家的贵族，他们除了口头表明外，无须提出任何书面保证。枢密院判他们下狱伦敦塔。他们的船驶经泰晤士河时，民众夹岸为其欢呼喝彩。

6月29至30日，这7名主教在王座法庭（Court of King's Bench）——4名法官，1个陪审团——受审。经过两天的激烈辩论，陪审团在挤满了上万名激动的伦敦居民的大厅中，判决他们无罪。英国的新教徒大为欢喜。街头上闪耀着焰火，群众簇拥着教皇、大主教和耶稣会员的蜡像游行，并在狂欢中将这些蜡像焚烧。从表面上看这一判决显示了天主教信仰不应予以容忍；但实质上它显示了国会的立法权已经不受国王左右。因此英国，即使在理论上不是，在事实上已是一个立宪君主国，而非绝对王权国家。

詹姆士二世在反思其失败中，也因王后比原定日期早了一个月，于6月10日为他生下一个婴儿而略获安慰。他要把这个珍贵的儿子养育成一名忠心耿耿的虔诚的天主教徒。日复一日，父子俩将应对每次的反对和挫折，向神圣的目标逐渐迈进。神圣的目标即是与旧教会和谐，英国和睦太平。欧洲也后悔其变节改宗，而再度结合在一个神圣、普遍的信仰真理下，与其旧的王权至上并存。

废君

或许因为这个早产的婴儿，人们对这位鲁莽的国王颇表不满。英国的新教徒与詹姆士二世的看法一样，认为这名男孩可能继续恢复天主教的信仰。他们生怕国王以这个理由钟爱他。首先，他们否认他是国王的儿子。他们控称耶稣会从某些贩卖婴孩处买下一个男孩，把他密置于王后的床上，以阴谋阻止国王那位信奉新教的女儿玛丽继承王位。新教徒逐渐将英国新教信仰的希望放在玛丽身上，而且逐渐一致认为应发动一次革命，以让玛丽登基为女王。

但玛丽现在是荷兰联邦行政长、奥朗日大公威廉三世的妻子。高贵的威廉是否愿意仅仅当女王的王夫呢？为何不让他与玛丽共治？况且，他也有英国王室的血统，他的母亲即是查理一世的女儿，也叫玛丽。无论如何，威廉是不愿仅以担任其妻的王夫为满足的。或许由威廉示意，詹姆士二世登基后即流亡到欧洲的伯内特主教劝告玛丽，不管她获授何种大权，她应誓言"任何事情"都完全听从威廉。她答说："统治和权力都属于他，她仅希望他能信守'丈夫，应爱你的妻子'，而她也遵守'妻子，要事事服从你的丈夫'。"威廉接受了这个服从的誓言，但无视于对他和情妇韦烈尔夫人的暧昧的温和劝谏。最后，新教徒国王也答应对其婚姻进行干涉。

为了维护荷兰的独立和新教信仰而与法王路易十四作战的威廉，曾经一度希望他的岳丈大人能与他联盟对抗破坏欧洲均势和自由的法王。这个希望破灭时，他曾与反詹姆士的英国人谈判。他默许蒙茅斯的组织在荷兰的领土上策划反英王的行动，而且允许他们不受干扰地自荷兰港口出发。他有理由担心詹姆士计划剥夺其王位继承权的资格。英王有了子嗣后，玛丽的权利显然已受罢黜。早在1687年，威廉就派遣戴克夫（Everhard van Dykvelf）到英国与新教徒领袖建立友善交往。这位使节回国时，携有哈利法克斯侯爵、沙夫兹伯里伯爵、贝德福德、克拉伦登、丹比、康普顿主教及其他人的友善信函。这些信函语焉不详，闪烁其词，以免构成确凿的叛国罪，但他们暗示忠诚支持威廉为王位的竞争者。

1687年6月，法赫尔（Kaspar Fagel）长官发表一封信，权威性地表明威廉对信仰宽容的看法：威廉希望全民都有宗教信仰的自由，但也反对废止《甄试法》，该法案规定仅有英国国教会信徒才能出任公职。这一慎重的声明使他获得重要的国教徒领袖的支持。詹姆士二世喜获儿子后，显然已终止了威廉继詹姆士为英王的机会，新教徒领袖决定邀请他来争取王位。在邀请函（1688年6月30日）上具名的人有：沙夫兹伯里伯爵、德文希尔公爵、丹比和斯卡伯勒伯爵、罗素海军上将（1683年被处死的威廉·罗素堂兄弟）、亨利·西德尼及康普顿主教。哈利法克斯未署名，他说他宁可在宪政体制上反对。但其他许多人，包括当时替詹姆士二世效命的森德兰和丘吉尔都向威廉保证支持。具名者承认这一邀请即是叛国，他们小心翼翼地把其命运投注在这一大事上。由天主教转信新教的沙夫兹伯里把他的产业抵押获得 4 万镑，渡海赴荷兰，以协助指挥入侵登陆英国。

威廉因为对其本国人民是否支持他并无把握，因此未能立刻采取行动，同时担心路易十四随时会恢复向荷兰发动攻击。德国各邦也担心会遭到法国攻击，他们对威廉进军英国不表反对，因为他们了解其最终目标仍是向法国波旁王室的国王"将一军"。奥地利和西班牙的哈布斯堡王室由于憎恨路易十四，而抛开原有的天主教信仰，同意废立亲法国的一位天主教统治者。甚至教皇对此远征也默示承认，因此天主教权威允准新教徒威廉负起推翻天主教詹姆士的任务。路易十四和詹姆士二世的莽撞引发了侵略。路易十四宣称，由于英法两国"友谊和联盟"结合之故，他将对所有入侵英国的国家宣战。詹姆士担心这项声明会促成反对他的新教徒臣民加深团结，因而否认这一联盟的存在，也拒绝法国提供的援助。路易十四抑不住气愤，未顾及战略而命令法军进攻德国而非荷兰（1688 年 9 月 25 日）。荷兰联邦首长为暂时免于法军攻击的威胁，同意威廉进行远征，或许此次远征可能赢得英国作为抗法盟国。

10 月 19 日，舰队出发——5 艘战舰、500 艘运输船、500 名骑兵、1.1 万名步兵，其中许多是逃离法王路易十四迫害的法国新教徒骑兵。舰队由于强风而驶返，等待着"新教徒之风"。11 月 1 日他们再度启碇。英国派一支特遣队截阻，却被强风刮散。11 月 5 日（英国纪念"火药案"的法定假日），入侵者在托贝登陆，该地位于多塞特郡海岸，是海峡的一处海港。他们未遭到抵抗，但也无人夹道欢迎。人们没有忘记杰弗里斯和玻西。詹姆士二世急令其军队在丘吉尔勋爵的领导下向索尔斯堡集结，他也急驰该地与部队会师。他发现部队极为冷淡，使他无法信任他们会参战，他下令撤退。当晚（11 月

23日），丘吉尔和另外两位英王部队的高级军官，率领400人投向威廉。数天后，丹麦亲王乔治，即詹姆士的女儿安妮的夫婿，也投向反对者的阵营。这位不快的国王回到伦敦时，却发现安妮和丘吉尔的妻子萨拉·詹宁斯一起逃往诺丁汉。这位一度高傲的国王，在发现两个女儿都背弃、反对他时，整个精神崩溃。他派遣哈利法克斯为使节与威廉谈判。12月11日，他自己也离首都出走。哈利法克斯由前线回来，却发现国政无人、群龙无首。一群贵族推他为临时政府主席。12月13日，他们收到詹姆士的一封函件，说他已在肯特郡的法弗舍姆（Faversham）陷于敌手。他们派军拯救詹姆士，16日国王含羞带愧地回到白厅。威廉继续向伦敦进军，于12月19日抵达。一队荷兰卫兵奉命将詹姆士押往罗切斯特，并在当地纵容他逃亡。大事告成，詹姆士坠入圈套，于12月23日自英国出奔到法国。他遭罢黜后，仍苟延残喘了13年，但再也未见英国故土。

威廉以极其坚定、谨慎、温和的特性维护其胜利。他制止伦敦新教徒劫夺和焚烧天主教徒房舍的冲动。他接受临时政府之请，召集贵族、主教、前国会议员在考文垂集会。1689年2月1日，在当地集会的"会议"宣称，詹姆士二世因为弃职逃亡，已被罢黜王位。会议欲立玛丽为女王，并请威廉为其摄政。玛丽与威廉对此均表拒绝。会议又欲迎立威廉为王、玛丽为女王，他们遂表接受（2月13日）。但会议同时提出一项《权利宣言》（*Declaration of Rights*），这是根据12月16日国会的《权利法案》（*Bills of Rights*）再度立法的。虽然威廉对此并未明确地同意，它成为英国构成法的一个主要部分：

鉴于詹姆士二世……竭力破坏、铲除新教信仰，及本国的法律和自由：

一、未经国会同意，即僭取并使用废弃、中止法律，及执行法律的权力……

三、成立一个……"宗教事件委员法庭"。

四、凭借特权，征集财物为王室所用，而用在国会不认可的时间和场合。

五、未经国会同意……成立并维持了一支常备军……

七、对国会方可究问的事件和事情，径在王座法庭中予以起诉……

凡此种种皆是完全、直接地违反了国家已确立的法律、规章和自由……

基于全体的信任……奥朗日亲王将保护他们（国会）在此间已有的权力免受侵犯，而且对其宗教、权利、自由免受侵犯。神圣贵族和俗世贵族及平民在威斯敏斯特集会，决议以奥朗日亲王及郡主威廉与玛丽为英格兰、苏格兰和爱尔兰的国王及女王……同时决定法律要求做效忠及至上誓词的一切人等，均应依下列誓词起誓……余誓以至诚衷心谴责并扬弃万恶律则，即所谓凡为教皇或教廷当局驱逐出教的王公，其子民或任何人均可将其废革或灭除……

同时，基于事实，在本新教国中，任何信奉天主的王公，或任何与天主教徒结合的国君或女王，对本王国的安全和福利均不适宜。全国上下，贵族与平民，愿进一步订定，任何个人或团体，不论现在或未来信奉天主教、或与天主教徒通婚者，均应永远取消其继承、保有本王国的王位。

这份历史性的声明文件表达出英国新教徒所谓"光荣革命"的主要结果：保证国会具有4位斯图亚特王朝国王同意的最高立法权，保障人民可对抗政府的专断权利，摒除任何罗马天主教徒具有或享有英国王位。重要性次于这些结果的是：依靠有土地的贵族阶级稳固政府权力；由于革命由大贵族发动、进行，地主缙绅即进入众院；实际上，君权神授的绝对君主专制，已变为地域性的寡头统治，其特质是统治上温和、勤勉和技巧，并以产业、商业和金融界巨子辅佐，而忽视手工业者和农民。上层的中产阶级由革命获利匪浅。英国的城市获得自由而由商业寡头统治。伦敦商人舍弃待援的詹姆士，在其抵达首都并第一度接受国会拨款时，贷款给威廉。这笔贷款附有一条未形诸文字的默契协定：商人们允许地主统治英国，但统治阶层的贵族必须指导其外交政策以符合其商业利益，并允许商人和制造厂商逐渐不受官方规章的限制。

光荣革命也有不光荣的瑕疵。遗憾的是，英国竟须邀请一支荷兰军队来矫正英国的错误；女儿竟然协助他人推翻父亲的王位；英军司令竟然投敌；国家教会竟加入推翻国王之事，而国王的神圣、绝对权威曾不许任何违叛或不从。更遗憾的是，国会的至高权竟须以反对信仰自由来加以保证。但这些即使建立一种寡头统治，他们也通过扩大选民范围而为民主政治奠立了基础。

他们使每个英国人都能以其家庭为堡垒，既安全又可免受"官府的侮慢"和"压迫者的错误"。他们提供了部分今天英国政府为人钦羡的法律和自由的基调。而且他们如此做竟未流一滴血——除了那位苦恼、无助、被弃而又不智的国王不时流着鼻血。

威廉三世治下的英国（1689—1702）

英国新君任命丹比为枢密院长，哈利法克斯为掌玺大臣，沙夫兹伯里和诺丁汉伯爵为国务大臣，波特兰（Portland）伯爵为皇家财政大臣，布涅为索尔斯堡主教。

这些新贵中最煊赫、最具影响力的是哈利法克斯侯爵萨维尔。他是被长期国会处死的斯特拉福德勋爵的侄子，他在大动乱那段时期损失了大部分财产，但他还是抢救出足够的财产，得以在克伦威尔政府时期在法国安享寓公生活。在法国，他研究蒙田的《论文集》而成为一个哲学家。如果说后来他是从政界中拔擢脱颖而成就治国方略，那是因为政治手腕和治国才略之间的区别即是哲学——能够知古鉴今、洞烛先机、综观全局的能力。哈利法克斯从未以一位事务人员自满。他曾写:"世界的统治(国家的治理)是一件大事。但若与纯理论知识的精妙相较,这是非常粗俗之事。"政治有时需要与群众打交道,哈利法克斯对此深为恐惧。"大多数人有一种后天累积的残酷性,虽然他们无一是性本恶……群众愤怒的嗡嗡作响之声是世上最血腥的噪音之一。"他曾经历过天主教恐怖期,那时僧侣们威吓着宫廷;目睹诸多宗教卷入贪欲冲突中,他摆脱了绝大部分的神学理论,伯内特如此说过:"他活着是一个勇敢粗鲁又坚决的无神论者,他经常向我抗辩说他绝非无神论者,但也常说他不认为世上不会有无神论者。他承认他无法囫囵吞枣地轻信加诸世上的神圣之事。他是一名谦恭的基督徒,他相信他能相信的一切。"

回到英国,他收回旧产业,财富之巨使他能过得极率性。他为查理二世服务,直到他获悉秘密的《多佛条约》。他为詹姆士继承王位的权利辩护,但他反对废除《甄试法》。经过一段短暂的天主教统治后,他寻求新教徒的统治。他主导将王权和平地由詹姆士二世手上移交给威廉三世时,他的愿望实现了。他循其自己以为的正确的看法行事,而不固执于任何党派路线。他在《沉思与反省》(*Thoughts and Reflexions*)中写道:"无知使多数人加入党派,羞怯心却使他们不好退出党派。"被诟骂破坏党派路线时,他在一本著名的小册子《骑墙者的特征》(*The Character of a Trimmer*)中为自己辩护:

> 骑墙者,这个无辜的字,意义即是:假设有一群人同在一条船上,其中一部分站到一边几乎把船弄翻,另一批人却要站到另一边把船弄翻。忽然,这里面有了第三种意见,这些人就是想把船弄平稳的人。

他偶尔也有不谨慎的地方,不过经常显露出能言善道而且伤人(锋芒毕露)的机智。威廉三世的宫廷里充斥着一大堆声称革命有功而欲获一官半职的人时，他因批评树敌。他说："罗马被一群笨伯拯救，我却不记得那批笨伯出来执政。"

"会议"本身自动改组成为国会，进行其认为的政府首要之事——对威廉三世国家元首和国教会领袖的身份发表誓言效忠与信服，哈利法克斯一定在旁窃笑。这是一个历史上的讽刺：一个世纪以来压迫加尔文教派（长老会、清教徒和其他未奉国教者）的英国国教会，现在竟然必须接纳一名荷兰加尔文教徒为其领袖。

400 名皈依君权神授学说的英国国教会僧侣，对威廉治国的权力表示怀疑，而拒绝立新的效忠誓词。这批"拒绝立誓效忠者"（*Nonjurors*）被解除圣职；而形成另一派反国教会者起誓归顺的僧侣，立誓之时"心理上有所保留"。这使留在英国的少数耶稣会牧师窃喜。伯内特认为，"太多人对这一神圣之事支吾其词、敷衍搪塞，使无神论大为滋长蔓延"。威廉三世对苏格兰境内压倒性的优势意见让步，废除斯图亚特王朝以武力在当地建立的主权统辖制度时，各种国教徒不由大为震惊。同时，许多国教徒发现威廉有意宗教宽容，更是大为担心。

威廉生长于宿命论的加尔文主义家庭，他无法同情国教徒认为长老会教派应被摒除公职和国会之外的观点。他曾在荷兰鼓励宽容，交友往来也无宗教敌视。宿命论的加尔文主义使威廉自信是神圣的代表人。基于这一信念，他对不奉国教者也能不带偏见地对待，同时把他们视为神的神秘力量的工具，而不是个人，他常称呼这一神秘力量即是"幸运""上帝"或"神"。他认为境内各派信仰若不能和睦相处，则其力量可能会毁了这个国家。

枢密院由诺丁汉领衔向国会提出《宽容法案》的议案是明智之举。诺丁汉是英国国教会虔诚、忠心的信徒。他的拥护使死硬派除却敌意。因此，新政府的第一个成就在两院中以极少的反对而通过（1689 年 5 月 24 日）。它允许接受三位一体理论和《圣经》启示说，以及明确驳斥"变体论"和教皇的宗教至上权的一切团体，均有公开

信仰的自由。浸信会获准接受其父母的浸信会徒思想，而且依 1696
年《确承法》（*Affirmation Act*），教友派获准以一郑重的承诺代替誓
言。唯一神派教徒和天主教徒则不受宽容。威廉和他的枢密院企图在
1689 年提出的《包容法案》（*Comprehension Bill*）中，让许多反国教
团体接纳国教会信仰，但这项措施未能通过。反国教徒除非依国教会
的仪式接受圣礼，否则既不许入大学，也不许入国会或任公职。反亵
渎神圣的一项新法律（1697 年）提出，若攻击任何基督教基本理论
者皆下狱。1778 年止，英国境内的宗教自由再无进一层的法定延伸。
不仅如此，1685 年后其宽容比任何其他欧洲国家要大（荷兰除外）。
事实上，英国逐渐强大到其实力可以不再畏惧天主教国家入侵或内部
倾覆时，其宗教宽容也逐渐扩大。

　　在威廉治下，甚至天主教徒也享有更高的安全。国王解释说，他
若在英国钳制天主教徒，则他就无法与天主教国家维持盟友关系。10
年来，天主教神父可在私房中望弥撒，而且他们如在公开场合能有缜
密援护，也不会受干扰。在王权将结束时（1699 年），托利党和死硬
派在国会中占上风，反天主教的法律即告加剧。任何神父若被判定望
弥撒或负责任何祭祀仪式（除非是在一个大使家中），则可能遭到终
身监禁的处罚。为了执行此法，任何人若检举告发一桩罪案，在定
刑后可得 100 镑赏金。从事青少年天主教公共教育者也将受同样的刑
罚。父母们将子女送往国外接受天主教信仰的教育也在严禁之列。宣
誓王室对宗教至上及反对三位一体说者方许买卖或继承土地。凡拒绝
宣誓的人，一概剥夺参政的继承权。但威廉赦免了奥茨，并给他养老
金（1689 年）。

　　爱尔兰的天主教徒由于谋反使詹姆士二世复辟而受到新的迫害，
泰康伯爵杜保（Richard Talbot）召集了 3.6 万名士兵，并邀请詹姆士
二世由法国回来领军。路易十四把这位被罢黜的英王安置在他在圣日
耳曼的一处别宫里，每年给予 60 万法郎的赏金。路易十四现在为他
装备了一支舰队，陪着他到达布列斯特，辞行时说了一句名言："我

对你最好的祝福即是希望我们永远不会再见。"詹姆士率领1200人在爱尔兰登陆（1689年3月12日），由杜保护送到都柏林，召集一个爱尔兰国会，而且宣布全体效忠的臣民皆有信仰的自由。该国会于5月7日集会，废除1652年的《土地解决案》（*Act of Settlement*），并下令将1641年以来即取自爱尔兰地主的一切土地皆归返其业主。威廉派遣其法籍新教派司令雄贝格率军万名赴爱尔兰。路易十四也派遣7000名法国老兵增援詹姆士。威廉本人于1690年6月御驾渡海赴爱尔兰。敌对双方军队于7月1日在博因开战，一度骁勇的詹姆士眼见部属溃败大为恐慌，不久即潜回圣日耳曼。

威廉乐于与爱尔兰人恢复到先前和平的状态，但他属下的新教徒领袖和部队要求根除叛军，并进一步没收爱尔兰人的土地。威廉回到英格兰，把军队留给金克尔（Godert de Ginkel）用，此时由埃斯仑（Athlone）伯爵率领。雄贝格则已在博因一役胜战中阵亡。威廉训令金克尔提供自由大赦：信仰自由，免除反天主教的至上宣誓，并归返其产业给所有愿放下武器投降的叛党。金克尔即依此条件保证戈尔韦（Galway）和利麦立克（Limerick）的降者。1691年10月3日，爱尔兰叛党依《利麦立克条约》接受了威廉提议而和平停战。1692年3月，皇家赦令宣告爱尔兰战争已告结束。

爱尔兰新教徒谴责这一条约是向天主教投降，并向英国国会诉愿。国会立即于1691年10月22日通过一项法案，凡不曾宣誓至上及宣布三位一体说的人一概禁止加入爱尔兰国会。新的爱尔兰国会全是新教徒，它拒绝承认《利麦立克条约》。虽然威廉全神贯注于组织欧洲各国对抗路易十四，都柏林爱尔兰国会却课以爱尔兰天主教徒一系列的新刑法，公开蔑视威廉和玛丽签订的和约。天主教学校和学院概不合法；天主教神父被逐出境；天主教徒不许携带武器或拥有一匹价值超过5镑的马；凡是新教徒女继承人嫁给一名天主教徒，则其财产应予剥夺。对爱尔兰土地的没收充公继续进行，直到"再无土地可没收充公为止"。一名爱尔兰天主教徒想在爱尔兰法庭胜诉，几乎是不可能的。反爱尔兰天主教徒的犯人很少受罚。爱尔兰的毛织业一度发展到足与英格兰竞争，现在却因英国国会通过法律，严禁爱尔兰羊毛出口至英国以外的任何国家而告毁灭。甚至于1696年，以巧妙的禁止性关税（prohibitive tariff）使该业窒息，因此爱尔兰完全衰落。贫穷、赤贫、饥馑和极度的混乱遍及这个大岛。在光荣革命后的65年中，将近100万的天主教人口（1688年）中的半数移民国外，使人民中最优秀的人散居国外。

英国的每个经济阶级都繁荣起来，除了劳动阶级和农民外。纺织工人受到外国竞争和发明之苦。1710年，织袜业者进行罢工反对引用织袜机及雇用廉价薪资的学徒操作机器。全国产量却激增，由此可见：16世纪政府每年平均岁入为50万镑，17世纪却升到每年750万镑。这一增加固然部分由于通货膨胀、物价高涨，主要还是制造业发达、国际贸易增加之故。

即使如此，费用仍旧不足，因为威廉扩充大军以对抗路易十四。税金提高到空前程度，但仍需要更多的钱。1693年1月，第一代哈利法克斯伯爵，即查理·蒙塔古（Charles Montagu）出任财政大臣。他革新了政府财政，即劝使国会同意发行一笔90万镑的公债，政府保证每年付息7%。1693年年底，由于开支危险得远超过收入，一群银行家同意，以年息8%贷款120万镑给政府，并以对运货加额外税为保证。这个向公司财团借款的意见是三年前佩特森（William Paterson）建议的。蒙塔古现在给予正式支持，国会也通过这项计划。贷方依热那亚、威尼斯和荷兰的先例，于1694年7月27日经特许组成英国银行管理公司。他们从各处以4%至6%的利息借进款额，然后以8%借给政府，而且在行使银行功能时得到其他利益。由此开始，英国银行对政府贷款越来越多，1696年由国会获得这一贷款的独占权。很长一段时间，它成为自威廉和玛丽登基以来英国政府维持稳定的主要因素。早在1694年，该银行的期票若有存款支持，应存户要求即可支付黄金，这是英国最早的纸钞。

蒙塔古更以改革金属货币而确保其财政大臣的地位（1696 年）。查理二世和詹姆士二世的好硬币已被人民贮藏、熔铸或出口了，而受损的伊丽莎白和詹姆士一世时代的硬币却被人们大量使用，在很多地方失去其票面价值的购买力。蒙塔古召集他的挚友洛克、牛顿和萨默斯（John Somers）为英国发明一种更稳定的钱币。他们设计一种新硬币，边缘压上齿纹，可防崩缺。他们又把旧硬币依其票面价值收回，国家负担这笔损失。英国于是有了稳定的货币，成为欧洲钦羡的典范。1698 年，伦敦股票交易所开幕，而一个金融投机的时代遂告开始，立即产生了南海公司（South Sea Company, 1711 年）及其"骗案"（1720 年）。1688 年，劳埃德（Edward Lloyd）在一间伦敦咖啡铺里轻易地建立起现在极为闻名的劳埃德氏保险公司。1693 年哈利（Edmund Halley）发表了首为人知的死亡率之表。凡此种种财政措施，不仅扩大了英国事务中的金融利益，而且提高了英国的资本家的地位。

在经济扩张之外，政治斗争也因地主阶级的托利党和商业阶级的辉格党之间的权力斗争、英格兰和苏格兰之间的权力斗争及阴谋行刺威廉计划使詹姆士复辟等愈发激烈。威廉对英国内政事务不感兴趣，他征服英国主要为了使它与其母国和其他国家联合对抗路易十四。正如哈利法克斯说的，他"把英国视为通往法兰西之路"。英国人民发觉这才是他全神贯注的热情目标时，他就失去了民心支持。他不是一名和蔼可亲的国王，他因为格伦科（Glencoe）的麦克唐纳德（Mac Donald）家族迟迟未提出效忠而下令将其铲除时，可以说是冷酷之至。他在众人前因讲英语结巴而"沉默、坚定"。他对女性不在意，在餐桌上礼仪也很差，因此伦敦的妇女称他是"一只下等的荷兰熊"。他四周全是荷兰卫兵和助手，而且毫不讳言地认为荷兰人的经济能力、政治判断和道德品质都比英国人高明。他知道许多贵族秘密与詹姆士二世接洽。他发觉他周围的贿赂风气如此炽热，他也加入此事。

他把内政事务交给他的大臣们，权臣时代开始了（1695 年）。内阁联合负责与行动且受一人的支配，这人通常是财政大臣。1697 年，威廉的敌人托利党在一次大选胜利中上台掌权，他们因此限制其权势，质询他的外交政策（1699年）。他佝偻、哮喘、患肺结核病的躯体安葬时（1702年3月8日），对内政上受挫尚可感到安慰的，是他最后终于使英国坚决地加入了大同盟（1701年）。经过12年的奋斗，这个同盟可使伟大的波旁王室屈膝，拯救了新教欧洲的独立，而且使英国可以自由地在全球扩张势力。

安妮女王治下的英国（1702—1714）

玛丽女王于1695年去世，她的妹妹安妮成为王位继承人。安妮生长在危险和动荡不安的时代，她变成一个怯懦的女孩，道德纯正、思想单纯、脑筋坚定，从忠实和恭顺的童年友伴——那位活泼、愉快、多疑、积极、自信的萨拉·詹宁斯那里寻求安慰与勇气。1678年，比安妮年长5岁的萨拉嫁给丘吉尔。1683年，安妮也嫁给丹麦乔治亲王。这两桩婚事都很成功，但未能干扰这两个妇人之间的亲密友谊。安妮摒弃一切繁文缛节，戏谑地称呼她的近侍萨拉为自由人夫人（Mrs. Freeman），而且坚持萨拉要喊她"莫利夫人"（Mrs. Morley）而不是"亲王夫人"。她们的丈夫叛离詹姆士二世转向威廉时，安妮被迫在父亲和友伴之间做出痛苦的抉择。她对丈夫和朋友的爱使她决定于1698年11月26日潜赴诺丁汉。12月19日，她和萨拉伴同一名外籍英王到伦敦。

她从未喜欢威廉三世。他把她父亲的一处产业（她有部分主权）赐给他的一位朋友时，她觉得受到了侮辱和伤害。1691年，她就希望她父亲能重返英国复辟。威廉有理由怀疑丘吉尔和他妻子与废王串通。丘吉尔此时为马尔巴勒公爵。玛丽女王命令安妮把萨拉从她的仆从职上免职，安妮不从。次日，马尔巴勒公爵立遭免职（1692年1月），他和萨拉被逐出宫廷。安妮不欲与其挚友分离，便违背国王与王后之命，离开白厅而和萨拉同住在锡永厦（Sion House）。5月4日，马尔巴勒公爵被下入伦敦塔。萨拉常到伦敦塔探视他，并被建议与安妮断绝来往，以使女王平静（息怒）。安妮写信给她说：

> 上次伍斯特主教在这里时，我告诉他，你好几回希望能离开我……我再度向基督要求，你千万别再向我提此事。必然地，若是你做出离我而去这件残酷的事，从当时起，我即永无欢日。如果你未经我同意即这样做（即使我答允你，我就再见不到天主的面），我会自我禁锢，不再与世人相见，而住在世人可能淡忘我的地方。

由于马尔巴勒公爵参与詹姆士复辟阴谋的证据不足采信，急需优秀将领的威廉释放了他，并恢复了他的财产和权势。

38 岁的安妮成为女王后，她对道德、忠义和秘密的喜好，改变了整个英国朝廷的特性，作威作福的人被罢黜，只好闷闷不乐地退隐山林。品行端正的艾迪生接替了行为恣纵的罗切斯特，斯梯尔（Steele）也写下《基督英雄》（*The Christian Hero*）一书。安妮避免到剧场看戏，而她的生活懿范对改善英国习俗颇有影响。她把王室享有教会的"第一批果实"（first fruits）和什一税颁发予英国教会的贫困教士（1704 年）。她几乎每年都生一个孩子，但只有一个活了下来。她的精神由于多次葬礼而颇为幽暗。

如果她可以裁决国策，她会与法国言和，而且也愿承认她亡父的儿子自称詹姆士三世的头衔。但威廉三世的坚强意志曾使英国加入大同盟。她的顾问中的宠臣，在她登基后，立即由伯爵擢升至马尔巴勒公爵，趁她在位时教唆她进行了十多年劳民伤财的战争。她依旧受其挚友，现在的公爵夫人、王室私产检察官（女王私人收入）的影响。萨拉每年受薪 5100 镑，并利用她对安妮的神秘影响力，为丈夫扩增财富。马尔巴勒被任命为陆军的统帅，由他的荐举，他的友人戈多尔芬被任命为财政大臣。戈多尔芬对他极其忠诚，也是一个理财能手，增加了对军事将领的拨款。戈多尔芬主理财政将近半生，死时仍两袖清风、家徒四壁，的确感人。精明的马尔巴勒公爵夫人认为他是"有史以来最好的人"。然而，他闲时以斗鸡、赛马和赌博为乐，这是他近乎完美形象中的小瑕疵。

安妮本人智慧不足，允许大臣们僭取国会给予的大权。此后的政治斗争几乎是国会和大臣的纷争，而不是国会和王室的纷争。1704年，她的内阁加入新人：哈利出任国务大臣，圣约翰担任国防大臣。两人都在文学史上占有一席之地，哈利是笛福和斯威夫特的赞助人，圣约翰（后来受封博林布鲁克子爵）曾影响到蒲柏和伏尔泰，本人还是一度享誉的《史学论》(*Letters on the Study of History*)、《论贤王》(*Idea of a Patriot King*) 等论文集的作者。这两位大臣都酗酒，但在当时的英国，这不足为奇。两人都因马尔巴勒公爵的支持而任官职，却转而反对他，指责他不必要地延长西班牙王位继承战争。

圣约翰生于 1678 年，卒于 1751 年，代表着欧洲由英国宗教改革到法国启蒙运动的全部过程。他在童年时接触太多的宗教，在成年时又摆脱了大部分宗教。他告诉我们："我还在童年即受束缚，必须阅读曼顿博士（Dr. Manton）的生平纪事，他的故事不过是根据 119 首赞美歌讲了 119 次道理而已。"他在伊顿公学和牛津大学时，即以智力卓越、怠惰粗心和好逸放纵而著名。他夸言千杯不醉，而且收纳全国最贵的妓女。他娶了一个富家女为妻，过了一段一夫一妻的生活，她不久即因他的不忠而遗弃了他，他却间断地享用着她的财产。他发现选入国会并不须耗费巨资（1701 年）。在众议院里，他因英俊、机智、口若悬河、辩才无敌而获得极大的影响力。他进入内阁时，年方26 岁。

该内阁的最大成就是使英格兰和苏格兰的国会合并。它们虽然是在同一国王统治之下，却各有国会及不同的经济和互相敌对的信仰。双方皆曾互相挑衅交战。他们的关税壁垒也阻碍了贸易往来。1707年 1 月 16 日，苏格兰国会接受了《联合条款》(*Articles of Union*)，女王于 3 月 6 日批准。根据该法，两地各保有独立的宗教信仰，但在一个不列颠国会之下，成立一个大不列颠联合王国，其贸易也完全自由。贵族院中，苏格兰贵族居 16 席，平民院中则可选任 45 名苏格兰议员，而圣乔治和圣安德鲁的十字架则合并为一面新旗帜，称为“米字旗”（Union Jack）。苏格兰民众对此不表欢迎，旧的敌意仍维持约半个世纪，直到 1750 年合并才被承认是有利的。苏格兰节省了许多支出，它的智识力量也可自由地在 18 世纪下半叶结成一个灿烂的文学和哲学之果。

1707 年 10 月，托利党因选举胜利，哈利和圣约翰去职，但哈利继续通过其表亲马沙姆夫人影响女王。马沙姆夫人由马尔巴勒公爵夫人介绍给安妮。她的镇静和彬彬有礼的脾气使女王欣慰，女王的神经在登基后即因萨拉猖獗的言语和意图而受刺激，萨拉一度高兴自己可不用时常入朝，但她立刻警觉到她对女王的影响已在迅速减退。安妮几乎天生就是一个托利党、一个虔诚教徒，也是一个爱好和平者。萨拉却是一个较不虔诚的辉格党，她公开讪笑统治者的神授权利是对大众的谎言，而且坚持要女王支持马尔巴勒对法国抵抗到底的决心。安妮在萨拉失宠时使自己的心理更强大；萨拉对她大怒失礼时，她把萨拉罢黜出宫（1710 年）。女王宣称她觉得现在好像是自长期禁锢中获得自由一般。

同年，托利党又在大选中获胜，哈利和博林布鲁克重掌大权。哈利取代戈多尔芬出任财政大臣，博林布鲁克担任国防大臣，斯威夫特成为他们最得力的宣传助手。哈利在 1711 年受封为牛津伯爵，圣约翰被任为博林布鲁克子爵（1712 年）。伦敦的娼妓们听说博林布鲁克升官了，高兴地说：“博林布鲁克每年薪俸 8000 几尼，却全数供给我们！”托利党使两院顺利通过一项法案（1711 年），规定若要被选为国会议员，城市选出的议员每年其不动产至少须值 300 镑，乡村议员则须年收入在 600 镑以上。当时是英国地主贵族的全盛时期。

新政府决定（马尔巴勒公爵反对）与法国单独讲和以结束战争。

1711 年，哈利向平民院告发马尔巴勒公爵盗用公款（物），坚称公爵在担任英军统帅及任其他官职时聚敛大批私产，除了他年薪 6000 镑外，他又向供应其军队粮秣的商人梅迪纳收贿每年 6000 镑，并他把收自外国政府供给其属下外围部队的饷钱扣下 2.5％自行裁用。除了他的建筑师约翰·凡布鲁外，没有人喜欢他在牛津附近的伍德斯托克建造的巨宅布莱尼姆宫（Blenheim Palace）。女王曾下令政府付建筑费。1705 年动工，1711 年才完成一半，而已经耗资 13.4 万镑，在完工前，将费资 30 万镑，政府就付了 4/5。

马尔巴勒公爵辩称，2.5％的回扣是习惯上允许统帅在不须公开记录下，供他指挥特务和间谍之用。他提出女王签订的委托状，授权他可作此克扣。一切外国盟友都保证他们也曾授权他可如此克扣。汉诺威选帝侯更强调这笔钱用得很明智，并对"许多战役之胜，居功厥伟"。对梅迪纳的津贴，马尔巴勒的辩词未足采信。平民院以 276 对 175 票谴责他，女王丁 1711 年 12 月 31 日免除他一切官职。他自愿流亡国外，而且在女王在位时一直居留在荷兰或德国。内阁任命巴特勒，第二代奥蒙德公爵指挥英军，并授权他可自面包供应商和外国兵薪金中收取回扣，马尔巴勒却因此获罪。但英国人认为马尔巴勒下台是走向和平的一个步骤。

托利党和辉格党在王位继承问题上又起争执。1701 年，安妮女王最后一个在世的孩子死了，国会为先发制人阻止另一个斯图亚特家族中人复位，曾通过了一项《王位继承法》。该法案未明确提出威廉三世或安妮女王，规定英王应传给"索菲亚公主或其血统的新教徒继承人"。索菲亚是汉诺威选帝侯之妻，是新教徒，带有英国王室血统，她是詹姆士一世的孙女。安妮女王曾接受这一安排以保护信奉新教的英国，但现在她处暮年，她对她被弃的兄弟的同情越来越高，而且不讳言若是詹姆士三世同意放弃天主教信仰，她愿支持他的继承王位权。辉格党全力支持汉诺威王室的继承，托利党却倾向于女王的意见。博林布鲁克与詹姆士洽商，但他拒绝放弃其天主教信仰。博林布鲁克认为宗教只不过是尊严死亡的不同外衣罢了，他致力于废除《王位继承法》，该法阻止詹姆士登基。他与哈利因推进此事太迟而起争吵。在他的建议下，安妮女王勉为其难地把哈利免职，博林布鲁克似乎占据上风。

但 7 月 29 日，女王因大臣们的争执而激动和失望，病势垂危。英国的新教徒武装起来，准备反对任何使斯图亚特家族中人复辟的企图。枢密院批驳了博林布鲁克的政策，并促请迟疑未决的女王任命沙夫兹伯里公爵为首席财政大臣，即政府领袖。1714 年 8 月 1 日，安妮驾崩，索菲亚也在两个月前去世，但《王位继承法》依然有效。枢密院通知索菲亚的儿子汉诺威选帝侯说，他已经是英格兰王乔治一世。

威廉和玛丽以及安妮的政府（1689—1714 年）是英国历史上的重要年代。尽管道德崩溃、政治腐败、内斗不已，他们却完成了一个朝代革命。他们宣称英国无可改变的是一个新教国家，而且他们确定地把最高统治权由王室移交给国会。他们发现了强力阁员的发展使君权的角色大为失色，也目睹 1707 年王室最后一次否决一个国会立法。他们建立一个相当程度的宗教宽容和新闻自由。他们和平地使英格兰和苏格兰合并为一个强大的不列颠。他们阻挡了当时君王中最强大的法王欲使法国成为欧洲独裁者的企图，并使英格兰主宰了海洋。他们扩张英国在美洲的产业，发现英国科学和哲学的光荣——牛顿的《数学原理》（*Paincipia Mathematica*）和洛克的《人类悟性论》（*Essay concerning Human Understanding*）。在温和的安妮女王 12 年的短暂统治下，文学的成就是当时其他任何国家都比不上的——笛福、艾迪生、斯梯尔、斯威夫特和第一时期的蒲柏。

第五章 | 自德莱登至斯威夫特的英国文学
（1660—1714）

自由出版

一位法国人写道"1712年，英国的文学创作在质与量两方面均超过法国""学术和文化中心……不断向北移"，直到约1700年，英国人"拥有最高创作力的地位"。这一切是如何发生的呢？英国人会谦虚地回答："部分刺激来自查理二世及返国的逃亡者传入的法国礼仪，部分则传自笛卡儿、帕斯卡、高乃依、拉辛、莫里哀、布瓦洛、斯屈代里小姐、拉费耶特夫人及住在英国的法国人，如圣·埃夫勒蒙及格拉蒙等。"我们可以看出法国风格对复辟时代舞台上的爱情喜剧和英雄悲剧、仿自伊丽莎白王朝生气勃勃的散文片段及弥尔顿时代的迂回文章均有影响，乃至德莱登写序和蒲柏写诗所用的精致合理的散文，也见法国的影响。有一个世纪之久（1670—1770年），英国文学即使加上韵律节奏，其实质也可能为散文，但属于高雅、明畅、古典的散文。

不过，法国的影响只是一种激励而已，其根本影响在于英国本身，在于其欢欣解放的复辟运动、殖民地的扩张、商业滋润思想、海军克制荷兰以及对法的胜利（1713年），虽然法国已压服了西班牙。

因而大英帝国的势力向北推进一路无阻。正如法王路易十四赐作者以养老金作为臣服的赏赐，英国政府同样也给爱国的（或忠党的）诗人或散文家——德莱登、康格里夫（Congreve）、盖伊（Gay）、普赖尔（Prior）、艾迪生、斯威夫特——各种养老金，赐予贵族盛宴、引介给王室或在政府中担任闲职，其中一位还成为国务大臣。伏尔泰极为羡慕这类政治上的优厚报偿。查理二世喜欢科学和美人胜于文学和艺术。威廉三世和安妮女王对文学等闲视之，但他们的大臣——发现在新闻报纸、小册子、咖啡屋及宣传流行的时代，文人颇堪大用——却补助能服务帝王、政党或军队的文人。作家可以成为小政治家，有些人，如普赖尔成为外交官；有些人，如斯威夫特和艾迪生，操纵任官、左右政权。为了崇恩报德，作家们纷纷将著作献予贵族和贵妇，赞颂他们的躯体比阿波罗和维纳斯潇洒美丽，心智则优于莎士比亚和萨福。

金钱奖励之外，自由也促成笔墨之书泛滥。弥尔顿虽用《司法者》一文呼吁，可《执照法案》（Licensing Act）仍未废止。通过该法案，都铎和斯图亚特诸王用检查来控制出版，而该法在不稳定的克伦威尔时代和斯图亚特王朝复辟时代继续生效。但詹姆士二世政府的行动使全国惊慌之际，有更多的小册子作者违抗法律，取悦民众。威廉三世入主英国时，他本人及其辉格党支持者由于亏欠出版界太多，只好反对重订《执照法案》。该法于 1694 年满期后，即未续订，出版自由自动建立了起来。王室大臣仍然逮捕攻击政府过激的人物，而且1697 年的《渎神法案》（Blasphemy Act）仍规定，对基督教义原理质疑者处以重刑。但此后，英国人享有文艺自由，虽然常常被滥用，但对英国人心智的成长提供了相当大的帮助。

期刊迅速增加。1622 年后，周报开始发行。克伦威尔仅准两种刊行，其余均予镇压。查理二世准许 3 种发行，但须受政府的监督，其中之一为《牛津公报》（Oxford Gazette），成为政府代言人。1665 年后，每两周或半月出版一次。《执照法案》失效后，很快就有不少新周刊推出。1695 年，托利党推出第一份英国日报《邮童》（The Post Boy），但其生命只有 4 天。辉格党立即推出《飞邮报》（*The Flying Post*）对抗。1702 年，终有《英国日报》（*The English Courant*）出现，成为英国第一家正常每日出版的报纸——这是一份小报，只印行单页，内含新闻但无评述。就是这些断断续续的小报，终于发展为今天的广告产业。

笛福主编的《评论周刊》（*The Review*），建立新的标准。该刊每周出版一次，不但有新闻，还包含评论，并最先开始连载小说。斯梯尔发行《闲谈报》（*The Tatler*，1709—1711 年），并与艾迪生两人在发行《旁观者》期刊时，达到当时期刊发展的高峰。托利党政府有鉴于日刊、周刊、月刊发行量较大（4.4 万份）且影响力日增，便课以印花税（1712 年），0.5 便士至 1 便士不等，意在断绝多数期刊的生路。《旁观者》是因此停刊的杂志之一。期威夫特告诉斯泰拉（Stella）称："穷苦义人的路已被阻绝。"博林布鲁克于 1710 年发行的智慧与机智。《检讨者》（*Examiner*）周刊，拥护托利党的政策。他发现了斯威夫特的智慧与机智。大量资本涌入这一行业。渐渐地，期刊的影响代替了圣坛讲道，为了私人目的而引导舆论倾向，一股新的世俗力量登上了历史舞台。

复辟时代的戏剧

查理二世喜看巴黎的戏剧，因而许可两家剧院演出：一家是在杜鲁利巷的王家剧院（King's Company），一家是林肯法学会的约克公爵剧院（The Duke of York's Company）。1705 年，女王剧院开设于干草市场（Haymarket），女王却几乎从不前往观剧。查理二世时，两家剧院通常均告客满。清教徒仍然排斥戏剧，1660 年至 1700 年，一般民众是不被允许进入剧院的。观众多数来自宫中喧闹无度的那群人、低层社会人士及在"镇上徘徊的浪人"。严肃的约翰逊博士说："庄重的大律师出现在放纵无德的剧院大厦会贬损其尊严，年轻律师则会因此损害其信誉。"女人只是观众中的很少数，而且她们还要戴上面具隐蔽其身份。戏剧于下午3时开演，随街灯的改善（约1690年），其开演时间渐改至下午6时。进入包厢的票价为4先令，正厅后面票价为2先令6便士，最高楼座则为1先令。舞台机关设备和换场设备均比伊丽莎白时代的精巧，虽然复辟时代的多数戏剧只要一张床和几条通道就够了。女演员已取代男孩来扮演女性的角色。多数的女演员也是别人的情妇，如玛格丽特·休斯扮演苔丝德蒙娜（Desdemona），是已知第一位在英国舞台上露面的女性（1660年12月8日），即是鲁珀特的情妇。就是在德莱登的《残暴的爱》（*Tyrannic Love*）中，查理二世开始思慕演维拉丽亚（Valeria）的内尔·格温。观众的个性，对清教的反感，宫廷的道德感，伊丽莎白时代和詹姆士一世时代的戏剧（特别是本·琼森的戏剧）的追忆和复兴，法国剧院和保皇派流亡者的影响，这些混合起来构成了复辟时代的戏剧。

复辟时期最重要的悲剧作者是德莱登。我们暂时将他置于一旁不论，先论托马斯·奥特韦（Thomas Otway）的《保全的威尼斯》（*Venice Preserved*）一剧（1682年），此剧比德莱登的戏剧还要经久不衰，1904年仍在上演。这是一个爱情故事，背景取自1616年奥苏纳伯爵（Count de Osuna）之友企图推翻威尼斯参议院的阴谋。该剧成名，部分是以喜被妓女痛打的安东尼奥影射首任沙夫兹伯里伯爵，部分则因该剧很像近来天主教徒的阴谋，还应归因于托马斯·贝特顿（Thomas Betterton）和巴里夫人（Mrs Elizabeth Barry）的精湛演技。喜剧的场面荒谬唐突，终场与一般歌剧一样，散布死亡的种子。但情节的构想严谨可取，角色极为突出，演出很富戏剧性。而其无韵诗除马洛和莎士比亚外，堪与伊丽莎白时代的任何戏剧媲美。奥特韦钟情于巴里夫人，她却垂青罗切斯特伯爵。在写了一些成功的作品以后，诗人接着有了连串的败笔，最后竟沦入贫穷的绝境，（据一项记载）死于饥饿。

　　复辟时代的戏剧值得现代人追念的，是其喜剧。它们的幽默机智、大胆的对话及床上的胡作非为，以及作为一个时代一个阶级的写照，使其大受欢迎。与伊丽莎白时代的戏剧或莫里哀的戏剧相比，它们的范畴要狭窄很多。它们描述的不是生活，而是城中懒人和宫中浪子的行为。它们除了把乡村的生活当作嘲弄的对象或关注丈夫窥伺妻子的私情外，其他概不关心。某些英国戏剧家曾读过莫里哀的剧本或看过其在巴黎的演出情形，有些人借用莫里哀的角色或情节，但没有一位在讨论基本观念的才能方面能与之抗衡。这些喜剧的一个基本观念，就是与人通奸是生命的主要目的和最英雄的事迹。他们的理想男人就是德莱登在《假占星家》（Mock Astrologer）中描述的"绅士、徘徊城镇的男人，锦衣、吃喝、女人俱全"。在法夸尔（Farquhar）的《纨袴子弟的诡计》（Beaux Stratagem）一剧中，某绅士角色对另一位绅士说："我爱一匹好马，但让给别人了，正像我爱娟美的妇人一般。"——意思并不是他不勾引芳邻之妻，而是他打算取得她的垂青，但让其丈夫养她。在康格里夫的《如此世道》（Way of the World）中，米拉贝尔对其朋友之妻说："你该讨厌尊夫至某种程度，使你喜欢你的情夫。"在这些戏剧中，爱情只不过是肉体的接触、求取快感而已。我们阅读这些剧本时，急着找出一些高雅，但至多只能得到一些烦恼的伦理学。

　　威彻利曾左右此时戏剧的形式和发展。他的父亲是古老家庭和继承大地产的保皇派。清教徒得势时，他送儿子到法国受教育，决心不让他成为清教徒。威彻利没有成为清教徒，而是成为天主教徒，使其家庭为之震惊。返回英国后，他不久改信新教，就学于牛津，毕业时未取得学位，以写剧本为生。32岁时，他以《森林中的爱情》（Love in a Wood）一剧而名利双收（1671年），他把该剧献给卡斯尔梅因夫人。在宫中，他受到和蔼的英王的接待，英王发现丘吉尔和威彻利都在贵妇爱情剧中插入英王这个角色，他对此并不抱怨。

　　在1672年的荷兰战争中，他以绅士应表现的勇敢作战，终保全身而回英国，并以《村妇》（1673 年）一剧二度尝到成功的滋味。

威彻利的《村妇》受莫里哀《丈夫学校》、《新娘学校》的影响颇深。其另一喜剧《行为磊落之人》（*The Plain Dealer*，1674 年）将莫里哀《恨世者》中的艾尔西斯特一角改为曼利队长，此人对行为磊落的见解，是可用下流语言痛骂所有的人和事。意外的是伦敦城，甚至郊区各地，都喜欢把生命描绘为连串的肉欲追求，还加上渎神。在坦布里奇韦尔斯（Tunbridge Wells）一间书店，威彻利狂喜地听到一位贵妇访购《行为磊落之人》。她是富孀德罗伊达女伯爵夫人。他努力追求，并与之结婚，结果发现她监视他。夫人暴卒后，他自认现在已拥有她的财产了，但是遗产被重重官司缠结，竟致根本不能动用。由于无法付出他与人约定的债务，他被判决入狱，受了 7 年的苦。直到詹姆士二世代偿其债，并给恩俸养老。他老年颇不如意，追求女人而自不量力，曾撰写由其年轻朋友蒲柏设法诗化的韵文。75 岁时，这位老浪人还娶了一位年轻妇人，10 天后他即瞑目不起（1716 年 1 月 1 日）。

凡布鲁爵士是这些"通奸写实者"中最和蔼可亲的作者。他是典型"约翰牛"的化身，粗鲁、愉快、善良，喜欢英国的食物和酒类，但其祖父为布鲁格（Gillis van Brugg），是来自比利时肯特一地的佛莱芒人，詹姆士一世时才移民至英国。约翰看起来聪明有前途，19 岁被遣往巴黎研修艺术。21 岁返国，他加入陆军，在法国加莱以英国间谍罪被捕，在巴士底监狱坐了一阵子牢，却在那里完成《激怒之妻》（*The Provoked Wife*）的初稿。获释后，他多才多艺之手笔尽用于写作戏剧。他自称在 6 周内完成《复发》（*The Relapse*）一剧的构想和写作，并公开上演（1696 年）。这是一出关于伦敦花花公子霍平顿爵士、克朗赛爵士和淫乱的荷登小姐的热闹讽刺戏剧。自从她 10 多岁起，克朗赛爵士就把荷登管得很严，对她的天真无邪他甚觉高兴："可怜的女孩，在花烛夜那天她一定会吓呆的，因为，老实说，她只能从男人的胡须和裤子来分辨男女。"但荷登小姐对自己另有不同的描述："我希望有位即来的丈夫，哦，老天，我宁可嫁给卖面包的，我真愿那么做。没有人来敲我家的门，这样不久我就等于被关住了。但这里有一个小母精灵可以整天自由自在地在屋里跑来跑去，她倒可以来敲门的。"汤姆·费兴前来求婚时，做父亲的希望他们两人稍等一周，她立刻抗议："一周，我的天呀！到那时我已是个老妇人啦！"

《复发》一剧极为成功，因此凡布鲁立刻完成《激怒之妻》。这是当时最热门的戏剧之一。半世纪后，戴维·加里克（David Garrick）还因扮演放纵的约翰·布鲁特爵士而轰动伦敦城，这是复辟时代的戏剧中最可纪念的角色。约翰爵士是英国乡绅最卑劣一面的讽刺描写——酗酒、自吹自擂、威胁、诅咒和抱怨"这是一个混乱无神的时代"。他以其对婚姻的意见作为开场白：

> 吃了过多的肉就是爱情，而婚姻就是它的调味品。两年的婚姻生活已败坏了我的感官。我看到的任何事物，我听到的任何事物，我感觉到的任何事物，我闻到的任何事物，我尝到的任何事物，里面仿佛都有我妻子在。没有男孩会这样厌倦其家教，没有女孩会这样厌倦其衣着，没有修女会这样厌倦忏悔，或许老处女会这样厌倦贞操，如我厌倦结婚一样。

其妻知道了他的见解，想施压力制服他：

> **布鲁特夫人**：近来他待我太野蛮，令我几乎决心扮演爽直的妻子，干脆让他当龟公……
> **贝林达**：但你知道，我们应该以德报怨。
> **布鲁特夫人**：解释起来那可能是错的。

其邻居的幻想夫人（Lady Fanciful）与她有同好，和法国女仆讨论心中的疑惧，该女仆的法语回答可译之如下：

幻想夫人：我的名誉，我的名誉！

女仆：夫人，你一旦失去名誉后，就不必再为它不安了。

幻想夫人：呸！名誉就等于珍宝。

女仆：可那很昂贵，夫人。

幻想夫人：哦！当然，你不会为了一时的快乐而牺牲自己的荣誉吧！

女仆：我是一个哲学家……

幻想夫人：荣誉不允许那样做（约会）。

女仆：要快乐只有那样……

幻想夫人：但理性克服天性时——

女仆：理性很烦人，因为天性是理性的姐姐。

幻想夫人：那么你宁顺天性而逆理性吗？

女仆：那当然。

幻想夫人：为什么？

女仆：因为顺乎天性使我感到很快乐，而顺乎理性只有让我疯狂而已。

或许就是本剧惹火了柯里尔（Jeremy Collier），才使他于该剧制作的次年，撰文攻击复辟时代的戏剧，尤其攻击凡布鲁。柯里尔是英国国教传教士，颇为博学，具有忠于教条的勇气。1685 年宣誓对詹姆士二世效忠后，1689 年他便拒绝对威廉和玛丽宣誓忠诚。他谴责光荣革命，甚至鼓动人民起来反叛。他即被捕，经朋友苦口婆心的陈情后，他才答应他们保释他。他公然给阴谋推翻他认为是篡位政府而即将被处绞刑的两个人赦罪券。虽被主教指责，并被总检察长起诉，但他拒绝法庭的传唤。他作为有罪之人，直至老死仍受法庭禁令的拘束，但政府尊崇其人格，并未进一步采取对付他的行动。而威廉三世对柯里尔历史性的攻击颇表赞许。

那是指被称为《英国舞台无德及渎神的短评》（*A Short View of the*

Immorality and Profaneness of the English Stage）的文章。该书与多数书籍相似，内容有许多无知之论。这位热情的牧师攻击英国戏剧的很多缺点。他抗议无端提及牧师的剧情，以及有关异教先知、天主教神父及非国教会的神圣等内容。他斥责很多戏剧家，自埃斯库罗斯至莎士比亚，康格里夫和德莱登都在内。他辩称公开舞台丝毫不该以犯罪或不道德为题。

但他的某些谴责颇为合理，因为他到处可以找到明显的目标。他痛责不少复辟时代的剧作家称赞耽溺通奸者，这对观众有不良影响。在一年内，该书是伦敦的谈资。剧作家提出种种辩护。凡布鲁由戏剧转向建筑，10 年苦心营建布莱尼姆宫，又以精良的帕拉底欧式风格建筑霍华德堡（Castle Howard，1714 年）。德莱登承认罪过，并表示忏悔。康格里夫否认有罪，但主动改革其艺术。

威廉·康格里夫使复辟时代的戏剧发展至最高点，但也到此为止。他生于靠近利兹（Leeds）附近的家庭（1670 年），在一连串胜利中，其古老的家庭一直维持尊贵的荣耀。他的父亲曾受命指挥英国在爱尔兰的一支驻军，因此康格里夫是在基尔肯尼学校（Kilkenny School）受教育的，他在该校与斯威夫特坐同一条长椅，然后在都柏林的三一学院是同学，在伦敦中寺法学院（Middle Temple）还是同学。法学院一年级时，他写就《隐姓埋名》（*Incognita*，1692 年）一书，戈斯（Edmund Gosse）赞赏"其中善意的嘲弄和幽默"，并誉为"英语最早的关于礼仪的作品"。约翰逊却说："我宁可称赞它，而不愿读它。"康格里夫写了第一篇喜剧《老独夫》（*The Old Bachelor*，1693 年）即一举成名。德莱登当时是英国文艺界的领袖，誓言他从未看过这样好的戏剧。不敢确定绅士是否可以写剧本，康格里夫解释该剧的写作"旨在病中自娱"。因此，柯里尔评谓："他患何病，我不追究，但那一定是比药物更厉害的恶疾。"哈利法克斯同意德莱登的意见，他任命康格里夫担任两个政府职位，使他在作为剧作家之余，还有相当的收入保持其绅士的身份。

他的第二个剧本《两面人》（*The Double Dealer*，1694 年）不算很受欢迎，但德莱登的颂辞将康格里夫与莎士比亚相比，才支撑了这位青年作者的热诚。1695 年，25 岁，他又作《为爱而爱》（*Love for Love*），重登舞台，其成功是他一生中的巅峰。柯里尔指责该剧帮助和安慰色情狂。康格里夫无以为复，因此在 3 年内他完全脱离剧院。他又写《如此世道》（1700 年）重回到剧院时，他已成为上述谴责的得益人，已能显示机智而不一定要违反十诫。素来夸张的斯温伯恩（Swinburne）称该剧为"英国喜剧中无可比拟、难以仿效的杰作"，该剧并无邪恶失德的描述。若仅是拿来看看，会发现其谑语很是烦人，令我们想起莎士比亚早期愚拙的剧作，但若搬上舞台演出，或许我们会为其机智显露而着迷。其剧情太过复杂，要费很多时间才能了解轻浮且无足轻重的人物的阴谋和争吵，而结局简直就是荒谬。其中言辞和幽默却颇见精练，其思想的微妙（虽非深奥），足以愉悦从容欣赏的心灵。没有凡布鲁作品的粗鲁讽刺，却有自凡尔赛宫至白厅及复辟宫中轻轻泻出的优雅戏谑。而人物的创造也值得一提。其主人公米拉伯尔是一位不甚动人的遗产猎取者，特别值得注意的是，他试图娶米拉曼而不是拐诱她。米拉曼是康格里夫最生动的创造，这个女人想要 1000 位爱人，而且只有 10 年的美色就要别人终生的倾慕。她答应结婚，但提出条件：

米拉曼：……实在说，米拉伯尔，早晨我都随兴所至，躺在床上很久，很久……

米拉伯尔：还有别的条件吗？……

米拉曼：都是小事——如应有自由……随时可以随心所欲地进餐。当我失去兴味，可以不必提出理由，就在更衣室独自进餐。我的衣橱不可侵犯。我是茶几的唯一女皇，未经许可前你不得靠近它。最后，不管我在何处，你进房之前均须敲门。这些条件同意了，假如经较长时间的考验你仍持久不变的话，我将成为一位妻子。

米拉伯尔： ……我提出条件是不是冒昧呢？

米拉曼： ……尽管提出……

米拉伯尔： 一条是，照约你必须继续跟我一样的爱惜颜面。而当我心里仿佛有股激流通过时，别使它变形凝固……另外，当你生产——

米拉曼： 哦！别提这个。

米拉伯尔： 可以假定会有那么一天的，那是我们努力所得的恩赐——

米拉曼： 可厌的努力！

米拉伯尔： 我反对鞭笞、压榨变形，而使孩子的头变得像糖条一样……

这是令人愉悦的生活琐事，好讽刺的对白，刚好安全地剥开生活的表面伪装。

康格里夫本人就代表了许多表面伪装，重形式不重实质，重变化不重统一。他从未结婚，但向许多女戏子大献殷勤。我们没听过令他烦心或令他喜欢的小孩。在咖啡屋或俱乐部，他也是一个好伙伴，而且为高贵的家庭殷勤接待。他吃得很好，双脚因为痛风常常起泡，必须涂上油膏。1726 年，伏尔泰拜访康格里夫时，他驳斥法国人对其剧本的赞语，要伏尔泰仅把他看作一个绅士。伏尔泰说：“假如你只是一位绅士，那么我根本不会来拜访你。”

1728 年，在赴巴思洗矿泉浴的途中，康格里夫的车子翻倒，他受了内伤而死（1729 年 1 月 19 日）。他葬于威斯敏斯特，遗言留了 200 镑给布雷斯格德尔，她正在贫穷中度其老年。整个地产共约 1 万镑，都遗留给爱女处理，即非常富有的第二任马尔巴勒伯爵夫人。她将此款购买一条珍珠项链，并在桌上同一地方，永远放置诗人的蜡像和象牙质的复制像，其双脚照样因痛风而脓包隆起，涂上油膏。

早在康格里夫去世之前，英国戏院即已开始自清。威廉三世下令宫廷礼宾官发给剧本上演执照或禁演，所有剧本均应从严审查，舆论也转而支持这种检查。安妮女王统治时期，法律禁止在剧院中戴面具，妇女既不得作此伪装，所以对内容不当的戏剧排斥不看。斯威夫特与一群主教的看法相同，斥责伦敦舞台充斥着英国人品性的缺点。斯梯尔提供道德剧《自觉的情人》（*Conscious Lovers*，1722 年），而艾迪生推出《加图》（*Cato*，1713 年），足可媲美法国悲剧。这类突变较早的征象首见于德莱登答复柯里尔的语调。他觉得神学家常常过分斥责剧作家，曾"在许多地方……将实际上并无罪过的话解为渎神和猥亵"。但他又说：

> 我该说柯里尔先生很少患这个毛病，因为许多方面他待我甚为公正，我对真该视为淫猥、渎神或无道德的思想及描述认罪，并要收回它们。假如他是我的敌人，那么他该获胜；假如他是我的朋友，如同我私下想使他只会成为我的朋友一样，那么他会很乐意看到我表示忏悔。

约翰·德莱登（1631—1700）

约翰·德莱登之父是一名小乡绅，在北安普顿郡有一些小地产。约翰被送到伦敦威斯敏斯特学院上学，老师理查德·巴斯比（Richard Busby）教他和约翰·洛克拉丁文和训练。他凭在校时取得的奖学金赴剑桥三一学院深造。他取得学位的那年（1654 年），其父逝世，约翰是 14 个儿子中的老大，得以继承父亲的产业，每年入息 60 镑。不久，他移居伦敦，写诗弥补收入的不足。1659 年，约翰出版《英雄行》（*Heroic Stanzas*），纪念克伦威尔——对这位 29 岁的青年来说是空洞无味的诗篇。德莱登逐渐成熟，像辛苦越过千重难关的人，终于收入大增。一年后，他写成《归来之星》（"Astraea Redux"）一诗表达欢迎复辟之意，将查理二世这颗星比拟为伯利恒之星。几乎无人敢谴责德莱登的反复无常，因为除德莱登外，其他诗人都改旗易帜，由欢迎清教徒变为保皇派。

但查理喜欢戏剧胜过单纯的诗篇，因而剧作家收入颇丰，新诗人则穷困潦倒。德莱登自觉并无戏剧天才，但他需要生活，便尝试写作喜剧，结果《狂野的情侠》（*The Wild Gallant*，1663 年）竟被佩皮斯贬为"几乎是我此生仅见的坏作品"。1663 年 12 月 1 日，他与伯克郡伯爵之女伊丽莎白·霍华德结婚。贵族闺秀嫁给诗人，可能有人会感到惊讶，但要知道她年已 25 岁，有沦于孤芳自赏的危险。其兄罗伯特·霍华德爵士急求文名，曾与德莱登合作，才写成《印度女王》一剧，1664 年完成，场面豪华，极为成功。

该幕悲剧放弃伊丽莎白时代的无韵诗，改采五音步双韵体作为剧本的基本体裁，因而开创文艺史上新的一页。欧拉利勋爵（Lord Orrery）对法国押韵曲调印象颇深，并在自己的剧本中使用这类体裁。1675 年后，德莱登又返回无韵诗的老路，终于认识到押韵会阻碍言辞和思想的流畅。假如他对韵文较不在行的话，他可能会成为伟大的诗人。

合作编剧成功后，跟着他又独立创作《印度皇帝》（*The Indian Emperor*）一剧（1665 年），其主人公为蒙特祖马。瘟疫使伦敦剧场关闭一年时，他恰好在英国剧界争得一席之地。瘟疫和大火过后，他写作《奇迹的年代》（"Annus Mirabilis"，1666 年）一诗，庆祝英国通过这两者及战争的三重考验重又复原。全诗由 304 首四行诗组成，由强烈的描述（212—282 节）和少年愚行（如第 29 节）交替写成。1666 年，剧院重开时，德莱登急忙又从事戏剧写作。直到 1681 年，他只写戏剧。其悲剧趋向过分夸张，但时人似乎认为它们优于莎士比亚的剧作。他与达韦南特合作改编《暴风雨》一剧时，时人一致同意两人合作改编的结果比原剧更为出色。王家剧院也颇赞许，给予德莱登特许，每年可供应该剧院 3 部戏剧，即一年可收入约 350 镑。德莱登的喜剧虽与其他剧作一样淫猥，却不如其 27 部悲剧来得成功，因为在这些悲剧中，他引起公众对新世界和奇妙的野蛮人的兴趣。如在《征服格拉纳达》（*The Conquest of Granada*）一剧中，阿尔曼左说：

> 我与造化初创第一人一样自由，
>
> 他活在卑劣的奴役法律施行以前，
>
> 当时，高贵的野人还在森林中狂放地奔走。

　　或许这是该剧的成功之处，也是《奇迹的年代》这首讨人喜欢的查理二世的挽歌受人欢迎之处，该诗使德莱登于 1670 年赢得皇家历史学家和桂冠诗人的头衔。他已每年平均收入达 1000 镑之多。

　　在《征服格拉纳达》第二部的收场白中，德莱登声称复辟时代的戏剧实优于伊丽莎白时代。其敌手虽颇欣赏这样的赞扬，却认为国内对该剧太过照顾。城里居民富于智慧，不太欣赏德莱登悲剧中过火的英雄诗体。白金汉伯爵曾与人合作，于 1671 年发表一部喧闹的称为《预演》的讽刺作品，取笑当时的悲剧，特别是德莱登作品的剧情失实、荒谬、过分夸张。诗人很感刺耳，但要经 10 年的蓄意报仇然后始在《押沙龙与阿齐托菲尔》（"Absalom and Achitophel"）一诗中用许多强烈的诗句硬将白金汉套为兹姆利一角。

　　同时，他研修莎士比亚戏剧，这使其技巧颇多得益。在他最佳悲剧《一切为爱》（*All for Love*，1678 年）中，他脱离拉辛和押韵诗，改采莎士比亚形式和无韵诗，在同一背景下，其技巧已可匹敌伊丽莎白时代的戏剧，他又一次述说安东尼与克利奥帕特拉结合而失去帝国的故事。假如没有早期那些戏剧，德莱登或将更受赞扬。不时，该剧由全然单纯的言辞发展到简洁文辞而包含高贵的情操，如屋大维至安东尼那里，提出屋大维式的赦免条件。德莱登的戏剧更为严谨，想要遵守戏剧统合论；但将情节限为一地及在 3 天内发生了一件危机，难免使英雄主题变为恋情故事，因而无法从安东尼和克利奥帕特拉的罗曼史看出动摇、改变地中海世界历史的远景。

德莱登戏剧最有趣的一面，是他在这些剧本付印时所作的序言及表达其对戏剧意见的小品文。高乃依曾提示德莱登模仿典型，但德莱登使其形式成为写作豪放散文的工具。我们浏览这些简洁的论文和栩栩如生的对白时，会看到英国文学已由创造时代逐渐转入批评时代，至蒲柏达到极峰。而看到他小心地试探戏剧的表现方式和作诗的技巧，并相当深入地比较英法戏剧时，我们不由兴起对德莱登才智的尊敬。在这些散文中，伊丽莎白时代生动漫谈的散文，弥尔顿浮夸堆积的句子，一扫而空，改用较简洁流利、更有次序的词句，不受拉丁文结构的影响，而且因其深悉法国文学而使辞藻更见生色。虽不足与法国文学的优雅相比，却遗给 18 世纪——散文世纪——简明和雅致的语句模型，极为流畅动人，自然有力。由此，英国小品文渐渐成形，英国文学的优秀时代从此开始。

如果说现在德莱登的小品文较优于引起其写作动机的戏剧的话，那么他的讽刺诗更风靡当时而几乎使时人感到恐怖。或许是一件意外导致他的讽刺。1679 年，马尔格雷夫公爵谢菲尔德发表匿名的《论讽刺诗》（*Essay on Satire*）手写稿，攻击罗切斯特公爵、朴茨茅斯女公爵及查理二世宫廷。德莱登此时多数收入来自王室，却被疑为该文作者。12 月 18 日晚上，在柯文公园（Covent Garden）玫瑰弄（Rose Alley），他为人攻击，有一群恶汉用短棍击打他，这群人似由罗切斯特雇用，但无法肯定。德莱登本性善良而慷慨，乐于助人和赞许他人，但他的成名、他的自大及引起争论的主张，使他有不少敌人。有一时，他甘忍攻击，不做公开辩护，甚至"玫瑰弄伏击"也未激起他提笔直接反击。但 1681 年，他终于把几个敌人置于一个大锅内，利用英语中最恶毒的讽刺诗加以蒸烤。

就是这一年，沙夫兹伯里试图组革命军推翻查理二世，改以查理的私生子代之。《押沙龙与阿齐托菲尔》第一部出版时（11 月），沙夫兹伯里已因叛国罪受审。德莱登的讽刺诗站在英王这边，也许还

接受英王的很多建议。他讽嘲沙夫兹伯里为阿齐托菲尔，曾劝押沙龙
（象征蒙茅斯公爵）反叛其父大卫（象征查理）。该诗开始论述多妻制
的价值：

> 在神学时代，僧侣夺权之前，
> 多妻制未成罪过，
> 人们多妻就会多子多孙，
> 而可恨的一夫一妻的限制还未开始，
> 当天性加速而无法律限制
> 妻妾的功用混乱，
> 而以色列的君王，深获天心
> 其强烈的感情分别给予
> 妻妾与奴仆，而且，广泛如他管辖的地区，
> 将上帝的偶像由该地向外伸延……

大卫喜欢美丽的押沙龙，在反叛之前，蒙茅斯是欢乐英王的眼
珠，犹太人就是英国人：

> 顽固、沉郁、多怨的民族
> 曾想试试上帝恩典的范围和程度；
> 上帝恩典的民族，因安乐而败德，
> 不是国王所得统治，亦非无神以为愉悦……

阿齐托菲尔是反叛的大天使，而伦敦人立刻认为是指沙夫兹
伯里：

> 虚伪的阿齐托菲尔显然是此中罪魁，
> 世代受人诅咒这一名讳；

密谋暗计亦须适有

敏睿、胆气、暴烈与机警，

而其人不安于位，不拘原则，

不受不喜的权力约束，不耐任何屈辱；

一个性如烈火的人，自行其是，

折磨的是那侏儒似的身子，逐渐败坏，

过分感伤于其土屋茅房，

一个极端的勇敢船长，

海浪滔滔，反增冒险的喜悦，

彼所欲者暴风雨，而因为不适合于他的安静，

宁可靠近沙滩来航行，夸显其能。

天才几乎就是疯狂的同盟，

他们间的分际竟如此的薄；

要不然，既有财富荣誉齐集一身，

又何必不肯让这天下有一时的太平？……

为友也假，为敌也深，

他已决心不是毁灭就是统治这个国家。

跟着来的是对白金汉及其《预演》的报复：

（叛党）中名列前茅者为兹姆利，

他与众不同，似乎不是一个单独的人，

而是一切人类的缩影；

他的见解生硬痴呆、毫无是处，

凡事必有始而无终，

但在衣架饭囊的行列中，

称得起一位化学家、提琴手、政治家和滑稽歌手；

他绝不效法那些因劳心而死的无数傻瓜，

一味地在声色犬马上下工夫……

挥金如土是他的拿手好戏，

不希望任何指责只希望别人的奖掖。

穷人都是傻瓜，他认为他们执迷不悟。

他有他自己的俏皮话：穷人们也是命该如此。

这样无情锐利的讽刺诗是英国前所未见的，行行都有深入的伤害，结果每页都留下许多肢解的尸体。该诗在沙夫兹伯里受审的法庭外售出几百份。沙夫兹伯里终于被判无罪，辉格党徒赠予其荣誉奖章，而12位诗人和小册子作家，在托马斯·沙德韦尔（Thomas Shadwell）的领导下，发布胜利的复信，致他们认定在出售机智和刻薄给英王的人。德莱登卷土重来，作另一首讽刺诗《奖章》（"The Medal"，1682年3月），并著《麦克·弗莱克诺》（Mac Flecknoe，10月），打击沙德韦尔。此处的谩骂更为粗野，不时沦为泼妇骂街，使用的是苛毒的双韵，与早期的讽刺诗同样散播开来。

经几世纪的辩论后，我们怀疑在热情洋溢当中均可发现某些真理存在，每位敌人均有可爱之处。而即使到了今日，政治仍是使用另一种武器进行的战争。当时尤其是如此，斯图亚特王朝的王位在革命的风潮中动荡不安，而附和失败之一方势必有生命之危。无论如何，德莱登终已显露其勇气。他已赢得英王及约克公爵的感激，且已无人怀疑他在诗歌界的杰出才能。当他驾临威尔酒店（Will's Tavern）时，如在冬天，必已为他保留了靠近炉边的座位；如在夏天，则保留靠近骑楼的位子。佩皮斯就是在这里见到他，并听了"他那非常明智及引人入胜的论述"。司各特爵士（Sir Walter Scott）富有想象力，曾描写德莱登进威尔酒店的模样："微胖的人，头发灰黑，着深黑色整齐服装，紧紧合身就像手套一样"，且"带着我曾见过的最愉快的笑容"。"向桂冠诗人鞠躬，聆听关于拉辛最后的悲剧的评述被视为是一项特权。替他拿鼻烟盒是一项荣誉，足可使年轻的热爱者为之转头注目。"

他对于朋友会非常友善，但是随时可以对其对手及敌人施以人身攻击，而在赞扬自己的诗作方面，他不希望别人超过他自己。他奉承英王、卡斯尔梅因夫人及付款求其献文的人，实已超过当代文人惯有的卑躬屈节。但是康格里夫为报答德莱登之鼓励，却将之誉为"极为仁慈及体恤他人，易忘别人加身之伤害，容易诚恳地与冒犯者妥协而不记恨"。

德莱登在健康渐走下坡之际，不像中年时那样骄傲猛烈，更倾向于宗教宽容。他的戏剧和讽刺诗偶尔会对各种教派施以攻击，现在，他既把命运赌在托利党身上，便称英国国教是英国稳定的基础，抗议借理性的名义攻击宗教圣堂的无礼行为。1682 年 11 月，他发表卫护英国国教的诗篇《大众宗教》（Religio Laid），使其世俗朋友大吃一惊。他很了解自然神论者的主张，他的答复是，他们的怀疑愚蠢地阻挠了难以维持的社会秩序，而那是依赖宗教认可的道德法才能维持的：

> 只因晦暗不明的道理何必学习，
> 世人关心者是共同的安宁。

这种论断也可适用于天主教，德莱登据此改信天主教（1686年）。这种改教是否受一年前一位天主教徒登基为英王或受担心津贴无以为继的影响，我们不得而知。无论如何，德莱登在《牡鹿与豹》（*The Hind and the Panther*，1687 年）中，使用全部诗技解释其天主教的见解，一只"乳白色的牡鹿"卫护罗马天主教，反抗代表英国国教会的豹子——"表皮有斑点的最美丽的动物"。两只四脚兽辩论耶稣是否存在于圣餐中，这种图像成为别人讥嘲的对象，不久普赖尔和哈利法克斯爵士仿照该诗作了一首讽刺诗，称为《牡鹿与豹转化的乡鼠与城鼠的故事》（*The Hind and the Panther Transversed to the Story of the Country Mouse and the City Mouse*，1687 年）。

1688 年，詹姆士二世逃至法国，德莱登发现又要受到一位新教国王的统治。他仍保持他的新信仰，他的三个儿子已在罗马教皇下面任职，如果，重弹旧调势必显得太不和谐。他勇敢地忍受失去桂冠诗人的头衔和津贴及历史学家的职位。不过，历史的发展更增其悲哀，那些荣衔竟都改归沙德韦尔，德莱登曾封此人为"胡诌大王"（King of Non-sense）和愚蠢的模范。他临老仍以卖文为生。他写了更多戏剧，选译忒俄克里托斯、卢克莱修、霍勒斯、奥维德及珀西乌斯的作品，并将维吉尔的《埃涅阿斯纪》改写为流利而松弛的英雄诗体，并在自己的诗里编入荷马、奥维德、薄伽丘、乔叟的一些"寓言"。1697 年，67 岁，他写成著名的抒情诗《亚历山大宴会》（*Alexander's Feast*），饮誉甚隆。

1700 年 5 月 1 日，德莱登逝世。其葬礼极为混乱，几个敌对的党派互争其遗体，最后他终于葬在威斯敏斯特的乔叟墓旁。

要爱此人很难。就其各种表现来看，他实在是一位骑墙的机会主义者：在护国主政体得势时代，他赞扬克伦威尔的功业，后又赞扬查理及其情妇；在新教国王的统治下，他赞扬新教；在天主教国王的统治下，他又称许天主教，又以其诗文赚取津贴。他既惹来如此多的敌人，可见他的本性中一定有其不可爱之处。他与其敌手一样，戏剧极为淫佚放纵，诗歌则极为虔诚。其讽刺诗极富吸引力，容易引起人们的同情，以为他就像绑在木柱上的殉道者一样，成为牺牲品。他无疑是当时最伟大的英国诗人。其大多数诗歌是应时而写的。但其讽刺诗仍然存在，因为在以尖酸轻蔑的语气讽刺人物方面，至今无人能与之匹敌。他使英雄双行体发展至精练、易用的程度，使这种体裁独占英国诗坛达一个世纪之久。他对散文的影响更深：他清除烦人的复杂句和外来成语，并加以整顿成为干净利落和通顺的古典文辞。那个时代的人是对的：他们畏他而不爱他，但他们知道，凭借意志力和技巧，他已取得领袖的地位，成为文学的仲裁者和诗坛霸主。他是那个时代的琼森和约翰逊。

各家大全

在异教徒入主的复辟时代，最伟大的诗歌是一首清教徒史诗，但最有名的诗歌是反清教徒的讽刺史诗《休笛伯拉斯》（*Hudibras*，1663—1678 年）。巴特勒，这位壮健的青年，曾在吕克爵士下面服务，两人相处颇不愉快。吕克本是克伦威尔军队中热心的长老派上校，其军队驻扎在清教徒政治和宗教要塞哥伯胡（Cople Hoo）。复辟时代来临时，巴特勒印行嬉闹的讽刺诗以资报复，诗里高贵的骑士休笛伯拉斯爵士领导乡绅拉尔夫（Ralpho），组成打击罪恶的十字军。从开场诗就可以判断整部诗的旨趣：

> 当地牢首次高筑，
> 人们纷纷陷入，根本不知何故；
> 而厉语嫉妒和恐惧交加，
> 贯入耳中，使人们合在一起，
> 于是，下令他们作战，像疯狂和醉酒，
> 为了宗教打仗，也是为了引发心中的火焰……
> 而当福音的号手，四周都是洗耳恭听的人，
> 吹响了号角，催动他们去作战，
> 于是圣坛上，宗教用的皮鼓，
> 用拳头敲击，而不用粗木。
> 而骑士远离家园，
> 骑马出去，威风凛凛像个上校……
> 因为那是许多人的主张，
> 有如蒙田，玩弄他手中的猫，
> 却埋怨它把他当作一个傻瓜，
> 而它还更要把休笛伯拉斯当作傻瓜……
> 虽然他有很多智慧，

但我们相信他很羞于用它，

只因他不愿把它用尽了，

所以就不来麻烦它，

除非是假日或节期，

才像衣着华丽的人们那样……

他的宗教最好是，

配合他的学问和智慧；

长老会教徒真该悲伤了，

因为他是游侠圣者中最坚忍的一群，

一切人都知道他们，

是真正尚武的教徒：

就这样他们要用神圣的矛与枪，

来建立他们的信仰，

要用准确的火炮，

解决无谓的纷争，

要用使徒的打击方式，

来证明他们的理论才是正统……

这支宗派主要的努力用在

奇异的疾恶如仇上面……

他们较别的宗派更小心要维持假日，

还要使错误导向正途；

他们判那些不在乎犯罪的人死罪，

他们喜欢为了对付罪恶才团结在一起。

　　这些使清教徒悲痛，使英王痛快。查理拨出 300 镑，奖励这位作者。除佩皮斯外，其他的保皇派均称许这首诗。佩皮斯看不出"这首诗有什么智慧可言"，虽然"这本书以其诙谐而流行一时"。巴特勒迅即出版续集（1664 年、1678 年），但他的箭筒中已没有箭了，他的诗才也已用尽。新教徒和天主教徒的斗争取代了保皇派与清教徒之间的纷扰。于是，巴特勒不久就被人们遗忘，死时贫困、默默无闻（1680年）。40 年后，威斯敏斯特为他竖起一尊纪念碑。一则警句说："他要的是面包，得到的却是一块石头。"

比这种一味追逐韵律的打油诗较胜一筹的是克拉伦登的《大动乱史》（*History of the Rebellion*）中庄严厚重的敌人。该书虽写于 1646 年至 1674 年，却出版于 1702 至 1704 年。人们可以看出，安妮女王统治时，这 8 册书是如何编写的，它们的体裁是如何恰当，其中人物描写是如何深入，及失败的旧日大臣的精神是如何的伟大，等等。同样地，伯内特著有《当代史》（*The History of His Own Time*），贡献也不算小，该书遵其嘱于其死后才印行（1724 年）。其《英国教会改革史》（*History of the Reformation of the Church of England*，1679 年、1681 年、1715 年）内容更丰富，是他长期研究的结果。该书印行于新教英国恐惧天主教死灰复燃之际，国会两院感激该书的及时出版。该书的敌人和编辑者都从里面找到上千个错误，该书仍难免有党派的成见，偶然也被无谓的谩骂玷污，但不失为这方面最伟大的著作。伯内特努力扩大宗教宽容的范围，因而引起一群暴民的敌视。

另有 3 人寻求以古史扩大今人的耳目：富勒（Thomas Fuller）走遍各个城镇，行千里路以观看可爱的山川，收集其《英国杰出人物史》（*History of the Worthies of England*）的资料。这本书包含已故英雄的逸闻、警句及机智表现，使他们栩栩如生、永留青史。伍德曾述说牛津大学的历史，并编写牛津毕业生的传记字典——这部严谨之作，其后被许多作者细细地咀嚼，意在模仿剽窃。奥布里搜集约 426位名家的有趣佚事，旨在将这些资料编整成为历史，但疏懒成性和早死终使他编史无成，而其《人物记》（*Minutes of Lives*）要到 1813 年才出版。其遗作在旅途中颇令我们开心。哈钦森上校（Colonel John Hutchinson），这位清教徒绅士，曾赞成查理一世受刑，后被查理二世下狱，获释后不久即告逝世，其遗孀露西著有感人颇深的《哈钦森上校的一生》（*Life of Colonel Hutchinson*）一书纪念他。但露西时写时停，免不了有浪费笔墨的情形。斯威夫特、蒲柏、安妮女王等人的医师、良友约翰·艾布斯诺（John Arbuthnot），为了参与托利党阻止与法国作战的运动，曾发表一连串的小册子讽刺辉格党人，并创造一位想象的人物"约翰牛"，此人后来成为英国的象征。约翰称"约翰牛"是：

> 一位诚实、行为磊落的汉子，性急、胆大、脾气善变……假如你向他示好，你可以像带小孩一样地领导他。约翰的脾气需要看看天气，他的精神随气压表变化而有高扬和低沉之分。约翰极为机灵，深悉其工作，但没有人会像他那样，观察账目极为疏略，或更易为伙伴、学徒或仆从所欺。因为他是一位慷慨的伙伴，喜好杯中酒和自己的娱乐。说真的，没有人会比约翰更善于管家、更慷慨地花钱。

假如威廉·坦普尔爵士发现以其秘书为主题的一章中只用一段来描写他的话，他会说什么呢？也许他会说，是否他的良好举止使历史学家们把他忽略了。他并不因为不喜欢辉格党就出卖笔墨给托利党大臣，也不笔墨尖刻，讽刺整个人类，而是默默地以其成功的外交手段服务于国家，并在腐化和色情泛滥的时代，供给英国一个合宜家庭生活的朴实典范。在7年中，他一直追求多萝西，他那活泼有力的情书成为英国文学的精品。她毅然接受他的求婚，不顾双方家庭的反感，而他在天花毁掉她的容颜后毅然地娶了她。他踏进政界，是第一个警告路易十四具有领土野心的人，他还是三国联盟的主要促成者，其后该联盟曾于1668年阻止了法王称霸的野心。他1674年和1677年两度升任国务大臣之职，但他宁守其在海牙的外交职位。他深具远见的谈判，促使詹姆士二世的女儿玛丽与未来的威廉三世结婚，光荣革命才成为可能。1681 年，他从政界退出，归隐萨里自有的穆尔公园（Moor Park），从事研究与写作。斯威夫特觉得他太冷淡、不开朗，但威廉爵士的妻子和姐妹崇拜他，视他为仁慈和礼貌的典型。他最著名的小品文《论古学与今学》（*Of Ancient and Modern Learning*，1690 年）赞扬古学，轻视现代科学和哲学，正面攻击牛顿、霍布斯、斯宾诺莎、莱布尼茨和洛克，但本特利（Bentley）抓到他一个大错误。威廉爵士乃隐退至其花园，以伊壁鸠鲁之学自娱。

伊夫林与佩皮斯

约翰·伊夫林与坦普尔都主张"一国之内如党派林立和深植其根，则它们必会以为好人参政是疯狂之举"。当内战纷扰之际，他认为即是远行之时。1641 年 7 月伊夫林离开英国，但是受到良心的谴责，又于 10 月返国。他在布伦特福德（Brcnford）参加王军，适逢王军败退。从军 1 月后，他退隐萨里郡沃顿镇（Wotton）其双亲之田庄。1643 年 11 月 11 日，他再次越海至欧洲大陆。他信步游历法国、意大利、瑞士、荷兰，然后又回到法国。在巴黎，他娶了一位英国女子。有一段日子他就在英法间来来往往。最后，内战终于结束，他才回到英国定居（1652 年 2 月 6 日）。他付款给克伦威尔政府，才得保全自由。他仍与流亡的查理二世保持联系，1659 年曾尽力促成复辟之举。查理登基以后，他是宫中受欢迎之人，虽然他极力谴责宫中的腐化风气。他曾任政府某些小职务，但是大致说来，他所喜欢的是栽树种花，并在乡间写下 30 本书。他论述甚广，包括论卢克莱修以至论泽维（Sabbatai Zevi）在内。其《除烟谈》一文虽无法澄清伦敦的空气，但是《森林》（*Sylva*）一书（1664 年）却有效地促成英国的再造林木，他还促使政府在伦敦到处栽树，这些树木如今成为伦敦最大的光荣及讨人喜欢之处。其《戈多尔芬夫人之一生》（*Life of Mrs Godolphin*）是暴乱的复辟时代表现妇德的田园作品。

自 1641 年 21 岁起至 1706 年 2 月 3 日死前 24 天止，他将其在英国及欧陆所见所闻均写入日记。他自视为"品格"高超的人，故所记述的并无佩皮斯较长的日记里包含的那类罪过及内心的见解，但是他对欧洲各城的描述，帮助我们了解了当时的景观。他亦有某些栩栩如生的记述，如《辛普伦隘记》（on the Simplon Pass）。有时候亦会留下感人极深的文章，如记述其 5 岁儿子之死的文章。这些日记要到 1818 年才得以出版。

伊夫林的日记中曾提到佩皮斯，因而才有人检查佩皮斯遗交剑桥大学马达兰学院（Magdalene College，Cambrige）的 6 册手稿，这些手稿均是速记写成的。经过 3 年的努力，共有 3012 页译成普通文字。1825 年，它们才出版成书，并经缩短和净化。如今它们虽仍不完整，却有 4 巨册之多。它们使佩皮斯成为历史上最涉及个人秘密和受人误解的作家。就涉及个人秘密这点说，他的日记如果要出版，显然要等到他死后，因为里面包含他生前本应守密的许多材料，而且其中某部分至今仍然"无法付印"。就误解来说，因该日记仅是佩皮斯一生中不超过 10 年（1660 年 1 月 1 日至 1669 年 5 月 31 日）的记述，故他在海军部——英国海军大本营——的工作并未完全加以记录。实际上他自 1660 年至 1689 年曾在该部担任日益重要的职位。

佩皮斯的父亲是伦敦的裁缝师。因为只有乡绅的长子才有权独自继承全部财产，其父既非长子，只好从事商业。佩皮斯依赖奖学金进入剑桥读书，并取得学士及硕士学位，唯一受到公开谴责的不良记录，是一度曾"被看到酗酒"以及写下情诗《爱情是欺骗》（Love is a Cheat），后来，他又将这篇诗稿撕毁。22 岁（1655 年），他娶了胡格诺派教徒之女伊丽莎白。1658 年，他因结石而到医院手术，手术极为顺利，故以后每年他都要感恩地庆祝手术成功。

他的远亲蒙塔古爵士召他当秘书（1660 年），当蒙塔古率领舰队把流亡的查理迎回英国时，佩皮斯亦追随于左右。当年，佩皮斯即被任命为海军处的作战书记员。他于追求女人之余，亦勤勉地研读海军事务，因为他的上司也喜欢追求女人，因此不久他就比两位海军大将（蒙塔古及约克公爵）更知海军大势。在对荷兰战争中（1665—1667 年），他设法供给舰队补给，一时以干练著称。而在瘟疫流行期间，政府中多数官员均已离职，但是他仍坚守岗位。当海军处受到国会攻击时（1668 年），佩皮斯受命代为辩护，他在平民院中 3 小时的演说使海军处得到本不应得的无罪判决。然后，佩皮斯又为约克公爵撰述两本报告，揭发海军官员之颟顸无能，这些报告对于海军舰队的改革，大有功焉。他一向工作勤奋，通常早晨 4 时即已起床，但是他知道年俸 350 镑的薪水外，还有赠予、佣金、津贴等收入，足以补其不足。今日这类收入有的可称为贿赂，但是在当时，这类收入被视为合法的补助。其上司蒙塔古爵士曾说："不是职位本身的薪水会使人致富，而是担任职位才有机会赚钱。"

佩皮斯在日记中极为坦白无伪，而且相当完整地揭露自己的全部缺点。为何他会如此坦白，我们不清楚。在世时他藏好这些日记，而且用自己的速记系统加以记述，共用了 314 种不同的符号，且对其死后的印行问题根本没有预作安排。显然他很高兴检讨每天的各种活动、生理烦恼、婚姻争吵、调情及与人通奸等事。在他秘密重读其日记时，可能引起类似对镜自怜的那种暗中自满。他曾说，他的妻子为他理发，"竟发现在我头上及身上共有大约 20 只虱……我相信那比过去 20 年中发现的总和还要多"。他学会爱他的妻子是经过许多争吵后的事情，有些争吵令他"发怒"至"大动肝火"。据他自己的说法，通常他对她极为卑劣。有一次"他竟拧她的鼻子往下拉"，另一次"我往她的左眼狠狠地揍了一拳，使得那个可怜的人痛极哭叫，她情绪激动得要来咬我抓我，但我对她稍假辞色她就不哭了"。他用膏药糊其眼睛，然后就到情妇那里去。回家吃晚饭后，他又出去，"找到拜威尔（Bagwell）的妻子……把她带到酒店去，尽情从她身上取乐，然后又到另一家酒店，想要拥抱她。但是，她不专心尽情，那真令我厌烦"。

此人精力之丰真令人惊奇——每几个月就有一次恋情。他追逐女人，直到她们用胸针逐退他为止。他供认"我对于美人极为奴颜婢膝"。在威斯敏斯特"我听一次讲道，因而费了一多半时间（上帝宽恕我）来注视巴特勒夫人"。他带着特别期望的神色，几乎显得高雅，看着卡斯尔梅因夫人，与她在白厅相见，"我只觉得她秀色可餐"。他看着她那悬成一线的衬裙很觉满足，"看着它们我感到很舒服"，"因而回到家里吃晚饭及上床睡觉，都会幻想自己正很舒服地和史都华夫人（卡斯尔梅因夫人）在一起玩乐"。但是他的嗜好不限于追求美人而已。邻居戴安娜夫人（Mrs.Diana）经过他的家门，他把她"带到我家的楼上，然后在那里调笑了好一段时光"。他带一位兰尼夫人（Mrs.Lane）至兰巴思区（Lambeth）去玩，但是在玩腻了她以后，他决心"终此生不再干这种事"。有一次他的妻子目击他拥抱一位少女，就威胁要与他分居。他利用誓言安抚了她，很快又到最近结交的情妇那里去。他拐诱妻子的女仆戴伯拉·威勒特（Deborah Willet），他喜欢让她梳头发。但是他的妻子又抓到了他，他又发了新誓。戴伯拉旋即被解雇，佩皮斯却每天都访问她，成为了例行事务。

即使眼力退化后，他仍然一样好色。自1664年起，他就有在烛光下读书和写作的习惯，以致损害了视力。但是在其后重要的数年中，他却用力愈勤，不顾日益严重的毛病。1669年5月31日，他记下了最后一则日记：

　　就这样我疑心我已无法治好我的眼睛，来继续作我的日记……不论结果如何，我都得忍受；因而决心自此以后，只有找人用一般的文字来记述，这样只能记下能让他们和世界知道的事情。或者，假如还有特别值得记的事——不会有很多了，或许我与戴伯拉的恋情已成明日黄花，而我的眼睛已不容许我再去寻欢——那么我该在书上留下一些空白，不时亲自以速记符号写下我的笔记。就这样我正在走向那条路，那几乎就等于看我自己渐渐走向坟墓。仁慈之上帝已替我安排好，随着我的失明而来的就是那条路和各种不幸——佩皮斯。

他还有 34 年的生命。他很小心地照顾着仅存的视力，公爵及英王赐准他一段长假，然后他又回去工作。1673 年他成为海军大臣，同时，他的妻子成为天主教徒。当天主教阴谋在英国爆发时，佩皮斯立刻因参与谋刺戈弗雷之嫌疑被捕，并被送往伦敦塔（1679 年 5 月 22 日）。他当庭证明控诉不实，故经 9 个月的监禁后终获释放。直到 1684 年为止，他一直没再任职。然后他又受聘为海军大臣，继续其改革海军的工作。当詹姆士二世登基为王时，佩皮斯事实上就是海军的首脑。但是当詹姆士逃到法国后，佩皮斯又遭受下狱的噩运，不久再获释放。而后 14 年，他退隐林下，成为"海军长老"。1703 年 5 月 26 日，他终于告别人间，享年 70 岁，死时已完全恢复名誉，洗刷一切罪名。

此人一生有许多事令人喜爱。我们已知他热爱音乐，也研究科学，做物理实验，成为皇家协会的会员，并在 1684 年被选为该学会会长。他同所有男人一样爱好荣誉。他收受贿款。他毒打仆人至其手臂受伤。他对妻子很残酷，而且还是一位声名狼藉的浪子。但是被人模仿、较他更无耻的王公贵族多的是，这些人又如何？何况任何人若留下这样坦白的日记，瑕疵也是值得原谅的。

丹尼尔·笛福（约 1659—1731）

有一位避开佩皮斯追求的妇人，值得我们谨慎的赞许，她可被视为复辟时代的小说创作之母，并是第一位靠笔墨为生的英国妇人。贝恩（Aphra Behn）在很多方面值得我们注意。她生于英国，在南美洲长大，18 岁返回英国（1658 年），与一位荷兰裔伦敦商人结婚，查理二世很赏识她的聪明机智，故遣她至尼德兰执行特殊任务。她极富技巧，能圆满完成任务，但是所得不丰，只好借写作以补不足。她编写的戏剧，与其他戏剧一样淫佚，并获得成功。1678 年，她印行《欧鲁诺克》（*Oroonoko*）一书，述说的是一名黑人"皇家奴隶"及其爱人伊摩英达（Imoinda）的故事。这是第一篇将写实与罗曼史混合的故事。其写作方式，可谓已为《鲁滨孙漂流记》（*Robinson Crusoe*）及浪漫派小说开路。

笛福的父亲詹姆斯·佛伊（James Foe）是个铁杆长老派的伦敦屠夫。大家期望丹尼尔·笛福成为传教士，但他想要的是结婚、商业和政治上的发展。他共生下 7 个孩子，成为批发靴商，并加入蒙茅斯的叛军（1685 年）和推翻詹姆士二世的威廉军队。1692 年，他遭逢破产噩运，负债达 1.7 万镑，但后来他几乎完全偿清了他的债务。在这一时期，他还发表许多小册子论述包罗万象及令人称奇的新思想。其《论计划》（*Essay on Projects*，1698 年）一书中，极有远见，看法超越时代很多，提供了银行、保险、道路、精神病院、军事学校、女子高等教育等实际可行的建议。后来他移居提伯立（Tilbury），初任秘书，后任经理，最后成为砖瓦厂老板。后经人引介给威廉三世，接受了一个政府中的小职位。他极力支持英王的战争政策，被人指控亲荷兰。他因而作一首有力的诗歌《真正的英国人》（"The True-born Englishman"，1701 年），提醒英国人，英国是由血统混杂的各种民族构成的。他本人是非国教会教徒，曾在 1702 年发表匿名的文章《对付非国教徒最简便的方法》（*The Shortest Way with the Dissenters*），文中开斯威夫特以夸张法愚弄他人的先河，认为英国国教会主张非国教传教士传教应予问绞，以及听非国教讲道的教徒应逐离英国，是一种迫害行为。他很快被逮捕（1703 年 2 月）、罚金、下狱并被上刑。11 月，他获释，但砖瓦厂也告失败。

设法使他获释的人是国务大臣哈利。哈利早知笛福的写作才华，显然哈利已跟他谈好条件，要利用他的文笔。安妮女王在位期间，笛福一直被政府任用。等他获释不久，他开办周刊，称为《评论周刊》。

该刊 1713 年才停刊，由笛福一人执笔。

1704 年至 1705 年，笛福骑马游历英国各地，担任哈利的选举代理人。他收集报上的资料写成《英格兰和威尔士之旅》（*Tour through England and Wales*）。1706 年至 1707 年，他为哈利和戈多尔芬所聘，至苏格兰担任间谍。他强劲有力的小册子深获很多读者的喜爱，但也与不少敌人结怨。1713 年和 1715 年他两度被捕，但是在答应为政府执笔代言后，又一次被释放。

他善用各类文学技巧。1715 年，他出版文集，被疑为是教友派教徒写的。同年他写成《查理十二世的战争》（*The Wars of Charles XII*），被报道为是"替瑞典政府服务的英国绅士写的"。1717 年，他发表其通信，讥嘲基督教排除异己的作风，又被疑为是土耳其人写的。他向一家称为《迷雾》（*Mist*）的杂志投稿，所署之名均系笔名。他很少用笛福这个名字。除了这种善于模拟他人文笔的技巧外，他还对地理，尤其对非洲、美洲的地理有很广博的知识。显然他已为威廉·丹皮尔（William Dampier）的《新环球之旅》（*New Voyage round the world*，1697 年）所迷。丹皮尔有一次航行，其船只曾停泊于智利以西约 400 英里外的费尔南德斯群岛。该船苏格兰籍航海官亚历山大·塞尔扣克（Alexander Selkirk）在与船长吵架后，自请留在三岛中的一岛，只留下很少的生活必需品。他在那里度过了 3 年，最后才被带回英国。他把这个故事说给斯梯尔听，1713 年 12 月 3 日，斯梯尔便发表在《英国人》（*The Englishman*）刊物上。他也将此故事告诉笛福。笛福将这段经历改编成小说，并在 1719 年发表。

《鲁滨孙漂流记》（*The Life and Strange Surprising Adventures of Robinson Crusoe*）紧紧攫住英国人的想象，在 4 个月内就印行了 4 版。该书代表的是冒险和冲突的新观念——不是人与人冲突，也不是文明人与野蛮人间的冲突，而是人与天争。此人只有独自一个，当然很恐惧，而且在星期五（Friday）出现与他做伴前，他是丝毫无助的，必须利用自然的原始资源维生。本书实际是将人类文明史表现于一人、一书上面。许多读者把它当作历史，主要因为在文学作品中几乎找不到一部作品对环境的细节描写这样逼真。笛福在文学上的训练，终于使他由新闻报道进入艺术的境界。

现在他在伦敦，颇为富有，但并不因而减低其创作力。在推出许多小册子之余，他也写完整的书籍。1720 年，他出版《鲁滨孙漂流记回顾》（*Serious Reflections during the Life and Surprising Adventures of Robinson Crusoe*）和《邓肯伯爵夫人的生平冒险史》（*The Life and Adventures of Mrs. Duncan Campbell*）；一月后又出版《一位骑士党徒的回忆录》（*The Memoirs of a Cavalier*），太逼真以至老皮特把它当作真有其事的历史；次月又著《名船长辛格顿的生活、冒险及海盗生涯》（*The Life，Adventures，Piracies of the Famous Captain Singleton*），该书已预期非洲会有种种惊人的发现。1722 年，他发表《莫尔·弗兰德斯的幸与不幸》（*The Fortunes and Misfortunes of Moll Flanders*）、《瘟年日记》、《杰克上校的历史》（*The History of Colonel Jacque*）、《宗教求爱期》（*The Religious Courtship*）及《彼得大帝纪》（*The Impartial History of Peter Alexowitz，the Present Czar of Muscovy*）。这些作品，本意只是写来谋生的，但由于他富有想象力，而且其风格以流畅见长，这些作品均成文学作品。在《莫尔·佛兰德斯》一书中，笛福构想和创造了一位妓女角色，使她自己特别坦白，以真实的方式述说其生涯，而且使她得善终，活到 70 岁。《瘟年日记》一书细细地写实，统计数字也很精确，使历史学家认为可等同历史。

1724 年仍然是笛福的丰收之年，他出版其主要小说之一《幸运夫人》（*The Fortunate Mistress*），如今被称为《露莎那》（*Roxana*），并出版两册中的第一册报道《英国全岛之旅》（*Tour through the Whole Island of Great Britain*）。他还著有《约翰·谢泼德的一生》（*Life of John Sheppard*），载明是谢泼德受刑之前致其朋友的手写稿。这是笛福记述许多著名罪犯的简史之一。其中一部传记《高地恶棍》（*The Highland Rogue*，1724 年）已为司各特的《罗布·罗伊》（*Rob Roy*）预先铺路；

另一部传记《乔纳森·威尔德传》(*An Account of Jonathan Wild*，1725年）则为菲尔丁（Fielding）小说预开先河。任何受欢迎的题材，笛福都执笔写作，而由其发行人予以出版：《魔鬼的政治史》(*Political History of the Devil*，1726 年）、《魔术奇观》(*The Mysteries of Magic*，1720 年）、《幽灵世界奇谈》(*Secrets of the lnvisible World Discovered*，1727—1728 年）等。除此之外还有 12 册诗篇称为《神圣律》(*Jure Divino*），辩称人人都有生命、自由、追求幸福的自然权利。除了这许多为了生活而屈从流行口味和喜好的作品外，另著有富于严肃思想的著作：《完美的英国商人》(*The Complete English Tradesman*，1725—1727 年）、《英国商业大计》(*A Plan of the English Commerce*，1728 年）及未完成的《完美的英国绅士》(*Complete English Gentleman*），在这些书中，他提供了有用的资料和实际的建议。

我们即使不称许其文艺道德，也应称赞他的勤勉。我们对笛福心灵的特质也感到惊奇，其心灵富有想象力和记忆力，又通过其勤勉的工作，发展成文学中最接近真实的非真实故事。在其 210 册书中，几乎找不到令人索然无味的一页。如果找到一点无趣的记述，那也是他故意写的，旨在增加故事的真实性。在直接、简练和令人信服及自然流畅的叙述方面，已找不到能超过他的人。著文时他没有时间加以修饰，其新闻训练和倾向使其文笔自然简练明白。他显然是那时最伟大的记者，虽然斯梯尔、艾迪生、斯威夫特也应包括在内。他的《评论周刊》已经犁好畦，将来好让《旁观者》杂志播下更好的种子。《鲁滨孙漂流记》广受欢迎，历久常新，该书对于冒险小说有很大的影响，甚至对于动机不同的小说，如《格列佛游记》(*Gulliver's Travels*)也有影响。笛福称得上是英国文艺鼎盛时代最伟大的天才作家。

斯梯尔与艾迪生

狄克·斯梯尔的作品比任何人更显出自复辟时代进入安妮女王时

代文艺的转变。他年轻时具有所有复辟时代喧闹嬉笑的本质：生在都柏林，是一位公证人的儿子；受教育于查特豪斯学校（Charterhouse School）和牛津；敏感、激动、慷慨；他宁愿放弃取得学位而参加政府在爱尔兰的军队。他嗜酒，曾与人决斗，几乎杀死敌手。他还写了一篇小品文《基督英雄》（1701 年），辩称一个人可以既为绅士又为基督徒。他描述当时腐败的情形，呼吁读者应遵守《圣经》的训示，把它当作真正信仰和纯正道德的源泉，并诉请男人尊重妇女的魅力和贞操。

此时他已 29 岁。在发现他所属的中产阶级人士把他当作无聊的传道士后，他决定将其立论编成戏剧。他对柯里尔谴责色情戏剧赞扬备至，在其一连串的戏剧中，他竭力拥护德行并使恶人有恶报。这些作品完全失败。它们虽然包含一些栩栩如生的场面与机智，但观众对其结局大表怀疑，他们不在乎是否合乎十诫，只要有娱乐价值就行，而与他有同感的伦敦人却都很少上剧场。这样其想法怎样才能传达给广大民众呢？

他决心另寻适当的媒介，要使其主张在咖啡屋找到共鸣。1709 年 4 月 12 日，他模仿笛福的《评论周刊》发布三周刊《闲谈报》创刊号，亲自编辑，多半自写，并署比克斯塔夫（Issac Bickerstaff）的笔名。他志在争取咖啡屋读者，宣称：

> 各种英勇、欢愉、享乐的故事可见诸依怀特巧克力屋闲谈写成的文章；诗歌见之自威尔咖啡屋的闲谈写成的论述；研究则以希腊人咖啡屋闲谈为其题目；至于国内和国外新闻，则可得自圣詹姆士咖啡屋；至于本人提供的其他题材，则按期取自本人的资料室。

这是很聪明的计划：它引起咖啡屋常客的兴趣，它从咖啡屋的讨论取得新闻和题目，而且容许斯梯尔自由发表意见，而无中断或引起争执之虞。他曾收到一封读者来信，"是一位年轻女士写的……信中她为爱人……的不幸而悲痛，她的爱人刚在最近因决斗而受伤"。他又说明，受害的绅士还要请冒犯者于侮辱之外再犯谋杀罪，这种习惯极为荒谬，而挑战的意义只是：

> 先生，昨夜你那种不正常的举动，你对我的冒犯，令我今晨要采取行动。告诉你，因为你是一只无教养的小狗，我将在一小时后与你在海德公园相见……我希望到时候你手中会有一把手枪……并设法在我头上射一枪，这样你才会懂得更多的礼貌。

这是中产阶级嘲笑贵族阶级的论调，而我们也知道在咖啡屋经常走动的主要是中产阶级。

斯梯尔进而撰文嘲笑贵族阶级的奢侈、诅咒、虚伪、装饰和衣服。他希望女人服饰简单，避开珠宝："胸前的珠宝不会使白玉似的美丽胸脯更增其美。"他对女人的喜爱足与喜爱杯中物相比。他坚称她们不但漂亮而且具有智慧，但他特别称颂她们的谦逊和纯洁——这些特质并未被复辟时代的喜剧承认。他曾称有一女士"谁爱上了她就等于受通才教育一样"——萨克雷（Thackeray）认为"这是有史以来给予一位女士的最佳赞誉"。斯梯尔笔带感情地述说家庭生活的愉悦、小孩快乐的脚步声、丈夫对老妻的感激：

> 她现在每天给我的快乐，超过我年轻时占有其美丽的满足。她生命的每一刻，都令我重新感到她很顺从我的意愿，而且对我的财产一向节用。对于我来说，她的容貌较我初次见到她时更漂亮；她容颜的任何衰老，实来自对我的担心和关照……爱自己的妻子，明显较"随意留情"强得多，犹如丑角大笑较绅士优雅的欢笑实逊色甚多。

斯梯尔写这段文章时，他两度结婚了。他致其第二任夫人的信也是充满挚爱的范文，虽然其中包含不回家吃晚饭的种种借口。他不是好的中产阶级，却把中产阶级视为良好生活的模范。他饮酒过多，浪费奢侈，负债累累。为了避开借钱给他的朋友，他不敢走大道。他只会偷偷摸摸地回家，避免与债主碰头。他最后终因负债过多被捕。《闲谈报》的读者将他的行为与他的立论互相对照。约翰·丹尼斯发表无情的讽刺文章，攻击斯特尔的论调。订户纷纷退报。1711年1月2日，《闲谈报》遂告停刊。但该报在英国文学史上的地位依然存在，因为通过该报才有新道德出现，短篇小说也因而渐成现在的形式，而艾迪生发展了——在《旁观者》杂志则是完成了——现代的小品文。

艾迪生和斯梯尔都生于1672年，自同学以来，两人友情甚笃。约瑟夫·艾迪生的父亲是英国国教会神父，曾灌输给他虔诚观念。在牛津就学时，他因擅长拉丁文得到奖学金。22岁时，他的才华震惊了哈利法克斯，公爵劝请马达兰学院设法使这位青年由热心神职转为替政府工作。哈利法克斯曾说："我被称为教会的敌人，只因我使艾迪生先生脱离教会，这是我对教会唯一的伤害。"由于这位拉丁奇才的法文极为贫乏，而法文是外交家必需的，哈利法克斯只好替他取得每年300镑津贴维持他在欧陆的生活。在两年内，艾迪生环游法国、意大利、瑞士等地。

他在日内瓦时，适逢安妮女王登基，哈利法克斯因而去职，津贴遂告断绝。其收入骤减至微薄程度，只好担任一位英国年轻旅行者的家教，随其至瑞士、德国、联合行省。等到结束这一职务后，他即回到英国（1703年）。一度他过的是穷人摆阔的生活。但他是一个幸运的人，马尔巴勒赢得布莱尼姆之战（the battle of Blenheim，1704年8月13日）时，财政大臣戈多尔芬要找人写庆祝胜利的诗篇。哈利法克斯推荐艾迪生。这位学者当即写下雷霆万钧的诗篇《战役》（"The Campaign"），赶在马尔巴勒班师凯旋回京时发表，该诗的成功促成英国继续参战。该诗是艾迪生诗才宏发的最高表现，乔治·华盛顿在众诗中独喜此诗。请看最有名的几行：

> 但是，诗人呀！你将以何种诗篇，
> 来歌颂在战役中集结而狂怒的军队？
> 我好像听到战鼓如雷的声音，
> 胜利者的呼声混合着死者的呻吟，
> 战炮可怖的响声掠过了天空，
> 于是雷动天惊的战役开始。
> 就在此时，我们见到伟大的马尔巴勒雄迈的灵魂，
> 面对成千上万的敌军，处变不惊，神志不懈，
> 处身慌乱、恐惧与绝望的场合，
> 依然故我，冷静检讨战争中可怕的场面。
> 探测死亡的战场，何其冷静，
> 为无力的骑兵队及时送上支援，
> 鼓动后退的连队奋勇趋前，
> 教以制敌取胜，化腐朽为神奇。
> 就像身负神命的一位天使，
> 在狂风四起中扫荡了有罪的国土，
> （犹如最近英国越过国界的出征），
> 冷静、严肃，带来了狂风暴雨；
> 乐意地执行全能上帝的命令，
> 在旋风中奔驰，指挥暴风雨前进。

最后一行诗及那位天使的微笑安全地把艾迪生送入政府，之后
10 年他一直为政府服务。1705 年，他受命为上诉委员会委员，取代
约翰·洛克的位置；1706 年，他任副国务大臣；1707 年，他是哈利法
克斯赴汉诺威代表团的团员，该团为汉诺威王室入主英国铺路；1708
年，他被选为国会议员，并任议员至去世；1709 年，成为爱尔兰大臣

的主任秘书。1711 年，他家财丰足，在拉格比（Rugby）一地购置价值万镑的房屋。

他富裕时并未忘记好友斯梯尔。艾迪生叱责其罪过，但替他在政府中找了一个职位，借给他一笔数目很大的钱，有一次还诉请法院令他还债。匿名出版的《闲谈报》再次面世时，他发现里面有一篇关于维吉尔的诗评，是他说给斯梯尔听的。从比克斯塔夫的笔名，他认出了这位朋友，不久他也投稿给这本杂志。1710 年，辉格党失势，斯梯尔失去政府中的职位，艾迪生除了上诉委员会委员外，也失去其他职务。《闲谈报》便停刊庆祝新年。斯梯尔和艾迪生此时是不幸中尚有希望，1711 年 3 月 1 日，他们又出版了英国文艺史上最著名期刊的创刊号。

《旁观者》除星期天外每天都出版，4 至 6 页对折。一反从前取材自各类话题，现在匿名的编辑发明了想象的俱乐部，其会员代表了英国不同的阶级：科维利爵士代表英国乡绅；弗里伯爵士代表工商阶级；森特里上校为军队代言；亨尼康伯是时装代表人；一位中寺法学家代表学术界；而旁观者先生以温和幽默、机警有礼的态度，负责综合他们的意见，因而使他进入英国人的家庭和内心。该刊创刊号，旁观者自我介绍，使俱乐部和咖啡屋诸君猜疑其人为谁：

> 我过去一直住在本城，在许多公共场所都可以见到我，虽然我的知己不会超过 6 人以上，这几位朋友的故事，我将在下期详细叙述。我经常在大众游憩的地方露面，有时候有人会看到我跻身于威尔咖啡屋的一群政客中，洗耳倾听环坐听众的谈话。有时候我在"赤子"咖啡屋抽只烟斗，而看上去心无旁骛，径自看着《邮人报》（Postman），实际上却在窃听房中每张桌子的谈话。星期天晚上，我必登临圣詹姆士咖啡屋，有时候参与内边斗室的政治小委员会，宛如去听人谈天和改正观念。同样地，在希腊人咖啡屋、可可树咖啡屋，及在杜鲁利巷及草料集两地的戏院中，我

的脸孔也是很熟悉的。有 10 年以上，我曾被视为买卖股票商人，有时候在乔纳森俱乐部股票商集会时，我简直被看成一名犹太人。因为，不管何地我与人群相处，总与他们混在一起，虽然我除了在自己的俱乐部外，从不开口说话。

因此我活在世界上，像是人类的旁观者，而非人类的一分子，这就是说我已使自己成为幻想中的政治家、军人、商人、艺匠而在实际生活中却未扮演任何这类角色。我很了解为人丈夫或父亲的道理，并能透视经济商业及其他事务的毛病，较之从事其业的人更见透彻，因为旁观者清，当局者迷。我从不以暴力支持任何党派，而且决心在辉格党和托利党之间严格保持中立，除非受了任何一方的敌视不得不表明立场。总之，在我一生中我一直扮演旁观者的角色，在这份报刊中，我也希望保持这种性格。

随着事业的进展，《旁观者》杂志渐渐将社会的闲话、礼俗人物的研究与文艺及戏剧评论互相混合。艾迪生曾写下一连串的小品文论述弥尔顿，令全国吃惊的是，他把《失乐园》的地位看得比《伊利亚特》和《奥德赛》要高。这些论述避开政治，唯恐因而造成敌视，但它们都强调——艾迪生则自动参与——斯梯尔改良道德的呼吁。某些清教徒精神在受了逆境的磨炼后，恢复旧观，成为复辟时代反动的反动，但现在已非严肃地以撒旦和天谴来训人的那类宗教偏见，而是乐观机智地呼吁节制和行为正当。第 10 期开始时这样说：

令人满意的是，听说这个伟大城市日益需要这份报刊，而且能相当严肃和专注地接受每天早晨我做的讲述。发行人告诉我现在每天发行数达 3000 份。所以假如每份有 20 位读者（这只是保守的估计），那么我在伦敦和威斯敏斯特两地就有 6 万名门生，我希望他们会小心地避开那群麻木不仁、无知、毫不在意的兄弟，不要与他们同流合污。因为我已有这么多的听众，我将努力使教训悦耳，使供给消遣有益。基此理由，我设法用机智来使道德增辉，使机智与道德混合为一。假使可能的话，我的读者会在每日的沉思中发现这两点。而到头来，他们的道德和慎行或许不会那样短暂、老是停在开始的阶段。我已决定每天都刷新他们的记忆，直到我从导致时代堕落的邪恶和愚蠢的绝望中救出他们为止。除了偶有一天的清醒外，常年无用的心灵，必陷于愚蠢的状态，那只有通过经常不断地培育才可望一改旧观。有人说，苏格拉底曾把哲学带到人间。我也想让人家说我已从研究室、图书馆、学校和学院中把哲学带出来，让其在俱乐部、各种集会、茶桌和咖啡屋内被人讨论。

因而我愿以很特别的方式把我这类冥想推荐给规矩的家庭，就是每天早晨都拨出一小时来用茶、面包和牛油的家庭，并热切地希望这些家庭为了自己的好处会订阅定期出版的这份报刊，并把它当作早餐的一部分。

《旁观者》说："假如富有理性的女士，把本刊看成茶桌间谈话的资料，我会认为这是我最大的光荣。"该刊邀请读者来函并加以刊载，斯梯尔还开辟刊登失恋信栏，其中部分是他写给贵妇的信，部分则由编辑虚构。该刊将宗教与爱情混合，并提供温和的神学，给开始猜疑上层阶级宗教信仰衰落对道德有何影响的人。它建议科学自扫门前雪，让教会自成明智和有经验的道德保卫者，同情的权利和秩序的需求不是幼稚的个人理性所能了解的。它号召谦逊地接受旧宗教、参加礼拜、谨守假日，并协助在每一教区建立安息日的安静虔敬和有益健康的气息，凡此均对道德和幸福有益：

我总是很喜欢乡间的星期天，并想到假如星期日成为圣日只是人类的制度，那应视为可以使人类更优雅、更文明的最佳方法。假如没有固定的时间使全村的人集合在一起，人人洗净容颜，表现最干净的习惯，彼此闲聊一些无关紧要的话题和听听别人解释他们的义务，并一起礼拜上帝，当然乡民不久也可能堕落为野蛮人。星期天洗尽了一周来的丑恶，不但使人们心中重温宗教的理念，而且使两性都显现最温文尔雅的面目。

《旁观者》杂志参与礼仪和风范的革命，这一革命在安妮一朝，共历经一个世纪之久，预为维多利亚女王时代朝气蓬勃的精神开路，使可敬的人物真正可敬，并改变英国人对绅士的观念。中产阶级的德行在《旁观者》中找到温文和优美的辩护。

在一年内，《旁观者》杂志受到好评，为英国新闻界所难比拟。其发行量虽然很小，不超过 4000 份，影响却很大。其装订本每年约售出 9000 份，仿佛英国已经承认它是文学瑰宝。新奇感渐渐随时间而消失，"俱乐部"中的人物已开始重弹老调，疲惫的作者热情渐渐减退，他们的讲道越来越索然无味，发行量也告衰退。1712 年开征的印花税使该刊支出超过收入，至 1712 年 12 月 16 日，《旁观者》遂告停刊。斯梯尔继以发行《卫报》（*The Guardian*）奋斗不屈，艾迪生则于 1714 年恢复《旁观者》杂志。两种期刊都很短命，因为此时，艾迪生已成为成功的剧作家，并恢复了政府中的职位与薪金。

1713 年 4 月 14 日，杜鲁利巷剧院上演艾迪生的《加图》一剧。其友蒲柏为它写了充满蒲柏式警句及英国爱国主义的序言。斯梯尔试图使剧院挤满热心的辉格党人，这点他没有完全做到。但托利党与辉格党共同称许《加图》争取罗马人自由的最终立场（公元前 46 年），而托利党《检讨者》期刊盛赞该剧，并不比斯梯尔的《卫报》稍逊。这个悲剧整整上演了一个月，观众蜂拥而入。蒲柏说："《加图》在当日的罗马还不如在今日的英国来得伟大。"欧洲大陆将《加图》剧誉为英语中最佳的悲剧作品。伏尔泰赞许该剧能遵守古典戏剧统合论，对英国人看了艾迪生的戏剧后，还能容忍莎士比亚的存在，颇觉惊奇。

此时艾迪生极受欢迎，斯梯尔说："我相信要是他想做民选的英王，也不太可能为人民所拒。"但艾迪生总是温和派的典范，被任命为政府中的秘书他已感到满足了，不久又升为爱尔兰事务的主要秘书，然后任贸易专员之职。他甚受各俱乐部的欢迎，因为酗酒，他没有成为"世人永远不会喜爱的无瑕怪物"。其光荣的极致是与一位女伯爵结婚（1716 年），但与这位骄傲的贵妇住在伦敦的荷兰大厦（Holland House）并不幸福。1717 年，他复出任国务大臣，但能力受到质疑，不久只好去职，每年得到 1500 镑的退休金。纵然他有耐心而且风度良好，最后还是与其朋友闹得不欢，包括斯梯尔和蒲柏在内——蒲柏讽刺他是一个文贼，惯于"用模糊的赞许来胡骂一通"，并

> 像加图一样，发表无关紧要的元老院法律案，
> 并静静地欣赏自己的掌声。

斯梯尔的结局较不如意。1713 年，他被选为国会议员，但托利党控以言辞具有煽动性而将他逐出国会。一年后，辉格党获胜，他在政府中谋得肥缺，一时其收支恰好能够相抵。接着其债务又超过收入，因债主追索甚急，只好退隐于妻子在威尔士的家中。在那里，他死于 1729 年 9 月 1 日，较其合作人晚死 10 年。综合而言，斯梯尔具有创作力和活力，艾迪生则具有洗练的文艺技能，二人将短篇小说和小品文提高至精良的程度，并助成当时道德的再生，且在一个世纪内引导英国文学的格调及形式。

乔纳森·斯威夫特（1667—1745）

斯威夫特比斯梯尔和艾迪生都大 5 岁，但他比前者后死 16 年、比后者多留人间 26 载，就像一把不灭的火由此世纪烧过另一世纪，从德莱登至蒲柏都见其存在。他怨恨自己在都柏林出生，因为这已成

为他在英国发展的阻碍。尤其悲惨的是，其担任都柏林国王法庭审判长的父亲在他出生前即已逝世。小孩交给护士看护，护士把他带到英国，直到他 3 岁才能回到母亲的怀抱。这些遭遇可能令这个小孩缺乏安全感。而后来他改归其叔父养育，只有更加深这种不安全感，因为他 6 岁时，他的叔叔即把他逐往基尔肯尼一所食宿包办的学校就学。15 岁时，他被遣往都柏林三一学院深造，在那里他共读了 7 年的书。他对神学没兴趣，勉强毕业。他的叔父遭逢逆境而精神错乱时，他经常因过失而受到处罚（1688 年），濒临极端赤贫的苦况。其叔父死时（1689 年），正值爱尔兰为了詹姆士二世的不当措施而动乱不安，乔纳森逃至英国他母亲那里，他的母亲此时住在莱斯特郡，每年收入只有 20 镑。虽然长期分离，他们相处得倒也相安无事，他学会爱她，直到她去世（1710 年），还不时拜访她。

1689 年底，他觅得一职，每年 20 镑兼供膳宿，即在穆尔公园担任坦普尔爵士的秘书。坦普尔当时势力如日中天，为数代英王的友人和顾问。我们不能严责他没有看出这位 22 岁的青年是一个天才，因为斯威夫特投奔他时，只识得一些拉丁文和希腊文，而且带着很浓的爱尔兰口音，对刀叉的使用还带着鬼鬼祟祟的迟疑态度。斯威夫特与主人同桌，两旁为爵士的重要仆从，但主人永远跟他保持距离。坦普尔极为仁慈，1692 年他将斯威夫特送至牛津修硕士学位，还把他推荐给威廉三世，可惜没有结果。

乔纳森还写双韵诗。他将这些诗示之德莱登，德莱登却告诉他，"斯威夫特兄弟，你永远不会成为诗人"。——这项预言的正确性不是这位年轻人所能了解的。1694 年，斯威夫特带着主人的介绍函离开了坦普尔。他回到爱尔兰，受任为英国国教会牧师（1695 年），并出任贝尔法斯特（Belfast）附近的基尔陆小辖区的圣职。在贝尔法斯特，他爱上了他称为凡尼娜（Varina）的珍妮·韦林（Jane Waring）。他向她求婚，但在她的健康状况及他的收入获得改善以前，她不想与他结婚。由于不能忍耐乡下寂寞的隔绝状态，他于 1696 年逃离基尔陆，回到坦普尔身边，到坦普尔去世，他一直在其手下工作。

他在穆尔公园为坦普尔服务的第一年，曾认识埃斯特·约翰逊，之后她成为他的"斯泰拉"。有些闲话说她是坦普尔爵士偶然冲动的结果，但较可能的情形是，她是一位伦敦商人的女儿，该商人的遗孀曾为坦普尔夫人服务。斯威夫特首次见到她时，她还是一位 8 岁的小孩，跟其他 8 岁小孩一样活泼可爱，但年纪太小不会惹起他的爱恋。现在她已经 15 岁了，而斯威夫特此时年已 29 岁，在担任她的家教中很快就发现，她的魅力足可激起他这位担任圣职却饥渴若狂的情感。乌黑明亮的眼睛，乌黑的头发，丰满的胸部，"每个动作、言辞及行动的优雅精致，不似人间所有"（他这样描述她），而"其容颜极为完美"。——这位爱洛绮丝怎能避免把这位阿贝拉德震醒呢？

坦普尔去世时（1699 年）留了 1000 镑给埃斯特，1000 镑给斯威夫特。在政府中任职的希望落空后，斯威夫特答应担任贝克莱伯爵的牧师和秘书，伯爵此时适任爱尔兰司法大臣。至都柏林赴任途中，他担任伯爵的秘书，但一到都柏林他就被解雇了。他要求担任空缺出来的德里（Derry）学监一职，但是新任秘书接受 1000 镑的贿赂，把该缺给了他人。斯威夫特公然当面指责伯爵和秘书"是一对无赖汉"。为了封口，他们任命他为拉赖可（Laracor）村的牧师，该村距都柏林 20 英里，会众只有 15 人。此时斯威夫特的收入为 230 镑（1700年），珍妮·韦林认为这样已够资格结婚了。不过，从他求婚到此时，她已多长了 4 岁，而且他还认识了埃斯特。他写信给珍妮，称假如她愿受足够的教育成为佳侣，假如她答应接受其嗜好并容忍其缺乏幽默感，则他可以不顾她的容颜或收入与她结婚。好事终告不谐。

住在拉赖可很寂寞，斯威夫特经常到都柏林。1701 年，他获得神学博士学位。邀请埃斯特及其伙伴丁利夫人（Mrs.Robert Dingley）到拉赖可定居。她们果然来了，住在他的旁边，而且在他暂离英国的时期，住进了他在都柏林租赁的公寓。"斯泰拉"预期他会娶她，但他让她一等就是 15 年。她烦躁地接受现在的处境，然而他强烈的个性和敏睿的智慧，使她一直处于迷糊恍惚之境。

1704 年，他出版《书战》（*The Battle of the Books*）和《桶的故事》（*The Tale of a Tub*）时，就已显现出他的特质。前者只是就当时的文学与过去的文学相对优劣的争论而发表的简短、无关紧要的著述，《桶的故事》却表现了斯威夫特的宗教或非宗教哲学的主要观念。他于晚年重读该书后，大呼："老天！我写此书时，是何等的天才呀！"因为太喜爱这本书了，在其后数版中，他以序言、前言等形式加上了50 页的评论。他对该书完美的创作力颇觉自傲。虽然长久以来，一度被认为是"基督无缝的天衣"的基督教义，如今已经被宗教改革而撕成碎片，但无人——《衣裳哲学》（*Sartor Resartus*）作者卡莱尔（Carlyle）尤其不在其内——攻击这股前所未见的改革力量。利用这股力量，斯威夫特将一切哲学和宗教贬为不同的外衣，用来掩饰世人可惊的无知或隐藏的赤裸裸的欲望：

> 人类本身是否只是一件微小的外衣，或整套衣服加上装饰呢？……宗教是不是一件宽外衣？……诚实是丢到垃圾堆里穿坏的一双鞋子；自爱只是男人的紧外套；虚荣是一件衬衫；良心是一条裤子，它不但用以避免裸露，还用以掩饰淫荡，然而是不是很容易就为此二者而脱了下来呢？假如某些位置配上貂皮大衣和毛衣，我们就称之为法官；若是细麻布和黑缎适当地混合，我们就给他主教的头衔了。

关于外衣的寓言，他述说得极为完整而有技巧。彼得（天主教）、马丁（路德教派和英国国教会）和杰克（加尔文教派）由其临死的父亲手中，继承了三件全新而且相同的外衣（《圣经》），而其遗嘱还训以如何穿着，并禁止他们加以修改、增加或减少，哪怕一条丝线也不可以。但其三子爱上了三名贵妇：达根女公爵（财富）、格兰得斯夫人（野心）及杜奎尔女伯爵（骄傲）。为取悦三位贵妇，三兄弟只好就各自继承的外衣做某种修改，而当这些修改不符合其父亲的意愿时，他们以学院派的注释法予以重新解释。彼得希望加上一些银边（教皇的奢侈），而最具权威的解释是所谓银边这个字就是遗嘱中的帚柄，因而彼得加上了银边，而不用帚柄（可能是巫术）。新教徒很高兴地发现讽刺最厉害的那一面落到了彼得身上：讽刺他购买一大片大陆（炼狱），然后不断地分批出售（赦罪券）；讽刺其自大和对寄生虫（良心的谴责）有无痛治疗的药方（悔罪）——"三天晚上，晚餐后不吃东西……无特殊的理由绝不分开两端汇合的气流"；讽刺他发明"低语处"，"为了公共福利及使诸如患忧郁症和疝痛症之类的患者，得到发泄"；讽刺他设立"保险处"（卖更多的赦罪券）；讽刺"使用一致（天主教的）腌菜汁"（圣水）当作防腐剂。彼得因这些聪明的权宜措施日见富足，有力量使自己成为上帝的代表，他在头上戴了三顶高帽，手中则执一根钓鱼竿。大家想和他握手时，他却像"一条受过教育的走狗一样"，把他的腿伸了出去。他邀请兄弟吃饭，摆到桌上的只有面包，但他告诉他们那是羊肉，并驳斥他们的异议："要使你们相信你们是一对盲目、积极、无知、任性、无教养的年轻人，只须用这个简单的论证即可。上帝说，这是真的、最好的、天然的羊肉，完全与李顿荷市场卖的一样，假如你们不相信，上帝会永远诅咒你们。"他的兄弟起来反叛，得到遗书的"真本"（《圣经》本国语译本），并谴责彼得是一位骗子，因此他把"他们踢出家门，自那日起以至今日永远不让他们回家"。其后不久，几位兄弟又为他们继承的外衣可以放弃或修改多少的问题互相争吵。马丁在率先发难后，变得较为温和，并回想彼得到底还是他的兄弟。不过，杰克将其外衣撕成碎片（加尔文教派），陷于狂热的情形。斯威夫特继又描绘伊欧丽教徒（Aeolists，加尔文教派派众）遇到的奇异风势（灵感），并取笑他们带鼻音的语调、宿命论及对《圣经》文字的过度崇拜。

　　到此为止，作者自己的教派英国国教会只露出很小的缺陷。但故事继续进行时，斯威夫特顺风势更换其外衣，不但把非国教神学，而且把一切宗教和哲学都贬为空虚的妄想。

斯威夫特以其难以引述的生理观念，提供他认为由内分泌产生雷霆万钧的思想的最佳范例，甚至亨利四世的"大计划"（Grand Design）也是其例：这位法王发动对哈布斯堡王室的战争，主要因为想在路中攫取一位妇人（蒙莫朗西的夏洛特），这个妇人的美丽能激起他的内分泌"进入脑中"。同样地，伟大的哲学家也受内分泌的影响，他们被当时的人视为"失去灵智"：

> 这类学者包括伊壁鸠鲁、第欧根尼、阿波罗尼奥、卢克莱修、巴拉塞尔士、笛卡儿等人。他们现在如尚存世上……面对这个理性的时代，会惹来放血（医药放血）、鞭打、枷锁、暗室及卧稻草等处罚……现在我乐了解是否可能说明这种想象力……而不须提及……来自下身机能遮蔽大脑的水汽，凭以凝练成为观念。我们狭窄的土语却把这种观念称为疯狂或暴乱。

对于由下身机能向上传播的某种水汽导致大脑的困扰或变换的同类情况，斯威夫特认为就是"帝国、哲学及宗教所发生的一切剧烈的革命"。他下结论说各种思想系统是空话而已，聪明人不会想去探测事物之内部实况，而是了解表面就满足了。由此，斯威夫特使用有趣的直喻加以说明："上周我看到一位剥去外皮的妇人，很难令你相信这样使她变得多难看。"

这本诽谤的小书共130页，立即使斯威夫特成为讽刺作家——伏尔泰称之为另一位"完美的拉伯雷"。这一寓言故事说的正好与斯威夫特英国国教会的职业相配，但许多读者觉得作者若不是无神论者，也是怀疑论者。大主教夏普禀告安妮女王，称斯威夫特只比不信教者稍好一点，而安妮的心腹马尔巴勒公爵夫人批评斯威夫特：

> 很久以前以一切宗教为题材曾写成一本《桶的故事》的书，

并予出售以嘲弄一切宗教。但他很不高兴，因为在渎神的诙谐故事中虽已表现了宗教的最大热情，但（辉格党）政府没有晋升他为较高的圣职，因此（他）将其无神论和幽默出卖给政府的敌人。

斯梯尔也称斯威夫特是没有宗教信仰的人，诺丁汉在平民院中把他描绘为"几乎无人疑心他是基督徒"的牧师。斯威夫特曾读过霍布斯的理论，这是一种不易遗忘的经验。霍布斯的著述开始充满了畏惧，其次转入物质主义，终则成为支持英国国教会的托利党。对于宗教界人士来说，斯威夫特后来攻击哲学是一种小小的安慰：

> 哲学家各种不同的主张散布于世上，其为散布伤害心灵的瘟疫，正如潘多拉的盒子散布伤害身体的瘟疫一样，其间唯一的不同是前者并未在盒底留下"希望"……真理犹如尼罗河源一样的隐藏难明，只有在理想国中才能找到。

或许因为他觉得人类不配找到真理，他痛恨自称为"真正宗教"的那些教派，轻视自称看到或与上帝说话的人，如布尼安和某些教友派教徒之类。他的结论与霍布斯一样，认为如果让每个人各有自己的宗教，不啻是社会自杀的行为，结果必因荒谬邪说并行而造成混乱，整个社会就成为疯人院。因而他反对思想自由，理由是"多数人类有资格飞行，正与会思想一样"。他还驳斥宗教宽容。至其晚年，他支持《甄试法》，该法规定非国教教徒不得担任政治和军事职务。他赞同天主教和路德教派国王的主张，即一国只能容许一种教派的存在。由于他出生时英国只容许英国国教会的存在，他认为都应接受该教教会，对英国人的教化是一种必须做的事。这就是所谓《英国人只有一个教会的主张》（*Sentiments of a Church of England Man*），也是所谓《论证英国废止基督教的不当》（*The Argument to Prove that the Abolishing of Christianity in England May Be Attended with Some Inconveniences*）——两文为 1708 年他由辉格党转入托利党期间发表的。

离开坦普尔后，他首次参加的政党是辉格党，因为辉格党似乎是较进步的党，而且对于富于智力而鲜有财富的年轻人来说，较易从中觅得一职。1701 年，他抱着希望出版了一本辉格党式的小册子。哈利法克斯、森德兰及其他辉格党领袖欢迎他入党，并允诺他们一旦掌权即升以高职。上述承诺并未履行。或许这些人畏惧斯威夫特脾气暴躁难以驾驭，其笔锋有如两边开锋的利剑，恐其两边伤人。1705 年，斯威夫特由爱尔兰赴伦敦住一段时间，赢得康格里夫、艾迪生、斯梯尔的友情。艾迪生赠与一本《意大利之旅》（*Travels in Italy*），并亲笔题字如下："致赠乔纳森·斯威夫特，我最好的友伴、最真诚的朋友及当代最伟大的天才。本书是由最谦卑的作者赠予。"但随着斯威夫特的脾气越来越大，这两人的友谊，就像乔纳森与斯梯尔和蒲柏的友谊一样，终于萎缩了。

1710 年，斯威夫特再次离开拉赖可，这一次是担任爱尔兰主教密使，要求"安妮女王的恩惠"施及爱尔兰英国国教会教士。女王枢密院辉格党要员戈多尔芬和萨默斯不肯这样做，除非教士答应放宽《甄试法》。斯威夫特强烈反对这种放宽。辉格党发现在宗教上他是一个托利党，而当斯威夫特写道"我很讨厌造成财富阶级对抗地主阶级……的政治计划"时，实质上就等于自认在政治上也是一个托利党了。他与托利党领袖哈利和博林布鲁克接洽，受到他们的欢迎，因而一夜之间他变为公认的托利党。斯威夫特被任为托利党杂志的编辑，他描绘的辉格党爱尔兰大臣的面目颇能表现其风格。该大臣的秘书即是艾迪生：

　　沃顿伯爵托马斯……由于身体结实，经数年的更年期，在身体和心灵上均未显现任何老态，虽然常会损害身体和心灵的不良行为他也断续为之，仍依然故我……他常常去教堂礼拜……而在教堂门口谈些淫猥和渎神的话。在政治上他是长老会教徒，在宗教上他却是无神论者，现在他却与一位天主教徒勾结甚紧。

托利党大臣欢迎这类攻击，又聘斯威夫特写了一篇文章，称为《盟邦的行为》（*The Conduct of the Allies*，1711 年 11 月），想要罢黜马尔巴勒和结束西班牙王位继承战争。斯威夫特辩称，假如英国参战只限于海上的话，为长期抗拒路易十四而课征的重税可以减少很多。而且，他有力地说出地主的怨言，称战费多由地主负担，少由工商负担。关于马尔巴勒，他说："不管战争打得好不好，很明显，战争的真正目的是增加一个特殊家族的利益，它是将军和（辉格党）大臣的战争，而非皇室和人民的战争。"他估计马尔巴勒的报酬是 54 万镑——"这一数字绝非不正确"。一月后，马尔巴勒受到责难。其坦白的公爵夫人，牙尖舌利不下于斯威夫特，在其回忆录中以辉格党的看法来评述此事：

> 斯威夫特先生和普赖尔先生很快就愿意出卖他们自己……这两位睿智、富有才能的人，愿意完全出卖他们自己去做报酬甚昂的诽谤，这二人的特质是为了新主人的利益，可以置其无耻和错误等缺点于不顾。

新主人曾答谢他们的新仆从。普赖尔获任命为驻法外交官，在那里他颇能洁身自好。斯威夫特未接受任何职位，但现在他与托利党大臣的关系极为良好，因此能为朋友觅得一些闲职。对未冒犯他的人，他是很慷慨大方的天才。后来他自称共施惠于 50 人，等于坦普尔施惠于他的 50 倍。他劝请博林布鲁克协助诗人盖伊，他促成托利党继续给予康格里夫原来由辉格党发给的津贴。蒲柏想要预售以完成荷马诗的翻译时，斯威夫特督促其朋友和求职者踊跃订购，并誓言："在我为他取得 1000 先令以前，这位作者不必急于付印。"他在俱乐部里比艾迪生名头更响亮。现在几乎每天晚上，他都和要人共餐，不需要忍受他们对他摆架子。他写信给斯泰拉说："这些大官都要迁就我，我实在很自傲……我原定去艾布本汉夫人家里参加宴会，但那个女人并未如约派车亲自来接我们，而是派人请我们去，因而我就辞谢不去了。"

在英国三年（1710—1713 年），他那些奇怪的信件后来被编成《致斯泰拉日记》（*Journal to Stella*），出版于 1766 年至 1768 年。他需要有人做他参与公爵宴会和政治胜利的心腹听众，而且，他爱这位耐心的妇人，此时她已近 30 岁，仍然等待他下决心娶她。他一定是爱她的，因为有时候他一天写两封信，除了不提婚事外，将每日的趣事都详告于她。对斯威夫特这样一个蛮横的人，我们从来不曾想到还会有这类有趣的韵事和幻想的绰号，及那类戏谑、俏皮话和天真的言语，有如他在书信中表现的，虽然他本人并未想到这些书信也会出版。这些书信充满爱抚之言，但于婚议则贫乏之至，只在 1711年 5 月 23 日的书信中对斯泰拉谈及婚姻的承诺："我不再多说，只想请你慢慢地等待，直到命运之神为我们做了适当的安排，并请相信M.D.（斯泰拉）的幸福是我追求的最大目标。"然而就是在这些通信中，他呼她为"小女孩""笨蛋""贱人""美人""顽皮的女孩""好玩的母狗"及其他类似的宠爱名词。从他告诉斯泰拉的那些话，即可看出此人的本性：

今天上午，我与部长先生在官邸中，想要阻挡他去赦免一位因强奸罪被判死刑的人。部长很愿救他，因为他有一种古老的观念，即女人不可能被人强奸。但我告诉他，尚未收到法官有利的报告前，他不宜赦免他。而且，此人是一位浪人，必定是一个恶棍，就是为了其他理由也该处以绞刑，因而他是活该被问吊的。我要为美丽的女性请命，当然那个家伙以前曾和她睡过一百次，但我为什么要管这个呢？为什么？难道女人因为是妓女就该被人强奸吗？

斯威夫特身体的病况可以帮助我们了解他的坏脾气。早在 1694 年，他 27 岁时，就患上内耳晕眩症，偶然但随时都会引起晕眩或耳聋。一位著名的医生拉德克利夫（Dr.Radcliffe）建议斯威夫特在假发中挂上一袋混合液。年事日长，他的宿疾日益恶化，极可能导致精神不正常。1717 年，他可能曾指着一棵枯萎的树对诗人杨（Edward Young）说："我会像那棵树，我会死于头上的毛病。"这一宿疾已足可使他怀疑生命的价值，当然也会因而疑惑结婚是不是明智。他经常散步很久，以避免身体的衰落。有一次他从法纳姆（Farnham）走到伦敦——共 28 英里。

他官能过分敏感的痛苦，更增加他身体的不舒服，这种敏感是心智敏睿的结果。他对都市的街道和人体的气味特别敏感，他能由气味分辨他认识的男女的健康情形。

他本人好洁成癖，但这位英国国教会牧师的著作是英国文学中最粗鲁的。他对生命的愤怒使他把其缺点尽推由时代承担。他不肯取悦他人，只想努力支配他人，只因支配感可以安慰其秘密的自卑感。他说他讨厌（畏惧）他无法支配的人，不过，就其与哈利感情的笃悦，这点却不真实。他因逆境而愤怒，因成功而傲慢自大。他爱权力胜过爱金钱。当哈利嘉许其文章赠予 50 镑时，他退回银行本票，并要求道歉，接受道歉后写信给斯泰拉说："我又喜欢哈利了。"他讨厌繁文缛礼，轻视伪善。世界像是要打败他，所以他很坦白地回以敌视。他写信给蒲柏说：

> 我的一切努力的主要目标在于困扰这一世界，而非使它欢愉。假如我的计划可以顺利完成，无害于我或我的命运，那么我就是你前所未见的最不屈不挠的作家……你思及这一世界时，请依我的请求多给予鞭责。我恨一切国家、职业和社会，我爱的只是个人……我恨法学家团体，但我爱评议员某某和法官某某。对医生（我不愿提及我的本行）、军人、英格兰人、苏格兰人、法

国人及其他人也是如此。但根本上，我怨恨和讨厌被称为人的动物——虽然我由衷地喜欢约翰、彼得、托马斯等人。

他这种拒人于千里之外的态度，使他成为最不可爱的男人，但仍有两个女人爱他到极点。在伦敦那几年，他住在凡赫丽夫人寓所附近，她是一位富有的寡妇，生有二子二女。他未参与显贵宴会时，就与凡氏一家共餐。最大的女儿赫斯特（Hester）当时24岁（1711年），爱上了43岁的他，并向他表白。他却一笑置之没当作一回事，而告诉她他年纪太老已不适合她。她却抱着希望地答曰，她的书教她要爱伟人（她在厕所中读蒙田），那么她既已找到活生生的伟人，为何不能爱呢？他听了几乎立刻就软化了。他专为她写了一首诗，称为《卡迪那与凡妮莎》（"Cadenus and Vanessa"），幽默中寓有悲剧。凡妮莎是他给她起的名字，卡迪那（Cadenus）源自"dean"（教长）。

因为1713年4月，女王勉强同意任命他为都柏林帕特里克教堂教长。6月，他赴爱尔兰就职。他见到斯泰拉的同时，又写信给凡妮莎，说他悲愁和不满得要死。不久他回到伦敦（1713年10月），1714年分享了托利党失败的命运。如今他在政治上已无力量，他攻击的辉格党人在乔治一世的统治下掌握大权。他无可奈何，只有回到讨厌的爱尔兰去担任教长。在都柏林他很不受欢迎，因为执政的辉格党恨他的辱骂，非国教徒恨他，立誓驱逐他离职。人们在街上嘘之轰之，并掷以沟中脏物。

他勇于坚持立场，继续支持托利党，并表示愿意与哈利一起在伦敦塔坐牢。他尽力完成宗教上的职务，定时讲道，举行圣餐礼，生活尽量单纯，并以1/3的收入用于慈善事业。每个星期天，他都敞开大门，斯泰拉即来担任女主人。不久，其不受欢迎的情形慢慢获得改善。1724年，他以德拉皮耶（M. B. Drapier）的笔名出版了6封信，谴责伍德想供给爱尔兰铜币而从中取利的企图。爱尔兰人怨恨这个计划，发现德拉皮耶就是斯威夫特时，阴沉的教长几乎就成为最孚众望的人。

假如他能使爱尔兰海峡隔绝爱他的两名妇人，他可能有更多幸福的时光。1714 年，凡赫丽夫人逝世，凡妮莎却渡海至爱尔兰，住在其父遗留给她的沙布里奇（Celbridge）的小房屋，位于首都以西 11 英里。为了接近斯威夫特，她在都柏林唐斯泰尔巷（Turnstile Alley）置一寓所，距斯泰拉的住所不远。她写信给斯威夫特，请他来访，并警告他若是不来，她会死于悲伤。他无法拒绝，此时（1714—1723年）他多次秘密造访她。他越不常去，她的信就越热情。她告诉他，她生下来就有激烈的热情，完全用在一个人身上，"这是一种无可解释的对你的激情"。她告诉他，她无法将她的爱情转为侍奉上帝，因为"我是一位热心人，而你是我所崇拜的神"。

或许他想干脆结婚，来打破三角恋爱的束缚；或许斯泰拉知道另有情敌后，要求结婚当作简单的制裁。他终于在 1716 年娶了斯泰拉。显然他曾要她保守结婚的秘密，他们仍然分居，可能他们之间并未完成真正的结合。斯威夫特仍访问凡妮莎，并不因为他是一个浪子或衣冠禽兽，而是因为他不忍心让她绝望，或因深恐她会自杀。在书信中，他向凡妮莎保证，他爱她、重视她实超过一切，而且此心永生不变。此情继续至 1723 年。当时凡妮莎写信给斯泰拉，请其坦述她与教长的关系。斯泰拉把信交给斯威夫特。他骑马至凡妮莎的寓所，把信丢到桌上，露出令她恐惧的怒色，然后一语不发地离开，永远不再见她。

凡妮莎从恐惧中恢复正常后，终于发现他过去一直在欺骗她。绝望加上身体健康已受损，使她两月内即告病逝（1723 年 6 月 2 日），年仅 34 岁。她在遗嘱中报复:取消较早以斯威夫特为其继承人的遗嘱，将其财产留给哲学家马歇尔（Robert Marshall）和贝克莱，但请他们出版斯威夫特写给她的信和《卡迪那和凡妮莎》一诗，而不必加上任何评论。斯威夫特隐姓埋名至爱尔兰南方旅行，直到凡妮莎去世 4 个月后，才回到教堂。

回来后，他将闲暇时间用来编写一篇最著名、最蛮横的讽刺小说。他写信给福特（Charles Ford）说，他忙着写一本书，那会"奇妙地震动这个世界"。一年后该书完成，他亲自把原稿带到伦敦，安排匿名出版，并接受了 200 镑的稿费，然后住进蒲柏在翠肯汉的寓所，等着看引起的风暴。1726 年 10 月，英国首次见到《格列佛游记》出版。公众起初的反应是喜欢这本小说里详尽的写实风尚。许多读者把它当成历史，虽然一位爱尔兰主教（斯威夫特说）认为该书充满不可能发生的事。多数的读者只看到小人国和大人国游历为止，这些好玩的故事旨在说明判断也是相对的。小人国的人只有 6 英寸高，使格列佛有膨胀性的优越感。那里的政党是以穿高跟鞋与低跟鞋来分辨派别的，宗教派别分为圆顶派与尖顶派，因为一派相信打蛋该打圆顶那边，一派相信打蛋应打尖顶那边。大人国的人有 6 英尺高，使格列佛对人类有了新的看法。那里的国王误以为他是一只昆虫，误以为欧洲是个蚁巢。而从格列佛描述的人类行为，他遽下结论："你们国人都是自然容其横行于世的那类最可恨的小毒虫。"就他本人说，格列佛被大人国美妇的"大乳房"吓退了。

故事到了格列佛的第三次出游时就显得软弱无力。他被吊桶拉上空中浮岛拉布达（Laputa），科学家、学者、发明家、教授、哲学家住在该岛，且由他们管理该岛。该书其他地方显得逼真的情节，此处却显得有点愚蠢，如仆人用气囊打深奥的思想家的耳朵和嘴巴，在他们思想时如发生危险的失神情况，可适时加以唤醒。拉加度学院（The Academy of Lagado）有幻想的种种发明和学位，是对培根的《新大西岛》（*New Atlantis*）和伦敦皇家协会的软弱无力的讽刺。斯威夫特不信科学可以改造或统治国家。他讥笑他们的理论，并笑这些理论很快就会消失。他还预测牛顿的宇宙论会被推翻："自然的新系统事实上只是新流行的花样，每个时代都要不同。即使假装以数学原理加以证明（《数学原理》，1687 年）的那类人，其兴隆也只限于短期而已。"

格列佛继又踏入陆格那京人（Luggnaggians）的国土，该国

人不是把重刑犯处死，而是罚他们永生。这些称为斯塔德布拉格
（Struldbrugs）的人：

> 到达该国年龄的极限 80 岁时，他们不仅具有其他老人的愚
> 行和虚弱，而且更为严重，那是令人恐怖的不死的远景引起的。
> 他们不但意见很多、脾气乖张、贪婪、忧郁、虚荣、唠叨，而且
> 没有友情和自然的感情，对他们的孙儿也是如此。他们显现的只
> 有嫉妒和虚弱无力享受的欲望……无论何时他们看到葬礼，就悲
> 叹和怨恨他人得到永久的安息，他们自己却无望如此……他们是
> 我曾看到的最可耻的人物，而女人比男人更加恐怖……从我听到
> 和看到的情形，使我想延年益寿的欲望顿时减少很多。

到了第四部，斯威夫特放弃幽默而对人类施以讽刺性的责骂。呼
以慧骃国（the land of the Houyhnhnms）被一群干净、俊逸、和蔼的
马统治，他们能说、能想、具有文明的象征，而他们的贱仆，称为
"耶胡"（Yahoos）的，却是一群肮脏、恶臭、贪婪、酗酒、悖理、残
废的人。在这些堕落的人中（斯威夫特写于乔治一世时代）——

> 有一位……统治的"耶胡"（国王），他与其他人相比，躯
> 体更为残废，性情更为乖张……这位领袖常常要找一位像他的人
> 做其宠臣，他的任务就是舐主人的脚……并驱使女"耶胡"充其
> "狗舍"。为此他不时获得一片驴肉的报酬（贵族的头衔？）……
> 而在找到更恶劣的宠臣之前，他仍然在位。

比较起来，呼以"冷群马"的较富理性，显得较愉快、有德行，
因此，他们不需要医生、律师、教士或将军。这些彬彬有礼的马群，
听了格列佛述说欧战的故事大为震惊，而对引起战争的纠纷尤觉惊
讶——"是否肉为面包，或面包是肉（圣餐礼），或某些果汁究为血

或酒"的纠纷。而格列佛夸言人类已因神奇的发明而获益匪浅时，他们马上要他别再说了。

格列佛返回欧洲时，他几乎无法忍受街道和人群的恶臭，现在人们看起来就像"耶胡"：

> 我的妻子和家人意外欢喜地欢迎我的归来，因为他们以为我非死不可；但我愿冒昧地承认，他们的样子令我怨恨、讨厌和轻蔑……我一进屋，内人就拥吻我；由于几年一直不曾受到恶臭的动物（人）的拥吻，一旦为之顿觉晕眩了将近一个小时……头一年我无法忍受妻子与小孩侍候一旁，因为他们的异臭极难忍受……我第一次用钱是用来购买两匹……骏马，置于好的马房内。其次我最喜欢的是马夫，因为我觉得他从马房带回的气味，可以使我的精神振奋。

《格列佛游记》的成功超乎作者的想象，可能稍缓其嗅觉上的恨世。读者欣赏其简约清楚的英文、详尽的情节及热闹的色情描述。艾布斯诺预言该书"与布尼安的作品一样伟大"——那是指《天路历程》而言。无疑，斯威夫特的成名与该书的出版息息相关，较笛福仰赖《鲁滨孙漂流记》更甚，或许就等于西拉诺（Cyrano de Bergerac）的《月球帝国讽刺史》（*Histories Comiques des États et Empire de la Lune*）。该书较新奇的部分是后部可厌的讽刺，即使这部分也有它的激赏者。马尔巴勒公爵夫人，此时已垂垂老矣，宽恕斯威夫特攻击其夫，理由是他连整个人类都要攻击。她声称，斯威夫特给"国王、大臣、主教和法官最逼真的描述""她对这本书极为欣赏，有此已可满足，不再梦想其他"。

《格列佛游记》出版的同年，《卡迪那与凡妮莎》亦告出版，使斯威夫特的胜利美中不足。赫斯特（凡妮莎）遗嘱执行人遵嘱将之付印，并未得到作者的同意。该诗在伦敦、都柏林和爱丁堡都有不同的版本。这对斯泰拉是很残酷的打击，因为她看到用在她身上的许多爱的词句，续又用之于凡妮莎。该诗出版不久，她就生病了。斯威夫特越海回爱尔兰安慰她，等她身体转好，他回到英国（1727 年）。不久消息传来，她濒临死亡。他立即给教堂助手训示："斯泰拉不得死于教长官邸。"他回到都柏林，她又一次从病中复原了。1728 年 1 月 28 日，她终告不治，享年 47 岁。斯威夫特也告崩溃，病得太厉害，无法参加她的葬礼。

此后，他住在都柏林（如他写给博林布鲁克的），"像一只洞中中毒的老鼠"。他续施慈善于人，给丁利夫人养老金，当年轻的谢里丹（Richard Sheridan）陷于困境时，施以援手。他虽是一个残忍的人，却也对爱尔兰人因赤贫引起的愤怒颇有所感，并为都柏林道上充满了乞丐而觉震惊不安。1729 年，他发表了最猛烈的讽刺文章《免于穷人子弟成为其父母或国家负担的谦逊的建议》（*A Modest Proposal for Preventing the Children of Poor People from Being a Burden to Their Parents or Country*）：

> 我深信经过好好看护的健康的 1 岁小孩，是最可口、最丰盛、最合于卫生的食物，不管炖、烤、烘或煮皆好，无可置疑，它也可做成炖肉或蔬菜炖肉。因此，我愿谦逊地提请公众考虑，在估计 12 万名小孩中，2 万名可以保留作为面包，其中只有 1/4 是男孩……其余 1 万名等到 1 岁，可以卖给王国中富有和高尚的人，永远得请母亲让孩子在最后一月吮饱一点，以便他们上桌时又肥又胖。招待朋友时，一个小孩可以做成两道菜。而家庭进餐时，前面和后部可以做成一道不坏的菜，如果加上胡椒或盐，会是很好的……

> 较节省的人……还可以剥了尸体的皮，经过人工硝制成为仕女可爱的手套，及潇洒绅士夏天的长靴……

> 某些丧胆的人非常关怀年老、生病或残废的广大贫民，我愿

意尽力去想，应该采取什么行动才能剔除我国这样可悲的累赘。但我一点也不觉得此事可悲，因为大家都知道他们为了寒冷和饥馑、肮脏和害虫，已如预期的濒临死亡和老朽……

我认为我的建议的优点极为明显，而且优点特多……因为第一……它会大大地减少天主教徒的人口，而这些人每年都日益滋蔓，是本国主要的生育者，而且是我们最危险的敌人……第三，要养育10万名小孩，自2岁以上，每年每人花费不会少于10先令，要是采行这些建议，除了使讲求口味的……有钱的绅士饭桌上多增一道新菜外，全国每年还要增加5万镑的收入……

斯威夫特笔下奇异、时而反叛的著作，尤其是斯泰拉死后的著作，显示其脑中已埋下精神反常的种子。"爱尔兰一位名人（他愿意屈尊观察我的心灵）常常告诫我，我的心灵就像被施法的灵魂一样，假如我不加以适当的安排是会作怪的。"这位不幸的恨世者，其明显的毛病使他在玻璃房里写报复人类的讽刺文章，竟问一位朋友："腐化和恶毒的人类是否吃了你的肉，耗尽了你的精神？"他对世界的愤怒就是他对自己愤怒的延长。他知道，纵然他是一个天才，却无补于其躯体和灵魂有病的事实。

生命最后待他的残酷，见之于其精神的日益散乱。1728年后，他的晕眩症日益严重，他不知在哪个不幸的时刻会在圣坛或街道上晕眩倒地。他拒绝戴上眼镜，现在他的眼力坏到极点，不得不放弃读书。他的一些朋友去世了，一些则避开脾气阴沉的他。他写信给博林布鲁克说"我以前常常想到死亡，但现在死亡永远不会离开我了"，他开始期望它的来临。他把自己的生日当作悲哀的日子。他写道："聪明人都不会希望越来越年轻。"他一生的最后几年，通常这样和访客道别："晚安，我希望不再见你。"

1738年，疯狂的确定症候出现了。1741年，已须指定监护人照顾其事务并照料他，以免他在狂暴中伤害自己。1742年，他左眼发炎，肿得像个鸡蛋那么大，使他受了很大的苦，要用 5 个看护人才能阻止他把自己的眼睛挖出来。他又活了一年，未曾说一句话。1745年 10 月 19 日，他的一生终告结束，享年 78 岁。在遗嘱中声明将财产共 1.2 万镑捐建一所精神病院。他葬于自己的教堂，墓志铭自撰：

其剧烈的愤慨不能再撕裂他的心。

第六章 | 波罗的海的争夺
（1648—1721）

投机冒险的瑞典（1648—1700）

让我们再看看，在17世纪环绕波罗的海四周的国家之间引起的各种争端：北边是瑞典；东边是爱沙尼亚、利沃尼亚和立陶宛，在他们的背面是寒冷饥饿的俄国；南边是东普鲁士、波兰、西普鲁士、日耳曼；西边是丹麦，控制波罗的海到北海和大西洋的战略要地。各种势力互相争夺河流和海峡的控制权，海岸和港口的占领，商业路线的竞争，或者就是由此往陆地或海洋的通道。在这里，地理环境创造了历史。

此时，丹麦在波罗的海的舞台上扮演较小的角色。自由而专横的贵族们操控着国王的行动。1645年，它放弃斯卡格拉克海峡（Skagerrak）和卡特加特海峡（Kattegat）两地的权益。1660年，它虽然还占有挪威，却失去了瑞典南边几个省。腓特烈三世感觉到如果想抵抗外来的侵略，就必须拥有一个强有力的权威，因此，借助国内教士和中产阶级的配合，他强迫贵族承认他拥有绝对、世袭的权力。他的儿子克里斯蒂安五世赏识并重用了格里芬菲尔德伯爵（Count Griffenfeld）苏马赫（Peder Schumacher）。苏马赫曾被路易十四誉为当时外交界最有能耐的人才，在他的协助下，经济改善，贸易和工业增多，陆军和海军也得以重新整编。伯爵致力于一种和平外交，这位新王却想恢复丹麦过去的强权和失地。1675 年，他重揭与瑞典的旧怨，不幸失败。瑞典在斯堪的纳维亚半岛的领主权由此确立。

此时的瑞典接连出现多位有力的君主，在半个世纪中（1654—1718 年）震惊了世界，只有路易十四差可比拟。如果他们有较大的资源基础，便可与法国平分秋色，而瑞典人民，也将由两位古斯塔夫王（Gustavus）、三位卡尔王（Karls）和大臣们的功绩，引发出文化的花朵以配合、鼓舞他们的胜利。战争虽然带来权力，却也消耗了他们的财富。瑞典虽以英雄的角色出现，实际上，却外强中干。一个如此贫乏的国家，居然能够睥睨国际，是颇可惊异的。150 万的人口分成许多阶层，彼此钩心斗角，不能相安。贵族们控制国王，巧立名目，霸占王国，工业生产纯粹为了战争的需要，因此，往往在战后不能配合商业的需求。国外的属地是一种骄傲的负担。为争光荣而濒临崩溃的国家，幸赖一些忠心为国的大臣们的高度政治手段方得挽回。

查理十世古斯塔夫是勇不可当的克里斯蒂安王的堂兄、友伴、爱慕者和继承者，后者于 1654 年让位给他。他冒崩溃的危险，强迫贵族缴回所占的皇家庄园。借着这种"削减"政策，收回了 3000 座庄园，并重得偿付能力。为了补充金银货币，查理任命约翰·帕姆斯楚（Johann Palmstruh）筹建一家国家银行，发行纸币（1656 年）——这是欧洲史上首次货币发行。有一段时期，聚积的流通量刺激着经济的成长，但由于滥发纸币，银行的试验不得不中止。几乎在同一时期，这位富于企业心的君主，把里加（Riga）的钢铁工业收归国有，替他的尚武政策奠下了一个更强壮的工业基础。

依其目标看，他完全是一个扩张主义者，古斯塔夫·阿道夫（Gustavus Adolphus）在欧陆夺得的领地，正受到反叛的威胁。波兰君主拒绝承认查理十世的瑞典王身份。不过，波兰因为哥萨克人的叛变而衰弱下去。俄国则暗中援助哥萨克人，很显然是想取得波罗的海航线。瑞典有一支训练有素的陆军，而不敢将战士复员，最好便是借光荣的胜仗来维持纪律。所有这些情形，在查理看来，都需要和波兰打上一仗。农民和教士反对，他便以保卫和扩大宗教改革的名义，鼓励他们参战。

波兰是一个容易入侵却难以打败的国家。其东境纷乱异常，如此一来，便不能对付西边的侵扰了。查理率军攻入华沙，允许原有贵族保持传统特权，接受新教徒的投诚，而且承认对立陶宛的保护权。腓特烈·威廉勃兰登堡的"选帝侯"，想利用波兰溃败之际袭取东普鲁士（那时还为波兰所有）时，查理立刻派遣大军，快速西进。在普鲁士的首都，他降服选帝侯，强迫他立下《哥尼斯堡条约》（*Treaty of Königsberg*，1656 年 1 月）。选帝侯承认东普鲁士为瑞典的宗属，将关税和地方税收的半数解交瑞典，并调配 1500 名士兵补充到瑞典军队。

查理引发的宗教事件打败了他。教皇亚历山大七世和神圣罗马帝国皇帝斐迪南三世用他们的影响力，召集一支反抗瑞典的联军，甚至信奉新教的丹麦和荷兰也加入了，因为他们害怕这位年轻的征服者，说不定下一步便会冒犯到他们的领土和贸易。查理迅速重返波兰，打败一支新的波军，重占华沙（1656 年 7 月）。可是，此时波兰上下，都因为宗教的理由纷纷武装起来反抗他。勃兰登堡选帝侯中途变节，反而援助波兰。一向只知道如何打胜仗，而不知以实际可行的和局来巩固征服所得的查理，挥军西向丹麦，横越 13 公里的冰雪之地卡特加特海峡（1658 年 1 月），打败丹麦，胁迫腓特烈三世签下《罗斯基勒和约》（*The Peace of Roskilde*，2 月 27 日）。丹麦完全撤出瑞典半岛，同意关闭波罗的海的海峡，共同对付瑞典的敌人。丹麦迟迟不履行诺言时，查理便重启战事，征服哥本哈根后，他取消腓特烈三世的王权，兼领丹麦、瑞典和挪威三国王位。

在海上他就不如意了。当时两大海军阵营，英国和荷兰，本来相互敌对，此时却同意不允许任何国家借控制丹麦和瑞典之间的海峡，来操纵波罗的海。10 月，一支荷兰舰队强行通过海峡，解救了哥本哈根，驱逐小型的瑞典军舰回国。查理发誓要打到底，可是，出征前的冷战，早已表露了结局。在哥特堡的议会演说中，他发寒不已，随即死亡（1660 年 2 月 13 日），此时正是他生命的高峰。

他的儿子查理十一此时只是一个 5 岁的幼童。于是，一位摄政的贵族，宣布战争结束，承认《奥利瓦和约》（*Peace of Oliva*），立下《哥本哈根条约》（1660 年 5—6 月）。波兰声明接受瑞典宗主权。利沃尼亚归属瑞典。勃兰登堡获得全部的东普鲁士。瑞典得以保留南方的斯堪尼和本土省份，以及不来梅、凡尔登和波美拉尼亚。不过，波兰与丹麦联合保证准许外国船只进出海峡。一年后，瑞典和波兰在卡尔迪斯，和沙皇签订了一项虚情假意的和约。此后 15 年，波罗的海的争夺战以战争以外的方式继续进行着。

这些条约都可以算作瑞典一连串的胜利成果，不过，它很快又面临崩溃的边缘。两位摄政大臣，古斯塔夫·邦德（Gustav Bonde）和佩尔·布拉赫（Per Brahe），联合制止政府的开支。首相加尔迪（Magnus de la Gardie）胡乱花费，允许贵族、朋友和他自己支用国库行藏，而且为了取得津贴，不惜联合法国作战（1672 年）。而路易十四只不过在几天前，才攻打瑞典的盟友荷兰。很快，瑞典便和丹麦、勃兰登堡和荷兰发生战事，在费尔贝林（Fehrbellin）为选帝侯所败（1675 年 6 月 18 日）。欧陆上的属地，为敌人所毁。一支丹麦军队重新收复斯堪尼。瑞典海军在厄兰岛惨遭歼灭（1676 年 6 月 1 日）。

在取得政权后，年轻的查理十一凭着个人的勇迈激励士卒，在一连串的战役中，解救了瑞典，并在隆德（Lund）和兰斯克鲁纳（Landskrona），打败了丹麦人。这些战绩，加上路易十四的协助，瑞典逐渐恢复了大部分失去的领土。一位新的外交英雄约翰和格里芬菲尔德伯爵合作，在隆德战后，不仅缔结了和平条约，而且使瑞丹之间，成立了一个军事和商业同盟。他们同意使用共同的币制。斯堪的纳维亚半岛，要不是约翰于 1680 年死去（享年 45 岁），很可能就联合起来了。这两个国家，保持了将近 20 年的和平。

　　约翰告诉新王说，如果瑞典要保持强国的地位，就不能让贵族继续占用王国的土地，以免使王朝日益穷困、国家显得软弱。1682年，查理十一采取行动，配合教士、农民和工商人士的支持，断然实施"削地政策"。他调查并处罚官吏的腐化，并使瑞典的财政能够维持保护领土和履行责任的水平。查理虽然不是一位深受爱戴的国王，但确是一位贤君。虽然他不断增加战争，但他更喜欢不那么喧嚣的和平胜利。他建立了专制王朝，除此之外，只能选择另一种喧闹而没落的封建制度了。

　　在这段国泰民安的时期，瑞典的科学、文学和艺术蒸蒸日上。瑞典的建筑以泰辛（Nicödemus Tessin）设计（1693—1697年）的位于斯德哥尔摩的巨型豪华皇宫为顶点。拉尔斯·约翰松（Lars Johansson）是诗人和剧作家，他具有意大利诗人莱奥帕尔迪（Leopardi）和英国剧作家马洛的双重天分，经常吟唱出愤世嫉俗的诗歌，后来在一间小酒肆的争吵中，被刺而死，享年36岁。达尔斯蒂纳（Gunno Dahlstierna）按照但丁的史诗，谱成《颂诗》（*Kunga Skald*，1697年），歌颂查理十一。国王死于诗词谱成的那一年，他拯救和再造的瑞典，差一点便被他那个更有名气的儿子毁掉。

　　查理十二年方15岁，等到欧洲地图经由铁血战争而重划的时候，他已是久经沙场的老将了。他所有的举动都是按照军事训练的需要设计的；他学数学，是把它当作军事科学的分支；他读拉丁文，是为了看昆图斯写的《亚历山大大帝传》，如果不是想征服世界的话，也是想从那里学习用武力征服的野心。他身材高大、英俊、体格强壮、结实匀称，他喜欢军人的生活；私生活检点有节度；面临死亡的危险仍然面带笑容；他要求军队也跟他一样严格训练。他不喜欢女色，虽然经常求爱，却不曾结过婚。他用笨重的木叉猎熊，飞骑万里，在半覆着冰雪的水中游泳，嬉戏于半真半假的打斗；他和朋友们经常因此面临死亡的危险；在他勇锐、粗豪的外表下，藏着某些性格和智慧；他有揭露诡变外交的纯净；有荣誉的意识，掺杂些野蛮的气息；他有一颗明理格物的心，却不耐烦进一步间接使用思索或策略。他对生于帝王世家深感骄傲，从来不认输。在登基典礼中，他为自己加冕。他只在权力范围内宣誓尽职。有一位教士怀疑这位 15 岁的幼童是否能够胜任王位，他知道后，马上判他死罪，后来改判为监禁终身。

在他登基前后，瑞典是欧陆主要的强国，统治芬兰、英格利亚、爱沙尼亚、利沃尼亚、波美拉尼亚和不来梅；它控制波罗的海，使俄国不得由此进出；俄国、波兰、勃兰登堡和丹麦等国，利用瑞王年幼，企图扩张领土以争取商业利益。在这场混战中，有一位重要人物，他是来自利沃尼亚的骑士。约翰·帕特库利（Johann von Patkul）本是瑞典属民，后来加入军队，升迁为军官。1689 至 1692 年，他强烈抗议查理十一在利沃尼亚的削地政策，被控以不忠的罪名。他只好逃往波兰，要求查理十二宽恕。被拒后，他投向波兰和萨克森王奥古斯塔斯二世，组成波兰、萨克森、勃兰登堡、丹麦和俄国联军，共同对付瑞典。奥古斯塔斯二世细思此计可行，便先和丹麦国王腓特烈四世缔约（1699 年 9 月 25 日）。帕特库利前往莫斯科。11 月 22 日，彼得大帝与萨克森、丹麦代表签约，同意拆散瑞典。

波兰和苏毕斯基（1648—1699）

17 世纪中期，有两件事深深地影响到波兰的历史。1652 年，首次出现一位议会代表，运用自由投票（此项投票准许议员借此否决多数提案）否决一项决议。在正常的情况下，任何议案的通过必须由全部议员同意方可实现。有时一小撮人可以使其不合法定人数而否决掉。虽然如此，从来没有任何个人能够否决大多数人的议案。1652年，55 位议员中 48 位议员的一致投票却被 1 位代表的投票否定了。原来这项投票计划是保护个人，使任何多数的提案不能压倒任何少数的异议，不管它有多小。这一制度的形成并不是按照公共的理论，而是出于封建的恶习。每一位土地拥有者都把自己视为至高无上者，结果造成大量地方性的独立状态和集体的无能。由于国王受到议会的牵制，按照"自由投票"根本不能拟定出一种稳定国家的政策。在这一事件发生 9 年后，卡西米尔二世国王曾对议会做出如下的预测：

> 上帝可能证明我是一位假的预言家！但是，我告诉你，假如你无法为现在的罪恶（自由投票）寻找解药，那么，共和国将成为外敌的战利品。莫斯科人将会分离我们的巴拉丁那人，也许就像维斯杜拉河那样的遥远。普鲁士王室……将会掠夺大波兰。奥地利将全力攻下克拉科夫（Cracow）。每个大国将宁愿来分解波兰，也不愿让它保持成一个整体，而像今天一样滥用如此的自由。

这项预言，后来几乎全部变成了现实。

仅次于这项投票在历史上具有重要影响的事件，是乌克兰和哥萨克人的叛变（1648 年）。在卢布林联合条款中（1569 年），立陶宛与波兰联治，这使独立好战的哥萨克人隶属于波兰的统治下。波兰贵族在这块西乌克兰地区争购土地，想在那里建立封建体制，而且波兰天主教反对信仰东正教的自由。在这种复杂的不满下，哥萨克人起来反抗，由一位富有的酋长契米尼克（Chmielnicki）领导，背后接受克里米亚的鞑靼人（Tatar）的援助。1648 年 5 月 26 日，哥萨克人和鞑靼人在考森（Korsun）打败波军主力。于是，反叛的热潮传遍各处。

同时，拉迪斯拉斯四世（Ladislas IV）于 5 月 20 日去世，王位继承问题便在贵族之间辩论不休。一直到 11 月 20 日，才由议会选出约翰二世卡西米尔为王。契米尼克深恐反动力量无法挡住新兴的波军，除非得到外人的承认和协助，因此，他结好于信仰东正教的俄国。他把乌克兰送给亚历克西斯。沙皇俄国明白这将意味着和波兰开启战端，便欢迎他的奉献。1654 年 1 月 18 日，在《佩列亚斯拉夫条款》（Act of Pereyaslav）之下，乌克兰纳入俄国的统辖。在这块地区，允许由哥萨克人选出一位领袖，经沙皇认可，实施地方性的自治。

在波兰和俄国的争战中，克里米亚的鞑靼人比较喜欢波兰，而不愿乌克兰受到俄国的统治，因此，他们把对哥萨克人的援助转向波军。1655 年 8 月 8 日，俄国取得威尔诺（Wilno），屠杀当地居民数千，把城市烧成废墟。波军在东线防守时，查理十世率领一支瑞典军队，进攻西波兰，占领华沙（9 月 8 日），波人无法抵抗。波兰贵族，甚至军队，只得向征服者赔款、效忠。克伦威尔向他致贺，因为他替教皇夺得一个阵地。查理向这位护国主保证，波兰在不久的将来，不会拥有任何属于教皇的土地，不过，他允许波兰有宗教信仰的自由。

他的计划被那些打胜仗的军队破坏了。由于不受约束，士兵抢掠城市、杀戮居民、毁坏教堂和修道院。靠近琴斯托霍瓦（Czestochowa）的哥拉修道院（Monastery of Jasna Gora）幸运地防卫成功。这项成果被视为一项奇迹，在民众之间激起一阵宗教的热忱。天主教士请求国王驱逐这些外来的侵犯者。农民也武装自己。查理留在华沙的部队在喧嚣的群众面前，吓得四散奔逃。卡西米尔收回故都（1656 年 6 月 16 日）。鞑靼人回过头来对付俄军。俄国宁愿以波兰为邻，而不愿和瑞典并居，于是与波兰人言归于好（1656 年）。查理十世的暴死也带来《奥利瓦和约》（1660 年 5 月 3 日），结束了波瑞之间的战争。1659 年，波俄之间的争执重新爆发。经过 8 年的兵戈相见及哥萨克人的效劳，终于订立《安德鲁索夫和约》（Andrusovo，1667年 1 月 20 日），把斯摩棱斯克、基辅和第聂伯河以东的乌克兰割给俄国。这次的分割，一直延续到波兰的第二次瓜分（1772 年）。

厌倦了战争和"自由投票"法，卡西米尔宣布退位（1668 年），隐居法国，过着阅读和祈祷的晚年生活，死于 1672 年。他的继承者维斯尼克（Wisniowiecki）与土耳其展开一场恶战。在《巴沙兹和约》（1672 年）下，波兰承认土耳其在西乌克兰的宗主权，且每年进贡22 万金币给土耳其王。在那场战争中，波兰出现了一位天才军事家简·苏毕斯基（Jan Sobieski）。维斯尼克死后（1673 年），议会在一段长久的延宕后，终于选出了波兰最伟大的皇帝（1674 年）。

苏毕斯基——现在是约翰三世——此时是一位 44 岁的中年人。他是克拉科夫总督的儿子，这种出身对他甚为有利。母亲是 1610 年征俄大将军斯坦尼斯拉斯·茹乌托夫斯基（Stanislas Zólkiewski）的孙女。苏毕斯基本人身上流着军人的血液。他在克拉科夫大学接受教育，游学于德国、尼德兰、英国、法国之间，在巴黎几乎停留了一年时间，把自己训练成举止温雅、能文尚武的好汉。1648 年，父亲受命为《威斯特伐利亚和约》代表人后，不久便死去。他立即回国，加入镇压哥萨克人叛变的波兰军队。在瑞军侵略波兰而波王卡西米尔潜逃之际，他是许多接受查理十世为波王的官吏之一。他曾在瑞典服役一年。但是，波兰再次起来反抗侵略者时，他便返回祖国，奋勇作战。1665 年，他升为波军统帅。同年，他娶了一位不寻常的女性，后来成为他生命中的一部分，也是他一生事业的推创者。

玛丽亚·卡兹米耶拉（Maria Kazimiera）有法国王室的血统，1641 年生于讷韦尔，而在法、波之间长大成人。13 岁时，她的活泼美丽便深深印在时年 25 岁的苏毕斯基脑中，此时他在华沙，战争使他远离此地，等到战争结束再回来时，她已下嫁一位放荡的贵族简·扎莫伊斯基。丈夫的冷漠使她收下苏毕斯基充任侍卫。她虽然遵守着婚约，但也向他允诺，一旦取消婚约，她愿意嫁给他。后来，丈夫早死，这两位恋人立刻成婚。他们之间的浓情挚爱成为波兰史上的一段传奇故事。此时的波兰妇女堪与法国妇女相比，她们不仅讲究外表的美丽，也训练自己具备男人气概。她们尤其喜欢引导、左右皇帝。从他们结婚那天开始，玛丽便计划着如何使苏毕斯基登上宝座。

她的爱有时是毫无忌惮的。1699 年，苏毕斯基接受法国贿赂，支持一位法籍主教对抗维斯尼克。等到后者上台后，他和其他贵族联合，宣称国王是一位懦夫，无能、无心带领波兰人抵抗土耳其。他身先士卒，在 10 天内打了 4 场胜仗。1673 年 11 月 11 日，国王临终那天，他在比萨拉比亚（Bessarabia）的高亭（Khotin）打败了土耳其军队。

这项成就使他成为唯一合法的继承人。因为形势显现，只有他才能抵挡住四面而来的侵袭。为了增强声势，他以6000名士兵统帅的身份，出现于议会。法国的金钱在这次的选举中也扮演了重要的角色，不过，这种方式在当时是非常普遍的。

他是一位十足的皇帝。外国人把他描写为欧洲"最英俊、结实的君主之一"。他雍容高贵，两眼有神，身强体壮，专心一致，心灵活泼而有生气。他这份天赋，配上他宠爱的玛丽亚，显得先声夺人。不过，他懂得自掏腰包，发放士兵的薪饷，变卖家产来换取枪械，以抵制议会的干涉和吝啬。他应该索求，因为他解救了波兰和欧洲。

他的外交政策是单纯的：把土耳其人赶回亚洲，或者至少要阻止他们攻打维也纳附近的基督教国家。为此目的，他深受两个方面的困扰，其一是盟友法国与土王的结盟，其二是神圣罗马帝国皇帝在土耳其战役中无端给他骚扰。利奥波德一世想借此让奥地利自由地占领多瑙河或匈牙利。这些地区，波兰和奥地利都想争取。背负着这些干扰，苏毕斯基盼望有拟定作战计划的自由，不受议会和自由投票法的限制，而由他直接颁布命令。他羡慕路易十四和神圣罗马帝国皇帝的无上权力，他们总是能够果决明察、当机立断。

当选不久，他便从事由土耳其人手中收复西乌克兰的工作，后者如今已经侵犯到罗佛（Lvov）地区的北境。在那里，他以5000名骑兵，打败土耳其2万大军（1675年8月24日）。在《祖雷诺条约》下，强迫土耳其中止进贡的要求，恢复西乌克兰区的宗主权。他觉得这是把奥斯曼帝国逐出欧洲的好机会，因此，他要求利奥波德皇帝与他并肩作战。但后者拒绝，因为他不能肯定在他派兵东去之际，法军是否会乘机侵犯西境。苏毕斯基请求法国提出保证，路易拒绝了。因此，他只好委曲求全于奥地利。法国人企图收买议员来反对时，他便揭露他们的阴谋。在举国全力对付法国之下，议会通过与神圣罗马帝国合作的协定（1683年4月1日）。波兰出兵4万人马，神圣罗马帝国调派6万大军。如果维也纳或克拉科夫受到土耳其攻击，另一方必须尽全力予以解救。

7月，土耳其人移向维也纳。8月，苏毕斯基率领波兰军队从华沙出发。中古骑士的最佳精神，仿佛重现于世。波军及时抵达危城。此时，疾病与饥饿侵扰守护城市的军民。苏毕斯基指挥联军，赢取了欧洲史上最残酷的一次战争（1683年9月12日）。2.5万名波军在这场战役中死伤大半。

他带着胜利但失望的心情返回波兰。华沙以热切的心情欢迎这位欧洲英雄的归来。可是，他自己暗自纳闷，因为奥皇拒绝他儿子与其公主的婚姻。为了替儿子谋取王国地位，他不惜远征摩尔达维亚。要不是天气恶劣和一些意外，他可能全胜而归，结果他空手而返。

在政治困扰和大大小小的内战期间，他使自己的宫廷成为文化复兴的一大中心。他本人学习范围甚广，他读过伽利略和哈维、笛卡儿和加桑迪的著作，也看过帕斯卡、高乃依和莫里哀的书。一方面，他把天主教当作传统的国策；另一方面，他扩展宗教自由，保护新教徒和犹太人。他努力拯救过一位怀疑上帝的自由思想者（1689年）。这是波兰历史上首次出现异端的事件。波兰自己培养诗人，同时也引入外国名著。波托茨基（Waclaw Potocki）写过波兰胜于高亭的史诗，科卓斯基（Wespazian Kochowski）也谱过类似的诗集和一本波兰的圣诗。玛斯丁（Andrzej Morsztyn）在译过塔索的《阿敏塔》（Aminta）和高乃依的《元帅》后，写出来的散文含有浓厚的法国和意大利诗韵的气息。苏毕斯基鼓吹法国文化的输入，除了政治外，他聘请了法国、意大利的画家和雕刻家到华沙工作。他请建筑师在多处地方建造具有意大利风格的行宫。许多华丽的教堂，在他任内纷纷兴建起来：威尔诺的圣彼得教堂及华沙的圣十字架和本笃修道院。来自德国的设计师施吕特尔（Andreas Schlüter）装饰首都附近的行宫。西方影响他们的艺术，东方的影响则表现在衣着上：长宽、绣以花纹的腰带，及两边往上仰的八字胡。

苏毕斯基的晚年相当郁郁寡欢。儿子反叛，夫人趋于极端，不能建起世袭的家世。自由投票法的威胁总是萦绕心头。他无法改善农民的生活，因为他们的主人控制着议会。他也不能与贵族们和谐相处，因为他们拒绝给他一支常备军队。1696 年 6 月 17 日，他死于尿毒症。死时，他并不像传说的那样伤心欲绝，而是一种功勋满身的英雄慢慢被人们遗忘的忧郁。

议会否决他的儿子，另选萨克森选帝侯奥古斯都为主，后者轻易地由新教身份转为奥古斯塔斯二世的天主教徒。他本人具有杰出的性格，历史上称他为"强人"奥古斯都，因为他在马上和床上，都是一位出色的运动家，传说他有 354 个私生子。1699 年 1 月，他与土耳其人签订《卡洛维兹条约》。土耳其声明放弃对西乌克兰的要求。在南、东两方面都安全的情形下，奥古斯都听从帕特库利的话，联合丹麦和俄国，企图瓜分瑞典。

俄国的西向（1645—1699）

每一位阴谋者都可找到借口和事端。瑞典的查理十世攻下哥本哈根后，接着便想征服丹麦。他侵犯波兰，占领了它的首都。古斯塔夫·阿道夫在利沃尼亚和英格利亚强化了瑞典的军队，借此攻击俄国，因为后者未经瑞典同意，任意在波罗的海航行。禁闭中的俄国熊，张牙舞爪地窥伺西边的出口，因为黑海的出口也被克里米亚的鞑靼人和土耳其人占据了。只有东方——西伯利亚，才能略为吐气扬眉，然而，东方的发展却是一条艰辛而洪荒未辟的蹊径。生活的舒适与奢华吸引俄国人倾向西方，西方国家却尽力使俄国向东发展。

亚历克西斯·米哈伊洛维奇·罗曼诺夫（Alexis Mikhailovich Romanov）成为沙皇时，俄国还停滞在中古时代，不知道罗马法、文艺复兴的人文主义、宗教改革。在他任内，俄国的法律才略加改革，1649 年颁布《俄法典》。不过，这只是依照绝对主义和正统原则修订原有的法律罢了。所以，看一轮新月、下盘棋或是在四旬斋期内没上教堂，都是构成犯罪的条件，所有这些和其他一百多条罪律，都要遭受鞭打的处罚。亚历克西斯本人虽然平庸、谦和，在宗教上却极为虔诚。他经常每天花 5 个小时在教堂，每次都行多次拜礼。他喜欢拿东西给那些围在皇宫四周的乞丐，但对政治或宗教的异端处以相当严厉的刑罚。苛捐繁重、默允官吏剥削农民和贪污，使莫斯科、诺夫哥罗德、普斯科夫，特别是顿河四周的哥萨克人叛乱。其中一位叫拉辛（Stenka Razin）的人，组成一帮强盗，抢劫豪富，根据地为阿斯特拉汗（Astrakhan）和察里津（Tsaritsyn）两地。他在伏尔加河建立一个哥萨克共和国，有一段时期甚至威胁到莫斯科。虽然他于 1671 年被捕身亡，他的形象却深深印在贫农心中，成为反抗地主和政府的象征。

在中古时期，一些现代文明的影响也逐渐呈现出来。与波兰的战争加深了和西方的接触，外交人员和商人逐渐使俄国人心目中的"欧洲"增加扩大。杜味拿河及里加和阿尔汉格尔两个港口与西方的贸易也逐渐增加。由外国引进的技术人员，从事煤、工业和器械的制造开发。约 1650 年，莫斯科附近成立一个移民区。德国和波兰两国人民带来了西方的文学和音乐，并担任富有俄国人的拉丁文教师。亚历克西斯资助一个德国交响乐团。他允许大臣阿尔塔蒙·梅特业夫（Artamon Matveev）介绍西方的家具和法国的礼仪，甚至男女社交生活的场面。在听完俄国驻托斯卡纳公国大使描述佛罗伦萨的歌剧、戏剧和芭蕾舞后，亚历克西斯便在莫斯科建立一间剧院，排演跟宗教有关的戏剧。其中，《爱丝苔尔》曾经排演了近 17 年。有时，亚历克西斯深深为沉溺于这些外务而感到罪过，并向神父告罪。不过，后者反而赞许他。梅特业夫娶了一位赫赫有名的苏格兰汉弥尔顿家族的千金，他们认养了一名俄国孤儿纳塔莉娅·那留斯基纳（Natalia Naruishkina），后来成为亚历克西斯的第二位夫人。

这些西化的冒险引起了国内的反感。一些东正教徒谴责学习拉丁文，认为这会引导青年们染上邪思。老一代觉得任何习惯、信仰或宗教仪式的改变，将会动摇国家的基础，一旦社会结构松散，所有祖宗的遗产将会付诸东流。俄式的宗教依赖圣餐仪式和教条，平民虽然无法全然了解这些条规，却可以由宗教的洗礼和这种狂热的重复，维持社会、心灵上的平衡和宁静。但是，这种重复必须正确无偏，才能产生狂热的效果。习惯性反应的改变，会破坏这种诱惑。因此，每个仪式的细节、每句祈祷文，都保留原始的形态。莫斯科大主教尼孔（Nikon）读了拜占庭的仪式和内容后，想把圣餐仪式略加改变。这种举动马上引起反应，成为俄国历史上最激烈的辩论和争执之一。那些懂得希腊文的教士，向大主教指出俄国东正教的错误细节，尼孔便下令改正内容和仪式。如，耶稣要称"Jesus"，而不是"Isus"；画十字是用三只手指，而不是两只；某些场合的跪拜次数，由 12 次减为 4 次；带有意大利风格的圣像必须摧毁，而以拜占庭的圣像代替之。总之，俄国的仪式必须紧密地与拜占庭配合。那些拒绝改变的教士被降级、驱逐或流放西伯利亚。尼孔的专制使亚历克西斯大为不悦。1667 年，他终于把尼孔贬到偏远的修道院，俄国教会便分为两支：由亚历克西斯支持的官方教会，接受改革的意见；异端（Raskolniki）或旧派（Staroviertsi）发展成小支流，遭受新派的迫害。他们的领袖亚维肯（Arvakum）被沙皇费奥多尔（Feodor）绑在木柱上烧死（1681 年）。许多旧派信徒宁愿自杀，也不愿付税给反上帝的政府。这些宗教上的争执后来成为彼得大帝的一大难题。

亚历克西斯的死（1676 年）带给他的儿子们一场激烈的争斗。第一任夫人生下一位虚弱的儿子费奥多尔（1662 年），一位跛足、半瞎、低能的伊凡（Ivan，1666 年）和 6 个女儿，其中最能干且最富野心的，要算索菲亚（Sophia，1657 年）；第二任夫人纳塔莉娅，生下一位有名的彼得（1672 年）。费奥多尔继承王位，却死于 1682 年。贵族们鉴于伊凡的天生无能，期望彼得继位，由他的母亲代为摄政。但彼得同父异母的姐姐憎恶纳塔莉娅，害怕一旦她掌握政权对自己会不利，于是，由索菲亚领导策动莫斯科卫队骚扰克里姆林宫，声言由伊凡继位。纳塔莉娅的义父梅特业夫要求士兵撤走，他们却把他从彼得紧握的手中强行拉走，然后在这位年方十岁的孩童面前把他杀死，把纳塔莉娅的兄弟和支持者也一并杀害，强迫贵族们接受伊凡的统治，由彼得担任次一级的共主，以索菲亚为摄政。这些残暴行为影响了彼得，造成其强调暴烈的倾向。

纳塔莉娅与彼得退居莫斯科附近小村落普列奥布任斯基。索菲亚全权在握，她不戴面罩出现于公开场合和完全由男士组成的议会，对他们粗野的言行也不以为意。她比身边的男人受过更多教育，比较倾向于改革和西方思想，即使她身边的大臣，也有明显的西化倾向。瓦西里·戈利岑亲王（Vasili Golitsyn）深通拉丁文，喜爱法国，把官邸装以壁画和戈伯林的绣帷，而且有一间满是拉丁文、波兰文和德文的大图书室。显然，由于他的表率和鼓励，在他任内，莫斯科拥有3000间石头房屋。在这以前，房子大多由木头建造。他似乎有解放农奴的计划。在他的治理下，欠债而入奴的规定取消了。杀人者也不再活活被烧死。因煽动性言论而判死刑的条件也改变了。可惜他的改革工作，受到后来的战事影响而前功尽废。他重组军队，两次对抗土耳其，却因军需配合不善而溃败。军队打败仗，回来便到处作乱。这种不满与反感恰好给予彼得掌握权力的机会。

彼得的学习

从母亲、私人教师那里以及在莫斯科街头的闲荡中，他已经学到许多东西。他不早熟，却显得机警、好奇而聪明，对西方进口的各种机器——钟、表、武器、工具和各种器具，他都很欣赏，羡慕不已。他盼望着将来有一天，能出现一个与西方的工业和战术抗衡的俄国。平常，他喜欢和粗野的伙伴们玩些战争的游戏——建造、攻击和防御城堡。在俄国接触不结冰的海水以前，他便梦想将来建造一支俄国的海军。因此，他不惜代价一再建造较大的船只，远走80英里外佩列斯拉夫（Pereslavl）的湖泊，试着航行他的小舰队。

等到他长得更加强壮，便对他的同父异母的姐姐和瓦西里·戈利岑亲王的擅权及剥夺伊凡与他的权力愈感不满。1689 年 7 月 18 日，彼得与伊凡参加一年一度的庆祝莫斯科从波兰手中解放的游行。跟以往不同的是，索菲亚也走在行列中，17 岁的彼得要她退后，她坚持不退，他便愤怒地跑离城市，纠集人马对付摄政者。从贵族中，他找到一些人。这些人一向就不愿接受女人的统治。在禁卫军中，有些人受到索菲亚的刁难，早已散布阴谋和骚动。首相的堂兄弟波利斯·戈利岑（Boris Golitsyn）制造了紧张变革的气氛，向彼得密告索菲亚要逮捕他的消息。彼得和母亲、妹妹、新婚夫人一齐逃到莫斯科 45 英里外的特罗茨科修道院，略加整顿后，他下令步兵团员到修道院听候行动。索菲亚不准他们前往，但许多人还是偷偷地跑去了。不久，贵族的领袖们一起投奔，包括莫斯科主教乔基姆在内。瓦西里·戈利岑被传讯、拷问，并流放到阿尔汉格尔附近的小村庄。许多索菲亚的支持者也一一被捕，一些人被判入狱，也有一些判处死刑。彼得写信给伊凡，要他逊位。伊凡是否同意，则不得而知了。彼得下令索菲亚隐居修道院，她抗议、反抗。后来，彼得准许她享有任何舒适的要求和侍奉的仆人，但不得离开修道院的范围。1689 年 10 月 16 日，彼得开进莫斯科，接受伊凡的欢迎，掌握了最高权力。伊凡愿意退隐，安静地死于 7 年后。

虽然如此，彼得尚未准备治理国家。他把政府交给不自由而反动的波利斯·戈利岑、乔基姆和其他官员，自己跑到国外。到处认识新朋友，他们深深地影响到他以后的发展。帕特里克·戈登是其中之一，他是一位年近 55 岁的苏格兰军人，后来成为俄军的将领。从他那里，彼得学到更多的战术运用方法。另外一人是弗朗索瓦·勒福尔，他生于日内瓦，年仅 34 岁就成为俄军主要将领之一。他的英俊、敏捷、和蔼可亲，很得年轻彼得的赏识，每周总是与他共餐两三次，使俄国人大为不悦，因为他们习惯把外人看作凶恶的异端。彼得喜欢与这些外国人为伍，他们看来比较文明，虽然他们大多酗酒。他们在工业、科学和军事上的知识，远比俄国人丰富而完整。他们的谈吐和娱乐也富有水准。彼得发觉他们的宗教态度是彼此容忍——戈登是天主教徒，勒福尔是清教徒——在受洗台前，天主教和清教徒都有共同的上帝。从德国人和荷兰人那里，他学到需要的语言知识。

这些东西使俄国在未来的战争中显得强大；在后来的和平艺术上，能与西方分庭抗礼。他从荷兰人凯勒男爵那里学到荷兰人如何以坚固耐牢的船只来维持财富和权力于不坠。他期望有一个出海口，而且有一支能够航行于海面的舰队。除阿尔汉格尔港——这个港口结冰半年——外，便没有第二个出海口了。1693年，他还是照着本意去做，他买通一位荷兰军人埋伏于港口，以备不测。等到他克服海水的恐惧、能够安坐于船上时，他不禁兴高采烈。"你来率领它，"他写信给勒福尔说，"而我来做一名普通的水手。"他把自己打扮成荷兰水手的模样，与荷兰水手在港口的酒肆里狂欢共饮。冰冷的海水吹来的盐味，象征着西方吹来的气息。那个充满工业、权力、科学和艺术的国度，时时在呼唤他做更多的探测。

从俄国通往西方的通道有两条：一条是借波罗的海，接近瑞典和波兰；另一条是由黑海向南，靠近鞑靼人和土耳其人。鞑靼人和土耳其人控制顿河河口亚速（Azov），他们不时侵犯俄国人的土地，掳获俄国人——有时一年2万人——把他们带到君士坦丁堡当奴隶贩卖。1695年，彼得下令军队由演习转为实战，跨过高山峻岭，顺流而下直捣亚速。全军由三位将领——戈洛温、戈登和勒福尔——率领。彼得谦逊地充任普列奥布任斯基附近的炮手。可是整个过程毫无头绪可言，军队也漫无纪律。经过14周的劳民伤财后，只好放弃。彼得回到莫斯科，发誓要重整新军，卷土重来。

在弗罗内什河（Voronezh），他建造一支混合人员和枪械的舰队。1696年5月，他率领7.5万人马沿着顿河南下，重新攻打亚速。7月，哥萨克人的勇敢上阵，终于打下这座城堡。彼得立刻下令在弗罗内什河建造大舰以供在黑海使用。所有的俄国人，包括大地主在内，都要为此事付税。工人被大量征用，外国机械也纷纷输入俄国，50多位贵族自费到意大利、荷兰、英国等地学习造船技术。1697年3月10日，彼得也前往学习。

俄国人对沙皇到外国与异端厮混这件事，大感惊异。彼得只好组织一个使节团，包括55位贵族和200位侍从，由勒福尔率领访问"欧洲"，结盟以对付土耳其人。在这些团员中，有一位名叫彼得·米哈伊洛夫（Peter Mikhailov）的士官，穿一件造船匠的皮衣，上面刻着："我只是一名学徒，我需要老师。"离开俄国后，彼得便随时自由地穿这件衣服到处跑。勃兰登堡选帝侯腓特烈三世、英王威廉三世、维也纳的利奥波德一世，都以国宾之礼招待他。早在国内，他的粗鲁言词和仪态、褴褛的衣着和对刀叉使用的厌恶，便让他的左右感到吃惊不已。他仍我行我素，不以为耻。

使节团由瑞典的利沃尼亚到里加途中，曾经遭受各种刁难。彼得立即跑到柯尼希山与选帝侯签订贸易和亲善条约。在勃兰登堡，他向一位普鲁士的军事工程人员学习炮兵和防御工事。在柯本布鲁格（Koppenbrügge），汉诺威选帝侯的寡妇索菲娅和女儿索菲亚·夏洛特（Sophia Charlotte）——勃兰登堡选帝侯之妻邀请他和随员们，与她们一同进餐跳舞。后来女士们这样形容他：

> 沙皇非常高大，相貌堂堂，雍容华贵，他有敏捷的头脑，随机应变……他的样子有点儿粗鲁……他和蔼可亲，词锋甚健，我们彼此建立了良好的友谊……他告诉我们，他正在学习造船，他的双手粗糙而有厚茧，这都是辛苦工作的缘故……他是一位很特殊的人……他有慈祥的心，富于贵族的气息……在我们面前，他并不喝酒。不过，在我们还没离开之际，他的随从们早已等得不耐烦了……他对美相当敏感……不过，我发觉他有向女人献殷勤的倾向……那些俄国人跳舞时，把我们紧身裙上的鲸须当成骨

头。沙皇看过后，惊奇地说：德国女人有个恶毒的硬骨头。

使节团从柯本布鲁格沿着莱茵河抵达荷兰。把大部分人员安顿在阿姆斯特丹后，彼得和一些随员跑到当时的造船中心赞丹（Zaandam，1697 年 8 月 18 日）——早在国内，他已风闻此地的先进造船技术。他在街上遇到以前在国内认得的工人格里特·基斯特（Gerrit Kist），与他商妥隐姓埋名后，彼得便住进基斯特的木屋里，住了一星期。他打扮成荷兰工人的模样，白天观摩造船技术，晚间到附近小酒店里与一位女侍调情说爱。后来，约瑟夫二世和拿破仑都把这间小屋当作神祠般爱护；沙皇亚历山大一世以大理石大加装饰；一位荷兰诗人在墙上刻下一首有名的句子："对于一位伟人来说，无所谓小不小。"

赞丹的百姓总是在他后面鬼祟地跟踪，彼得只好回到阿姆斯特丹使节团。他仍改名换姓，这一次称自己为"赞丹木匠彼得"。他说服荷兰东印度公司允许他与奥斯坦堡的船夫生活在一起。他一共住了近 4 个月，与他的十位随从共同建造船只。他完全与工人混在一起，自己也像工人一样肩挑取木。在记事簿里，他记载着每天的进度。他偶尔抽出时间访问工厂、商店、博物馆、花园、剧院和医院。他结识了大物理学家和植物学家布尔哈弗（Boerhaave），跟随列文虎克（Leeuwenhoek）研究显微镜，率领随员参观布尔哈弗的解剖院。他跟范·科埃奥恩男爵（Baron Van Coehorn）学习军事工程，跟施恩沃特（Schynvoet）学建筑，跟海登（Heyden）学习机械操作。他也学习牙科，他的某些助手便受苦于他狂热的牙科手术。他走进荷兰家庭，观看他们的生活起居和家务料理。他到处逛商店，旁观他们的交易，学剪裁和补鞋手艺。他与荷兰人共饮于沙龙酒里。也许，历史上再也找不到一位能像他这样勇于吸收新知和品尝生活的人了。

尽管他在外的活动范围如此之广，萦绕他心头的仍然是俄国的未来。他以书信指挥国内的政治。他聘请许多海军舰长、35 位陆军军官、72 位引航员、50 位物理学家、4 位厨师和 345 位水手到俄国服务。他分装 260 多箱的枪炮、水手服装、罗盘、鲸须、软木、船锚和各种器具，甚至 8 块大理石，以供应雕刻家使用。一直等到他的兴趣转移到仪态的改良、社会的繁荣、思想的敏捷等方面，才暂时把这些物品搁置下来。他没有时间来吸收玄学、球类运动或沙龙座谈，这些都可以稍后再谈不迟。他目前的主要工作是如何把西方的科技和实用科学引介到俄国，"以便我们学通之后，能够回过头来，胜过耶稣基督的敌人"。——攻占君士坦丁堡，使俄国摆脱监狱般的限制，越过博斯普鲁斯海峡，迈向世界。

在荷兰停留 4 个月后，他向威廉三世表明以隐名方式访问英国。威廉不敢怠慢，派遣皇家卫队前来迎接。彼得于 1698 年 1 月间抵达英伦。时值冬季，他冒着冰冷的寒气参观码头和海军；造访皇家协会和造币厂，可能就在这里遇见了牛顿；伊夫林把他的房子大加清扫，细心铺陈，招待彼得和随从们；后来英国政府拨下 350 镑，作为俄人住宿后的赔偿费用。使邻居们大感奇怪的是，彼得很早上床，4 点便起床，然后肩扛斧头，嘴上叼根烟斗，到牧羊的草地上散步。他与一位女演员结识，然后姘居，后者还抱怨彼得夜渡资给得太少！牛津大学授以他名誉法学博士。他在清教徒的聚会中表现热忱，使他们梦想着也许有一天，彼得会把俄国转向新教革命。伯内特主教与他一起工作，发觉他虽然好奇，却不够诚恳，他说沙皇"本性上就是一位船匠，而不该贵为天子"。

在英伦住了 4 个月，彼得才回阿姆斯特丹与使节团会合，然后一齐经由莱比锡和德累斯顿到达维也纳（1698 年 6 月 26 日）。他花了一个月的时间，到处游说神圣罗马帝国皇帝联合对抗土耳其，终归无效而罢。倒是他喜欢那些耶稣会教士，他们使他梦想着将来也许会有一个罗马天主教的俄国。他整装预备到威尼斯时，国内来信说禁卫军叛变，莫斯科和沙皇政府存亡待决，他马上奔回俄国。不过，他刚抵达克拉科夫附近，就听说叛变已被压服了。在拉瓦（Rava），他抽空与波兰的奥古斯塔斯二世相处 4 天。他与这位在体能、野猎和酗酒方面能与他平分秋色的国王惺惺相惜，相见恨晚，讨论瑞典或土耳其哪个是他们友谊的第一个牺牲者。9 月 4 日，经过 18 个月的长途奔波后，他回到莫斯科。麦考利赞誉他"不仅开启了俄国历史新的一页，也为世界历史开创了一个新的里程碑"。俄国发现了欧洲，欧洲也重见了俄国。莱布尼茨开始用心研究俄国人了。

然而，彼得到底只是一位 17 世纪的莫斯科人，他忘不了禁军谋害他的舅舅们和梅特业夫，更不能宽恕索菲亚的夺权。他的新军计划使他不能忍受禁卫军的捣蛋。他获知索菲亚蓄意与之勾结谋叛，恐吓勒福尔和其他"德国"军团，及散布彼得将使俄国宗教转向西方的流言时，他的愤怒便造成一系列的复仇行动。他下令逮捕兵团分子，要他们承认与索菲亚的非法勾结。他们忍受拷打，却不出卖她。他也下令捕捉她的随员，但仍然找不出线索。索菲亚只好被迫发誓。从此，修道院门禁森严，6 年后，她死于该地。1000 位禁军分子被判处死刑，彼得亲手杀死其中的 5 位，并强迫他的随员们照做，勒福尔拒绝。1705 年，俄国禁军从此消失于历史的记载中。

此后，彼得立即兴建一支新的陆军。旧陆军是由禁军分子、外国雇佣兵和农民组成，由贵族领导。他下令每 20 户农家征调 1 人，组成 21 万人的常备军。这些军队都穿着"欧洲"制服，以西方的战术加以训练。任何阶级都必须服役终身。此外，彼得还召集了 10 万名哥萨克人。战舰很快在湖滨、河岸、海口建造起来。1705 年，海军已有 48 艘军舰、800 艘较小的兵船和 2.8 万名水手。

帕特库利来到莫斯科，商请彼得与丹麦的腓特烈四世和波兰的奥古斯塔斯二世共同把瑞典逐出欧陆，解除他对波罗的海的控制时，所有这些工程都还在进行，离完成阶段还相当远。所有在建造中的船只需要海洋来航行。他比较喜欢温暖的地中海——但土耳其帝国仍然非常强大，君士坦丁堡是难以攻克的瓶颈，而奥地利和法国正结好于土耳其。俄国只好转向另一道门户——打通北边的航路。不过，此时时机尚未成熟，因为瑞典大使刚来莫斯科不久，而且已取得彼得的诺言，重申维护俄、瑞和平的《卡尔迪斯条约》。尽管如此，地理与商业的考虑胜过条约的约束，何况涅瓦河和纳尔瓦河之间的波罗的海边区——如英格利亚、卡累利阿等省，不是在俄国衰弱时期被瑞典于1616 年强行占领的吗？为什么以前被武力夺去的土地不能以武力收回呢？1699 年 11 月 22 日，彼得加入联军，对抗瑞典，并准备阻塞通往波罗的海的通道。1700 年 8 月 8 日，他按照与土耳其签订的条约清理南部前线。就在同一天，他指挥军队攻打瑞典的利沃尼亚。

查理十二与北方大战（1700—1721）

结盟对抗瑞典的消息传到斯德哥尔摩，皇家会议马上召开，商讨应变的策略。大多数人的判断是必须和缔约同盟的一方单独订立片面的和约。查理静默地聆听议会的辩论后，突然站起来。"先生们，"他说，"我曾经决定不参加不公平的战争，但是，我也不会让敌人不受到毁灭，就结束一场正义的战争。"他弃绝所有的享乐、奢侈、女人并且禁酒。陆军与海军随时备战。1700 年 4 月 24 日，他率领大军由斯德哥尔摩出发，开启了历史上征战生涯中最壮观的一页。从此，他再也没有重睹故乡的机会了。

他先指向丹麦，这是为了将来面对波、俄联军时，可以保护南方边区免受丹麦人的夹击。他的兵舰以惊人的勇敢和速度横过松德海峡的东边——这是一般人认为不能航行的线路——登陆西兰岛（Sjaelland），距离哥本哈根仅几英里之遥（1700 年 8 月 4日）。丹麦王腓特烈四世害怕首都沦陷，急忙签订《特拉芬得和约》（8 月 18日），赔款 20 万银币，并声明永远不会攻打瑞典。

1700 年 5 月，奥古斯塔斯二世企图攻占里加，后为 75 岁的瑞典老将艾利克·德博（Erik Dahlberg）伯爵所败。后者擅长防御工事，早有"瑞典的沃邦"之誉。奥古斯塔斯只得求助于彼得出兵英格利亚，以解除他的压力。彼得命令 4 万人包围纳尔瓦。查理十二为了帮助德博将军，率军越海到达里加海湾附近的帕尔努（Pernau）。发觉胜券在握，他马上挥军北上，越过泥泞而危险的危道峻岩，突然出现于俄军背后。沙皇的反应显得懦弱，不堪一击。他避开军队（以陆军中尉身份），逃到诺夫哥罗德和莫斯科。也许，他知道他这么一跑，将使俄军全军溃散。然而，他觉得自己活着总比死去对俄国更有价值。因此，他不能战败被俘。4 万名俄军在无能的马札儿亲王卡尔克罗伊（Carl Eugene de Croy）的指挥下，被查理的 8000 瑞典军打败（1700 年 11 月 20 日）。这是彼得成年生涯中的第一次败退。

瑞典将领们力劝查理乘胜追击，一举攻下莫斯科，擒服彼得。不过，他的军队太少，冬天又已来临，更何况还须在敌人的国境上供应军队的粮饷。其次，他能够肯定丹麦王或丹麦人不会趁他远离故土之际，举兵反攻吗？几经考虑，他重组利沃尼亚的行政组织和防御工事，然后挥军南攻波兰，不费太大力气攻下华沙（1702 年），就像 40 年前他的祖父所做的那样。他排斥奥古斯塔斯，另派斯坦尼斯拉斯·莱什琴斯基（Stanislas Leszczynski）为波兰国王（1704 年）。联军都被他打败了。不过，此时那只俄国熊才开始进行反攻呢！

彼得不仅从惊慌中安定下来，还另组一支装备齐全的军队。为了装备炮兵，他下令征集所有教会和修道院的钟，以另铸大炮。300 门大炮很快铸成，他还设立一所专门训练炮兵的学校。这支新军很快打了几次胜仗。彼得亲自指挥炮兵，攻下涅瓦河口的尼斯肯斯（Nienskans，1703 年）。在这里，他立即兴建彼得堡。这并不意味着他要以此地为新都，而是说，他必须有一个通往海洋的港口。查理忙于波兰的争战时，彼得再次出现在涅瓦河岸。那里只有少许的瑞典驻军，结果全城惨遭屠杀（1704 年 8 月 20 日）。胜利者为了洗雪前仇，不惜大力杀戮。一直等到彼得亲手杀掉杀人如麻的 12 名俄军，才算终止这场血腥遍野的惨剧。

查理在波兰的胜利，眼看就要完成。黜废的奥古斯塔斯承认莱什琴斯基为新王，退出联军，并交出组成联军的祸首。帕特库利被处以磔刑，再加以砍首示众（1707 年）。彼得发觉自己孤独地对抗这位年轻的瑞典恐怖者：他试图买通英国使节交涉和平谈判，后者拒绝。彼得的手下直接去求马尔巴勒，他同意了，不过，须以俄国爵位为条件。彼得允许他在基辅、弗拉基米尔、西伯利亚任选一地，而且每年有 5 万银元的赏金及"欧洲君王拥有的红宝石"。但这些条件都谈不成。西方的政客们同情查理，厌弃奥古斯塔斯，害怕彼得。有些人觉得如果允许俄国西向，那么，欧洲将在斯拉夫的洪水面前颤抖。

1708 年 1 月 1 日，查理指挥 4.4 万人马横越维斯杜拉河不太安全的冰河，其中大半为骑兵。26 日，抵达格罗德诺（Grodno），正好是彼得撤走后的两个小时。沙皇决定以深广的国土来抵御，他下令军队撤退，引诱查理逐步深入俄境的旷野，然后施行"焦土政策"：命令农民把谷物埋在地下或雪地里，把牛羊驱赶到附近的森林或沼泽。他委任哥萨克酋长马兹帕（Ivan Mazeppa）保卫小俄罗斯和乌克兰。马兹帕曾经在波兰宫廷当过侍从，一位被他戴绿帽子的贵族把他赤身裸体地绑在一只尚未驯服的乌克兰野马上。这匹马受到皮鞭的痛打和耳边暴烈的枪声刺激，惊慌乱闯，冲过丛林，回到老巢。马兹帕虽然全身鲜血淋漓，却活下来了，后来一跃成为札波克（Zaporogue）地区哥萨克的领袖。他对彼得假示忠心，内心里实对沙皇的专制深感不满，只是在静等机会。一听到彼得退却、查理挥军向前的消息，他觉得时机来临，不可错过，便马上向查理提出合作的请求。

也许正是因为这项请求，促使查理继续前进。"焦土政策"越来越见效果，瑞典军眼望遍野的荒土，开始受到饥饿的威胁。查理依赖里加转来的援助，途中却遭受俄人的破坏，物资损失大半。查理希望马兹帕能够带来粮秣和第聂伯河所有哥萨克人的支援。不过，彼得先得一着，提早派遣军队，由梅尼希科夫（Aleksander Danilovich Menshikov）指挥，直捣马兹帕的老巢。这位酋长来不及组军，匆忙逃往荷奇（Horki），身边只带着 1300 人马前去求见查理。查理只得挥军南下，攻打马兹帕的根据地白亭（Baturin）和它的补给线。可是，梅尼希科夫率先抵达，把全城烧成废墟，另外指派一名亲俄的酋长。彼得运用各种计策，避免哥萨克人加入瑞典军，宣称侵略者是破坏真神教条和撕裂圣母玛利亚的异端。现在查理只好求助于鞑靼人和土耳其人，希望他们会因彼得攻打亚速而出兵报复。

可是，援兵没有及时来临。1708 年至 1709 年的冬天，对于瑞典军来说，真是一场可怕的梦魇。欧洲各处遭遇严寒：波罗的海结冰数尺，辎重货车只好滑冰渡过松德海峡；德国的作物冻萎殆尽；法国莱茵河、威尼斯运河都覆盖着层层冰雪；乌克兰的雪花由 10 月 1 日飘到 4 月 5 日，鸟雀正在天空飞行即被冻死掉落，口中唾液流到地上；酒和酒精凝结成固体；柴火不得取暖；冰冷的雪风，像刀子似的横扫旷野，打在他们的脸上。查理的士卒，虽因饥寒死去 2000 多人，仍然坚韧不拔地效忠。"你可以看到，"一位目睹者说，"有些人缺手断脚，有些人削耳割鼻，更有许多人像四脚兽一样地爬行。"查理激发他们继续前进，鼓舞士兵说彼得的主力就在面前，只要一仗就可赢得全面的胜利。各地的敌军，在荷洛辛（Holowczyn）、撒克万（Cerkovn）、奥普雷沙（Opressa），都被他的优越指挥和上下的勇迈所败。他经常必须面对军力比他大上十倍的敌军。那年冬天一过，本来就少的军队又由 4.4 万人减为 2.4 万人。

1709 年 5 月 11 日，瑞典军抵达第聂伯河岸波尔塔瓦（Poltava），距离哈尔可夫（Kharkov）西南 85 英里。在此地，瑞典军终于遇见了俄军主力，约有 8 万人。在巡视地形时，不小心腿部中了一枪，查理冷静地自己用刀子取出子弹，对伤口并不太在意，返回基地后，整个人昏倒过去。他把统率权交给卡尔·伦斯可（Carl Rehnskjoll）将军，并下令隔日必须出击（6 月 26 日）。起初，这支在查理手下未曾吃过败仗的瑞典军，早已收拾妥当，随时应变。为了维持他们的效忠，查理不得已躺在担架上指挥，敌军的炮火震得他摇摇欲坠。彼得此时名义上虽然还是一位小中尉，却身先士卒，跑到前线作战，有颗子弹擦过帽檐，另一颗子弹正好射中他胸前的金十字架，才使他幸免于难。以前他们接受的炮兵训练和装备，现在都派上用场。他的大炮比瑞典的每次多发 5 枚。瑞典军的军火耗尽后，步兵便惨遭俄军炮火的袭击。眼看着败军在即，骑兵立即投降，查理自己骑着马和马兹帕的1000 多人马，越过第聂伯河，投奔土耳其。瑞典伤亡近 4000 人。俄军死伤 4635 人，却掳获了 18 670 名俘虏，包括 3 位将军和许多官员。彼得故意善待官员，其他战犯则必须筑城和服劳役。莱布尼茨表明他的善意，根据俄国兵团的快速壮大，下结论说上帝站在俄国的一边。彼得同意他的见解。靠"上帝的帮助"，他曾经写道，"彼得堡的基础将可稳若泰山了"。

这场战争的影响很深远。莱什琴斯基逃往阿尔萨斯，奥古斯塔斯重得王位。俄国取得波罗的海和所有乌克兰的宗主权。丹麦重新加入反瑞典的联军，攻打斯堪尼，不过被阻挡了。普鲁士的腓特烈·威廉取得斯德丁、荷尔斯泰因和部分波美拉尼亚。俄国的声势顿时水涨船高。路易十四要求与彼得合作。彼得婉拒，不过同意两国互派使臣往来。

查理并不承认自己已经一败涂地。土耳其曾经与俄国有过纠纷，因此对这位避难前来的国王礼遇有加。在靠近德涅斯特河（Dniester）附近的本德（Bender），查理有了自己的皇宫，艾哈迈德三世苏丹还补给他和 8000 名手下的费用。等到脚伤痊愈后，他重披战袍，开始训练军队。他戒了酒，经常出现在伊斯兰教膜拜的场合，有人谣传他将改信宗教。他软硬兼施，劝告土耳其苏丹向俄国宣战，并拒绝使用法国船只载他归国。有人想把他毒死，幸好发现得早，被及时制止。彼得要求马兹帕以反叛的罪名投降，查理并不想批准。可是，马兹帕自己以死来解决了这个问题（1710 年）。

每次的胜利便带来新的敌人，有时更会激起宿怨。查理终于使土耳其苏丹相信，日益扩大的俄国势力，在不久的未来将无法避免地会侵犯到土耳其的黑海和博斯普鲁斯海峡。于是，土耳其向俄国宣战，苏丹亲率 20 万人马前往俄国，彼得在惊慌中，勉强以 3.8 万名士卒应战。盟友保加利亚和塞尔维亚都背叛了俄国。两军相遇于普鲁特河的东境，悬殊太大，彼得只好放弃。在等待失败和死亡时，他指示莫斯科另选沙皇，以便安排后事。然后，他退回自己的营房，不准任何人出入。尽管如此，他的第二任夫人凯瑟琳和将军们商量的结果是投降远比大屠杀要好得多。她平息彼得的愤怒，要他签字写信求和。彼得在绝望的心情下，勉强签名。凯瑟琳搜集了她所有的财宝并向官员们借贷，由副总督彼得·沙菲洛夫（Peter Shafirov）携带 23 万卢布，向土耳其苏丹求和。苏丹收下珠宝和卢布，允许彼得撤军，交出亚速，毁弃该城的防御工事和船只，并要他许诺让查理安全地返回瑞典及不得干涉波兰的政治。彼得迫不及待地答应（1711 年 8 月 1 日），率军离去。查理早欲一战，对这项和平深感不满。他极力鼓动苏丹再战。不过，沙菲洛夫的 8.49 万金币，到底买住了苏丹遵守《普鲁特条约》的诺言。

面对层层复杂的关系，苏丹厌倦已极，要求查理迅速离开土耳其。后者拒绝。因此，苏丹派出 2 万人来迫他就范。查理带了 40 人应战，打了 8 个小时，他自己亲手杀死 10 个土耳其人，最后由 10 余名土耳其士兵把他擒服了（1713 年 2 月 1 日）。接着他被转送到阿德里安堡附近的迪莫蒂卡（Dimotika），他被允许在那里停留 12 个月，因为刚好有一位新的官吏正和俄国大闹纠纷。和解后，查理只得回国。土耳其送给他卫队、礼物和钱财。他离开迪莫蒂卡（1714 年 9 月 20 日），游历瓦拉几亚、川索凡尼亚和奥地利。11 月 11 日深夜，他抵达波美拉尼亚和它的港口兼堡垒施特拉尔松德（Stralsund），位于瑞典南方的波罗的海海岸的这个地方和西边的维斯马（Wismar），是瑞典指向欧陆的两块最后要塞。

此后，由于查理坚持由土耳其来统治瑞典及拒绝向彼得认罪，瑞典帝国濒于崩溃边缘。1714 年 8 月 1 日，汉诺威选帝侯乔治成为英王乔治一世。为了使不来梅和凡尔登加入汉诺威，他使英国联合丹麦和普鲁士，成立一支反瑞典的新联军，并由英国军舰把守海峡，协助丹麦。查理发觉自己孤立在施特拉尔松德，立即向英国、汉诺威、丹麦、萨克森、普鲁士和俄国宣战。12 个月之久，他只依赖 3.6 万人孤守阵地，偶尔也使出几次英雄式的出击。等到城墙四周都被他们的大炮击毁之后，投降似乎在所难免。查理偷偷地潜入一条小船，在敌军猛烈的炮火下航行，终于抵达瑞典西部的卡尔斯克鲁纳（Karlskrona，1715 年 12 月 12 日）。

斯德哥尔摩接纳这位失败的英雄。不过，他拒绝以失败的角色回去，除非他能够再把胜利带回来。他重新组织新军，甚至征集年仅 15 岁的少年。他下令收集所有的铁器，以铸造军舰。苛捐重税，无所不及，甚至包括假发在内。瑞典军民默默地忍受这一切，内心不免怀疑他是疯了，虽然这些略带光荣的意味。外交大臣格奥尔格·冯·哥兹男爵（Baron Georg Von Görtz）负责把联盟个个击破。他获知乔治一世和彼得为了宗主权而互相争吵时，他便试探瑞俄和平的可能性，并协助苏格兰反抗英格兰。然而，这一切都失败了。1717年冬，查理训练完一支 2 万人的大军。就在这年冬天，他进攻挪威，借此补偿他在欧陆的损失。12 月，他包围菲特力克斯坦（Fredrikssten）北边的要塞。12 日，当他由壕坑栏杆探头之际，一颗子弹打穿了他的太阳穴，他登时送命，享年 36 岁。

查理的死亡和他一生的事迹一样，始终与英勇有关。他是一位伟大的将军，时常出奇制胜，以寡敌众。可是，他太过于沉湎于战争的艺术中，从来不以胜利为满足。为了寻求另一场胜仗，他不惜耗费心血，设计策略，几近于疯狂。他的仁慈由于他的骄傲而破坏无遗。他付出多，要求也多。他总是拒绝以服输来保全国家和他的面子。历史宽恕他，因为他不是这场"北方大战"的始作俑者，但他是不打胜这场战争不肯罢休的。

瑞典政府很少走上极端，马上缔约媾和。《斯德哥尔摩条约》（1719 年 11 月 20 日和 1720 年 2 月 1 日）允许不来梅和凡尔登加入汉诺威，斯德丁归并普鲁士。起初，它拒绝俄国占领瑞典在东波罗的海领地的要求，在俄国 3 次出兵、摧毁各地的港口和城市下，不得已签订《尼斯塔特条约》（*Nystad*, 1721 年 8 月 30 日）。俄国占有利沃尼亚、爱沙尼亚、英格利亚和部分芬兰。波罗的海的争夺，使俄国跻身于强国之林。

疲惫、年迈而带着胜利归来的沙皇，抵达彼得堡时，大呼"和平，和平"！民众夹道欢呼，尊他为国父、全俄国的皇帝、彼得大帝。

第七章 | **彼得大帝**
（1698—1725）

野蛮人

伏尔泰想探究"人类由野蛮过渡到文明的阶段"，难怪他对彼得深感兴趣，因为彼得在体魄、心灵、对待人民等方面，都把这些阶段具体化了，即使不是那个过程，至少也表示着那份企图和野心。或者，让我们听听另一位"大帝"，普鲁士腓特烈二世向伏尔泰描写的彼得形象，文中略带迷惑地说：

> 他是一位真正受过教育的王子，他不仅是俄国的立法者，而且完全懂得所有的海军事宜。他是一位建筑师、解剖学者、外科医生……一位老于经验的军人、精打细算的商人……只要他受一点熏陶，把那股蛮气和横劲收敛起来，那么，他将是所有王子中的楷模了。

我们知道，彼得幼年遇到的流血和暴力带给他野蛮和残忍的教育，左右了他的想法，并使他习于暴力的使用。即使在他年轻时，就有神经痉挛的现象，晚年的酗酒和性病更使这种病症愈加严重。伯内特于 1698 年在伦敦访问他后,如此报道说:"他完全受制于体内的激情。""大家都知道,"一位 18 世纪的俄国人说,"这个专制王朝受到连续不断的攻击,大体上都属于暴力一类。激动的情绪紧紧地困扰着他,使他有时候甚至几个小时,不能忍受任何人出现在他眼前,即使是要好的朋友,也不例外。这种激烈冲动的发作,总是先引起左边颈部的大扭曲,然后便是脸部肌肉的一阵抽动。"虽然如此,他总是保持强健而有力的状态。听说他与奥古斯塔斯二世相遇时,他们彼此比赛,把手中的银盘扭弯。克内勒于 1698 年画他年轻时的像,穿着戎装,坐在宝殿的样子,看起来非常温雅圣洁。后来,我们看到有人更写实地把他描写为一位令人倾倒的巨人:身高 6 英尺 8 英寸半,圆脸、大眼宽鼻、棕色的头发卷曲向下,很少整修。他的冷峻容颜不能调和那一身褴褛的外衣、外套、补缀的短裤及粗糙而补过的皮靴,处理国事有条不紊。可是,他每到一处,总是弄得又脏又乱。他全心全意于军国大计,很少有时间来注意身边的琐碎小节。

他的礼节也像服饰一样,显得十分不合时宜,他看起来像一个农夫,而不是一位人君。有时他的仪表甚至比农夫还要糟,因为他可以不受主人或律法的限制。他的言行举止,既粗又野,不止一次地用他有力的拳头痛打最亲密的朋友:他把梅尼希科夫的鼻子敲破,踢伤勒福尔。他爱好开玩笑,却经常采用残忍的方式:为此,他强迫一位随从生吃乌龟,要另一位随员喝掉一罐白醋,命令一位年轻女孩喝下一个士兵分量的白兰地酒。他把拔牙当作一项乐趣,使周围的人不敢有任何牙痛的表示。他的钳子总是带在手中。有一次,他的侍从向他抱怨情人总是以牙痛为理由,拒绝与他结婚。他就拔下她一颗好的牙齿,并忠告她,如果再坚持独身,就一直拔她的牙齿。

他这种毫无拘束性的残忍,就他所处的时代和地点来说,也许可以解释为正常的或必然的。俄国人民早就习惯残忍,比起一些神经比较敏感的人来说,他们似乎更能忍受疼痛的感觉,他们生下来就有刻苦忍耐的需要。不过,从彼得亲手杀禁军的表现,多少可以显示出他有虐待狂的倾向，习惯于流血的场面：不加考虑就把两位叛徒一寸一寸地加以宰割。彼得是没有怜悯或感伤的，也缺乏路易十四或腓特烈大帝的公平感。不过，他的出尔反尔、不重承诺，又是那个时代的普遍现象。

和农夫的想法一样，彼得认为沉醉是暂时脱离现实的妙剂，他担负了全国的重任，从事于使东方人转向西化的伟大工程，过年过节的饮酒，可以暂时地从这些负担中松懈下来。他完全接受农人的看法，把喝酒看成俄国民族的乐事，豪饮成为他的特点之一。在巴黎时，他下赌注说，俄国神父可以比法国的主教喝得更多、站得更稳。这项比赛持续了近一个小时。主教围绕着桌子旋转时，他抱着神父，称赞他保持了"俄国人的荣誉"。约 1690 年，彼得和他的知心好友组成一个名叫"最会喝酒的笨人和小丑"大会。费奥多尔·罗莫达诺夫斯基（Feodor Romodanovsky）亲王被选为该会主席（Czar），彼得得到较为次要的地位（与在陆军和海军一样）。在实际生活中，他经常假装称罗莫达诺夫斯基为俄国的沙皇。形式上，酗酒大会是为了纪念酒神巴克斯和维纳斯而设立，它有自己的一套仪式，可能由彼得设计。这个大会也参加了许多官方的庆典。创始人之一尼基塔·沙特夫（Nikita Zatov）在 84 岁娶了一位年近 60 岁的新娘时，彼得特别设计、监督一项华丽而淫乱的仪式（1715 年）。在这项仪式中，所有宫廷显贵和仕女们必须与熊、阉牛和山羊混在一起。使节们吹笛或抚弄四弦琴，彼得自己则敲鼓助兴。

他们的幽默感是喧嚣、无节制的，往往卑躬屈节，自饰丑角。他的皇宫内满是小丑和侏儒，这些人在任何节目中都少不了。有一次，将近 7 尺高的沙皇大玩格列佛游历小人国的游戏，由 24 位侏儒用头顶顶着他走。也有一次，彼得宫中的 72 位侏儒被人喂以巨大的面包。当然也有些巨人穿插其间，不过，这些人大都当作礼物，送到普鲁士腓特烈·威廉军中，充任军队演习四方阵的主力。后者也送来一些黑人，彼得很看重他们，把其中的几个送到巴黎接受教育，后来有一位成为俄国的将领，他就是诗人普希金（Pushkin）的曾祖父。

到目前为止，我们描绘的彼得，仍然止于野蛮的一面，把他形容为带有幽默感的"恐怖者"伊凡（Ivan the Terrible）。他急于走向文明，不过，他对西方的羡慕，不在于它的华丽和艺术，而是在陆军、海军、商业、工业和财富方面。他把这些目标当作文明的前奏，因此，他那种无可抑制的好奇心也朝着这一方向。对每件事，他都要知道它是如何操作的，及如何改善才可以使它变得更好。在他的旅游历程中，他的随从们被迫精疲力竭地参观各方面的工程，甚至在夜晚也是如此。他脑中充满着各种观念，使莱布尼茨感到惊奇，因为这个人也有自己的想法。不过，彼得的观念多半是功利的，他用开放的心灵来迎接任何能够使他的国家兴盛的东西。在一个充满宗教气息而且对西方物质带有敌意的国家里，他却显得一点也不偏激，好像是一位天真无知的小孩似的，脑中同时有天主教义和清教徒意识，甚至自由思想。他比较倾向于模仿而少创见。他传播观念，但没有兴趣吸收它们。但为了使国家能够达到西方的水平，最上之策便是先吸收西方能够得来的东西，然后设法传播出去。模仿得近于创造了。

他征调大批的俄国人来达成他的心愿，他自己也尽心尽力，以便建造一支现代的陆军、一个更有效率的政府、更发达的工业、更广泛的商业贸易和通往世界的港口。除了人（这是俄国的一大天然资源），他使用任何事物都很精简：在他上任之初，他把宫廷中行走的仆役和官员一并裁减，他从皇家马厩中卖出 3000 匹马；遣散 300 位厨师和仆人；减少皇室餐饮支出，平常的庆典和舞会，务必节用。他把供应这些奢侈享受的预算，也一并加以省除。他的父亲亚历克西斯留给他私人产业，计有 28 982 亩田地、5000 间房屋及每年 20 万卢布的收入，彼得把这些财产几乎全部归于国库，只留下罗曼诺夫家族的古代遗业——在诺夫哥罗德的 800 农奴。结果，和路易十四恰好构成明显的对比，他把宫廷人数削减到只剩下一些必要的朋友，偶尔利用节目来调和莫斯科的单调乏味。他的精简经常流于吝啬，他对官吏欠薪，精细地计算自己的饭费。他邀请朋友，不是用餐，而是采取野炊方式，每个人要付出自己的费用。那些仆役抱怨酬金太少时，他答道他们的酬劳已经和炮兵的待遇相当，而后者远比他们有用。

　　女人，除了一个例外，在他的生命里只是微不足道的小事。他并不注重美观。他不喜欢独睡，通常跟一位仆役同床，也许这是为了预防晚上有病突发时旁边有人就近照顾。17岁时，他顺从母亲娶了一位美丽而愚笨的尤都西亚·罗普金娜（Eudoxia Lopukhina），等他发现另一个更动人的女人时，便把她丢在一旁，回到他的朋友和造船厂去。他连续有几位情妇，她们几乎都是出身卑微、境况不佳。丹麦腓特烈二世讥笑他时，他回答说："兄弟，我的娼妓花费不多，而你的那些妖妇，却花费几千顶的王冠。这些钱，你可以投资到更有用的地方。"勒福尔和梅尼希科夫都是沙皇的媒人，梅尼希科夫把自己的情妇送给彼得充为第二任夫人。这位女士一定身怀异才，像查士丁尼皇帝所宠爱的西奥多拉（Theodora）一样，才能由贱妇爬升为皇后。

　　凯瑟琳一世生于1685年利沃尼亚的寒贫之家，从小失怙，由一位马尔堡（Marienburg）的路德派教士格吕克（Glück）以女仆身份加以养育。他教她教义问答书而不是算术，她从来不曾学过念书识字。1702年，谢米提夫（Sheremetiev）将军属下的一支俄军占领马尔堡，守卫司令放弃防卫，决定毁弃城堡和他自己。格吕克获知他的企图，立刻携眷逃往俄军的营地。他一路前往莫斯科，凯瑟琳则留下来慰劳士兵，后来由谢米提夫转到梅尼希科夫手中，由此转到彼得宫中。在这些满是争战的流血地区，一个单薄的女子要想活命，必须献上殷勤。有一段时间，她同时侍奉梅尼希科夫和彼得，他们喜欢她，因为她雅致、可爱、和蔼、懂事。彼得觉得她是一大慰藉，使他得以从政治或战场的烦忧里和钩心斗角的妻妾中，得到暂时的解脱。她伴随他走进战场，生活起居像战士一般，把长发剪下，横睡野地，看到身旁有人中弹倒地也不以为意。彼得疯癫发作时，随从们都不敢接近，只有她以婉言相慰，细心体贴地照顾，让他倒头睡在胸脯上。他们暂时分开后，他写信戏称她为"小情妇"，然而语气真挚诚恳，她成为他不可缺少的人。1710 年，她私下成为他的太太，为他生下许多子女。1711 年，她替他解除普鲁特河战役的难题。1712 年，他公开宣布她为夫人。1722 年，她加冕为皇后。

她对他的影响，就许多方面来说是好的。她，一位农家女子，却改善了皇家农夫（指彼得）的态度，减少他的酒量。许多次，她走进他与朋友喧闹酗酒的房间，安详地说："回家吧，小父亲。"他每次都遵守照做。她对他婚后的轻浮装聋作哑。她并不想在政治上有任何影响力，不过，她看出自己的未来、朋友和亲戚们都靠着沙皇的喜怒。她以慈悲天使的角色，来压抑因她的高升引起的不满。有好几次，她使那些被彼得判死的罪犯得以复生。他坚持严厉处罚时，她就设法使他软化。她卖弄和解来扩大权力，以这种方式，她拥有私房钱，多半是在汉堡或阿姆斯特丹以假冒的名义投资而得来的。当时俄国全由一人掌握，她不得不在私下里寻求一些安全，我们能加以责备吗？更何况此时的俄国，正在动荡不安！

彼得的革命

彼得继承了绝对的权力，把它当作理所当然的事，从来不曾怀疑过它是否必要。由贵族领袖来统治，将会形成封建的分裂，使全国吵闹不已；在一个心灵和道德意识都停留在原始阶段的国家，根本不可能由民主的议会方式来统治。彼得同意克伦威尔和路易十四的看法，只有集中权威和责任，才能把一盘散沙的民众结合成一个国家，以控制人民的情绪及应对嗜土如命的强敌。他不把自己看成专制君主，而自认为是国家和未来的仆人。一般说来，这是一个真诚的信仰，至少有一半是真的。

他跟俄国的农民一样辛勤工作，通常 5 点起床，然后工作近 14 个小时，晚上的睡眠时间只有 6 小时，不过，午后小睡片刻。这种起居生活在彼得堡的夏天，并不难做到，因为那里早上 3 点天就亮了，要到晚上 10 点才暗下去。但在冬天，大部分的作息却在晚间，约从午后 3 点到明晨 9 点，实行起来就不简单了。

　　圣彼得堡是他的革命象征和大本营。这里并不是国家首都的理想地点，因为它靠海，距海只有 25 英里。除此以外，它不是涅瓦河的分歧点。彼得在近海的小岛上，建造喀琅施塔德（Kronstadt，1710 年）作为护卫。城本身建于 1703 年，仿照阿姆斯特丹而设。由于此地大多为泥沼，它可以说是在木桩上建立的——或者，就像一首俄国幽怨的传说所述，它建立在千百万征集而来埋土填石的工人之上。1708 年，征调 4 万人；1709 年，另调 4 万人；1711 年，有 4.6 万人；1713 年，多于 4 万人。这些工人每个月只领半薪，为求生存，只好乞食、偷盗、抢掠。数以千计的瑞典战俘调配筑城，死伤大半，没有货车时，用头颅搬运物资。石头也在征集之列，1714 年下令除了圣彼得堡之外，其余任何地方都不得以石头建造房屋，每位贵族必须献上一大袋石头。贵族虽然不满，还是照做无误。他们憎恶该地的气候，也不像彼得那样渴慕海洋。彼得自己与一位荷兰工匠建造一间木屋，狭长的墙壁、石顶、小小的房间，就像他在赞丹住过的房子一样。他厌恶皇宫，不过，他在彼得霍夫（Peterhof）建造三所别宫，专供节日庆典使用。这些"夏宫"后来毁于第二次世界大战的战火。在附近的沙斯可镇（Tsarskoe Selo，现为普希金市），他也为他的"小情妇"建了一间别墅。

　　起初，他无意把圣彼得堡当作首都或港口，因为它太靠近瑞典，容易引起猜忌。不过，在波尔塔瓦大胜查理十二后，他的决定改变了：他早就想避开莫斯科阴沉的空气和狭窄的国家主义，而且，他想使保守的贵族能够呼吸到西方的进步气息。因此，1712 年，他便正式以该地为国都。莫斯科人抱怨并预言上帝不久就会毁掉这个半邪的城市。"在新国都面前，"普希金写道，"莫斯科垂下她的头，就好像皇家寡妇向新任沙皇低头一般。"彼得急于有一个西化的俄国，因此，他把它带到波罗的海，并由"西方的窗口"往外眺望。[1]为此目的及舰队的停靠码头和西方贸易的港口，都使他牺牲其他的考虑。这个港口结冰五个月，却可以面对西方、接触海洋，就像第聂伯河使俄国拜占庭化、伏尔加河使它亚洲化一般，现在涅瓦河也将使这个国家欧洲化。

下一步是建造一支海军，作为保护俄国由波罗的海到西方的航线。彼得为此建造1000艘甲板船，不过由于建造匆促、粗枝大叶，船梁腐朽，船桅遇风即折。在他死后，俄国重新回到它的地理限制，成为远离大西洋的内陆国家，只能等待机会，借着征服空间来打破与西方的壁垒。从这方面着手，莫斯科是对的，俄国的权力和防御必须在土地上依赖陆军和广大的空间。所以，1917年，莫斯科终于平反，重新成为俄国的首都。

彼得最成功的改革是军队的重组。在他之前，军队必须依赖封建领主对农民的控制，农民只对他们效忠，缺乏训练、装备不全。彼得扬弃这些贵族，以征集的方法建立一支常备军，配以西方最新的武器，由阶级人员分级率领，灌输为国服务光荣的新观念，而不再局限于狭窄的省或是一位心怀不轨的领主。军队改革的需要，促使彼得有革命的念头。如果不打开一条通往波罗的海或地中海的商业航路，俄国便无以发展；没有一支现代化的军队，便无法达到这个目的；为了维持军队，势非改变俄国的经济和政府不可；而在改变之前，必须先转换国民的态度、人生观和思想。对于一个人或是一个时代来说，这是一项太大的工程了。

他开始以他一贯的狂热作风首先整理周围男人的颜面和服饰。1698年，刚从西方回来不久，他就把满脸的胡子剃掉，而且忠告身边那些想保恩固宠的人也照样行事，只有东正教的主教可以免除。不久，下令全国男子一律剃净他们的下巴，只留些嘴上的髭须。胡子一

---

[1] 这句话，显然是弗朗西斯科·阿尔加罗蒂（Francesco Algarotti）于1739年首先使用的。

向是俄国宗教的象征，先知们和福音使者都留过。仅在 8 年前，现任主教阿德里安还谴责剃胡子是不合宗教的异端行径。彼得接受四面而来的挑战：主张没有胡子是现代化的象征，表示接受西方文化的意愿。那些想留胡子的人，农民每年要征 1 卢布，富商要缴 100 卢布。"有许多俄国百姓，"在一本古老历史书中记载，"在剃掉胡子后，把它们细心地保留起来，以便将来存放在棺材里。他们害怕没有这些陪葬，将来便不得进入天堂。"

再下一步是服装。在这一方面，彼得觉得不会引起国内太大的反感。他亲自剪掉面前几位军官的长服，"你看看，"他指向其中一位说，"这就是你们的方式，带着它，你也不见得安全，长袖有时会撞翻杯子，有时又会掉到汤里，还是把它剪了做绑带吧。"接着，他传下一道谕令（1700 年 1 月），要求所有俄国的朝臣和官吏们都改穿西服。所有进出莫斯科的人，只有两种选择：一种便是让衣服齐膝而断，要不然便处以罚金。他也鼓励妇女们改穿西式洋装，她们比较顺从，妇女本来就是服装的领导者。

改变最大的要算是他的家庭，彼得结束俄国妇女孤僻、受冷落的一面。他的父亲亚历克西斯和母亲纳塔莉娅率先示范，表姐索菲亚加以扩大。现在，彼得邀请妇女参加社交活动，鼓励她们除掉面纱，学习跳舞、音乐和书本知识。他明令父母不得违背子女的心愿而随意嫁娶；在订婚和结婚之间，要相隔 6 个星期；在这段期间，订婚双方可以随意自由幽会；双方同意，也可以解除婚约。妇女们乐得跳出旧有的藩篱，她们开始试穿新式衣服。私生子的增加，徒然给教士口实，作为攻击彼得革命的一种利器。

宗教的抗拒是他最大的阻碍。教士们深深了解他的改革将会降低他们的声望和权利。他们抱怨他容许西方文明的传播，而且怀疑他是否有宗教信仰。他们对彼得和密友在宗教仪式上的喧吵甚感诧异。对于彼得来说，他反对把人力投注在教会上，他极欲省下这大笔开支。阿德里安主教死去时（1700 年 10 月），他故意不指派新的继承人。他自己，就像英王亨利八世一样，成为教会的领袖，并在俄国展开宗教改革。有 21 年之久，大主教的位置一直空缺，杜绝了反抗彼得革命的宗教领导人物的产生。1721 年，彼得干脆裁并这项职务，代之以沙皇任命、由教士组成的"神圣会议"，接受世俗权利的支配。1701 年，他把教会的职务转交给一个政府部门管理，宗教法庭的判决无效了。主教的任命须得到官方的同意。后来的谕令更禁止神奇鬼怪的咒语并限制奇迹展示的次数。男人在 30 岁之前，不得以宗教为由来宣誓。女人在 50 岁以前，也不得为尼。修士必须做些有用的工作。修道院的财产和经济受到官方的管制。一部分收入可归教会，其余的大半必须拿出来建造学校和医院。

大多数的教士只好顺应这次宗教改革。这项改革，又像亨利八世一样，避免触及宗教法规、禁忌等。有些不满者，宣称彼得为反基督者，呼吁老百姓拒绝服从或纳税。彼得把这些领袖一一逮捕，把他们按照下列方式加以处置：一些人流放到西伯利亚，一些被终身禁锢，一人受不了拷问中途死去，两位活活被烧死。

对付其余的人，彼得可以说是具有西方宗教容忍的胸襟，他保护抗议者，只要他们远离政治。在圣彼得堡，为了鼓励向外贸易，他允许加尔文教派、路德派和天主教的教堂建立在内文斯基波科特（Nevski Prospekt）附近，后者被誉为容忍的希望。他保护俄国的圣方济会僧侣，但驱逐耶稣会教士（1710 年），因为他们为罗马教会宣传过分了。一般说来，彼得的宗教改革持续得最久，结束了俄国的中古时代。

由教士和地主的控制变为由国家直接管理，俄国人民在精神和生活上经历了一个巨大的世俗化过程。彼得如心所愿地控制贵族，使他们服务大众，然后根据服务的成果分别决定他们的地位。新的专制政体逐渐形成，由陆军、海军和官僚人员协调，政府首长由沙皇指派的 9 人会议（后来扩大为 20 人）产生，分掌 9 个部门，包括财经税务、支出、控制、商务、工业、外交、军事、海军、法律。对国会负责的是 12 省省长和管理城市的各级议会。城市人口分为三大阶级：富商和公务人员、教师和工匠、工人。只有第一阶级才可选为议员，只有前两种人员才有投票的资格。不过，所有纳税的男人都可以参加城里的会议。村社并不是一个民主政体，而是一个负责税收的团体，它设于 1719 年。地方自治受到中央的管制，因此，并没有什么民主思想。彼得想要完成他的急速改变，只有运用他的无上权威了。

这个转变必须符合经济和政治上的利益，因为一个以农立国的国家，在与西方工业武装的富庶国家对抗时，是不足以维持它的独立性的。彼得对农业不太注重，为了减低对其依赖性，他把它转向工业化。他亲身教导农民割谷，提倡以镰刀取代传统农具。俄国农民早就习惯焚烧林地来供给土地肥料，彼得禁止使用此种方法，因为他需要木材来建造船只。他劝他们改变桑树和葡萄的种植，试着畜养马、羊等。

不过，他的主要目的是急速的工业化。首先要解决的是原料的供应。他鼓励各处挖采煤矿，对尼基塔·德米德夫（Nikita Demidov）、阿勒科山德·斯塔罗甘诺夫（Aleksandr Stroganov）等在煤业和冶金业等有卓越成就的人，他给予特殊的奖励。他促请地主开发土地上的煤矿，如果不挖，他们的田地将有被他人煤田埋盖之虑，而只付少许的赔偿。1710 年，俄国不再进口铁了，彼得去世前，还向外出口。

他从国外引进技术人员和管理人才，并要求每个阶级都学习工业技术。一位英国人住在莫斯科，经营了一家工厂，专门处理皮革和缝制皮靴。彼得命令全国城市推派代表学习最新的皮革和皮靴制法，而且提醒那些谨守旧法的鞋匠警惕将要面临的挑战。为了鼓励纺织工业，他只穿本国制的衣料，禁止莫斯科人购买进口衣物。不久，俄国就可以织造很好的衣料了。一位海军将领打破传统，织造织锦绸缎，获得彼得的重赏。一位农夫制成的油漆，除了威尼斯外，任何"欧洲"的产品都比不上。在他的任期未完之前，俄国已有 233 间工厂，有些规模宏大；莫斯科的帆布工厂，雇用 1162 名工人；一家纺织厂，雇用 742 人；另外一间有 730 人；有一家冶金工厂共有 683 名员工。在他之前，俄国也有工厂，但都比不上这些规模。许多企划都由官方发起，后来转为私人企业。不过，它们还受到国家的监督。用高关税保护新兴的工业，以与外国进出口产品竞争。

为了充实工厂的员工，彼得采取征召的方式。自由工人相当少，因此，农民不管愿意与否，必须成为工厂的工人。手工业者有权从地主那里购买农奴，命他们在工厂里做工。大规模工业则由国有农田和农场转来的农民加以补充。与大多数由政府带头搞工业化国家一样，领导者等不及工人从学习而来的本能来克服习惯和传统，并由旧的手法变为新的工作和训练。于是，彼得在有意无意中，发展了一种工业的奴隶，后来由他的继承者推而广之。在 1723 年的一道谕令中，彼得公开致歉说：

> 任何事在开始，不是都用强迫的吗？没有人愿意走进工厂那是真的，因为我国人民有点像儿童，他们从来不主动地学习数学，除非是被老师所逼。开始也许很难，可是，等到他们学会后，他们是会感激的。已经有许多人对目前的成果表示感谢……所以，在工业生产方面，我们必须以行动强迫他们学习。

不过，工业的发展必须先有消费市场。为了鼓励商业，彼得提高商人的地位，他强迫在阿尔汉格尔、圣彼得堡等地建立巨大的造船厂。他想建立一条海运线，以俄国商船来运送俄国商品，可惜失败了。农民早已习惯了田地的农耕生活，不愿意也不习惯于海上的活动。俄国国内的商品交流受到地理广阔和交通困难的限制。不过，河流倒是畅通无阻，这来源于地方积雪和南方雨水之利。一旦河流结冰了，在冰上也足以运输笨重的货物。所需要的，便是把这些河流和运河连接起来——使涅瓦河和杜味拿河沟通伏尔加河，再使伏尔加河与顿河汇合。如此一来，便可以使波罗的海和白海、黑海和里海沟通起来。不过，要完成这些通道，起码要经过几个王朝，成千上万的工人要埋葬在这项工程里。

战争和企业发展迫使彼得大量发行纸币，数量之多，为俄国历史上前所未有。部分的财源来自政府对下列物品的专卖：盐、烟叶、柏油、脂肪、树胶、胶、大黄、鱼子酱，甚至橡木制成的棺木。这些棺木可以获利四倍，盐可赚得一倍纯利。不过，沙皇也知道，专卖制度打击了工业和贸易，因此，等到与瑞典的和约一签订，他马上取消，使国内贸易得以畅通无阻。外国商品仍然受进口和出口税率的限制，不过，1700 年和 1725 年之间，俄国的进出口扩大了近十倍。大多数的货品都由外国船只运送，留在国内俄人手中的货品时常被大量贪污。即使彼得严申禁令，仍禁止不了这股歪风。

各种税捐繁复苛重。政府机关有一个特别委员会，专门研究如何分摊和征调新税。无论帽子、皮靴、蜂房、房产、地窖、烟囱、生育、结婚、蓄留胡子等等，都要扣税。房地产的捐税曾经受到所有移民的反对，彼得把它改为"人头税"，它并不适用于贵族或教士。如此一来，国家的税收由 1680 年的 140 万卢布增为 1724 年的 850 万卢布——其中的 75% 都用到陆军和海军上。有一半的增收只是名义上的，因为在他任内货币贬值了 50%——他抵不住币制贬值后获得暴利的诱惑。

上自王朝下至农民的不诚实，撼动着国家的经济、捐税的征集、法庭的判决和法律的运用。彼得下令任何官员收受"礼物"便予处死。可是，一位助手向他警告说，如果继续执行这道命令，以后没有官员可供差遣了。不过，彼得还是杀了一些人。西伯利亚总督加加林亲王（Prince Matvei Gagarin）突然暴富起来，他装饰处女神像花了价值将近 13 万卢布的珠宝。彼得想知道这些珠宝的来源，他知道底细后，便把他吊死。1714 年，有几位高级官员因为贪污而被捕，包括圣彼得堡副总督、国家委员的代表、海军元帅、纳尔瓦和勒韦（Revel）的司令官和一些议员。一些人被吊死，一些人被终身监禁，一些人被削掉鼻子，也有一些人被处以鞭刑。彼得下令停止这些处罚时，那些执行命令的士兵向他哀求说："皇上，让我们再打一下吧，这些盗贼把我们的面包也偷光了。"贪污的风气仍然无法制止。有一则俄国笑话说：如果上帝的双手不是钉在十字架上，那么，他也可能会去偷东西。

彼得也抽出一些时间来倡导一项文化的革命。他憎恶迷信，早就想用教育和科学来替代它。俄国人习惯以猜想的创世记来纪年，而且一年是从 9 月开始的。彼得于 1699 年糅合为清教徒所用的罗马儒略历（Julian calendar），一年由 1 月开始计算，并以基督诞生为纪元。人民批评反对，上帝怎么可能选择冬天为诞生日期呢？彼得我行我素，不过，他始终不敢采用格列高利历（Gregorian calendar），这项纪年早在 1582 年为欧洲的天主教徒所用。依照这项历法，一年减去 10 天，将会剥夺东正教圣者的许多圣日。

毫无倦意的沙皇，也在同样的困难下改革了字母。在俄国教会，通行的是古老的斯拉夫字母，商人却早已采用希腊人的文字。彼得命令所有通俗的著作必须采用新文字。他由荷兰引进了印刷术和印刷工人，他开始（1703 年）发行俄国的第一份报纸《圣彼得堡公报》（*Gazette of St.Petersburg*）。他鼓励工艺和科学书籍的出版。他设立圣彼得堡图书馆，设立俄国档案处，把文稿、记录和朝代的纪传收集到图书馆。他开放许多工艺机构，指令王公子孙入学研究。他也想过在全国设立"数学学校"。在莫斯科，他仿照德国，设立大学预备学校，专门教授语言、文学和哲学，不过这些学校的寿命并不太长。1724 年，他组成圣彼得堡学院。为此，他聘请了鼎鼎大名的德莱尔（Joseph Delisle）教天文学、贝尔努利（Daniel Bernoulli）教数学。在莱布尼茨的推荐下，他任命（1724 年）丹麦航海家白令（Vitus Bering）远征探险堪察加半岛（Kamchatka），以证实亚洲与美洲是否属于同一地缘。白令在彼得去世后才进行探险。

在亚历克西斯任内，俄国剧院只提供私人的表演，彼得监造位于红场（Red Square）的一间剧院，并对外公演。他引进德国演员，排演 15 出喜剧，包括莫里哀的作品。外国乐师演奏交响乐，演唱团和音乐会被介绍到俄国，俄国人民也采用了欧洲的和阶和对比手法。彼得批准图画和雕刻品的买卖，大部分是意大利作品，把这些作品集中放在圣彼得堡的一家艺术馆里，免费供人参观，并供应饮料。在亚历克西斯任内，还建过不少教堂。彼得却从来不曾有过，建筑师觉得建造皇宫反而获利更多。

在这段狂飙式的革命进程中，并没有出现伟大的文学作品。诗歌受彼得的刺激，还需要一段时间的培养。在彼得死前一年，曾经出现过一本勇敢的书，伊凡·普索可夫（Ivan Possoshkov）写的《贫富之书》（*Book of Poverty and Wealth*），讽刺俄国的蛮荒状态，强烈地支持沙皇的改革。"很不幸，"这本书说，"我们伟大的王朝，只有一个人，率领着十来个助手，拼命前进，而数百万的个人，却在拖着他们的后腿。"伊凡谴责农民受到压迫，要求成立一个不受阶级限制的法庭，公平处理案件。令沙皇吃惊的是，他竟然主张由所有阶级共同写一部新的俄国宪法和律典。在彼得死后的几个月，他被捕了，1726 年死于狱中。

终曲

年复一年，反抗彼得改革的声浪始终不息。俄国人早已习惯于贫穷、受苦和专制，即使在"恐怖者"伊凡时代，他们也未曾负担过如此的重担，纳过这么多的税；即使在战场上，也不曾因为劳役、饥饿、寒冷、困穷、疾病而死去这么多人。"苦难与日俱增，"受彼得宠爱的勒福尔于 1723 年如此写道，"街道上，许多人想出卖子女来求生存……政府对军队、海军、官僚甚至任何人，都没有发放任何的薪饷。"彼得面对着这些因他的改革而使贫穷普遍增长的现象，感到非常为难。他又不屑于施舍，因此，只得组成 60 个团体来布施慰劳品。

哀求之声仍然不息，罪犯随之增多，农奴逃避工作，士兵和征集的工人冒着生命的危险逃离管区，横行各处。有时，他们自己组成团体，有数百人之多，攻城略地。"莫斯科，"一位将军于1718年报告说，"是土匪的温床，劫掠遍地，盗匪横行无忌，目无法纪。"一些莫斯科街道为市民阻塞，有些人家用高墙围起，以防盗贼出入。彼得想用严刑峻法来压制盗匪：逮到土匪就地吊死，破门抢掠者削鼻至骨，罪犯仍然累累不断。穷人觉得生活越来越苦，即使杀头，也不过和终身监禁或强迫劳役相差不远。因此，在他们的脑海中，早把生死置之度外，随时铤而走险。

彼得各处招怨，很多人怀疑为何没有人把他杀死呢？贵族们憎恨他强迫他们为国服务，给了商人各种名利；农人恨他把他们由家园中征用到劳役工程；教士把他看成启示录中的动物，因为后者曾经命令救世主变成国家的仆人。几乎所有的俄国人都不信任他，因为他时常与外人接触，并传播异端的思想。不过，全国上下都怕他，因为他操纵着生死大权。俄国人并不想西化，他们无疑是痛恨西方的。要保持民族精神，就必须斯拉夫化。由绝望而引起的反抗，陆续爆发于1698年的莫斯科、1705年的阿斯特拉汗、1707年的伏尔加河沿岸。其他零星的叛变，传遍了整个帝国。

彼得的两度西行更使这种冲突尖锐化。1711年秋天，他到德国托尔高（Torgau），参加他儿子的婚礼。在那里，他接见了莱布尼茨，后者允诺为他设立一间俄国学院，并自愿为校长。沙皇原来计划于1712年1月回到圣彼得堡，不过在10月，和瑞典发生一场争战，他只得取水道到达卡尔斯巴德，兼道访问维滕贝格。有些路德派教士引导他到路德曾经向罪恶掷过墨水的房子，并指出他掷在墙上的位置，他们请求他也在墙上写几个字。他写道："墨水颜色非常鲜明，这表示整个故事不是真的。"彼得于1713年4月回到新都。1716年2月，他再度前往西方，拜访德国和荷兰。1717年5月，他到达巴黎，想把女儿伊丽莎白嫁给路易十五，在与这位7岁的皇帝见面时，彼得把他举起来拥抱他。几天后，路易在皇宫前面接见他，彼得把他像小孩子一般抱起来，越过阶梯，放到他的宝座上。他在巴黎住了 6 周，观光、吸收这个城市在政治、经济、文化生活等方面的特色。里戈和纳捷两位画家分别为他绘像。他在圣西尔修道院访问年迈的门特隆夫人，然后由巴黎前往斯巴，住了 5 周，喝着当地的水，因为他这次患了不少疾病。他的太太凯瑟琳在柏林与他会合，发觉他有一位情妇，她以欧洲最良好的忠诚教养宽恕这件事。抵达圣彼得堡时（1716 年 10 月 20 日），彼得面临他一生中最恶劣的危机。

他的儿子亚历克西斯——原来彼得希望他能继承王位，继续进行自己的改革工作——此时，却对许多的革新不满，也不喜欢他们的方式。就身心来说，亚历克西斯是尤都西亚的儿子，而不是彼得的儿子，矮小、怯弱、爱好书本、浸信东正教，这些都是彼得出外打仗时他在虔诚之下成人的结果。9 岁时，他亲眼看着母亲被黜，进入修道院（1699 年）。11 岁时，他听过教士埋怨把教堂的钟拿去铸制大炮。他问过父亲，为什么俄国人必须远走异邦，为争取纳尔瓦那么远的地区打仗？彼得对这位不爱流血的儿子深感不悦。

在彼得忙着建造圣彼得堡时，亚历克西斯留在莫斯科，浸淫在教会和古老的生活方式中。他反对国家破坏教会制度和管理教会的财产。他的神父总是告诫他，要他不惜任何代价来保护教会。亚历克西斯成为信徒和贵族阶级的偶像和希望。他们都痛恨彼得的世俗化和西化政策，早就迫不及待地等候这位笃信宗教的王子继承王位。彼得很少看到他，后来经常责骂他。有时，他发觉这个孩子秘密地探望修道院中的母亲时，便加以一番毒打。这位年轻人的不满几近于愤恨了。他向神父伊格纳季耶夫（Ignatiev）告解说他希望父亲早死，伊格纳季耶夫向他说这并不算罪过。"上帝会宽恕你，"他告诉亚历克西斯说，"我们都期望他死去，因为百姓已经无端地背负太多的重担了。"

1708 年，彼得把亚历克西斯送往德累斯顿学习几何和筑城术。1711 年，亚历克西斯娶了布鲁斯威克·沃尔芬布托尔（Brunswick

Wolfenbüttel）公主索菲亚为妻，他对她的坚持信仰路德教派而不改信东正教一直耿耿于怀。于是他到处寻求情妇，甚至到妓院酗酒狂欢。在索菲亚生下儿子后不久，他便带着一名妓女去慰问她。一年后，索菲亚死于难产（1715 年）。彼得在一封满是愤怒语气的信里要他回到圣彼得堡："我不伤害我自己的太太，也不损害属于我的东西。你这件事，我也不例外。你好自为之，设法使自己有利于国家，否则，你只好放弃继承权利。"亚历克西斯自求免职以使父亲息怒，他说他会满意于平淡的生活。彼得觉得这不是解决问题的方法。1716年 1 月 30 日，他写信给亚历克西斯说：

> 我不相信你的誓言……大卫说每个人都是说谎者。即使你愿意遵守，你身边的长胡子也将设法劝阻……每个人都知道你痛恨我的功业，而我是为了国家才做这些事情。为了这个理由，让你远离是不可能的。因此，你最好改变你的作风，毫无伪装地成为有用的继承者；否则，你只好到修道院去了。立刻给我答复……如果你不这样做，我将把你当犯人看待。

亚历克西斯的朋友们劝他干脆去修道院算了。"一件僧衣并不限定一个人，"其中一位说，"你可以再把它摆在一旁。"亚历克西斯于是回信说，他宁愿为僧侣。彼得心怀不忍地告诉他好好考虑半年再做出答复。接着，沙皇到西方访问（1716 年 2 月）。6 月 29 日，彼得的妹妹纳塔莉娅（Natalia）劝亚历克西斯逃离俄国，请求神圣罗马皇帝的保护。9 月，彼得从哥本哈根写信回来，告诉他半年的期限已到，亚历克西斯必须准备进修道院，或是跟他到丹麦参战。亚历克西斯假装前往与父亲会合，他从梅尼希科夫和议会那里得到补助，然后跑到维也纳，而不是到哥本哈根（11 月 10 日）。他请求副总督为他取得查理六世政治庇护的许诺。"我的父亲，"他说，"非常愤怒，急思报复，他将不会宽恕任何人。如果皇帝把我送回，那无异让我送死。"

副总督把他送到蒂罗尔（Tirol）附近的埃伦伯格（Ehrenberg），在那里，他受到监视，却可以有任何舒适的要求和招待，并带着打扮成小女仆般的情妇阿夫罗西尼亚（Afrosinia）。彼得的密探跟踪而至。受到警告后，他立即逃往那不勒斯，躲在桑艾摩堡里。彼得的密探随即找上来，保证父王一定会原谅他。他同意，不过要求彼得必须允许他与情妇一同过乡村的退隐生活。彼得在 1717 年 11 月 28 日的信中允诺了。亚历克西斯把阿夫罗西尼亚安排到意大利待产，在他前往俄国的旅途中，不时以最亲爱的语气去信问安。

他于 1 月底抵达莫斯科，2 月 3 日，彼得率领国家和教会代表组成庄严的接待会。亚历克西斯含泪跪下要求宽恕，彼得答应，但剥夺了他的继承权，并宣布凯瑟琳年仅 3 岁的儿子彼得·彼得罗维奇（Peter Petrovich）为法定继承人。亚历克西斯请求与这位新沙皇联合治理国政，彼得允许。不过，他必须先承认反对他父亲改革的阴谋。亚历克西斯供出许多人员，这些人俱被逮捕，进一步拷问细节，许多人被流放到西伯利亚，一些人被以最野蛮的方式处死。释放的亚历克西斯，之后被安置在圣彼得堡，靠近沙皇行宫的一间房子里，每年有 4 万卢布。他写信给阿夫罗西尼亚说父亲待他尚好，曾经与他共餐。他盼望她能回来，一同享受农村生活的宁静。

她于 4 月抵达，马上被捕。她不是接受拷问，而是一项严肃的检验。中途崩溃后，她俯首承认亚历克西斯雀跃于反抗他父亲的新闻，宣称只要他掌权，他便要放弃圣彼得堡和海军，并减少陆军到守卫能力的程度。这与彼得已经知道的相差不太多。因此，他允许亚历克西斯有两个多月的自由。然后，不知什么原因，他突然宣布他对亚历克西斯的宽恕是出于亚历克西斯的认罪，现在有证据证明亚历克西斯的认罪是不真的，而且不完整，他要撤销他的原意。6 月 14 日，亚历克西斯被捕，监禁在彼得堡的保罗堡（Paul Fortress）中。

1718 年 6 月 19 日，经过最高法院的判决，亚历克西斯第一次受到拷问，鞭笞 25 下，他承认希望父亲早死，而且，他的神父也告诉他，"我们都期望他的逝世"。他被带去面对阿夫罗西尼亚，听她重复以前的口供。尽管如此，他还是宣誓他对她的爱至死不渝。他承认"多多少少，我不仅对父亲的一切，也对自己感到相当厌烦"。他声明曾经"想靠神圣罗马帝国的协助，运用武力来征服王朝"。6月24日，又被鞭打，不过，这次问不出什么东西了。最高法院以蒙骗为由判他死刑。亚历克西斯请求在行刑前能够抱着他的情妇，这项请求是否批准，我们就不得而知了。彼得没有签字。亚历克西斯再度接受拷问（6月25—26日），第二次是在彼得和朝廷官员面前举行。后来勒福尔记载说："虽然我不知道这件事的来龙去脉，不过，我敢肯定是他的父亲首先打下第一鞭的。"那天下午，亚历克西斯死于狱中，显然是笞伤致死。有个传说声称凯瑟琳曾经要求医生检验他的血管，我们不知道这个举止是出于怜悯或是为着她的儿子着想。阿夫罗西尼亚得到亚历克西斯的一份财产，嫁给禁卫军的一名军官，安静地在圣彼得堡附近度过30多年。

彼得希望凯瑟琳的儿子能够继承他，可是，这位男孩早死于1719年。凯瑟琳又生下两个儿子，彼得和保罗，不过，两位都比沙皇早死。与瑞典签订和约后，他接受人民给他的皇位尊称。1721年，议会和宗教会议加冕凯瑟琳为皇后。他向全国许诺，在他的实际统治下，俄国将会享受和平。但一年后，他就率军攻打波斯。他希望能在中亚到印度间开辟出一条商路。他的情报人员告诉他，一路上将可获得满载的黄金。他派先遣人员调查开采高加索和中东石油的可能性。1722年，他指挥一支舰队渡越里海，攻打波斯。这支舰队攻下了巴库（Baku）和波斯在海峡的港口，但暴风雨摧毁了大半的船只，疾病困扰着军队。彼得于1724年率军北返，疲惫近乎沮丧。

他患梅毒已有好几年了，吃药打针，不胜其苦，酗酒只是把事情弄得更糟。战争、革命、叛变的刺激和可怕的横劲，终于打垮了他结实的躯体。1724年11月，他从靠岸的船只跳下结冰的涅瓦河，拯救受伤沉溺的水手。整个夜晚，他浸在水深及腰的冰河里，隔天他便伤风感冒，不过很快便痊愈了。接着又是一连串操心的工作。1月25日，他躺在床上，饱受膀胱膨胀的苦痛，一直到2月2日，他才肯承认死亡为期不远了。他告解了几项罪过，并接受洗礼。第6天，他下令赦免所有的罪犯，阴谋颠覆的政治犯除外。他那痛苦的哭声，吓呆了身旁的随员们。他要求在石板上写下遗嘱，不过，他只写下了"把全部"几个字，笔便由他手中掉落下来。经过36个小时的昏迷沉睡，他再也没有醒过来。1725年2月8日，官方宣布死讯，他享年52岁。

俄国终于喘了一口气，好像是一场长久而可怕的梦魇终于结束似的。瑞典与波兰重新交好，他们希望俄国陷入无政府状态，从此不再威胁西方。古老的封建俄国又抬起了它的骄傲的头，祈求美好的过去重新再来。整个国家曾经饱受狂暴的压迫，它的灵魂和荣耀由于毫无选择他模仿西方而遭受严重的打击。反动势力广泛地扩展，摆着胜利的姿态。许多改革工作由于缺乏支持而自生自灭。行政官僚大量削减，不过，它的构架还是延续到1917年。贵族们重新拾回古老的传统权力，他们恢复土地中的树林和矿产。商人阶级曾经受到彼得的大力提拔，如今回到从前的附属地位。许多的新工业因缺乏机器或缺乏劳工和完善的管理而夭折。新兴的资本主义萎缩了，俄国停留在彼得革命以前的经济阶段将近有200年之久。商业上的改革算是比较成功的，与西方的贸易继续增加。随着与西方接触的频繁，某些方面的仪态进步了，但古老守旧的服饰，在凯瑟琳二世手下恢复了。长胡子在亚历山大二世任内，又成为俄国的标志。贪污继续蔓延着，道德并无多大的改进。也许，彼得的酗酒放荡和残暴，只有使道德更加败坏。只有这些改变，适时地埋下根基，因而残存下来了。

彼得是近代史上比较不受人爱戴的人物，但他的成就是广泛的。他的失败证明天才在历史上的影响是有限的。可是，他留给俄国的种种标志，使人了解到性格作风在改变历史上的力量。他留给俄国一支陆军和海军。他开辟港口，打开与西方贸易和交换观念的门户。

他建立了煤矿和冶金工业。他设置了许多学校和一家学院。他的大力一推，使俄国走出亚洲、进入欧洲，构成后来欧洲发展的一大影响力量。从此，欧洲必须更加慎重地接触那片广大的心脏地带，小心对付那些强壮、坚韧而刻苦的大众和他们那些专横而不容忽视的目标。

第八章 | 改变中的帝国
（1648—1715）

德国的重建

"三十年战争"使德国的人口由 2000 万人锐减到 1350 万人。血腥污染过的土地，虽然在一年内复原了，仍然需要大量的人力。女人过剩，男人则严重缺乏。志得意满的王公贵族们面对这种人种上的危机，只得回到古老的一夫多妻制。1650 年 2 月，在纽伦堡举行的弗朗哥尼亚会议（Congress of Franconia），采取一项断然的措施：

> 未满 60 岁的男子不得进入修道院……教士和代理牧师（如果没有授职的话），及所有宗教机构里的信徒可以结婚……每个男人可以娶两个太太。每个男人可以经劝导和教士的告诫，来顺应这件事。

未婚妇女必须纳税。不久，新生的人口渐渐平衡了性别上的差异。太太们也想独自占有一位丈夫。人口迅速恢复，德国在 1700 年又回到 2000 万人口。马格德堡重新兴建，莱比锡和法兰克福也由郡主们重加整修，汉堡和不来梅比以前更显壮丽。不过，工业和商业要经过100年的调养，才能回复16世纪的水平。瑞典和荷兰控制着奥德河、易北河、莱茵河口及海洋口岸，这使内陆运输相对缓慢下来。中产阶级没落了，城市如今不再受商人的操纵，而由各地区的王公或法定人员管理。

这场战争严重削弱了哈布斯堡王室的权力。法国打垮了帝国，也打败了帝国的盟友西班牙。德国诸侯反而比皇帝更有力量，他们有自己的军队、法庭和币制，可以自由拟定外交策略，与非德国国家结盟，甚至违反帝国的利益。此时拥有独立自主的诸侯达到200位之多，有63个教会邦由罗马天主教的大主教、主教或修道院院长统治，51个"自由城市"由皇帝治理，而且只限于名义上。法国眼见德国的分崩离析，不禁在旁暗自窃笑。

勃兰登堡侯爵是帝国衰微的象征，也是新帝国崛起的标志。远离皇帝，面对瑞典和排山倒海的斯拉夫人，霍亨索伦家族知道，他们这样小的国家，必须依赖自己的资源和力量求取生存。早在10世纪，"捕鸟者"亨利（Henry the Fowler）沿着易北河建造了"萨克森的北方防线"，作为抵抗斯拉夫人侵犯的据点。他摧毁斯拉夫族的文德族（Wends）的堡垒和首都勃兰堡（勃兰登堡的名字即由此而起），把他们驱回奥德河。几个世纪以来，易北河和奥德河之间的领土，在德国和斯拉夫手里不停地数易其主。霍亨索伦族的腓特烈，1411年至1417年把它买下来，并在帝国议会里获得赞成票，这使选帝侯在历史上扮演更有分量的角色。从那时起，霍氏家族便统治着勃兰登堡，一直到它变成普鲁士，而普鲁士则延续到威廉二世于1918年退位。很少有家族能够如此长久，并和国家保持如此亲密的关系，或为了一个国家的兴盛和扩展，如此热切而有力地效命过。在约翰·西吉斯蒙德选帝侯的统治下，勃兰登堡获得西方的克利夫公国和东方的东普鲁士公国，因此，选帝侯早已拥有普鲁士王国的主要轮廓。最后的一位家族成员是乔治·威廉选帝侯。他在"三十年战争"中的优柔寡断，给瑞典大军攻打勃兰登堡的机会。乡野和城市被抢劫一空，柏林遍地荒芜，工业几乎毁于一旦。选帝侯统治的人口由 60 万减为 21 万。承袭了这一片荒废（1640 年），腓特烈·威廉在他 48 年的统治下，完成了复员和扩展。这项奇迹使他赢得同代人的赞佩，尊称他为"选帝侯"。没有他，腓特烈大帝（诚如他自己承认的）的种种将成为不可能的事。

他于 20 岁开始掌权——是一位敢于打破权威的英俊、黑头发、黑眼睛的青年，他在虔诚和教养下长大，在莱顿大学完成教育。在俄国彼得大帝之前，他早就钦佩荷兰民族，羡慕他们的坚忍和工业化的生活方式。后来，他引进了几千个荷兰人，定居繁衍于他那片人烟稀少的国土。在《威斯特伐利亚和约》中，他得到东部波美拉尼亚、明登（Minden）、哈尔伯施塔特（Halberstadt）主教区及马格德堡大主教区的继承权。他把 1680 年得到的这些权益私自留下一块，虽然分散，却足以构成一个王国的领域。早在 1654 年，他的首席大臣华德克的乔治腓特烈伯爵便着手使整个德国联合在霍亨索伦家族领导之下的计划。腓特烈·威廉便是继续执行这项计划的人物。萨克森"强人"奥古斯都改信天主教而变成波兰国王时，便为德国的新教领袖地位铺了路——瑞典势力除外。

1648 年的和约使德国一些最主要的据点受到瑞典军队的控制，而且瑞典以参加"三十年战争"的牺牲和胜利，要求领导德国的新教徒。一个半边受到压制的勃兰登堡——普鲁士，如何才能发展强壮到与瑞典对抗，或制止萨克森的支配？腓特烈·威廉以计划和意志分头着手这件要事，而这些正是身为政治家的首要条件；其次，借税捐和法国的贷款来厚植国本，这是政治家的第二个条件；然后，以金钱训练一支新军，这是他的第三步。1656 年，他便拥有欧洲第一支常备军——10.8 万名随时备战的军士。为了这项措施，他说服各个组成邦每年"纳贡"给柏林的中央政府。以这些财力，他在省际议会里便成为经济上的独立势力。而且，他组成了一个当时政治和知识发展水平中最务实的政府——绝对而中央化的统治。他允许贵族免缴直接税，但要求他们的儿子必须以贵族子弟的身份在军队服役或纳入官僚系统。这些"初级人员"起初拒绝这种服务，但他供给他们漂亮的制服和高尚的社会地位，把他们训练得干练、有荣耀感，并启发、养成他们的团队精神，以取代对旧王室的封建性效忠，使军队属于政府，而不再是领主私人的武装。这些军队和社会的力量使腓特烈大帝能够独自对抗近半个欧洲，也为德国后来发动第一次世界大战铺路。

腓特烈·威廉缺乏一项才能——瑞典国王们的军事天分。近20年之久，他在瑞典与波兰、神圣罗马帝国与法国的冲突中，闪烁不定，纯粹只靠外交来保全自己。不过，一旦查理十一侵犯勃兰登堡，腓特烈·威廉的军队便能及时在费尔贝林（1675年）打败瑞军，这场胜仗使他赢得"选帝侯"的尊号。结果，虽然受到浮动政策和有限资源的限制，他仍然为国家增加了4万平方英里的土地。

更重要的是他在经济和行政上的改革。在他的推动下，贵族改善耕作方法，扩大开垦他们的园地。他大量种植桑树，发展一种新兴的丝织工业。他要求农民在结婚以前必须种12棵树，以阻止森林的滥伐。他建造腓特烈·威廉运河，以连接奥德河和施普雷河。路易十四废除《南特诏书》后，选帝侯马上宣布《波茨坦诏令》（*Edict of Potsdam*，1685年11月），邀请那些被排斥的胡格诺派教徒前往勃兰登堡——普鲁士定居。他派遣工作人员资助他们的迁徙。他们一共来了2万多人，为普鲁士的工业助一臂之力，并为普鲁士军队增加了5个兵团。腓特烈·威廉与他的子孙腓特烈大帝一样，辛勤埋首于国家行政，为后来的彼得大帝和18世纪的"开明专制"建立一项原则：统治者必须是国家的忠实仆人。他知道宗教的不宽容是经济和政治发展的一大阻碍，因此，他允许老百姓信奉路德教派，而自己信守加尔文教派。这项措施使他在德国声名大噪。此外，他还给天主教、唯一神派教和犹太教信仰自由。

他死于1688年，享年68岁。他的遗嘱把全国土地割给儿子们，这将破坏统一的结合。然而，他的继承人另加修改，仍然维持中央化的权力。腓特烈三世参加抗法，深得利奥波德皇帝的欢心。为了这次行动和他的 8000 人马，利奥波德颁给他普鲁士王的尊荣。1701 年 1 月 18 日，他在柯尼希山加冕为腓特烈一世。从此，普鲁士便迈向通往俾斯麦（Bismarck）和德国联合的路线。

　　腓特烈成立哈勒大学（University of Halle），这是他平生的一大荣耀，另一个值得称贺的事迹是他赞助第二位夫人推动柏林文艺活动的发展。索菲娅·夏洛特是汉诺威选帝侯夫人索菲娅女伯爵的女儿，被誉为德国有史以来最漂亮、最聪明的女人。她曾在巴黎居留甚久，后来带给柏林宫廷一种诱人的文化气息和魅力。经她和莱布尼茨的鼓励，腓特烈设立了柏林科学院，此举使他名留青史。他也为她在以她为名的夏洛滕堡（Charlottenburg）附近，建造赫赫有名的堡垒式行宫。在此地举行的沙龙座谈会，经常聚集一些科学家、哲学家、自由思想者、耶稣会教士和路德教派教士。她喜欢参加他们的辩论，经常争辩到夜晚而未见倦容。在那里，她的表姨，英国卡罗琳王后饱受熏陶，后来还把这些学问和艺术气息介绍到英国，引起当地的文化变迁。她临死之际（如果我们相信她的孙子腓特烈大帝的话），她拒绝天主教和新教的解脱仪式。她告诉教士说，她会在宁静中慢慢死去，心中充满好奇，而不是期待或恐惧。现在，她说，她将会满足于事物本源的探索，"这些源流，甚至莱布尼茨也不能向我说明"。她还劝解那位喜好排场的丈夫说，她的死"使他有机会，给我一个隆重的埋葬"。

　　在 300 多个消耗帝国财政的附属国中，柏林宫廷只有德累斯顿的萨克森宫廷差可比拟。"强人"奥古斯塔斯以腓特烈奥古斯塔斯一世选帝侯的身份统治萨克森（1694—1733 年），留给欧洲一大群私生子，其中比较有名的要算马雷切尔·萨克斯（Maréchal de Saxe）。他使他的国都成为"德国最美丽的城市"，也是小型艺术的胜地。可是，萨克森人民对他改变信仰、在波兰战争中耗费的金钱和人力、宫廷的奢侈浪费等等深感不满。

汉诺威选帝侯在这段期间以保护莱布尼茨和兼领英国而留名史
籍。1658 年退位的夏洛特公主,伊丽莎白·斯图亚特的女儿索菲娅,
嫁给欧内斯特·奥古斯塔斯(Ernest Augustus),后来成为汉诺威选
帝侯。她的博学曾使丈夫相当难堪。她精通 5 种语言,很少拼错,而
且比英国大使懂得更多英国历史。有一段时期,她在汉诺威主持一个
由学者和哲学家组成的沙龙座谈。不过,她的注意力放在为儿子乔治
争取英国王位上。她身上有着王室血统,因为她永远不会忘怀她是詹
姆士一世的孙女。1701 年,英国议会承认索菲娅的继统,并要求"她
的子孙必须是清教徒"。她很乐意看到儿子成为乔治一世,却不喜欢
媳妇多萝西娅成为未来的王后。因此,她盼望他们的婚姻产生裂痕。
乔治疑心太太与柯尼希斯马克的菲利普公爵有染,于是将他杀死,并
与多萝西娅离婚,把她从 1694 年监禁到 1726 年她死去为止。索菲亚
于 1714 年 6 月去世,享年 84 岁,正好是英国王冠落到她儿子头上的
两个月之前。

德国精神

天主教和新教在争取成为德国精神感召的奋斗中,由于"三十年
战争"把神学上的对立减少到荒谬程度,因而缓和了双方的敌对。在
这段期间,因为耶稣会教士的劝解,一些信奉新教的王公们改信天主
教。加尔文教派也分化了一些路德教派的信徒,慢慢形成一种严肃而
带有经院哲学的教条主义。为反对这种形式主义,虔信教徒派运动迅
速展开了,他们企图扬弃外在的表象而寻求与上帝灵交的内在灵魂。
17 世纪下半叶,福克斯、威廉·佩恩和巴克利传播教友派到德国来,
也许由于这次传教运动,才掀起当地的虔诚信仰。我们发现佩恩初
次访问后的第四年,便出现了菲利普·施佩纳(Philipp Jakob Spener)
的《虔诚之颂》(*Piadesideria*)一书(1675 年)。斯宾诺是法兰克福的
路德教派牧师,曾经在私下的崇拜仪式中渗入了神秘的感召。虔信派

教徒这个名称，就像清教徒和遁道宗教徒一样，带有一些嘲弄的意味。他们那种千年至福的期望，曾经在战争中抚慰了不少德国人。他们相信耶稣再生并不是一种含糊的神学教条，而是日常生活中一种温暖而有力的鼓舞。任何时刻，耶稣都可能再度来临这个国度，他将建立一所纯粹的"精神教堂"，没有组织，不要仪式，也不要教士，只是以心灵的喜悦来迎接上帝的祝福。

弗兰克（August Francke）以一种先知的热情，继续带领这次运动。许多妇女都被他那种实际的基督教言行感动，纷纷加入他的行列。这项因为英国清教徒和法国静寂主义引起的运动，反而影响到英国的遁道宗和德国的诗歌，进而扩展到美国。在那里，马瑟（Cotton Mather）满怀希望地赞美道："世界开始由上帝的火光，感染到它的温暖，这道火光，如今也燃烧在德国人的心中。"不过，虔信教派像清教一样，也因为把虔信公开和职业化了，有时，便显得矫揉造作和伪善，因而破坏了本身的完美。18 世纪，它便被从法国传来的理性主义浪潮冲垮了。

黎塞留、马扎然和路易十四的成就，及法国宫廷日益扩大的光彩，对《威斯特伐利亚和约》后的德国社会有一种不可抗拒的影响力。有一段时期，国际主义压迫着民族主义。法国的生活方式主宰了各国的语言、文学、拼音、礼仪、舞蹈、艺术、哲学、酒和假发式样。德国贵族们如今只对仆人说德语，德国作家以法文和拉丁文著述为上臻佳构。莱布尼茨大部分都以法文撰述，他坦白承认说："德国的礼仪，多少按照法国方式而倾向于温文尔雅。"然而，他对德国语言被法文的词句替代或同化，深不以为然。

在这段时期，只有一本德文的书残存下来——格里梅尔斯豪斯（Hans von Grimmelshausen）所著的《率真教徒》（*Simplicius Simplicissimus*，1669 年版）。形式上，它是梅尔基奥尔（Melchior von Fuchshaim）这位歹徒生活的自传。这位仁兄 1/4 是傻瓜，1/4 是哲学家，另有一半完全是一派无赖样。在精神上，它充满幽默而略带悲观意味的讽刺，毫无隐蔽地描绘"三十年战争"后的德国。梅尔基奥尔是一名农夫的养子，书中悲悯地描写他的生活：

> 除了扈从、仆人和马夫之外，我的主人还有绵羊、山羊和几头猪，它们都养在水槽附近，只等待我去赶回家园。他的军械库中满是犁、鹤嘴锄、斧头、锹、铲、粪肥和干草耙。他每天使用这些工具，因为犁田和挖掘是他的军事训练……施肥是他的防御工事，握耙是他的战术，清理马厩是他的骑士型的娱乐和锦标。

一群强盗破门而入，威胁这位农夫交出隐藏的物品，梅尔基奥尔逃到一位年老的隐士那里，听他教授神学。问到他的名字时，他回答说："无赖或逃犯。"因为除此之外，他从来不曾听过别的名字。他的养父也在同样的情形下被称为"懦夫、独夫、醉狗"。被士兵逮捕后，梅尔基奥尔被解送到哈瑙（Hanau）总督的官邸。在那里，他被训练成一名傻瓜，受洗为率真教徒。他后来又被绑架，变成一个小偷。发现一处密藏后，他顿时成为绅士，引诱一名少女，被迫与她结婚，抛弃她之后，受洗为天主教徒，整天嬉戏红尘。失去财富后，便行骗江湖。财富失而复得，他满怀困惑，只好退隐一处，与世隔绝。这个人物比伏尔泰早一个世纪，所写的人生唯一不同的是，它的讽刺掺杂了德国的幽默，但不带高卢人的狡黠。这本书很受批评者的苛责，后来却成为一本经典之作，成为路德与莱辛之间，最有名的德国文学作品之一。

我们绝不可把它当作战后德国的写照。德国人也许善饮，但即使酒酣之际，他们仍保持着特有的幽默感。也许，在这段时期，德国的道德意识反而比法国更加浓厚。

德国的艺术

这个时代是德国建筑最富创意的时期。德国巴洛克式艺术的华美，带给卡尔斯鲁厄、曼海姆、德累斯顿、拜罗伊特、符兹堡和维也纳诸城一种迷人而华丽的前卫风格。几位建筑家，如艾拉哈、普兰道、约翰·岑霍费尔、克利安、克里斯托弗、施吕特等也都在此时出现。如果不是受到往来不便和语言的隔阂，他们也将像雷恩和琼斯一样闻名于英语国家。可惜，他们的一些作品在法军侵犯德国时被毁掉了（1689 年），有些毁于第二次世界大战的炮火。

　　一些可爱的教堂在贫穷和破坏中兴建起来了。历史记录如果没有列上约翰·岑霍费尔在富尔达（Fulda）的教堂、班茨（Banz）的大主教教堂、克里斯托弗·岑霍费尔和克利安·岑霍费尔在布拉格圣尼古拉斯和圣约翰教堂的作品，那将是一种遗憾的疏忽。1663 年，意大利建筑家巴雷利（Agostino Barelli）开始建造慕尼黑郊外的纽芬堡行宫（Nymphenburg Palace），埃夫纳（Joseph Effner）则成功地掺杂古典的挨墙柱（Pilaster）和巴洛克的雕刻，来设计内部结构。装饰的美一直是巴洛克形式的诱惑所在。这种形式在柏林宫的节日厅，珀佩尔曼在德累斯顿为"强人"奥古斯塔斯兴建的兹文格行宫（Z-winger Palace）的阁馆中，表现得淋漓尽致。在这里，巴洛克形式转入华丽的洛可可造型，反而比较适合闺房内部而不适合皇宫的前庭。这些作品大都毁于第二次世界大战，甚至 1698 年为施吕特所建的夏洛滕堡宫和柏林宫也惨遭同样的厄运。

　　施吕特是这一时期德国杰出的雕刻家。全德国人都震惊于他为选帝侯所作的骑马雕像，这件珍品一直屹立于战火中，现放在柏林外围的夏洛滕堡大广场。在柯尼希山，他也同样为刚加冕为普王的腓特烈一世塑像。格里斯克（Julius Glessker）在班柏教堂（Bambery）为苦难的一群人民刻出一幅圣母头像图案，木刻家将他们的技巧展现在西里西亚修道院教堂的壁画上。不过，由于赞助人的虚荣心，使他们过分地夸大了技巧。

　　德国绘画除了帕拉迪索（Christoph Paradiso）的《戴灰帽子的青年》（Yonng Man with a Gray Hat）外，这一时期并没有其他伟大的作品出现。贝斯（Rudolf Byss）为符兹堡设计的挂毡，也算是其中的佼佼者。德克（Paul Decker）的铜版刻画是此类作品中的极品。"强人"奥古斯塔斯也是陶瓷之王，迈森（Meissen）出现合适的黏土后，他便叫人建造窑炉，广加炼制，成为后来欧洲瓷器的先声。

音乐领域，才是德国表现他们特有精神面貌的地方，这是巴赫出现的前夜。作曲形式和乐器都来自意大利，德国人加入自己的感受和极度的虔诚。因此，在音乐上，意大利的特色是声乐，法国是旋律的美妙，德国则开创了短歌（小调）、风琴和圣诗。在克里格（G.F.Krieger）的《第十二号小提琴奏鸣曲》（*12 Suonate a due Violini*）中，奏鸣曲的效果已经建立在三种形式之上：活泼的快板、慢板和快板。起于舞蹈形式的管乐也独立于舞蹈和歌谣之外。

虽然如此，德国仍然需要意大利的乐师。卡瓦利（Cavalli）风靡慕尼黑，就像以后的维瓦尔迪（Vivaldi）在达姆施塔特（Darmstadt）的影响一般。意大利歌剧首先在托高附近公开演出（1627 年），其余的陆续在雷根斯堡（Regensburg）、维也纳、慕尼黑等地演出。第一出德国歌剧是由泰里（Johann Theile）的剧本《亚当与夏娃》改编而成的《童谣》（*Singspiel*），曾于 1678 年在汉堡演出。从那时起经过半个世纪之久，汉堡便成为德国歌剧和戏剧的中心。在那里，亨德尔于 1705 年排出他的作品《阿尔米拉》（*Almira*）和《尼罗王》（*Nero*），1706 年演出《达夫妮》（*Daphne*）和《佛罗林达》（*Florinda*），正好在他远征英伦乐坛以前。德国歌剧大师凯泽（Reinhard Keiser），曾经为汉堡的歌剧团创作出 116 部歌剧。

1644 年后，德国作曲家在风琴和宗教音乐方面，超越了意大利人格哈特（Paul Gerhardt）的旋律，表现出那种不妥协的路德主义。赖因肯（Jan Reinken）在汉堡的凯德林教堂，从 1663 年到 1722 年，一直主导当地的风琴演奏。布克斯特护德（Dietrich Buxtehude）生于丹麦，1668 年成为吕贝克圣母教堂的风琴手。他在那里的演奏，特别是风琴、交响乐和合唱曲的技巧极受推崇，当时巴赫还于 1705 年徒步远走 50 英里路，从阿恩施塔特（Arnstadt）到吕贝克来聆听他的演奏。他为风琴谱成的 70 首歌曲差不多都留存下来了，许多歌曲现在仍然被拿出来演奏，他的合唱曲也影响了巴赫的风格。屈瑙（Johann Kuhnau）在巴赫之前担任莱比锡附近汤玛斯教堂的风琴手，他为琴键谱成奏鸣曲，并谱成和巴赫相同形式的巴田式（Partien）舞曲。

巴赫家族此时以多产的角色进军乐坛。据我们所知，1550 年至 1850 年，共有将近 400 位巴赫出现：全部都是音乐家，其中有 60 位是当时乐坛的执牛耳者。他们形成一种家族系统，定期约会于爱森纳赫（Eisenach）、阿恩施塔特、爱尔福特（Erfurt）等地。毫无疑问，他们在文化史上构成最广泛和最特殊的王朝。不仅在人数上受人注目，更重要的是，他们以一种德国的特殊风格灌入艺术，并在创作和影响力上，深深地左右当时的风格。不过，要到第五代的巴赫，约翰·克里斯托弗·巴赫和约翰·米切尔·巴赫，即阿思施塔特的风琴手海因里希·巴赫的儿子，他们才正式记录在音乐的青史上。约翰·克里斯托弗作为爱森纳赫的首席风琴师近 38 年之久，他是一位单纯、严肃、多病的人，曾经接受合唱曲的训练，他专长于风琴和交响乐谱曲。他的哥哥约翰·米切尔（Johann Michael）于 1673 年成为格伦（Gehren）的风琴手，一直留任到 1694 年为止。后来他把第五位女儿嫁给众所周知的约翰·塞巴斯蒂安·巴赫为第一任太太。海恩里希的兄弟克里斯托弗·巴赫为魏玛的风琴手，生有两位演奏小提琴的双胞胎，其中一位名叫阿姆布罗希斯（Ambrosius），即巴赫的父亲。约翰·巴赫为海因里希和克里斯托弗的兄弟，曾经是爱尔福特 1647 年到 1673 年的风琴手，后来他的儿子约翰·克里斯蒂安·巴赫继承此位，后者于 1682 年又将这一职位转给他的兄弟约翰·埃留斯·巴赫。所有的机会和灵气似乎都是专为巴赫创造、准备。

奥地利和土耳其

　　奥地利受到的损坏，并不像德国那样严重，但它的资源枯竭了。军队垂头丧气，《威斯特伐利亚和约》更加降低了皇帝的威严和权力。在这些情况下，只有一件事稍可欣慰：利奥波德一世于 1658 年继承其父斐迪南三世的王位，一任就是 47 年之久。在他统治的这段时期，虽然土耳其人不时地紧逼维也纳的大门，奥地利还是快速地复原了。利奥波德对德国领属只是形式上的宗主，他实际的统治地区是波希米亚、匈牙利西部，及施蒂里亚、卡林西亚、卡尼拉和蒂罗尔等地。他并不是一位伟大的统治者，他辛劳地忙于行政和政策的拟定，但他缺乏哈布斯堡传统的远见，只是继承了它们的神学观点和唠叨。他原来想当教士，他从来不曾失去对耶稣会教士的热忱或脱离他们的指引和教诲。虽然他个人在道德上无可非议，但他坚持他的子民必须信仰天主教，在波希米亚和匈牙利以严厉的专制手段推行这项政策。他虽然喜好和平，但路易十四和土耳其人的挑拨使他步入一连串的战争中。在这些杀人流血的征伐中，他仍然抽出时间来欣赏诗歌、艺术和音乐。他自己会作曲，并奖励维也纳的歌剧，在他近 50 年的任内，一共出现了四五部新剧。由一幅 1667 年的版画，我们可以看出当时已有一座豪华的歌剧院，有 3 个包厢都坐满了人，这座古老的建筑，现在仍被传诵不已。

　　我们必须记住，此时的奥地利一方面为了保护西方而抵抗土耳其人的侵扰，另一方面也颇受当时西方最强大的君主的猜忌。基督教与伊斯兰教的争夺，由于哈布斯堡与法国的旧怨新恨，而显得混乱不堪。匈牙利使这个问题更加复杂，因为它的国境只有 1/3 属于皇帝，其中一部分是新教徒的聚居地，其余大半一直处于独立状态。匈牙利人也有他们的民族主义感情、文学及胡亚蒂·亚诺斯（Hunyadi János）和马特亚斯·克维那斯（Matthias Corvinus）留下来的骄傲传统。1651 年，米克罗斯·泽林尼（Miklos Zrinyi）已出版一本充满爱国意识的史诗。在饱受奥地利君主和天主教的宰割之余，一旦发现他们想征服整个匈牙利，匈牙利人早在心里就投向土耳其人了。

一些干练大臣的出现，多少挽救了土耳其的日益崩溃，并重新威胁西方。复兴的迹象之一，便是土耳其大诗人纳比（Nabi）对这些大臣们的歌颂；另一个是在斯坦堡（Stamboul，1651—1680年）以土耳其的财力、风味和虔诚，建立了一座可爱的叶尼瓦利德（Yeni Validé）清真寺。穆罕默德四世苏丹指派库普里利（Mohammed Kuprili）为总理大臣，此时他年近70，由他开始立下了阿尔巴尼亚（Albania）家族统治半个世纪之久的历史。他自己仅统治5年，不过，在这短短的任内，他处死了36 000人，从盗贼到叛逆等等，他的执刑人员平均每天绞死3人。行政腐化和内部的阴谋因此重刑而暂告止歇。军队恢复训练，地方上的官僚也减少了他们的自主要求和挪用公款。特兰西瓦尼亚郡主拉可齐二世（Rákóczy II）反抗土耳其时，库普里利亲自率军镇压，把他流放，并把每年的进贡由1.5万金币抬升到5万。

这个可怕的70岁老人的相位由他的儿子艾哈迈德·库普里利继任。特兰西瓦尼亚由约翰·凯梅尼（John Keményi）领导再度叛乱，利奥波德皇帝派出1万大军，由意大利名将雷蒙多伯爵带军前来援助，艾哈迈德派出12万人，借此行动一举攻下匈牙利，以惩罚他们的叛乱。利奥波德只得四处求援。德国不管是新教或天主教，纷纷以钱财和人马来支持。路易十四也舍弃与土耳其的盟约，派出4000名援军。即使如此，战役仍然毫无起色，维也纳的陷落为期不远，利奥波德也准备弃都而去。雷蒙多的军队虽然少，但有优良的炮兵装备。数量上的悬殊，使他不敢直接面对土耳其军队。他只好设法使两军相持于圣特哥特哈德附近的拉巴（Rāba）河，离维也纳南方约有80英里远。土耳其军逼临两岸时，他便各个击破。他的战略和法军上下的高昂斗志，终于打胜了这场战争（1664年8月1日），也再次解除伊斯兰势力对欧洲的渗透。

不过，正如一个世纪前（1517年）的莱潘托（Lepanto）的胜利仍然使土耳其维持强壮并迅速复原一般，这次战争也因为土耳其军的雄厚潜力、大量的后援及急于回防而不可依赖的利奥波德联军，造成利奥波德与土耳其苏丹的 20 年和约的签订（1664 年 8 月 10 日）。大部分的匈牙利自然在土耳其手中，承认土耳其对特兰西瓦尼亚的宗主权，并每年向苏丹进贡 20 万金币。艾哈迈德虽然战场失利，反倒赢得这次战争，带着战利品返回君士坦丁堡。

路易十四攻打尼德兰（1667 年），表示基督徒联合抗土的结束。1699 年，艾哈迈德攻占克里特，强迫威尼斯承认土耳其宗主地位，土耳其舰队重新控制了地中海。现在，只有波兰国王约翰三世苏毕斯基尚有打败土耳其的决心了。他大胆地宣布说："对付野蛮人必须以战止战，以胜利来争取更多的胜利，要把他们赶回欧洲之外……把他们逐到荒地，要他们付出毁灭拜占庭帝国的代价：这件事本身便是基督的教诲，它也因此是高贵而聪明的。"利奥波德鼓励土耳其攻打波兰，路易则促请他们打击利奥波德皇帝。

艾哈迈德死于 1676 年。在他 41 年的生涯中，打过许多次漂亮的败仗，在"决定性的战争中"屡次失误，却反过来使土耳其最大限度扩展到欧洲。苏丹穆罕默德四世把相位交给女婿卡拉·穆斯塔法（Kara Mustafa）。他与奥地利重启争端，路易十四在旁不禁大悦。这段时期，由特克利（Imre Thököly）领导的匈牙利民族开始叛乱，直接鼓励卡拉的野心，这支叛军反对奥地利残暴地压迫他们的民族情绪和宗教信仰。他们说，如果土耳其伸手协助，他们将承认土耳其对所有匈牙利领土的宗主权。利奥波德想放弃压制政策，容许宗教自由，但为时已晚。路易十四以金钱援助特克利，并向苏毕斯基保证，如果他联合法国合力对抗神圣罗马帝国，他将获得西里西亚和匈牙利的宗主权。发展至此，利奥波德只能用笼络手段把皇女嫁给苏毕斯基的儿子，声明他们永远世袭波兰王位。

卡拉·穆斯塔法觉得哈布斯堡和波旁王室之争，及天主教和清教徒的种种纷端，给他夺取维也纳甚至全欧洲的机会。土耳其曾经吹嘘说他们在15世纪曾把东罗马帝国的首都君士坦丁堡变成伊斯兰教的根据地，并把圣索菲亚教堂改变成一座清真寺。现在，他们声称非取下罗马并把坐骑养在圣彼得教堂的正厅不可。1682年，卡拉在阿德里安堡召集阿拉伯、叙利亚、高加索、小亚细亚和土属欧洲的各部人员，伪装攻打波兰。1683年3月31日，苏丹与大臣们开始长征维也纳的准备。随着军队的前进，土耳其各首领纷纷随路增援，瓦拉几亚、摩尔达维亚和特兰西瓦尼亚也相继附和。大军抵达德拉瓦河（Drava）附近奥西耶克（Osijek）时，人数一共有25万人，附加骆驼、大象、寺僧和宦官。在那里，特克利呼吁附近的基督徒共同协助攻打奥地利，允许他们在苏丹的保护下，拥有生命和财产的安全及宗教信仰的自由。许多城市便这样向侵略者轻启大门了。

利奥波德再度向德国各地求助，他们却视若无睹。他把4万人交给洛兰公爵查理五世。这个人据伏尔泰的形容，是基督教世界中最富贵族气息的王侯之一。查理在维也纳留下13万人负责守卫，自己率领主力退往杜冷，在此静待波兰大军。利奥波德逃往巴苏（Passau），人民指责他根本没有长期守卫国都的准备。那里的城堡破坏不堪，守卫人员不及对方先遣部队的1/10。6月14日，土耳其大军出现于城前。利奥波德赶紧派人请求苏毕斯基前来援救，设法配合他的前锋部队，"你的名字，就可让敌人心惊胆寒，你来必可大胜"。苏毕斯基率领3000骑兵前来支援。9月5日，他的步兵也来了，约有2.3万人。两天后，自德国增援1.8万人。基督教世界的军队，便有6万人的规模了。不过，这时的维也纳饱受饥饿之苦，它的戍卫在土军的炮火下几乎不保，只要多围上一周，整个城堡便有沦陷的可能。

9月12日清晨，基督徒军队在苏毕斯基的统帅下，反攻围城者。卡拉根本未料到波兰的兵力，而且认为基督徒根本不可能主动伸手援助，他只做围城准备，没有考虑到真正的战事。他的官员以挂毡和花瓷来装饰壕沟，他在帐营里也装设浴室、喷泉，甚至建花园且带来了妻妾。最精锐的主力因为分守壕沟而分散了。由远方召集而来的各色混杂的军队，在那些为解救欧洲和为信仰基督而战的军队面前，不战而溃。8个小时的混战后，随着黑夜来临而暂时休兵。次日一早，基督徒军队突然发现土耳其军早已逃逸四散，留下1万具死尸和大部分军械。他们顿觉大乐，相比之下，他们只损失了3000人。

苏毕斯基原想继续追击，但士兵要求班师返国，因为他们来此地的主要目的已经完成。带着胜利，这位国王来到维也纳。感谢上帝的恩典，在他回国途中，沿路都有人把他看作神明一般崇拜，触摸他的佩件，亲吻他的脚趾。他们觉得再也没有人能够掩盖他的丰功伟绩了。利奥波德回到国都（9月15日），却受到冷淡的欢迎。他曾经向底下询问一位皇帝是否可以接见有功的国王、仪式又该如何，结果他一再延缓，最后才以适当的礼仪接见苏毕斯基。他很怀疑这位英雄的出征可能是为了替自己和家族打出另一个王国。为了这个缘故，他一直延到9月17日，随即再拖10天，才与战败的土耳其再度接触。在靠近多瑙河的帕克尼（Parkány）附近，苏毕斯基和查理又赢得一场决定性的胜仗。此后，他的军队因为连连出伐而显得疲惫不堪。如此一来，他只得许诺他们在1683年的圣诞前夕返回克拉科夫。次日，苏丹处死卡拉。

在教皇英诺森十一世的协调下，奥地利、波兰和威尼斯成立一支抵抗土耳其的神圣联盟（1684年）。摩罗西尼（Francesco Morosini）再度替威尼斯夺回摩里亚。1687年，他围攻雅典，9月28日夺下城池。在战争途中，他的炮兵毁掉了入口和万神庙。土军曾经把这里当作火药库。1688年，土军再度夺回雅典和阿提卡；1715年，收复摩里亚。同时，洛兰的查理于1685年，在格兰打败土军。同年，经过10周的奋战，终于取下布达——匈牙利的古老故都——此城自1541年即为土耳其人所占。1687年，查理指挥奥军于莫哈奇附近的哈克尼大胜土军而返。就在此地，苏莱曼大帝曾于1526年建立了他的优势地位。这场第二次莫哈奇之役，结束了土耳其在匈牙利的势力，转而使匈牙利成为奥地利王朝的一支。特兰西瓦尼亚宣布承认哈布斯堡皇帝的权力，进而加入奥匈帝国（1690 年）。1688 年，巴伐利亚的马克西米利安二世攻下贝尔格莱德。利奥波德于是宣布前往君士坦丁堡的路已经开通，是时候把土耳其人赶出欧洲了。

路易十四趁机跑来调停。毕竟，波旁王室与哈布斯堡之争，对于大多数基督徒国王来说，总比基督教和伊斯兰教的争执更为重要。神圣联盟的胜利及哈布斯堡的扩张和地位的巩固，使路易十四大感眼红。1688 年，他故意忽视 4 年前与神圣罗马皇帝签订 12 年和约的事实，贸然向神圣帝国开火，进占巴拉丁。利奥波德派出查理和麦西米伦共同会战于莱茵河区，如此只好中止对土耳其的进一步追击。这给了土耳其回过头来报复的机会。

新上任的苏丹苏莱曼二世任用艾哈迈德的兄弟，穆斯塔法·库普里利为新任的大臣。穆斯塔法借扩展信仰的自由来取悦欧洲土耳其的基督徒，又组成新军，重占贝尔格莱德（1690 年），但一年后他便被杀。土耳其军在斯兰卡曼（Slankamen）溃不成军。苏丹穆斯塔法二世亲自指挥军队，但在塞塔（Senta）为萨伏伊亲王尤金的基督军队所败（1697 年），穆斯塔法只好求和。利奥波德乐于摆脱路易的限制，分别与土耳其、波兰和威尼斯签订《卡洛维兹条约》（1699 年）。土耳其宣布放弃对特兰西瓦尼亚和匈牙利（除泰梅什堡外）的要求，割让西乌克兰给波兰，并把摩里亚和南方的达尔马提亚割给威尼斯。虽然如此，它保存了几乎全部的巴尔干半岛——包括西部达尔马提亚、波希尼亚、塞尔维亚、保加利亚、罗马尼亚和希腊大部。不过，这个条约象征着土耳其威胁基督教世界的结束。

到底是什么因素导致苏莱曼一世手中的奥斯曼帝国由高峰步入低谷？成功后的衰败是无法想象的。享受胜利和财富，到底是过分诱惑人心了。苏丹们把训练军队、官僚和大臣们需要的精力浪费在妻妾身上。帝国急速扩大，行政效率及军队的运送和补给都不能配合。那些分散各地而由酋长统治的地区，由于过分远离君士坦丁堡，造成半独立的局面。由于饥饿和侵扰暂告中止，土耳其人慢慢养成懒惰和贪财的恶习。贿赂充斥政府机构，金融和军队却饱受货币贬值之害。时常欠发薪饷的新军，一再发生叛乱的事件。他们发觉了自己的力量，为了增加这份影响力，便不惜加以滥用。如今他们也有结婚生子的权利，而且他们的儿子或其他人，都可充数到以前必须经过选择的军团中。他们不愿再接受一度使他们雄霸欧洲的严格军事训练。他们的将领变成贪污专家，无心于军事科学和武器的研究、改良。在"三十年战争"的生死存亡关头，西方的基督教世界已经有较优良的武器，而且发展了优秀的军事战略和训练计划。反观此时的土耳其，这个在穆罕默德二世时代被誉为欧洲最佳炮兵军队的国家，不管在火力还是战略上，一如在莱潘托之役那样，显得无力、笨拙。战争，在苏丹亲自统率军队的时代，曾经强化了奥斯曼帝国的实力。此时，长久沉溺于温柔乡而不再耐烦于战火之苦，反而使这个国家更加枯竭。生活和思想都被含宿命论和缺乏进步观念的宗教控制，进而阻碍了科学的发展。在中古时代，它在这方面曾经是首屈一指的领导者。西方的知识发展日益蓬勃，东方却愈加闭锁。基督教世界不仅发展了器械，也改良了造船术。他们的经济扩展全球，时时寻求新的航路，而大部分的土耳其商业仍然局限于骆驼商队的贸易。贪逸懒惰的行政官僚坐看水道和运河的阻塞，而饱受战火损害的农民只好求助于天上的雨水。向西发展一直是帝国的政策，直到有一天，他仍处西方之际，才会在东方再度发现自己。

对于西方来说，土耳其的败退只能徒然引来一系列的内战。远离伊斯兰国家的威胁后，奥地利和德国转而抵制路易十四的野心，因为他正想把势力延及荷兰、莱茵河区、巴拉丁、意大利、西班牙等地。这些来自西方的打击，完全肢解了神圣罗马帝国，后来帝国只剩下一个空洞的躯壳而已。皇帝不再以罗马为名，反而以奥地利人自居了。奥匈帝国取代了神圣罗马帝国，奥地利、匈牙利和波希米亚的三顶王冠，后来集于哈布斯堡家族的世袭之中（1713 年），波希米亚和匈牙利地区自选国王的传统权利被取消了。匈牙利在拉可齐二世的领导下，再度反叛（1703—1711 年），然而叛变未成，他们只好把自由的向往寄托于诗歌和民谣。

奥地利把匈牙利和波希米亚的经济纳入它的利益之下，上等阶级享受一种新的奢华。等到君主建起豪华的宫廷，美丽的教堂和庄严的寺院也被那些胜利的教士和僧侣们兴造起来了。帕尔·埃斯特哈兹诸侯重建在艾森施塔特的大堡垒，在维也纳，多米尼克·马提尼利设计了列支敦士登宫廷，同时也为萨伏依的尤金筹造贝尔卫德拉行宫。艾拉哈也为他设计了一所豪华别致的冬宫，并设计了皇室图书馆和肖布鲁恩王殿。1715 年，这位奥地利最伟大的建筑师仿造圣彼得教堂形式，在维也纳的卡尔斯基赫开始筹建教堂。在多瑙河畔，维也纳西方40 多英里远的地方，普兰道建造了克罗斯特·梅尔克修道院，这是日耳曼地区最壮大、最富吸引力的本笃会教团修道院。这段时期是奥地利巴洛克式艺术的顶峰时期。在战胜之后，能干而夸张的约翰·埃尼斯特·桑大主教筹建了有名的萨尔茨堡的米拉贝尔花园，雕刻部分由艾拉哈负责。奥地利带着骄傲和庄严绚丽的色彩迈进它生命史上最伟大的世纪。

第九章 | 悠闲的南方
（1648—1715）

天主教的意大利

几乎所有的农民都知道，频频种植、年年利用的土地可以借休耕或耕而不作来恢复它的肥沃。意大利经过文艺复兴的滋养，也暂时闲散下来。其丰富的活力分散到较为宁静的地方，好像是养精蓄锐为新的收获季准备一般。因此，我们不能期望意大利在此时——介于贝尔尼尼和拿破仑之间——能够出现像其黄金时代那样丰富的成果。我们再次观察它，如果能在充满光辉历史的城市中，品嗅出那种生活方式未曾远去的细微声响，我们也该感到满意了。

当然，这里还是信奉天主教，这是它的灵魂的一部分，一旦剔除，它的精神便显得贫乏无力。富人剥削穷人，因为他们是政府官员和拟定法律的当然人选。富人把这种现象解释为，穷人如果多得一些，他们便到处闹事，不会听话。女人，除了美丽的外表，都要饱受男人和性别上的歧视。在这种情形下，下层阶级和女性只好在教会的服务中得到慰藉。他们借信持苍天的明判来忍受这些不人道的待遇。他们所犯的喧吵和不合教义的肉欲之罪，都能很快地被他们所供养的善心教士和僧侣们宽恕。平常的日子，他们劳累困苦，只能在庆祝保护神的假日里得到短暂的释放。这些神祇和慈悲为怀的圣母，传达上帝的福音，可以保护他们将来免受地狱的煎熬。教会的赦免将可减少他们在炼狱的期限。在不久的未来，他们将可进入一个乐园——甚至比意大利更漂亮——在那里，没有地主、税捐、什一税、苦役、战争、悲惨，也没有痛苦。

因此，他们生来便带有耐心、幽默，赞美教士的正确无误。这些教士每年至少吸收了全国 1/3 的收入。他们敬爱教堂，把它当作生活奋斗中的和平岛。他们以骄傲而不怨恨的眼光，观赏圣彼得教堂和梵蒂冈的壮丽，这些建筑是用他们的金钱和技术苦心建造的。它们在感情上更属于穷人，而且就第一位使徒的归宿或是基督徒的母国，上帝仆人中的仆人来说，它们并不显得过分华丽。如果圣父批评教会，那只是想阻止笨蛋破坏在宗教信仰上建立道德大厦的企图，同时想保存从劳役的散文中凝结出一首英雄史诗的信心。

此时意大利的宗教裁判可以说较合人道。最有名的受害者是一名西班牙教士莫利诺斯（Miguel de Molinos），他生于萨拉戈萨（Saragossa），住在罗马。1675 年，他出版一本《精神指引》（*Guida Spirituale*）。在这本书中，他说奉献上帝和教会虽然有助于走进更高的宗教境界，但崇拜者本身可以直接与上帝沟通，不必经教士的沟通和仪式的劝诱。他进一步说，一个相信自己能够从道德的罪恶中解脱的虔信者，不必经过教士的告解就可正当地获得赦免。莫利诺斯的指引特别吸引妇女。她们有好几百人——包括布格丝公主和克里斯蒂娜皇后——纷纷前来请教，敬赠礼物。许多修女采取一种新的清修主义，抛弃念珠，带着骄傲与上帝保持密切的联系。一些意大利的主教抱怨这股运动降低了教会的服务和奉献，他们请求教皇英诺森十一世压制莫利诺斯。耶稣会教士和圣方济修会的修道士也纷纷起来指责他，说他重视信心甚于"工作"，这简直是清教徒的行径。教皇起初护卫他，但 1685 年，罗马的宗教裁判所下令逮捕他，顺便捉去了近100 位信徒。莫利诺斯从他的书信建议中收取小笔费用，共积攒了近

4000 克朗。我们可以由他被捉那天所收到的邮资，共计 23 个克朗来判断与他通信的人数。

提讯犯人后，裁判所起草一连串的罪状：莫利诺斯鼓励对圣像和宗教意象的隔离，破坏了与上帝沟通的宁静。他阻止人们发誓或进入宗教的秩序里，而且他教导门生相信，即使与上帝合一也可能是一种罪过。也许是因为受不了监禁、拷问或附带的恐惧，他终于俯首承认破坏宗教意象的罪恶，并阻止那些他认为不恰当的人以宗教的理由发誓。裁判所从莫利诺斯的著作、书信、忏悔中，找出 68 条罪证，并要他于 1687 年 9 月 3 日公开受审。群众围集过来要求烧死他，但裁判所宁愿他被终身监禁。1697 年，他死于狱中。

在介于萨伏伊的皮德蒙特和法国多菲内两地之间的山谷中，住着沃杜瓦人。他们是韦尔多教派的子孙，历经宗教改革而残留下来，在法律和政府的不断骚扰中颠沛流离，保持着新教的信仰。1655 年，萨伏伊大公查理·伊曼纽尔二世与路易十四组成联军来强迫这些沃杜瓦人改变信仰。他们的屠杀引起克伦威尔的愤慨，他要求马扎然下令制止。然而，等到护国主与红衣主教相继逝世后，迫害又重新掀起。《南特诏书》撤销后，法国继续全力驱逐新教徒。沃杜瓦人取得赦免的诺言后，放下武器。然后，在赤手空拳毫无防备中，一共 3 万人，包括妇女、儿童和老弱在内，惨遭屠杀（1686 年）。残存下来的人被允许迁徙到日内瓦边界。有一位后来成为萨伏伊大公的艾玛都斯（Victor Amadeus），觉得自己处在纷乱的政治旋涡中，不仅不能联合法国，而且要反过来对抗法国。因此，他邀请沃杜瓦人重返旧居（1696 年）。他们来了后，卖命为他效忠，终于被准许按照自己的信仰方式崇拜未知世界。

穷人，即使在教皇国，也跟意大利其他地方一样穷。教廷像其他政府一样，向它的教民课以重税，却永远感到财绌力竭、不够分配。萨凯蒂（Sacchetti）红衣主教曾经向教皇亚历山大七世（1663 年）警告说，收税员已经逼使人民处在生死存亡的边缘，"那些没有银钱、丝麻或家具来满足收税员的贫苦人家，将来只得出卖自己来缴纳教廷所规定的负担"。红衣主教也抱怨教廷上下的贪污现象、判决的无理、申诉案件的延宕及对那些越级申诉者所加诸的残暴行为。"这些压迫，"萨凯蒂说，"曾经迫害过埃及的犹太人。人民不是被刀剑所征服，而是屈从于罗马教廷……遭遇尚不如叙利亚或非洲的奴隶们，谁能够眼睁睁地看着面前的惨剧，而不掬一把同情的泪水呢？"漠视大众普遍的贫苦，许多与教皇或主教有关的贵族每年仍从教会的预算中得到一笔丰硕的收入。

这段时期的教皇既没有庇护五世的修道经验，也没西克斯图斯五世那样的行政能力。他们充其量只是一些好人，软弱得无法克服周围人类的弱点，或是坐视各种陋规横行和腐化教会的行政。英诺森十世是一个生活完美而富于原则的人。他曾经设法缓和税捐，监督贪婪的贵族对教会财政的剥削，努力维持教皇国的秩序和法律，从维拉斯凯（Velázquez）的眼光看来，他具有好强的性格。不过，他允许其他人为他理政，让他那位野心勃勃而贪财如命的弟媳马伊达尔齐尼（Olimpia Maidalchini）左右他的人事和政策。大主教和大臣们在她面前垂头肃立，她也借他们的贡物暴富。然而，英诺森去世时，她抱歉地说她穷得付不起他的丧葬费。

在选举继任教皇的秘密会议上，据说有一位红衣主教大喊道："这次我们要选一个诚实的人。"结果他们找到法比奥·齐吉（Fabio Chigi），即亚历山大七世。他尽力扫除教会行政的腐化和延宕。他把亲侄子放逐到锡耶纳。他减少公债。然而，周围过多的腐化使他不胜其烦，无法制止。后来他只好妥协，让他的侄子们重返罗马，并任以重要的职位，其中一位不久便暴富。权力于是从亚历山大疲惫的手中转交给红衣主教，后者逐渐要求掌握更大的教会法权。有一位贵族夸言说，红衣主教已取代专制君主的权力，而这项权力是特伦特会议时给予教皇的。

克莱门特九世上任时，又与族阀展开一场火并。他允许亲戚有某些特权，却拒绝给予任何职位。来自皮斯托亚（Pistoia）的上百位父老乡亲，满怀信心地前来求助。他严加拒绝，他们便加以冷嘲热讽。我们又可看到压迫者与被压迫者具有同样的人性弱点。新任教皇是一位和平公正之士。他的前任不堪路易十四的敦促，下令与詹森派教士为难，而克莱门特努力讲求教会内部的绥靖。可惜他在任两年后便去世。

克莱门特十世继位时已届80高龄。他把行政工作交给红衣主教（如其所愿），对自己的职责却一丝不苟。英诺森十一世，据信奉新教的兰克（Ranke）的说法，是一位"知耻知病的人……他的性情温文尔雅"，情操高尚，倾向改革。他撤销公证人"学院"，这个学院据一位天主教的历史学者说，"入学许可通常都要贿赂"。他取消许多无用的职位、特权和赦免权，首次平衡许多年来未能做到的预算，并建立财政上的信用，教廷得以按三分利息向外借债。"他是一位具有美德的人，"伏尔泰写道，"是一位聪明的教皇、差劲的神学家，一位勇敢、果决而有操守的王侯。"他徒劳协助詹姆士二世从事天主教在英伦的努力。他谴责路易十四对胡格诺派教徒的残暴行为。"人，必须被引导入神殿，"他说，"而不是用胁迫手段来达到此项目的。"他对这位在法国权逼教会的骄傲国王———如英国亨利八世所为一般———毫无怜爱的理由。为了减少罗马的罪恶，英诺森十一世取消大使馆政治庇护的权利。路易坚持保有这项权利，争执要扩大到大使官邸附近。1687年，他的使臣率军来加强这份要求。教皇非难使节，并在圣路易教堂附近严加监视。路易要求公开会谈，把教皇囚禁在法国，占领阿维尼翁。此地从1348年来一直属于教皇。英诺森十一世只得协助信奉新教的奥朗日大公威廉三世推翻信奉天主教的詹姆士二世，让英国加入对抗法国的联盟。他靠着莱布尼茨的协助，努力沟通使天主教和新教重合。他向德国地区的大学让步妥协。有一位英国人称他是"一位信仰新教的教皇"。

英诺森十一世壮志未酬身先死。在下几任教皇亚历山大八世和英诺森十二世任期内，法国大使终于取消庇护权，阿维尼翁重回教廷的怀抱。法国教士由对国王的效忠改向教皇，"大同盟"也回到对抗法国的均势。在西班牙王位继承战中，克莱门特十一世发觉自己处在欧洲两大尖锐对立的集团之间。他有时倾向这边，有时转向另一边。到后来，各国君主们各自做主——甚至是教皇属地的西西里和萨迪尼亚也不再征求他的同意。《威斯特伐利亚和约》也以同样的态度漠视英诺森十一世的抗议。民族主义的强化导致了教皇权力的衰退。同时，科学的成长也加速了世俗化，因而降低了宗教在欧洲历史上的地位。

意大利的艺术

艺术和政治一样，也摇撼于世俗与宗教的激荡中。教士仍然是最富有的主顾，他们筹划建筑、绘画、塑像、冶金和雕刻。不过，此时贵族官邸的发展要比教堂来得快。他们的室内挂满画像，收集艺术品。17世纪的意大利，就在这两大主顾的照应下，分别接受了文艺复兴的成果。

在萨伏依大公爵的影响下，都灵的地位愈加重要。瓜里尼（Guarino Guarini）为圣乔万尼·巴蒂斯塔大教堂设计了圣休堂礼拜堂（一般相信，这是约瑟夫为耶稣遮盖尸体的地方）。圣菲利波大教堂由瓜里尼开始筹建，在快完成时便倒塌了，后来由生于1676年的尤瓦拉（Iuvara）加以修复。

此时热那亚的主要建筑是杜拉佐宫（Palazzo Durazzo），1650年由法尔肯（Falcone）和坎通（Cantone）合建，1817年由萨伏伊家族买下，从此它一直以雷亚莱宫（Palazzo Reale）闻名于世。它的内部有赫赫有名的镜厅，为后来凡尔赛的荣耀预埋铺垫（1678年），最后毁于第二次世界大战的炮火中。此时，热那亚的杰出画家是亚历山德罗·马格纳斯科（Alessandro Magnasco），我们可以由芝加哥艺术学院（Chicago Art Institute）的《西纳戈》（*Synagogue*）和卢浮宫的《波希米亚劫掠》（*Bohemian Repast*）这两幅画中来考察他。威尼斯仍不断地滋育各种各样的英雄和艺术家们。25 年之久，土耳其的士兵和水手们不断侵扰克里特岛——当时威尼斯的属地之一。10 万名土耳其人在这些疯狂的战役中死伤殆尽，虽然有一支 5 万人的土军曾经占领该岛的一些小城，但它的首都仍然屹立近 20 年之久，击退了 32 次大小侵袭。1667 年，摩罗西尼受命指挥那些忍冻挨饿的守军，最后虽然投降了（1668 年），但没有人敢说威尼斯的退却是懦弱的。1693 年，年届 75 岁高龄的摩罗西尼率领威尼斯舰队进犯，土军一听到他的名字便撤走了。他当得起丁托列托和韦罗内塞笔下的英雄本色——勇迈、坚韧。

巴尔德萨尔·隆盖纳（Baldassare Longhena）是另一位这类耆老英雄。1632 年，他设计了安康圣母教堂（Santa Maria della Salute）；47 年后，他在大运河上建造了佩沙罗（Pesaro）宫，以双排的圆柱和重重飞檐来增加它的壮丽；1680 年（此时他已 76 岁），又设计了雷佐尼科宫（Palazzo Rezzonico），后来布朗宁（Browning）就死在这里。塞巴斯蒂安诺·里奇这个老家伙几乎使威尼斯的影响遍及半个欧陆。他生于威尼斯的贝卢诺（Belluno，1659 年），曾经到过佛罗伦萨马露赛利（Marucelli）雕塑宫，然后在饥饿的状态下走遍米兰、博洛尼亚、皮亚琴察、罗马、维也纳和伦敦。他在英国停留十年，到过查尔希医院、伯灵顿馆、汉普顿宫等处学画，差一点没赶上新圣保罗教堂的整修。然后他到巴黎，被选入皇家艺术学院。他的作品《狄安娜》（*Diana*）和《那菲斯》（*Nymphs*）画得跟布歇（Boucher）一样鲜丽，兼具柯勒乔的明朗。里奇活到 1734 年，他的技巧传入 18 世纪，也为蒂耶波洛（Tiepolo）领导下的威尼斯画会的印第安夏季风格铺设了道路。

博洛尼亚学派（Bolognese School）并未施出全力。卡罗·西格那尼（Carlo Cignani）因为替弗利的教堂画壁画而一举成名。斯班格努罗（Spagnuolo）在他的《自画像》（*Self-Portrait*）中，将自

已表现成一个忘却俗务、埋头绘画的人。乔万尼·巴蒂斯塔·萨维
（Giovanni Battista Salvi）在《祈祷中的圣母》（*The Madonna Praying*）
中，表现全然奉献的无私，而在《圣母与圣婴》（*Virgin and Child*）
中，表现一位单纯的母亲抱着婴儿的喜悦。

有两位托斯卡纳大公带领佛罗伦萨、比萨和锡耶纳进入 18 世
纪。他们是斐迪南二世和科西莫三世。1659 年，锡耶纳以《帕利奥》
（*Palio*）一画声名大振：由 10 队卫兵卫护着游行，制服鲜明整齐，沿
街装饰着建筑物、旌旗、花朵及装扮入时的妇女，然后是卫队中的马
夫疯狂的拼斗，为圣母玛利亚而拼命。佛罗伦萨目前只有几位不知
名的画家。卡罗·多奇（Carlo Dolci）继续以感伤的色调描绘圣母和
圭多·伦尼（Guido Reni）诸圣，全世界都知道他的杰作《圣塞西莉
亚》（*St.Cecilia*）。贾斯特斯（Justus Sustermans）从佛兰德迁徙到佛罗
伦萨，在比蒂画廊（Pitti Gallery）以惊人的手笔绘肖像——不仅仅只
是画伽利略的头部之类，与米开朗基罗的作品不同，他画中的摩西看
起来倒像是一位立法者。

罗马的艺术从宗教改革的束缚中复原，又蓬勃起来，教皇恢复了
文艺复兴时代的精神，奖励文学、戏剧、建筑、雕刻和绘画。英诺森
十世整建拉特兰诺（Laterano）的圣乔万尼教堂。亚历山大七世委托
贝尔尼尼在圣彼得教堂广场，以四倍大的飞檐层建造花岗石雕像——
包括 284 个圆柱和 88 个半壁柱，巧妙地把黄金掺入石中。同一时期，
科尔托纳（Pietro da Cortona）重建圣玛丽亚教堂，在这里，拉斐尔
的西比尔斯仍然屹立不坠。吉罗拉莫·雷纳尔蒂（Girolamo Rainaldi）
和他的儿子卡洛一同建造比萨纳沃那（Piazza Navona）的圣阿格尼
丝教堂。父子又锦上添花地设计圣母祠教堂，卡洛更把坎皮特利
（Campitelli）附近的圣母玛利亚神祠以圣母的幻想重加改造。据说此
祠曾经扫除了 1656 年的一场瘟疫。大主教和贵族们竞以富丽的建筑
装饰自己，便有了多利亚宫（Palazzo Doria）和科罗纳宫（Palazzo
Colonna）附近巴洛克式的画廊。弗朗西斯科·卡瓦利（Francesco

Cavalli）为博罗格勒蒂家族在耶稣与圣母教堂（the church of Gesù e María）刻画一座墓碑，足以使活人转而羡慕埋在地下的死者。

　　许多画家在罗马备受考验。卡洛·马拉提（Carlo Maratti）代表 17 世纪下半叶后期的巴洛克风格。他的画像《克莱门特九世》，虽然类似委拉斯开兹的《英诺森十世》，表现手法却比他高明。他的另一幅画《天堂中的圣母与圣者》（*Madonna with Saints in Paradise*），重复这个技巧，但看起来美妙无比。克莱门特十一世想把拉斐尔的梵蒂冈壁画复原时，第一个想到的人选便是马拉提，因为这项修整不仅会危害画像，也对复原者构成相当大的危险。乔万尼·巴蒂斯塔·高利被耶稣会士选为耶稣堂的绘画者，不过，他们有一位当时最能干的艺术家安德烈亚·波佐（Andrea Pozzo），他在 23 岁时加入他们的行列。在耶稣堂的设计中，他描绘出圣伊格纳休斯（St.Ignatius）祭坛，这是巴洛克艺术的最佳表现之一。1692 年，波佐发表论文《建筑图式的回顾》（"Perspectiva Pictorum et architectorum"），后来以多国语言出版。与两个世纪以前的乌切洛（Uccello）一样，安德烈亚以精彩的虚幻手法来发展他的研究，代表作便是弗拉斯卡蒂（Frascati）的神庙。列支敦士登诸侯邀他到维也纳。他便在此地穷毕生之力卖命工作，卒于 1709 年，享年 67 岁。

　　此时，意大利最伟大的画家集中在那不勒斯。在这里，各种文明蒸蒸日上——音乐、艺术、文学、政治、戏剧，而且总有一些激动人士，绘出动人的女性曲线来。罗萨（Salvator Rosa）深深爱上这种生活方式。他的父亲是一位建筑师，有一位教父教他绘画，他的姐夫是里贝拉（Ribera）的学生，罗萨本人正好赶上这个大场面，另一位教师把战场上的素描传授给他。罗萨便以这种构图闻名一时。这些作品都可在那不勒斯国立画廊或卢浮宫见到。后来他由战场转到风景的描绘。即使如此，他仍以粗犷手笔描绘大自然的变化，如在卢浮宫中的一幅画中，他以浓云与灰暗衬托碎石和枯叶。兰弗兰克（Lanfranco）劝他到罗马为主教效劳，他照做，果然如其所愿。但 1646 年，他急于赶回那不勒斯，参加马塞尼罗的革命。革命结束后，他回到罗马为高僧画像，并写一些讽刺教会奢侈的小品文。他接受吉安卡洛·美第奇红衣主教的邀请，与他同往佛罗伦萨。他在那里住了 9 年，忙于绘画、弹奏乐器、填写词曲，偶尔也玩些游戏。之后，他再次回罗马，住在普桑和洛兰曾经住过的平丘山（Pincian Hill）。教会知名人士对他的长篇大论报以微笑，因为他们爱他的画更甚于他的文采，纷纷前来要求其绘像。有 10 年之久，他一直是意大利最受欢迎的画家。他虽然为圣者和先哲画些传统的图片，但在版画中，他同情那些可怜的士兵和受难的农人们。这些作品才是他得意的上乘之作。

唯一威胁他名声的，是另一位那不勒斯人卢卡·焦尔达诺（Luca Giordano）。早在 8 岁时他便是一位画家。后来他在圣·玛利亚·拉·诺沃教堂作画，绘得如此生动，使当地总督看了后倍加赞赏，随即给他一些金币，并把他推荐给里贝拉。他跟这位大师学画近 9 年，他的临摹作品几可乱真，令人叹为观止。他很想到罗马观摩拉斐尔的神祠，但他那位专靠售卖卢卡作品为生的父亲，不准他前去。他只好逃跑，不久临摹了梵蒂冈的圣彼得教堂和法内尔塞宫等处的佳作。

罗马看腻之后，他跑到威尼斯，把提香和柯勒乔的作品模仿得惟妙惟肖。不过，他自己也略加创作，这些作品也博得很高的评价，我们可由威尼斯学院的《耶稣被钉十字架》（*Crucifixion*）和《耶稣下十字架》（*Deposition from the Cross*）中得到证明。回到那不勒斯后，他以高明的技巧装饰了不少教堂和王宫，完美到使他的敌手无从找到瑕疵。后来，科西莫三世邀他到佛罗伦萨（1679 年），他为科西尼教堂（Cappella Corsini）所作的壁画，博得一致的喝彩。他的朋友卡罗·多奇（Carlo Dolci）因为感觉敌不过他的成就，愤恨而死。意大利有关艺术家的传说与圣者的足迹一样多。另有一个故事说，一位在那不勒斯的西班牙总督高价征求圣弗朗西斯·泽维尔教堂的设计，起初他对卢卡的拖延大感不满，但两天后，他看到完成品，美妙异常。"这幅画的画者，"总督兴奋地说，"如果不是天使，便是妖魔鬼怪的化身。"

这位魔道天使的声名远播到马德里，查理二世立即邀他到西班牙宫廷。此时国王虽已濒临破产的边缘，仍然慷慨地送给他 1500 个金币，并为他准备了一个皇家画廊。焦尔达诺快要抵达马德里时（1692年），早有 6 辆皇家马车在半路上迎接。年届 67 岁的他，立即在埃斯科里亚尔开始作画。他在教堂的大梯雕塑壁画，在教堂的圆顶画出天堂的"微笑"，把查理五世和菲利普二世画在天堂乐园——所有他们的罪恶，似乎都在哈布斯堡的三位一体下得到宽恕了。其后两年，他画了许多壁画，后来被西班牙艺术史家形容为埃斯科里亚尔的最佳代表作。他在那里及阿尔卡萨城堡（Alcazar）、马德里的皇宫、布恩·雷蒂诺（Buen Retiro）、托莱多教堂和各大都会拼命作画，产量之丰引起他的同行讥讽。他每天工作近 8 个小时。同行们也羡慕他的大宗财富，他自己起居简朴，把大部分的钱财用来购买昂贵的珠宝，作为一项保险的投资。人性的虚荣是无法改变的，宫廷上下都爱慕他，甚至查理二世本人有时也开玩笑说，他比国王还伟大。

查理死于 1700 年。焦尔达诺仍然滞留西班牙，并不因王位继承战争有所影响，后来菲利普五世接掌王位，仍然派给他许多重要的任务。1702 年，他回到意大利，停留罗马，亲吻教皇的脚趾，然后带着胜利返回那不勒斯。在圣马丁诺的切尔托萨（Certosa）修道院，有一处俯览全城的圆顶，他花了 48 小时画出一系列的壁画，应用的技巧绝不是一位年近 72 岁的普通老者所能做到的（1704 年）。一年后他去世，死时呼叫着："哦，那不勒斯，我生命的源泉！"

到他死为止，同时代没有一位画家能赶上他的名声，荷兰市镇的市长、皇帝和国王们互争他的作品，远在英伦的普赖尔也唱出赞美诗。外行人为他的鲜明色彩、人物刻画的力量、景物投射的深广以及表现力而赞叹不已，艺术家们却从这股崇拜的热潮中，回过头来指出他作品中的急促，不调和地把异教和基督教的观念或主题掺杂一处，以及态度的紧张、光线的夸大、和谐和宁静的缺乏。卢卡那种迎合大众口味的形式，早为内行者所诉。评价是很难有定论的，因为美感本身缺乏客观的标准。不过，我们至少在主观上，可由个人在空间和时间的影响力及其维持美誉的长短，来判断他的伟大性。焦尔达诺具有一位成功者的幸运，即使声名渐衰，也无损于他的英名。

弗朗西斯科·索利梅纳（Francesco Solimena）在卢卡死时恰好48岁。不过，在他的90年生涯中，他带领那不勒斯学派直到18世纪中期。卢卡为蒙特·卡西诺（Monte Cassino）修道院本堂作画，弗朗西斯科另外负责屏障部分。这两件巨作后来都毁于第二次世界大战的炮火中。然而，博物馆里另藏有索利梅纳的作品：存于维也纳的一幅画《劫持俄瑞提亚》（*The Rape of Oreithyia*），描写男性的肌肉和女性的曲线美；在卢浮宫里，有一幅画足可挑战拉斐尔的作品，《赫里俄多斯被赶出神庙》（*Heliodorus Driven from the Temple*）；在克里莫纳的作品是《苦难圣母像》（*Madonna Addolorata*），他把天使画得令人愉快无比，如果天堂真的有许多这种天使，我们也将安于不朽了。

克里斯蒂娜的漫游

文学在此时罗马的文化生活中，只占了一小部分。这里也有数以百计的音乐家、诗人、戏剧家、学者和历史学家。博物馆、图书馆和大学为学生提供丰富的遗产，学院则鼓励文学和科学的研究。马里尼那种富于艺术效果的想象，仍然影响着意大利的韵文。塔索尼（Tassoni）讽刺体的刺激、马里尼咏叹调的烈火、塔索尼诗文中的热情，这些作品给意大利诗词的激情和灵感，自然可以从抒情诗中感受到它们的跳跃。

近代最伟大的抒情诗人，如果麦考利没弄错的话，该是菲利卡亚（Vincenzo da Filicaia）。他曾经以动人的抒情诗歌颂苏毕斯基收复维也纳。他们以狂热的奉献之词，欢迎克里斯蒂娜莅临罗马，他更为祖国的失陷而愤慨：

意大利，哦！意大利，你将永远披着

美丽的外衣，受无尽的赞美

也将忍受一切的苦难！

有谁能敌得过，你遗迹的美丽

和生动！有谁的光芒能胜过

你的一切，你愤怒时，又有谁

比你更可怕！

哈勒姆是欧洲文学史上的语言大师，他认为圭迪而不是菲利卡亚，把"自己提升为意大利抒情诗中的最高峰"，且"以为他对命运的吟诵，至少可比拟任何以意大利语所作的抒情诗"。至今还没有人能够在麦考利与哈勒姆、圭迪与彼得拉克、菲利卡亚与拜伦、雪莱与济慈中，比出高下来。

圭迪是少数几个能够在克里斯蒂娜的罗马沙龙里吟诵诗篇的人之一。瑞典女王不仅有大国之王的头衔，还是各种学问的赞助者，索默斯和笛卡儿曾经是她的座上客。如今，她为了信仰问题放弃王位，她和她父亲拼命维护新教，她远涉重洋亲吻教皇的脚趾——所有这些，在欧洲的心灵上曾经引起一连串的战争和革命。

她离开瑞典时才28岁（1654年）。她提名的表亲查理十世继承王位，后者送给她5万克朗赞助她的远行，瑞典国会也给她一项特别的收入，并准她在扈从方面保有女王的特权。匆促地路过丹麦后，她抵达汉堡，令当地居民大为骇异的是，她竟然寄居在一位犹太商人家中，这位商人一直是她忠实的经纪人。经过信奉新教的荷兰时，她采用化名，然后在信仰天主教的安特卫普以真面目现身，受到利奥大公、波希米亚的伊丽莎白（另一位逊位的皇后）及她的女儿伊丽莎白公主（笛卡儿的学生之一）的官方款待。然后，她前往布鲁塞尔，接受群众的礼炮、烟火和欢呼。有一段时期，她很高兴地玩玩球类、竞赛、野猎和游戏，马扎然从巴黎派遣一个剧团演员来取悦她。在除夕晚会上，她私下放弃路德派的信仰，并宣称她"不再接受任何教派的传道"。她在佛兰德斯到处游荡时，罗马大公会议早已决定以官方仪式迎接她走进教堂和意大利。离开布鲁塞尔后，她很悠闲地游玩至奥地利。在因斯布鲁克（Innsbruck），她正式接受天主教的崇拜仪式。她在意大利的旅程可以和战胜归来的恺撒相映成趣。各地城市主动为她清扫、装饰门面。在曼图亚、博洛尼亚、法恩扎、里米尼、佩萨罗、安科纳等地，排满了欢迎她的祝宴和庆典。最后，在一片灯火辉煌中，她终于抵达罗马（1655 年 12 月 19 日）。翌日，她到达梵蒂冈，接受亚历山大七世的欢迎。在那里停留 3 天后，她便在高级教士的卫队保护下正式入城。乘着一匹白马，她昂然地通过凯旋门和波波洛城门（Porta del Popolo），然后在士兵和群众的夹道欢呼中进入罗马。令人觉得一位女人的改变信仰，仿佛能抵消所有新教的改革似的。

所有这些活动结束后，克里斯蒂娜便自由行动，接见各地的主教、高僧和学者，造访各处的博物馆、图书馆、学院和遗址。她知道的有关意大利的历史、文学和艺术的知识，使她的向导黯然失色。许多大家族纷纷以宴会、礼物和赞美来款待她。50 岁的科隆纳红衣主教情不自禁地爱上了她，为她沉醉，使教会不得不把他支开，免玷圣誉。不久，她发觉自己处于法国和西班牙的内讧之中。瑞典因为和波兰交战，经济紧缩，于是停止她的津贴。她只好变卖珠宝，还向教皇借了一笔数目不少的债。

1656 年 7 月，她起程访问法国，同样受到官方的礼遇，她骑着一匹满是锦绣的白色战马进入巴黎，1000 名骑兵在前恭候，群众夹道欢呼，官员们以特选的鲜花进贡给她。马扎然派去的特使吉斯公爵形容她为：

> 不高，但有丰满的腰和浑圆的臀部；手臂细致，双手皎洁、美好；不过，浑身上下看起来倒像是一位男人，而不像女人所应有的……脸孔大得没有额角……鼻略弯钩，嘴部厚重，但不至

于不调和……双眼清澈，炯炯有神……一顶奇怪的头饰……一头厚高的男性假发……她的穿着类似男人，声调和仪态也有大丈夫之风……她很亲切而且平易近人，能说 8 种语言，特别擅长法语……好像她就生在巴黎似的。她知道的比法国国家科学院和巴黎神学院的学者们还多。她以敬佩的心情来了解绘画，一如她所做的其他事情一般。她是一位超俗出众的人。

她被安置在卢浮宫国王的官邸中。不久吉兹公爵引导她到贡比涅，接受年仅 18 岁的路易十四的欢迎。宫廷的仕女们围绕着她，对她那身男人打扮和措辞不知所措。莫特维尔夫人说她"初见面时，好像是一位落难的吉普赛人，不过，后来我慢慢习惯她的打扮……我发觉她的眼睛清澈有神，春风满面，雍容华贵。最后，我竟然喜欢上她了"。不过，一般说来，那些浸淫在法国仪态、时装、欢场和优雅气氛里的仕女们，还是不能适应克里斯蒂娜的散漫，对她"那种狂然大笑、言词中的自由思想、对宗教和性方面的论点，持保留态度……她极力辩论妇女无知的不当，而且不分题目的好坏善恶，都能谈得津津有味，她根本是胸无城府"。伏尔泰认为法国仕女对这位粗犷、不合规范的下野女王，未免断言过早。"在法国宫廷，"他说，"没有一位女人的智力抵得过她的。"克里斯蒂娜自己认为宫廷的仕女们未免过分造作，男人则过分女人气，两者都不太真诚。在贡比涅到巴黎途中的圣里斯，她被安排去见一个女人，名叫尼侬，这位女人被认为是一个败德、恶行、懒散、妖艳而狡黠的人。全法国女人中，她只对这位表示心许。她发觉尼侬有出家为尼的倾向，便与她细谈，并赞成她抛弃结婚的念头。在访遍各处的文化机构和有名的艺术品后，她返回意大利（1656 年 11 月）。

1657 年 9 月，她再度造访法国。这次所受的招待不如上次隆重，却也荣幸地住在枫丹白露。她对侍从的行为令法国上下大吃一惊。她的侍从官莫纳尔代斯基（Marchese Monaldeschi）居然参加背叛她的行动，这是她从拦截他的来往信件获知的。更坏的是，他还检举另一个人也参与了这项阴谋。她把信拿给他看，指派一名教士听他忏悔并赦免他犯的罪，再由卫队施以死刑。法国朝野大为震惊，甚至那些承认瑞典国会声明的人士，也对她在法国国王宫中行刑的行为颇有不满。虽然如此，克里斯蒂娜仍然获准在巴黎过冬，也可以享受各种球类和游戏，直到 1658 年 5 月，她动身前往意大利。

由于瑞典停止供应她的收入，传说她曾经为此向利奥波德皇帝求借军队，以便由她自己指挥攻打查理十世。后来，教皇亚历山大七世以每年 10.2 万金币为条件，要她取消这种冒险。她再度回到瑞典（1660 年、1667 年），争取财源，也许是争回她的王位。最后补助还是拨下来了，但在斯德哥尔摩，她成为不受欢迎的人物。路德派教士控告她企图使全国转奉天主教，因而禁止她在官邸中望弥撒。经过这几次返国后，她在汉堡归隐。1668 年，她派人到华沙争取波兰王位，这项王冠是由卡西米尔遗留下来的。教皇克莱门特九世支持她，波兰议会却以许多理由反对她，其中之一便是她拒绝结婚。因此她只好于1668 年 11 月回到意大利，直到去世。

这最后的 20 年是她生命中最有意义的日子。她在科西尼宫的住所成为全罗马最富典范的沙龙，各处的主教、学者、作曲家、贵族和外交官员，时常挤满这个地方。她在此接待过斯卡拉蒂（Alessandro Scarlatti），也接受阿尔卡恩格勒·科里利（Arcangelo Corelli）为她奉献的第一首奏鸣曲。她的房间装满肖像、雕像和其他特选的艺术品。她搜集的手稿后来成为梵蒂冈图书馆的珍品之一。她批评意大利散文中的空洞形式，刺激圭迪去领导净化语言的工作，精确用字遣词。她自己的传记便是简洁而有力的代表范作，她的《格言》（*Aphorisms*）简直成为那些不能享受生命的妇女的代言之作。她不是一位心地狭窄的人，曾经谴责法国教会在废除《南特诏书》上所使用的暴力。"我看法国，"她说，"是一位病人，她的手脚俱被砍断，因为她不能以谦谅和耐心来解决问题。"贝克以为这或许是她一度信奉过的新教留下来的余毒吧。她不满这种猜测，他只好写信致歉。她接受了，不过，附带条件是他必须送她新的或有趣的书。

她逝于 1689 年，享年 63 岁，葬在圣彼得教堂。3 年后，乔万尼·马丽亚·克斯辛姆拜尼（Giovanni Maria Crescimbeni）设立阿卡迪亚学院（Arcadian Academy）来纪念她，成员大多是她以前培养的那些人。他们继续以田园诗歌相互吟诵，他们自称为牧人，故意取一些粗鄙的名字，在田地里聚会。他们在意大利的主要城市设立分会，尽管在形式上有所歧异，但总算结束了意大利诗词中的幻想与浮夸风格。

从蒙特威尔第到斯卡拉蒂

在 17 世纪的社会阶层中，意大利音乐一直是生活上的注解和必需品。一群伤感的人对西班牙和教皇维持的和平无可奈何，只好在歌剧上发泄，或在抒情的调子里无端地为爱情奋斗。

乐器的演奏在于出奇制胜。风琴如今成为一种装饰的伴奏乐器，手部有两个键盘，脚部也有一个，另外加上几种变换的休止符。当然，也有为路边演奏的"手提"风琴。早在 1598 年，我们就可看到一种键盘乐器，被称为"Piano e forte"，据记载是由阿方索二世在摩德纳首先使用的。不过，这种乐器跟大键琴和早期的小型竖式钢琴有多大不同，始终是一个谜。一直等到一个世纪后，我们才再度听到这种乐器的演奏。1709 年，克里斯多佛利（Bartolommeo Cristofori）——此人为佛罗伦萨大公斐迪南·美第奇家族培养出来的演奏家，演奏过一种羽管键琴乐器，它虽与大键琴大同小异，演奏起来却大异其趣。音符是由打击弦敲奏，而声音可以按照手指的轻重来调整高低——在这以前的乐器，音符是由金属琴拨打击琴弦，而声音没有变化的可能。钢琴在 18 世纪慢慢地取代大键琴，不仅是因为它能奏出"高低声响"，还因为键盘不像琴拨那么容易坏。

小提琴在 16 世纪由七弦琴演变出来，别具一格，主要发源地是布雷西亚（Brescia）。安德烈亚·阿马蒂（Andrea Amati）把小提琴的制作技术带到格里莫纳（Cremona），他的孙子尼科洛（Nicolo）成为当地首屈一指的制作家。后来他的学生安德烈亚·瓜尔内里（Andrea Guarneri）和安东尼奥·斯特拉迪瓦里（Antonio Stradivari）青出于蓝，迎头赶上。瓜尔内里本人也是世代相传：安德烈亚和他的儿子彼得罗和朱塞佩（Giuseppe）一世，孙子贝内西亚、孙侄朱塞佩二世——他的小提琴是大师帕格尼尼（Paganini）最喜爱的一种。最古老的小提琴，按照斯特拉迪瓦里在 22 岁的记录，是 1666 年制成的，上面有本人的记号——一个马尔泰塞（Maltese）的标志和签名，A.S. 包在一个双括弧内。后来，他得意地把名字缩为"斯特拉迪瓦里"。他拼命工作，省吃俭用，活了 93 年。他那种超然的漂亮、精致、音质和结构，为他赚得一笔横财，而他的名字也成为克雷莫内塞（Cremonese）引以为豪并受其荫庇的符号。据说他制成了 1116 把小提琴、中音提琴和大提琴，其中 540 把存留至今，有些售价高达 1 万美元。

乐器的改良刺激交响乐的发展及管乐作曲和演奏的成长。作曲家和演奏家发现小提琴具有人类声调没有的华丽和变动幅度，他们能够清楚地变化音阶的伸缩性，他们也可随意变调，可以舍弃乐曲的定型，而走向新的韵律、改革和试验。把许多乐器排在一起时，作曲就可以不受舞蹈和声乐的限制，可以按照各个特色演出新的效果、调和及形式。托马索·维塔利（Tommaso Vitali）率先以无比的华丽演奏小提琴奏鸣曲，取得了敏锐、缓和而富生气的效果。阿尔卡恩格勒·科里利是作曲家和演奏家，他以小提琴的奏鸣，形成 18 世纪室内乐的风格。他和意大利的维塔利及德国屈瑙和赫恩里奇·冯·毕勃（Heinrich Von Biber）合力把奏鸣曲改成独奏的结构和形式，以异于声乐的合唱曲。科里利首先以协助曲的形式——由两把小提琴和一支大提琴引导弦乐——写下单纯而乐曲化的作品，圣诞协奏曲，这样一来他为维瓦尔迪（Vivaldi）和亨德尔的协奏曲及巴赫的组曲铺下一条宽广的大路。科里利的乐曲一直受到普遍的欢迎，流行到 18 世纪。伯尼于约 1780 年说过："只要目前的音乐还可陶冶人类的耳朵，他们的声名便可不朽。"

诚如科里利为小提琴作曲中的高手，亚历山德罗·斯特拉德拉（Alessandro Stradella）则以独唱、二重唱、三重唱及圣乐而执当时乐团的牛耳。他的生命本身便充满戏剧色彩，曾被人编排为舞台剧和一出歌剧。以一位威尼斯声乐老师的身份，他获得一项悲剧性的成功。他的一位贵族学生奥尔腾西娅，本来与威尼斯议员阿尔维塞·孔塔里尼订有婚约，却和老师亚历山德罗私奔到罗马，这位议员派遣狙击手企图将他们谋害。可是这些略有音乐修养的职业杀手，在听过他在拉特拉诺的圣乔万尼教堂唱出《圣乔瓦尼》的主题曲时，被他优美的歌声感动（故事如是说），他们只好放弃谋杀，并警告他和他的情妇赶紧躲开。这对恋人逃往都灵，不久，亚历山德罗的美妙作曲和歌声，又使他暴露在危险中。孔塔里尼改派两名不懂音乐的凶手去杀他，他们把他打得半死。恢复过来之后，他便和奥尔腾西娅结婚，逃到日内瓦定居。可是，好景不长，这位议员派密探找到他们，终于把他们刺死（1682 年）。曾经救过他一命的圣乐，在他死后仍然盛行了近一个世纪，也为亨德尔的成功奠定了基础。

此时歌剧早已风靡整个意大利。威尼斯在 1699 年已有 16 所歌剧院，1662 年至 1680 年，上演着近 100 个不同的歌剧。那不勒斯对歌剧的爱好仅略逊于前者。在罗马，它象征着音乐进一步的世俗化，克莱门特九世在未成为教皇前，也曾经谱过几首音乐喜剧。蒙特威尔第后，意大利歌剧的格调曾经有过短暂的枯萎，歌剧的情节丧失了它的尊严和意义，反而发展了荒谬和暴力。蒙特威尔第的学生之一卡瓦利把独唱发挥得淋漓尽致，之后，听众便有延续歌剧风气的要求，并为歌剧的停顿深感不满。从前，女高音或女低音都由阉过的男孩或成人来演唱；如今，真正的女高音开始起来与这些"歌后"一较高下。弥尔顿为莱奥诺拉·巴罗尼谱成拉丁情歌，那不勒斯热烈欢迎莱奥诺拉的母亲阿德里安娜·巴西莱，她是此时的首席女歌手。舞台设备于此时也达到高峰：根据莫尔门蒂（Molmenti）的说法，在 17 世纪威尼斯的圣卡夏诺剧院，已经可以排出一所皇宫、一处森林、一片海洋和奥林匹克蓝空。马尔坎托尼奥·切斯蒂（Marcantonio Cesti）曾努力把歌剧由抒情的曲调中拯救出来，增加序曲的幅度和分量，使它更切合故事，而以叙唱调来转换歌曲。切斯蒂和科里利两位都是音乐使者，各自把意大利歌剧带到路易十四治下的巴黎和利奥波德治下的维也纳。就歌剧来说，阿尔卑斯北方的欧洲几乎成为意大利的殖民地。

此时主要的剧作家是斯卡拉蒂。他的儿子德梅尼科虽然略夺他的声名，但一直到最近，斯卡拉蒂这个名字还是意指父亲，而德梅尼科只是这个盛名之下的一名琴手。斯卡拉蒂生于西西里（1659 年），13 岁时来到罗马，在卡里西米（Carissimi）手下学过一阵，后来受到斯特拉德拉作品和行为的影响，20 岁时发表了有名的处女作《纯真》。瑞典的克里斯蒂娜喜欢它，便把斯卡拉蒂收在旗下，在她私人剧院里上演另一出歌剧。1684 年，他接受那不勒斯西班牙总督的委任，他在那里停留 18 年，产量甚为惊人，到他死时，至少已有 114 出剧作，多半还存留至今。也许在这个时期，萨利默纳为他画了一幅有名的画像，挂在那不勒斯的音乐学院——一张修长的脸，敏感、凝神而果决。

西班牙王位继承战争困扰着那不勒斯，因而拖欠了斯卡拉蒂的薪水，他只得带着眷属在斐迪南的保护下，前往佛罗伦萨继续工作。一年后，他以红衣主教特使的身份路经罗马。这位胸怀大志的主教，继克里斯蒂娜后，成为罗马艺术的中心和赞助者，并把旺盛的精力分散到文学、艺术、音乐和情妇上。1707 年，斯卡拉蒂抵达威尼斯，发表了精心杰作《米特里达特·尤帕托雷》（*Mitridate Eupatore*），这是一出完全舍弃爱情、别出心裁的作品。那年，那不勒斯是在奥地利的统治下，新任总督邀请斯卡拉蒂回到他以前的岗位。他同意，于是在此度完他生命中另一个 10 年，也是他声名大噪的顶峰。

他的歌剧立下的风格持续了近半个世纪之久。斯卡拉蒂把前奏曲发展成与歌剧本身不相干的作曲，把它分为 3 个部分，到莫扎特为止，一直是前奏曲的典范：快板、慢板、快板。抒情曲部分为 18 世纪立下典型和往返（da capo）的形式，即由第三部分重复演唱第一部分。他把热情、温雅和浪漫的色彩注入其中，使歌曲充满了活力和即兴作用。不过，过分造作破坏了其中的感觉。他曾经一度拒绝群众要求的感伤风格，后来还是妥协了，使此后 50 多年的歌剧充满了欢欣、喧吵而毫无风格可言：歌剧要等到格鲁克（Gluck）才有新的生命和形式。在维也纳和巴黎（1762 年），到处都可听到《奥菲欧与尤丽狄茜》（*Orfeo ed Euridice*）之类的美妙歌声。

葡萄牙（1640—1700）

布拉甘扎（Braganza）公爵加冕为约翰四世时（1640 年），葡萄牙便开始开展为脱离西班牙而奋斗的 28 年战争。

法国在这段时期对葡萄牙大加援助，一直要到 1659 年马扎然与西班牙订立《比利牛斯和约》后，才中止这项援助。阿方索六世改向英国求援。布拉甘扎把凯瑟琳送到伦敦作为查理二世的王妃后（1663 年），又把孟买、丹吉尔及 50 万镑作为陪嫁，英国回报以武器和军队。靠这些及其他的协助，葡军一再打败西班牙，《里斯本条约》订立后，西班牙正式承认葡萄牙的独立。

佩德罗二世以《梅休因条约》（*Methuen Treaty*，1703 年）加强与英国的联系。两国同意关税互惠，葡萄牙可从英国进口工业品，而英国由葡萄牙进口酒类和水果。这样一来，18 世纪的英国人也可痛饮波尔图进口的葡萄酒，而不必转手购买法国波尔多的红葡萄酒。这种经济的联合，防护了葡萄牙和它的殖民地免受来自西班牙和法国的侵扰。

1693 年，在巴西的米纳斯吉拉斯州（Minas Gerais）发现黄金，这使佩德罗二世顷刻之间暴富，使他在 1697 年后，可以不要议会的拨款而在里斯本建造欧洲最豪华的宫廷。然而，美洲的黄金也在西班牙发生同样的影响。它们被用来购买外国产品，而不是用来资助本国的工商业，本土经济还是以农业为主，甚至波尔图的葡萄园也落入英国人手中。

葡萄牙的作家们一贯地秉笔直书。里斯本的梅洛在念完圣安东尼耶稣书院后，加入佛兰德斯西班牙军团，参与了好几次战争，后来还为西班牙国王在平息卡塔兰的叛乱中奋战不懈。休战后，他便写下这段历史《加泰罗尼亚战史》，这本书后来成为葡萄牙人写作西班牙文学的经典之一。葡萄牙宣布脱离西班牙后，他马上改向约翰四世效命，备受欢迎，被派去指挥一支葡萄牙舰队。不久，他与迷人的维拉女伯爵陷入情网，但被她的丈夫逮捕，监禁了 9 年。在同意流放巴西的条件下，他被释放到比亚，在此写下《自歉对话》（*Apologos Dialogaes*）。1659 年，他获准回国。在残余的 7 年中，他发表了许多有关道德和文学的著作、出版了一些诗集，并按照莫里哀的《贵人迷》（*Le Bourgeois Gentilhomme*）的架构和幽默，谱了一出戏剧《庸俗的贵族》。虽然他以西班牙文著作，葡萄牙人仍然热切地欢迎他，以他为傲。

维埃拉（Antonio Vieira）是另一个典型。他生于里斯本（1608年），童年在巴西度过，在比亚受到耶稣会士的教导，后来参加他们的组织。令人惊异的是，他居然以敏捷的口才和雄辩的小册子，要求由政府来带领基督教义的施行。有一次，他受命前往葡萄牙（1641年），约翰四世钦服于他的完整人格和多才多艺，邀他担任皇家会议的议员。他为祖国的独立始终奋力不懈。他鼓吹改革宗教裁判，不分阶级进行课税。他建议允许犹太商人进出葡萄牙，并提议取消旧教徒和新教徒（改信的犹太人）的区别。他是耶稣会士中，充满活力、才能和温和自由主义的一个典型。

回到巴西（1652 年）后，他以传教士身份前往马拉尼。可是，他那种不留情地谴责奴隶的野蛮和道德的态度，激怒了当地人，把他逐回葡萄牙（1654 年）。他在国王面前为受奴役的印第安人请命，改善他们的生存条件。回到南美后（1655 年），他花了 6 年的时间，充任"巴西的使徒"，在亚马逊河及附近地区旅行探访。每天冒着生命的危险，来往于吃人的部落之间，教导土著人有关文明的艺术，并且鼓动他们反抗主人。所有这些，又使他被贬回葡萄牙（1661 年）。宗教裁判所控告他散布危险的异端和放纵的思想，加以逮捕（1665年）。他着实为裁判所中的犯人遭受的虐待而感到惊骇不已——5 个人被关在"9×11"尺宽的地窖里，唯一的自然光线便是来自顶上的一个小孔。两年后，他被释放了，却被禁止写书、讲道或教书。他前往罗马（1669 年），受到克莱门特十世的礼遇，以他的雄辩说服了主教和一般教民。瑞典的克里斯蒂娜想请他做她的精神导师而不得其道。他在教皇面前陈述宗教裁判所的不当，认为是一种对教会的侮辱，也将是葡萄牙衰弱之源。克莱门特听后，下令把葡萄牙宗教裁判所的案件一概送到罗马裁决，英诺森十一世甚至把它关闭了 5 年。

印第安人虽然胜利了，却颇觉孤立，维埃拉再度前往巴西（1681年），在此一直以耶稣会士和使徒身份埋头工作，直到 89 岁高龄去世。他的著作计有 27 卷，其中大部分是有关神秘的呓语。然而，他的讲词可媲美波舒哀，成为葡萄牙语的伟大经典之一。他的爱国和改革赢得新教的桂冠诗人骚塞（Southey）的赞扬，称誉他为国家和时代里最伟大的一位政治家。

西班牙的衰败（1665—1700）

1665 年的西班牙仍是基督教世界中最大的帝国。她统治了荷兰南部、萨迪尼亚、西西里、那不勒斯王国、米兰公国及美洲南北的广大领土。可是，她没有足够的海军和军力来控制这些分散地区的商业和主权。花费巨大的"无敌舰队"被英国（1588 年）和荷兰（1639

年）相继打败。西班牙的军队在罗克鲁瓦（1643 年）和朗斯（1648
年）之役中溃不成军。西班牙的外交在《比利牛斯和约》（1659 年）
下，默认了法国的胜利。西班牙的经济主要依赖美洲的黄金和银块，
然而运输时常遭受荷兰和英国舰队的阻挠。西班牙依赖进口黄金及人
民对贸易的漠视，阻碍了商业和工业的发展。大多数西班牙的商品
都以外国船只运送。西班牙船只航行西、美之间的次数，1700 年比
1600 年减少了将近 75%。手工业品从英国和荷兰进口，一部分利用
出口酒、油、铁和毛线来抵消逆差。贸易因以黄金交易，美洲黄金充
其量只是经过西、葡，便又转到英、法和联合行省的手中。科尔多瓦
和巴伦西亚一度以手艺闻名，如今明显而急速地枯萎了。穆斯林的叛
变破坏了农耕，货币的不稳也扰乱了财政。道路奇差无比，运输条件
尚在原始阶段，这使沿海或通商口岸可以购买比本土出产还要便宜的
各种物资，甚至包括谷物。苛捐杂税繁重，生活水准普遍低下，使无
数的西班牙人不得不放弃他们的家园、商店，最后连国家也抛弃不顾
了。婴儿死亡率极高，限制着家庭规模，无数男女纷纷成为修士或修
女，其他数以千计的人则设法逃到远方。塞维尔、托莱多、布尔戈斯
和塞哥维亚丧失了部分人口。17 世纪，马德里由 40 万人减为 20 万人。
西班牙逐渐丧失了它的黄金之源。

　　在贫穷肆意横行之际，上层阶级却不断地搜刮、挥霍财富。贵
族们一直靠剥削土著或进口财物致富，又以工业或商业的投资持盈保
泰。他们彼此以珠宝和珍贵金属竞富，房屋力求华美，家居力求奢
侈。艾瓦公爵有 7200 个金银器皿和 9600 件银器。斯蒂利亚诺亲王以
黄金和珊瑚为妻子镶造金椅，重得无法使用。教会在赤贫的包围中也
仍然保持富有，甚至更加富有。圣地亚哥大主教曾经想用纯银建造教
堂，被否决后，退而以大理石建造。人民的血汗成为上帝的财富和荣
耀的源泉。

　　宗教裁判所的权威仍在，甚至比政府还吃得开。公开焚烧的判决
比以前少了，不过，那也是因为异端被烧得差不多的缘故。英国天主

教徒的无所不为，根本不能和西班牙新教徒遭受的迫害相比。克伦威尔不能保护那里的英商。英国大使馆中信奉新教徒的仆人，于1691年遭受裁判所的逮捕。同年，大使馆的英国牧师尸体被当地人挖出后加以鞭笞。改信的犹太人仍然以非法集结犹太集会的罪名，惨遭焚烧之痛。在马略尔卡（Majorca）的裁判所，用一次简单的调查中获得的财富，建造了一所美丽的教堂。老百姓们很喜欢观看燃烧的烈火，虽然许多贵族曾多方劝阻，终归无效。1680年，查理二世表示想要亲临焚烧场时，马德里的工匠们便自动为他建造一座圆形观赏台。在工作中他们彼此敦促，尽快完成，那真是一种出自内心的劳役。查理和年轻的太太双双穿着庄严礼服到场。120人被判刑，其中21个被判死刑，在大广场上行刑。那是西班牙史上焚烧死刑犯最壮观的一次，有一本308页的书专门描述和批评这个事件。1696年，查理组成大会议（Junta Magna）来监察裁判所的荒谬，它发表了一份报告，指出了许多罪恶。裁判所大主判却劝请国王推翻这份可怕的报告。1701年，菲利普五世想看时，便找不到样本了。

教会想利用赞助艺术的手段来赎回它的财富、维持信仰的力量。1677年，莫佐设计了萨拉戈萨的第二间教堂，称作柱堂，夸称它的柱子是圣母由天上传下来的。巴洛克的建筑如今也来到西班牙。几乎一夜之间，西班牙由哥特式的幽暗进展到装饰性的华丽。

此时的大师是丘里格拉（José Churriguera），丘里格拉这个名字一度成为西班牙巴洛克式艺术的代名词。1665年生于萨拉曼卡，他把旺盛的精力表现在建筑、雕刻、收藏和绘画上。他23岁时来到马德里，参加玛丽亚·路易莎王后棺架的设计比赛。他的设计结构复杂，以美妙的尖柱和混杂的蛇腹构成，配以骨架、交叉骨和头骨。这种形式为他赢得胜利。约1690年，他回到萨拉曼卡，花费10年苦功来装饰教堂，建造圣埃斯特万教堂的大祭坛和市议会的豪华大厅。晚年，他在马德里设计了圣托马斯教堂的轮廓。临死之际（1725年），他把工作交给两个儿子赫罗尼莫和尼古拉斯。可惜在施工期间，工程倒塌，压死了许多工人和朝圣者。后来有一个类似丘里格拉式的形式也传到墨西哥，建了一些北美最可爱的建筑。

雕刻是西班牙精神的一项有力的表现。有时这种力量来自一种奇异的写实，在"施洗者"约翰或其他几位严肃的圣者身上，便可嗅出这种风格。巴利亚多利德博物馆供放着两座圣·保罗头像的雕塑。禁坛仍是一种颇受欢迎的形式。彼得罗·罗丹（Pedro Roldan）刻过教会的大教堂和塞维尔的德拉·卡里达医院。他的女儿路易莎·罗丹（Luisa Roldan）是西班牙杰出的女雕刻家，曾经在加的斯教堂刻过一群人像。佩德罗·德·梅纳（Pedro de Mena）以他的裸体像（西班牙极少见的艺术）、圣母及马拉加教堂的正堂而闻名一时。他在塞维尔教堂的圣弗朗西斯科雕像，是雕刻的最美好的西班牙式的作品之一。17世纪末，这种艺术也随之衰落了。格子充满装饰品，机械性地装配头、眼和嘴，徒然胡乱加真的头发和衣物、色彩，是为了符合大众的想象和口味。

西班牙绘画史上的大师过去了，但仍有一些优秀的大师，卡雷尼奥继承委拉斯开兹为宫廷画师，几乎与他同样地受到爱戴。他是一位崇尚中庸、温文尔雅的人，全神贯注于工作，时常忘记正常的起居作息。他所作的查理二世画像及其宫廷的作品，深得新王的赞赏，他被授予骑士称号和圣地亚哥十字奖章，但卡雷尼奥拒绝这种名过于实的奖赏。

卡雷尼奥在晚年时把工作交给继承人之一科埃略（Claudio Coello），在他的敦促下，科埃略夜以继日地苦干，画出不同风格的效果。卡雷尼奥表示嘉许，推荐他临摹皇家画廊里有关提香、鲁本斯、凡·戴克等人的作品。这种经验帮助科埃略走向成熟。1684年，卡雷尼奥死前一年，科埃略被任为国王的画师。他以《圣仪》（*Sagrada Forma*）一画受到全国的赞赏，它表现了为查理二世的祭坛奉献的"圣饼"。在这幅画背后有个传说，充分表现了西班牙人的性情。在一场与荷兰的争战中（故事如是说），有一块圣饼被可恶的加尔文教派教徒踏碎脚下，圣饼便四下迸出血液，感化了一位异教徒。剩余的饼被小心地持往维也纳，献给菲利普二世作为礼物。此后，它总是被按时拿出来展览，总是流满鲜血，震慑朝圣者的心。科埃略的画便表现了国王和机要大臣虔诚地跪在这块圣饼面前的神情，近50个人像出现在这幅画上，而且几乎把每个人都刻画得惟妙惟肖，呈现出一种壮观的深度。花费两年时间把它完成后，科埃略变成全城上下一致公认的大师。6年后（1692年），意大利来的卢卡·焦尔达诺令他黯然失色。卢卡立刻成为重塑埃斯科里亚尔的主要人物。科埃略完成他的部分后，便封笔了。焦尔达诺抵达一年后，科埃略便去世了，享年51岁。死时，他满怀落寞和羡嫉的心情。

在塞维尔出现戈雅（Goya）之前，西班牙画史上最后一位大师莱亚尔（Juan de Valdes Leal）同科埃略一样，也是葡萄牙出身而在西班牙长大。在科尔多瓦停留数年后，他前往塞维尔向牟里罗的领导地位挑战。由于他的骄傲，他不屑于为他的赞助人描述圣母玛利亚的神韵。他绘《圣母升天日》（Assumption）的圣母像，可是，他的内心和笔力使他忽视生活的快乐，直接绘出不可避免的死亡。他把圣安东尼看到漂亮女人后的骇异逼真地描绘出来。在《迷茫的眼神》这幅画中，他把死亡比作扑灭生命烛火的骨架，在他的幻想中表示了在世俗的喧闹里寻求财富和荣耀的工具——书本、武器、主教的法冠、国王的王冠及一大串的金羊毛。在这个理念下，莱亚尔描绘了一处充满尸体、骨骼和头骨的停尸冢，有一双手垂放其间，一端象征一位骑士，另一端则象征着主教的标志。其中之一标着 Nimas（"不再"），另一端写着 Nimeuos（"不够"）——教外人士和教会人物都想知道上帝的位置。牟里罗看过这两幅画的第一部分后，向巴尔德斯说："老兄，这幅画不掩着鼻子是不能看的。"——这可能是嘉许画家的写实，也可能是一个健康心灵对颓废艺术的反应。

颓废成为当时生活的象征，大学在荒谬和贫困中摇摇欲坠。此时，萨拉曼卡的注册学生由7800人降为2076人。在宗教裁判所和

《查禁书目》的限制下，所有使教会厌恶的文学作品消失殆尽。有一个世纪之久，西班牙隐蔽地躲过了欧洲各种心灵上的运动，人们颓废的迹象却可以由王朝的衰败看出。

查理二世以 4 岁幼龄即位（1665 年），他在位期间，国家在形式上是由他的母亲玛丽安娜王后掌管，而实质上，先后由她的耶稣会神父尼塔尔及她的情人巴伦苏埃拉接管国政，于是暴乱迭起。奥地利另一位有能力的大臣胡安也因为就任过短，不足以抵制败坏的风气。1677 年，年方 16 岁的国王亲自掌政也抵不住这股衰败风气。也许哈布斯堡王室长期的近亲通婚，早已腐化了他的身体和心灵。查理的颚部突出得无法咬嚼，他的舌头大得无法清晰地发音。10 岁以前，王室一直把他当作掌上明珠来调养。他几乎不会认字、读书，所受教育太少，迷信和传说却深深地印在他的脑中。有一位西班牙历史学家把他描述为"病态、低能而高度迷信"。他相信"自己被恶魔附身，是周围人物玩弄野心的对象"。他"结过两次婚"，可是，"大家都知道他根本不能生育"。35 岁以前，他便显出短小、癫痫、衰败，秃顶，总是徘徊在死亡边缘，却苟延残喘地挣扎下去，徒然扰乱基督教世界的视听。

西班牙的分裂如今成为欧洲的一出悲剧。除了课税、通货膨胀及美洲金矿的挖掘之外，政府几乎已到破产边缘，根本付不起债务，甚至到后来连国王本人也要设法省吃俭用。行政官僚在不发饷的情况下贪污腐败不堪。贫穷逼使穷人抢夺面包，集结的贫民到处抢掠、杀人。近 2 万个乞丐聚集在马德里的街头。警察因为领不到薪俸，也纷纷加入罪犯的行列。

在喧嚣、混乱和孤立下，这位衰弱、半身不遂的国王面临死亡的威胁，急于寻找另一位继承者。他的权力在理论上是绝对的。他的一行字即可传播到整个帝国，包括四大洲、奥地利或法国。他的母亲为奥地利请命，可是被拒了，也回绝了那位德国太太的提议。法国大使向他提醒，路易十四娶西班牙太太时的嫁妆尚未给付。因此，她的继承权也被取消了。路易为他自己的权利请命，并用他的权力来加强声势，如果查理忽略这些权利，欧洲便要陷入混战，而西班牙将被撕裂成碎片。查理在不堪重负之下崩溃了。他哭泣，抱怨有些巫婆把厄运带给他。在聆听一群大臣辩论时，他突然放声大哭，说要吃面包。

1700 年 9 月，查理终于走到人生尽头。在围绕的人群中，只有托莱多大主教获得接近。他日以继夜地陪伴昏迷状态的国王，不断地向他提醒，只有路易十四才有保持西班牙完整的权力，而且可以把这项权力作为保护天主教会的有力保证。教皇英诺森十二世在路易的催促下，劝告查理让位给法国。最后查理大叫一声，终于签字，把他的领土全部送给菲利普·安茹大公，法国国王的曾孙（1700 年 10 月 3 日）。11 月 1 日，查理逝世，享年 39 岁，看起来却像一个 80 岁的老头。西班牙哈布斯堡王室的命数，终于在战争的阴影下走向夕阳残晖的斜暮。

第十章 | **封锁中的犹太人**
（1564—1715）

后裔 [1]

前后历经 19 个世纪，犹太人被剥夺家园，被迫到满怀敌意的地区找寻避难所，饱受侮辱和压迫，承受突然而来的火灾、驱逐或屠杀，手中又没有半点防御的武器，所依赖的仅有忍受、委曲求全、坚韧不拔和宗教的信仰。他们经历的种种辛酸，在历史上再也找不到第二个了，他们的意志未曾崩溃过。在贫苦和厄运中，他们产生了不少诗人和哲学家，呼应着希伯来时代的立法者和先知们。这些人曾经为西方世界奠定精神上的基石。

在西班牙的犹太人早已消失殆尽，仅在西班牙血液里残留一些成分而已。1595 年，一位西班牙主教可以大言不惭地说："所有改信的犹太人，都因为通婚被同化，他们的祖先现在也是良好的基督徒了。"不过裁判所可不同意这种见解，1654 年有 10 个人在昆卡（Cuenca）被烧死，在格拉纳达有 12 位被烧死。1660 年，81 个人在塞维尔被捕，

---

[1] 后裔（*Sepharad*）这个名词，首先出现在《圣经》，当时是西亚的一个地名。巴比伦人占据耶路撒冷后，犹太人便被遣送至此地，后来它成为西班牙称呼犹太人的名称。西班牙或葡萄牙的犹太后裔便称为后裔犹太人。

其中 7 位被烧死，罪名是秘密举行犹太人的崇拜仪式。

葡萄牙的情形比较特殊，许多看来改信的犹太人，仍在私下继续信奉犹太教。1565 年至 1595 年，约有 100 多人被裁判所逮捕。尽管有被发现并定罪的危险，秘密的犹太人仍以显赫的地位——作家、教授、商人、银行家，甚至僧侣和教士——生活在葡萄牙。最有名的几位医生都是不公开承认的犹太人。而在里斯本，孟德斯（Mendes）家族后来成为欧洲最大的银行企业之一。

葡萄牙归入西班牙后（1580 年），葡萄牙宗教裁判所的活动越来越活跃，在其后的 20 年，一共举行了 50 次焚烧仪式，有 162 人被判死刑、2979 人悔罪苦修。有一位圣方济会修士迭戈，年仅 25 岁，在承认皈依犹太教后，在里斯本被烧死（1603 年）。许多改信教徒，发现葡萄牙的裁判所比西班牙的还要残酷，便设法移民到西班牙。1606 年，他们以 186 万金币的代价贿赂菲利普三世，并以稍少的钱收买他的大臣，才劝使国王从教皇克莱门特八世那里得到一纸圣谕，命令葡萄牙宗教裁判所释放所有因为精神上的偏差而被捕的改信教徒。在一天内（1605 年 1 月 16 日），有 410 人获得自由。但这次贿赂的效果并不长久，菲利普三世死后（1621 年），葡萄牙又开始施行恐怖政策：1623 年，有 100 位"新教徒"在新蒙德摩（Montemoro Novo）这座小城被捕；在帝国的文化中心科英布拉（Coimbra），被捕的人数在 1626 年有 247 人，1629 年有 218 人，1631 年有 247 人；20 年中（1620—1640 年），有 230 个葡萄牙后裔犹太人被烧死，另外逃走的 161 个人，其肖像也被焚烧，4995 人罪状较轻，得以减刑。冒着失去生命和遗失财产的危险，成千上万的改信教徒从葡萄牙逃向世界的各个角落，就像以前逃出西班牙一般。

大部分流亡的后裔犹太人在伊斯兰国家寻找避难所。在北非萨洛尼卡、开罗、君士坦丁堡、阿德里安堡、士麦那、阿莱波、伊朗等地形成一个个犹太区。在这些地区，犹太人受到政治和经济的限制，不过很少危害到他们的生命安全。犹太人很快爬升起来，不仅在医界，更左右着国家政治。纳西（Joseph Nassi）为改信犹太人，深得塞利姆二世的宠信，受封为那克索斯公爵（1566年），每年在爱琴海约10个岛屿收税。一位德国犹太人阿什克纳济任1571年土耳其驻维也纳大使，签订和约，结束了与奥斯曼帝国之间的战争。

在意大利的犹太人，因为公爵和教皇们的需要及情势的发展，大受重用。在西班牙统治下的米兰和那不勒斯，犹太人根本无法生存。1669年的一道谕令把他们排除在西班牙领属之外。在比萨和里窝那，多斯加大公爵给他们最大的自由，因为他急于发展这些自由港的商业。1593年的一道谕令简直是对改信犹太人的邀请："我们相信，这里将没有宗教裁判所、调查、迫害或控告事件对你或你的家庭不利，过去基督教曾伪装成其他名义对你们加以迫害，但我们相信在这里绝对不容许有这种事。"这个计划成功了，里窝那繁荣了起来，而那里的犹太人社区仅次于罗马和威尼斯，不仅以它的财宝，更以它的文化闻名于世。

害怕犹太人与土耳其联合的威尼斯议会，一再排斥他们，也一再允许他们回来。因为他们在商业和财政上很重要，在工业上更富有无比的潜力，犹太企业家在威尼斯聘用了4000个基督徒工人。住在德国和东方的犹太人及他们的后裔，都由当地的议会采取保护政策，他们几乎全部住在"犹迪卡"（Giudecca），或叫犹太人区，但没有加以限定。在这条犹太街，住着许多有钱人家，室内堂皇富丽，并有一处设备豪华的聚会所，建于1584年，1655年在建筑大师巴达萨尔·隆盖纳（Baldassare Longhena）的监督下，再予重建。威尼斯的6000名犹太人居住区，是这段时期所有犹太人社区中文化水平最高的地区。

1560年，曾有一群改信教徒从葡萄牙移民到费拉拉，后来教皇受到葡萄牙宗教裁判所的压力，于1581年下令加以遣散。在曼图亚，贡萨加大公虽然保护犹太人，却不时地向他们敲诈和"借贷"。1610年，所有此地的犹太人被关在一处绕以围墙的社区，傍晚关门，白天才把门打开。瘟疫来临时，便责怪是犹太人把它带进来的。在曼图亚继承战中，国王的军队占据此城，把住宅抢掠一空，获得金钱和将近80万件珠宝，并命令犹太人在3天内，携带拿得动的东西尽快离开曼图亚。在罗马，习惯上，教皇保护犹太人，但1565年后的历任教皇，除了西克斯图斯五世外，都保持敌对的态度。庇护五世（1566年）动用所有天主教的力量来限制和压迫犹太人。此后，他们便被限定在犹太社区中，行动上和基督徒是隔离的，他们必须穿着表明身份的袍子，不准占有土地，在任何城市都不准有一个以上的聚会所。1569年，在一道控告他们放高利贷、贪心、施行巫术和神秘法术的谕令中，庇护五世命令所有的犹太人离开教皇的属地，安科纳和罗马算是例外。格列高利十三世禁止基督教徒任用犹太医生，检查希伯来人的著作，并强迫他们聆听改信的讲道（1584年）。西克斯图斯五世上台后，暂时放松了一阵，他开放住宅区（1586年），允许犹太人在教皇国居住，允许他们卸下附有标志的衣服和记号，允许他们出版《塔木德》和其他希伯来人的文学作品，给他们信仰的自由，并呼吁基督徒以人道善待犹太人和他们的聚会所。但这种基督徒的容忍是短暂的。克莱门特八世重新发布排斥令（1593年），1640年几乎所有意大利的犹太人都住在限制区，一旦步出这些地区，就必须穿着特制的服装，他们被排斥在农业和行会组织之外。蒙田于1581年游历罗马，描写犹太人如何在犹太安息日尚须把60位青年送往佩斯基耶拉的赛阿特和安杰洛教堂，听取改信的讲道。伊夫林也在罗马见过类似的仪式（1645年1月7日），而且发现，改信的人相当少。许多不顺从的犹太人，在身体和人格上遭受长期的限制、侮辱，并导致贫穷。

在法国的犹太人理论上都受到庇护五世所要求的限制，但事实上，他们在工业、商业和银行上的重要性，使他们获得一种默许的容忍。柯尔伯在某次训令中，强调犹太人的商业对法国的好处。犹太裔难民在波尔多和巴约讷及法国的西南部献出的经济动力，使他们得以半公开性地举行犹太仪式。1675年某一队雇佣兵侵犯波尔多时，市议会害怕犹太人的外逃将会粉碎全城的繁荣，"没有他们，"一位副州长说，"波尔多和全省的贸易将会陷入瘫痪。"路易十四把梅斯的犹太人区纳入他的保护之下，一位地方官控告一位犹太人秘密举行残害儿童仪式而判以死刑时（1670 年），这位国王反而谴责判决不公，并下令此后对犹太人的控诉改在皇家议会举行。在路易晚期，西班牙王位继承战弄得法国面临破产之际，一位犹太金融家伯纳德（Samuel Bernard）把他的财产献给国王。这个骄傲不可一世的王朝对这位"欧洲最伟大的银行家"的资助，真是感激肺腑。

荷兰的"耶路撒冷"

从西班牙和葡萄牙迁移的犹太人，在荷兰成为经济强国的过程中，扮演了重要的角色（虽然，有时这份重要性被渲染了）。犹太人先至安特卫普，但 1549 年，查理五世下令排除所有在最近 5 年内迁移到低地国的后裔，安特卫普的酋长请求免除但反而被加强执行，新的移民只好另求安身之所。不过，安特卫普失去商业上的重要性，并不是因为这些移民的迁出，而是在战争中城市的破坏和《威斯特伐利亚和约》关闭须耳德的出海口带来的恶果。

联合行省的宗教自由虽不完整，却有渐长的趋势，这吸引了不少犹太人走向荷兰的市镇，如海牙、鹿特丹、哈勒姆，特别是阿姆斯特丹。后裔犹太人于 1593 年开始在各地出现。4 年后，他们开辟了一处聚会所，希伯来语是他们的宗教语言，平时就说西班牙或葡萄牙语。1615 年，根据格劳秀斯（Hugo Grotius）的报告，城市首长正式授权承认犹太人的社区，允许信仰自由，但不准与基督徒通婚，也不准攻击基督教。因此，阿科斯塔（Uriel Acosta）和斯宾诺莎两位异端指向基督教伦理的核心时，聚会所的领袖们便不寒而栗起来。

这些犹太人中有些是通商口岸的巨商，他们经营荷兰、西班牙半岛及东西印度之间的主要贸易。1688 年，威廉三世企图取得英国王位时，一位名叫苏索（Isaac Suasso）的犹太人，不附条件地送来 200

万金币，他说："如果你走运，你将会偿还，如果不走运，那就算我倒霉。"这样显露财产是有点过分了。戴维·平托（David Pinto）把他的房子装饰成俗不可耐的华丽，引起市镇首长的非议。不过，我们应该附告一声，平托家族曾数以百万地送钱给犹太和基督教的慈善机构。在经济繁荣的背后，是一片活跃的文化生活，学者、教师、医生、诗人、数学家、哲学家热心地寻求真理。学校提供教育场所，由梅纳西·伊思雷尔（Manasseh ben Israel）于 1627 年成立的一家希伯来文印刷所，先后印出许多书籍和小册子。在其后的两个世纪中，阿姆斯特丹成为犹太文字的中心。1671 年至 1675 年，葡萄牙犹太人社区有 4000 户家庭，建造了一所漂亮的聚会所，象征着他们的繁荣。如今这已成为阿姆斯特丹的观光胜地，据说基督徒也参与了这项工程，这是现代犹太人的一段快乐时光。

世界并不是完美的，约 1630 年，东欧犹太人（Ashkenazi Jews）[1] 从波兰和德国来到阿姆斯特丹，他们有自己的语言，也建立了一些聚会所，他们蔓延很快，在后裔犹太人中引起了反感，因为这些人对他们的语言文化、服饰和财富的优越颇觉得意，并视与东欧犹太人通婚为变节脱党的丑事。在后裔犹太人中逐渐兴起了阶级的对立，小商人和较为贫苦的人指责富人控制聚会所的政治和人事。诗人说："有钱能使鬼推磨，也能使废物变大官。"知识领袖——索尔·利维·莫太拉（Saul Levi Morteira）、伊萨克·阿博勃·达·方赛克（Isaac Aboab da Fonseca）、伊思雷尔——都是富有才能而人格完美的人，他们在政治、宗教和道德上却显得保守，变得像西班牙那些压迫者一样独裁，对政治上的异议抱着一种防范的警惕态度。

伊思雷尔因为使英国重新对犹太人开放而留名青史，他生于刚

---

[1] "Ashkenaz" 这个名字，首先出现于《创世记》第 10 章第 3 节，为诺亚的曾孙。在《耶利米书》（*Jeremiah*）第 27 节，它是西亚某个王国的名字，中古的犹太法师们称它为"日耳曼"，原因待考。而 Ashkenazim 这个字后来就成为日耳曼、波兰和俄国犹太人的代名词。

从里斯本移民到拉罗谢尔的后裔之家，童年在阿姆斯特丹度过，后来致力于希伯来文、西班牙文、葡萄牙文、拉丁文和英文的研究。年仅18岁，他就被选为内夫彻·沙勒姆（Nevch Shalom）地区的牧师，他写过一本名叫《论调和》（El Conciliador）的书，极力调和基督徒和犹太人对《圣经》的歧见，因而博得双方的赞赏。他有许多信奉基督教的朋友，如格劳秀斯、瑞典的克里斯蒂娜女王、福修斯（Dionysius Vossius，曾把他的书译成拉丁文）、伦布兰特。他于1636年画过自画像，他特别引起基督徒注意的原因，是他曾经在讲道中祈求基督救主的早日降临，以统领这个世界。

伊思雷尔是一位犹太神秘家和古怪的理想主义者，他曾梦想一个消失的以色列部族不久就会被发现，而且重新联合起来。此后，犹太人得以重新回到英国和斯堪的纳维亚半岛，而圣地也将在救世主的荣耀下重新回到以色列的怀抱。第五王政的清教徒在英国设立联络站，虽然他们的救世主未必是他所指的，他们还是欢迎他所谓的天国早日降临的看法。有了这种鼓励，他发表了一篇论文《以色列的希望》（"Esperança de Israel"），要求犹太人能重返英国。他在拉丁文版中，写了一篇序言给英国国会，他说："根据《圣经》的预言，犹太人回到他们的祖国之前，必须先经过散居各国的过程。"他请求英国政府协助完成这个先决条件，允许犹太人回到英伦，让他们自由地信仰他们的宗教及兴建聚会所。他表示希望能够去往英国，为建立犹太人社区做准备。

克伦威尔对此表示心许。"我很同情这些受苦的民族，"他说，"他们是上帝的选民，也是戒律的给予者。"米德尔塞克斯勋爵（Lord Middlesex），也许是代表国会，写了一封谢信，称呼"亲爱的兄弟，希伯来哲学家，梅纳西·伊思雷尔"。驻荷英国大使拜访伊思雷尔，受到希伯来音乐和祝福的接待（1651年8月）。但10月，国会通过了一项《航海法》，显然是针对荷兰贸易而发，商业竞争导致第一次荷兰战争（1652—1654年），伊思雷尔只好等待时机。准议会

（Barebone's Parliamont，1653 年）接受他的请求，允许他自由行动，和约缔结后，克伦威尔再次邀请他。1655 年 10 月，伊思雷尔和他的儿子终于回到英国。

英国与犹太人

英国从 1290 年的排犹到克伦威尔于 1649 年即位这段时期，法律上是不许犹太人居留的。乡村里也许会出现一些小贩，城市里有时也有一些商人和医生滞留，可是，几乎所有伊丽莎白时代的人们，都知道犹太人是在基督徒的谈话或文学之外的。基于这个背景，马洛描写了巴拉巴思，而莎士比亚也如此描写夏洛克。

有些批评家指出，莎士比亚写《威尼斯商人》这个剧本，是受到朋友的提示，来迎合反犹太风潮，这个风潮是由洛佩兹（Rodrigo Lopez）于 1594 年企图非法毒害伊丽莎白女王而引起的。洛佩兹是生于葡萄牙的犹太后裔，1559 年移往伦敦，以行医而略得名气。身为莱斯特伯爵的医生，他被控以毒药杀害伯爵的敌人。1586 年，他成为女王的首席御医，他还特别照顾埃塞克斯伯爵，但因为把他的病症渲染出去而遭到忌讳。1590 年，他与沃尔辛厄姆（Francis Walsingham）串通西班牙王室以对抗安东尼奥——葡萄牙王位的觊觎者，因而得到菲利普二世赏赐的一粒钻戒，价值 100 镑。1593 年，达伽马在洛佩兹家中以反抗安东尼奥的罪名被捕，其他的人也连带被捕，其中有人供认洛佩兹有对女王不利的企图。艾萨斯支持安东尼奥，却反过来亲自处决这位医生。洛佩兹不堪拷问，供认得款 5 万以毒害女王。可是，他声明他的企图，只是想诈取西班牙国王。他和其他两位同谋被绞死后，碎骨分尸。临死之际，说他爱女王如同敬爱耶稣基督。莎士比亚作为艾萨斯的朋友，在处刑两月后写成了《威尼斯商人》，许多批评者一定注意到夏洛克影射的牺牲者，便叫安东尼奥。

《圣经》的流传由于詹姆斯王的译本（King James Version）而推

广，这让英国有机会进一步了解《旧约》，也因此逐渐缓和了反犹太的风潮。古代希伯来人的观念和感觉，亲切地渗入清教徒的思想和语句中。犹太人的争战似乎预示了他们与查理一世之间的争论。曾几何时，万王之王耶和华《新约》的"和平之王"（prince of peace）更适合他们的需要，许多清教徒军团以犹太之狮（Lion of Judah）印在旗帜上；克伦威尔的钢铁军唱着圣歌走进战场。把旧的文学当作上帝的语言后，清教徒更加觉悟到犹太人为上帝的选民，特别来到世界为他们服务的。有一位牧师向教徒说，犹太人仍然必须作为上帝的选民来敬爱。一些平等主义者称自己为犹太人。许多清教徒感受到耶稣肯定摩西律法更甚于保罗的拒绝，因此要求所有的教民遵守那项戒律。清教徒领袖哈里森大统领是克伦威尔的主要助手，建议把摩西戒条纳入英国法律。1649 年，下院通过一项提案，把安息日自星期天改为犹太的星期六（Sabbath）。从此，清教徒说，英国人也将是上帝的选民。

詹姆士一世任内（1603—1625 年），有一小群犹太裔移民来到伦敦。起初，他们参加基督徒的礼拜，后来，他们不再掩饰犹太教的信仰。像卡瓦哈尔（Antonio Carvajal）这样的犹太金融家们，共同满足了长期国会和英联邦的货币需求。克伦威尔上台之后，他利用犹太裔商人作为荷兰和西班牙经济和政治消息的主要来源，他有点羡慕荷兰由与犹太人的联络而获得的财富和繁荣。

伊思雷尔来到英国不久，克伦威尔便接待他，为他安排在伦敦的住处。伊思雷尔提出一个请求，后来经报纸以"宣言"为题刊出，表示允许犹太人入英和在宗教、经济上提供帮助。他解释为何犹太人在经历政治上的无能和身体与经济的不安后，被迫放弃农事而转向贸易的理由。他指出，阿姆斯特丹的犹太人是靠商业投资而不是放贷而活，他们并没有剥削，而是把流通的款项放到银行，安享 5 分的利息。他指出犹太人杀害基督徒子女而以鲜血来祭奠是无稽之谈。他向基督徒保证，犹太人并没有改变信仰的企图。他得出结论说：在犹太人宣誓效忠王朝的条件下，允许犹太人迁到英国来，他们可以获得宗教自由，免除暴力的迫害，他们内部的争端可由他们的法律和戒律解决，而不必危害到英国法律和利益。

1655 年 12 月 4 日，克伦威尔在白厅召集会议，各级法官、官吏和教士共同商讨犹太人入英的问题。他个人以声势和雄辩来维护这个观念，而且强调宗教层面而避去经济的考虑，真正的福音必须传道给犹太人，但是，"如果我们不包容他们，我们能向他们传道吗？"。

与会人士对他的论调并不表示同情，教士们强调基督教国家中不容许犹太人的存在，商人代表认为如此一来犹太商人将会侵占贸易、剥夺英国人的财富。会议结果是，除非国王个人的认可，犹太人不准定居英国。

社会舆论本来就反对犹太人入境，谣言散布说如果允许犹太人定居英国，犹太人将会把圣彼得教堂改为集会所。威廉・普宁（William Prynne）曾于 27 年前写了一本书，以攻击英国戏剧而引起一阵骚动，如今他又选了一篇短文，名叫《简短异议》（"Short Demurrer"），重新揭发犹太人破坏币制和谋害儿童。有一位热情的清教徒托马斯・科利尔（Thomas Collyer）站起来回击普宁，呼吁必须把犹太人当作上帝的选民来敬爱。伊思雷尔自己出版了一本书叫《辩白》（Vindication），请求英国人拿出公平的精神。

他们真的相信那种古怪而无稽的控诉——以为犹太人为了庆祝无酵饼的节日必须用基督的血液来塑造吗？他指陈历史上多的是这种假证据的控告，或者因受不了拷问而供罪，以及有多少个无辜的犹太人在他们处刑后，真理才得以大白于世。他以感人肺腑的信心和热情做结论说：

> 我向敬爱的英国提出卑微的请求，希望他们不带偏见地读读我的论据……我尊敬他们的荣耀和利益，而且衷心期望上帝将会尽快地使西番雅（Zephaniah）的诺言实现，然后我们可以一心一

意地侍奉他，以同样的方式，也以同样的判断，既然他的名字只有一个，那么他的害怕也将如一，我们将可同见上帝的善意（永远的祝福）和天堂的慰藉。

英国民众并没有被他的请求说服，伊思雷尔也无法为犹太人取得正式入境的许可。克伦威尔为了保全他的政府和自己，只好把这个问题搁在一旁，不过他仍从国库中提出 100 镑的年薪奖励伊思雷尔（这笔款从来没有付过）。1657 年 9 月，伊思雷尔的儿子死去，从护国主手中得到一笔款项后，他把尸体带回荷兰埋葬。在不堪逆旅和悲伤之下，这位驻英国圣徒于 11 月 20 日死于米德尔堡，留下的钱财还不够付自己的葬费。

他的使命并没有完全失败。在伊夫林的《日记》中，1655 年 12 月 4 日的记载说："如今犹太人终于被接纳了。"虽然护国主没有下令，国会也不承认他们的返乡，他们还是陆续不断地回来。1657 年，克伦威尔允许伦敦犹太人拥有自己的葬场，用犹太人的身份埋葬而不是以基督徒身份。查理二世复位时，他并没有忘记流亡荷兰时蒙德斯·达柯斯塔和其他犹太人的经济援助。他重视伦敦犹太人带给英国商业上的利益，并希望他们多来一些。威廉三世也忘不了犹太人的帮助，继续施行容忍态度，故意忽略英国教士和商人的抱怨。梅迪纳以威廉三世和马尔巴勒军事顾问的身份成为第一位被封爵的犹太人。1715 年，犹太经纪人开始出现在伦敦票据交换所，犹太银行家也逐渐在土地投资上崭露头角。1904 年，英国犹太人公开庆祝伊思雷尔诞生 300 周年纪念日。

东欧犹太人

尽管经过中世纪的十字军东征和千百次的变迁，1564 年，在德国，特别是法兰克福、汉堡和沃尔姆斯地区，仍有不少犹太人居住。

不过，宗教改革不仅没有减轻，反而增强了基督徒对那些不信仰的陌生人的憎恨。在法兰克福的犹太人除了必要的商业外，不得随便离开住宅，而且未得官方允许，不得接纳城外的客人。他们的服装有一种特别的记号或颜色，他们的房屋必须涂以特别表征，经常是一些怪异的图案。有时收买官吏也许可以少受屈辱，可是一般平民的敌意对犹太人的生命和财产还是构成相当大的威胁。因此，1614 年 9 月，大部分法兰克福的犹太人在做礼拜时，一批基督徒随便冲进他们的住宅，扰乱和破坏了一整夜，有 1380 个犹太人被迫离开城市，浑身上下只剩身上穿的衣服。一些基督徒收留了避难者，美因茨大主教强迫市政当局恢复他们的住房，补偿他们的损失，并绞杀乱党领袖。一年后，在沃尔姆斯，一个同样的暴动强迫犹太人出城，并破坏他们的礼拜堂和墓地。不过，沃尔姆斯大主教和赫斯·达姆斯泰特（Hesse-Darmstadt）伯爵起来保护放逐者。巴拉丁选帝侯倾向于容忍，但低级教士和百姓太容易被憎恶情绪煽动，每天都可搬走犹太人的脑袋，每天都有伤亡的可能。一些激动的基督徒从犹太母亲褓褓中抢走婴儿，并给予强迫受洗。

"三十年战争"对德国的犹太人为害甚少，清教徒和天主教徒彼此激烈相斗，几乎忘了迫害犹太人，即使后者曾经借钱给他们。斐迪南一世曾经拿重税来压迫奥地利的犹太人，并把他们逐出波希米亚（1559 年）。不过，斐迪南二世保护、容纳他们，在天主教气息颇浓厚的维也纳建造集会所，而且允许他们返回波希米亚。波希米亚犹太人在战争时期，每年提供 4 万金币给国库。后来斐迪南二世（1630 年）为了平息基督徒对他的容忍政策的非难，要求布拉格的犹太人必须在星期六聆听基督讲道，如果闲荡或中途睡觉便处以罚金。

《威斯特伐利亚和约》后，在德国的希伯来人急速增长，过多的战争多少减轻了偏激和迫害，成千上万的犹太人在 1648 年哥萨克人叛变的大屠杀后，从波兰涌入。1675 至 1720 年，平均每年有 648 名犹太商人参加莱比锡的贸易会。德国各地觉得犹太人对财务经营和军队与法庭的补给组织甚有帮助。因此，塞缪尔·奥本海默（Samuel Oppenheimer）在 16 世纪末的战争中主管皇家库藏，韦特海默（Samson Wertheimer）在西班牙继承战中监督皇家的军需。虽然在玛格丽特·特蕾莎，这位西班牙出生而受耶稣会感染的女王的影响下，利奥波德一世曾经下令把犹太人逐出奥地利，选帝侯腓特烈·威廉却欢迎放逐者来到勃兰登堡，而柏林的犹太人社区也变成欧洲最大的。

12 世纪以来，中欧犹太人已经用自己的意第绪语（Yiddish）对话，主要由德国语再混以希伯来和斯拉夫语，以希伯来字母书写。受过教育的犹太人继续学习希伯来语，但一般东欧世俗的出版都以意第绪语为主。于是，意第绪语文学逐渐兴起，充满幽默和家乡情调。经过几个世纪流传和边远地区的民间传说的影响，内容上也有描写春祭野宴的短剧和古老智慧的谚语（如"一个父亲养育十个子女，但十个子女不报养一个父亲"）。1715 年以前，这种文学只有一位大家波虚（Elijah Bochur），他是一位希伯来语学者，意第绪语诗人，曾以八行节诗描写热情洋溢的爱情，并把赞美诗润饰成通俗的讲词。1544 年，出现了一本以意第绪语写成的《摩西王书》，只比路德的德文《圣经》晚 15 年。1676 年至 1679 年，意第绪语的《旧约》也出版了，德国犹太人慢慢成为他们民族中文化界的领袖。

犹太人曾经于 10 世纪由德国迁到波兰，除了偶然的残害外，在政府的保护下慢慢繁荣并成长着。1501 年，波兰有将近 5 万名犹太人，1648 年有 50 万人。那些控制议会（Sejm）的绅士们大都保护犹太人，因为地主们发觉他们在收租缴税和经营田产上特别有用。除了某些例外，16 世纪和 17 世纪的波兰，算是当时最富自由的王朝了。

巴陶里（Stephen Báthory）曾发布过两次保护犹太商业利益的命令，并把残害祭典的人当作野蛮的"诽谤者"看待，不准他们进入波兰法庭（1576 年）。不过，一般人仍然抱有敌意，在这道谕令的一年后，便有一群乱民攻击波兹南（Poznan）的犹太人区，摧毁住屋，杀死许多犹太人。巴陶里对未能制止暴乱的官吏课以罚金。西吉斯蒙德三世继续施行容忍政策。

后来，两个因素结束了这种善意政策。波兰的德国人反对犹太人的竞争，他们鼓动波兹南和威尔诺（Wilno）暴乱，毁掉了犹太人的集会所和住宅。1592 年，他们又向皇帝呈递一份请愿书《不对犹太人宽容》（1619 年）。由巴陶里引进的耶稣会士，不久成为波兰天主教的首脑人物，也参加了反对容忍的阵营。此后，控告祭典的谋杀得到政府的首肯。

反犹太人的文学便如火如荼地发展起来。1618 年，克拉科夫的米京斯基（Sebastian Michiński）出版了《波兰国王的一面镜子》（*A Mirror of the Polish Crown*）。在这本书中，他控告犹太人是儿童杀害者、巫师、强盗、欺诈者和叛逆者，而且要求议会把所有的犹太人逐出波兰。这本小册子引起极大的反响，使西吉斯蒙德不得不强加压制。一位波兰医生控告犹太医生毒害天主教徒（1623 年）。国王命令地方长官保护犹太人免受暴乱的干涉，而且借限定犹太人不得与基督徒为邻、不得官方许可不得兴建新的集会所和确定新的节日，来减低国人对他们的敌意。1643 年的议会规定所有基督徒商人最高可赚取70% 的利润，而犹太商人只可赚 30% 利润，结果基督徒从犹太人那里买东西。基督徒心中的仇恨反而增加了。尽管受到憎恨、限制、愁苦和贫穷，波兰犹太人还是继续繁衍着，他们建立教堂和学校，传播他们稳定的传统、道德和法律，并培植于充满信心的信仰中。初级学校由私人教师组成，按照学生人数和年级，由父母付薪水，无法缴纳学费的儿童则由公共基金来维持。6 岁至 13 岁的儿童必须接受强迫性的初级学校教育。高级教育由学院来培养，而由犹太教士管理。当时，一位教师把这个系统形容如下（1653 年）：

> 每个犹太区维持大学学生（*bahurs*），每周给他们固定的金钱……每个大学生至少督导两位小孩……50 户的犹太住区约要维持 30 名这种年轻人和小孩，每个家庭供应一个大学生和两个学

生。前者坐在家庭桌上，好像是家族的一分子一般……很少有家庭不读《圣经》，不管是家长、儿子，还是女婿，或者是跟他们吃住的大学生，个个都是犹太语言专家。

以我们后来和较世俗的眼光来看波兰的教育和文学，也许会觉得他们太受限制于教师，所读的无非是《塔木德》、《圣经》、神秘学（Cabala）书籍和用希伯来文写的书籍。然而，由于《塔木德》包括了犹太法及犹太的宗教和历史，它也可以用来当作一种深刻而严肃的心灵教育。而只有通过种种深切的宗教信心及对传统和部族规范的研读，才能有力量抵抗经年累月的迫害、困苦和不安全。

1648 年一直提醒着他们在基督教国家所受的待遇，随后由于哥萨克人对波兰或立陶宛地主的叛变，那些曾经充任田产收税和管理的犹太人也饱受叛变的冲击。在佩雅斯拉夫、皮尔亚廷、卢布林和其他城市，成千上万的犹太人惨遭屠杀，无论他们是否为贵族效力。一些因改信希腊正教而获免，也有一些人逃到鞑靼人的地区，被当作奴隶贩卖。声势汹涌的哥萨克人叛变，激起了极大的火花。一位俄国历史学家说：

> 杀戮总是伴随着野蛮的拷问，受害者被活剥裂尸，乱棍打死。在火炭上烤，或在热水中泡，最可怕的酷刑总是轮到犹太人身上，他们注定要饱受屈辱，任何人如果略表同情，便有叛逆罪的可能。哥萨克人自犹太教堂拿出一卷卷的律法卷，他们在喝酒中蹂躏犹太人。犹太人成堆地躺在地上，无情地遭受屠杀。几千几万的犹太婴儿被丢到河井或活活烧死。

单拿尼米诺夫（Niemirov）来说，就有 6000 名犹太人在这次叛变中被杀。在杜城（Tulchyn）的 1500 名犹太人，只有两个选择，改变信仰，或者死亡，结果这 1500 人全部选择死亡。据说在波朗洛

(Polonnoye)，有 1 万名犹太人被哥萨克人所杀，或被鞑靼人监禁。其他乌克兰城市也有类似的屠杀。哥萨克人不能抵御波兰军队，只得修好于俄国时（1654 年），俄国军队也参加驱逐或屠杀立陶宛或波兰各个城市——莫吉廖夫、维捷布斯克、威尔诺等地的犹太人。

1655 年，由瑞典查理十世率领的反攻为犹太人制造了另一个问题。与许多波兰人一样，他们毫无抵抗地接受瑞典，把瑞典人当成从俄国人手中解放他们的恩人。后来，另一支新兴的波兰军赶走瑞典人后，再度屠杀波兹南、卡利什、克拉科夫和彼得库夫等省的犹太人，仅波兹南幸免于外。所有这些，1648 年至 1658 年，在波兰、立陶宛、俄国等地的这些灾难，仍是欧洲犹太人最凄惨的一页。它造成的恐怖和流血远甚于哥萨克的屠杀和黑死病的损害。最保守的估计，共有34 719 名犹太人丧失生命，531 个犹太人社区被毁。正是这血腥的 10年，使大批的犹太人由斯拉夫迁徙到西欧和北美，极大地改变了犹太人的比例。

残存下来的波兰犹太人回到他们的家园，耐心地重建他们的社区。约翰二世卡西米尔国王宣布尽可能地补偿犹太人的损失，他给他们新的权利和保护方案，在受害最大的地区暂时免税。但民间和宗教上的敌对仍然存在，犹太人不时要看基督徒的脸色。1660 年，两位拉比被控以祭杀罪。1663 年，克拉科夫的一位犹太药剂师在证据不足的情况下，被控撰文攻击圣母，结果在法庭的判决下加以残害，割下他的嘴，烧焦他的手，割掉舌头，他的身体则被放在烈火中焚烧。方济会的首脑从罗马写了一封信（1664 年 2 月 9 日），呼吁克拉科夫会员保护犹太人免受无谓的干涉。在罗佛，耶稣会的学生侵犯了一处犹太人社区，杀死近百名犹太人，毁坏住宅，拆散集会所（1664年）。不过，威尔诺的耶稣会士保护犹太人免受暴民的杀害（1682年）。慈悲的苏毕斯基（1674—1696 年）曾往波兰平息犹太人的愤怒，他重新申明他们的权利，使他们免受地方长官的剥削，并给予犹太人深切的同情。至少在他任内，波兰犹太人的数目不断地增长。这段惨痛的日子，即使经历几代，也无法在他们的记忆中抹去。

就法律而言，1772 年以前的俄国是没有犹太人的。"恐怖者"伊凡在回答西吉斯蒙德二世请求让犹太人进入俄国的信中说（1550 年）：

> 让犹太人带着物品前来俄国是不利的。因为他们将为俄国带来各种麻烦，他们将带来有毒的香料，而且引导俄国人走出基督教。因此请你不要再提有关犹太人的问题。

俄军占据波兰边境的城市波罗兹克（Polotsk）时，伊凡下令犹太人只能在改信或死亡中选择其一。在 1654 年的俄波战争中，俄国人很惊奇地看到立陶宛和乌克兰的许多城市尽是犹太人的天下，他们屠杀了一些"危险的异端"，另外带了一些回到莫斯科，后来成为非法的小的犹太人区。1698 年，彼得大帝在荷兰接到阿姆斯特丹的一些犹太人请求进入俄境时说：

> 亲爱的威森，你知道犹太人，你当然也了解他们的性格和习惯，你也懂得俄国人，我对此都了解。相信我，联合这两个民族的时机尚未成熟，告诉犹太人我很感激他们的提案。我也了解他们的好处，但要让他们住在俄国，就非我所愿了。

这种驱逐犹太人的政治纷争，一直持续到波兰第一次被瓜分才有所改变（1772 年）。

信心的激荡

要想知道基督徒对犹太人的憎恨，我们必须先回到中古天主教和宗教改革的心灵状态。他们只记得十字架，却不曾记得有大批犹太人曾经喜悦于耶稣的到来，并且欢迎他到耶路撒冷。他们认为耶稣是上帝的儿子、受难者，可是犹太人却未能看到《福音书》所散布的乐园，也看不到救世主能够使他们脱离困苦，并且再度重建另一个国度。基督徒很难以兄弟般的宽容来对待这些少数的异教分子，因为后者的一神论不是如伊斯兰教似的遥远的敌对，而是一种激昂的呐喊，来自基督教世界里不断繁衍生长的犹太集会所："听！哦，以色列，我们的上帝是唯一的真神。"满怀骄傲的犹太教规给人一种感觉，他们仿佛要挑战基督教最深的信仰基础，也就是被钉在十字架的人子，真正的上帝之子，他的牺牲是为世人承担罪恶，也为世人打开天堂之门。难道在生活中，有比这信仰更珍贵和永恒的吗？

为了保护这信心，欧洲的基督徒们设法以各种地理隔离、政治无为、智识检查和经济限制来孤立犹太人。在法国大革命的基督教欧洲——甚至是阿姆斯特丹——没有一处允许他们有公民权和各种权利，他们被摒弃在政府、军队、学校和大学之外，也不能受到基督法律的保护。他们被课以重税，强迫劳役，财产随时有被没收之虑。他们不准拥有土地，也不准存钱，逼得他们必须在流通领域投资。他们不准参加工会，因为这些是半基督教式，也为此目的而设，需要履行基督教的誓约和仪式。他们被局限在小型工业、商业和银行上，而且，即使在这些有限的领域里，也要遭受随时而来的巨变。在某些地区，他们不得成为小贩。在另外一些地区，他们不得成为店主。在另一个地方，他们不得经营皮带或木材的交易。因此，大多数的犹太人，只能成为小商人、摊贩、破铁破衣的估价者、裁缝师、仆役，或是为犹太人自己制造物品的工匠。这些职业和住宅区的屈辱，使这些较穷的犹太人慢慢形成了许多不合其他民族和较高阶级口味的衣着和言词、贸易的诡计和心灵状态。

在这些贫苦的大众之上，是一些教师、医生、商人和银行家。犹太进出口商的活动，是汉堡和阿姆斯特丹繁荣的主因之一。17世纪早期，英国的外贸有1/12转入犹太人手中。犹太人控制了东方珠宝和丝织品的进口，犹太人在国际贸易里，凭着分散各地的宗教关系和较优的语言、技巧而取得了暴利。他们有自己的消息网络来引导，他们经常可以捷足先登，这些外交关系使他们发展了信用和交易规则。当然，犹太人不是现代资本主义的创始者，我们知道此项系统与他们并无多大关系，而且偏重在加工品而不在银行业务。即使在商场上，他们比起佛罗伦萨的美第奇，热那亚的格里马尔迪（Grimaldi）或奥格斯堡的富格尔（Fuggers）等家族来，也是小巫见大巫。人们控诉犹太商人放高利贷，可是在同样冒险的情况下，基督徒的商人放得也不比他们低。

犹太人的心灵受到困苦、迫害和学习的影响，在贸易和商务上发展成一种贪心的狡黠，使同行的竞争者永远无法谅解。犹太人的伦理像清教徒一般，并不以财富为耻。教师们把它看作布施的来源，聚会所的本钱以及贿赂国王或群众的根源。的确，在荷兰、德国、波兰和土耳其等地的犹太社区，有人把赚来的钱不仅用在保护全族人的安全，而且作为灵魂洗净的功用。这些人利用诡计，而不太理会良心来赚取大钱。他们用这些财富把屋宇装饰得富丽堂皇，也布施一部分以赎罪。在住区周围，有1/3的同胞靠这些救济，才略免饥饿之苦。

犹太人的宗教像他们的性格一样，也遭受贫穷、内省和住区生活的凌辱之苦。教师们，在中古时代是勇气和智慧之士，在这个世代里，却埋首于神秘主义之中，借此躲避迫害之苦，从而进入一个充满希望的天堂之梦。中古时代的《塔木德》已经取代《圣经》而为犹太教的灵魂，如今神秘也取代了《塔木德》。17世纪的一位法兰克福作家曾经说过，他的时代里有许多教师从来不曾翻过一本《圣经》。卢里亚（Solomon Luria，1510—1572年）算是这种转变的象征，他起初学习法典，然后依此写了《所罗门之海》（*Yam shel Shelomo*）。可是，连这种聪明的头脑，也终于走向神秘学。这就是中古犹太神秘学的"秘密传统"（Secret Tradition），他们相信可以在数字、信和语言，特别是记载耶和华名字的信中，找到一种神圣的启示。不知道有多少学者迷失在这种幻想里，直到最后，有一位学者宣称，若谁忽略了神秘学的智慧，谁就该出教。在16和17世纪，据现代犹太史学家说："寄生的神秘学吞食了整个犹太人的宗教生活，几乎所有犹太住区的教师和领袖们都浸淫其中。"这种现象由阿姆斯特丹扩及波兰，更及于巴勒斯坦。

对于分散、经常受到凌辱的犹太人来说，他们的生活支柱便是相信不久的未来，有真的福音能够使他们脱离贫困和凌辱，走向权力和荣耀。我们满怀怜悯地看到几世纪以来，多少犹太人被冒充者或幻想所骗，以为他们是长久等待的救世主。我们也看到1524年，阿拉伯的戴维·鲁本尼（David Reubeni）如何被地中海的犹太人看成先知，虽然他本人并不以为然。在1648年，有一位士麦那犹太人，名叫沙巴泰（Sabbatai Zevi），宣称自己是上帝派来的救赎者。

就身体说来，他可以说是一位上选：高大、俊俏、英俊、乌润的黑发和犹太后裔青年的胡子。受到卢里亚著作影响而走向神秘学，他把自己当作"秘密传统"的传播者。他改造他的身体，一年四季都在海上沐浴，把自己洗得干干净净，使他的信徒也可闻到他的体香。他对女人并不感兴趣，早年虽曾按照犹太传统结婚，可是他的太太却因为他不行房事而离去。他再次结婚，结果还是一样。年轻人围绕着他，等他吟唱神秘歌曲的美妙歌声，并且时时把他当作上天派来的圣者。他的父亲也是属于相信福音将会到来的一群人之一——不晚于1666年，沙巴泰听过他们预言，这位使者是一个灵魂纯净和守身如玉的男人，专善于神秘学，并且能够带领所有的善人走向永恒。沙巴泰于是自以为是这位救赎者的替身。13世纪犹太教神秘学经典《佐哈之书》（*The Zoberr*）已经定下犹太历5408年（大约1648年）为救赎的开始。就在那年，年方22岁的沙巴泰宣布自己便是福音使者。

有一小群信徒相信他的话，士麦那的教士们指责他们渎神，他们坚持着，后来还是被驱散了。跑到萨洛尼卡后，沙巴泰举行了一项神秘仪式，宣布自己与律法（Torah）结合。萨洛尼卡的教师们排斥他，他只好逃到雅典，然后到开罗，在此收了一位富有的信徒切列比（Raphel Chelebi）。之后，他来到耶路撒冷，他的神秘技巧甚至使此地的教师们也深信不疑。由于乌克兰犹太人停止支援，耶路撒冷的地方人士只得请沙巴泰到开罗求援。他不仅把财富带回耶路撒冷，而且也得到了第三任太太沙娜，她的美丽更增加了他的光彩。在去往加沙（Gaza）的路程中，他收受了另一位富有的信徒加萨底（Nathan Ghazati），后者宣称自己是希伯来预言家伊莱贾（Elijah），专为福音使者开路而再生，并且相信一年之内，使者将会推倒苏丹建立天国（Kingdom of Heaven）。成千上万的信徒，借苦修禁欲来减轻他们的罪，并且以此为进入乐园之路。回到士麦那之后，沙巴泰于1665年在犹太新年进入集会所，再次宣称自己是使者。这次人们狂喜地接纳他。当时有一位老教士责骂他渎神，沙巴泰反而借此把他逐出士麦那。

福音来到的消息，传遍了整个西亚的犹太人区。从埃及、意大利、荷兰、德国和波兰等地来的商人，把这份喜悦带回家乡，并且传诵沙巴泰曾布施过的奇迹。有一些犹太人抱持怀疑态度，但是有几千人，非常相信神秘学的预言。甚至有一些基督教徒，也以为士麦那的先知真的是耶稣的再生。亨利·奥尔登堡（Henry Oldenburg）从伦敦向斯宾诺莎报告说（1665年12月）："这里的人，都在谈论以色列人经过2000多年的流浪，将要重返他们的家园的谣言。很少人相信它，可是，却有许多人期待着……如果这个消息是真的话，想来将会闹个天翻地覆。"在阿姆斯特丹的资深教师，在聚会所里为沙巴泰欢呼，以音乐和舞蹈来庆祝天国的来临。许多祈祷书教导人们准备进入乐园的手续和步骤。在汉堡的聚会所里，所有的信仰者手里都捧着戒律书。期待返回波兰的许多犹太人欢欣鼓舞地放弃他们的家园、财产，并且拒绝工作，声称救世主已来到，将要亲自带领他们回到耶路撒冷。成千上万的犹太人——有时是整个社区，就像阿维尼翁一地——早就准备动身前往巴勒斯坦。士麦那的某些热心人物，为他们的领袖受到各处欢迎所刺激，居然说以后犹太人的祈祷不再对耶和华，而应说："上帝的长子沙巴泰，福音使者救世主。"（就像基督徒对基督或圣母的祈祷比上帝还多一般。）从士麦那传出言论，以后犹太人的崇拜日将以喜悦来庆祝，而所有的戒律将改为对天国的安全和快乐的赞美。

沙巴泰本人显然也相信自己奇迹般的权力。他宣布将要前往君士坦丁堡以实现加萨底的预言，那就是先知将要以和平手段取代苏丹而为奥斯曼帝国（包括巴勒斯坦）的主宰。（不过，也有人说，在士麦那的土耳其的大官们曾经命令他到国都）在离开士麦那前，沙巴泰早就在最忠实的信徒中选人分掌世界和它的政府。由他训练出一批人才之后，他便于 1666 年 1 月 1 日动身出发，他曾经预言过他抵达的日期，可是一阵暴风雨把他延误了。他的同伴用这个失算来增加他的神圣性，说他以一句圣话便制止了暴风。当他抵达达尼尔口岸时，便被逮捕并押往君士坦丁堡加以监禁。两个月之后，他被迁往阿比道斯（Abydos），关在较为宽大的监禁所。当局允许他的太太跟随，各处的朋友跑来安慰他，为他鼓励，也为他筹些资金。他的信徒并没有对他失去信心，他们指出，根据最佳预言，使者开始时总是先被世俗官吏拒绝，使他受苦，饱受屈辱。所有欧洲的犹太人都期望他的释放，以便早点实现快乐的预言，他的首尾字母 S 和 E 被挂在集会所里。在阿姆斯特丹、里窝那（Leghorn）和汉堡等地的犹太商业，几乎陷入停顿状况，大家都相信所有的犹太人将快要回到圣地了。那些怀疑沙巴泰的犹太人便遭受四周的唾弃。

土耳其当局注意到这份兴奋对奥斯曼地区商业所带来的混乱，然而也害怕一旦把沙巴泰以叛逆和渎神罪名加以处刑，反而使他成为烈士，从而造成更大的叛乱，于是决定和平地解决。沙巴泰被带到阿德里安堡，并且被告之，他将被押往街道示众，并被用火把加以鞭打。如果他改信伊斯兰教，就可免除这项屈辱，他同意了。1666 年 9 月 4 日，他在苏丹面前除去犹太袍，穿上土耳其衣着，为促进他改变意志，苏丹给他起了新名伊芬提（Mehmed Iffendi），派他当守门员，薪水优厚。沙娜也改信伊斯兰教，同样从王后那儿收到丰盛的礼物。

亚洲、欧洲和非洲的犹太人，起初对这条变节的消息不以为然，当消息被证实，那几乎伤透了所有犹太人的心。士麦那地区几经波折才转信，沙巴泰的首要教士们几乎无地自容，羞愧而死。各地的犹太人都变成基督徒和穆斯林的笑柄。沙巴泰的几位助手，将这解释为也许是他使穆斯林转奉犹太教的一种妙计，不久他将再度回复犹太人，并且把穆斯林带在身边。沙巴泰向阿德里安堡的犹太人宣道，并且当面表示他将尽力使他的信徒转奉伊斯兰教，同时他密遣人员通知所有的犹太人，说他仍然是先知，他们不可对他失去信心。结果不管是阿德里安堡或是任何其他地方，所有犹太人都没有转信伊斯兰教的迹象。土耳其当局失望之余，只好把沙巴泰遣往阿尔巴尼亚的乌尔齐尼（Ulcinj），一块没有犹太人居住的地方。这位先知于 1676 年死于该处。有半个世纪之久，仍然有信徒继续他的运动，肯定他的神圣，并且相信他的永生不朽。

异端

克拉科夫的犹太教会领袖乔尔基斯（Joel Sirkis）曾经谴责哲学为异端之母，是所罗门所说的要命的"妓女"、"好像肉包子打狗，一去不回"。因此，他决定把所属教区内任何沾上哲学的犹太人开除教籍。德米地哥，这位由意大利山坡来到波兰的犹太人（1620 年），向往文艺复兴，对犹太人从教学科目中除去科学感到非常不快。他写道："看来让黑暗遮盖大地，无知也将随之而生。他们说上帝并不喜欢文学家、诗人和逻辑家的专横，也不乐于数学家的妙算和天文学家的估计。"

德米地哥是曾在美第奇家中教过希伯来文的以利亚·德米地哥（Elijah del Medigo）的曾孙。他的离经叛道始于一方面学习希腊文，一方面兼从父亲——一位克里特岛的犹太牧师，学习教义法规。而且，他在具有进步气息的博杜瓦大学接受伽利略的指导，略有科学的基础。他研究医学，这项工作使他得以维持生活并获得一个意大利名字。科学，特别是数学，继续吸引着他，在追求过程中，引发了他的一些宗教信心。这种脱胎换骨留下了一种敏锐感，有时甚至动摇性格。在无根而烦躁的状态下，德米地哥一个城镇一个城镇地流浪。在开罗和君士坦丁堡，他偶然接触到圣经派信徒（Karaite），这是由那些反对教会传统和修正的犹太人组成的团体，他们直指《圣经》作为神学的唯一根据。在汉堡和阿姆斯特丹，他发现自己的医学知识远比犹太的药剂师落伍，为了生存，他只好改信正教，参加教师团，最后则为神秘学辩论。后来，他作为籍籍无名的药剂师死于布拉格（1655 年）。

利奥·摩德纳（Leo ben Isaac Modena）是一位敏捷而深刻的思想者。他以避难之地作为自己的意大利名字，全家在法国驱逐犹太人时移民至此。他是一位天才，3 岁时能读预言书，10 岁时能讲道，13 岁时写下第一本著作——一本反对赌博的对话，因为他本人是此中能手，而且终身乐此不疲。他一生中最大的赌局，便是 1590 年的婚姻。此时他年方 19 岁。他的三个儿子中，有一位死于 26 岁，有一位在格斗中被杀，另一位到处游荡，后来消失于巴西。两位女儿中的一位，在他生前便先早死，另一位在脱离丈夫后转回依赖父亲。他自己的太太则呈疯狂状态。在这些厄运中，利奥又因为耽于纸牌而被开除教籍，他为此写了一篇论文，证明教士的权利已经超过戒律的规定。这本书很快便被禁毁。

此外，他用心研究过《圣经》、教义书和教士们的著作，学习物理和哲学，并以希伯来文和意大利文写一些传诵一时的诗篇。在威尼斯获准为犹太教士后，他用意大利文撰写的文稿和流利的语词，赢得不少基督徒的心。其中一位基督教朋友是一位英国绅士，与他共同以意大利文写了犹太教仪式的书。在准备他的《希伯来礼仪史》时

（1637 年），他说许多传统仪式如今都已背离本意，已经失去了它们的存在意义。在同样的一本未附作者名的书《一切卓见》（*Kol Sakal*）中，他说希伯来祈祷文和祭典曾被修改和净化，教规被废，而假日的次数和严肃也失色了不少。在这本书中，他又把拉比的风格批评为一团混水填进犹太戒规里，他呼吁由教义书返回《圣经》。不过，他把他的异端延伸到《圣经》之外，甚至整个《摩西律法》之外。他把这本革命性的宣言留至身后，不加出版。他死后（1648 年），才从他的遗稿中找出，附带另一篇为正统犹太教辩论的论文。这两件文稿一直到 1852 年才出版。如果利奥敢在生前将他的《一切卓见》出版，犹太教的改革可能早在 17 世纪便已开始。

犹太异端中最富悲剧气氛的，是阿姆斯特丹的阿姆斯塔。他的父亲来自犹裔家庭，定居于波尔图，完全改信天主教，加布里尔是这位年轻人在葡萄牙的名字。他曾经接受耶稣会的教导，他们对地狱的描述把他吓坏了，但他的心灵也因为经院哲学的训练而显得尖锐。在阅读《圣经》时，他得到这样一个印象，是教会把《旧约》当作神的话，而基督和 12 位使徒都曾经接受摩西戒律。因此，他得出结论说犹太教是神圣的，他怀疑圣保罗是否有使基督教脱离犹太教的权利，如此，他便转向他祖先的信心。他说服他的母亲和两位兄弟（他的父亲此时已死）共同避开宗教裁判所，设法逃出葡萄牙。经过种种困难，终于抵达阿姆斯特丹（约 1617 年）。加布里尔在此把名字改为尤尼尔，而全家也成为葡萄牙公理会的一员。

可是，曾经使他脱离教会的探索和独立思维的犹太教精神，也同样蕴含着严苛的教义而使他闷闷不乐。他很惊讶于阿姆斯特丹那些有学问的教师们对幼稚、浅薄的神秘学的附和，他大胆地责骂他所附属的新的仪式和规矩，以为它们毫无《圣经》根据，而且依他的判断，有时正好和《圣经》背道而驰。由于缺乏历史意识，他以为犹太教规和信仰已经迷失了 1900 年，就像他以前由《新约》走回《旧约》一样，如今他极愿由《教义书》回到《圣经》。1616 年，他在汉堡出版了一本葡萄牙文的小书，名叫《传统平议》——主要针对《塔木德》传统根据而发。他将此书的复本送给威尼斯的犹太天理会，后者斥责他（1618年），此时，由于身为教师的一分子，利奥·摩德纳虽然本人也是异端，却被要求来反驳阿姆斯塔所言毫无法典根据的论点。阿姆斯特丹的教师们（他称他们为法利赛教派）也警告他，如果他不撤回这种论点，将对他加以斥责。他拒绝了，并漠视聚会所的规定，于是他被开除教籍（1623年），被逐出所有犹太人的范围之外，他的亲戚也避开他。此时他尚未学习荷兰语，他简直半个知己也没有了，甚至小孩也在街上向他扔石头。

在这种孤立的煎熬中，他继续攻击（与20年后的斯宾诺莎一样）基督教。他要让世人知道，他反对灵魂的不朽说，这正好和《旧约》的信仰相反。他说灵魂只不过是生命里的重要精神，躯体死了，灵魂也完了。为了答复阿姆斯塔的论点，一位犹太医生席尔瓦出版了一本葡萄牙文著作《灵魂永生论》（*Treatise on the Immortality of the Soul*，1623年）。他攻击阿姆斯塔是一个无知、无能、瞎眼的文盲。阿姆斯塔也以一本书《法利赛教派传统的批判并答谬误中伤者席尔瓦》（*An Examination of the Pharisaic Traditions and a Reply to Samuel da Silva，the False Calumniator*，1624年）来反击犹太区的领袖们。阿姆斯塔否认永生说，不但侵犯了犹太教，也渎污了基督教。他马上被捕，被罚300金币，著作亦被焚毁。不过，他很快被释放出来，显然没有受到肉体的拷问。

他的处罚兼有经济和政治的性质。他的弟弟依赖他，因此，也依赖着他能自由地和其他犹太人的经济交往。如今这被禁止了。也许为了这个理由，也可能是他想再婚，阿姆斯塔决定投向聚会所，摒弃他的异端思想，而变成他所说的"猿人中的猿人"。他的申请入会被接受了（1633年），过了一段相当平静的日子。可是，私底下他的异端思想仍然滋长着，并扩大。"我怀疑，"他后来写道，"《摩西律法》是否真的是上帝的律法，而且觉得这种怀疑是出自人类本性。"如今，他撇开所有的宗教，心中只是朦胧有着一个与自然相印的上帝（与斯宾诺莎一样），他故意无视一位正统犹太人必须承担的宗教习惯。曾有两位基督徒前来求见他，说明想改信犹太教，他却劝他们打消此意，警告他们如此一来，只不过是在他们脖子上套了一具重的枷锁。他们把这件事报告给聚会所，教师们愤怒地质询他。他们觉得他野性未驯，再度判他出教，而且永不得复会（1639 年）。他的亲戚朋友们再度排斥他，连他的弟弟也加入围剿他的行列。

　　他忍受了这种孤立 7 年之久，然后，在商业和法律俱遭挫折的情况下，他再度提出妥协的要求。犹太领袖们对他的长期忍受、不加忏悔的情况非常愤怒，斥责他的悔过，并要他接受类似宗教裁判所的处罚。在公开悔罪的情况下，他站在聚会所的讲台宣读他所犯的所有错误和罪过，而且郑重宣誓此后决心遵守教区的所有规定，活得像一位犹太人。然后，他敞开胸部，接受 39 次笞打。最后，他必须躺在聚会所门口，接受每个聚会者，包括他那位兄弟离去之前的践踏。

　　他从屈辱中站起，但并未妥协，而是带着愤慨。返家后，闭门数日数夜不出，撰写那篇最后也是最严酷的对犹太教的批判。他认为犹太教为了适应客观的需要而变得太多，但是，对于在数百年来的迫害下，犹太教的内省性历史和反抗性宗旨，他从未寄以同情性的了解。在这篇讽刺性的《人性精义典范》（"Exemplar Humanae Vitae"）中，他自我剖析，是有思想者的一个例证。他认为："遵从所谓正确理由和自然律，是一切罪恶之源。"他以自然与宗教圣规对照，自然教人爱一切，宗教则教人恨。手稿完成后，他把手枪装上子弹，坐在窗口等待，直到他弟弟约瑟夫来时。他举枪向约瑟夫射击，未中，随后举枪自杀（约 1647 年）。

　　当地犹太人希望瞒住这个悲剧，但人们都不能忘却此事。斯宾诺莎当时是一个 15 岁幼童，行悔改仪式时，他可能在场，也可能曾带着恐惧和异样的心情践踏过这个异端者。就是通过这个青年，清除了其中的怨愤情绪，阿姆斯塔的观念构成了一个哲学体系。

第三部

知识的探索

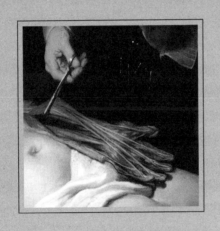

《牛顿》（布莱克，1790 年）。布莱克在这幅画中将牛顿描绘成一位具有神性的几何学家。确实，牛顿找到了一条既能揭示真理又能保存上帝的道路。

第一章 | 从迷信到学术

（1648—1715）

障碍

　　17 世纪所有的欧洲人，除去极少数以外，都认为自然是神力的产物，或者是善神与恶神的战场。这些超自然的东西在人身上体现出来，就是灵魂，栖息在树木、丛林、河流或风上，就是灵气，有的进入有机体内，成为天使或恶魔，有的遨游在空气里，成为顽皮的小精灵。这些鬼魂没有一个受不可亵渎或能够衡量的法则管辖，又都能神奇地干涉石头、星星、动物或人类的行动，许多无法用身体心灵的自然或有规律的行为来解释的事件，都归之于这些超自然的力量，认为是它们在参与世事时所发出的神秘预言。一切自然界的东西，一切行星和它们的卫星，一切的星座和星系，都是些无法自助的岛屿，散布在超自然的大海里。

　　我们已经看过一些古代的迷信了，当近代科学来临时，它们大多数仍旧残存在哥白尼、维塞利亚斯（Vesalius）和伽利略的思想里，有些连牛顿本人也深信不疑。占星术和炼金术一直在衰落。但是在路易十四的朝廷里，星相家依然不少。根据蒙塔古夫人 1717 年的报告，在维也纳"炼金术士出奇的多"。顽固的英国人始终相信有鬼，他们寻求预兆，花钱占星，把梦当作预言，计算幸运与不吉的日子，少数顽固的英国人乞求国王碰碰他们，以治疗腺病。《观察者》第 7 号描述了在一个英国家庭里，如漏出一点盐，或把刀叉交叉放在盘子里，或有 13 个人在一间屋子里或一起聚会，就要引起骚动不安（注意某些 20 世纪的旅馆没有第 13 层）。在法国，艾梅（Jacques Aymer）是他那时候的英雄（1692 年），借着一根颤动的榛树枝，（许多人相信）他能侦查出附近的罪犯。在德国，"魔杖"被用来止血、治伤与接骨。在瑞典，斯蒂恩海厄姆（Stiernhielm）因为用放大镜烧着了一个农夫的胡子，而被控行使巫术，由于克里斯蒂娜女王（Queen Christina）的干涉，他才幸免于死。

怀疑巫术的人不断增加，但仍远不及信仰巫术者的人数。查理二世的朝臣们不和任何妖魔鬼怪打交道，因为这可能妨碍了他的玩乐。可是"绝大多数人"和英国教士里的名作家们始终断定，人类可以借着和魔鬼结合，获得超自然的力量。格兰维尔（Joseph Glanvill），一个文采华美、笔端有力的英国国教教士，在《从哲学观点论巫师与巫术》（*Philosophical Considerations touching Witches and Witchcraft*，1666 年）里说："在其他方面机敏、灵巧的人，习惯于自负，以为世上没有巫师、幽灵这些东西。"他认为这是令人震惊的怪事，他警告，这类的怀疑可能导致无神论。另一个著名的神学家卡德沃思（Ralph Cudworth）在他的《真实理智的宇宙体系》（*True Intellectual System of the Universe*，1678 年）里，指斥所有否定巫师的人是无神论者。剑桥的柏拉图信徒摩尔（Henry More），在他的《无神论一解》（*Antidote to Atheism*，1668 年？）里，慷慨激昂地替某个"女巫"和撒旦结婚 30 年的故事辩护，他认为怀疑女巫能念咒来呼风唤雨或骑着扫帚飞行，都是亵渎神圣。

女巫受到的压迫渐渐减轻。然而苏格兰的教士们秉承他们的狂热，却和别人的作为有所不同。1652 年，在利思（Leith），6 名妇女被施以一连串的酷刑，要她们承认使用巫术，她们被绑住拇指吊起来鞭打，脚底下和被强力撬开的嘴里放着点燃的蜡烛，其中 4 个受不了痛苦而死去。1661 年，苏格兰有 14 个审讯女巫的法庭。1664 年，9名妇女在利思被一起烧死。1772 年之前，这种处决散见于苏格兰各地。在英格兰，1664 年有两个女巫被吊死在伯里圣爱德蒙；1682 年有 3 个被处死；1712 年杀了多少，则还不能确定。韦尔（Weir）和施佩（Spee）、霍布斯和斯宾诺莎以及其他人之间的辩论，逐渐把有关巫术的错误观念从受过教育的俗人的脑海里挖空。律师和法官们对神学家的反抗增加了，他们拒绝起诉与判刑。1712 年，一个全由英国人组成的陪审团，判决韦纳姆（Jane Wenham）行使巫术有罪，而法官拒绝判刑，地方教士告发了他。但是从那年以后，英国就再也没有因为巫术而处决人的事了。在法国，柯尔伯从路易十四那里得到一个诏书（1672 年），禁止宣判巫术罪。卢昂法务院抗议这项禁令侵犯了《圣经》上的戒律"不得允许一个女巫活着"（《出埃及记》22 章 18 节）。同时 1680 年到 1700 年之间，有些地方当局计划烧死法国境内的 7 个男巫，可是 1718 年以后，我们就再也听不到这种死刑了。对巫术的信仰一直延续下来，直到 18 世纪启蒙运动的理性主义暂时得胜之前，巫术仍然到处存在。

　　检查制和不宽容的态度与迷信结合，抑制了知识的发展和传播。在法国，国王和教皇间，法国国教会和教廷间，詹森教派和耶稣会间，以及天主教和胡格诺派之间的冲突，阻止了整体一致、坚决周全的检查制度。在当时，它曾把西班牙孤立在欧洲人的心智运动以外。异端作家们找到了躲避检查人员的方法，也许这种需要过分机敏才能表达自己的意见以使政府官吏了解的情形，激发起来了法国人的智能。在信奉天主教的科隆（Cologne），大主教选帝侯（Archbishop Elector）检查一切有关宗教的演说与出版品。信奉新教的勃兰登堡（Brandenburg），选帝侯为了平息宗教争执，命令实行全面检查制。在英国，政府蔑视《宽容法案》（*Act of Toleration*，1689 年），继续监禁其所厌恶的作家，焚烧异端书籍。然而，新教地区各种不同宗派的检查工作，未能像天主教国家那样有效，部分原因是 17 世纪的英国和荷兰在科学和哲学上比较杰出。

这些竞争的信仰正适合偏执政策，天主教会十分有力地辩称，既然几乎所有的基督徒都承认《圣经》是上帝说的话，又是上帝的儿子根据《圣经》建立了教会，那么显然，教会有权利和义务去制止异端。新教各派得出一个相似但却残忍的结论，由于《圣经》是上帝的话，任何背离它教训的人（依照官方的解释）都该被杀，并且该对自己被杀掉感激涕零。《威斯特代利亚和约》承认三种宗教在德国境内合法：天主教、路德派和加尔文派，每个统治者有自由选择三者中任何一个，同时强迫他的臣民信奉。新斯堪的纳维亚国家除了路德派之外，不准有任何宗教信仰。瑞士准许每一州有自己的教义。法国经由《南特诏书》（1598 年），首先走向宽容的道路，但又因为废止了它（1685 年）而重回旧路。英国，在 1689 年以后，放松了不奉国教者任公职的禁令，而仍然限制天主教徒，并且消灭了爱尔兰全部天主教徒的 1/3。理性主义者霍布斯竟也同意教皇的看法，以为不宽容是必需的。

然而无论如何，宽容萌芽了。在这个时代，批评性地研究《圣经》解放了人们，使他们在怀疑其是否合乎科学的同时，把它当作文学来赞赏。又因教派的增多，如果没有相互的容忍，将增加维持社会秩序的困难。在新英格兰，威廉姆斯（Roger Williams）宣布（1644年）"上帝的意愿和命令"要"准许大多数异教、犹太、土耳其或反基督教的道德意识与崇拜仪节，在所有的国家里适用于所有的人"。约翰·弥尔顿为"没有执照的印刷业"辩护（1644 年）；泰勒（Jeremy Taylor）声明保护"预言的自由"（1646 年）；詹姆斯·哈灵顿（James Harrington，1656 年）要求允许无限制的宗教自由："一个人身自由齐全的地方，必定包括良心的自由。良心自由无缺的地方……一个人根据他自己良心的指挥，可以充分地实行他的宗教信仰，而不妨碍他在自己的国家里升迁与就业。"在商业国家像荷兰，甚或信天主教的威尼斯，贸易的需要迫使他们容忍各种不同宗教的外国商人。也就是在前进的荷兰，斯宾诺莎在他的《神学政治论》（*Tractatus theologico-politicus*，1670年）里阐述观点，恳求对异端观念全部宽容。在荷兰，皮埃尔在他《论教义的哲学批评》（*Philosophical Commentary on the Text，Compel them to come in*，1686年）里替宽容辩护。还有约翰·洛克（John Locke）在荷兰住了好些年以后，发行了他的《宽容问题书简》（*Letters on Toleration*）。随着时间的流逝，心智自由的要求兴起，在17世纪末叶，没有一个教会敢做出他们在1600年对布鲁诺，或1633年对伽利略所做的事了。

教育

通过报纸、杂志、小册子、书籍、图书馆、学校、学会、大学，知识正慢慢地散播着。17世纪，新闻成为一种产品，最早是面向银行家，然后是政治家，最后普及到每个人。1711年，英国日报和周报的销量共4.4万份。

创刊于1665年的《学者学报》认为文学界和学术界的事情也能成为新闻，它很快把自己变成国际上学者、科学家和文学家的媒介。在几年中，它有了竞争者：罗马的《学人报》（1668年）与莱比锡的《博学学刊》（1682年）。1684年，皮埃尔在鹿特丹创立了一份有名的《评论报》，两年后拉克尔克（Jean Le Clerc）开办《天下学志》月刊，洛克和莱布尼茨有些最重要的见解就发表在这些期刊上。

书籍的流传迅速增长。1701年，巴黎有178个书商，其中36个也是印刷与出版商，新旧图书馆都致力使它们的藏书用处更多。1610年，博德利爵士（Sir Thomas Bodley）从文具商公会得到一项特许，他在牛津创立的包德理图书馆（Bodleian Library，1598年）可以得到在全英国出版的书，每种一本，1930年其藏书达到125万册。1617年，路易十三的一道法令规定：任何法国新的出版物，必须有两份存放在巴黎皇家图书馆。1662年，这项搜集有6000册；1715年，由于柯尔伯的热心，有7万册；1926年有440万册。勃兰登堡选帝侯于1661年在柏林创建了一所国家图书馆，就在那年，马扎然立下遗嘱把他藏书4万册、价值高昂的图书馆送给路易十四和法国。1700年，柯顿爵士的后人把柯顿图书馆（Cottonian Library）立契移交给大英博物馆。第一个对大众开放的英国图书馆是1695年在伦敦由特尼森开放的。

教育正努力恢复它在法国宗教战争、英国内战和德国"三十年战争"中受到的损失。还没到莱辛的时代，德国的大学和文学就恢复了200年前路德、胡滕（Ulrich von Hutten）和梅兰克森（Melanchthon）达到的地位。

在这段时间中，由于德文被路德如此有力地使用，它变成一项为平民使用的语言工具，拉丁文继续成为极少数文人的秘密用语。德国的作家，在整整一个世纪手足相残的战争后的长期忏悔时代中，没有一个人享有国际名望。德国的贵族看不起大学里说拉丁文的书呆子，把他们的子弟送进骑士学校或雇用私人家庭教师，来训练世袭的贵族青年熟悉诸侯朝廷的工作和仪节。而弗兰克（August Francke），一个虔敬派信徒，在哈勒组织了他的慈善学校，却被冷言冷语地讽刺为"褴褛学校"。他在那里度过了32年，给穷苦的孩子们东西吃、衣服穿，也教育他们。他很快创办了一所高校，为最聪明的孩子提供中等教育。另一所平民女校是他为最聪明的女孩子办的，所有这些学校都花一半的时间在宗教上。

德国的俗世精神在托马修斯身上找到了希望。自从他因为异端被他的家乡莱比锡驱逐后，他搬到哈勒。那里位于逐渐兴盛的勃兰登堡——普鲁士王国（1690年），他在那里发表演说领导了大学的建立。他成为那里最有名的教授，也是使其变成"近代"大学的主要推动者。他嘲笑经院哲学，以德文代替拉丁文作为教学语言，出版了一份德文杂志，把科学科目纳入课程，又为教师和学生的思想自由战斗。腓特烈大帝称他为"德国启蒙运动"之父。

初等教育被推广为全面、强迫性的、不分性别的运动，是从1565 年符登堡公国开始的。1618 年在荷兰共和国，1619 年在魏玛公国，1696 年在苏格兰，1698 年在法国，1876 年在英国也都出现该运动。英国的延误是因为自助教育由于私人宗教团体的兴办而大幅扩展，同时统治阶级感觉到，在当时通行的经济体系中，穷人的教育既没有必要，也可能是不值得推广的。1699 年，增进基督教知识协会（The Society for Promoting Christian Knowledge）开始为贫苦儿童建立慈善学校，以传播基督教神学和纪律为主，所有的教师都是英国国教的教士，而且需要由主教颁发的执照。曼德维尔（Bernard Mandeville）1714 年的《蜜蜂寓言》（*Fable of the Bees*）引起一阵骚动，他指斥办这些学校是浪费金钱，如果父母实在太穷，付不起孩子的教育费，他说："还希望孩子受更高的教育，简直厚颜无耻。"

在法国，每个教区必须支持一所初级学校，教师通常是世俗人士，但须由主教挑选，并受其控制，所教的都严格合乎天主教。皇家安息院的小学只招几个经过挑选的孩子。1694 年，拉沙里建立了基督兄弟学校，不久就以基督兄弟会的名字为人所知。拉沙里，一个苦行僧侣，把宗教当作这些"基督兄弟"提供给穷孩子的义务教育中普遍的要素。每天有 4 个小时致力于宗教，虽然加入了读、写和算术，但训练忠诚的天主教徒是永远不能忘记的目标。为了达成这些目标，他们发现鞭打是有效的方法，老师们都被要求尽量用"杀一儆百"做例子，不要苦口婆心地劝说。1685 年，基督兄弟会开办了一所学校，以培养初级学校的师资，这可能是近代的首例。

法国的中等教育仍然握在耶稣会手中，仍是所有基督教国家中最好的。他们的耶稣书院会是支持办巴黎大学的。1674 年国王莅临学生的戏剧公演后，改名为拉德维希·马戈尼书院。由于门特隆夫人的怂恿，路易十四于 1686 年在圣西尔（距凡尔赛宫 3 英里）开办了法国第一所女子寄宿学校。修女院为上流社会的女孩子提供较高的自费教育，都注重宗教。天主教和新教当局都坚信：人性被文明的束缚安排得如此邪恶，以至只有通过畏惧上帝，它才能被陶铸得合乎道德和秩序。企图不要宗教帮助而能教出品格高尚的人，一直在试验阶段。

除荷兰共和国外，中古的大学正在衰落，胜利的学派已自成一体，暴动的学生使它们失去秩序，又被无聊的神学争执支配。在法国和德国，大学学位可以用钱买到，没有一个当时的大哲学家，也几乎没有一个科学领袖在大学里教书。霍布斯、莱布尼茨和皮埃尔谈起大学教授都很轻视，他们没有考虑到加在这些公众雇员身上的公众压力。在这段时期，一些新大学开办了：杜依斯堡办于 1655 年，达勒姆办于 1657 年，基尔办于 1665 年，隆德办于 1666 年，因斯布鲁克办于 1673 年，哈勒办于 1694 年，布雷斯劳办于 1702 年。这些多是小规模的学校，有时有 20 个教授或 400 个学生。几乎每一所大学的课程都因年代太久而陷于僵硬，正统的章程同样拘束着老师和学生。弥尔顿抱怨英国的大学"借着形而上学、奇迹、传统和荒诞的经典合成的某些符咒，从年轻人身上"带走了"他们理智的效用"。他感到他浪费了剑桥的岁月，试着去忍受"一顿酸蓟草、荆棘"和其他"诡辩的烂草败叶组成的喂驴大餐"。这种传统的束缚在牛津和剑桥一直延续到皇家学会的出现。牛顿在三一学院当教授（1669—1702 年），才带动了剑桥大学，并赋予它科学的杰出成就。

诗人、教士、记者和哲学家们为增强教育而奋斗，我们已经摘录了弥尔顿《致哈特利布先生的信》谈理想学校的概要，他的药方并没有影响到通行的教学。在法国，最有吸引力的是费奈隆的小书《论女子教育》，布法叶夫人曾经要求他订下一些原则，以指导她女儿的教学。这位教士自然注重用宗教来加强道德律的力量，但他反对严肃遁隐的修女院式的学校教育。他觉得，"修女院不能提供任何世间生活的准备，从修女院学校毕业出来进入社会，就像一个人从洞穴中走到大白天一样"。他呼吁温和的教学方法，教育必须使它适合人性、兴趣和孩子们的敏感，而不该把所有的学童绑在一条没有弹性的规定上。费奈隆希望，如果能懂得从前的语言，女孩子要读古典作品，她们要学一些历史和足够的法律去管理一份产业，但她们不该和科学发生关系——一个年轻的女人应该显出某种"对科学的谦虚"。这位英俊的教士对女性的风韵很敏感，同时不愿意她们学代数学，他怎么也不会了解伏尔泰对那位牛顿力学教授夏特莱夫人的爱情。

费奈隆的《论女子教育》出版 10 年后，笛福公开呼吁要求更高层次的女子教育。除了有钱人家，17 世纪的英国少女没有受中等教育的机会。像约翰逊、乔纳森·斯威夫特一样，她们不得不靠家庭教师，或者像伊夫林的爱女，不得不用她们的胆识去偷取知识。麦考利断定："即使在最高阶层，她们那一代（1685—1715 年），无疑比从文艺复兴以来任何时代的英国女人所受的教育都坏。"斯威夫特估计高贵人家的妇女接受阅读或拼字训练的，1000 人中难得找到一个。在任何情况下，笛福认为忽视妇女教育是一种野蛮的不平等，"我不能想象全能的上帝创造了女人这样优雅、辉煌的生物，又赋予她们许多魅力……而只把她们当作我们房屋、厨师和奴隶的管事"。他们计划为女孩子办一所学校，与英国的公共学校类似。在那里她们不但要学音乐和舞蹈，也要学"语言，特别是法语和意大利语，我也冒着教一个女人一种以上语言的险"。她们要学历史，也要学所有的交际礼节。这位对妇女殷勤的小说家做了一个结论："一个受过良好教养与训练的女子，又有知识与品行作为附加的才艺，是无与伦比的造物……是上帝创造世界中最精美、最巧妙的部分。"同时，"一个男人如果能得到这样一个女人，要充分享有她并感谢上帝了"。

在路易十四时代，最好、最有影响力的教育理论是约翰·洛克的《教育管见》（*Some Thoughts concerning Education*，1693 年）。此书写于洛克当了第一代沙夫兹伯里伯爵家的家庭教师几年后。从蒙泰涅那里得到一些启示，这位哲学家建议教师应该先以身体健康和精力充沛为目的。要想有一个健全的心灵，就必须先有一个健全的身体。所以，他的学生得吃简单的食物，习惯于单薄的衣服、硬床、冷水、新鲜空气、足够的运动、规律的睡眠、禁酒和"极少数或完全不要医药"。

第二步也是最重要的，是人格的养成，一切教育，不论身体的、心智的、道德的，都必须是德行的训练。在身体因劳动而得享健康的同时，人格也经克制自己做任何不够成熟理智的事而日趋完美。"小孩子必须习惯于克制欲望，过得下希望不能满足的日子，甚至从摇篮里就开始"。克制的训练是人格的脊梁。这项训练做得越快越好，但需全面彻底坚持。它并不是只做好事就够了，学童们必须重复善行，使做好事成为"习惯"，才算陶冶成功。因此，"习惯比理智能做得更恒久、更自然，至于理智，我们最需要它时，反而从来很少能公正地顾及它，而服从它就更难得了"。洛克在亚里士多德和卢梭之间摇摆不定。他认为，一个自由主义者的教育，比一个不懂儿童癖好与性格的人好，课程应该安排得有趣而能锻炼人性，但他接受偶尔对故意捣蛋者施以体罚的要求。此外，"锻炼孩子们大大方方地忍受某种程度的痛苦，是一种使他们意志坚强的方法，也为他们将来的勇气和果决打下了基础"。

对知识分子的教育，应该是一种思维方法和精密推理的训练，而不是古典作品的摘要或彼此谈谈话而已。法语和拉丁语应该很早就教给孩子，会话比语法重要。希腊语、希伯来语和阿拉伯语则应该留给专门的学者。如果能花些时间在地理、数学、天文学和解剖学上更好，接下来是伦理学和法律，最后是哲学。"教育的责任并非使年轻人每门科学都精通，而是启发、安置他们的心灵，最好是做到他们决定致力于某门学问时，都有能力去做。"又因为美德由习惯训练而成，所以思考是重复的推理训练而成的：

> 我想，对那些有时间、有机会的人，没有比教给他们数学更好的了，我并不希望把他们都造就成数学家，而是把他们塑造成理智的人……假如我们愿意，我们可以自认生来就是理性的创造物，但那是习惯和练习使我们如此。实际上，我们的理智不如苦干和勤勉带给我们的多……我已经提到用数学作为一种细密而有

秩序的推论的方法……当他们获得了数学自然而然地带给他们的推理方法时，一旦有机会就能够把它转用到其他学问上。

洛克的论文是为设计一种通才教育而写的，它主要注重艺术、文学和礼仪，它为的是让一个绅士、一个出身名门的人，永远不必为生活而工作。它的课程虽然准许加入一些科学，但仍固守人文学科——文艺复兴时代人文学者喜爱的学问。这些课程也包括舞蹈、骑术、角力、击剑，甚至"一种手工活计，甚或两三种"，但这是为了增进健康和声望，并不是谋生之道。艺术是教给学生作为消遣的，不是职业。年轻的绅士们并不需要把这些事情看得很重，他应该欣赏诗，但只须当作娱乐，不用创作；他应该懂得如何欣赏音乐，但不必精通任何一种乐器，因为可能占去太多时间。此外，这可能把年轻人推进"这样古怪的一伙人"中。所以，洛克的理论是保守和激进兼而有之。它拒绝像经院哲学一样尊重古典语言，减轻宗教和神学的压力，着重健康与个性，及努力替出身名门的青年适应社会生活和公务而做准备，从这几点上看来，它显示了未来的教育方向，尤其对英美两国的影响极其深远，对英国私人所办的"公校"里体育和道德教育的制定也有影响。《教育管见》被翻译成法文（1695年）后，在50年里突破5版，也大大影响了卢梭。洛克的学生，第三代沙夫兹伯里伯爵阐扬他老师的理论，使洛克声名大噪。

学者群像

某些热心人士值得现代人尊敬。康加（Cange）震惊了他同时代的人——他们认为他只是一个巴黎的律师——因为他出版了一本上古末期和中古拉丁文字典（1678年），这书分3册，对古典文学不厌其烦地书写，因此仍是这方面的权威之作。皮埃尔发现并刊行了一部重要的奥林根手抄本。他懂得古叙利亚文、阿拉伯文和化学，做过800

次组织解剖，也写诗和小说，而且参与博学的达西耶为了教导太子多芬而编纂的著名的 60 卷"皇太子"版古典拉丁文作品的工作。他被任命为阿夫朗什主教，临死时留下的一座图书馆，现在成为法国国家图书馆的珍藏。耶稣会的博兰迪斯兹继续编纂他们的《密室教义录》。在马毕龙的领导下，巴黎的本笃派圣·莫尔学会编纂了一部 20 卷的本笃派圣徒历史书，他们阐明了法国中古的年鉴与文学的重要性。马毕龙本人在他的书《外交谈》（1681 年）中，赋予古拉丁语一种新形式，这本书不是一本外交教科书，而是一篇有关时间、人物、古代敕书和手抄本真实性的论文。有一次，在完成一本厚厚的对开本书籍后，马毕龙写道："这么多年以来，我研究圣徒的行为，而自己和他们相像的地方却如此之少，愿天主不要把这当作一项罪恶归之于我。"

这个时代古典学识最渊博的是本特利，40 年来他一直是剑桥三一学院严格的校长。他年轻的岁月完全消耗在包德里图书馆的桌子上，29 岁时，他已跻身于欧洲、希腊、拉丁、希伯来文学及古物研究的学术泰斗之林了。1691 年，他发表了一封给密尔（John Mill）的信，即长达 200 页的《万言书》（*Epistola ad Millium*），这封信把古典学术讲得既精确又深奥，使他享誉欧洲。30 岁时，他被选出来从事一系列的演讲，演讲的基金和名义是由虔诚的化学家玻意耳的遗嘱提供的。本特利的回报是有力的辩称：牛顿发表不久的《数学原理》中涉及的宇宙秩序，证明了上帝的存在。这对牛顿是一大安慰，因为他因无神论之嫌而大遭非难。本特利被任命为皇家图书馆馆长，在圣詹姆士宫有一个房间，在那儿他经常见到牛顿、洛克、伊夫林和雷恩（Christopher Wren）。在那个根据地，他打了英国古典学术史上著名的一仗。

这次论战起因于英国人参加了古代文学与现代文学孰是孰非的辩论。坦普尔爵士用《论古学与今学》一文开火，为古代文学辩护。如果这篇文章不是赞扬发拉里斯（Phalaris）可以代表希腊文学的卓越，本特利也许还会赞扬这篇文章。发拉里斯是公元前 6 世纪希腊殖民地西西里的阿格里真托（Agrigento）的独裁者，历史或传说描写他在一个铜牛的肚子里烤死他的敌人，但也推崇他是文学的守护神，有 148 封流传后世的信被断定出于他的手笔。一个牛津大学基督学院的大学生玻意耳（Charles Boyle）于 1695 年把这些信印出来。沃顿（William Wotton）已准备将他的书《古代与现代学术管见》（*Reflections upon Ancient and Modern Learning*）出第二版。在书中他反对坦普尔，于是他请本特利来断定这些信的真伪。本特利回答，把它们算作发拉里斯的东西是一个错误，因为它们是在 2 世纪写成的。他不经意地指出玻意耳的书中的几个错误。玻意耳和他的老师们发表了一篇措辞强烈的文章，替发拉里斯是作者辩护。而坦普尔的秘书斯威夫特加入战团，站在他老板一边，用《书之战》来嘲笑本特利。学者们大多支持玻意耳。他的朋友都为之悲叹，因为很明显，本特利的名声瓦解了。他对他们的回答却值得永远记住："人必自侮而后人侮之。"1699 年，他发表了一篇经过扩充的《发拉里斯书函论》（"Dissertation on the Epistles of Phalaris"）。这篇文章不仅证明了他的立场，而且在希腊语言演变的问题上，取得了辉煌成就，使学术界为他能加入斯卡利哲、卡索邦、索默斯等名家之列欢呼。本特利认为这些信本身的风格，足以否定它们属于公元前 6 世纪的说法，他接着说：

> 像活着的动物身体时常冒汗一样，每一种通用的语言都永远在动、在变，某些字被淘汰成为废字，其他的被引进，或多或少地通用起来。有时，一个同样的字会被反转过来，变成一种新意义、新说法。时间久了，会使一种语言的外貌和风格产生可见的改变，就像岁月改变了一张脸孔的线条和风采一样。所有人对他们本国语言的这种变化都可以感觉出来，因为长久不断地使用，使每个人都成了语言鉴定家。一个英国人凭着英文风格的改变，能够分辨出一篇现代的和一篇一百年前的英文作文。现在，各个时代的希腊文也确实有这种差异存在，而且是可以感觉得出来

的……但绝少有人精通这种语言，达到分辨出它的微妙的地步。

1699 年，6 位主教一致同意威廉三世的推荐，本特利被擢升，以替补剑桥三一学院院长的空缺。他改革学生的纪律、改善课程，又建立了一座"雅致的实验室"来上化学课、一座气象台上天文学课。但由于他喜欢华丽的排场，架子十足，而又爱钱，院里的教授都与他不和，有两次他已被决定免职，要搬出他的办公室。他也进行反击，终于保住了他的位子。在这段时期，他刊行了很多希腊语和拉丁语古典作品，鼓励牛顿，并出钱支持他出版《数学原理》第二版。在《评自由思想之辩》（*Remarks on a Late Discourse of Freethinking*）一书中，打倒了安东尼·柯林斯，又冒失地卖弄学问，校订《失乐园》，改正了弥尔顿的语法和原文。他和蒲柏成了仇家，因为他说蒲柏翻译的《伊利亚特》是"一首漂亮的诗，蒲柏先生，但你不能说它是荷马写的"。"那个不出声的小崽了"，本特利宣称，永远不会原谅他。蒲柏在《笨伯》（*The Dunciad*，1742 年 4 月）中，嘲笑他是——

> 这个伟大的古典训诂家，费力工作，永不休息。
> 弄笨了贺拉斯，弥尔顿的格调也被他降低。

同年 7 月，本特利因和蒲柏争论得肋膜炎的并发症而死。他是英国最伟大也最讨人嫌的学者。

另一个英国人斯坦利（Thomas Stanley）以他第一部英文的《哲学史》（*History of Philosophy*，1655—1662 年）扩展了英国人的心胸。这本书的最后 4 卷全部花在阿拉伯哲学上，惊呆了他的读者。古典学术研究于是越过了希腊和罗马，向近东和中东发展，并引起骚动。波科克发现并刊行了 4 种《新约》使徒书信的叙利亚文译本（1630 年），牛津为他开了第一个叙利亚文讲座，他在那里的演讲，开启了英国人研究伊斯兰教文化的先河。在法国，埃贝洛（Herbelot）穷其毕生之力，写出一部极佳的书《东方学目录》（*Bibliothèque Orientale*，1697年），副题是"一切有关一般东方知识的总字典"，揭示了东方的历史与学术，使广大知识分子的眼界为之扩大。这种眼界的扩大，在18世纪的启蒙运动中挣脱了所有的束缚。阿拉伯诗歌、历史编纂、哲学和科学的宝藏，使学生们为之惊叹。他们注意到，希腊科学和哲学被西欧的黑暗时代遗忘时，阿拉伯人怎样保藏了它们，他们知道了穆罕默德并非只是个骗子，而是个敏锐的政治家，他们也被穆斯林的罪恶不比基督徒多、美德不比基督徒少弄糊涂了。道德与神学到底有多少关系的问题，成为基督徒心灵深处的一股溶解酵素。

东方的年代学——包括埃及和中国的——被研究后，犹太人推测世界创造于公元前3761年的说法，不知不觉地动摇了。爱尔兰阿马的英国教派主教詹姆斯·厄舍尔所计算（1650年）的世界创造于"公元前4004年10月23日，星期一前夕，刚开始入夜的时候"，也站不住脚了。我们不久就要谈到的斯宾诺莎，正开始着手对《圣经》的"高等批评"，那就是把它当作充满了庄严与高贵、错误和荒唐的一部人的作品来研究。

为了答复斯宾诺莎，17世纪最具学术性的《圣经》评论家不得不向波舒哀的威胁低头，最后终于承认这位哲学家宣布的许多话。西蒙，一个铁匠的儿子，参加了巴黎的司祭祈祷会，又被任命为牧师（1670年）。就在那年，他写了一本小册子，替麦茨的犹太人辩护，这些犹太人被控谋杀一名基督徒儿童。他和包括犹太人在内的几个法学博士一起钻研，研究了好些年后，准备出版他的《旧约批评史》。他公开对斯宾诺莎所说《圣经》中神力感应的论点加以驳斥，他接受《旧约》并不是完全出于故事人物的手笔的说法，因为摩西不可能写出全部的《摩西五书》（它描写到摩西之死）：由此可想而知，《圣经》各书曾经被传抄者和出版者改变过而失去了原貌。西蒙坚持这些修订者也受到神的启示，以努力维护他的正统理论和教廷给他的出版许可。但他也承认，所有现存的《旧约》版本都被许多重复、矛盾、含糊及其他难懂的地方弄得很乱，以致它们只能为一种教条化的神学，提供一些脆弱的理论基础。他打算用这点来对付新教徒，他激烈地争辩说新教徒相信"《圣经》语言感应论"，因此他们对别人批评《圣经》原文将无法招架，而一个忠诚的天主教徒，却能借着接受罗马教会对《圣经》原文的解释，超然地站在这些古典学术的讨论之外。西蒙下结论说："无论如何，《圣经》中的神力感应只牵涉到信仰问题。"

祈祷会的主持准许出版西蒙的书，但印刷时，一部分校样被皇家安息所的阿诺德看到了，他吓了一跳，便把这些东西拿给波舒哀看。波舒哀立刻指责这卷作品是"一套邪恶的谎话，一座自由思想的堡垒"，它会"摧毁正规经典的权威"。波舒哀向政府当局呼吁，阻止这本书出版，他们没收了全部发行的1300份，把它们打成纸浆。西蒙被贬为诺曼底偏僻地方的一个副神父，但他还是想办法在鹿特丹印出了他的原稿（1685年）。4年后，他出版了他的《旧约批评史》。他打算把《圣经》重新翻译一遍，来完成他世俗的工作。他完成了《新约》的译文，但波舒哀震惊于西蒙处理《圣经》原文的不受拘束，说动大法官查禁了这部书（1703年）。西蒙放弃了他的事业，烧掉他的稿子，不久便去世了（1712年）。

在他关于《旧约》的著作中，曾列出40种反驳来说明《旧约》为何是不能反驳的。与斯宾诺莎的《神学政治论》一起，它为近代的《圣经》研究留下一座划时代的界碑。莱布尼茨读过这些早期的评论后，警告说如果照这条线索继续追查下去，会毁灭整个基督教世界。莱布尼茨是对是错，直到现在为止，下定论还为时过早。

第二章 | **科学的探求**
（1648—1715）

科学的国际化

无论变好变坏，欧洲的气氛逐渐从超自然主义变成现世主义，从神学变成科学，从对天堂的冀望和对地狱的畏惧变成扩充知识、改善生活的计划。高层人士继续他们享乐主义的生活方式，他们认为宗教信仰对那些被拒于高门华第的乐园以外的不幸大众有益，所以对它几乎毫无异议。虽然如此，在少数几个世家大族中仍有人学科学，玩他们的平衡方程式，在实验室里烫着了指头，皱起鼻子想闻出点什么，或迷惑地凝视着夜空里的繁星。在巴黎，时髦的贵妇挤着去听莱默里（Lémery）演讲化学，去看迪韦尔内（Du Verney）解剖实物；孔德邀请莱默里到他不对外公开的沙龙，路易十四派迪韦尔内加强皇太子的教育。在英国，查理二世有一间私人的化学实验室，男爵们、主教们和高级律师们设计了许多试验，高雅的夫人们坐着马车来参观磁力的奇景，伊夫林曾涉猎物理，也计划成立一所科学补习班。

就社会大众的新兴趣而言，大学显然落后了，但私立学校处理了这个问题。首先，很明显是那不勒斯的自然科学院（1560年）；然后有罗马的林塞学院（1603年），伽利略就属于这所学校，再后来是西蒙托学院，由伽利略的学生维维亚尼和托里切利在佛罗伦萨创立（1657 年）。这所学校是以试验的名义建成的，从开始就采取笛卡儿的怀疑方式：跟信仰有关的事，没有一件被接受；研究每一个问题而不考虑任何现在的宗派或哲学。这种学校有些非常短命，但它们结束时，都留下了继承者：施温福特（1652 年）、阿尔特多夫（1672 年）、乌普萨拉（1710 年）等地，都有学校设立。1700 年，经过莱布尼茨30 年的主张，柏林学院（Berlin Academy）建立，我们也必须把圣彼得堡学院（Academy of St.Petersburg）成立的功劳，归与莱布尼茨。

在法国，科学学院的成立，是梅森（Mersenne）、罗贝瓦尔（Roberval）、德萨内格（Desargues）和其他的科学家在巴黎帕斯卡父亲家中或在梅森的修道院小房间中聚会的结果。这所学校有系统地公布了一项计划，要"为科学和艺术的十全十美而努力，广泛追求一切对人类有用或有利的事物"，它还决定"要破除长久以来被视为真理的一切通行的谬论，以开导世人"。但它又劝告其成员避免讨论宗教和政治。1666 年，学校得到一张皇家特许状和一间在皇家图书馆的房间。在凡尔赛，今天我们还可以看见一张泰斯特林（Testelin）的巨幅油画，画中路易十四把这张特许状授给以惠更斯和佩罗为首的一群人。这 21 个人都从政府拿到一份年俸，并有一笔学校开支的基金。实际上，这个学校变成政府的一部分了。路易对天文学家特别关注，他从意大利请来了卡西内、从丹麦请来了罗默、从荷兰请来惠更斯，也为他们造了一座壮丽的天文台。但泽市以研究月球出名的海佛留斯（Johannes Hevelius）在一场火灾中失去了宝贵的图书馆时，路易送给他一份丰厚的礼物，以弥补他的损失。兰佩雷斯（Laplace）把法国的科学进展归功于这所学校。但它依赖一个和教会密切联系的国王，这终于证明对法国科学的进步是有害的，而英国人渐渐赶上来了。

英国的科学学院有一大特征——它们的基金都是私人的，只是偶然向政府告贷。约 1645 年，据沃利斯自己说，他在伦敦认识了"各种高尚人士，他们都希望了解自然科学和其他方面的学问，特别是……实验哲学"。他们同意每星期见面一次，讨论数学、天文学、磁力学、航海术、物理学、机械、化学、血液循环和其他题目。像后来人们给它的称呼一样，这个"隐形学院"从培根的书《新大西岛》中"所罗门的家族"得到了灵感。沃利斯转任牛津大学教授时，这个组织分成两个部分，一个在博伊尔牛津大学的宿舍见面，另一个在伦敦的格雷沙姆学院，雷恩和伊夫林是那里早期的成员。克伦威尔之死和查理二世复辟造成的政治混乱，打扰了这些在伦敦的集会，但查理二世即位后，很快恢复了。1662 年 7 月 15 日，英王颁发一张特许状给"改善自然知识的伦敦皇家学会"。该会 98 个最初的成员，不仅包括像玻意耳和胡克（Hooke）这些科学家，也有约翰·德莱登、沃勒等诗人，雷恩、伊夫林等建筑家，14 个贵族和几个教士。1663 年至 1686 年，约 300 人入会，他们之间没有阶级的区别，公爵和普通人在此谈笑风生，穷的会员免费。1673 年，莱布尼茨被准许入会，他声称皇家学会是欧洲最受尊敬的学术权威。早在 1667 年，斯普拉特（Thomas Sprat）就出版了他卓越的著作《皇家学会沿革》（*History of the Royal Society*），虽然他当了罗切斯特主教，但也被那吹遍全英国的培根式清风（Baconian breezes）感动了。

　　有些神学家抱怨说，这个新组织会暗中损害人们对大学和国教教会的尊敬，但学会的温和与谨慎很快平息了教会的反对。它奇异的实验逗乐了朝廷和国王，国王在听到他们秤空气的重量、策划用机器飞行后，不禁大笑。斯威夫特《格列佛游记》用拉加多的大学术院来讽刺它，这个学院的成员制订从黄瓜里榨出阳光的计划，又想用先建屋顶的方法造房子。又有《休笛伯拉斯》（*Hudibras*）一书的作者巴特勒（Samuel Butler），叙述一个科学家的俱乐部，如何因在月亮上发现一只大象而兴奋若狂，最后发现那不过是望远镜里的一只老鼠罢了。就在皇家学会的支持下，伊夫林改良了英国的农业，威廉·佩蒂（William Petty）创立了统计学，英国的科学和医药获得了当时法国或德国梦想不到的进展，玻意耳几乎开创了化学，约翰·雷（John Ray）对植物学、伍德沃德对地质学、牛顿对天文学，都起了革命性的影响。皇家学会做了数以千计的物理和化学实验，它接收、解剖、研究死刑犯的尸体，成为全国医师诊断报告的贮藏所，它收集新技术的报告，和国外的科学研究保持联络并强调自然作用与规律。

1665 年，学会的秘书奥尔登堡开始出版《皇家学会哲学汇编》（*The Philosophical Transactions of the Royal Society*），这个刊物一直发行到现在。它邀请、接受外国的投稿，是最早出版马尔切洛·马尔皮吉（Marcello Malpighi）和列文虎克的发现的刊物之一。1653 年，奥尔登堡到英国来为他的家乡不来梅交涉一项商业协定，他成为弥尔顿、霍布斯、牛顿和玻意耳的朋友，他与世界各地的科学家和哲学家积极通信，他说皇家学会的人"已经着手要为整个宇宙做苦工了"，他写信给斯宾诺莎说：

> 我们肯定地认为，事物的形式和性质可以用机械的原理来做最好的解释。同时，大自然的一切功能，都是由运动、形状、纹理及这些东西各种不同的组合造成的，实在没有必要依靠一些无法说明的形态和神秘的性质作为无知的托词。

通过《哲学汇编》、《学人学报》、《学者学报》和《博学学志》这些书刊，欧洲的科学家和学者们有能力突破自然的疆界了。他们的工作和发现也能互相保持联络，为发展一项伟大的事业组成一支联军。他们几乎都躲在书房、实验室和探险队，对政治上的喧嚣、军队的行动、教条的鼓噪、迷信的雾团和政府或教会特务的刺探，都不闻不问，有的还能在里面幸存下去。他们盯着试管和显微镜，细想他们的题目，好奇地混合化学物质，度量各种力量和光的亮度，计划出方程式和图形，凝视细胞的神奇，钻洞进入地层，把星球的移动制成图，直到一切事物的行动似乎都归入定理。井然有序、广大无边、不可抗拒的宇宙似乎也服从了人类心智提出的无与伦比的预言。在法国，费马、帕斯卡、罗贝瓦尔、马里奥特、佩罗和卡斯尼家族；在瑞士，贝尔努利家族；在德国，盖里克、莱布尼茨、奇思豪斯、华伦海特；在荷兰，惠更斯和列文虎克；在意大利，维维亚尼和托里切利；在丹麦，斯泰诺；在苏格兰，詹姆士和戴维·格列高利；在英格兰，沃利斯、马丁·利斯特、玻意耳、胡克、约翰·弗拉姆斯蒂德、哈利、牛顿，还有许多其他的人，在欧洲历史上的 1648 年至 1715 年，或孤军奋斗，或协力合作，夜以继日地工作，终于创造了数学、天文学、地质学、地理学、物理学、化学、生物学、解剖学和生理学这些引起人类灵魂中决定性革命的学科。奥尔登堡感觉到这种科学的国际主义，他从来没有想过民族主义会使科学本身成为一种党派和灾难性的工具，在这种振奋人心的协作中，他只看到了一种美好生活的预兆。"我希望，"在写给惠更斯的信中，他写道，"有一天，所有国家，即使是不那么文明的国家，最终都能像亲密的伙伴一样彼此拥抱，并在知识和物质两方面都联合起来，消除无知，让真正的有用的哲学统领世界。"这仍然是世界的希望。

数学

国际新的科学的发展改良了科学工具。巴斯加、胡克和盖里克制成了气压计，盖里克的空气装置提供了探索真空的可能性；格列高利、牛顿和其他人制成的新望远镜比开普勒和伽利略设计的都好；牛顿发明了六分仪；胡克改进了复合显微镜，使细胞的研究为之改观；在盖里克和阿蒙顿（Amontons）的努力下，温度计变得更可靠、更准确。1714 年，华氏（Fahrenheit）以水银代替酒精作为膨胀的媒介，又用 0 ℉、32 ℉ 和 96 ℉（这是他假定的人体标准温度）划分它的度数，产生了英美式的温度计。

一切科学最伟大的工具是数学，因为它赋予经验一种定量和标准的形式，数学提供了成千的方法，使经验能预测，甚至控制未来。玻意耳说："大自然扮演着数学家的角色。"莱布尼茨加上一句："自然科学不过是应用数学而已。"研究数学史的专家为17世纪喝彩。在他们的研究领域中，这段时间的收获特别丰硕。因为这是笛卡儿、纳皮尔、卡瓦里尔利、费马、帕斯卡、牛顿、莱布尼茨和笛萨格的世纪。贵妇们洒上香水，参加数学演讲，她们有时开《学者学报》的玩笑，放出话说，求得和圆等面积的正方形是讨好她们唯一的方法。这可以说明为什么霍布斯百折不挠地努力，想解决这个难题。

费马创立了近代的数学理论（研究数字的差级、特征和关系）和分析几何，这不但和笛卡儿有关系，或许还先于他单独发明概率的计算方法，而且预期到牛顿和莱布尼茨的微积分学。他只担任土鲁斯法院参事，不算太有名气，只在写给他朋友的信里，才有系统地提出他对数学的大贡献，直至1679年他逝世14年后，它们才出版。我们可以在这些信中感受到他对数学的心醉神迷："我已经发现了极大一群绝美的定理。"每一个数学的新把戏，每一项使人惊奇的数学规律，都会使他高兴。他向世界上的数学家挑战"把一个数的三次方分成二个数三次方的和"、"一个四次幂分成两个四次幂"等。他写道，"我已经发现了一种真实而不可思议的方法"来解答这些问题，这就是现在大家熟知的"费马最后定理"。1908年，一位德国教授悬赏10万马克给第一个证明费马定理的人，但一直没有人来领这份奖金，也许是被马克贬值打断了念头。

惠更斯是这个时代很突出的科学家，仅次于牛顿。他的父亲康斯坦丁·惠更斯是荷兰最有名的诗人和政治家之一。他在1629年生于海牙，22岁时开始发表数学论文。他在天文和物理学上的发现，迅速地替他赢得全欧的声誉。1663年，在伦敦，他被选为皇家学会会员。1665年应柯尔伯之邀，他参加巴黎的法国科学院。他动身去巴黎，接受了一份丰厚的奖金，在那里待到1681年。后来，法王压迫新教徒使他行动大为不便，他回到荷兰。他用6种语言和笛卡儿、罗贝瓦尔、梅塞纳、费马、帕斯卡、牛顿、玻意耳等人通信，这些信件说明了日益和睦的科学友情。他说，"世界是我的祖国"，"提倡科学是我的宗教"。他的"有多病之身就有好精神"是当时不同凡响的特质之一——他的身体时常有病，66 岁去世时，他的心灵仍然富于创造力。他在数学方面的著作是他成就最少的一部分，即使如此，他对几何、对数和微积分都有贡献。1673 年，他创造了"反比平方定律"（二个物体之间的引力，与其距离的平方成反比），这对于牛顿的天文学来说，太重要了。

当然，牛顿现在是英国科学界主要的荣耀来源，值得为他单写一章，可是环绕着他的还有不少卫星。他的朋友沃利斯（John Wallis），一个英国国教教士，于 1649 年成为牛津大学的几何教授，那时他才33 岁。在这个位子上他待了 54 年，他的笔由科学转向语法、逻辑和神学，但仍有力地写他的数学、机械、声学、天文学、潮汐学、植物学、生理学、地质学和音乐等领域的著作，他只缺少一些桃色新闻和战争，否则他将成为一个无所不有的人。他的书《历史与实用代数》（1673 年），不仅替数学提供了许多基本的观念，在英国也是第一次有人严肃地尝试去写这门科学的历史。他和霍布斯关于"与圆等积正方形作图"的论战，持续了很久，这使当时的人颇为兴奋，沃利斯占了上风，但那位老哲学家却奋战到他 91 年生命的最后。历史记得沃利斯，主要是因为他的《无限数学》（*Arithmetica Infinitorum*，1655年），这里他应用了卡瓦里尔利的求平积法（把曲线形作成等积正方形时无限小的观念），也替微积分铺下道路。

"微积分"（*Calculus*）原来的意思，是古罗马人用来计数的一片小石头，可是现在只有极热心于微积分的人，才能给这种学问下个适当的定义。阿基米德曾经瞥见过它，开普勒曾经接近它，费马已经发明了它，但没有公开提出。意大利的卡瓦里尔利和托里切利、法国的帕斯卡和罗贝瓦尔、英格兰的沃利斯和伊萨克·巴罗（Isaac Barrow）、苏格兰的詹姆士、戴维·格列高利，都曾经在使人惊异的全欧合作里，为这座建筑搬运过砖块。牛顿和莱布尼茨则圆满地完成了这项工作。

"微积分"这个名词，是约翰·贝尔努利（Johann Bernoulli）向莱布尼茨建议用的。他出身的家族，与巴赫、布吕格和哥白尼一样，以遗传的天才而出名。尼古拉斯·贝尔努利（Nikolaus Bernoulli）与他的祖先一样，是一名商人。到了他的儿子雅各布·贝尔努利（Jakob Bernoulli）一世，则把商业变成更高深的一种计算。他把"违背了父亲的意思，我研究星星"当作座右铭。雅各布涉猎天文学，对解析几何颇有贡献，他推进了变数法的计算，成为巴塞尔大学的数学教授。他对垂链曲线（由一条吊在两点间，质量各部分平均的链子所画出来的曲线）的研究，对后代吊桥和高压输电线的设计大有助益。他的兄弟约翰也反抗他父亲的计划，开始研究药理，然后是数学，而接替雅各布成为巴塞尔的教授。他对物理学、光学、化学、天文学、潮汐的理论和航海数学都有贡献。他发明指数运算，创立积分的第一系统，又介绍了"系统"（integral）一词在这个意义上的用法。另一个兄弟尼古拉斯一世在 16 岁就得到哲学博士学位，20 岁拿到法律学位，在波恩教法律，在圣彼得堡教数学。18 世纪，我们将会找到 6 位贝尔努利家族的数学家，19 世纪又有 2 位。

统计成为一门科学，也是这个时代的成就之一。格朗特（John Graunt），一名服装杂货商人，以调查和研究伦敦贫民区的葬礼为乐，通常记录一些死亡原因，包括"饿毙路中"、"拷掠而死"、"瘰疬"、"在奶妈手里饿死"、"自杀"等。1662 年，格朗特出版了他的《从自然和政治观察死亡表》（*Natural and Political Observations upon the Bille of Mortality*），这是现代统计学的开始。从他的列表中，他得到结论：36% 的儿童在 6 岁前死亡，以后的 10 年中死掉 24%，再下一个 10 年中死去 15%，等等。儿童的死亡率在这里似乎太过夸张，却提醒了人们，如果不想被死亡追赶，就应该努力地工作。

格朗特说："在这几种灾祸中，有些和死亡总数保持一个不变的比例，像慢性疾病，以及那些在城市里特别容易发生的疾病，譬如肺痨、水肿、黄疸病等等。"也就是说，虽然不能一个个地计算，但某种疾病和其他一些社会现象之间，也许可以由一个大社区的利益预先比较精确地算出来。格朗特提出的这一原则变成统计预测的基础。他注意到多年以来伦敦被埋葬的人多过受洗的人。他下结论说，在伦敦死亡的概率较大，过分担心工作及"烟雾、恶臭、空气不流通"和"暴饮暴食"，都能导致死亡。然而伦敦的人口在增加，格朗特将之归因于乡村和小城市人口的移入。他计算这个首都的人口 1662 年约有38.4 万。

格朗特的朋友佩蒂爵士把统计学带进政治。他又是一个令人无法企及、多才多艺的例子。佩蒂曾在凯昂、乌得勒支、莱顿、阿姆斯特丹、巴黎等地求学，然后在牛津教解剖学，在伦敦的格雷沙姆学院教音乐，他在爱尔兰当皇家陆军军医时，获得了财富和爵士地位。1676 年，他写了第二部英文的统计学古典作品《政治数学》（*Political Arithmetic*）。佩蒂坚决地认为，政治只有把结论建立在可度量的基础上，才能接近一种科学，所以他呼吁举行定期的户口调查，以记录英国每个居民的出生、性别、婚姻状况、头衔、职业、宗教等等。根据死亡调查表、房屋的数目和每年出生超过死亡的人数，他估计 1682 年伦敦的人口将达到 69.6 万人、巴黎达到 48.8 万人、阿姆斯特丹达到 18.7 万人、罗马达到 12.5 万人。就像乔万尼·博泰罗（Giovanni Botero）在 1589 年、托马斯·马尔萨斯（Thomas Malthus）在 1798 年预测的一样，佩蒂认为人口增加的速度，有比赖以谋生的资源增加得快的趋势，这将导致战争，3682 年时，这个可供居住的地球将出现危险的人口过剩，每人只能分到两亩土地。

保险公司利用统计学来计算除了吹牛皮之外的任何事情，这使他们的事业成为一种艺术和科学。根据布雷斯劳的死亡报告，哈雷做了一张表，显示出 1 岁到 84 岁之间所有人口的预期死亡数，用这个做基础，他预算出一个特定年龄层的人在一年中可能死亡的数目。世界上第一家人寿保险公司在 18 世纪创立于伦敦，就利用哈雷的表把数学变成了钱。

天文学

天上的星星被划进科学的范围，已经有 100 个世纪了。在意大利，耶稣会士天文学家里乔利（Riccioli）发现了第一个双星（double star）——用肉眼看起来像是一颗星，用望远镜看起来却是明显地互相环绕运行的两颗星。在但泽，海佛留斯在自己家里造了一座观象台，制造他自用的仪器。他把 1564 颗星编入星图，发现了 4 颗彗星。他观测水星的运行，记录下月亮的"天平动"（可见部分周期性的变化），并将其表面制图。他为月球特征所起的几个名字，现在的月球地图上仍然沿用。他通知欧洲的星象观测家，他用一个折光器（只靠一个透镜或棱镜）测出一颗星的位置，能和用一架复合望远镜测出的同样准确。胡克对这项声明提出了挑战，哈雷从伦敦跑到但泽去查验此事的真伪，终于提出报告：海佛留斯说的是实话。

路易十四了解天文学对航海的重要，他提供基金在巴黎建造了一座天文台（1667—1672 年）。以此为中心，皮卡德（Jean Picard）有时亲自领导，有时派遣他人组成远征队，从世界各个不同的地点研究天象。他到乌兰堡（Uraniborg）记下每颗星的正确位置，布拉赫（Tycho Brahe）就靠着这个完成了他的古典星图。皮卡德又根据一系列从巴黎到亚眠的观测，量出经度的单位长度，极其精确（和现在通行的计算 69.5 英里误差不到几码）。据说牛顿也用他的结果计算地球的质量，来证明万有引力的理论。用同样的观测方法，皮卡德算出地球的赤道直径为 7801 英里——离我们现在计算的 7913 英里相差不远。这些发现使人们能够以前所未有的精确算出一条航行的船所在的位置。所以，欧洲商业的扩张和工业的发达固然大力推动了科学革命，却是利用这些计算成果得来的。

　　路易十四听从了皮卡德的建议，邀请意大利天文学家卡西尼到法国，卡西尼因发现木星形状为一个回转椭圆体及木星和火星的自转周期，早已誉满全欧。他到巴黎（1669年）后，即被路易宣布为科学巨擘。1672年，他和里歇尔（Jean Richer）到南美洲观测火星的最大"冲"日时接近地球的情形，卡西尼则在巴黎同时记录了这次的"冲"。比较同一时间两个地方的观测后，得到了更精确的火星和太阳的视差及它们和地球距离的新值，显示太阳系的空间比从前估计的为大。从钟摆摆动得比巴黎慢的发现中，这些天文学家得到一个结论，接近赤道地方的地心吸力没有高纬度地方的强，由此可知地球并不是正圆的球体。卡西内认为赤道附近比较平，牛顿认为两极比较平，而进一步的研究支持了牛顿的理论。同时，卡西尼发现了土星的4颗新卫星和把土星光环一分为二的那条缝（现在以他的名字命名）。1712年卡西尼逝世后，他在巴黎天文台的工作由他的儿子雅克·卡西尼继承，雅克曾测量从敦刻尔克到佩皮尼昂子午线上的弧长，出版了第一套土星卫星表。

　　惠更斯在加入巴黎的世界科学家集会之前，就在海牙做出了一些对天文学很重要的贡献。他和他的兄弟康斯坦丁一起，发展出一种磨制透镜的新方法，用这种方法，他造出比任何已有望远镜更有力、更透明的望远镜，于是他发现了土星的第六颗卫星（1655年）和土星那使人迷惑的光环。一年后，他画出猎户星云里光亮区域（现在以他为名）的第一张概图，也发现了它核心星的多样性。

　　巴黎天文学家最强劲的对手，在英国是以哈雷和牛顿为首的一群杰出的人士。爱丁堡的詹姆士·格列高利设计出第一架返光望远镜（1663年），把目标物发出的光线，用一个曲面镜集中，而不是用透镜。牛顿于1668年对它进行了改良。1675年，弗拉姆斯蒂德和其他人向查理二世上奏陈情，要他资助建筑一座国家天文台，以利用更好的方法计算经度，来指导正在海洋上破浪前进的英国船只。国王答应支持，于是这座位于伦敦东南不远的格林尼治（Greenwich）天文台就建立起来了，它以后被用作经度的零点和世界标准时间。查理二世提供了一小笔薪水，任命弗拉姆斯蒂德做台长，但助手和仪器的费用毫无着落。体弱多病的弗拉姆斯蒂德把他毕生的精力花在天文台上，他招收学生，用自己的钱买仪器，他的朋友也资助了一些，他忍受病痛，专心测绘格林尼治所见的星图。去世之前（1719 年），他已经完成了现有最广泛而准确的星图，即把 1601 年布拉赫留给开普勒的图做了相当大的修改。在缺乏帮助的情况下，他亲自处理那些通常留给助手的抄写工作，弗拉姆斯蒂德曾经因为哈雷和牛顿耽误计算和发表他的成果而动怒，最后哈雷没有征得弗拉姆斯蒂德同意就把它们出版了，于是这位恼怒的天文学家怒气冲天，连星星也为之震动。

无论如何，哈雷是他们这些人中最好的绅士。作为一个热诚的天文学学生，他 23 岁时就出版了行星轨道的论文。1676 年，他出发上路，要到南半球去看看那边的天上是怎么回事。在圣赫勒那岛（St. Helena），他画图记下了 341 颗星的运动。21 岁生日前夕，他做了一次整个水星通过天空的观察。回到英国后，他 22 岁时被皇家学会选为会员。他了解牛顿的天才，出钱支付《数学原理》第一版的昂贵费用，又在书前加上一些华丽的拉丁文诗作为恭维，而以这行结束：任何人都不会被允许更接近了。哈雷刊行了佩哥（Perga）阿波罗尼奥斯著的《锥线学》（Conics）希腊文原本，又学习阿拉伯文，以便翻译只有那种语言才保存的希腊论文。

经过一次历史上最成功的天文预报，他把他的名字写在天空。博雷利（Borelli）已经为发现抛物线形的彗星轨道铺下了路（1665 年）。一颗彗星于 1682 年出现时，哈雷发现在 1456 年、1531 年和 1607 年都有类似报告；他注意到这些报告约每隔 75 年出现一次，于是他预言下一次出现是在 1758 年。他未能活到看见他的预言圆满应验，但那颗彗星又出现时，便以他的名字命名，其科学的声威也因此大振。直到 17 世纪晚期，彗星还被认为是上帝控制的行动，预兆人类将有大灾难，而皮埃尔和丰特内尔的文章及哈雷的预测，打破了这个迷信。哈雷认为 1680 年见到的另一颗彗星，和耶稣逝世那年观测到的是同一颗，他追踪它每 575 年一次的再现，又经过这项预测，他计算出它环绕太阳的轨道和速度，牛顿做结论说："彗星的星体是固体的、紧密的、凝固的、耐久的，就像行星的星体一样。"而且也不是"地球、太阳和其他行星的烟雾和蒸汽"。

1691 年，哈雷为牛津萨维利安天文学做讲座的提议，因为他涉嫌唯物主义而被拒绝。1698 年，他受英王威廉三世的委托，深入南大西洋航行，研究罗盘的偏差和绘制南极地区的星图。和这次远征比较，伏尔泰说："阿尔戈英雄的航行，不过是驾一艘小船横过一条河罢了。"1718 年，哈雷指出：有几个曾被假设为"恒星"的星，从希腊时代以来，已经改变了他们的位置，其中之一的天狼星，从布拉赫以来就有了变化。除去观测的误差，他认为星星在长时间中，会改变彼此的位置关系，而这些"固有运动"，现在已经被认为是事实而加以接受了。1721 年，他被任命接替弗拉姆斯蒂德管理皇家天文台，但弗拉姆斯蒂德身后萧条，债主们拿走了他的仪器，于是哈雷发现他的工作大受设备不足的妨碍，而且他自己的精神也每况愈下。但是 64 岁的他，开始通过完整的 18 年周期，观察并记录月球的现象。1742 年，他自作聪明地违背医生的嘱咐，喝下一杯酒后去世了，享年 86 岁。生命，像酒一样，是无法过度享有的。

地球

凭着对科学的热爱，哈雷以一篇有关信风的文章（1697 年）和一张第一次记录空气流动的图，向气象学的迷雾摸索。他认为这些空气的流动是气温和气压差异的结果。太阳明显地向西移动带来了热量，特别是在沿赤道地区，这些热量使空气变得稀薄，吸引了来自东方比较厚密的空气，于是造成盛行的信风，哥伦布就靠它由东向西航行。培根曾提出同样的解释，而乔治·哈德利（George Hadley）在

1735 年发展了这种理论，认为地球向东自转速度较大，使赤道上形成一股向西的气流。

气压计和温度计的发展，使气象学成为一种科学。盖里克用气压计于 1660 年正确地预测出一次强烈的风暴。各式各样的湿度计都于 16 世纪发明出来以测量湿度。新孟多（Cimento）学院用一个有刻度的容器，承接一个内装冰块的金属圆锥体表面滴下的水珠。胡克把一根麦芒——空气里水汽增加时，就会胀大弯曲——绑在一根指针上，麦芒膨胀时，指针就会转动。胡克又发明了一个风速计、一架转轮气压计和一座气象钟。最后说的这件仪器，是由一个皇家学会的委员会设计的（1678 年），用以测量和记录风的速度和方向、大气的压力和湿度、气温和雨量。为了能准确、全面地测量，标出了一天的时间。各个城市的气象站装备有改良过的仪器，开始记录并比较它们同时进行的观测，就像 1649 年的巴黎和斯德哥尔摩那样。托斯卡纳大公斐迪南二世——新孟多学院的赞助人，把气压计、温度计和湿度计送给巴黎、华沙、因斯布鲁克和其他各地选定的观测者，要他们逐日记录气象资料，再送一份复本到佛罗伦萨以供比较。莱布尼茨说服了汉诺威和基尔的气象站，保存了 1679 年至 1714 年每天的报告。

那位有发明天才而不得要领的胡克开辟了上百条有希望的研究大道，但因太缺乏金钱和耐心而没有到达光辉的终点。在 17 世纪后半期的英国科学史中，我们到处可以找到他。他是一个牧师的儿子，父亲"自缢而死"。他画画、弹风琴，创造了 20 种飞行的方法，很早就预示出他游移不定的性格。在牛津念书时，他喜欢化学，当过玻意耳的助手。1662 年，被皇家学会任命为实验室主任。1665 年，他成为格雷沙姆学院的几何学教授。1666 年伦敦大火后，他转向建筑学，设计了几幢著名的建筑——蒙塔古大厦、内科医学会和伯利恒医院。盯着显微镜一段时间后，他出版了他的代表作《显微图集》（*Micrographia*，1665 年），包含许多生物学上富于暗示性的观念。他提出，光是一种波的理论，在光学上帮助了牛顿，预料到引力与距离平方成反比的定律和引力理论。他发现了猎户座的第五颗星，又首次尝试用望远镜来测定恒星的视差。1678年，他提出一种气体动力学说。1684年，他描述出一个电报系统。他还是最先用弹簧来校准时钟的人之一，他曾经写下用六分仪来度量角的距离的原理，他做出10余种的科学仪器。皇家学会有一段时期成了欧洲科学界的和事佬，而他可能就是这天才的银河中最有创造力的人，但他阴沉而神经质的个性把他隔离在应得的欢呼之外。

甚至在地质学上，他也有和真理同在的一刻。他争辩说，化石证明了古代的地球和生命，与《创世记》上说的大不相合，又预测到有一天可以用连续的各地层中不同的化石，作为计算地球生命年代的方法。17世纪的大多数作家仍接受《圣经》中上帝创造万物的说法，他们中有些人努力调和《创世记》和不时来到的地质学上的发现。在《地史小记》（*An Essay towards a Natural History of the Earth*，1695年）中，伍德沃德长时间研究了他收集的大量化石后，恢复了达·芬奇对他们的解释，这是一度生存在地球上的动植物的遗迹。但他仍认为化石的分布是挪亚洪水的结果。托马斯·伯内特，一个国教教士为《创世记》和地质学设想出一个和解之道：把《圣经》中上帝创造万物的"几天"拉长为几个时代。这种遁词被证明是可以接受的，但伯内特鼓起勇气，继续解释亚当的堕落是一种比喻时，他发觉在教会里他已经再也没有出头的机会了。

基歇尔（Athanasius Kircher）是一名耶稣会士，也是一个科学家：我们以后会发觉他在无数的场合中都非常卓越。他在《地下水》（1665年）中，画出了洋流图，认为地下的河流是从海里得到水的，又把火山和温泉的喷发归因于地下的火，这一点似乎使地狱在地球中心的信仰得到加强。佩罗拒绝喷泉和河流的水来自地下的观念，而支持现在被接受的看法：它们是雨和雪的产物。利斯特解释火山爆发是由于黄铁矿中硫黄的发热和继之而起的爆炸，又由实验显示，一种铁屑、硫黄和水的混合物埋在地下，就会变热，裂化上面的土地，爆发出火焰。

这个时代地质学最杰出的人物，是丹麦人熟知的史邓森（Niels Stensen），即闻名国际科学界的斯泰诺（Nicolaus Steno）。他出生于哥本哈根，在那里学医。在莱顿，他和斯宾诺莎成了朋友。后来，他迁居意大利，信了罗马公教，又在佛罗伦萨成为斐迪南二世的御医。1669年，他出了一本小书《土壤成分》，被一位学者誉为"该世纪最重要的地质学文献"。此书的目的在于确定对化石的新观念，但像一段序曲一样，斯泰诺第一次有系统地说明了地球表面演化的原则。他研究托斯卡纳的地质，发现了6个连续的地层。他分析它们的构造和内容、山和谷的岩层、火山和地震的原因，及比从前河、海水面较高的化石证据。这本书为他带来了名誉。又因斯泰诺在解剖学上的研究，丹麦王克里斯蒂安四世授请他到哥本哈根大学开解剖学讲座。他接受了，但他狂热的罗马天主教信念招致了一些摩擦，于是他回到佛罗伦萨，从科学走向宗教，最后以蒂托波利斯（Titopolis）主教和北欧天主教名誉主教之位终老。

地理学也在茁壮成长，它通常是传道士、军事或贸易的副产品。耶稣会士专心致力于科学，几乎就像对宗教或政治一样。他们有许多人属于各种学会，而这些学会欢迎他们的地理学和人种学的报告。他们到加拿大、墨西哥、巴西……传教，收集并传播极有用的知识，画出他们所到之处最好的地图。1651年，马丁尼（Martino Martini）出版了他的《中国地理图考》（*Atlas Sinensis*），空前详尽地描述中国地理。1667年，基歇尔出版了一册华丽的《中国图记》（*China Illustrata*）。路易十四派遣6个耶稣会的科学家，携带最新的仪器重新绘制中国地图。1718年，他们出版了一份多达120张的大地图，几乎涵盖了中国全境，成为后来两个世纪中西方绘制中国地图的基础。这个时代制图的奇迹，是卡西尼和他的助手在巴黎天文台的地板上，用墨水画成的那幅直径24公尺的地图（约1690年），它表示出地球上各个重要地方在经纬度上的准确位置。

一些伟大的旅行家也属于这个时代。我们已经看过了塔韦尼耶的《从欧洲到亚洲的六次航行》（1670年）和夏尔丹的《波斯游记》（1686年）。塔韦尼耶写道："在我的6次航行和不同路途的旅行中，我有闲暇和机会看到整个中国西藏、整个波斯和整个印度……最后3次，我越过恒河，到达爪哇岛，在40年的光阴中，我在陆地上旅行了18万英里以上。"夏尔丹的一个句子，预先提到孟德斯鸠的《论法的精神》（*Spirit of Laws*）："某一个种族遇到的气候……永远是形成这些人体质和习俗的基本原因。"1670年至1671年，贝尼耶（François Bernier）出版了一部他在印度旅行和研究的故事，因为他在途中放弃了基督的信仰而大受非难。威廉·丹皮尔（William Dampier）当了海盗，在数以百计的地点和海洋出没，写了一本《新环球航行》（*A New Voyage round the World*，1697年）。又说在他后期的几次旅行中，有一次他驾着船，把亚历山大·塞尔科克从一个与众不同的无人岛救回来（1709年），因而给了笛福一个暗示。

在基督教神学被侵蚀的过程中，地理学扮演了一个角色。当其他洲的记载愈积愈多，而欧洲的知识阶层对世界上各种不同的宗教信仰、相似的宗教神话、每种宗教把它的教义当成真理的信念，以及伊斯兰教、佛教的社会里，在某些方面使信仰基督教的人对自己血腥的战争和残酷的宗教迫害感到汗颜的道德水准，只有惊叹的份。拉翁唐（Lahontan）男爵在1683年到加拿大旅行，报告说他难以回答印第安土著对基督教义的批评。皮埃尔批评欧洲人的信仰和作风时，引用中国或日本的习惯与观念。道德的相对性，成为18世纪哲学中的一项公理。

物理学

物理和化学与古代信条的冲突，没有地质和生物学那样显著，因为它们和各种固体、液体、气体打交道，这与神学没有明显的关系。但科学的进步扩展了定理的支配力，削弱了对奇迹的信仰。物理学的研究和哲学的利益毫无关系，却起因于工商业的需要。

是航海家们引导天文学家更精确地绘制天空，现在，他们又鼓励人们发明一种能帮助他们在海水的扰动下找到经度的时钟。只要把当地日出或正午的时间和一座对准格林尼治或巴黎时间的钟比较，就能确定海上的经度，但除非这座钟绝对准确，否则计算将会有误。1657年，惠更斯发明了一座可靠的钟，他在钟摆上加了一个齿轮，但这样的钟在一条颠簸摇晃的船上毫无作用。经过许多次试验，惠更斯用一个由两个弹簧推动的摆轮代替钟摆，造出一座成功的航海钟。惠更斯于1673年在巴黎出版了一本近代科学的经典作品《有摆的钟》，其中有许多启发性的意见，上述的航海钟就是其一。3年后，胡克发明钟的卡子摆擒纵机，把螺旋游丝用在表的摆轮上，又以"越紧张，弹力越大"原理来说明弹簧的运动。直到现在，仍被称为"胡克定律"。

在《钟表学》（*Horologium*）一书和另一篇特别的论文中，惠更斯研究离心力定律——一个旋转的物体中的每个分子，除躺在旋转轴中的以外，都受到离心力的支配，距离旋转轴越远或转速越大时，离心力也越大。他安装了一个急速旋转的黏土球，发现它成为一个在旋转轴两端变平的椭圆体。根据这个原则，他解释出木星两极扁平的现象，以此类推，他推断地球也是一样，一定在两极地方稍扁些。

惠更斯死后8年才发表的作品继续研究伽利略、笛卡儿和沃利斯的撞击问题。从打桌球到星球的碰撞，这些引人兴趣的神秘问题呈现出来。力是如何通过撞击从一个物体传到另一个物体的？惠更斯没有解释这个奥秘，但他定下了一些基本原则：

1.若一个静止的物体被一个和它相等的物体撞击，撞击后，后者将静止下来，而刚才静止的那个物体，将获得撞击者的速度。

2.若两个相等的物体以不同的速度互撞，撞击后，它们将以互相交换的速度运动。

　　3.若两个物体互撞，它们的质量和相对速度平方的乘积之和，在碰撞前后保持不变。

　　惠更斯于 1669 年提出的这些假设，赋予近代物理学最熟悉的能量守衡定理以部分的外观。然而，由于它们假定物体具有完全弹性，所以只在理论上正确。因为自然界的东西，没有一样具有完全弹性，所以两个物体撞击时的相对速度，会因它们的构成物质不同而相对减小。牛顿推定了木材、软木、钢、玻璃等物质减小的比率，写在他《数学原理》（1687 年）第一册的导言中。

　　另一条研究路线由托里切利和帕斯卡对大气压力的实验而引出。帕斯卡于 1647 年已经公布："任何一个容器，不管多大，都可以由抽出自然界已知和五官感觉得出的东西，而成为真空。"几百年来，欧洲的哲学家早已宣称"自然厌恶真空"。现在，一个巴黎的教授告诉帕斯卡，天使们自己就能造成真空。笛卡儿蔑视地批评说，世上唯一的真空是在帕斯卡的脑袋里。但约 1650 年，盖里克在马德堡造出一台抽气机，它能制造出如此接近绝对的真空，震惊了高级僧侣和科学界的领袖人物，这就是著名的"马德堡半球"实验（1654 年）。在拉蒂斯邦（Ratisbon），当着神圣罗马皇帝斐迪南三世和帝国议会的面，他带来两个青铜做的半球，它们被熔接在一起，边缘并未机械地密连在一起，他抽出了里面几乎全部的空气，然后用 16 匹马联合起来的力量——8 匹马朝一个方向拉，另外 8 匹反方向——也不能把这两个半球分开，但打开一个半球上的一个活塞后，空气进来，这两个半球就可以用手分开了。

　　盖里克有本事把物理学变成容易懂的东西给皇帝们欣赏。把一个铜球中的水和空气抽光后，他用一阵大得使人吃惊的声音，就把它弄破了，于是他证明了大气压力。他把两个相同的球平衡起来，抽掉其中一个中的空气，而使另一个坠落，因此证明了空气有重量。他坦白承认所有的真空都不是绝对的，但他显示出在并非绝对的真空里，火焰会熄灭，动物会窒息，一座正在报时的钟也不会再有声音，于是他为氧的发现和揭露空气是声音的媒介铺平了道路。他利用真空的吸力来泵水和举起重物，又在制造蒸汽引擎上走到了前面。成为马德堡市市长后，他不得不延至1672年才出版他的新发现。但他把资料送给卡斯珀·斯科特（Kaspar Schott），一位符兹堡的耶稣会物理教授，后者在1657年发表了一篇关于它们的说明。正是这份刊物，鼓舞玻意耳做了那些导出大气压力定理的研究。

罗伯特·玻意耳是17世纪下半叶英国科学繁花中重要的一朵。他的父亲查理·玻意耳是科克伯爵，在爱尔兰得到一大份产业，玻意耳本人在17岁时就继承了大部分（1644年）。由于常去伦敦，他认识了沃利斯、胡克、雷恩和"隐身学院"中其他的人，他迷上了他们的工作和抱负，便搬到牛津，在那里造了一所实验室（1654年）。他有着激昂的热情与任何科学都不能摧毁的虔诚信仰。他知道斯宾诺莎像崇拜上帝一样信奉"本体"时，他拒绝（通过兴登堡）和这位哲学家继续深交。但他把许多财产花在科学上，帮助过不少朋友。他又高又瘦，身体虚弱多病，却靠着不屈不挠的节食和养生把死亡挡在远处。他发觉在他的实验室，"忘我河里的水使我把一切忘得干干净净，除去做实验的愉悦"。

玻意耳读过有关盖里克的抽气机的报道后，在胡克的帮助下，设计了一个"空气引擎"来研究大气的性质。利用它和以后再造的装置，他证实气压计中水银柱的升降是被大气压力左右的，他又粗略地算出空气的密度。他的实验告诉人们，即使在不完全的真空状态下，一束羽毛和一块石头掉下来的速度同样快，因此把伽利略在比萨的实验推进了一步。他又表示，光不受真空的影响，所以它不像声音一样，是以空气为传播媒介的。他又确立了盖里克提出的证明：空气是生命不可缺少的（一只老鼠在真空容器中昏厥时，他停止了这实验，放进空气而救活了它）。盖里克被玻意耳的工作鼓舞，设计出一个更好的空气装置，继续科学研究。惠更斯于1661年拜访玻意耳，也被引导制造相似的仪器、做同样的试验。我们了解这些后，可以看出科学国际化正在进行中。

玻意耳把他充满创造力的研究转向折射光、晶体、比重、流体静力学和热方面，确立了以他为名的定理：空气或任何气体的压力，与其体积成反比——或者说，在固定的温度下，某一气体的压力和它体积的乘积是不变的。1662年，他首先宣布这一定律，但人们通常将之归于他的学生理查德·汤利（Richard Towneley）。胡克经过同样的试验，于1660年也得到了这条公式，但直到1665年也没有发表。一个法国教士马里奥特，约和玻意耳同时，也得到一个类似的结论——空气被压缩，是依据影响它的重量而定。他于1676年公布了这个结论，在欧洲大陆上，他的名字和大气压力定律连在一起的次数，比玻意耳多。

玻意耳和胡克遵循培根的观点，认为"热是一种膨胀的运动，并非发生于整个物体，而是它较小的部分"，而把热描述成"一种由于物体各个部分的运动或骚乱而出现的性质"。胡克以为热和火、火焰不同，火是发热物体表面空气的运动。胡克说"所有的物体都有某种程度的热在里面"，因为"物体的各个部分，虽然永远也不会很均匀，但的确都有震动"。冷只不过是其反面的观念罢了。马里奥特表演"冷"也可以燃烧来取悦他的朋友：用一块凹面的冰，他把阳光聚集在火药上，最后引爆了它。斯宾诺莎的朋友奇思豪斯伯爵利用聚合阳光投射，竟熔化了瓷器和银元。

在声学方面，英国人诺贝尔（Willam Noble）和托马斯·皮戈特（Thomas Pigot）各自发表（约1673年）：一根弦会因为另一条接近而且系在一起的弦被拉、扯或弄弯，而和后者一致地以不同的陪音振动。笛卡儿曾向梅森提过这点。约瑟夫·索弗尔（Joseph Sauveur）就这个观念继续研究下去，也独自达到了类似英国人的结果（1700年）。我们应该顺便注意一下索弗尔这位首先采用"声学"一词的人，竟从小就又聋又哑。1711 年，约翰·肖尔（John shore）发明音叉。在这个时代，博雷利、维维亚尼、皮卡德、卡西尼、惠更斯、弗拉姆斯蒂德、玻意耳、哈雷和牛顿都曾尝试找出声音的速度。玻意耳的计算结果是每秒 1126 英尺，最为接近我们现在的估计。德勒姆（William Derham）指出（1708 年），借观察闪电和雷声间隔的时间，这项知识可以用来计算一场暴风雨的距离。

　　17 世纪下半期可能是光学历史上最辉煌的时代。首先，光本身是什么，那位永远准备钻进困难里的胡克侥幸地提出一种看法：光"只不过是发光体各个部分一种特殊的运动罢了"——光和热的区别，只在于光是物体组成分子更迅速的运动而已。第二，它移动得多快？那时的科学家都假定光的速度是无限的，甚至鲁莽的胡克也曾认为无论如何它都巨大到不可度量。1675 年，罗默，一位被皮卡德带到法国的丹麦天文学家，注意到木星的一个卫星蚀的周期，依照地球正接近或远离木星的移动而改变，因而证明光的速度是有限的。他又根据卫星公转的时间和地球轨道的直径来计算，认为观测到的卫星蚀的差异，是由于光从那个卫星横过地球轨道消耗的时间而引起的。就靠这个薄弱的基础，他算出光的速度约为每秒 12 万英里。

　　可是，光如何传递呢？它是直线进行的吗？如果是这样，它又怎能避过棱角呢？格里马尔迪（Francesco Grimaldi），波伦亚地方的一位耶稣会教授，发现了折射现象，并将之命名（1665 年）——一束光线经过一个小洞射进一间黑暗的屋子，会在对面的墙上扩散开来，比从光源通过小洞引出的直线涵盖的区域大；而且，许多光线经过一个不透明物体的边缘时，会轻微地偏斜出直线之外，这些和另一些发现，引导格里马尔迪接受了达·芬奇的看法，光以逐渐扩大的波动传播前进。胡克也同意了。但是，是惠根斯建立起至今仍使物理学家耳熟能详的光波理论。在另一本近代科学名著《光学论》（1690 年）中，惠更斯报道了他研究 12 年后所得的结论：光是由一种假设的物质传导，这物质他称为"以太"（从希腊文"天空"一字而来），他认为"以太"由小、硬而有弹性的物体组成，它们从光源向外伸展，不断地做圆形的波动，而把光传导出去。基于这种理论，他建立了反射、折射和复折射的定律；他把光能绕过棱角和不透明物体的能力归之于光波包围运动；他假设"以太"的分子极为微小，可以在透明的液体和固体的分子之间自由来往，以解释半透明。但他承认，他无法解释光的偏极作用，这成为牛顿拒绝此种光波假说而宁可采取光是微粒子的理论的原因之一。

17世纪，在威廉·吉尔伯特（William Gilbert）和基歇尔研究磁力，以及卡比（Niccolo Cabeo）研究电荷斥力后，电力方面才有一些不显著的进展。哈雷曾研究地磁对磁针的影响，也是第一个了解地磁和北极光有关的人（1692年）。盖里克于1672年报道了一些摩擦生电的实验。一个硫黄球被他用手搓了一会儿，能吸起纸、羽毛和其他轻的东西，也能带着这些东西一起旋转，他以此比拟地球在运动时，也带着地表或接近地表的东西一起运动。他把一根羽毛放在一个带电的球和地板之间，羽毛来回地跳上跳下，证明了电的相斥性。他借着证明电荷能够在一条亚麻线上通行和物体被放在带电的球旁边时也会带电而开拓了导电的研究。霍克斯比（Francis Hauksbee），一名皇家学会会员，创造了一种较好的发电方法：急速旋转一个抽尽空气的玻璃球，然后用手按住它，接触之下，发出的火花长达一英寸，亮光足够看书。一个英国人沃尔（Wall）也造出类似的火花，而把它比作雷声和闪电（1708年）。牛顿于1716年也作了同样的比喻。富兰克林（Franklin）于1749年使这种关系更加坚定。于是，年复一年，前仆后继，那不可测知的无垠浩渺终于交出一些有趣的、自然之谜的碎片。

化学

这个杰出的世纪看着炼金术异想天开的试验发展成为化学。长久以来，经炼铁、鞣皮、调和染料、酿造啤酒等活动，工业界早已积累了许多化学知识，研究物质组织、结构和变化的工作，却大部分留给炼金术士去寻找；药物学家调和丹药，从德谟克里特到笛卡儿的哲学家，却苦思物体的构造。有些到化学的通路，安德列亚于1597年、海耳蒙特（Jan Van Helmont）于1640年已经开辟出来，不过这两个人都抱着炼金术士的希望——把"基本"的金属变成黄金。玻意耳本人也以此为目标做过试验。1689年，他设法废止一条反对"增加金银"的英国旧法令，他去世时（1691年），留给助手们一大堆红土，指令他们试着把它变成黄金。既然改变金属已是现代化学的老生常谈，我们在非难和隐瞒对黄金的渴望时，也应该为炼金术中的科学喝彩。

对炼金术最重的打击，是玻意耳发表他的《怀疑化学家》（*Sceptical Chymist*，1661年）——化学史上最重要的作品。他"看到最近从前轻视化学的学者，开始耕耘这块园地"因而感到欣慰，"它的确值得如此"。他称他的化学是怀疑论的，因为他要拒绝一切神秘的说法和超自然的性质，认为它们是"无知的庇护所"，又决定靠"实验，而不是三段论法"来解决问题。他放弃传统把物质分为空气、火、水和土四种元素的说法。他说，这些东西是混合物不是元素，真正的元素，更恰当地说，是"某些原始、简单，或完全未经混掺的物体，而不是由两种或两种以上的其他物质组成"，它们是一切混合物的成分，所有的混合物都可以分解成它们。但他不认为元素是物质的根本要素，他以为这些"最小的自然物"是微小的粒子，肉眼看不见，形状、大小各不相同，正像留基伯（Leucippus）所说的原子一样。由于这些粒子种类繁多，时而运动，时而结合成"原子"，所以一切物体和它们的性质，如颜色、磁性、热与火，都只受单纯的机械原理支配。

以前，火对科学家的魅惑，正像对壁炉边的梦想者一样。究竟是什么使一样东西燃烧起来？如何解释这些美丽、傲慢、恐怖而又随时改变的火舌？1669年，一个德国化学家比彻（Johann Joachim Becher）把所有的元素归纳成两个——水和土。后者的某种形式他称为"油状土",他相信它存在于一切可燃的物体中，这就是燃烧的原因。跟着这个错误的指导，18世纪时斯塔尔（Geory Stahl）用他熟悉的"燃素说"使化学界误入歧途数十年。玻意耳找到另一条线索：各种不同的可燃物中，没有一种会在真空中燃烧。他认为："空气中有一种微小而重要的第五原质（*quintessence*）……它和我们生命的元气的更新与恢复有关。"和他同时代、比他年轻的梅奥（John Mayow），也是皇家学会的成员，他假定空气的成分中有一种物质在金属被煅烧（氧化）时，就和金属结合，以此向今天我们有关火的理论开始迈进（1647年）。他相信一种熟悉的物质会进入我们的身体，把静脉血变成动脉血。在谢勒（Scheele）和约瑟夫·普里斯特利（Joseph Priestley）肯定氧的存在之前，还有100年的岁月要等待。

约1670年，一个德国炼金术士布兰德（Hennig Brand）发现，他可以从人尿中得到一种化学物质，不必预先曝光就能在黑暗中发亮。德累斯顿的一个化学家克拉夫特（Kraft），于1677年在伦敦查理二世面前展出这种新成品。玻意耳只在故弄玄虚的克拉夫特嘴中挖出来这么一点：他承认，这种发光的物质"是多少有点属于人体的"。这个暗示已经够了：玻意耳很快制出了磷，又经过一系列的试验，他建立了一切迄今所知有关这种物质发光的知识。

工艺

直到19世纪，工业给科学的刺激要比科学给工业的大。直到20世纪，工厂和农田中出现的发明才比实验室中得到的多。以一切工艺表面上最重要的东西——蒸汽引擎的创造为例，这两种程序也许是一直携手前进的。

3世纪或更早，亚历山大亚城的海罗做了几个蒸汽引擎，但是就我们所知，这些东西是玩具或用作取悦群众的奇物，而用作以机械代替人力的可能性很小。早在16世纪，达·芬奇绘制过一支枪的设计图，它用蒸汽推动，能把一支铁弩箭射出 1200 码远，但这份科学原稿直到 1880 年才出版。有些海罗的希腊文作品在 1575 年被翻成拉丁文，1589 年被翻成意大利文。杰尔姆·卡登（Jerome Cardan，1550年）和波尔塔（Porta，1601 年）指出，利用蒸汽的凝结，可以造成真空；波尔塔又在纸上设计了一座机器，要用蒸汽的压力激起一股水柱。蒸汽膨胀类似的应用法也于 1615 年由巴黎的高斯（Salomon de Caus）、1629 年被罗马的布兰卡（Branca）提出。1630 年，戴维·拉姆齐（David Ramsay）从英王查理一世那里得到一份专利，准他制造"用火从低矿坑里抽水……不用风的协助，在静水上会继续运动的水车"。1663 年，武斯特侯爵萨默塞特从国会得到一份 99 年的专利——一个能把水激起 40 英尺高的水动引擎。他打算利用这个机械来经营伦敦一大片地区的供水系统，但在他把这个计划付诸实施之前就去世了。约 1675 年，查理二世的机匠领班莫兰（Samuel Morland）发明了柱塞泵；1685 年，他把蒸汽扩张的力量第一次做了公开描述。1680年，惠更斯造出第一个气体引擎，有汽缸和活塞，用火药爆炸的张力推动。

　　惠更斯的法国助手帕潘（Denis Papin）到英国和玻意耳一起工作，于 1681 年出版了一份"蒸笼"——一个压力锅——的说明，就是在一个紧闭的容器中把水烧开，以煮烂骨头。为了预防爆炸，他在锅顶上加了一根管子，它能在压力达到一定限度时打开，第一个"保险阀"在蒸汽引擎的发展中，扮演了一个保护安全的角色。帕潘继续这项工作，显示出蒸汽膨胀的力量可以像气体一样用管子从一个地方输送到另一个地方。搬到德国的马堡（Marburg）后，他第一次示范（1690 年）在一个引擎表面利用蒸汽凝结造成的真空来推动一个活塞。他建议这个机器或许可以用来丢炸弹，抽矿坑里的水和推动船只。1707 年，他利用他的蒸汽引擎推动一条轮船，航行在卡塞尔的富尔达河上。然而，这条船被人破坏了，而且德国当局安于现状，或许是害怕失业扩大，阻止了机械能力的发展。

一种类似的装置也曾于约 1700 年由托马斯·沙威里（Thomas Savery）提供给英国海军部，但被拒绝了。沙威里在《泰晤士报》上提出他的发明，海军部又拒绝了。1698 年，沙威里终于替第一架蒸汽引擎取得专利——受雇去抽出矿坑的积水。1699 年，他得到一张专利证书，允许他在 14 年中可以"独一无二地运用一种新发明……以火为动力，抽水和带动其他运动。这对矿坑排水、城市给水和运转各种磨子将有很大用处"。虽然如此，沙威里的引擎昂贵而危险：它们有示水旋塞而没有保险阀，容易发生锅炉爆炸，它们被一些矿坑用来排水，但矿场老板们不久就又用回了马。

说到这里，我们又得谈到胡克。约 1702 年，一个可靠的人说，他和一个达特茅斯的铁匠托马斯·纽科门（Thomas Newcomen）合作，试着运用空气动力的原理，来产生机械动力。他写道："如果你能在你第二个汽缸下面造成一个迅速产生的真空，你的工作就完成了。"显然纽科门已经尝试过蒸汽引擎，这明白地表示科学和工业接触了。胡克却怀疑起来，停止了这件事，于是机会又错过了。纽科门又和一个铅管匠约翰·考利（John Cawley）合作，制造一个蒸汽引擎（1712 年）——装有摇摆杠杆、活塞和保险阀——那样可以放心地做重工作，无爆炸之虞，又能全自动控制。纽科门直到去世（1729 年）一直改进他的引擎，当时虽不理想，我们却可以用沙威里在 1699 年的专利和纽科门 1712 年的引擎来确定一个时间：从此开始在接下来的两个世纪发生的工业革命，改变了世界的面貌和格局。

生物学

带给皇家学会光荣的这群杰出的学者，把他们的研究伸向生命科学。无所不在的胡克以实验证明迪格比（Kenelm Digby）爵士——伊夫林称他为那个"坏透了的江湖郎中"——已经指出的：植物需要空气以维生。他把莴苣种子播在露天的土里，同时把另一些相似的种子播在一个真空房间的土里；结果前者在 8 天中长了 1 英尺半，而后者一点也没长。胡克认为，空气在燃烧过程中，和动植物的呼吸作用中消耗的部分是相同的，又认为这部分有含氮的特性（1665 年）。他证明如果用风箱向动物的肺里吹气，他们停止呼吸后仍然能活着。他发现了活组织的细胞结构，创造了"细胞"这个名词，以之称呼它的有机成分。通过他的显微镜，人们欣然地看到了软木的细胞，胡克估计，1 立方英寸中有 12 亿个。他研究昆虫和植物的有机体组织，并在他的《显微图集》中画出它们奇怪的图案。胡克的成就接近伽利略与牛顿。

雷依，另一位皇家学会成员，对近代植物学的形成也有贡献。他是一个铁匠的儿子，靠自己的努力进了剑桥，成为三一学院的学生，又被任命为国教牧师。他把全部精力放在宗教和科学上。由于他不愿签署《统一法案》（*Act of Uniformity*，1662 年）向查理二世宣誓效忠，他辞去职务，和他的学生韦罗贝（Francis Willughby）到欧洲各地旅行，以收集动植物的资料，并有系统地叙述它们。韦罗贝负责动物部分，但在作完鸟类和鱼类后就死了。1670 年，雷依出版一本《植物分析录》（*Catalogus Plantarum Angliae*），它成为英国植物学的奠基石。借着经过改良的术语和分类学，雷依写出《植物新论》（*Methodus Plantarum Nova*，1682 年），根据双子叶和单子叶的不同，把所有开花的植物分为单子叶和双子叶两大类。他完成了近代科学伟大杰作之一的三卷巨著《植物通史》（*Historia Generalis Plantarum*，1682—1704 年），书中描述了 18 625 种植物。雷依是第一个在生物学的意义上，用"种"（species）这个词的人，"种"在此指一群生物，各个有近似的双亲，又有繁殖的能力。这个定义和以后林奈（Linnaeus）的分类（1751 年），布置好了物种起源与激变论的争论舞台。雷依又出版了韦罗贝鱼类学和鸟类学的稿子，加上一篇《四脚动物论》，为近代动物学提供了第一次真正科学化的动物分类。

在上古时代，植物学家已经了解有些植物应该称为雌性，因为它们结果；其他则是雄性，因为它们不结果。公元前 3 世纪狄奥夫拉斯图斯（Theophrastus）已经观察到，只有把雄椰枣的花粉振动在雌椰枣上时，雌椰枣才会结果，但这些观念几乎被遗忘了。1682 年，皇家学会的格鲁（Nehemiah Grew）肯定地断言植物的雌雄之别，因而给花增加了一种新魅力。研究显微镜底下的植物组织时，他注意到叶子正面的气孔，认为叶子是呼吸器官。他把花描述为生殖器官：大蕊是雌性的，小蕊是雄性的，花粉是精子。他错误地假定所有的植物都是雌雄同体的，雄性和雌性的构造都集中在一个个体上。1691 年，图宾根大学的植物学教授鲁道夫·卡梅拉留斯（Rudolf Camerarius）明确地证实了植物的性别。他指出，取走花粉囊——小蕊含花粉的部分，它们就不会结果了。

伦敦皇家学会接到格鲁的第一篇文章《动手解剖植物》（"The Anatomy of Vegetables Begun"）的同一天（1671 年 12 月 7 日），也收到波伦亚的马尔皮吉寄来的一份手稿。学会以《植物解剖观》（*Anatomes Plantarum Idea*）为名将其出版，拉丁文的运用仍能助长科学。马尔皮吉和格鲁分享植物组织学的荣誉，但他主要的贡献是在动物学方面。1676 年，马里奥特运用化学方法分析了植物的残渣和它们生长的土壤后，表示植物由土里吸取水分而获得养料。马里奥特、格鲁和马尔皮吉都不了解植物有能力从空气中吸收养分，这不太合乎现在发现的植物营养与生殖的过程，但和亚里士多德对植物生长含糊的解释——"植物的灵魂"不断扩张的企图使其生长——来比，实在是一种了不起的进步。

1668 年，阿雷佐的雷迪（Francesco Redi）的《昆虫通论》出版，该书以实验驳斥自然发生论或生物是由无生物自然产生的主张，这种古老而普遍的观念受到第一次震撼。直到 17 世纪后半叶，人们几乎一致认为（威廉·哈维是一个显著的例外），尘和黏土可以产生细小的动物和植物，腐败的肉更是如此，所以莎士比亚谈到"太阳在死狗身上生出了蛆"。雷迪却表示，和虫子隔离的肉上不会生蛆，暴露的肉才会。他用一个句子来说明他的结论：每个生物都由一个卵或一粒种子而来。但原生物发现后，自然发生论的议论复活，于是斯波莱查尼（Spallanzani）于 1767 年、帕斯特尔（Pasteur）于 1861 年提出了答复。

这种后来被称为原生动物的单细胞生物的发现，是这个时代对生物学的一个重要贡献。列文虎克是代尔夫特的一个荷兰人，在他 91 年的生命中，却通过伦敦皇家学会公布他的科学发现。他出生于一个富有的酿酒之家，这使他能得到空闲，而孜孜不倦地研究显微镜底下生命的新世界。他有 247 架这种仪器，大多数是他自己做的。他的实验室中，419 个透镜熠熠生辉，有些由斯宾诺莎亲手磨制而成，斯宾诺莎和他同一年（1632 年）生在同一个地方。1689 年，彼得大帝在代尔夫特时，曾把仔细观察列文虎克显微镜中的东西列为他的目标之一。有一次，这位科学家把几天前落在一个罐子里的一些雨水放在一架显微镜底下研究，他对看到的景象大为惊奇："出现在我面前的动物，比斯瓦默丹先生说的用裸眼在水中可以看见的、他叫作水蚤或水虱的动物还小 1 万倍。"他又着手描述一种我们现在称为"钟形虫"（*Vorticella*）的生物，这是对原生动物最早的叙述。1683 年，列文虎克发现了比它更小的生物——细菌。他是在自己的牙齿上首次找到它们的，他坚称"虽然我的牙齿通常是很干净的"。他又检查邻居们的唾沫，在显微镜下给他们看那里面"极多的生物"，使他们大为震惊。1667 年，他在精液里发现精虫。他惊叹于自然为生殖创造的条件；极少量的人类精液中，他估计有 1000 个精虫；又算出单单一条鳕鱼就有 1.5 兆个精子。

斯瓦默丹比列文虎克小 5 岁，但比他早死 43 年。他是一个神经质、热情、病弱而又游移不定的人，36 岁停止科学工作，43 岁时燃尽了他的生命之火（1680 年）。他父亲本来打算要他做律师，他却放弃了神学，投身医药。获得医学学位后，他致力于解剖学。他被蜜蜂迷住了，对它们的肠子特别感兴趣。他白天解剖它们，晚上为他的

发现写报告、画插图。他完成关于蜜蜂的论文（1673 年）时病倒了，
此后他很快因为科学是一种太现世化的职业而放弃了它，回归宗教。
在死去 57 年后，他的原稿被收集起来，以毕勃里亚·内特利的名字
出版《自然曲》（Biblia Naturae）。书里有 12 种代表性昆虫的生活史，
包括蜉蝣与蜜蜂，及在显微镜下乌贼、蜗牛、蚌和青蛙的研究报告。
书中还有一些斯瓦默丹的实验报告，他证明从一个动物身体上切下来
的肌肉组织，能借刺激有关的神经而使它收缩。一如雷迪，他拒绝自
然发生论，但认为非但不是腐肉产生微生物，而是这些东西使有机物
腐败。在他短暂的一生中，斯瓦默丹建立了近代昆虫学，也使他跻身
于科学史上最精确的观察者之林。他从科学又皈依宗教，正足以代表
现代人对希望一笑置之而寻求真理，以及惊惧于真理而退回希望之间
的彷徨。

解剖学与生理学

　　人类的身体遇到显微镜后，就开放了一些它隐藏的秘密给进展
中的科学大军。1651 年，巴黎的佩凯（Jean Pecquet）追寻乳糜管的
行径。1653 年，乌普萨拉的鲁比克（Rudbeck）发现淋巴系统，哥本
哈根的托马斯·巴托林（Thomas Bartholin）对它加以描述。1664 年，
斯瓦默丹发现淋巴瓣膜。那年，他的朋友赫拉夫（Regnier de Graaf）
证实胰脏和胆汁的功能与作用。1661 年，他的另一位朋友斯泰诺发
现耳下腺的导管（仍然以他命名），一年后，又发现眼睛的泪腺导管。
赫拉夫特别注意研究睾丸和卵巢的解剖。1672 年，他首先描述囊状
卵泡，哈勒把它命名为"赫拉夫氏滤泡"。巴托林的名字留在连接
阴道的两个卵形体上。威廉·考珀（William Cowper，医生，不是诗
人）发现（1702 年）流注进尿道的腺，后来以他的名字命名。西尔
维斯（Franciscus Sylvius）则把他的名字签在脑的一条裂隙上（1663
年）。沃利斯，皇家学会的创始者之一，于 1664 年出版《神经解剖》

（*Cerebri Anatome*），迄今仍是神经系统最完整的叙述，他的名字因"威氏动脉环"而为人所知，那是脑基部的一个六角形动脉网。

这个时代杰出的解剖学家是马尔皮吉。他1628年生于波伦亚附近，并在那里获得医学学位。在比萨和墨西拿度过一段教授生涯后，他回到波伦亚，在那里的大学教了25年医学。做了一段在显微镜下解剖植物的工作后，他把他的镜片转到蚕身上，以一篇古典式的专论报道他的发现。这项研究几乎使他失去视力。然而，"在做这些研究时，"他写道，"这么多自然的奇景展现在我眼前，我感到一种发自内心、笔墨难以形容的愉快。"他看到（1661年）蛙的肺里面，血液经过他称之为"毛细管"那样纤细的管子，从动脉流到静脉里去时，他必然有济慈（John Keats）首次看查普曼（Chapman）的《荷马传》时的感觉。他发现这些"小毛"构成一面网，动脉血在那里变成静脉血，血液循环的过程第一次被证实。

虽然这是最重要的，但这只是马尔皮吉对解剖学贡献的一部分而已：他是最早证明舌头上的味蕾是味觉器官的人、最早鉴别出血液里红血球的人（但他把它们误为脂肪球）、最早精确叙述胎儿的神经与血液循环系统的人、最早描述大脑皮质和脊髓组织的人、最早借正确描述肺的气泡结构而使一种实际可行的呼吸理论得以成立的人。他的名字被后人公正地散布在我们的肌肉上，即"马尔皮吉氏丛"或"毛细管圈"；在肾脏上，即"马尔皮吉氏小体"；在皮肤上，即"马尔皮吉氏表皮发生层"。许多他的发现和解释遭到当时人们的挑战，他有力地防卫自己，以发几场怒为代价，他打胜了这些战争。他送给伦敦皇家学会一份他的工作、发现与论战的报告，正像把这些事情送交当时科学的最高法院一样。学会以他的自传为名出版了这份报告。1691年，他受雇为教皇英诺森十二世的私人医生，1694年因一次中风发作去世。他对毛细管的探究是解剖学历史上的一块里程碑，有机组织学全靠他的工作得以建立。

解剖学的研究进一步发展时，它揭示出人类和动物的器官有很多相似的地方，有些学者受此引导，得出一种接近进化论的说法。爱德华·泰森（Edward Tyson）于 1699 年出版了《猩猩》一书，把猩猩说成"森林里的人"，他比较人和猴子的解剖，认为黑猩猩介于两者之间。17 世纪，仅仅因为害怕产生一场神学的地震，才使当时的生物学没有占达尔文（Charles Darwin）之先。

研究者从解剖学和结构走到了生理学和功能。约 1660 年，呼吸还被解释成一种散热的过程。现在实验者把它比作燃烧。胡克证实呼吸的本质是静脉血在肺里暴露在新鲜的空气中。理查德·洛厄（Richard Lower），也是皇家学会成员，认为（1669 年）静脉血可以暴露在空气中而变成动脉血。而动脉血长期不和空气接触时，就变成静脉血。他以为静脉血变成动脉血的主要动力，是大气中的一种"含氮的元气"。跟随这些导引，洛厄的朋友梅奥把这个活动的要素说成是"空中的含氮分子"。他相信，含氮的分子从空气被吸收进血液中，由此吐出来的空气比吸进去的重量轻、体积小。动物的体温是由于含氮的分子在血液中和可燃的元素结合而产生的，运动后体温增高，则是呼吸增加后摄取了额外含氮分子的结果。这些含氮的分子，梅奥说，在动物和植物的生命中扮演领导者的角色。

对生命过程的解释引起了近代科学史上一场永难忘怀的论战。生理学家们抱着越来越大的好奇心，努力钻研人体解剖学，人体的功能似乎屈服于一种以物理和化学来解释的说法了。呼吸似乎成为一种扩张、交换气体和收缩的组合，唾液、胆汁和胰液的作用显然是化学的，而波里利把肌肉的动作看成机械的运动（1679 年），显然这套观念不断被完善。斯泰诺这个热烈的天主教徒也采取生理过程是机械的观念，而放弃了像盖仑的"动物灵魂"之类的"一派空言"。笛卡儿把人体当成一具机器的说法，现在已经被充分证明了。

无论如何，大多数科学家感到这些人体机械论只是为某些超越物理和化学分析范围的生命原理找借口。皇家学会的创始人之一格利森（Francis Glisson）把一切有生命的物质归因于一种特有的"急躁"——对刺激敏感。就像牛顿在把宇宙贬成一部机械后以上帝为其基本的原动力一样，波里利在提出他肌肉功能的机械解释后，在人的身体中安置了一个灵魂，并说所有的动物行为莫不起源于此。佩罗，一位建筑家和医生，认为（1680 年）现在看起来机械化的生理活动，从前都有自由意志并由灵魂指导，只因经常重复才成为机械的，正像习惯的形成一样，甚至心脏或许也被意志控制过。斯塔尔认为（1702年），活体组织的化学变化和实验室里看到的不同，因为他相信在活的动物体内，化学变化由一种充满各部分的"激素"（*anima sensitiva*）管制。斯塔尔说灵魂指挥一切生理功能，甚至消化和呼吸，它建造了每个器官作为愿望的工具，整个身体更是如此。他推测，疾病是一种灵魂尽力驱逐某些阻碍它活动的东西的过程；他想象"敏感的灵魂"受到扰乱就会引起身体上的疾病，而在某些方面，活力论的概念在 19 世纪后半叶找到了科学上的继承人。它们在机械物理学的声威下屈服了一段时间，然后在柏格森（Henri Bergson）的《宇宙进化》（*Creative Evolution*，1906 年）中，随着文学的魔力再生。这场辩论会继续下去，直到那些部分被全部了解。

医学

对生物科学最强烈的刺激来自医药的需求。在雷依之前，植物学已经是药学的仆从。据奥布雷说，有一个医生在开药方之前，"到私室里祈祷"，最后，"他的膝盖"因为祷告而"长出硬茧"。占星术始终在医学中占据一定地位，路易十四的侍医劝他只在上、下弦月时放血，"因为这时体液已回到身体的中央"。笛福认为花在庸医身上的钱可以偿付全部国债。佛拉姆斯蒂德这位皇家天文学者，走几英里路去找一个有名的江湖郎中瓦伦丁·格雷查格斯（Valentine Greatrakes）替他捶背，而这位医生也打算如此简单地治好瘰疬。弗拉姆斯蒂德也许是被查理二世碰过，以求医治瘰疬——"国王病"——的十万人之一。1682 年，这位亲切的统治者触摸了 8500 个病人。1684 年，包围过来想接近他的人群因为太拥挤，6 个病人被踩死。威廉三世拒绝继续这套把戏，群众包围住他的宫殿时，他大声喊道"这是一种愚蠢的迷信"、"给那些可怜的人一些钱，打发他们走"。另一次有人再三要他把手放在一个病人身上时，他屈服了，但他说："愿上帝赐给你更多的健康和常识。"人们因此骂他是异教徒。

个人卫生知识和公共卫生设备的缺乏，使疾病一再出现。娼妓在城市和帐篷中散播梅毒，我们可以从塞维涅夫人的一个敏感的故事中推断出，此病特别流行于男女伶人之间，"一个演员虽然受到某种危险疾病的困扰，却决定要结婚了，他的一个同伴对他说：'他妈的！难道你连治好都等不及吗？你会把我们全部毁掉的。'"法国的旺多姆将军上朝时没有鼻子，那是梅毒螺旋菌的牺牲品。癌症正在路上前进，蒙特维尔夫人曾叙述过乳腺癌。黄热病的记载首先出现于 1694 年。天花在英国特别流行，当时无法救治，玛丽女王死于此病，马尔勃罗公爵的儿子也死于此病。各种流行病，特别是疟疾，在各个国家中四处传播。根据威利斯的报道，1657 年，几乎全英国只有一家医院治疗疟疾的发热。鼠疫在 1665 年蹂躏伦敦，1679 年在维也纳杀死 10 万人，1681 年在布拉格杀死 8.3 万人。职业病随着工业增加而增加：帕度亚大学医学教授拉马齐尼（Bernardino Ramazzini）于 1700 年发表一篇论文《人为病害》，讨论油漆中的化学物质对漆工、锑对玻璃着色工人、尘肺病对石匠和矿工、眩晕对制陶工人、用眼过度对排字工人及触摸水银对医生的损害。

在无知和贫穷的包围中，医学缓慢地发展着。赚钱心切更阻碍了医业，有些医生治好了病人，却拒绝把他们的秘方透露给其他医生。皇家学会成员不但毫不吝惜，反而更热切地把他们的发现和同伴分享。在莱顿、波伦亚、蒙彼利埃等地的率先倡导下，又新又好的医科学校成立了。一个合法的医生必须有政府承认的学校的学位，这种要求在西欧也普遍起来。教医学的老师仍然把治疗法分成两派，波里利支持"自然"疗法,假设疾病是身体机械错乱的表现。西尔维斯(Sylvius)发挥帕拉塞尔苏斯(Paracelsus)和海耳蒙特的理论,鼓吹"化学"疗法,用药制止"体液"中的混乱,他认为这种混乱大多起因于酸过多。比这些普遍性的理论更有成绩的,是发现了某些特殊疾病的原因。西尔维斯首先记载肺部的结核,并主张这些病态的东西和痨病有关。

这个时代最基本的发明之一,是福尔达的耶稣会士、数学家、物理学家、东方通、音乐家和医生基歇尔所从事的工作。他是首先用显微镜来研究疾病的人。借助于此,他发现死于病疫者的血液里中"无数"肉眼看不见的"虫",他在化脓的组织中也找到相似的微生物,而把化脓和许多疾病归因于它们的活动。他曾于1658年在罗马公开报道他的发现,这是继弗雷卡斯特罗(Fracastoro)于1546年提出的观点——有害的有机体从一个人或动物传给另一个,是传染病的原因——后,对这个学说第一次清楚的叙述。

治疗技术落在医学研究之后。一些中古的治疗法仍被采用。奥布雷曾记载一次阴差阳错的成功:"一个女人……竭力想毒死她丈夫(他是水肿病人),她把一只蟾蜍煮在肉汤里给他喝,却治好了他,这是发现水肿药的由来。"17世纪下半叶,一些新药出现在处方书里:吐根、美洲洋鼠李皮、洋薄荷……荷兰医生为了赞助荷兰的贸易,把茶叶开作万能药。

两个荷兰人是这个时代最伟大的教师:西尔维斯和布尔哈弗(Boerhaave)。两人都在莱顿,布尔哈弗教化学、物理和植物学,整个北欧的学生都到他门下求教。他每天巡视病床时,都带着几个学生,用直接的观察和对每个病例的特殊处理来教他们,因此提高了临床医学的地位。他的著作被译成欧洲主要的文字,甚至土耳其文。他的名声远播到中国。

临床医学在英国有一个最好的代表人物托马斯·西德纳姆(Thomas Sydenham)。他两度待在牛津,中间被军中服役隔开,然后卜居伦敦，职业为全科医生。靠许许多多的经验而几乎不用理论，他得出了他的疾病哲学，他为其下定义："自然用除去有害物的方法，尽全力奋斗，以恢复病人健康的努力。"他认为由外来物质引起的症状是"实质的"，有别于因身体的抵抗而引起的"附属的"症候。所以，发烧不是一种病，只是组织的自卫方法。医生的职责是帮助这种防卫过程。西德纳姆赞扬希克拉底，因为这位医学之父"发现自然能单独停止身体的异状，又能借着一点简单的药物的协助把它治好，有时甚至什么药都不用"。

西德纳姆的伟大贡献在于认清每种重要的病都有很多种类。他研究每个病例的临床报告以诊断各疾病的特殊形态，他依照不同的病情对症下药。他把猩红热从麻疹中分出来，赋予它现在的名字。他因他的医术赢得"英国希波克拉底"之名，因为他把理论放在观察之下，把普遍性的观念放在特殊的个案之下，把药物放在自然医疗之下。他的作品《医学观察》(*Processus Integri*)，一个世纪来一直是英国专业医生的疗法宝鉴。

外科手术仍然努力使人明白这是一种值得尊敬的科学。这门技术受到两个方面的压力：医师的敌意和理发师的嫉妒——理发师们仍然从事一些小手术，包括牙科。巴黎大学医学院院长巴丁（Guy Patin）不能原谅外科医生冒用专业医生的服装和礼仪，他斥责所有的外科医生是"一群魔鬼，留着八字胡、挥舞着剃刀的纨绔子弟"。但 1686 年，外科医生费利克斯（Félix）替路易十四的瘘管开刀成功，法王大为高兴，赐给费利克斯 1.5 万金路易（约合 20 法郎）、一份乡下的产业和贵族身份。这次擢升提高了法国外科医生的社会地位。1699 年，外科手术被列为高级技艺之一，而从事外科的人在法国社会上开始得到较高的地位。伏尔泰称外科术为"一切技艺里最有用的"、"法国优于其他各国的东西"。

这个时代的英国外科术至少拥有两项光荣：1662 年梅杰（J. D. Major）第一次成功地完成人体静脉注射；1665 年至 1667 年，洛厄成功地把血液从一个动物输到另一个动物的血管；佩皮斯在他的日记中提到了后一件事。从中我们可以推测这些手术通常只用轻微麻醉，甚至完全不用：佩皮斯开刀取出他的膀胱结石时，麻醉剂和防腐剂都没有用在他身上，他只喝了"一口镇静剂"。

与每个时代一样，对医生的讽刺继续存在。人们不满他们的收费，身穿长袍、头戴假发和尖帽的豪华服饰，夸大的言论和有时犯的致命的错误。玻意耳说许多人怕医生甚于怕生病。在莫里哀的漫画中，这个伟大的职业大部分是一种温和的游戏，专供随时注意和自己的医生保持亲切友谊的人玩。综上所述，17世纪在医学上有值得称赞的进展，自然不会被抹杀：有上百种解剖学、生理学和化学的发现；国际医学知识交流增进；著名教师正把能干的学生派到西欧各地，外科手术改进了它的方法和地位；专科医生在建立伟大的知识与技术的同时，对促进公众健康给予更多的考虑。城市政府立法改善卫生。1656年，瘟疫在罗马出现时，教皇国卫生官员加斯特尔蒂（Gastaldi）大主教下令清扫街道和阴沟、定期检查下水道、预备消毒设备、对每个进城的人检查健康证明。随着健康的增进，人们建筑了比较坚固的房子，能把老鼠挡在一个不受侵扰的距离之外，因此减低了黑死病的传播。更好的供水设备——水是文化的第一条件——使爱干净的身体有条件洗漱。

结论

17世纪是科学史上成就最高的时期之一。看看它高耸如拱的全景吧，从培根号召为促进学问而奋斗到笛卡儿使代数和几何结合；从望远镜、显微镜、气压计、温度计、抽气机等仪器的发明和数学的进步，从开普勒的行星定律、伽利略的扩张天空说、哈维的血液图、盖里克那难以分开的两个半球、玻意耳怀疑论的化学、惠更斯五花八门的物理、胡克各种各样的实验和哈雷的宇宙预测，到莱布尼茨的微积分和牛顿的宇宙论。从前哪一个世纪能创造这些成绩？怀特黑德（Alfred North Whitehead）说，现代人"是在 17 世纪的天才们所积聚供应的思想资本上讨生活"（包括科学、文学与哲学）。

科学的影响扩散开来。物理和化学在工艺上的新尝试，影响了工业。在教育上，它迫使人文学科——文学、历史和哲学——的重要性降低，因为工业、贸易与航海的发展需要实际的知识和实干的人才。文学本身也感受到新的影响。科学家们追求秩序、精密和彻底明了的精神，并建议诗人和散文也该有同样的优点，以莫里哀、布瓦洛和拉辛、艾迪生、斯威夫特和蒲柏等人为代表的古典派诗人，正与上述情形完全一致。据皇家学会的历史编写人说，这要求它的会员"用结实的、赤裸的、自然的方法说话……尽可能把一切事情弄得像数学那样明白"。

数学和物理学的丰功伟业预测出彗星的周期、找出星球的法则，也影响了哲学和宗教。笛卡儿和斯宾诺莎承认几何是阐释哲学的理想模型，此后除了物质和运动外，似乎不必假设宇宙中还有什么了。除人和神以外，笛卡儿把整个世界看成一部机器。霍布斯则向上述的例外挑战，形成一种唯物论，甚至宗教在这里也成为政府操纵"人械"（human machines）的工具。新物理学、化学和天文学似乎表明宇宙遵循不变的规律而运行。这个宇宙不允许奇迹发生，因此它不回应祈祷，也因此上帝不再被需要。他或许可以只当作世界机器开始运转时的动力而被保留，但此后他应该退隐为一个伊壁鸠鲁—卢克莱修派的神，不再过问人事与世事。据说哈雷曾向贝克莱的一个朋友保证："基督教义"现在"是不可想象的"了。然而玻意耳却从科学所揭露的秘密，看出另一些上帝存在的证据。他写道："照这世界运作的情形来看，似乎有一个大智慧的人物散布在宇宙中。"在想起帕斯卡时，他又加上一句："人类的灵魂'是'一种比整个物质世界更高贵、更有价值的东西。"

许多科学家赞同玻意耳，许多基督徒也加入赞美科学的行列。

"在过去的100年中，"朱艾顿在这个世纪落幕时说，"一个新的大自然几乎在我们面前揭露——更多的错误……被找出来，更多有用的实验被做成，更多光学、医学、解剖学与天文学上著名的秘密被发现，这些发现比从亚里士多德到我们之间这些糊涂而轻信的时代还多。"这是鲁莽却意味深长的夸张之词，揭示出"现代人"在古今文化论战中战胜了"拥古派"后给他们定的罪。无论如何，修道士们在争辩神学、政客们在打仗时，人们看到的只是科学正在增加人类的知识。现在科学在人类的事业中上升到新的光荣地位。的确，在这个时代结束时，把科学当作乌托邦的先驱和人类拯救者的呼声是最高的。丰特内尔于1702年说："科学应用在自然上，会日益不停地增长，越来越广泛，越来越强烈，我们将会看到新奇的东西一个接一个地出现。人类装上翅膀、翱翔空中的那一天将会到来。这种技术将更进步……直到有一天我们能飞向月球。"

第三章 | 伊萨克·牛顿
（1642—1727）

数学家

1642 年（旧式历法），即伽利略去世那年的 12 月 25 日，牛顿诞生于林肯郡的乌尔索（Woolsthorpe）的一个小农场上。那时文化的领导地位一如经济的领导地位，正由南北移。出生时，他小到几乎可以装进容量 1 夸脱的杯子里，也很孱弱，以至没有人相信他能活得长。由于他父亲于早先几个月去世，他由母亲和一位叔伯辈抚养成人。

12 岁时，他被送到格兰瑟姆（Grantham）的私立学校念书。在那里，他的成绩并不出色。校方说他懒惰、不专心，疏忽必修课程，反而注意一些对他有吸引力的科目，把许多时间花费在日晷仪、水车、自制镜等机械装置上。两年后，他从学校被带到农场上帮母亲的忙，但他仍逃避工作，跑去念书和研究数学问题。他的另一位叔伯辈发现了他的才能，将他送回学校，并安排他到剑桥大学的三一学院做助教（1661 年）——以各式各样的服务赚取费用的学生。4 年后，他取得学位，很快被选为该学院的教授。他主攻数学、光学、天文和星象学，对后一种学问他一直将兴趣保持到晚年。

　　1669 年，他的数学老师伊萨克·巴罗辞职。牛顿由巴罗先生以"举世无双的天才"的名义推荐，被任命为继承人。他在三一学院执教 34 年。他不是一个成功的教师。"很少人去听他的课，"他的秘书回忆说，"了解他的人更少，由于缺乏听众，有时他只好对着墙壁自言自语。"在某些场合，他根本没有听众，只得快快地回房去。在他的房子里，他建立一个实验室——这是当时剑桥大学拥有的唯一的实验室。他做了许多实验，大多是关于炼金术的，"金属的变化是他的主要目的"。他对"长生不老药"和"点金石"（the philosopher's stone）也大感兴趣。1661 年至 1692 年，他继续在炼金方面的研究，甚至在写《数学原理》一书时也如此。他留下为数约 10 万字或更多"全然没有价值"的炼金术稿件。玻意耳和皇家学会的其他会员也曾狂热地从事相似的炼金术研究。牛顿的目的不是商业性的，对物质上的收获，他一向未曾表示热衷。或许他是在寻求一个法则或过程，以解释元素是由某种基本物质变化而成，我们很难断定他这样做是错误的。

　　除了在剑桥大学的房子外，他还有一个小花园。在那里，他做短时间的散步，一旦想到什么，便立刻赶回房里记下来。他很少坐下，整日在房子里踱来踱去，他的秘书说"你会以为他……是亚里士多德学派"的逍遥学派（Peripatetics）人士。他吃得也少，经常忘了就餐，反而抱怨他必须为吃饭和睡觉腾出时间。"他很少到大厅吃饭。去的时候，要是没人提醒他，就会不修边幅，鞋子压在脚根底下，袜子带不系……头发蓬松不整。"关于他的心不在焉有许多故事，其中不少是凭空杜撰的。人们说，醒来的时候，他总要在床头呆坐好几个钟头，沉浸在思考中。有客人拜访他时，他有时会跑到另一个房间，匆匆记下灵感，把客人忘得一干二净。

　　在剑桥大学的 35 年，他可以说是一个科学怪人。他草成《哲理的规则》（Rules of Philosophizing），即科学方法和研究方法的哲理。他驳斥笛卡儿在《对话》一书中建立起来借以推演重要真理的先决法则。牛顿说"我不发明假说"时，他的意思是说，他除了对现象的观察外，不对任何事情加以理论性的解释。所以，他不急于揣测万有引力的性质，仅止于描述其表现和规律。他并不否认假设是实验的导引，相反他的实验正是供给他试验千百观念和可能性的地方。在他所作的记录中，满是一些试验过而后被驳斥的假设。他也不曾诋毁演绎法，他仅仅坚持演绎必须以事实为起点，而后导出原理和原则。他的方法是设想一个可能解决问题的方法，导出其数学关系式，然后用计算和实验的方法来试验。（自然）哲学的整个责任似乎包括于此：由运动的现象去研究自然的力量，然后以这种力量的作用解释其他现象。他是数学与想象的综合体，任何人若不同时具备这两者，便无法了解他。

他的声誉有两点——微积分与万有引力。他对微积分的研究始于1665年对"曲线上任意点的切线和曲率半径"的发现。他不称其方法为微积分，而称之为"流数"（fluxions），并为这个名称做了我们无法增删的解释：

> 线不是用部分的累积（the appositions of parts）来描述的，也不是因此而形成的，而是用点的运动来加以说明的。平面则以线的运动来说明，立体则以平面的运动来说明，乃至于其他种类的量都用同一方法……因此，设想这些在等时间内增加并因增加而形成的量，依其增加或产生速度的快慢，变得更大或更小。我找到一个由形成量的运动，或增加量的速度来定量的方法，称这些运动和增加量的速度为"流数"，而称产生的量为"流"（fluents）。1665 年至 1666 年，我渐渐地发现"流数法"（Method of Fluxions）……

在 1669 年给巴罗先生的一封信中，牛顿描述他的方法，在 1672 年给约翰·柯林斯的信中也曾提及。他可能在导出《数学原理》一书中某些结果时就已使用这种方法，在该书中他的解释仍采用一般的几何公式（也许是为了读者方便起见）。他曾于 1693 年把他的流动程式论文投稿给沃利斯的《代数》（*Algebra*）杂志，但未使用真名。一直到 1704 年，在《光学》（*Opticks*）一书中的附录中，他才把上引的说明发表出来。牛顿一向惯于迟迟不发表理论，这可能是因为他要先解决理论上的困难的缘故。因此，他等到 1676 年才发表他的二项式定理（binomial theorem），虽然他可能早在 1665 年就把定理整理出来了。

这么一拖延，把欧洲数学家卷入一场可耻的论战，困扰了一代人之久。因为从 1669 年牛顿把他的"流数"告诉他的朋友，到 1704 年发表该新方法时，莱布尼茨在美因茨与巴黎也发展了一种可与之匹敌的体系。1671 年，他把一篇酝酿微积分学种子的论文呈送给法国国家科学院。1673 年 1 月至 3 月，在前往伦敦途中，莱布尼茨遇到奥尔登堡。早先他与奥尔登堡及玻意耳有信件往来，牛顿的朋友后来相信（今天的历史学家却怀疑）莱布尼茨在旅途中，曾受到牛顿流数的启示。1676 年 6 月，在奥尔登堡和柯林斯的请求下，牛顿给莱布尼茨写了一封信，解释他的分析方法。8 月，莱布尼茨回信奥尔登堡，连带寄上一些他在微积分方面的作品。1677 年 6 月，在一封给奥尔登堡的信中，他进一步描述他的微分形式和别于牛顿的符号系统。1684 年，在 10 月份的《博学学志》中，他进一步阐述他的微分学。1686 年，他发表他的积分体系。在《数学原理》的第一版中，牛顿明确地承认莱布尼茨对微积分的单独创获：

> 10 年前，在我与那位杰出的几何学家莱布尼茨之间互通的信中，我表示我懂得如何定最大最小值及如何划切线时，那位杰出的人物回信说他也致力于同一种方法的研究，同时告诉我他的方法，该方法与我的几乎一致，除了他的用词和符号外……

这种客气的承认本该可以遏止争端的。然而，1699 年，一位瑞士数学家在给皇家学会的信中，说莱布尼茨从牛顿那里引借微积分学。1705 年，莱布尼茨在一篇评牛顿《光学》一书的佚名文章中，暗示牛顿的流数观念采自莱布尼茨的微积分学。1712 年，皇家学会指派一个委员会调查涉及的文件。在年底前，学会发表一篇叫《通报》（"Commercium Epistolicum"）的报告，主张牛顿发现在先，对莱布尼茨的创获与否则未置评。1716 年 4 月 9 日，在一封给意大利教士的信中，莱布尼茨对牛顿的注释早已把问题解决提出抗议。1716 年 11 月 14 日，莱布尼茨去世。牛顿旋即否认注释中"承认他（莱布尼茨）于己之外独立创获微分学"的事。在《数学原理》的第三版中（1726 年），注释部分即被删去。这一纷争，对于哲学家来说甚是可耻，因为双方或许都须甘拜下风，以费马为最早发现者。

物理学家

数学尽管如此神妙，仍不过是一种计量的工具，它并未声称它可以了解或描述实体。牛顿从工具转而追求本质时，他首先注意到光的秘密。最初，他在剑桥大学的课程是光、颜色和视觉。一如其习惯，他等到 35 年后的 1704 年，才出版他的《光学》一书。对出版，他总是不急。1666 年，他在斯陶尔布里奇展会（Stourbridge Fair）上买得一个三棱镜，从而开始光学实验。从 1668 年开始，他制造了一连串的望远镜。为求避免折射望远镜固有的某些缺点，他根据梅森（1639 年）和詹姆士·格列高利（1662 年）的理论，自制了一个反射望远镜，并于 1671 年应皇家学会之请，将其呈送给该会。1672 年 1 月 11 日，他被选为学会的会员。

在制造望远镜之前（1666 年），他已完成他的基本发现之一，即白色光或阳光并非是单纯、均匀的，而是红、橘红、黄、绿、蓝、紫、靛蓝等颜色的复合体。他使一小束阳光穿过透明三棱镜时，他发现看似单色的光线分成了虹的颜色，每一种颜色成分依其本身特有的角度或折射度出现，颜色自成一排光带，形成连续光谱，红、紫各在一端。后来的研究显示，各种物质经过燃烧发光后，会产生不同的光谱。将这些光谱与某一星球的光谱比较，就可能对该星球的化学成分做某种程度的分析。对星球光谱做进一步的细微观察，可显示其朝向地球或离开地球运动的近似速率，经过这些计算，星球的距离便可导出。因此，牛顿的光组合及光谱中折射性质的发现，对天文学产生了广泛的影响。

他几乎未预料到这些结果，只是觉得（如他给奥尔登堡的信中所说的）自己"要不是得到自然运作中最可注意的发现，就是得到最奇怪的发现"。牛顿于1672年把一篇题为《关于光和颜色的新理论》（"New Theory about Light and Colors"）的文章送到皇家学会。该文于2月8日宣读给会员们听，激起了一场越过海峡直抵欧陆的辩论。胡克在他的《显微图集》一书中，叙述一种类似牛顿所做的三棱镜实验，他并未由此导出一系列颜色的理论，但他觉得牛顿没承认他的优先发现是一种轻视，于是加入学会会员中批评牛顿结论的行列。争论绵延3年。"在由于我的光学理论而起的讨论中……我被百般责难，"被批评得体无完肤的牛顿说，"以致我几乎要责怪自己轻率地抛弃静静追逐阴影的幸福。"他一度想"除了满足自己外，要绝对、永远地告别哲学"。

与胡克之间另一个纷争是关于光传播的介质问题。胡克采取惠更斯的理论，以为光在以太波上进行。牛顿认为这一理论无法说明光为何是依直线进行的。他代之提出一种微粒理论（Corpuscular Theory），即光是由一个发亮体散发出无数每秒以19万英里的速度直线前进的小颗粒而产生的。他驳斥以太为光的介质，却承认其为重力的介质。

牛顿将他讨论光的作品收入1704年的《光学》一书中。值得注意的是，此书用英文写成，写给"具有敏锐智慧、理解力，但对光学尚不熟悉的读者"。在书后他列举了31个问题，以备进一步讨论之用。第 1 个问题有先见之明地提出:"物体是否在某段距离外,作用于光,因这个作用而使光弯曲,这个作用是否在最近的地方最为强烈?"第 30 个问题说:"自然何不将物体变为光,将光变为物质?"

万有引力

1666 年对于牛顿来说是孕育的年份。那年,他开始光学方面的研究,在同年 5 月,他回忆说:"但我也开始反流数法的研究,同年我开始对伸展至月球轨道上的引力加以思考……由此比较使月球停留在轨道上的力量与地球表面的重力,发觉它们皆因……那些年头,我正值壮年。"

1666 年,疫疫袭击剑桥,为了安全之故,牛顿返回他的故乡乌尔索,至此我们遇到一个绝妙的故事。伏尔泰在《牛顿的哲学》(*Philosophie de Newton*)一书中,如此写道:

> 他的侄女康杜特夫人告诉我,1666 年牛顿回乡时,有一天,他看到树上掉下一些果子,开始思考万有引力的问题。

这是已知最早的有关苹果的故事。它不曾出现在早期牛顿传记的作品中,也不见于他对自己如何产生万有引力想法的叙述中。这个故事现在已被认为是传说。另一个故事倒是比较可能:一个陌生人问牛顿如何发现万有引力时,他回答说:"靠不停的思索。"很显然,早在 1666 年,牛顿便已计算出,把星球固定于其轨道上的吸引力的大小,与该星球距太阳的远近的平方成反比。然而,他仍未能将理论与数学计算结合起来,于是将其搁置,在随后的 18 年中,不曾出版任何有关的东西。

星际万有引力的观念并非由牛顿所创。有些 15 世纪的天文学家就曾想到天际对地球有一种类似磁铁作用于铁的力,地球在各个方向平均地被吸引，这些总和的力量使它悬在空中不坠。威廉·吉尔伯特在《磁》（*De Magnete*，1600 年）一书中，已对围绕每个物体的磁性力量有所思考，并在一本书中如此写道：

> 从月球散发出来的力到达地球，同样，地球的磁性作用也分布于月球各处，依运动的程度与协调，二者联合作用，因而相应，一致行动……但地球因质量较大而有较大的影响力。

伊斯玛力·布亚尔（Ismaelis Bouillard）在他的《天文学》（*Astronomia Philolaica*，1645 年）一书中，主张星球之间的相互引力与其间距离的平方成反比。阿方索·波里利（Alfonso Borelli）在《美第奇行星原理》（*Theories of the Medicean Planets*，1666 年）一书中说："每颗行星和卫星皆围绕宇宙中某些星体以为力量之源，该星体紧紧吸引着它们，使它们被迫不断地旋转追随其至各处，无法脱离。"他把这些行星和卫星的轨道解释为其旋转的离心力（如我们在轮子上或以绳系物旋转时所见的）与太阳的向心吸引力相抗的结果。开普勒认为引力是一切天体具有的，而且一度算出其力量与距离的平方成反比，这很显然要早于牛顿，但是稍后他却驳斥此公式，转而推论，随着距离的增加，引力会成比率减少。这些对万有引力的探讨，受笛卡儿"原始物质产生旋涡而定各自的作用和轨道"说法的影响而走偏了方向。

皇家学会中的许多精明人士对万有引力的数学问题感到困惑。1674 年，比牛顿发现万有引力的"声明"要早 11 年，胡克便在他的作品《地球周年运动证明尝试》（*An Attempt to Prove the Annual Motion of the Earth*）中说：

> 我将解说一种世界体系，这个体系在一些特点上有别于已知的，而把所有的道理都以力学运动来说明。此说建立在 3 个假设之上。第一，不论任何天体皆有一种向心的吸力或重力，借此不

仅吸引其自身各部以防其飞离……也吸引在其活动范围内的各种天体……第二，任何个体只要被推动做简单而直接的运动，除非有其他有效的力量作用，个体将依直线做连续的运动……第三，此吸引力随被作用星体靠近作用星体中心而加强。

胡克在他的论文中并未算出这个引力是否与距离的平方成反比。但假如我们相信奥布里的话，胡克曾把这个原则告知当时已独立发现同一道理的牛顿。1684 年 1 月，胡克向当时已接受平方反比公式的雷恩和哈雷二人提出这个原则。他们向胡克指出，时下需要的不是单纯的假设，而是足以说明万有引力原则决定行星路径的数学证明。雷恩向胡克和哈雷提供 40 先令的奖金，要求他们中的任一人在两个月内向他提出万有引力的数学证明。就我们所知，二人皆未提出。

约 1684 年 8 月，哈雷到剑桥，问牛顿：假如一颗星球受太阳吸引的强弱程度，与其与太阳之间距离的平方成反比，则该星球的轨道为何？牛顿答说，是一个椭圆。一如开普勒对布拉赫的观察做数学研究后，得出相同结论说行星的轨道是椭圆的，天文学现在似乎被数学证实，数学也被天文学证实。牛顿补充说，他在 1679 年即已完成详细的演算，却将其搁置，因为计算结果与当时流行的地球直径和地月距离不尽相合，最主要的是因为他不确定在度量引力大小时，可否把太阳、行星和月球当作个别的点来处理。但 1671 年，皮卡德发表他的地球直径和经度新度量，他算出后者是 69.1 英里。1672 年，皮卡德到南美洲传教，使他有机会算出地球太阳之间的距离为 8700 万英里。这些新测量与牛顿的万有引力数学吻合。1685 年，进一步的计算使牛顿确信一颗星球吸引一个物体时，其质量有如聚于其中心。此时他对自己的假说有更大的信心。

他拿一块坠向地球的石头之速度，与月球将落向地球的速度相比——假设地球对月球引力随地月距离的平方减少。他发觉使石头落地的力量与克服月球离心倾向而将月球吸向地球的力量是相同的。他的成就在于把这结论应用到所有太空的星体上，构想他们借万有引力之网而联结在一起，借以说明他的数学和力学预测与天文学家们，特别与开普勒的观察吻合。

牛顿将其计算结果重新做了一次，然后于 1684 年通知哈雷。哈雷看出其重要性，敦促他报告皇家学会。牛顿应允把一篇他对运动和万有引力看法的论文《关于运动的命题》（1685 年 2 月）的摘要呈送给皇家学会。1686 年 3 月，他开始进行更圆满的阐释。1686 年 4 月 28 日，他把《数学的自然哲学》的第一部分"流数法"的草稿送给皇家学会。胡克当时即指出他于 1674 年早于牛顿发现这个规律。牛顿在一封给哈雷的信中回答说，胡克的平方反比观念得自波里利和布伊勒。争论激怒了双方。哈雷扮演和事佬，同时牛顿在他的草稿中第四命题下附了一个注释："我们的友人雷恩、胡克和哈雷曾经推论出平方反比的法则。"争论使他极度厌烦，他对哈雷宣布（1687 年 6 月 20 日）第二部分已完成，并补充道："现在我打算把第三部分搁置。哲学是一个泼妇，一个人宁可坐牢也不可与她打交道。"哈雷说服他继续下去，于是 1687 年 9 月，整部著作在皇家学会及当时的主席佩皮斯的名义下出版。学会缺少资金，虽然不是富有的人，哈雷还是支付了出版的一切费用。终于，经过 20 年的经营，17 世纪科学史上最重要的一部著作出版了。该书对欧洲知识界心灵的影响程度，唯有哥白尼的《天体运行论》和达尔文的《物种起源》（*Origin of Species*，1859 年）可与比拟。这三部书的面世是欧洲近代史上的重大事件。

数学原理

序言如此解释书名：

既然古人，如帕普斯（Pappus）所说，曾在研究自然时，对力学有精辟的解释。今人则抛开实体（经院学派的）和玄理，试图把自然的现象归之于数学法则之下，我在此书中涉及（自然）哲学之处，开展了数学……所以，我们将此书以哲学的数学原理呈献给大家。因为所有哲学的困难似乎在此，即从运动的现象去观察自然的力量，然后以此力量去解释其他的现象。

这种观点是绝对机械式的：

我希望能利用同一种推理方法，从力学原理中引导出其他自然现象，因为基于许多理由，我相信它们皆源于物体内粒子的某种作用力。此等粒子因某些目前未知的缘故被迫互相接近，连接成有规则的形状或被排斥而彼此远离。这些力量不为人知，哲学家们曾探讨却无功而返，但我希望这些确立的原则会对我们在这种方法或其他更正确的哲学方法上有所启示。

得出一些定义和公式后，牛顿整理出"三大运动定律"（three laws of motion）：

一、任一物体若不受外力作用，皆维持静止状态，或者做不变的直线运动。
二、运动的改变量与所加的外力成正比，运动方向与作用力相同。
三、对每一作用力，皆存在一种反作用力。

具备这些法则和平方反比的规则后，牛顿开始将万有引力的原理公式化。目前的定律说，每个物质的粒子吸引其他任一粒子，其力量与质量成正比，而与之间距离的平方成反比。但牛顿的《数学原理》一书中，不是这样表述的。牛顿在该书第二部分的总注释中，如此表述这个概念：引力依照它们——太阳和行星——所含的固体量……

作用……向四周传播其力量……永远随着距离的平方而减少。他把这个原则和运动定律应用到行星轨道上，发现他的数学预测与开普勒的椭圆轨道吻合。他得出结论：行星被一种倾向太阳而与距太阳中心距离的平方成反比的力量左右，因而在直线运动中产生偏向，也因此被固定在其轨道上。以同样的道理，他解释木星对其卫星及地球对月球的引力。他说明笛卡儿视为宇宙最初形态的旋涡理论（Theory of Vortices）是与开普勒的定律不相容的。他算出每颗行星的质量，并算出地球的密度是水的 5.6 倍。他又以数学方法说明地球为何在两极趋扁平，又将地球赤道部分膨胀的原因归之于太阳的引力。他导出潮汐的公式，说明它们是由于太阳和月亮同时吸引海洋造成的。他又以同一"日月"（lunisolar）作用解释岁差。他把彗星的弧形路线分解成规则的轨道，重新肯定哈雷的预测。以这种方法，把万有引力应用到所有的行星和星球上，他勾勒出一个在力学关系上远比先前构想的更为繁复的宇宙，因为现在每颗行星或星球都被视为受到其他星球的影响。但牛顿在这个复杂而众多的天体中，立下了法则，即最遥远的星球也与地球上最微细的颗粒受同一力学和数学法则的支配。

第一版的《数学原理》迅速售罄，第二版却直到 1713 年才出现。版本极少而且不易获得，以至一位科学家甚至亲手抄录了一部。该书被认为是最高智慧的创作，但仍不乏批评。法国人由于执着于笛卡儿的旋涡理论，一直排斥牛顿的理论系统，直到 1738 年伏尔泰为它做了颂扬式的阐释。卡西尼和丰特内尔反驳说，万有引力不过是玄理或神秘力的又一例而已。牛顿阐明许多天体之间的关系，然而未揭示万有引力的本质，依然神秘如上帝。莱布尼茨辩称，假如牛顿无法说明万有引力经过太空而作用于千万英里外的物体时，其依赖的机制如何，万有引力只能被视为一个名词。

甚至在英国，这一新理论也未立即被接受。伏尔泰说，该书第一版问世后的 40 年内，对此论有好感的科学家几乎不到 20 人。在法国，批评家抱怨说，与笛卡儿的原始旋涡论（Primeval Whirlpools）比起来，该理论显得太缺乏力学原理。乔治·贝克莱在《人类知识原理》（*Principles of Human Knowledge*，1710 年）一书中惋惜地表示，牛顿把空间、时间、运动视为绝对、显然永恒的、不假上帝之力而存在的。机械观充满于牛顿的系统中，致使上帝无立足之地。

牛顿经过习惯性的拖延，同意着手准备第二版时，他曾试图使批评缓和下来。他向莱布尼茨和法国人保证，他不认为某种力量可以通过虚空而作用，他相信其间有一种传递的介质。虽然他不尝试去描述它，他坦白地承认他不知道万有引力的本质为何。关于此点，他在第二版中写下最为人误解的字眼，"我不发明假说"。"引力，"他补充道，"由某种媒介依一定法则和作用而引起，至于这种媒介到底是物质还是非物质，我让读者们去思考。"

为了应付宗教性的反对意见，他在第二版书后附了一个总注，说明上帝在他的系统中所处的地位。他把机械观点的解释限制在物理学中，即使在这一世界中，他也发现神力创造的证据，因为这部大机器的运动，终究要依靠某种力量之源，那便是上帝。此外，在太阳系中，有些反常事情发生时，上帝总会定时地加以矫正。为了使这些奇迹式的干预有立足之地，牛顿放弃能量守恒的说法。他假定，如果上帝不使其能量恢复，这个世界机器在其失去力量之后，将会崩溃。"这个最优美的太阳、行星、彗星系统，只有在一睿智、有力的造物主的控制和照顾下，才能运行不已。"最后，他转而倾向一种可通过有机或机械观点来理解的哲学：

> 现在我们可以补充一些关于一种极微妙、潜藏于各物体中的"生命力"，经过此生命力的作用，物体的近距离粒子互相吸引，如接近则结合在一起。带电的物体作用距离更大，同时吸引并排斥邻近的微粒。光因此而射出、反射、折射、弯曲，物体也因之生热。各种感觉被刺激，动物身体的四肢在意志的命令下行动，皆由于生命力的振动，然后经过神经的固体纤维互相传播，从外

部感官传至脑，再由脑传到肌肉。但这些事不是三言两语可以道尽，而且我们也未完成充分的实验，以测定并证明这带电又具有弹性的生命力的运作法则。

他真正的宗教信仰到底是什么？他在剑桥所任的教职要求他对国教忠心，而且他也经常参加国教的仪式。但是，他的秘书说："至于他私底下的祈祷词，我不能做任何评论，我颇相信他的勤奋用功剥了他的聪明。"然而，他有如研究宇宙般地热心研究《圣经》，一位大主教赞许他说："你对神的认识，比我们的总和还要多。"洛克说牛顿在《圣经》方面的知识，"鲜有敌手"。他留下比所有科学性著作更多的神学作品。

他的研究将他引导至类似弥尔顿的半阿里乌斯派的结论：基督虽是神子，在时间、力量上却不及上帝。至于其他，牛顿"是"，或者可以说是"变得"十分的正统。他似乎已将《圣经》上所有的话视为上帝的圣道，认为《但以理书》（*Book of Daniel*）和《启示录》（*Revelation*）是真实的。这位当时最伟大的科学家却是一位喜好从雅各布·伯麦（Jakob Böhme）的作品中抄录出几段文字、要求洛克与他讨论《启示录》中的"白马"（White Horse）的神秘人物。他鼓励他的朋友约翰·克雷格（John Craig）写《基督神学的数学原理》（1699 年），该书以数学方法证明耶稣第二次降临的时间，并求出尘世可获得的最大幸福与天堂幸福的比例。他写了一篇评《启示录》的文章，辩称其中预言的反基督者是罗马教皇。牛顿的心灵是伽利略机械观与开普勒法则加神学的混合。我们再也无法见到像他那样的人了。

晚年

从另一个角度来看，他也是反常的混合：一个很显然醉心于数学和神秘理论的人，但具有实际才能与常识。1687 年，他被剑桥大学选为代表，与其他人一起向詹姆士二世抗议，因为詹姆士试图让大学承认一个本笃会修士取得学位，而不必循常例立下无法为天主教接受的誓言。这项使命虽然失败，但大学当局一定赞许牛顿的做法，因为1689年他即被选为剑桥大学在国会中的代表。直到1690年议会被解散，他一直担任该职，并于1701年再度当选。但他在政治上未扮演值得纪念的角色。

他的事业于1692年一度因身心疾病而中断。他写信给佩皮斯和洛克，抱怨失眠和忧郁，表示他对被迫害的恐惧，同时哀叹他已失去"先前拥有的正常心智"。1693年9月16日，他写信给洛克——

先生：

　　因为我认为你曾企图以女人或其他方法来使我卷入纷争，所以你告诉我说你生病、活不了时，我很激动，回答说："你死了更好。"我求你原谅我这种没善心的举动。因为现在我很满意，认为你所做的都是公平的，同时我求你原谅我因此而对你产生的误解，及指责你在你的思想著作的某一原则中彻底打击道德，并打算在另一本书中继续指责你，误认为你是霍布斯派（Hobbist）的人。还求你原谅我曾声言，以为有人欲以职位出卖我，使我卷入纷争。

你最卑逊、不幸的仆人
伊萨克·牛顿上

佩皮斯于1693年9月26日的一封信中，提及"头脑或心灵的不安宁"，这是他从牛顿的信中所知。惠更斯去世时（1695年）留下一本文稿，在1694年5月29日的下面，一个小注称："科林先生告诉我，18个月前，著名的几何学家伊萨克·牛顿已精神失常。"但截至目前，"已恢复健康，并渐渐了解《数学原理》一书"。在1694年6月8日的一封信中，惠更斯报告莱布尼茨说："牛顿先生受脑炎的打击已有 18 个月，但被他的朋友以猛药和关闭的方法治好了。"有人推测，这一精神衰竭使牛顿从科学转向《启示录》，但我们不能就此断言。有人说："他从未如往常般集中精神以进行任何新工作。"但 1696 年，他几乎在瞬间解决了一个约翰·贝尔努利拿给他的数学问题，"不逊于世界上最精确的数学家"。1716 年，他同样解决了一道莱布尼茨提出的问题。他的解答以不具名的方式通过皇家学会送给贝尔努利，但贝尔努利立即揣测到作者是牛顿，他说这是因为"从脚趾甲认出了狮子"。1700 年，牛顿发现六分论（the theory of sextant），他除了在一封信中告诉哈雷外，未让他人知晓，此论留到 1730 年才被发现。他担任国家托付给他的职位时，似乎也能胜任。

洛克、佩皮斯及其他友人有一阵子曾商定要为牛顿在政府部门中寻找一官半职，好让他从剑桥的房子和实验室中走出来。1695 年，他们说动哈利法克斯伯爵给他一个铸币厂长的职位。这个指派并没有什么其他含义，也不是施舍。政府希望利用牛顿在化学、冶金方面的知识来铸造一种新币。1695 年，他搬到伦敦与侄女凯瑟琳·巴顿，即哈利法克斯夫人住在一起。伏尔泰认为这位侄女的魅力影响了哈利法克斯，使他在 1699 年为牛顿寻得铸币厂厂长的职位，然而这点揣测不能解释牛顿为何在他晚境 28 年中一直担任那个职位，而且令人满意。

他的晚年应当是很幸福的。他被誉为当时最伟大的科学家，在他以前不曾有哪位科学家享受过如此大的声名。1703 年，他被选为皇家学会的主席，一直连任到去世。1705 年，他被安妮女王封为爵士。他乘着马车经过伦敦市街时，人们敬畏地凝视他那红光满面的脸庞，在一堆白发下显得庄严而仁慈，他们却不一定能见到他发福的身体与那中等身材甚是不配。他享有年薪 1200 镑的收入，而且善加利用。所以，尽管他很慷慨、好助人，去世时仍留下 3.2 万镑。在南海公司的大失败中，他安然度过。然而，他有点喜怒无常，易躁、猜疑、鬼鬼祟祟，总是胆小而自负。他喜欢独处，不易与人交友。1700

年，他向一位寡妇求婚，此事一直没结果，之后他也一直未婚。他易激动，敏感到病态，痛苦地承受指责，尖锐地表达不满，在争论中总是顽强地反击。他颇自知自己的工作和能力，但他一直过着朴实的生活，直到他的积蓄允许他拥有 6 个仆人，并在伦敦享有高尚地位。

79 岁时，他开始偿还大自然的债。疾病不理会任何天才，膀胱结石和遗尿困扰着他。83 岁时患痛风，84 岁时生痔。1727 年 3 月 19 日，结石的痛苦使他丧失知觉。他未能复原，终于在次日去世，时年 85 岁。行完一个由政治家、王公贵族、哲学家主持的葬礼后，他被安置在由公爵、伯爵们所抬的棺中，下葬于威斯敏斯特教堂。诗人们以哀悼诗覆盖他，教皇写下一段著名的诗文：

> 自然和自然的道理藏在黑夜中，
> 上帝说，让牛顿生于此！万事万物即光照万里。

伏尔泰甚至在晚年提及他流亡于英国期间，见到一位数学家被葬以国王之礼时，还是激动不已。

牛顿的声誉几乎高达荒谬的境地。莱布尼茨断定他这位敌手对数学的贡献的价值是此前所有科学成就的总和。大卫·休谟认为牛顿是"有史以来最伟大、不世出的点缀人类的天才"，对此伏尔泰也谦逊地赞同。拉格兰格（Lagrange）称《数学原理》一书是"人类心灵最伟大的产品"，拉普拉斯（Laplace）说它永久"凌驾于其他人智产品之上"，还补充道："牛顿是最幸运的人，因为宇宙只有一个，最终的原理也只有一个，而牛顿发现了那个原理。"这种判断是危险的，因为即使在科学中，"真理"也会如花般凋谢。

假如我们拿最不主观的标准，即以影响的程度与时间的长短来评量一个人的伟大程度，唯有世界宗教和主要哲学的创始者堪与牛顿相提并论。曾经，他对英国数学界的影响是有害的，因为他的流数理论及其符号，比起莱布尼茨传播于欧陆的微积分学与符号，要不便得多。一个世纪之久，他的光微粒理论似乎阻碍了光学的进步，虽然有许多学生从他的观点中获得帮助。在力学方面，他的工作被证实具有无止境的创造性。"自他以来所有力学上的成就，"恩斯特·马赫（Ernst Mach）写道，"无非是基于牛顿法则所做的演绎上、形式上及数学上的发展而已。"

神学家们最初生怕《数学原理》可能对宗教产生不利的影响，但在牛顿的鼓励之下，本特利、玻意耳的演讲（1692年）强调宇宙明显的一致性、秩序和瑰伟，是神的智慧及其力量与庄严的明证，因而把新世界观转移为对信仰的支持。然而，同样的理论系统也被自然神论者援引，以加强他们用单纯接受一神而代替基督教神学的说法，或视自然及其法则为上帝的说法。也许牛顿对宗教的最终影响是有害的，尽管他有抗辩及数以百万言计的神学著作的支持，但自由思想家总认为他曾构想一个自主存在的世界，后来才把自然神扯入作为安慰人心的想法而已。尤其是在法国，牛顿的宇宙观虽然被伏尔泰介绍成自然神论，却助长了不少哲人的机械神论。

从笛卡儿的宇宙论在法国衰微，到20世纪相对论和量子力学兴起的时期，牛顿的"世界体系"未遇见严重的挑战，并似乎因物理学和天文学上的新发现或进步而更被证实为正确无误。就一个外行人所能懂得的此中奥秘而言，现代物理学家们对牛顿力学的主要反对意见是：

1. 牛顿将空间、距离、时间与运动皆看成绝对的，即不因外界任何事物而改变其量。爱因斯坦认为他们是相对的，即随观测者的时空位置和运动而变。

2. 牛顿运动第一定律很明显地假定一个物体可能"继续其静止或等速的直线运动"。但"静止"也是相对的，好像一个在快速飞行的飞机中的乘客是静止一般。所有的东西永不依直线运动，因为每一运动或作用的路线总会被周围物体影响而产生偏向

（牛顿也曾体会到）。

3. 牛顿把质量视为是不变的。有些现代物理学家则认为他们会随观测者和物体的相对速度而改变。

4. "力" 现在已被视为一种方便但非绝对需要的概念，它仅满足于描述事情的先后、关系及结果。我们不知道，也无须知道（据说）从一个运动体传到另一被打击者上的东西是什么。我们只需记下其发生先后，且假定（永不要太确定）这些在将来会恢复过去的样子。从这个观点来看，万有引力不是一种力量，而是存在于时空事件间的一个关系体系而已。

值得安慰的是，我们知道这些及其余对牛顿力学的修正，仅在粒子以近乎光速运动的场合中才是重要的。在别的地方，传统物理学和新物理学之间的分歧点，则可以忽略不计。哲学家们被历史纠正他们那种凡事确定的习惯后，也许会对现代思想，包括他们自己的，保持一种谦逊的怀疑态度。他们定会从相对论公式中体会出一种凡事相对的道理。他们将提醒所有致力于原子和星球的研究者，不要忘记牛顿对其超越时代的成就的评价：

> 我不知道世人对我的看法如何，但对于我自己而言，我似乎只算一个在海滩上玩耍的孩童，偶尔发现一颗更圆滑的小石子或一颗更漂亮的贝壳，以此自娱，而真理的大洋犹展现在我眼前，我尚未知道。

第四章 | 英国哲学
（1648—1715）

托马斯·霍布斯（1588—1679）

·所受的影响

他生于 1588 年，因为他的母亲早产，这位哲学家意外地提前来到这个世界，他认为这是他个性怯懦的原因。其实，他是当时最大胆的异端。他的父亲是维特夏（Wiltshire）的英国国教教士。他可能遗传给他的儿子一些好争好辩的个性，因为他曾在教堂门口与人大吵，而后就失踪了，留下 3 个儿子，由他一位哥哥抚养长大。

那位哥哥渐渐发达。托马斯在 15 岁时进了牛津马达兰学院。那时，他很胆怯。在此，他对所授的哲学不甚感兴趣，他被课外读物吸引，并阅读希腊和拉丁古典原著。20 岁毕业时，他很幸运地被雇为威廉·卡文迪什（William Cavendish）的私人教习，卡文迪什就是后来德文夏的第二任伯爵，伯爵家答应保护身为异教徒的他。后来，他陪着他的学生到欧洲游历（1610 年）。回英国时，他替培根当过一阵子秘书，这段刺激的经验，也许对他经验哲学的形成有所贡献。大约就在这时，奥布雷告诉我们："约翰逊先生和诗人劳瑞特是他喜爱而亲密的朋友。"他们比霍布斯更博学，而且都还不老。不久，他又回到卡文迪什，他与这一家一直维持了三代的关系。也许是他那些主人对他既慷慨又维护备至，使他在他的唯物形而上学中仍有保皇思想和国教会派的观点，也正因为如此，他才能免于火焚。他发现欧几里得是他心路历程的一个转折点。40 岁时，他在一个私人图书馆看到《几何原理》正打开在第一册的第 17 命题，读了它，他大叫道："老天！简直不可能！"论证用一个早先的命题来证明，然后又用这个论证支持另一个，这样一直推出基本的定义和公理。他看了这个逻辑架构欢欣异常，并开始爱上几何学。但奥布雷说："他更耽于音乐，喜欢弹低音提琴。"1629 年，他发表修昔底德的翻译，公然宣称要使英国避免走上民主的道路。同年，他第一位学生的儿子——德文夏第三任伯爵受学于他，并与他一起游历欧洲。他们于 1636 年访问了伽利略，增强了他以机械论解释宇宙的倾向。

1637 年，他回到英国。国会与查理一世的冲突不断发展时，霍布斯写了一篇论文《法律的自然性与政治性》（"The Elements of Law, Natural and Politique"），替国王的绝对王权辩护，认为王权与社会秩序和国家完整有不可分割的关系。这篇论文并未付梓，只以手稿本流传，因为如果查理没有解散国会的话，它可能使作者被捕。彼此冲突的情绪不断高涨时，霍布斯认为退隐到欧陆似较恰当（1640 年），他留欧 11 年，多半住在巴黎。在巴黎，他得到梅森和伽桑迪二人的友谊，与笛卡儿却相处得很不好。梅森曾邀请他从事笛卡儿《沉思集》（*Meditation*）的注解，他很礼貌地做了，但批评的论点太多，致使笛卡儿以后一直没有原谅他。英国爆发内战时（1642 年），移民在外的保皇党人在法国组织了一个聚会，霍布斯可能与他们有一些君主主义者感情上的摩擦。1646 至 1648，他曾任被流放在外的威尔士王子——后来的查理二世——的数学老师。投石党事件的爆发，就像英国的革命思想限制王权，更坚定了他的信念，即只有一个绝对权力的王朝，才能维持稳定和永远的和平。

他很久后才将他的思想很明确地表达出来。"他常常踱步沉思，"

奥布雷说，"而他的杖头上有一支笔和小墨水瓶，又随身携带着笔记本，一旦有新概念闪现，他立刻将之写进笔记，否则，他可能会失掉这个灵感。"他发表了一连串的小文章，现在看来，它们是不太重要了。1651 年，他将它们汇集起来，成了一本有冒险性的思想和风格的作品《利维坦》(*The Leviathan，or the Matter，Form，and Power of a Commonwealth，Ecclesiastical and Civil*)，这是他哲学历程上的一个里程碑，我们将细细讨论它。

· 逻辑学与心理学

他的风格一如培根：没有很多虚幻的想象，每一句都是简洁的、惯用的、有力的、直接的，偶尔也带一些讽刺的用法，没有过多的修饰，不表现修辞的工夫，只用言辞上最经济、最清楚的方法表示出清楚的思想。霍布斯说："文字是聪明人的弃物，它被他们批判着；却是傻瓜的金钱，借着它，他们找到亚里士多德、西塞罗、阿奎那为权威。"就这样，他用这新剃刀剃掉了许多矫饰而且毫无意义的言词。他讨论到阿奎那以"nunc stans"或"长存"为永恒的定义时，他不以为然地说："说得是容易，虽然我也喜欢这么说，但我绝不能接受它，这么说的人一定比我快乐。"从这里，我们知道霍布斯是一位露骨的唯名主义者，种类或抽象的名词，如"人"或"道德"，在他看来，只是概念化观念中的一些名词而已，它们不代表任何东西，凡是东西都是单独的个体、单独的行为、单独的人……

他很谨慎地替自己的用词下定义，在他书中的第一页，他替《利维坦》下定义为："一个共荣体或国家。"他在《约伯记》中发现该词，该章中上帝以这个海中怪物（即利维坦）作为神圣力量的想象。霍布斯企图解释国家为一个大有机体，它能吸收并指导一切人类的行为。但在他完成这个主体之前，他以无情之手遍扫逻辑学和心理学。

他用哲学的观点来了解我们现在通称的科学："自诸原因之中得到结果或能显现的知识，或反过来说，由结果之中得知可能的原因。"

他与培根一样，期望"科学"的研究将有大益于人类的生活。但他轻视培根诉诸归纳的推理，他主张根据经验以演绎求一切"真的推论"。在他对数学的赞美词中，他说，"加法和减法的推理是一样的"，亦即，观念或图像的分或合。他认为，我们不足的不是经验，而是关于经验的正确推理。如果我们能去除形式上哲学中无意义的字句及由习俗、教育、党派之见等引起的偏见，不知有多少错误将可以避免。推理是易错而且绝不能肯定的，除非是数学。"讲结果的知识，即我们所称的科学，不是绝对的，而是有条件地，没人能靠推理绝对地知道这个或那个是如何、曾如何、将如何，只能知道，如果这个是如此则如何，如果这个曾如此则如何，如果这个将如此则如何，就是说它是有条件的被知道。"霍布斯接受了休谟的结论：我们只知影响而不知原因。因而他先洛克而提出感觉的心理学，所有知识来自感觉，"在人心中的观念，无不是全部或部分来自感觉器官"。这是一个明显的唯物心理学：在心里心外，无任何事物存在，除非有干扰或运动。"所有称为感觉的或感官的性质（如光、颜色、形式、硬、软、声音、气味、滋味、热、冷等），都是由不同种类的运用和接触刺激了器官而引起的。刺激我们内心的，不是其他东西，而是一种运动，因为运动才产生运动。"在改变形式中的运动与感觉有关——常去感觉同样的事物，就会好像没有感觉一样。

依据牛顿第一运动定律，霍布斯由感觉推演下去得到想象与记忆：

> 一件东西静止时，除非另外有东西给予它力量，它将永远静止，这是无人怀疑的真理。但一件东西在运动时，除非有其他东西阻止了它，它将永远不停。虽然，推理是如此（没有东西能自己改变自己），但是，不能如此轻易同意它……
>
> 以水为例，风停了后，水波仍久久不息；一个人看或梦时，人心中的运动情形也与此相同。因为我们看或梦的对象已不见

时，或我们闭起了我们的眼睛时，虽然，可能比看的为模糊，我们似乎仍看到一个影像，这就叫作想象……因此，想象只不过是感觉的延续……当我们说这种感觉凋去、老去，那就成了记忆……有了许多记忆，或记着的许多事情，就叫作经验。

观念，就是由感觉或记忆产生的想象。思想就是这种想象的结果，这个结果不由自由意志决定，而由观念之间机械的定律决定：

> 思想与思想之间的联结不是不相关的。但是，我们没有感觉时，我们就不能得到任何想象。因此，我们也不会由一种想象转移到另一种过去完全没有感觉过的想象。原因是：所有的幻觉（想象、观念）都是人心中的运动，得自于感觉，而且这些运动各与自己感觉的来源有关。在许多感觉之后，才有连续的心中的运动……但是，对一物或同类东西的感觉，每个人时同时不同。因此，在想象时，我们就不能肯定下一个想象是什么，可能有时接下去想这个，有时则接下去想另外的。

这样一辆思想的列车，可能没有一定的方向，像做梦，"或由欲念或由计划决定它的方向"。在梦中，静止在脑中的幻影因"人体内部的部分刺激"而升起。因为人体任何部分都与脑的一部分有关连。"我相信，由脑到身体各部，及由身体各部到脑有一种交互的运动。凭借着它，不仅想象（理念）会产生动作，动作也会产生想象"，"我们的梦是我们醒时的想象的另一面。这个运动，我们清醒时它从某一端开始，我们在梦中时从另一端开始。"梦中想象之所以没有逻辑的发展，是由于没有外在的感觉影响它，或没有任何目的的引导。

在霍布斯的心理学中，没有自由意志的容身之处。意志本身并不是单独存在的，而是思考过程中的取舍。思考就是取舍的一个选择，思考中止于行动的开始。"在思考过程中，最后的取舍与行动中的去做或不做密切相连着，因此，我们称它为意志。""嗜好、恐惧、希望及其他的感情形式都不能自由产生，因为它不是来自意志，而是本身就是意志，意志不是自由的。""因为每个人意志的行为或欲望、倾向都有一些原因，接下去的欲望又有另外的原因（第一个欲望的原因来自上帝），这种欲望的连续是必然的。因此，如果能掌握这些原因的关系，人们自由行为中的必然性就能轻易、明白地被获知。"

世事的运行就如机械运转的法则，人也如同机械一样。感觉使人得到想象和观念，每个观念都是运行的开始。而且，如果这观念不受另一观念的阻碍，它就很可能成为行动。观念虽然抽象，但多少影响到身体。神经系统是为了改变感官的活动成为肌肉的活动的一种机械装置。精神是有的，但只是实物的一种微妙的形式。灵魂与心智都不是非物质的，而是身体或脑子运作下的一种名称。霍布斯从不企图解释为什么意识必须要在这样一个机械的过程——感觉观念而反应——中发展。在缩减物体的感官性质而只借着心作为一切感知的方法方面，他渐渐地有点近似贝克莱反驳唯物主义的立场，也就是说，"我们所知的一切实体都是知觉或心智的反应"。

·伦理学与政治学

一如前人笛卡儿和后人斯宾诺莎，霍布斯企图分析感情，因为他发现感情是一切人类行为的根源。这三位哲学家都用感情代表一切人的基本冲动、感觉与情绪——诸如欲望、嫌恶、爱与恨、高兴与恐惧。在这些感触的背后是愉快与痛苦——心理的过程提高或压抑了有机体的生机。欲望是获得快乐的一种运动的开始，爱就是这样的欲望之一，所有的冲动（14年后拉罗什富科讨论的），都是自爱（self-love）的诸形式，而且它们是来自自我储藏的直觉和怜惜。同情，是由别人的不幸刺激，而产生对我们自己将来不幸的一种想象。仁慈，是对自己有能力帮助别人的一种满足。感恩的情怀中有时也包含一丝恨意。"从我们认为彼此平等的人那里接受一些恩惠，他会希望更多的报答，这种实际上是秘密的仇恨的假爱，使人陷入欠债般的绝望地步；而回报恩惠是义务，义务就是奴役。"根本的嫌恶就是恐惧，根本的欲望是权力。"我认为人类有一个基本的倾向，就是不息地、永远地追求权力，至死方休。"我们求富有、求知识，都不过是得到权力的方法，荣誉就是权力的证明，而我们之所以追求权力，是因我们恐惧不安。笑，是优越感和权力的一种表示：

> 笑的感情表现，不是别的，而是一种突然的光荣，这光荣得自突然地感觉到自己的优越，因为我们比较出了别人的缺点，或比较出我们自己过去的缺点。除非过去带给我们一些不光荣的感觉，否则我们回忆时，我们都会笑我们过去的愚笨……笑，通常是附带产生的，就是当他们意识到他们自己的能力，他们就会去注意别人的不完美。因此，在击败他人时的笑，往往是胆小的表现。因为，真正具有宽宏心地的人该做的是帮助别人免于轻视、嘲笑，以及只拿自己与那些真正有能力的人比较。

"好"与"坏"是主观的用词，不只因地而异，它的内容还因时因人而异。"人渴求或有欲望的东西……就称它是好的，为人憎恨、嫌弃的东西就称它为坏的，因为这些字眼都与用这些字的人有关系，而不是绝对的或单纯的。因此，就不能从一些东西的特性中去归纳好坏的标准。"感情的力量可能是好的，而且能使人伟大。"他若没有追求权力、财富、知识或荣誉的强烈情感……就不可能有丰富的想象力和判断力"，有薄弱的感情是迟钝，强烈的不正常的感情是疯狂，没有欲望就是死亡：

> 一生的幸福，不在于有易满足的心，因为这里没有老式哲学中所说的最终目的，也没有至善境界……幸福是欲望不断地

进步，由一个到另一个，前个欲望的达成，只不过是为后者铺路而已。

人们的政府如此制度化，如此贪婪、有竞争性，又充满感情的表现及容易引起不和的争斗，所以是人类工作中最复杂、最艰难的一件，对承担这项工作的人，我们必须赋予他们心理上及权力上的武器。虽然，人类的意志不是自由的，社会被安排着，借着称某种行为是道德的，并给予报酬来鼓励该种行为，及称某种行为是罪恶的，并加以惩罚来压抑它们。这与决定论不相矛盾：为了团体的利益，社会施以嘉赏与责罚，以增加动机来影响行为。"世界被舆论统治着"，政府、宗教和道德核心大部分受舆论的控制，以减少必然性和力量的范围。

政府是必要的，并不因为人性本恶——因为"欲望及其他种类的感情本身并无罪恶"——但是，人受本性影响居多，而受之于社会较少。霍布斯并不同意亚里士多德所说的人是"政治的动物"——人的天性为的是与社会相反，他接受原始的"本性的存在"（因此也就接受人的原始本性）是竞争的原因，而彼此的倾轧也唯有用恐惧来压制，而不是用法律：

> 无论何时，国王或掌权的人，因为他们的独尊，因为他们不断地嫉妒和不断地斗争，因此，总将矛头向着别人，用眼睛看着别人——他们修筑城堡、要塞，在疆界上把枪械向外——不断地到邻邦刺探，这就是战争的情势……因此无所谓法律，无所谓不义。力量与奸诈就是战争中的美德。

因此，霍布斯相信，个人与家庭在进入社会组织以前，早已生活在无穷的战争中了，不管那是实际的战争还是潜在的战争。"每个人都与每个人敌对着"，"战争并不只是发生在战场上，而是在任何地方，只要有足以导致战争的意志存在即可。"他反对罗马法律学家和基督教哲学的理论，他们主张基于人的本性是"理智的动物"，因此，一定有是非的法律观念存在于自然法则中。他说："人不过是偶然才有理性，人实在是感情的动物——特别是追求权力的欲望——而用理性作为欲望的工具，人只受恐惧力的束缚。初民生活——有社会组织以前的生活——是无法律的、暴力的、恐惧的、鄙陋的、动物般的、短暂的。"

从这些理论上假设的"自然状态"，在霍布斯的观念中，人的突出是因为他们愿臣服在一个共同的力量下。这就是卢梭众所皆知的论文题目，所谓的"社会契约"理论，但在霍布斯的时代，卢梭的这套理论不合时宜。弥尔顿在他的短论《论君主和官长职权的享有》（"On the Tenure of Kings and Magistrates"，1649 年）中，把这个契约定为国王与他的子民之间的一项协议——子民臣服于他，而他必须正当地履行他的责任。"如果他未能尽责"，弥尔顿说，人民有权免他的职。霍布斯反对这种理论形式的基础，因为这理论没有赋予契约任何力量，也没说明契约何时无效。他宁可认为社会的联络不在于统治者与被统治者之间，而在于被统治者彼此之间，这些被统治者们同意：

> 授出他们的权力和力量（用于彼此之间的权力）给一人，或给一群人……这样，使人群如此结合在一人之下，就称为"共荣体"，这就是利维坦的产生，或者说不朽之神的产生，在它之下我们享有和平与安全。在共荣体中的每个人所支持的人的权威下，及他接受的由他们授予的权力和力量之下，就能够实现共荣体中的共同意志。这个领导人民的人就称为元首，他所有的就是君权，而每个人是他的子民。

霍布斯的理论太粗略，前面说的"粗鄙如兽般的野蛮人"，怎么可能会理性地、谦逊地、有秩序地同意交出他们的权力？但是霍布斯很聪明地允许关于国家有不同源头的看法：

得到君权有两种方法。其一，借着自然的力量，就好像要求儿子顺从自己一样，如果不顺从就可以毁了他，或借战争使敌人屈服于他的意志之下。其二，人们同意臣服于一人或一群人之下时，很自然地，他们就相信他或他们能保护他们以抵抗外人，第二种情形可以称为一个政治的共荣体。

不管他的理论基础如何，君主，做一个真正的君主，一定要有绝对的权力。因为没有它，他就不能够保证个人的安全与团体的和平。反抗君主，就是违犯每个人都同意、接受并保护的那张社会契约。君主理论上的绝对权威，可以加进一些实际的限制，即如果君主命令一个人去伤害或杀害自己，或要他悔罪，或不能够保护他的子民时，他们就可以反抗他。"子民对君主的义务，不说自明的，只限于当他有权时，也就是在他能保护他们时。"革命在成功之前总被认为是罪行，它总是不合法、不义之事，因为法律与义理都由君主决定，但一个革命建立起了稳定而且有效的政府时，子民就必须去服从新的权力。

既然君主的权力得自人民，君主的统治权不是神授，而是必须受人民议会、法律或教会的控制。君主也应该承认财产权，而且为了他认为的公益，应该承认私有财产权。绝对的君权是必需的，因为权力分散时，如散于君主与国会，很快会有冲突，然后是内战、混乱及生命和财产的无保障。既然安全与和平是社会至终的需要，就不该将权力分散，政权该完全集中、统一，只要权力分散，就无所谓君主，只要没有君主，就无所谓国家。

因此，政府的唯一合理形式就是君主政体，而且应该采取继承制，因为选择继承人的权力应该是君权中的一部分，君主的多变就是无政府。议会政府也可以保留，但它的条件是"它的权力必须不受平民不定的愿望左右"，"民主政体不同于雄辩家的贵族政体"。人民太容易受煽动，因此政府必须控制言论和出版，并严格地检查出版品、进口物和读物。个人自由、私人判断和服从良心都是毫无意义的，任何威胁君权或公共安全的事都该自源头阻断。如果每个人都以自己的私见决定服从或不服从法律的话，如何统治一个国家？如何在国际关系中生存呢？

·宗教与国家

君主也必须控制人民的宗教，因为宗教一旦深入人心，就成为破坏的力量。霍布斯提出了一个概括的定义："自故事中得到一种心灵的错觉，而对无形力量产生恐惧，如果该故事被公众允许即成宗教，否则则为迷信。"他如此贬低宗教为一种恐惧、想象、假装，但在别处又称其为对事情和事件发生原因的追寻，追求事情原因的结果，使人必须相信"这里一定有（即使是异教徒中的哲学家也同意）一个第一因，一切事件发生的第一个及永久的原因，这就是一般人所称的上帝"。人们很自然地想象出这个第一因就像他们自己一样是一个人，有灵魂、有意志，只不过比他们更有能耐。他们将一切自然发生的事而不为他们了解的都归因于此，即神意的前兆：

> 有四件事是宗教形成的自然因素：鬼怪的意见，对第二因的无知，皈依人们所恐惧的，认为一切有原因的事都可以预知。这些宗教借着一般人不同的想象、判断、感情因素而形成不同的仪式，而某些人熟悉的仪式在他人看来，大多是荒诞可笑的。

霍布斯是自然神论者而非无神论者，他承认有一位极聪明的神，但又说"人们……熟知的上帝，并非真的上帝"，我们不该认为上帝有形象，因为一有形象就固定了，有了在此或在彼的限制，"因为不管怎样，一占有地方就被限制、被固定了"，一有形象，就既不能动又不能休，更不能表现忧伤、后悔、愤怒、慈悲、需求、嫌恶、希求及其他欲望。霍布斯总结说："上帝的个性是不可揣测的。"他也不愿视上帝为无形的，因为我们不会相信任何无形的东西，也许"精神"

就是微妙的有形体的东西。

既已说明了何为宗教、何为上帝，霍布斯主张以宗教作为政府的工具或仆人，因为他仍强调政府的重要：

> 名门大族中，首先建立起共荣体的人或共荣体的立法人，他们的目的在于使人民服从及平安。果真如此，他们就须常常记住：首先，在人民心中造成一个印象，他们信仰的宗教，不是他们自己想出来的，而是受命于某个神，并使他们觉得君主们不似平民大众，而具有更多的天性，使政府的法律能较容易被他们接受。因此，庞皮利乌斯在罗马假装自己在埃吉丽娅女神主持的仪式下就职；古秘鲁王国的缔造者，也假装自己和妻子是太阳的儿女；其次，他们必须注意去造成另一种印象，就是凡不悦于神的都将为法律不容。

霍布斯唯恐有人会据此推论摩西以同样方法定下他的法律及他对火的敏感，因此又说，犹太人的宗教，是"上帝本身借着超自然的关系而创立的基督教"。

但是，他在历史事件中寻找支持自己视宗教为政治工具的史实。因此，宗教的理论和仪式必须受政府的控制，如果教会独立于国家之外，将会有两个君主或者说没有君主，而人民也将被这两个君主撕碎：

> 鬼神有权力确定什么是罪恶，这就与法律的权责相冲突了（罪恶不过是违反法律罢了）……这两个势力（教会与国家）互相冲突时，共荣体如何存在？反而会陷入内战和崩溃的危险中。

在这种冲突中，教会机会较好，"因为凡有一点聪明的人，都会在相信他自己已经被定罪或拯救的情形下，绝对地服从"，当精神的力量能"借着它能惩罚的恐怖及对酬劳的希望"去影响一个人,并"借着奇怪又生硬的字眼使人们不解,以此迷惑群众,因此就能压迫共荣体使之倾覆,或者使之陷入内战"。唯一能避免这种混乱的方法,霍布斯认为,就是要让教会屈居国家之下。天主教会持有相反的方案,霍布斯在《利维坦》第四部分将之视为其哲学中最大、最顽强的敌人而反击它。

他进入对《圣经》的一些"高级批判",怀疑摩西是否是《摩西五经》的作者,并将该书的历史年代考订得较正教传统中的为晚。他建议基督教只应该以有"基督耶稣"的信仰为足,其余的部分则应以公意而作出改变,使之能在公共的秩序中存在。这样的限制教条,实际上不仅支持了政府,而且帮助政府宣传这种观念。他也同意教皇说的,在一个国家中只能容忍一个宗教存在。他劝告公民们不要踌躇,不要批判,接受君主信仰的宗教,把它当作对道德和国家的一项责任。因为宗教中的神秘,有如药之于疾病,如果一口吞下就能治愈病情,而如果咀嚼它,它会一点效果也没有。他这个论断使一般英国人都以为基督教只能成为国家的法律中的基督教。

·批评与肯定

在《利维坦》的最后一段,霍布斯说:"因此,……没有偏见,没有完整、成熟的一套计划使人民一面服从,一面受到保护,这件事引起我对民事和教会政府的推论,至此结束。"

他对宗教和政治不平等的看法并未被广泛地接受。在查理二世周围的法国人,当然欢迎霍布斯的理论,为王权辩护,但他们指责他的唯物论,认为纵使不是有辱神明也是轻率之举。而且他们颇以为悔,认为这位哲学家在他们最需要一位天主教国王的帮助的时候,居然费了偌大的篇幅攻击天主教教会。在清教徒和英国国教徒中也掀起了鼓噪声,反对霍布斯的著作,"不许霍布斯再回朝廷"。霍布斯发现自己在法国没有朋友、没有保障时,他决定从英国的克伦威尔处得到平安，因此又回到英国。伯内特大主教说，霍布斯在《利维坦》一书中，放了一些字句，"以取悦革命党人"。这不能确定，但有一事可以确定，即不论如何，革命开始时一定不合法，成功时却有其地位，再胡乱杂凑以对绝对君主的绝对服从这一基本原则来规范社会。最终的"检讨与结论"部分，看起来像是一种追忆，解释人民如何才能从对一个国王的效忠转为对另一个新政权的效忠。该书出版于伦敦（1651年），当时霍布斯住在巴黎。同年年底，他渡海到英伦，并在德文夏伯爵处找到安身之处。德文夏伯爵很早就属于革命议会，霍布斯也曾投身其中，而且被它接纳。这位哲学家借着由伯爵处得来的一些养老金过活，并搬到伦敦，因为在乡下，"与博学的人谈天的愿望很难达成"。此时，他已是 63 岁的老人了。

渐渐地，他的书有了读者，批评的人也蜂拥而至，教士们一个接一个地来替基督教辩护，并询问谁是那位反对亚里士多德、牛津国会及上帝的"怪兽"。霍布斯虽然胆子小，但仍是一个斗士。1655年，在《哲学的要素》（*The Elements of Philosophy*）一书中，他重申唯物的、决定论的意见。德里饱学的主教约翰·布拉姆霍尔（John Bramhall）在《利维坦的感人性》（"The Catching of the Leviathan"，1658 年）一文中，替霍布斯除去了钩子，因为别的教士仍认为"钩子仍然挂在霍布斯的鼻子上"，但对他的攻击几乎到他死方止。克拉伦顿伯爵失去权力后，曾出版一书名为《霍布斯先生之书：利维坦中论宗教与国家部分的危险与有害的谬误的鉴定与要点》（*A Brief View and Survey of the Dangerous and Pernicious Errors，in Church and State，in Mr.Hobbes's Book Entitled Leviathan*，1676 年），以掩饰他的被逐。在322 页中，他行文颇有系统，以流畅而堂皇的词句逐一辩驳别人的论点。克拉伦顿的言辞表现出他在官场中有过足够的经验，他讥笑霍布斯，认为霍布斯没有负起将理论与实际政治调和的工作，而且他希望："霍布斯先生应该到国会一趟，或到枢密院一坐，在地方法院和裁判所列席，使他因而能发现他的思虑和他的论断，不管多么深刻，或是根据哪些哲学观念，甚至根据哪些几何定理，都已经引导他走入对政治的错误观察。"并非所有对他的批评都这样温和。1666 年，下院曾命令它的一个委员会收集有关无神论、死神、亵渎神明、反对神的本质、特性等的资料，特别是怀特的书和霍布斯的《利维坦》。奥布雷说："有一份报告（确切真实的）……在国会中……一些主教推行一项运动，将一些老好绅士以异端之名焚死。"霍布斯毁掉这些没有出版的报告，以免使自己陷入更多的困扰，他又写了三本对话录。以学术的立场，英国没有一个法庭能判他为异端。

他得到复辟国王的救援。在他到达伦敦不久后，查理二世在街上见到霍布斯，认出他是以前的家庭教师，便迎他入宫。当时，复辟的宫廷中已经有怀疑宗教的倾向，保卫绝对王权以对抗国会，正好与霍布斯的哲学相投。他点缀着稀落白发的秃头和清教徒的装扮惹人嘲笑，查理称他为"熊"，而霍布斯凑上前去说："让你作弄的熊来了。"查理就是喜欢霍布斯这样对答敏捷，他找画匠替霍布斯画了一张像，放在自己卧室，并给霍布斯一年 100 镑的养老金。虽然这不是固定地支付给他，但他从卡文迪什家族那里每年收入 50 镑，仍可以维持哲学家最低的生活。

奥布雷形容他年轻时多病，老来却又健康又有生气。75 岁时他还玩网球，网球场不堪用时，他就走一段长路，让自己"流大汗，然后付点钱给仆人要他们擦干净"。他饮食适当，70 岁以后就不食肉、不饮酒，他说："在他生命中过度的事已经太多了。"但奥布雷继续说："纵使他一年有几次过度的话，那也不是太过度。他一生未娶，但好像有个私生女，他常为她准备东西。晚年他很少读书，他常说'如果我读的书跟别人一样多，我就不会知道那么多了'。晚上，他上床，门都关牢了，并肯定没人听见时，他就大声唱歌（并不是他有一副好喉咙，而是为了他的健康的缘故）。他以为大声歌唱对肺有好处，可以活得久些。"1650 年初，他的手仍患了急中风。1666 年，情况恶化，他写的字都令人难以辨认。

然而，他仍不停地写，由哲学到数学，他不小心陷入了与一个叫约翰·沃利斯的人的论战中，被评为不知就里。1670 年，他 82 岁时，出版了一本叫《布希茅斯》（*Behemoth*）的书，是有关内战的事。另外，他写了一些对批评者的反驳，将《利维坦》译成漂亮的拉丁文。1675 年，他以韵文写成自传，并翻译《伊利亚特》和《奥德赛》，因为"我没有其他事情可做"。

在他 87 岁那年，他从伦敦回到乡下，在德比郡的卡芬地斯封地度其晚年。此时，他的中风加剧，而且膀胱排尿的困难打击着他。伯爵要从查斯毕斯到哈威克宫（Hardwick Hall）时，他坚持与伯爵同行，这一次出行证明他的垂老与精力枯竭。一个星期后，瘫痪扩延到全身，他甚至不能说话。1679 年 12 月 4 日，他接受虔诚的英国国教徒的圣餐礼时去世了，只差 4 个月就 92 岁。

·影响

霍布斯的心理学是在不适当的前提下归纳出来的，在逻辑上它的理论很松散。这个推理本可以进一步，做得更好些。决定论是推论出来的，但它决定于我们的逻辑形式，而我们的逻辑处理的事物较观念为多。霍布斯颇难接受"一切事物是不具体的"这种看法，好像视思想或意识为具体事物一样困难。霍布斯由客体到感觉到理念的讨论，都没有脱离神秘的笼罩，因此，会由具体的东西中产生不具体的思想。机械论的心理学家在面对意识时说不出话来。

但在心理学上，霍布斯仍留给我们一些遗产。他整理出一些形而上的东西，诸如经院哲学家们所谓的"才能"，因为这些形而上的精神不能以个别的心灵加以解释，只能视之为心灵的活动。他又建立起联想原则的更多证据，但他低估了目的和注意力在决定思想的选择、次序及持续方面的价值，他对深思和抉择的描述对后世也很有帮助。他对感觉的分析和辩护简短而有力，而且在这方面，他将继承自笛卡儿的又传给了斯宾诺莎。以心理学的这部分为基础，洛克发展出他更细密的理论。《人类悟性论》一文一则作为对霍布斯的回复，一则推展出自己对政治的论点。

霍布斯的政治哲学是以查理为名，再次唱出马基雅维利的论调。这种哲学出现于英国的亨利八世、伊丽莎白女王及法国的亨利四世、黎塞留的成功的专制王权时代，毫无疑问地得到公爵们及受君王荫护的人的支持。这种哲学最直接的结果和影响，可从大家高兴地替斯图亚特王朝复辟，及仍旧宣布无限制王权，并结束了残破的无政府这一点上得到证实。但一些读过霍布斯的书的英国人认为：如果同意那些"鄙陋"的野蛮人去建立政府，人们就必须由这个假设，更进一步地同意他们有权制衡它、动摇它。所以，1688 年的"光荣革命"时，专制王权的理论在国会没有宣布前就没落了，而且很快就被洛克宣扬的限制王权和分散的自由主义哲学取代。19 世纪后，民主政治在有海峡保护之下的英国及有两大洋隔离下的美国逐渐发展，相对的和修改式的专制政体又在集权国家中显其威力，控制人民的生命、财产、工业、宗教、教育、出版和思想。科学的发明打通了地域限制，打破了国界，进而国家的孤立和安全也不存在了。专制政治是战争的产儿，而民主政治是和平的奢侈品。

我们不知道霍布斯所说的"自然状态"是否曾经存在，也许是社会组织灌输给人们这个观念。部落先于国家，而风俗较法律也更为古老、广泛、深刻。家庭是生存基础上的利他集团，它扩大了自我的观念。霍布斯如果曾经亲自负担一个家庭的话，他对伦理学一定会有好一点的看法。由国家制订出的道德的标准（虽然这在集权国家中也出现），是打击国家进步的一个力量。因为道德观念有时会扩大它合作及献身的范围，而且会相对地引起法律扩大它保护的范围。

霍布斯最有力的影响就是他的唯物思想，霍布斯主义同知识分子渗入了整个职业和商业阶层。恼火的本特利在 1693 年的报告中说："不但所有的酒店、咖啡屋，就是威斯敏斯特教堂大厅（国会）和每个教堂，都充满了那些话。"许多在政府中做事的人私下都接受它，公开场合却表示只有傻子才会破坏教会对社会控制的益处，而不提霍布斯主义。在法国，唯物哲学也影响了皮埃尔的怀疑主义，到了拉梅特里（La Mettrie）、霍尔巴赫（Holbach）、狄德罗等人时则有了更大胆的发展。

皮埃尔称霍布斯为"17 世纪最伟大的天才之一"。不论别人褒或贬，他被认为是英国自培根以来最有力的哲学家，又被认为是第一个提出政治理论的英国人。他那具有逻辑形式和明晰散文形式的哲学深刻地影响了后人。读了他与培根、洛克与丰特内尔、皮埃尔与伏尔泰，我们再次感到哲学不一定就是晦涩难懂的，也再次感到每一种艺术都有道德上的责任使其本身明白易懂。

哈灵顿的乌托邦

霍布斯为走向末路的君主政体辩护时，哈灵顿却主张一个民主的乌托邦。1656 年，哈灵顿给伦敦咖啡屋里的人们，提出了他的著作《五洋共和》（*The Common Wealth of Oceana*）。

生于士绅阶级，哈灵顿很自然地倾向于对英国大地主有利的政治哲学。离开牛津后，他在欧陆广泛游历，开始羡慕荷兰共和，在荷兰军中服务过，后走访威尼斯，深为它的"共和"制度感动，晋见教皇时，他拒绝亲吻教皇的脚趾。回到英国，他对英王查理一世解释说，吻过英王的手之后，实在不敢想象去吻外国王公的足趾的情形，因此，他拒吻教皇足趾的罪完全被原谅了。查理被捕时，国会派哈灵顿去侍候他。他很喜爱这位颇不愉快的犯人，但他仍向国王解释自己对共和制度的热爱。他陪伴着查理至终，查理被处决时，他也在刑台上。人们都说，哈灵顿几乎因此事悲伤而死。他由英国共和政体的产生而渐得安慰，并开始以小说的形式说明他的共和理想。哈灵顿着手写书时，克伦威尔将新共和制改为半君主专制的护国制，但《五洋共和》正要出版时，克伦威尔却下令禁止出版。经克伦威尔最宠爱的女儿克莱普尔女士（Mrs.Claypole）为该书居中说情及哈灵顿献书于克伦威尔，该书于 1656 年问世。

《五洋共和》一书的作者希望克伦威尔重新塑造英国。在该书中，他写出了一项原则，这个原则在以后的两个世纪中被广泛地用于以经济解释历史。哈灵顿说，政治的优势自然而正确地随着经济的优势来到，只有在这种情形下国家才能享有稳定，"就如土地财产的分配，是一个帝国的本质"。如果一个人拥有全国的土地，则政府一定是绝对的君主政体；如果土地操在少数人手中，则政府将是由贵族支持和限制下的"混合君主政体"；"如果全民都是土地的拥有者，或人民中拥有土地的人不会被一人或少数人左右和控制，这个帝国（如无外力干扰）就是共荣体"。霍布斯的理论是将政府建立在武力之上，哈灵顿针对这个问题，认为军队和武力需要供养装备，因此，权力必将归之于能够出钱维持、装备他们的人。政府的形式和方针的改变依赖于财产的分配。在这个理论的基础上，哈灵顿解释说，长期国会的胜利是最大地主——国王——被绅士阶级掩盖的结果。

为防止政府在最大阶级控制下形成寡头的局面，哈灵顿主张一项"平均耕地"的法令，任何人在一年中不能出让超过 2000 镑的土地。实际的民主政治需要财产广泛地分配，而最好的民主政治是每个有土地的人在政府中都有作为。真正的英国共和，公民都将送地主到众院或参院中服务。只有参院可以制定法律，只有众院可以通过或否决它们。参议员可以提名竞选公职，从那些提名者中公民以秘密投票的方式选出公职人员。每年中，1/3 的众议员和参议员及公职人员将由另一批选出的新公职人员取代。通过这样的轮流方法，所有的地主最终必将在政府中有任职的机会。人民选举可以保护公众以对抗为私利做事的律师和教士——这些"公众不共戴天的敌人"。因此，需要普及教育及宗教上完全的自由。

"这些道理非常吸引人。"奥布雷说，而且很快就拥有一批热心的拥护者。哈灵顿聚集了一些拥护者（包括奥布雷），组成了轮转

(Rota)俱乐部（1659年）。通过这个组织，他煽动国会实行他主张的那种轮流的共和制。他认为共荣体制之所以失败，是因为没有没收大阶层的土地分成小块给人民，这一失败使贵族仍享有大权，人民仍然穷而且无权。根据他财产支配政府的原则，一个寡头君主制度的复辟是不可避免的，除非国会通过"土地法"。"但是，"奥布雷说，"国会中大部分的人，绝对憎恨他设计轮流的方法，因为他们就是可憎的暴君，不会放权。"他们宁愿召回查理二世。因为哈灵顿在复辟后仍然鼓吹他的计划，国王将他以谋叛的罪名监于伦敦塔中（1661年）。

他理想的乌托邦比其他人的要实际些，而且他的乌托邦中的大部分理论已经实现。在他的理论中有一个缺憾，就是将土地认为是财富的唯一形式。哈灵顿提到了工商业财富的力量，但他没有预见它们在政治权力中仍占有一席之地。他可能也觉得工商业的财富归根结底属于土地财富的一部分。政府授予的特许权的渐渐增多，不记名投票，都符合他的希望，虽然在英国拒绝采用公职的轮流法以免经验无法累积，但美国国会采用他的方法，做定期性的选举。洛克、孟德斯鸠、美国的政治家都赞成他的政府分权之说。时间经常不会使梦想家失望，而理想的实现尤其令他们惊喜。

自然神论者

宗教战争伤害了法国人的宗教信仰，英国的内战也引起了神学上的怀疑，对清教徒统治时期的记忆，使战后胜利的保皇党不信宗教，并使复辟的查理二世宫廷中出现了无神论。沙夫兹伯里第一伯爵、白金汉第二公爵、罗切斯特第二伯爵都有无神论思想的嫌疑，尤其是后来的哈利法克斯和博林布鲁克两人。

历史、地理、科学知识的扩展，加强了人们对宗教的怀疑。每天都有一些旅行家或历史学家说远方国家有着与基督教完全不同的宗教与精神，却十分有美德而且不嗜杀人。提倡机械宇宙观的虔诚的笛卡儿和牛顿，更使基督的见证变得无影无踪，在自然界找出的定律也使神迹变得难以让人接受。哥白尼理论渐渐获得胜利、伽利略戏剧性地继续推展，使信仰逐渐崩溃。许多基督教神学家大胆地用理性证明教义，反而使教义愈显脆弱。安东尼·柯林斯说："在玻意耳试图证明上帝不存在的演说之前，没有一个人会怀疑上帝的存在。"

对无神论的驳辞可以证明它本身传播之广，1672 年，沃尔斯雷男爵也提到："不信教的情形在每个时代都曾有过，但公然主张似乎是这个时代的特色。"根据派克执事长 1681 年的话：

> ……我们中不学无术的人也都假冒了怀疑主义和不信教的名义……无神论和反宗教到最后，终于如邪乱、放荡一样普遍……平民或工匠们以哲学来为自己不信神辩解，并在街上和马路上大读其无神论的讲稿，也能由《利维坦》证明上帝的不存在。

知识阶层试图与一神论妥协，即"自然宗教"或自然神论。一神论者怀疑基督与教父的平等性，但他们一般相信《圣经》的神圣权威。拥护自然神论的宁愿将《圣经》孤立而限制信仰于上帝和不朽。无神论者主要的活动在英国，他们只要求单独信仰上帝，而将上帝作为自然的同义词，或笛卡儿学说和牛顿学说中宇宙大机械的原始推动者。自然神论者（deist）一词首先于 1677 年，由斯蒂林弗利特执事长的一封"致自然神论者的信"（"Letter to a Deist"）中提到，但自然学的文字早在 1624 年赫伯特爵士的《论真理》（*De Veritate*）即已开始。

赫伯特爵士的门徒查尔斯·布朗特（Charles Blount）又写了一本《生命》（*Anima Mundi*，1679 年），认为所有的教会组织争论不休，不过是冒着教会之名以从事政治权力和物质的争夺；天堂和地狱都是聪明人虚构的故事，用以控制和压榨人民；灵魂是随身体一起死去的，人与野兽毫无不同。在《偶像崇拜的源起》（*The Origin of Idolatry*，1680 年）一书中，布朗特将教士看成是那些依赖人类轻信的弱点及劳苦工人而生活的特权阶级的工具。他以恶作剧的态度译出了菲洛斯特拉图斯（Philostratus）的《阿波罗尼奥斯传》（*Life of Apollonius*），并指出异教徒与基督徒所有的奇迹有相同点，又温和地指出两种奇迹同样都不可信。在《自然神论者的宗教概略》（*A Summary Account of the Deists' Religion*，1686 年）一书中，布朗特主张一种没有任何祭祀和仪式的宗教，只在精神生活中做崇拜神的活动。在《理智的谕旨》（*The Oracles of Reason*，1693 年）一书中，布朗特指出基督教的神学理论一开始就建立在一个错误的基础上，即期望世界末日的早日来临。他嘲笑夏娃由亚当的一根肋骨变成的故事、原罪、太阳因约书亚而停止运行，这一切他认为如孩子般无知，而且说："相信我们现在的地球（宇宙中盲目而卑下的一颗微粒）是如此巨大的身体的心脏，或最高贵的或最主要的部分，是非理性的、与事物的本质相抵触的。"布朗特又匿名写了另一本书《不违背自然法则的奇迹》（*Miracles No Violations of the Laws of Nature*，1683 年），试图将奇迹解释为简单的心智对自然事件及其原因产生的一种诚实的错觉。他又说，《圣经》的写作不过是"激起虔诚的爱心"，而不是教授物理学，因此它要解释"无论什么，违反了自然，就是违反了理性，而一切违反了理性的都是荒谬的，该遭到反对"。如果我们相信他因为英国法律不许他与已故妻子的妹妹结婚而自杀的话，就知道布朗特自己并没有始终信仰理性。

约翰·托兰（John Toland）随后继续争论。他出生于爱尔兰的天主教家庭，少年时期改信新教。他曾在格拉斯哥、莱顿和牛津求学。26 岁时，他匿名出版一书，名叫《不神秘的基督教》（*Christianity Not Mysterious*，1696 年），他评价该书为"一篇论述，证明《福音书》中没有任何地方是与理性相违背的"。他接受了洛克所著的《人类悟性论》一文中所说的"一切知识源于感觉"后，渐渐成为一个彻头彻尾的理性主义者：

我们认为理性是我们能确信事物的基础，并认为没有任何

> 一件事比自然现象更值得讨论……不用理性去证明或用证据来
> 支持，就相信《圣经》的神圣性和其中的内容，那是愚妄的轻
> 信……通常都是基于无知或一种意向的结果，或更基于对某些事
> 的企求。

这些言辞简直就是战争的宣言。他的挑战当然不会没有反应。米德尔塞克斯郡和都柏林的大陪审团前来指控该书。该书被官方正式在爱尔兰国会门前焚毁，托兰也被判有罪。他逃往英格兰，在那里找不到工作，又移居欧陆。经过一段时期，他终于受到汉诺威的女选帝侯索菲亚及其女儿普鲁士女王夏洛特的欢迎。

后来，他写了两封"给塞莉娜的信"（"Letters to Serena"），其中一封试着去追溯他对不朽的信仰的起源和发展，这封信是他写超自然信仰的自然史的首次尝试。另外一封信驳斥"物体本身是不动的"这一看法，他说一切行动都已蕴存在物体中，没有一件东西是绝对静止的，一切客观的现象都是物体运动造成的，包括动物的行为，人也一样。然而，托兰没有公开这样的想法，因为无知的大众早已被正统思想当作道德与社会控制的工具。对受过教育的少数人来说，自由思想应该是一种责任，也是一种特有的权力。对这些少数人不应该再有检查制度，"让人们自由地发表他们想到的，不要受到任何束缚或惩罚"。显然，托兰将自由思想者与泛神论的信仰者视为一体。

他在 1718 年的论文《基督徒》（"Nazarenus"）中认为，基督当初并无意要使他的门徒脱离犹太教，仍遵守着摩西法典的犹太基督徒，才代表"基督教真正的原始的计划"。另一本小册子名叫《泛神教》（Pantheisticus），是解释一个虚拟的秘密团体的仪式，也许托兰就是 1717 年在伦敦成立的一个名叫"母亲之家"（Mother Grand Lodge）互助会的会员。托兰描写的那个秘密团体，拒绝一切超自然的启示。该宗教与当时的哲学吻合，而且将神与宇宙结合在一起。那个团体允许其成员按着自己的方式崇拜神，只要在政治的影响下，使人民的宗

教狂热不致有所贻害就可以。

过了多年安适而多彩多姿的生活，托兰退休时又回到英国，靠着莫尔斯沃思爵士和沙夫兹伯里的支持而免于冻饿。他容忍他人对其著作的炽烈的批评（60年中54次），他仍说哲学给了他"完全的宁静"，而且使他免除了对"死亡的恐惧"。1772年，他52岁时，受了一种无法治愈的疾病的侵袭，写下他颇感骄傲的墓志铭：

> 约翰·托兰安息于此，生于……伦敦附近。精通十种以上的语言，写作各种文体。是真理的斗士、自由的捍卫者，不曾巴结、逢迎任何人。而所有的威胁和厄运也没能影响他朝向目标的道路，在这条道路上，他始终不渝，并将自己的兴趣与对追求至善的心配合在一起。他的灵魂已与在天之父结合。毫无疑问，他愿意活到永远永远，然而，托兰将永不见于此世了……其余的事迹请参阅他的著作。

柯林斯更温和、更有技巧地说明了自然神论的原因。他颇有钱，在乡下和城里都有房子，不受饥饿的威胁。他是一个很有礼貌，性格上几乎没有瑕疵的人。与他相知甚深的洛克，在给他的信中说："为真理而爱真理，是世上人类美德的一大部分，又是其他美德的苗圃。如果我没看错，你是我所见过的人中最有这种美德的了。"柯林斯1713年的《自由思想的讨论》（*Discourse of Freethinking*）替自然神论在当时被广泛接受做了最佳的解释。

他将自由思想定义为："利用人类的理解力，致力于寻找任何见解和看法的意义，无论什么，都考虑到自然证物对该见解是支持或反对，然后根据这些证物的有力或无力再下判断……除此之外，没有其他方式可探究真理。"信条的繁芜及对《圣经》内容诸般不同的解说，使我们不得不依靠自己理性的判断。我们怎样决定何种解说是正确的呢？非用武力才能解决吗？除了用理性和证据，我们怎能决定哪一本

《圣经》的注疏可以信得过，哪一本我们又该弃之如伪书？仅仅是有关《新约》原文的批评，学者们就写出了 3 万多本书，柯林斯一一加以评价，并认为西蒙对《圣经》原文的评注最佳。

他又试图解释人们反对自由思想的原因：绝大多数人没有能力自由或无害去思考根本的问题，这样的自由只会引起意见与教派的无休止分歧，导致社会陷入混乱。自由思想在宗教中会引起无神论和道德上的淫逸。他以古希腊和当时土耳其为例，说明社会秩序的维持必将损害到意见的自由和信仰的分歧，他否认自由思想会导致无神论，他赞成培根的意见并引用他的格言：若思想自由了，有一部分思想会使我们倾向无神论，但有更多的思想会使我们避免它。他继续说，无知加上表面的诚恳，"才是无神论的根本，自由思想倒是它的药石"。他又列出自由的思想家，"他们在每个时代中，都是最善良的人民"，苏格拉底、柏拉图、亚里士多德、伊壁鸠鲁、普鲁塔克、瓦罗、卡托、西塞罗、塞涅卡、所罗门、先知们（the Prophets）、奥利金、伊拉斯谟、蒙泰涅、培根、霍布斯、弥尔顿、蒂洛森、洛克，加上现在提及的托兰，就可以作为孔德（Comte）编制在日历上的那些实证主义的圣人名单。而且（柯林斯主张），可以列出另一个名单，那些人是自由思想的敌人，已借荣耀神的名义用野蛮而残酷的行为玷辱人性。

各地教会和大学的反应如雨点般到来，因此，柯林斯做了一次巡回旅行。他停留在荷兰时可能受到了皮埃尔和斯宾诺莎的影响，回到英国后，他出版了另一本书，又掀起一场风暴，书名为《人类自由的探讨》（*Inquiry concerning Human Liberty*，1715 年），其中明显地充满了决定论的观念。柯林斯觉得他自己是没有自由意志下的自由思想家。9 年后，他在《论基督教的理性和基础》（*Discourse on Grounds and Reason of the Christian Religion*）中，引用使徒们和帕斯卡等人以《旧约》中的预言多半已实现作为基督教明证的基础，他又说那些预言与基督教和基督都无关，当时就激起了 35 位神学家写了 35 篇宗教论文回答他。这场论战直到 1726 年伏尔泰访英时仍然存在，伏尔泰也以恶作剧的态度欣赏它，并将这事传入法国，也将法国带入了怀疑的启蒙时代。

自然神论的运动在英国仍被人不断推动着，诸如威廉·惠斯顿、廷德尔、托马斯·查布和米德尔顿，又通过博林布鲁克和哲士沙夫兹伯里，最后到了吉本和休谟。自然神论因被指为助长民主观念，所以不受统治阶级的欢迎，它最直接的影响是使当时的宗教信仰日趋没落。1711 年，在坎特伯雷开的英国教士会议上，拟了一份正式的关于自然神论的报告，指出人民广泛的无信仰、不敬神，否认《圣经》的启发，视神迹如寓言，又嘲笑三一律，对不朽滥予怀疑，视教士为骗子。在 18 世纪初的英国，"宗教沦为自然神论"，就在这个紧要关头，一些有知识的英国人奋起为基督教辩护。

信仰的捍卫者

这些捍卫信仰的人，都不愿意与他们的对手在理智、学术立场、历史观点上互相讨论，但是，这本身就与时代精神违背。

查尔斯·莱斯利（Charles Leslie）本来只为回答布朗特而写了一篇叫作《自然神论者的简易方法》（"A Short and Easy Method with the Deists"）的文章，却掀起了对自然神论者的对抗。他说《圣经》内容的证据，就像亚历山大或恺撒的事迹一样，而神迹的证据也如同英国法庭中的证词一样，又多又可靠，如果当初没有许多人目击红海的水因摩西而分开，教士们绝不会宣扬这个神迹。莱斯利继续说，基督的来临取代了原始形式的犹太教，异教也不过一堆寓言，对理想的信仰来说过于幼稚了，只有基督教才有证据的支持并经得起理智的考验。

精于数学和物理，而支持牛顿、反对莱布尼茨的克拉克，起而替它辩护，以证明基督教的教条如几何一样严密。1704 年，他在玻意耳的演讲中，做了 12 个一连串的命题和推论，在这些命题和推论下，他提出了一些论点，诸如上帝的存在、上帝的全能、上帝的无所不在、上帝的无所不知、上帝的慈悲。一切连续不断的独立的事件及原因，都使我们不得不相信在一切事情中有第一个源头的存在。上帝是全知全能的，因为他的全能，所以创造了万事万物，而且造物者一定比他造出来的东西更完美。上帝一定是自由的，不然他的心智将是毫无感觉的奴隶。这些言论，当然没有假借古代或中古的任何哲学。但是，在玻意耳演说的第二部分，他试图证实"基督启示的真实性和特定性"。他认为，道德的原则与自然律一样，是绝对不变的。人类已堕落了的天性只能借助宗教信仰上的谆谆教诲，才能再去遵守那些道德的规范，因此，上帝必须给我们《圣经》及天堂与地狱的教条。历史往往作弄人，克拉克后来因为有怀疑三一律的嫌疑，被安妮女王解除了他的牧师职务。根据好恶作剧的伏尔泰说，安妮之后，克拉克之所以没被允许做坎特伯雷的大主教，是因为有位主教向卡洛琳公主说，克拉克是全英国最博学的人，但他有个缺点——他不是基督徒。

另一位更博学的本特利，已于1692年至1693年在玻意耳的演说中证明了"无神论者的愚蠢和不合理智"。20年后，他针对柯林斯的书而作《自由思想后期讨论的批评》（"Remarks on a Late Discourse of Freethinking"）。这篇批评使柯林斯在学术上的错误暴露无遗，这场辩论似乎取得了压倒性的全面胜利，剑桥大学的评议会也因此一致通过对本特利的致谢。斯威夫特认为柯林斯既泄露绅士们都保守的秘密，当然就该被罚。他在一篇宗教论文中说，柯林斯先生对自由思想的讨论，用浅易的英文……给最底层的穷人们读，他用幽默的夸张法来讽刺柯林斯的论点。他又说，既然大多数人都是傻子，让他们去自由思想一定极为痛苦，"大多数的人要他们思想就如同要他们飞一样"。他赞成霍布斯的观点，认为独裁即使是在精神上，也是无政府的唯一选择。我们已经见到，爱尔兰的英国国教徒认为，只要信上帝，最沉郁的教区也会产生杰出的教长。

剑桥的柏拉图主义者替基督教辩护，他们用的不是知识而是诚心。他们重返柏拉图和普罗提诺本身，找寻上帝与理智之间的桥梁，还举出他们的信仰并不如他们争辩和他们生命所付出的那样多。他们强烈地感到被一种神圣的力量包围着，这种感觉就是理智最直接的明证。因此，他们第一位领导人惠奇科特（Benjamin Whichcote）宣称"理智就是上帝的声音"。

亨利·摩尔是这个一度很出名的团体中杰出的一员，他的思想超越了欧洲的哲学。他认为知识无法使渴望得到宇宙意义的寂寞灵魂感到满足。笛卡儿的宇宙机械论不能令他满意，他发现可以求之于新柏拉图主义者的，反而多于犹太神秘主义者和雅可布·波海米（Jakob Böhme）。他怀疑"人类对事物的知识究竟是人类真正最高的幸福，还是其他更伟大、更神圣的事。或者，假定这就是幸福，它可以来自人们吸收知识的热衷或沉思，也可以来自人们将心意中的一切罪恶洗净"。他不做自我的追寻，不涉及格物并断绝所有知识的追求以净化自己，"我对事物知识的过度追求逐渐减少时，我反而容易被心灵的简单与纯净激发，就这简单与纯净心灵激发出的认识，反而比我自己期望的要多，而且往往可以获得以往极想了解的事"。他又慢慢地告诉我们，他使他的躯体及心灵趋于纯净，因此，他的肉体在春天的时候，发出一种甜蜜的味道，而他的尿也散发出紫罗兰的芬芳。

这样的净化使他好像感觉到自己精神的实体，好像人们普遍深信的经验一样。借着对自己那种感觉的深信，他相信世界不过是自上帝以至最卑微的各种等级的精神寄托形体的地方。一切事物的运动，在他看来，都是由一些精神的行动引起的。将霍布斯对物质的解释完全以精神取代，摩尔提出一个精神的宇宙，在此，一切事物不过是精神的工具或媒介。他是一位和蔼而不自私的人，拒绝世俗给他的升任，并与唯物论的霍布斯友好地往来。霍布斯说，如果有一天他发现自己的观念不可靠了，他"会投靠到摩尔博士的哲学的怀抱中"。

剑桥柏拉图学者中最博学的卡德沃思起而希望证实霍布斯观念的不正确。1678 年，他写了一本《宇宙中知识的真正系统》（*The True Intellectual System of the Universe*），书中，他向霍布斯提出挑战，要他

解释除了肌肉的活动增加则心智的活动减少之外，何以在其他许多
情况下，仍能意识到这些活动。唯物的哲学中怎会容有意识及其行为
呢？又问，如果一切事物都是动的，为什么神经系统不动呢？它也是
由感觉而反应，如同反射一样，可以对任何事做出反应，为什么它不
会被过多的意识干扰呢？我们怎能否定意识是如实体的存在，没有意
识怎能知道有什么实体存在？知识不是经感觉而被动得到的，它是由
感觉主动的转变为观念而存在。在这里，我们提起卡德沃思时，已经
预先说出了贝克莱和康德对霍布斯和休谟的意见了。

格兰维尔——查理二世的牧师，不是剑桥的柏拉图学者，却坚强
地拥护并支持他们。1661 年，他写了一本书《教条化的虚无》（*The
Vanity of Dogmatizing*），在此书中，他将教条主义的罪状全部反归于
科学和哲学，说它们将许多大的理论系统建立在薄弱不稳的根基上，
因此因果观念（格兰维尔视之与科学是不可分离的）只是一个不足深
信的假设，我们知道结果、关系和原因，但我们不知道一件事情对本
身及其对另一件事情的影响（休谟所说的另外一个预感）。格兰维尔
说："想想看，我们对最基本的事是多么无知——灵魂的性质和源头
及它与形体的关系。""为什么一个思想必须结成……一团黏土？在北
方气候冰冻的空气中的文字，其难以令人置信一如那陌生的一团（思
想）……而挂重物于风的翅膀上，反而更易于了解。"他们如此处理
事物，因此不再有能力去思考实体的事物，除非"回到对物质的幻
想"或想象。我们的感觉是多么容易发生错误，以为地球在天空中是
静止的。退一步说，就算我们的感觉没有欺骗我们，我们还是常常在
正确的前提下得出错误的推论，我们的感觉一而再地错误地引导着我
们，"我们太轻信我们希望的事"，我们心智所处的环境也常常影响我
们的推理：

> 意见有它不同的季候，而且有因民族造成的差异……那些从
> 来没有对普通信仰之外的事有过张望的人，毫无疑问地相信真理

的存在，他们对那真理的接受也可说是相当有意义。但是，心灵较开阔的人们，他们对他们所做的决定越是注意，便越是谨慎。

姑且不谈这些对科学的警告，格兰维尔本人就是一个十分狂热的皇家学会会员，为它担负起一切不信宗教罪名的控诉，也替它的成就喝彩，并深切寄望由科学的研究带来一个奇异的世界：

> 我相信我们的子孙会发现许多我们现在尚不确定的事情，而且会有实际的证实，可能，距今不久的时代，会有一天向南方航行到无人去过的大地上；或者到月球去也会与去一趟美洲一样稀松平常。对于我们的子孙来说：也许买一对翅膀飞到遥远的地方，也不过如同现在买一双马靴骑马出去旅行一样。白发再成少年，精髓耗竭再得以补充后也很可能实现而不再是奇迹。改变今日世上的沙漠成为以后可耕的天堂。

我们必须补充，格兰维尔和卡德沃思及亨利·摩尔一样，仍然相信巫术，他们说，如果这里有一个精神的世界，一如我们所周知的物质世界，那么，在宇宙中就一定有像躯壳一样有精神，由事情不利的一面来说，这些精神就必定是恶魔。既然虔诚的人们与上帝、圣徒以及天使们相交通，为什么坏人不该与撒旦及他的魔鬼相交通呢？魔鬼的最后战略就是传播他不曾存在的思想，"那些人不敢大胆说上帝不存在，只能以否认没有精神或巫术的存在来满足自己"，因此，为了上帝而把撒旦抬出来。

洛克（1632—1704）

·生平

这个时代影响力最大的哲学家诞生于布里斯托附近的惠灵顿，与斯宾诺莎生于同年，他生长在有着血腥革命并曾杀了国王的英国，却为和平革命奔走呼吁，要求人们容忍与宽和，他代表英国当时最佳、最稳当的妥协精神。他的父亲是一位清教徒律师，不惜牺牲以支持国会，并对他儿子详细说明主权在民主政治和代议制政府的内容。洛克一直相信其父的教导，而且一直很感激其父训练他成为一个清醒、朴实、勤勉的人。马沙姆夫人（Lady Masham）说洛克的父亲：

> 用一种方法对待他年幼的儿子，而且他（儿子）事后也非常称赞那些方法。那就是严格地对待他（儿子）并使其敬畏、保持一段相当的距离。但慢慢长大时，这种管教就逐渐地放松，一直到洛克成人为止，然后与洛克如同朋友一样地相处。

洛克对他的老师们各有着不同的感激之情，在威斯敏斯特学校，他几乎被拉丁文、希腊文、希伯来文和阿拉伯文闷死，而且不允许去看在白厅广场举行的查理一世的死刑（1649 年），但那个事件对他的哲学有些影响。内战的混乱延迟了他进基督书院和牛津大学的时间，直到 20 岁他才得偿夙愿。在那里他以拉丁经院学派的形式学习了亚里士多德，又学了更多的希腊文、一些几何学和诗，学了逻辑学和伦理学，这些东西有许多在他以后的文章中显露出老朽的味道，并影响他形成生硬的风格。1658 年获得学士学位后，他留在牛津担任导师，指导学生并上课。他谈了一阵恋爱，"迫使他运用他的理智"，他保住了他的理智，却失掉了他的爱人。几乎与这段时期所有的哲学家一样——马勒布朗什、皮埃尔、丰特内尔、霍布斯、斯宾诺莎、莱布尼茨——他没结婚。别人劝他到内阁做事，但他拒绝"那不能胜任的地方，而且在那里没有差错就不会辞职"。

1661 年，他父亲死于结核病，留给他一点点财产。他学医，但直到 1674 年才取得医学学位。同时，他阅读笛卡儿的著作，了解书中所写的内容后，他才真正有了哲学上的迷惑。他帮助玻意耳做实验，并对科学方法很有好感。1667 年，他接到一封邀请书，请他到埃克塞特厦（Exeter House）当库柏先生的私人医生，不久任沙夫兹伯里第一任伯爵的秘书，成为查理二世内阁中的一员。此后到 1683年，他一直将牛津视为自己的家。洛克也在此时发现他久已浸淫于英国政治中，他的经历也塑造出他独特的思想。

1668 年，他当医生时，在一次成功的手术中，割掉了一个瘤，救了沙夫兹伯里的命。他又帮助伯爵的儿子，为其婚事斡旋，并在其夫人临盆时，不倦地照顾她。后来又指导沙夫兹伯里孙子的教育，使之成为他哲学的衣钵传人。沙夫兹伯里的第三代伯爵说"洛克先生"：

> 深得我祖父的尊敬，他的伟大可以由他在医学上的经验看出，但是，他认为医学于他只是一小部分。他常自勉为他的思想找到其他的出路。他对朋友非常和善，除非在他自己家里，否则，他绝不会谈论医学上的事。后来，他致力于研究英国的宗教和内政问题，及一切有关国家行政的事务。在这方面的成功，使我祖父开始视他为这方面的朋友，并与他谈论有关于此的一切案例。

1673 年至 1675 年，洛克成为贸易与殖民委员会的秘书，而沙夫兹伯里正是该委员会的主席。他帮助沙夫兹伯里起草卡罗利纳宪法，因为伯爵是该地的发现者和主要所有人。这些"基本宪法"都没有在殖民地普遍实行，但其中提到的良心的自由，被广泛地接受。

沙夫兹伯里于 1675 年从政坛上隐退后，洛克到法国游历、学习。他遇见贝尼耶，由此接触了伽桑迪的哲学。在这个哲学体系中，他找到理由反对"天赋观念"，他用初生婴儿作为例子。初生婴儿好比白纸或清洁的石板。而最重要的一句话，也是后来他带过海峡回到英国的，那就是"观念先入为主"。

1679 年，洛克回到英国，回到沙夫兹伯里身边。由于伯爵越来越趋向于革命冒险行动，洛克又回到牛津（1680年），重新过他的学者生涯。沙夫兹伯里的被捕、逃亡及渡往荷兰，使王室怀疑到他的朋友们。间谍被派到牛津，欲将洛克逮捕回去审问。洛克深感不安，并预知他的大敌詹姆士二世即将动手，因此也逃往荷兰（1683年）寻求庇护。蒙茅斯公爵不成功的革命激怒了詹姆士，他要求荷兰政府引渡85名有罪的英国人，因为他们都参与推翻新国王的阴谋计划，洛克也是其中之一。他到处躲藏，还用了假名。一年后詹姆士原谅了他，但洛克宁愿留在荷兰，在乌得勒支、阿姆斯特丹、鹿特丹各地住着。他不但享受逃难至此的英国人的友谊，也深受荷兰学者们如拉克尔克、凡·林柏克（Philip van Limborch）的欢迎，拉克尔克和凡·林柏克都是自由的亚米念神学的领导人物。在那种环境下，他深受人民主权和宗教自由观念的鼓励，写下了《人类悟性论》、《论教育》和《论容忍》的初稿。

1687年，他参加了推翻詹姆士二世、拥立威廉三世的计划。威廉三世的远征军成功时，洛克搭乘后来玛丽女王所乘的同一艘船回到英国（1689年）。他离开荷兰之前，用拉丁文写了一封信给林柏克，该信充满温情，可以纠正那些认为他性格冷酷的传言：

> 将行的时候，我似乎感到是离开我自己的家园与自己的亲人一样，因为，在这里我得到善意、爱心及和蔼的招待，只有亲人才能有啊！而且，这些感情的联系，较之血缘的维系实在更紧密。我离开了我的朋友，但我绝忘不了他们，永远希望能再回来享受那些天才伙伴的友情。有他们在，纵使我远离家人，纵使在其他方面有不幸遭遇，我的心也绝不会忧伤。而你是我的朋友中最好、最亲近、最值得一交的人。我忆及你的学习精神、你的智慧、你的仁慈、你的率直、你的温文尔雅时，似乎发现仅在与你的交往中，我就得到了足够多的快乐，这是我之所以在你身边盘桓这么久的原因。

在他的朋友主政下的英国，洛克也开始在官方做事。1690 年，他担当请愿会的委员。1696 年至 1700 年，又担当贸易与殖民委员会的委员。他与司法总长萨默斯及从事改革币制的牛顿、第一任哈利法克斯伯爵蒙塔古都交往甚密。1691 年后，他全部时间几乎都与马沙姆爵士、其夫人马沙姆夫人及卡德沃思的一个女儿一起，住在艾色克斯的燕麦庄（Oates Manor）。他把这里当作安静的避风港，从事写作，修改文章，直到去世。

·政府与财富

洛克从荷兰流亡回来时，已经是 56 岁的老人了，但他只发表了几篇短文，在拉克尔克 1688 年的《宇内学志》中有他《人类悟性论》一文的摘要。除了几位好朋友外，还没有人知道他是一位哲学家。此后，他一口气印行了三篇作品，便在欧洲思想界中占有了重要地位。1689 年 3 月，他的《论宽容》（*Epistola de Tolerantia*）出现在荷兰，到秋天已有了英译本。1690 年，又续出了《论宽容的第二封信》（*Second Letter concerning Toleration*）。1690 年 2 月，他写出两篇《政府论》（*Treatises on Government*），成为日后美英两国民主政治的奠基石。一个月后，他又出版了《人类悟性论》，这是一本在现代心理学上极具影响力的著作。虽然这本书在他离开荷兰时就已经完成，但在此之前他先发表了《政府论》，因为他想给 1688 年至 1689 年的光荣革命提供一个哲学的基础。《政府论》的主旨在第一篇的序言中说得很清楚，"建立起我们复辟君主威廉三世的王位，在人民的同意声中，将这个新君确立……使英国人民因爱他们自己的天赋权力和公正精神，而下决心保障这些权力，及在国家将沦于奴役或毁灭时，适时地拯救国家而得到世人的赞许"。

《关于赞成父权政治或君权神授论》（"The Natural Power of Kings Asserted"）是最早但较短的一篇论文，约 1642 年由菲尔默爵士写来拥护查理一世的神权，但这篇文章直到 1680 年，查理二世的王权到达全盛时才印行。并且，它不是菲尔默爵士最好的一篇，他于 1648 年曾匿名出版一篇叫《一个限制的混合王权的无政府状态》（"The Anarchy of a Limited Mixed Monarchy"）的文章，这篇文章内容近于霍布斯的观念，提出时间却较早。虽然他因为得罪两人被判刑，但他于 1652 年仍匿名写了一篇《亚里士多德政治论的研究》（"Observations upon Aristotle's Politiques"）续加争辩，此后一年就去世了。

菲尔默爵士将政府视为家庭的扩大，上帝把权力给了人类第一个家庭的主人亚当，由他将权力遗传后世成为父权政治，那些人若是相信《圣经》的神圣启示，一定也得接受家庭的父权，赞同父权政治是上帝的旨意。由父权政治而使君主掌权，最初的君主不过是家族的族长，再追溯则最初的族长是亚当，而亚当又来自上帝。因此，君权除非明显与上帝的旨意违背，它是绝对而神圣的，凡是反叛君权的，不仅是法律上的罪犯，也是神的罪人。

反对人类生而自由的说法，菲尔默又指出人一生下来就要受团体中法律和习俗的控制，并受父母对子女天赋的权利左右，"天赋自由"是浪漫式的神话，实际上代表们不过是选区里面少数积极分子推举出来的。所有的政府都由少数人左右。政府是超乎法律之上的，因为设立立法机构，就是赋予了制定法律的权力。"如果我们希望没有另外的仲裁力量来管理我们，那都是自欺的。"又如果，政府的权力依于被治者的同意，那么就根本不会有政府存在，因为每个人或每个团体都将提出"凭良心"就可以有反叛的权利，那简直就是无政府或乱民政治，而且"没有一个暴君的暴政可以比暴民的暴政更暴虐"。

洛克觉得既然是为光荣革命辩护，他首要的工作是对付菲尔默的论点。他认为在菲尔默爵士的论述中，可以看见无数妙笔生花的满口胡诌。洛克开的玩笑很不文雅，讽刺地反问菲尔默所说的王权来自父权和亚当的理论根据。菲尔默的一些理论，在洛克的粗略批评后，仍留存下去。洛克的批评虽然在细节上有些错误，却试图从历史或是生物学中追寻政府的起源。

在《再论政府》（*Second Treatise of Civil Government*）中，洛克转移研究目标，欲替威廉三世在英国找到更多关于登基理论上的有力的论据，而不用詹姆士二世惯用的君权神授的理论。他认为威廉的王号来自人民的同意，不认为与历史上的事件有关。威廉来到英国并非出于人民的同意，接他回来的贵族也认为没有得到人民的同意，而只不过人民没有反抗而已。但在支持威廉政权的哲学基础上，洛克为人民主权作出了令人印象深刻的辩护。在他替威廉辩护时，他的代议政府的理论也陆续发展了出来，而且在提供辉格党人及其他拥有财产人士一些合理解释时，他建立起他的政治自由的论述。在英国哲学界中，由他压制住了声誉正上升的霍布斯。

继霍布斯之后，洛克也提出了国家出现以前的原始"自然状态"。正如霍布斯或菲尔默，他以历史为证，以达到他解释的目的。但与霍布斯不同的是，他想象的原始状态下的个人是自由而平等的，他表示在自然状态下，谁也不比谁有更多的权力，这些字眼为后人杰斐逊等引用。他也同意人们在"自然状态"下，也有一些特殊形态的社会天性，为以后发展出的社会心理做准备。偶尔洛克也会说一些很生动的假设："每个人……天生就是自由的，而且，除非有他的同意，没有任何东西能使他臣服于世俗的权力下……"自然状态，在他的理论中，不是如霍布斯所说的每个人都互相敌对，因为"自然律"支持人权，一如他支持人是理性的动物一样。借着理智（洛克以为），人们达成一项协议——制订一份社会契约——交出他们自己的权力，不是交给君主，而是交给他们整个的团体，因此团体是真正有权力的。由其中大多数人选出一个主要的管理者，来执行团体的愿望，这个人可以称之为君主。但一如其他公民一样，他仍受该团体共同约定的法律约束，如果（如詹姆士二世）他想欺骗或压榨他们，这个团体就有权从他那里收回他们曾托付给他的权力。

洛克并不是真的支持威廉而反对詹姆士，而是支持（现在成功的）国会而反对一切君主。国家中的最高权力机构应该是立法院，它应由人民经投票选出，而且法律应对以金钱贿赂选民的人严加惩罚。洛克如此主张，但他没料到威廉三世被迫去买国会议员的选票，去买那些140年以来一直控制着"衰颓市镇"（rotten boroughs）的大家族的选票。立法机构的功能，应该与行政系统严格地分开，这些政府中的各个机构应该有制衡的作用。

"政府，"洛克说，"除了保护人民的财产外，没有其他的目的。"在这个世界上，当食物是自然生长出来，人们不必辛苦耕种，只靠野生的食物就可以维生的时候，才有原始的共产主义存在。但一旦有了劳工的出现，共产主义就自然地结束了，因为人的天性很自然地会要求他自己独立的财产，以及他的劳动所得。因此，所有成果"99％"都靠着工人。（在此，洛克提出了社会主义的一个基本的教条。）文明因劳工而进步，因此也因劳工产生的财产制度而进步。理论上说，没有一个人应该拥有他所用不完的财产，但钱的发明使那些收获产品有剩余时，他可以卖掉它们。从这方面开始出现了彼此不均的发展，我们可以看到关于针对财产集中的批评。但洛克不能批评它。洛克认为尽管财富分配不平均，为了文明的延续和社会秩序的安定，政府仍应该以保护财产为其首要目的。"人们在财产方面的最高权益，非经同意不可剥夺。"

在这个理论基础上，洛克不同意任何革命引起的财产没收或充公。但是，作为一个"光荣革命的先知和发言人"，他不能否认人民有权推翻政府。"当人民财产自由被非法地压榨时，人民就没有听从政府的义务。"因为，政府的结束对人类有好处。可是，对人类最有好处的又是什么呢？是人民应该永远生活在无所拘束的暴君统治下，还是只要统治者超出了他的权力范围或破坏了保护人民财产的诺言时，人民就推翻他呢？洛克认为只要为了财产的安全，革命就是神圣的。世俗化的推进使关于神圣的定义和内容都改变了。

洛克在政治思想上的影响，在马克思出现以前，一直都呈现巅峰状态。他的国家哲学与当时势力不断增强的辉格党相配合。它不但是

1689 年的光辉，也是 1776 年和 1789 年精神的先导。批评家们嘲笑洛克所说的政府由自然状态下自由人的同意而成立，一如当时洛克嘲笑菲尔默以父权亚当和上帝为政府的来源一样。"天赋人权"只是假说，只是理论上的东西，在没有法律的社会中唯一的天赋人权是过人的力量，一如今天国家之间一样。但在文明中的权力是个人以不妨害团体为原则。对自由的要求由多数党来统治，可以在小团体中适用，但通常团体都是由有组织的少数人控制，而且现在的政府也担负起保护财产外更多的责任。

洛克第二篇论文的成就仍是很大的，它扩大国会的胜利及使辉格党控制英国的君主制度，又使托利党成为代议和责任政府的理论中的一党，这种政府能激使人民不断要求自由。英国没有采用洛克主张的分权理论，没有将政府附属到立法机构之下，它的理论主要是制衡行政权力。在这方面，它可以说是完全成功的。他对人类的理性和尊严的深信，及他的使理论有节制地付诸实际行为，成为英国政治的标准程序，使革命变得真实而难以察觉。

洛克的观念于 1729 年由伏尔泰从英国传到法国，孟德斯鸠于 1729年至 1731 年访英时也有了那些观念。在卢梭及法国大革命时代人的口中，都可以听到那些观念，在 1789 年法国立宪会议所拟的《人权宣言》（*Declaration of the Rights of Man*）中也有充分的表现。美国殖民者向乔治三世的王朝叛变时，他们用来表示独立宣言的观念的句子，甚至所用的词，几乎采自洛克。洛克提到的那些人权，后来成为美国宪法中第一次十条修正案的《人权法案》。他的政府分权理论，加上孟德斯鸠补充的司法权，成为美国政府的形式。他最挂念的财产问题也得到美国立法的保障。他论宗教宽容的论文，使政治与宗教逐渐分离，而且逐渐有了宗教自由。在政治哲学史中很少有人像他这样影响深远。

· **心与物**

在心理学方面，洛克与其在政府理论方面一样影响深远。他从

1670 年即开始写《人类悟性论》，但经过 20 年的修改后才付梓，由此他赚到了 30 镑。1670 年，他在伦敦的一次谈话中提起他写作该书的动机：

> 有五六个朋友在我的小屋里聚会，讨论一些离心理学很远的题目，发现他们处境相同，似乎各方面都有困难。经过一段时间的迷惑，没有一点办法可以解决我们的困难……我当时就想，我们选错了题目，或者，在我们开始探寻该问题的本质时，我们必须先估计是否我们的知识和能力足以胜任，并要知道我们要知道的是什么、不必知道的是哪些，然后再处理问题。我向我的朋友们提出这个看法，他们欣然同意。此后，大家同意这些就是我们首先要寻求的。为了我们下次聚会的讨论而准备的一些轻率而不成熟的思想……成了我研究心理学的开始。

他这种动机显然是站在剑桥柏拉图学派的立场——他们继经院哲学家后——认为我们关于上帝和道德的观念，是我们反省的结果，而不是从经验中得来的；而且，这些观念是包涵在我们身内，不须由外界赋予的。这个看法，比笛卡儿提到的"天赋观念"对洛克的影响还大，使他考虑是否真有不是自外在世界的影响而产生的观念。洛克的结论是，所有的知识——包括对上帝的观念和是非观念——都自经验而来，而且不是伴随心智与生俱来的。他知道，他这样坚持经验的立场，一定会冒犯他的许多朋友，因为他们都认为道德需要宗教的支持，如果道德与宗教的基本观念被认为不是来自尊贵的上帝，那么它们将被看轻。他要求他的读者有点耐心，他是在一种不确定的情形下进行那个危险的研究，"我假设自己不是在教而是在学"。他说起话来很平静、很缓和、很舒适。他忏悔他"太懒又太忙"，以至不能将它精简些。

但是至少他的用词都有界定，他反对一些哲学家"做作的固执""只要一知道我们的词代表的意义，在许多情形下，就不会有争辩"。在这个方面，洛克所说的无疑要比他所做的更好。他将理解定义为"知觉的力量"，但他的知觉包括了：（1）我们的心对观念的知觉；（2）对记号（文字）意义的知觉；（3）在观念的同义与不同义之间的知觉。但是，什么是观念？洛克认为观念代表的意义是：（1）外在事物在我们感官中的印象（我们所谓的感觉）；（2）对此事物内心的注意（我们所谓的感知）；（3）与观念衔合的想象或回忆（我们所谓的观念）；（4）联结许多单独的想象。对一些相同事物产生整体而抽象的普遍的观念，洛克也并没有把他常用的那些烦人的词句弄清楚。

他开始反对有天赋的原则，那是一个先入为主的观念。在某些人的理解中，有一些天赋的原则、一些先有的观念……深植心中，这个观念来自人类灵魂首先接触到的东西，人类以这个观念来看整个世界。他想指出这个"假定的错误"。他并不否认有天赋的倾向——后人所称的回归、反射或直觉，但这些在他看来都只是心理的习惯，而不是观念。继霍布斯之后，他也说这些过程是"动物所有的一连串动作，只要一开始就会习惯性地发展下去，这一连串的动作成了习惯，做起来因此十分轻易而自然"，就被称为天赋。他不认为那是观念的联想，仅认为那是一个心理过程而已。笛卡儿曾说过我们天生就有关于上帝的观念，洛克则不以为然——在某些部族中就找不到有这种观念，所以最好别相信天赋的观念，把我们对上帝的信仰建立在"它可以超乎平常的智慧与力量……从它所有的创造中"。也就是说，将我们对上帝的信仰建立在经验上。同样地，也不会有天赋的实际原则——没有与生俱来的是非观念，历史有太多的矛盾和不同的道德判断，因此不可能是人类天性的一部分，而是社会影响。因时而异，因地而异。

解决了天赋观念，洛克继续探究观念的产生。让我们假设心（在出生时）是我们所说的一张白纸，没有任何个性，没有任何观念，这张白纸是怎样被涂上颜色的呢？……回答这个问题，我们只须用一个词"经验"，由这里才奠定了我们知识的基础，由经验而得到更多的经验。所有的观念不是来自感觉，就是来自感觉的反应。感觉本身是肉体上的，而它们造成的心理结果就是感知，这就是"心的第一件功用"。

洛克认为，我们能得到有关外在世界的真知识，是毫无理由去怀疑的，但他认为，我们察觉到的物体有原始特性和我们认为的第二特性。原始特性是"一些与我们身体不可分的"，诸如形态、大小、外观、数目、动或静。第二特性是指"不是物体本身，而是通过其本身的原始特性，让我们产生不同感觉的那一股力量"，诸如颜色、声音、重量、味道等都是由物体的动、形、体积、质地等刺激我们而产生的第二特性，它们本身是没有颜色、重量、味道、气味、声音或温度的。这种区分早在大阿尔伯图斯和阿奎那那里就知道了，并被笛卡儿、伽利略、霍布斯、玻意耳、牛顿等人广泛接受，但洛克的解释使之成为更新、更广的潮流。理论上说，科学认为外在世界是无色无声的，但物体特性的感觉，最后也被认为与物体的本身一样是真实的。浪漫主义将古典时期的那种理论推翻了，认为感觉超乎物体的本身。

分析一件物体的特性，会产生一个问题，即物体本身原始特性的本质是什么？洛克坦白承认说，除了物体的特性之外，关于它神秘的根本问题，我们一无所知，拿走了那些根本的及本质——一切特性的基层——一切存在的东西都将失去它的意义。贝克莱针对这个问题提出，如果我们只知道物体的特性，并只限于观念性的认识，那么所有的物质都是知觉对象；而洛克——伟大的经验论捍卫者认为，经验是一切知识的源泉——也只不过是一位观念主义者把一切事物都限制到观念中。而且，"心"也与本质、躯体、物一样，是假想出来的。洛克在一篇短文中表现出他的思想超过贝克莱，也较休谟更早形成：

心灵运思的同时，思想、推理、恐惧等同时发生，这些不是我们有意造成的，我们也不了解它们与身躯的关系怎样，也不知道它们是怎样产生的。因此，我们往往会想到另一个本质的活动，即我们所称的精神。然而，很明显那些精神活动没有事物的观念，只有一些可感觉的特性使我们能造成感觉。因此，假设有个本质可以使人们能思想、认知、怀疑及有移动的能力，那么我们对我们的精神就会有如对躯体一样清晰地了解。对躯体的了解被我们视为我们自无而有的观念的基础，也被我们视为在我们心中经验运用的基础。

同意了"我们观念的本质若不是暧昧，就是根本不存在"，及"我不知道什么可以支持那些我们称之为意外的观念"这两句话后，洛克下结论说，我们虽不能知道感觉背后的事物是什么，也不知道观念背后的心灵怎样，但在这两种情况下，我们仍可以相信有一个本质。

不论心是什么，它的作用千篇一律——观念的运用。洛克反对经院学派认为心有思想、感觉、意志等功能的看法。他认为，思想是观念的结合，感觉也只是观念在心理上的反射；意志只是将观念付诸行动，每个观念除非被另一个观念压制，否则都会产生行动。但是，一个观念怎样变成行动呢？精神的过程怎样一变而为心理过程和身体的行动呢？洛克很勉强地接受了身心二元论，但有时他也说"心"可能是"物"的一种形式。这是洛克的惯用句：

很可能，我们永远不会明白是不是任何事物都与思考有关。不靠任何相关事物，只借着我们自己的观念来沉思，是不可能发现是否全能的上帝没有将一些思考的力量安置在一些事物的系统中，或者已将一些思考的本质加之于一些事物中了。在我们的观念中，要我们接受上帝在事物中加入了一些思考的能力，一定不会比接受上帝在事物中加入了一些有思考能力的本质更难……认

　　为我们思想中的感觉是很难与外在事物相互调和，及那些认为我
们思想中的感觉很难存在于一些不会扩展的事物中的人，会很坦
白地说他根本无法了解他的灵魂是什么。而且，一个会使自己能
自由思考的人，也很难发现他的理智是赞成还是反对灵魂实体的
说法。

　　虽然霍布斯超越了唯物主义者最易陷入的进退两难的死角，但
在洛克时代的学术界，太重正统，以致成百的卫道士攻击他，认为他
是一个冒险的无神论者。那些卫道士没有注意到他对《启示录》的崇
敬，及他早期所说的"意识附属于一个单独而无形的东西并受它的影
响，这应该是较正确的说法"。也许是他们已经预先知道了后人如拉
梅特里、费尔巴哈、狄德罗等人，会在洛克的意见中找到与他们的契
合之处。斯蒂林弗利特主教诅咒他这种唯物无神的态度，并警告他，
说他已危害了整个基督教的神学理论。洛克不顾主教的警告，仍然温
和地重申唯物假说的可能性，继续与斯蒂林弗利特及其他人论战至
1697 年。

　　尽管它受到批评，偶尔有矛盾、晦涩和其他缺点，《人类悟性论》
每年不断扩大影响，到洛克去世的 14 年中，该书一共出了 4 版。法
文版也于 1700 年出现，并得到了热烈的赞美。它成了英国每个会客
室中谈论的话题，珊迪（Tristram Shandy）向他的学生说，只要参考
了该书，就可以使任何一个人"在形而上学中不致成为让人轻侮的
人"。该书对贝克莱和休谟的影响极大。也因为如此，我们可以将他
作为英国哲学由形而上进入认识论的关键。也许，洛克写到"人类研
究的正当途径是由人本身下手"时，教会就已经将洛克牢记在心了。

　　1700 年，法文版出版后，受到空前热烈的欢迎。"由于许多学者
的思考，终于有了精神上的浪漫，"伏尔泰说，"一位真正有智慧的
人物，以最平凡的姿态出现，并给了我们有关它的真正历史。洛克
先生将精神解剖呈现在眼前，正好像一些著名的身体解剖学者将身体

解剖了一样。"伏尔泰又说："洛克一个人在那本满是真理的书中，建立了人类理解的知识，而那本书的完美，也正因为它将真实的事实表现出来。"该书后来成为法国启蒙时代心理上的《圣经》。孔迪拉克（Condillac）接受并发挥了洛克的感觉主义，并认为在亚里士多德和洛克之间的人类历史中没有心理学的研究可言——对于霍布斯和经院学派而言，这是极不公平的说法。达朗贝尔在《百科全书》的序言中赞扬洛克，认为他创造了科学的哲学，好比牛顿创造了科学的物理学一样。无论他对正统的态度如何，《人类悟性论》一书已建立了理性的经验主义，这使精神无需求的假设完全被抛弃，而且也开始对上帝运用同样的推理方法。

·宗教与宗教宽容

如果哲学将人们的信仰摧毁，人们在此不幸、痛苦的人世中，没有了一个以神力为基础对公平的信仰，那么人们又怎会有勇气和希望呢？什么能促进朝着民主理想国的方向进步呢？而且，在那个民主的理想国中，就会没有天生的贪欲，没有人们的不幸，也不会形成新的弱肉强食吗？

他首先注意的是"在信仰与理智之间，立下度量与范围"。关于这个方面，他在该书第 4 册第 18 章中讨论了，"我发现在每一种情形下，只要理性可以帮助他们，他们就乐于用它，如果理性的方法失败了，他们就会大呼，那是信仰的问题，是超乎理性的事"。"上帝启示的不论是什么，都是真理"。但是，只有在确切的证据上推论，才能知道《圣经》是不是上帝的圣道。而且，"如果与我们直觉的知识有明显的冲突，神力的任何启示都不能相信"。当一件事能由我们直接观察就能决定，我们的知识就要超乎启示之上了，因为观察远比神圣的启示明确多了。然而，"有许多事情，我们对它们只有一些不完整的观念，甚至一些观念也没有。而其他，关于它的过去、现在及将来的情形，若凭我们的能力，我们可能一无所知。这些被称为……超乎理性的，它们显现出来时，就是信仰的事了"。洛克总结说："通常有权将与理性的明晰陈述相反或不合的事，纳入或归之于信仰之流，在此，理性毫无用武之地。""爱真理的一个正确的标志，就是不要持有超出确切证明以外的假设"，"理性必须是我们每件事最后的判断与指导"。

因此，1695 年，洛克出版了《圣经中显示的基督教的合理性》(*The Reasonableness of Christianity as Delivered in the Scriptures*)。他重读《新约》，好像读一本新书一样，将（他认为的）教条和注释搁置一旁。他深为基督的可爱和高贵折服，而且基督的教诲，几乎成了人类最好、最光明的希望。任何事，如果是神的启示，那么有关它的叙述或教律也就被视为神圣的。洛克同意视它为神圣的，但还是要去求证它的一切本质都与我们的理性深切吻合。

那些神启示的本质，在他看来似乎要远比一些神学理论，诸如《三十九条条款》("Thirty-nine Articles")、《威斯敏斯特条约》、《亚他那修信条》("Athanasian Creed") 繁杂得多，他从《新约》中一条一条地引证，说明信仰上帝与基督的基督教是他的救世主。洛克又说，有一个宗教，适合任何一个人，并独立于所有学术和神学之外。关于上帝的存在，他感到"自然的运行及它每个部分，都足够证明有神祇的存在"。由他自己的存在，他又追溯至第一因（造物者），而且发现自己的知识和思想也总归于神的赐予，神是"永恒的心灵"。批评洛克的人申诉说，洛克已感觉出灵魂的不朽及永恒的最后审判时，洛克回答说，在接受了基督的同时，他已接受了基督的教诲，而在基督的教诲中，灵魂与审判的说法都包括其中。因此，洛克又从他进去的那扇门里走了出来。

然而，他坚持除天主教以外的任何形式的基督教，都应该在英国享有自由。早在 1666 年，他曾写了一篇《论宗教宽容》的论文。他于 1683 年逃亡荷兰时，发现那里的信仰比英国自由多了，而且在荷兰时他也一定注意到皮埃尔对宗教宽容的有力主张（1686 年）。他见到法国胡格诺教派受到的迫害和外移的情形（1685 年），于是他写了一封信给他的朋友林柏克。这封信后来由于林柏克的怂恿，1689 年以拉丁文出版，名为《宽容书》，并在该年年底也有了英译本。一位牛津教员著文痛斥它，洛克回到英国后，在第二、第三封《论宗教宽容的信》（1690 年、1692 年）中，再加以反驳。1689 年的《宗教宽容法》在他草拟下，很快成立，其中包括天主教、唯一神教、犹太教和异教，但规定非国教徒不许担任公职。但是，洛克独对无神论者不能容忍，因为他们对神无所畏惧，又没有宗教约束他们。他觉得他们的话不可信。他公开要求长老教派、独立教派、浸信教派、亚米念教派和教友派的容忍，但他不敢把统一教派包括在内，虽然 1683 年死于阿姆斯特丹的沙夫兹伯里第一任伯爵曾说，他曾自他的秘书洛克那里吸收了一些阿里乌斯教义和统一教派教义。

洛克认为法律只应该注意社会秩序的维持，它有权镇压一切破坏国家的动乱，但对人类灵魂没有裁判的权利。任何教会都没有权利强迫别人信它，如果在丹麦一个人因为不属路德教派就要受罚，在日内瓦因为信加尔文教就要受罚，在维也纳不是天主教徒就要受罚，那简直荒谬。总之，哪有一个人或一个团体，能将人类一切生命和尊严的真理包括殆尽？洛克告诉大家说，所有宗教在它们衰弱时都需要宽容，但它们坚强时丝毫不宽容。在他看来，宗教迫害都来自权力欲，或来自冒充为宗教狂热的一种嫉妒。宗教迫害只会引起人们的虚伪，宽容却能产生知识与真理。而且，我们怎么能保证迫害一位基督徒是一种善行呢？

洛克为宗教宽容大声呼吁，不断与人争辩，至死方休。他死前正着手写《论宗教宽容》的第四封信。1704 年，他安详地静听马沙姆夫人诵读《赞美诗》时，死神悄悄降临。

在他死前，他的哲学地位已经达到如牛顿在科学中的地位，人们称他为"哲学家"。他在正统的虔诚状态中结束生命时，他的书随着时代的改变，经过许多翻版和译版，传入欧洲高阶层的思想界。"西方的启蒙，"斯宾格勒（Spengler）说，"起源于英国，而欧陆的理性主义完全来自洛克。"当然不是全部来自洛克，但谁又能受得起别人如此夸大的称誉？

沙夫兹伯里（1671—1713）

洛克的学生库柏，沙夫兹伯里第三代伯爵，支撑起教育家洛克的信誉，但并不是说洛克必须替沙夫兹伯里的风格负责。洛克写的散文很朴素，一般来说也都很清晰，但很少写得优美。有钱有闲的沙夫兹伯里，文风温文而坚定，幽默而不促狭，也颇有法国式的优雅——这位标准的英国贵族自诩为一位哲学家。我们必须对他稍做讨论，因为他几乎奠定了现代哲学中审美学的基础，并自洛克和霍布斯二人无情的手中，将感觉和同情的观念解救出来，使后来卢梭具有的情感溪流得以流长。

在洛克的督导及安排之下，库柏得到精通希腊文和拉丁文的伯奇（Elizabeth Birch）的指点，使他在 11 岁时就能随心所欲地用这些文字。在温彻斯特学校毕业之后，库柏在外游历了 3 年。期间，他学会了法文和法国风格，培养了一点艺术欣赏的眼光，这是英国贵族不大具有的。他在国会中服务了一年——用来了解"两党的没有正义和腐败"是够长了。伦敦的湿雾使他的气喘加重，因此他又到了荷兰。他觉得荷兰的学术气氛很好，与斯宾诺莎和皮埃尔相互研讨。1699 年，他继承爵位，此后，在乡下的封地度过了他的余年。他去世之前的 4 年才结婚，而且对婚后愉快如昔甚为惊讶。1711 年，他将他的散文集合出版，用的总名是《人类、礼仪、观点及时间的特点》。1713 年他死时，年仅 42 岁。

一个在一生中都极走运的人，很少会为天堂而烦恼。他不赞成"热情主义"——在当时，该词代表盲信主义——以及当时追求这种主义的英国人。任何形式的强烈的感情和言辞，在他看来都是没有教养的。他认为嘲笑他们要比与他们纠缠更聪明。机智与幽默是他先前几篇论文讨论的题目，也是他对付一切事情最喜欢用的一种态度，甚至对神学也一样。他同意皮埃尔说的，无神论者也可能是好公民，他们对宗教和道德的破坏，甚至要比掌有权力的残酷的信仰少得多。他反对"敬爱崇拜一个上帝，他的性格是吹毛求疵、脾气大、易怒……又鼓励人与人之间的欺诈与不信任，对一小部分人好，而对其余的人十分残酷"。他怀疑这样一个神怎么会对人类的思想和行为有那么大的影响，他认为是人们的怯弱产生了对天堂的希望和对地狱的恐惧，只有对上帝的崇敬才是真正的美德，然而人就是那样，必须用最后审判的赏罚来教诲他们。"真正的人道与仁慈，是将强有力的真理隐藏在温和的眼光后面……对聪明人用比喻的方法告诉他们……可能是应该的。"因此，沙夫兹伯里替教会辩护，又试图用乐观的哲学来调和罪恶和有神论，认为罪恶只是人类的偏见。然而，他出版的那本集子对英国宗教的破坏，要比对英国非教徒的作品和主张的破坏更大。沙夫兹伯里同意亚里士多德和洛克的看法，认为幸福是人类行为的正确目标。他为哲学下定义，说它是"对幸福的研究"。但是，他反对人类的一切行为动机都以自我为中心，或以自己的利益为中心。根据分析（由霍布斯和拉罗什富科最后所做的）：

> 对在灾难中的人们或陌生人礼让、尊敬或仁慈，都不过是更有深度的自私心的表现。所谓诚实的心，也不过是更狡猾的心而已。诚实与天性好……是更有规律的自爱。爱小孩、爱自己的子孙，纯粹只是爱自己、爱自己的血缘……豁达与勇敢，毫无疑问也只是这无所不存的自爱的修饰！

沙夫兹伯里反对这种看法，主张人性的两面性：为个人利益的本能，能在团体中生存的本能。他相信社会与国家的起源不是社会契约的说法，而是"合群的原则与结合的倾向……在大多数人心中都自然而强烈地具有"，"在爱的基础上会自然地有感情、礼让、善意及对同类的同情……有这些自然而和善的情感，就是自我享乐最好的方法"。做一个好人，就是让一个人不断地倾向于为团体尽力，鼓励这种感觉的团体越大，人就会变得越好。这种社会同情的意识就是道德感，这是天赋的，不是后天的运用（每个团体互异），"是非感……是自然就有的，一如自然的感情一样，而且，是我们人性的一项原则"。

沙夫兹伯里借着印证它们，由伦理学讨论到审美学。善与美，是"以美为口味、以美为正道的一种精神"。因此，我们认为一些不合社会道德的行为是丑恶的，因为我们觉得他们以社会的一部分破坏了社会整体的和谐，破坏了既美又善的整体。一个人可以使他的生命成为一件艺术品——完整而和谐的——借着审美感的发展，一个"彻头彻尾好教养的人"（我们这位贵族相信）该这么做，而且"绝不会有粗野无礼的行为"，他的良好风格会指导他的行为，如同风格指导艺术创造一样。真理也一样是美的事物，因为知识的每一部分都和谐地构成一个整体。因此，沙夫兹伯里在艺术中走的是古典的路线，无论是造型还是和谐，在他看来都是诗、建筑、雕刻中不可缺少的基本要素，而造型后的加色琢磨，与那些原则相比就不重要了。他是将美视为哲学中的基本问题的第一人，他开创的这种美的讨论，在 18 世纪末启迪了凯姆斯（Lord Kames）和伯克（Burke）。

这是沙夫兹伯里多方面影响中的一面，他强调的感觉影响了浪漫运动，特别是称沙夫兹伯里为"欧洲令人叹赏的柏拉图"的一些人，如莱辛、席勒、歌德、赫尔德等，从而影响了德国。在法国，他的影响表现在两个人身上：狄德罗和卢梭。他对宗教的解释虽然理论上较薄弱，但在精神上触动了康德的研究。他认为同情是精神的根本，这在休谟和亚当·斯密（Adam Smith）口中再度出现。他论艺术的一些观点使温克尔曼（Winckelmann）狂喜。一开始沙夫兹伯里只是洛克知识上的学生，而未曾向洛克学习美学（也许是后人对先哲的一种很自然的反动），他后来反而成了一位论感觉、感情和美学的哲学家。

身为一个古典风格的艺术爱好者，虽然英国的诗歌和建筑都走了他的古典路线，但他是使欧陆浪漫复活的源泉。他对柏拉图的研究，后人中也只有贝克莱可以与他颉颃。

乔治·贝克莱（1685—1753）

他生于基尔肯尼郡的丹瑟（Dysert）堡，15 岁进入都柏林的三一书院；20 岁时他成立了一个研究"新哲学"的团体；21 岁时，他着手写他"陈腔滥调的书"，他希望由它将唯物论彻底粉碎。除非被感觉，否则任何事物都不存在，因此，只有心才是真实的，而物都是虚假的：

> ……物质的理论和有形的物质，曾是怀疑论者主要的支柱。因此，在同样的理论基础上，产生了一切反宗教和无神论的理论……任何时代中，物质都是无神论者的好朋友、好理由。他们所有奇奇怪怪的理论都认为必须以物质为基础。但这个基础一旦被取消，那么它的整个架构，没有其他选择，只有倒塌在地。在这种情形下，对无神论那些拙劣的理论，也就无须多加注意了。

因此，在以后的 7 年，到他 29 岁之前，贝克莱写出了许多重要的作品：《异象新论》（"An Essay towards a New Theory of Vision"，1709 年）、《人类知识原理》（"A Treatise concerning the Principles of Human Knowledge"，1710 年）、《三篇海拉斯与菲朗诺斯之间关于怀疑论与无神论的对话录》（"Three Dialogues between Hylas and Philonous, in Opposition to Sceptics and Atheists"，1713 年），第一篇对心理学和光学贡献颇多，其他两篇也深刻地激起了哲学界的一些波澜。

他论视觉的文章取材自洛克。洛克的文章中提起威廉·莫利纽克斯怎样向他提出一个问题：一个生来就眼盲的人，恢复他的视觉后，若仅凭他的视觉，能否分辨骰子的几个面？莫利纽克斯和洛克的看法是一致的：他不能。贝克莱的看法也一样，并加以分析。视觉本身并没有给我们距离、形状、关系位置、物体运动等感觉。除非由我们的触觉加以辅佐修正，我们才能有那种感觉。经过视觉与触觉不断的配合，视觉才有一种直觉的判断，然后才能判断出物体的形状、距离、地点、运动，好像我们已经接触到了它们一样：

> 一个天生的盲人在复明后，一开始视觉中没有距离的观念，日、星这样最遥远的东西与近物，在他眼中没有什么分别，甚至心中也分辨不出。进入他视线中的物体，在他看来（事实上它是）不过是一套新的思想或感觉，就像痛苦、快乐或灵魂最深处的激情等感知一样接近。因为，我们看到物体后的判断，都完全受我们经验的影响。

因此，空间是心理的结构，是一个建立在我们经验之上以配合我们视觉与触觉的关系系统。皇家学会在1709年和1728年的报告中提出了一个观点：一个一直看不见的人一旦被赐予光明，一开始他"不能做距离的判断，而会感到所有看到的东西好像触到他的眼睛一样……他辨认不出物体的形状，无论物体的形状、质地多么不同，他还是会将彼此弄混"。

《人类知识原理》（*The Principles of Human Knowledge*）对于25岁的青年来说，真是一本了不起的作品。在此书中，贝克莱思想再度超越了洛克《人类悟性论》中表现的。如果一切知识都来自感觉，除非我们去感觉，否则对我们而言，没有一件事是真实的，存在是感觉出来的。洛克曾提到过，感觉是外在事物压迫了我们的感官。贝克莱问，你怎么知道有客观事物存在呢？我们做梦时的观念和清醒时的观念不一样是生动的吗？洛克试图用物体的原始特性和第二特性的区别，说明物体单纯的存在。所谓第二特性是"心中的东西"，是主观的其他的特性——广延性、硬度、形状、数目、静或动——都是客观的，这些特性的根本，洛克也坦白承认对它们的无知。但就是那些东西，他与世人称之为"物"。贝克莱现在却说，物体的原始特性一如它的第二特性，是主观的：我们知道物体的广延性、硬度、形状、数目、静与动，也唯有通过感觉，才为我们所知；因此，这些原始特性也是主观的，也是观念上的。世界对于我们而言，不过是一大串的感觉，"是我们的心以不同的物体组成了一个可见的世界，但只要我们的感觉一旦不存在，它们也就不能存在"。将"物体的"原始特性和第二特性一并取走，则"物体"将变得空无一物或毫无意义，唯物论者就无话可辩了。

贝克莱也很注意唯物论者以外的人反对他对外部世界变为虚无的戏法。别人问他，如果没有一个人在房中，那么房子中不被感觉的家具是否就不存在了？他没有被问倒，他并不否认世界在我们感觉之外有物质的存在。外在的物质在我们没去感觉它们的时候仍然存在，是因为它们存在于上帝的感觉之下。而且，实在的情形（他继续说），我们的感觉不是因外在的事物而有，而是有神力加诸我们感官而产生的。只有精神能影响精神，上帝是我们有感觉、有观念的唯一泉源。

贝克莱同时代的人认为这不过是爱尔兰人的噱头，查斯特菲尔德爵士在给他儿子的信中写道：

> 贝克莱博士，这位既聪明又博学的人，曾经写过一本书，证明没有物质，以及除观念以外，没有其他东西存在……他的论点，严格地说是无法驳斥的。但我一直不能接受他那种说法，因为我必须不停地吃、喝、走路、骑马等，以维持我身体这个物质，尽可能地维持这些构成我躯体的物质。

世人也都知道约翰逊博士回答贝克莱博士的故事：

我们走出教堂后，有时就聚在一起讨论贝克莱主教聪明的诡辩：物质的不存在，而宇宙中所有的只是观念而已。我觉得，虽然我们不愿接受他的理论就是真理，然而他不易反驳。我永远忘不了约翰逊反驳他那生动的一幕，他用脚大力踢一块巨石，痛得缩回来，说"我不承认那个理论"！

贝克莱向这位文坛巨人解说道，他知道那块巨石和脚趾的痛都是主观的东西：一连串的感觉产生石头，一连串听觉等感觉的综合产生博斯韦尔这个人，一连串有系统的观念叫作哲学，这个哲学产生了反应，从而又引起了一连串其他感觉。休谟也同意博斯韦尔和查斯特菲尔德的看法："贝克莱的论点使人无从回答，但也不能使人相信。"

休谟觉得贝克莱的理论令人迷惑，但他仍读出一个反对的结论。他同意，我们感觉中物体的特性取消后，"物质"就要消失了；但是，他说"心"同样也是如此。我们曾提到洛克对这个问题的看法，贝克莱也预见了这个问题。在他的第三篇对话录中，海拉斯向菲朗诺斯挑战说：

> 你曾正式说，你对自己的灵魂毫无概念！然而，你同意有精神的存在，虽然你对它没有概念。你因为对物质毫无概念，又否认了物质的存在。你这么讲公平吗？……照你这种思想的方法，按着你的逻辑产生的结果，我认为你似乎只有一些飘飘荡荡的观念，毫无事实支持它们。文字不能毫无意义地使用，说唯心不比说唯物更有意义，因为一方总会被另一方击破。

菲朗诺斯（精神的爱好者），这样回答海拉斯（物质先生）：

> 我要说多少遍，我知道也意识到自己的存在。而且，我告诉

你多少次了，是我自己，不是我的观念，也不是其他东西，诸如思想、原则等，使我感觉、知道、运用我的观念。我知道，单单一个我自己，感觉到了光与音；而光不能感觉到声音，声音也不能感觉到光；因此，我是超乎于光与音之外而独立的一个东西。

休谟不为他这段话所动，他总结说，贝克莱同时将心与物一起毁了，而这位长期替教会辩护、光芒万丈的主教的著作，"却是自古至今所有怀疑论著作中最好的，连皮埃尔也比不过"。

贝克莱出版了他那3本论文后，又活了40年。1724年，他被任命为德瑞的副主教。1728年，由政府基金的支持，他航行至百慕大建立一个学院，"以求能改革西方殖民地中英国人的礼节，及将福音传播于美洲蛮人中"。到达了罗得岛的新港（Newport）后，他坐等2万镑的经济支持，但毫无结果。1732年，在他《一位深思的哲学家》（*The Minute Philosopher*）一书中，他将所有的宗教怀疑都做了个了断。他对爱德华有深刻的影响，曾写道："帝国西向发展也采用它的方法。"3年空等后，他回到英国。1734年，他被任命为克洛因（Cloyne）的主教。后来，他又成为斯威夫特·凡尼莎的遗产管理人之一，并继承了她一半的遗产。1744年，他写了一篇奇怪的论文《沥青水的作用》，文中前述的美洲蛮人提到过它，认为它是天花的克星。1753年他死于牛津，时年68岁。

没有人能在证实实体不存在这方面胜过他。他努力重建的宗教信仰及对霍布斯论者唯物主义的驳斥，都在英国产生了影响。他将哲学界整体上改变了，使"天堂中的所有景物，地球上的一切东西……所有组成世界的那些物体"，对于人而言，其存在只不过是心中的观念而已。这是一个冒险的说法，而且贝克莱会惧于去看休谟和康德从他虔诚的原则中得到的一些推理的批评。正因为如此，基督信仰中根本没有基本的教条存在了。我们佩服贝克莱理论结构的精密，我们也承认他是自柏拉图以来胡说乱诌最能吸引人的一位。我们可以在18世纪英、德两国中找到他的影响，法国较少。但到 19 世纪，在康德学派认识论的观点中，他的影响力又渐渐增强。

以上一切的一切，都是英国哲学中最佳的代表人物，培根用来召集聪明才智之士的钟声，在狂热的内战平息后，渐为人听见了。霍布斯是横跨无心旷野上的一座桥梁，牛顿是杠杆，借着他机械论也影响了神学，洛克则是现代哲学渐趋明朗的开端。由这四个人的四重奏，加上休谟的协助，英国开始在法、德产生巨大的影响。法国此时的思想家，不如英国这些人深刻及有开创性，却更为耀眼杰出，一则因为他们是高卢人，一则法国有更严格的检查制度，迫使他们将本质融于文体形式中，以及机智地运用他们的智慧。1726 年，伏尔泰来到英国，他回到法国时，带回了牛顿、洛克、培根、霍布斯的思想及思想上的其他影响。此后半世纪的法国都用这些科学与哲学的武器扫除迷信、愚昧思想和无知。

第五章 │ **法国的信仰与理性**
（1648—1715）

笛卡儿主义的兴衰

1694 年，法兰西学术字典将哲学家定义为：

> 一位献身于诸种不同科学之间关系的研究者，及由诸科学的结果追溯其原因和原则的学者。也可以说是一个人过着一种安静、远离尘世繁扰的生活，它有时也指一些受过心智上良好训练的人，他们认为自己是超乎一般民众的责任义务之外的。

由这个定义的第一部分，可知哲学与科学仍未分开，被认作"自然哲学"的科学，一直到 19 世纪仍被认为是哲学的一支。由上述定义的最后一句，我们可以在路易十四时找出 40 位不朽的人物，他们以哲学的思想散布革命的气氛，正如同启蒙时代的先驱发表他们的开场白一样。

按照上述定义，对笛卡儿的知识遗产褒贬不一，笛卡儿的知识本身包含三个方面：其一为怀疑论，作为一切哲学的序曲；其二是外在世界的宇宙机械论主张；第三是对传统信念的欢迎。他将上帝、自由意志和不朽的观念，从旋涡中拯救出来。笛卡儿自怀疑论始，而终于对神的虔诚，因此他的门生、继承人可以取其任何一个方面。早期沙龙中的仕女——莫里哀于 1672 年讽刺她们为才女——在新宇宙观的佳句中找寻一些令人兴奋的东西。塞维尼夫人称笛卡儿哲学为茶余饭后小圈子中的话题，她和格里尼安、萨布莱、拉斐特等都是笛卡儿派哲学家。香气馥郁的人常参加笛卡儿门徒举行的讲演。贵族们也学着讲哲学性的语调。笛卡儿学派讨论会每个星期都在吕内公爵的宫宅中举行，也在孔德亲王的巴黎王府、在首都的每一个辉煌的旅店中举行。宗教的课程——奥拉托利教徒（Oratorians）、圣本笃教徒、圣奥古斯丁教徒，都在学校中教授哲学。它造成了在科学和人文学科中崇尚理智的风气。

但是，由于他们明显的转变，帕斯卡贬笛卡儿学说是无神论的基础。"我不能原谅笛卡儿，"他说，"他会很高兴在他的哲学中弃掉上帝，他不能避免允许上帝弹指使世界运行，此后他就不再用上帝这名词了。"在这个观点上，耶稣会士同意帕斯卡的看法。1650 年后，他们反对笛卡儿学说中宗教信仰的不可捉摸，或根本不具有宗教信仰。巴黎神学院希望彻底禁止（放逐）笛卡儿。布瓦洛替他辩护，尼侬和其他人曾游说莫里哀写文讽刺巴黎神学院，神学院接受他们的非难。博学的于埃久已接受笛卡儿的理论，也因他对基督的信仰和拥护而反对笛卡儿。神学家们渐渐由于笛卡儿视物质为纯粹扩张的观点而警觉，1665 年路易十四禁止在皇家学院教授这种好恶相克的哲学。1671 年巴黎大学也公布禁止教授这一哲学，1687 年波舒哀加入反对笛卡儿的阵营。

这些再度对笛卡儿学说的攻击，集中于其怀疑论的方法论，及对其暗地里发表的论文的怀疑。18 世纪，几乎任何一度得胜的理论都不存在了，除了将外在事物囊括为物理和化学定理外。每项科学的新发现似乎都支持了笛卡儿的宇宙机械论，但又都在打击笛卡儿派的神学。亚伯拉罕、伊萨克、雅各布的上帝，在笛卡儿描绘的宇宙观中都毫无置喙余地，他们的基督亦然。在他们的心目中，所有的只是一个懒神，它是这个世界的原始推动人，然后又隐去了，这只能从笛卡儿学说的直觉中才能感觉到他的存在。他不是《旧约》中所称的全能而令人敬畏的上帝，也不是《新约》中慈悲的天父，而是自然神论的神，没有个性、没有功用、不太被重视，却臣属于不变定律之下的上帝。这样一个无用的上帝，谁会去向他祈祷呢？在 1669 年和 1678 年巴黎大学医学教授拉米（Guillaume Lamy）论医药能力的一些书中，提出了一个完全的机械心理学，比孔迪拉克的《感知论》（1754 年）、拉梅特里的《人体机能》（1748 年）要早。

西拉诺·贝热拉克（1619—1655）

对于我们大部分人而言，他是被埃德蒙·罗斯唐（Edmund Rostand）开心玩弄的爱人。真正的西拉诺并不十分失望，他很开心地过他的日子，爱他所爱，把一切时间花在他倾心的事上。他家世良好，加上正常的教育，使他（与莫里哀）热衷伽桑迪的演说。伽桑迪是一位与伊壁鸠鲁一样的唯神论者、与卢克莱修一样的无神论者。西拉诺，这位散漫的自由思想家，后来终于成为代表精神自由的堡垒。他曾到巴黎参加一个亵渎神明的狂饮组织，并曾赢得决斗者的称誉。他曾一度负伤而自军队中退役，从事哲学的研究。他写的第一出法文歌剧，因嘲笑人类在宇宙中不熟悉的地方旅游，开创了斯威夫特写作的手法。他嘲笑神圣的圣奥古斯丁说："虽然他的心被圣灵启发，显示出他独立的伟大人格。但在他的时代，地球只被认为像灶一样平坦，它漂浮在水上就好像切开的半个橘子。"

西拉诺试写过各种文学作品，很少是一本正经的写作，通常都有特殊的思想。他的喜剧《腐儒》（*La Pédant Joué*）比起莫里哀的剧作来说仍有一两幕算是很好的。他的悲剧《死亡》（*La Mort d'Agrippine*）于 1640 年演过一次，但立刻遭到当政者的禁演，一直到 1960 年才重新登台。此书 1654 年就出版了，当时巴黎叛逆的年轻人叫着剧中人塞扬（Séjan）无神论的语句：

> 那么，这些神又是什么东西？是我们恐惧的产物。我们不知何故就去崇拜他们……那些创造的神，绝未创造过人。

这个剧本出版后，西拉诺就遭到断梁之击，死时年仅 36 岁。他遗下一些稿子，后来分成两部分出版，《月球帝国笑史》（1657 年）和《太阳帝国笑史》（1662 年）。它们都是喜剧式的科幻小说，以笛卡儿派出发，认为行星是由远古物质剧烈的震动而造成的涡动形成的。西拉诺以为行星也一度如太阳一样曾经光耀过，但是：

> 在时间的冲激下，经过长时间的放射光芒，渐失掉了光明和热度，然后它们逐渐冷却、变黑，成为无活力的硬块。我们现在甚至能发现太阳黑点一天天不断扩大。谁又知道是否有一天黑点占满太阳表面，太阳失掉它的光明，又有谁知道太阳不会变成一颗像地球一样的暗淡的星球？

借着火箭的推动，西拉诺离开了地球，很快来到月亮上，他写道，"3/4 的路程，他感到地球吸引他回去，然后，后面 1/4 路程他感到月球的吸引"，"这个，我告诉我自己，是因为月球的质量小于地球的缘故，因此，它们吸引力的范围也有所不同"。令人炫目的登陆后，他发现他处在伊甸园中，然后，他开始与伊莱贾争论原罪的问题，也因此被赶出园外，到了卫星上一块荒芜的地方。在那里，他看到一个动物的家族，身长有 18 英尺，样子有些像人，但用四肢走路。它们之中有一个，曾在雅典替苏格拉底当过守护神，说着带有哲理的希腊语言。他告诉西拉诺说：用四肢走路是最自然又最有益健康的方式。因此这些月球上的绅士都有数百种感官，而非五六种，能知道人类不知道的无尽事物（丰特内尔、伏尔泰、狄德罗都申明过这些理论）。西拉诺的幻想如脱缰野马。月球人只以食物蒸发的雾气为生，而不吃食物本身，因此，他们不会有消化不良的毛病、排泄的无礼及时代的错误。月球上的法律是由年轻人制定的，经老年人修订。独身生活和贞操观念都是受指责的。自杀、火葬及大鼻子在他们看来都是好事，前面提过的那位苏格拉底的守护神解释说：世界不是创造出来的，而是永恒的。无中生有的创造（自经院学派那里学来的）是不可信的，因此宇宙的永恒与上帝的永恒一样容易被接受。既然世界是自己在运行、自己继续下去的一个大机械，假设有一位上帝的存在，实在是十分没必要的。西拉诺说：世界上一定有上帝存在，因为他曾亲眼看见过病愈的奇迹，那位守护神嘲笑这种观念是出于想象。正教被一位有力的黑人报复，他一手捉住西拉诺，一手捉住那个守护神，把那个守护神带下地狱，并贬西拉诺回意大利。意大利的狗见了他都狂吠，因为他有月亮的味道。斯威夫特也深深地被这个故事吸引。

马勒伯朗什（1638—1715）

马勒伯朗什几乎完全与路易十四同时代，比他早生几个月，而又只晚死一个月。马勒伯朗什生活恬静，神情优雅。他的父亲做路易十三的秘书时，他的叔叔正在加拿大当总督。他难产出生，此后一直不太健康。他的身体衰弱又亏损，能享有77岁的高龄，只有用修道院生活的安详和规律来解释了。22岁时，他参加司祭祈祷会这个宗教聚会团体，加入他们的沉思。26岁时他被任命为牧师。

同年，他读了笛卡儿的《论人性》，其内容和文体对他都有影响。他成了一位理性中带有高尚信仰的笛卡儿派学者。他开始用理智证明天主教的教条，这是由帕斯卡再回到阿奎那的勇敢行为，它表现出了年轻人的超常信念，但也将信仰的堡垒暴露于理智的侵犯之下。经过10年的阅读和写作，马勒伯朗什写成了4卷《真理的探求》（1674

年），成为法国哲学的经典之作。在此书中，一如法国其他哲学家，他接受了道德的责任，使哲学变成文学著作。

一位荷兰哲学家海林克斯（Arnold Geulincx），借否定这个互动研究马勒伯朗什、斯宾诺莎和莱布尼茨。物质的形体对非物质的心并无影响，反之亦然。两者之一看似对彼方有影响，那只是因为上帝在一个事物中创造两个不同的脉络——一个是形体的，一个是心灵的。它们配合的完美，好像两座钟一样，拨到同样的时间，以同样的速度进行到了一定的时候，就会不约而同地响起来，但彼此的运行是完全独立的——除了一些有限的条件——将它们拨到同一时刻，又一齐发动。因此，上帝也就是人们形体与心灵一连串因果的唯一条件；心灵的状态只是一个因素，而不是形体运动的唯一原因；而形体的运动——事件或感觉——也只是心灵状态的一项因素，而非单一条件；任何情形下，上帝都是最重要的条件。由于这个观点，海林克斯惧怕决定论，在他的理论中允许意识影响人的意志，而与上帝构成一个相互的关系，成为形体运动的真正原因。

马勒伯朗什将这个"偶然论"完成。上帝才是心灵状态和身体行为的原因。他们之间的相互关系是暧昧不明的，任何一方不会被对方影响。"上帝将空气带来，并令我能呼吸，对你说话的并不是我，我只是希望与你说话。"上帝是唯一的力量，无论是运动还是思想，都是因为这神圣的力量经心灵和形体的作用而引起。运动是上帝在物质形式上的作用，思想则是上帝在我们体内的思考活动。

在明显的决定论哲学中，仍有无尽的困难，在后期的论文中，马勒伯朗什曾尝试去解决它。他努力将人的自由意志与上帝做相当程度的调和，并将罪恶、悲哀和恶行与这个独一的、大慈大悲的创造者调和。我们可以不接受他这个如迷宫似的理论，但在他绕圈子的过程中，他提供了心理学上一个有力的线索——感觉——他认为感觉是身体的事，而非心理的事。心理有观念，而知外物为结构、大小、色泽、气味、软硬、声音、温度、味觉等观念的结合体。这种复杂观念并不是仅自形体而建立的，此处所指的大多数特质，并不是形体本身，而是我们对形体的许多断定，如大、小、明、暗、重、轻、热、冷、快、慢等，所描写的更是观察者本人的地位、情况和态度，而不完全是被观察的形体。我们并不了解事物，我们所知的是有主见和变形的认知与观念（这些都在洛克和贝克莱发表学说之前 30 年就提出了）。

尽管他有精神上的宗教背景，马勒伯朗什继笛卡儿和霍布斯之后，提出了对习惯、记忆和观念的生理学解说。习惯是动物体内经验运行的精神表达。记忆是经验产生联想的反应。观念是与以往关系和接触有关联的。性格的强度、意志的力量，是动物脑膜中的一股力量，这个力量促成联想与构想的加深。

虽然马勒伯朗什是这样一个虔诚的人，但他的哲学中仍有深意，使波舒哀这样警觉的正统维护者不安。他巧妙地鼓动阿诺德，以他那生动的笔锋从发扬詹森教义转而来维护信仰的正统，他力促阿诺德挑出马勒伯朗什掩饰的异端邪说。这位哲学家（马勒伯朗什）写了一连串优美而令人叹服的论文来答辩。1683 年至 1697 年，这项争执一直没有平息。波舒哀又找来费奈隆助阵。塞维尼夫人眼见闹下去终归不利，而她又是受损者，便抱怨说，她认为马勒伯朗什的罪恶观实在没有必要。

然而，马勒伯朗什也有许多热心的支持者足可与批评他的人抗衡，青年和老妇都有，认为他的上帝原则是皈依主的唯一凭借。来拜访他的法国人和外国人很多，门前的路都为之踏穿。有个英国人说他来法国只为看两个名人：路易十四和马勒伯朗什。贝克莱也曾带着景仰的态度来和这位年迈僧侣长谈。不久，年已 77 岁的马勒伯朗什身体转弱，日渐消瘦，直至不能思维，于 1715 年 10 月 13 日在憩睡中离开人世。

他的声名随他的去世迅速消失，因为他的宗教哲学和摄政主教的那套不合。但他的影响，可在莱布尼茨企图告诉世人真实的世界是何物中，在贝克莱认为事物存在于我们或上帝的认知中，在休谟分析成因为神秘性的说法中，在康德强调知识形成的主观论点中，甚至在启蒙时代的决定论学说中都可看出。如果说所有行动、意志和观念都来自上帝，也就等于说每一心或物的变换，是当时宇宙中运作力不可避免的结果。虽然他自己不承认，但马勒伯朗什在他思维的无我境界里，是把人当作机械式的。

偶然论是介乎笛卡儿和斯宾诺莎思想之间的。笛卡儿认为物是机械论，心则是意志自由。马勒伯朗什以为只有上帝才是精神行动的唯一根源。斯宾诺莎和马勒伯朗什差不多，都推崇上帝，也同意他的说法，认为心智和物质都是由一造物力量造出的。但斯宾诺莎认为处处皆有神，而宣扬泛神思想，"上帝或自然"形成了他的哲学，也形成了启蒙时代的哲学。

皮埃尔（1647—1706）

这位"启蒙运动之父"是一个在比利牛斯山山脚弗瓦公爵属地克拉城服务的胡格诺派牧师的儿子。皮埃尔25岁前一直住在那里，接受希腊文、拉丁文以及加尔文教的熏陶。他是一个敏感而易动情的年轻人。他的家人尽其能力所及送他到图卢兹的耶稣会学校接受最优良的古典教育（1669年），他很快改信天主教，信得非常诚笃，以至于想叫他的父兄也改教。他们对他很宽容，终于在17个月后，他恢复双亲的信仰。然而，此时他已成为一个故态复萌的异教徒，时时有被罗马公教迫害的危险。他的父亲为了保护他，将他送到日内瓦的加尔文教大学（1670年），希望他成为一个抗议教派的神职人员。但皮埃尔在那里发现了笛卡儿的作品，于是开始对各类形式的基督教产生怀疑。

完成学业后，他住在日内瓦、里昂、巴黎等处，当家庭教师维持生活，后来跃升为色当（Sedan）胡格诺派神学院的哲学教授（1675

年）。1681 年，神学院被路易十四下令关闭。皮埃尔来到鹿特丹，在杰出书院（École Illustre）任历史与哲学教授以栖身。

他那个时代许多流亡知识分子把荷兰共和国当成一个独立思想的避难所，他是其避难所的中的第一人。他的薪俸微薄，但他满足于过朴实的生活，只求有机会接近书本。他不曾结婚，宁可要图书馆而不要妻子。他并非不在意女性的优雅与娇媚，有女子向他柔媚求爱时他也会衷心感激，然而他一生为头痛和忧郁症所困，不愿使别人和他一起受束缚。他也会有尖酸刻薄的时候。有一回一位法籍耶稣会教士曼堡·路易斯在《加尔文教史》（*History of Calvinism*）一书中辩称天主教徒之所以改信新教是为了便于结婚，皮埃尔质问说那怎么可能，"因为还有什么十字架比婚姻的十字架更难背负"？

他在一部 1682 年出版的书信中评论缅因姆布尔格的书。他怀疑一个深信某一信仰的人能否写出真实公正的历史。对一个称路易十四对付胡格诺派教徒的方法为"公平、温和、慈善"的历史学家，我们怎么能信任呢？从当时深受法国人攻击的荷兰，他转向路易十四，问："国王有什么权利强迫人民接受他自己的信仰？假如他有这个权利的话，那么罗马皇帝就可以理直气壮地迫害基督徒了。"皮埃尔认为良心才是人类信仰的唯一指导者。曼堡·路易斯从路易十四那儿弄来一道命令，下令行刑者焚毁法国可见的所有皮埃尔的著作作为答复。

同年，皮埃尔出版第一部重要的著作《彗星研究》，即对于 1680 年 12 月横过天际的彗星的种种思索。所有的欧洲人都被这颗尾巴似乎预言着世界大火的彗星震慑了。我们只有把自己置身于那个时代的恐惧时——天主教与新教都将这种现象看作是神的警告，而且相信它们随时都可能为充满罪恶的地球带来神的威怒——我们才能体会人们当时看到那颗彗星时的恐惧，也唯有如此，我们才能欣赏到皮埃尔言论的勇气与智慧。即如博学的弥尔顿也宣称"彗星从它可怕的毛发中掷下灾疫与战争"。皮埃尔根据他对新近天文学研究的讨论（1682 年的哈雷彗星尚未出现）向他的读者保证说，彗星依一定的法则横过天际，与人类的祸福毫不相干。他慨叹人类对迷信的执迷不悟。"愿意找寻众人的谬误者便不会被灭绝"，他驳斥所有《新约》以外的神迹。"在完整的哲学中，自然不过是上帝依其自定法则而行动。因此，自然之手与神迹一样是神力的表现，即如有一力量大如神迹，要以此依照自然的世代法则来创造一个人，也如要人死而复生一般困难。"

皮埃尔勇敢地涉及历史上最困难的一个问题：自然伦理是否可能存在？道德标准在除去超自然信仰的支持后是否能维持下去？无神论是否会败坏道德？皮埃尔说，假如是的话，则从遍布欧洲的罪行、贪污和不道德中，我们可以下结论说，大部分的基督徒都是秘密的无神论，犹太教徒、穆斯林、基督徒和异教徒在信仰上有所不同。表面上的宗教信仰对行为绝少有影响，因为欲望和狂热要比信仰强烈。基督教的教条对欧洲人的勇敢观念和荣誉感有些什么影响？这些概念大为赞扬那些毫不迟疑对侮辱、伤害加以报复的人，以及长于战争、发明无数武器以助攻伐的人，"异教徒从我们手中学会使用更佳武器。"皮埃尔下结论说，一个无神论的社会，其道德不会比一个基督教社会差。使我们安分守己的，并非是对地狱那种虚渺、不确定的恐惧，而是对警察、法律、社会人士的指责和耻辱及吊问者的恐惧，除了这些世俗的约束外，便是一团混乱。将这些保留下来，无神论社会便能存在。我们在古代也可以发现这类型的无神论者，如伊壁鸠鲁与两位普林尼、近代的斯宾诺莎（皮埃尔未涉及平常人的道德在法律无宗教辅助时是否会更糟的问题）。

这篇有关彗星的文章匿名出版。皮埃尔在出版最主要的期刊之一《文学界新闻》时也同样小心防范。该刊第一期页数达 104 页，1684年 3 月在阿姆斯特丹出版。这份杂志有志于把所有在文学、科学、哲学、学术、探险、历史学上的重大发展报告给读者。就我们所知，皮埃尔一月接连一月包办所有内容，达 3 年之久。我们可以想象出他在这一期间的勤奋。1685 年他鼓起勇气承认自己是作者。两年后他的健康崩溃，将主编的责任交予别人。

同时，皮埃尔的家人成了法国迫害胡格诺教徒的牺牲者。直接或间接地，由于龙骑兵的影响，他的母亲于 1681 年去世，父亲于 1685 年去世，他的一位兄弟被囚禁，不堪虐待而死。6 天后（10 月 18 日），《南特诏书》被撤销，皮埃尔深为此震惊。与伏尔泰一样，他除了笔之外没有别的武器。1686 年，他以一篇宗教宽容的经典之作，向他的迫害者提出挑战。

宗教迫害者声称他们在一则基督所讲的寓言中找到上帝所予的行动许可。寓言说，一个人在见到一位他所邀的客人未赴宴后，对他的仆人说："快到市内街头里巷间去，将穷人、残废者、跛子、瞎子都带来……强迫他们进来，好让我的房屋装满人。"皮埃尔可以轻易地说明这些话与强迫统一宗教信仰一事并无任何关联。相反，当时欲强使信仰趋于统一的企图使半个欧洲生灵涂炭，宗教派别分歧的状况使任何一教均无足够的力量实施禁教。再说，我们中有谁能确信自己拥有真理，可以伤害有歧见的人？皮埃尔对新教徒和天主教徒的迫害行为、基督徒对非基督徒的迫害行为都一并加以声讨。他和洛克不同，他主张把信仰自由扩展到犹太人、穆斯林及自由思想家身上。然而，他忘记了自己所说的无神论者和基督徒同样是好公民的话，而提议对不信天命及惩恶的自然神的人不应施以宽容。这些不畏上帝而做伪证者会使法律难以施行。至于其余的，则唯有不宽容才不应被宽容。一个新教徒国家对自以为拥有唯一真正的信仰，因而阻止不宽容的天主教的兴起是否应该宽容？皮埃尔认为在这种情况下，天主教徒"应当被剥夺作恶的力量……但我决不赞成他们个人受到侮辱，也不赞成干涉他们信仰其宗教和享受其财产，也不赞成在他们诉诸法律时对其施以不平等的待遇"。

新教徒和天主教徒一样，对这一宽容计划都很不以为然。皮埃尔在色当的友人和同事皮埃尔·朱利厄（Pierre Jurieu），那时已是鹿特丹的加尔文教公理会的牧师，他在一篇题为《宗教上两统治者——

良心及王侯的权利》（"The Rights of the Two Sovereigns in the Matter of Religion：the Conscience and the Prince"，1687 年）的文章中攻击皮埃尔。朱利厄主张击毁漠视宗教的教条及一本称为《一个哲学评论》（*A Philosophical Commentary*）书中的普遍宽容。他同意教皇的说法，认为一个统治者有权击毁一种假宗教，他更为宽容犹太人、穆斯林、苏塞纳斯教徒、异教徒的说法感到震惊。1691 年，朱利厄向鹿特丹的市政首领们提出请愿，要求开除皮埃尔的教授籍，他们拒绝。但 1693 年的选举更换了政府人事，朱利厄再度出击，控诉皮埃尔是无神论者，皮埃尔终于被开除了。"上帝使我们免于新教徒的宗教裁判，"这位哲学家说，"五六年后，情况会变得更可怕，那时候人们就会期望罗马人再回来了。"

皮埃尔很快恢复他的洞察力与好性情，使自己适应当时的环境。现在他可以把所有的工作时间，都集中在编纂已着手的划时代的《字典》上，对于他来说这已是莫大的安慰。他使自己习惯于依赖积蓄和一些出版商的酬金过活。他接受法国驻荷兰大使和 3 位英国伯爵的资助，却婉拒沙兹伯里伯爵 200 先令的赞助费，后者要求把《字典》献给他。他有一些朋友，但很少娱乐，"一般消遣、游戏、乡间小游……及其他娱乐都不是我的正事。我不花时间在那上面，也不在家务上费心，从不刻意追求喜好的事物……我在所从事的研究工作中发现甜美与安详，那便是我的快乐……我要对自己和缪斯女神欢唱"。

如此他便静静地待在屋子里，每天工作 14 小时，一页接着一页地写那部日后将成为启蒙运动源泉的书，那两部 2600 页的巨大对开本书于 1697 年在鹿特丹出版。他称它们为《历史与批判字典》，它们不是字汇的累积，而是对历史、地理、神学、道德、文学、哲学上的人名、地名、思想的研究。他把最后的试印本送给印刷商时，他叫道："骰子已掷下去了！"这是一个生命与自由的大赌注，因为那本书比同世纪其他书含有更多的异端思想，甚至比它的孙辈作品，即狄德罗与达朗贝尔的《百科全书》（1751 年）也有过之而无不及。

皮埃尔起初只带着一个有限的目的——从正统天主教的观点为路易·莫雷里（Louis Moréri）于 1674 年出版的《历史大字典》做修订辑补的工作。然而，随着工作的进行，他的目标也随之扩大。他从未敢让他的书做到巨细靡遗，也没有讨论西塞罗、培根、蒙泰涅、伽利略、贺拉斯、尼罗、托马斯·莫尔的文字，科学与艺术多被忽略。另一方面，它包含有一些关于鲜为人知者如阿吉巴、阿科斯塔、伊萨克·阿布拉瓦内尔的文章。所占篇幅的多寡也不依其历史重要性，而是依皮埃尔的兴趣而定。在莫雷里书中仅占 1 页的伊拉斯谟，在皮埃尔的书中却占及 15 页，阿贝拉尔也占去 18 页。编排按照字母顺序，重要的事实在正文中，但在许多地方，皮埃尔往往附上一个小注，在那里做"零碎的证明和讨论……有时还有一连串的哲学思考"。他就是用这种编排方式把异端思想瞒过众人耳目的。他在空白处标明出处，这些都显示出一个人在一生中几难达到的阅读和研究深度。有些注中含有不雅的掌故，皮埃尔希望如此可以增加销路，他在私底下则引以为乐。读者们很欣赏他那遒劲潇洒尖酸的风格，巧妙地暴露时下信仰的弱点，及不经意的加尔文正统口吻。第一版的 1000 册在 4 个月内即已售罄。

皮埃尔的方法是检点权威，搜寻出事实，阐明对立或矛盾的道德，按理求得结论，然后，假如这些有害正统，即虔诚地引用《圣经》和信仰来驳斥它们。朱利厄生气地质问："对皮埃尔认为牢不可破的反对理论，人们难道就没信心来驳斥吗？"此外，字典编排不好，有些重要的讨论出现在琐碎的题目或不切题的标题下。"我没办法老是思考同一问题，我太喜好改变。我经常逸出题外，跳到令人摸不清出处的地方。"大多数时候，他的口气是斯文有礼、谦逊、无教条意味而风趣的，然而有时，皮埃尔变得尖酸刻薄。在论奥古斯丁的文章中，对这位伟大的加尔文教徒的历史坚贞、深沉的哲学及宗教不宽容不给予丝毫宽容。皮埃尔宣称他承认《圣经》是上帝的话，但他圆滑地指出，要不是它有如此杰出的作者，他绝不会相信其中的一些奇迹故事。他把异教徒的传奇故事——海格力斯被一只鲸鱼吞食的故事，与《圣经》中类似的故事编排在一起，好让读者们去思考为何一个故事会被接受，另一个故事却要被排斥。他在他最著名的文章内重述大卫王的屠杀、险诈及奸淫故事，让读者去思索为何这么一个戴了皇冠的流氓，居然会被基督徒推崇为基督的祖先。他发觉要接受约拿和鲸鱼的故事还容易些，但是要相信亚当和夏娃堕落的故事却难多了。一位全能的主怎么可能在已预知他们会使全人类蒙上"原罪"之耻并使他受千百灾难的情况下创造出他们？

人假如是至善、至圣与全能的生灵，他会生病、会受寒暑、饥渴、苦痛与悲伤的打击吗？他会有这么多劣根性吗？他会犯这么多罪吗？至圣会塑造犯人吗？至善会制造不快乐的人吗？全能，加上无疆之善难道不会为它们自己的产品添置足够的好东西，使他们不至于受恶事所害吗？

《创世记》中的上帝如果不是残酷的神，便是神力有限。皮埃尔以极富同情的态度与有力之笔阐示摩尼教（Monichean）的二神观念：一为善神，一为恶神，两相争夺以控制人类。既然"拥教皇者（the Papist）以及新教徒都同意鲜有人能逃避天惩"，如此看来则恶神似正赢得对基督之战，而且他的胜利是永远的，因为神学家已向我们保证说，地狱难逃。既然有，或者说将有比在天堂更多的人在地狱，而且那些在地狱的人"永远咒骂上帝，则恨上帝的人就会比爱上帝的人更多了"。皮埃尔恶意地归结说："我们在订下崇荣信仰、诋毁理性的学理之前，不应与摩尼教徒互相攻伐。"

论皮洛（Pyrrho）的文章显示出他对"三位一体"的怀疑。因为"与第三者没有分别的事物，彼此也不应有分别"。至于变质说，则因"物质的形态""不能脱离其所缘饰事物的本质而存在"——因此面包与酒的外表便不能改变。至于所有继承亚当与夏娃的罪过的人们，则"一个不存在的生灵，不可能是坏事的共谋者"。这些疑点由他安排从他人口中说出，他自己仍立在信仰这边驳斥那些言论。皮埃尔引述说："不虔敬的人妄称宗教不过是人类的创造物，统治者借以维持子民忠诚的东西。"在论斯宾诺莎的文章中，他离题攻击这位犹太泛神论者，说他是无神论者，但他也发现斯宾诺莎有吸引人之处，因为这篇文章是他的《字典》中最长的一篇。皮埃尔向神学家们重提保证说，他在文章中表示的怀疑绝不会摧毁宗教——因为这些事情不是愚夫愚妇们所能了解的。

法盖（Emile Faguet）认为皮埃尔是"无可怀疑的无神论者"，事实上他不仅是怀疑论者，他对怀疑论也有怀疑。既然次层的感觉官能多是主观的，客观的世界与显示在我们眼前的世界应大大有别。"事物的绝对性质不为我们所知，我们仅知道它们彼此之间的一些关系。"在2600页的推理中，他承认推理的弱点。一如它所依赖的感官一样，它也会欺骗我们，因为它经常会被狂热的情绪蒙蔽。决定我们行动的，是欲望和狂热的情绪，不是理性：

> 怀疑的理由本身也值得怀疑，因此一个人必须怀疑他是否应该怀疑。多糟啊！对心灵是何等的折磨……我们的理性便是通向流浪之途，因为它在展现最微妙的功用时，也把我们掷进了深渊……人类的理性正是毁灭的原理，而不是启迪的原理，它只适于引起怀疑，然后便千方百计地延续争论。

因此，皮埃尔劝告哲学家们不要给哲学过高的评价，他还建议所有的改革家不要期望过多的改革。因为，既然人性在每个时代中总是一样的，它继续以其贪婪、好斗、情欲等本性，造成扰乱社会的问题，使乌托邦的理想夭折。人类不会从历史上得到教训，每个时代的人都表现了同样的情欲、妄想与罪行，因此民主越彻底，错误也更大。让那些忙碌、没有知识、易冲动的群众选择统治者和政策，等于是国家的自杀。即使是在民主的外表下，某种程度的君政也是需要的。进步也是一种妄想，我们错把运动当作进步，实际上它们可能只是前后摇摆而已。我们充其量只能希望有这么一个政府，它虽然被贪污与不完美的人掌控，却能给我们法律与秩序，好让我们安全地培植我们的园地，静静地追寻我们的学问与嗜好。

皮埃尔在他剩余的 9 年中却不曾获得这份宁静。他的读者们读完他那些奔放豪迈的文章后，一股愤恨之潮汹涌而起。鹿特丹华隆教会（the Walloon church）的宗教会议召令皮埃尔前去，控诉他的《字典》含有"不道德词语及许多淫秽的引文"，在论无神论、伊壁鸠鲁的文字中有冒犯性的字眼。朱利厄盛怒不减，再度攻击他，于 1706 年发表了一篇煽动性的文字《被控诉、攻击、定罪了的鹿特丹哲学家》（"The Philosopher of Rotterdam Accused, Attacked, and Convicted"）。

皮埃尔在此文再版后健康崩溃，患了肺病。这些年里，他一直咳嗽，时发高烧，因头疼而变得沮丧。他心知病治不好，便向死亡投降，把自己关在房间里，夜以继日地针对他的批评者做答辩。1706年 12 月 27 日，他把稿子送给印刷者。次日早晨，他的友人发现他已逝于榻上。

他的影响弥漫 18 世纪。他的《字典》一再重印，与成千精神反叛者的内心戚戚共鸣。1750 年，法文已发行 9 版、英文 3 版、德文 1 版。鹿特丹的崇拜者为他竖了一尊铜像，和伊拉斯谟并列。在他去世的 10 年中，学生们在巴黎马扎然图书馆（Mazarin Library）排长龙等候阅览《字典》。我们检视一下法国的私立图书馆，可以发现这本书比其他的书被更多的地方收藏。几乎每一位有影响的大思想家都受到他的影响。莱布尼茨的《神正论》（Theodicy）一书大部分便是用来回答皮埃尔的。莱辛的心灵的解放及他为宗教宽容所做的辩论，都源自皮埃尔。腓特烈大帝最初也许是从皮埃尔处得到他的怀疑主义，而不是得自伏尔泰，他称该《字典》是"理智的日祈书"，在他的图书馆里藏有 4 部，同时督导发行一种节缩为两册的较便宜版本，以吸引更多的读者。沙夫兹伯里和洛克较少受皮埃尔的影响，他们都在荷兰与他相识，洛克的《宽容论》是按照皮埃尔的《评论》（*Commentaire*，1686 年）的方式写成的。

然而，皮埃尔的最大影响当然是针对启蒙运动哲学家们的，他们幼年时所赖以哺育的便是《字典》，孟德斯鸠和伏尔泰拿亚洲做比较，以批评欧洲建立新政治制度的技巧可能都学自皮埃尔。一如法盖所下的判断：1751 年的《百科全书》不"仅仅是皮埃尔《字典》的修订、校正、稍增后的版本"，实际上它的许多立论基础和启发性的观念，都是从那两册来的。该书论宽容的文章还似乎过于慷慨，向读者指出皮埃尔的《评论》已"穷尽了这个题目"。狄德罗秉其坦诚胸怀，承认他的受惠，而敬称皮埃尔为"古今人物中最可敬畏的怀疑主义斗士"。伏尔泰是皮埃尔的学生，具有更健康的胸肺、更大的能力，更长寿、更富有、更充满机智。百科全书派的哲士们正是皮埃尔的回响。费内（Ferney）常常和皮埃尔意见相左，如：伏尔泰认为宗教助长了道德，假如皮埃尔有五六百个农民治理，他一定毫不迟疑地为他们立一惩恶劝善的上帝。他认为皮埃尔是"曾有著作者中最伟大的说理辩证家"。总括来说，18 世纪的法国哲学是皮埃尔的爆发性拓展。随着霍布斯、斯宾诺莎、皮埃尔、丰特内尔，17 世纪基督教和哲学之间展开了一场历久艰苦的战斗，带来了巴士底狱的崩溃及一场理性女神的飨宴。

丰特内尔（1657—1757）

丰特内尔在百年生涯的前 40 年，独立于比他早些的皮埃尔，孤军进行哲学之战，皮埃尔去世后，他以小慢板式继续该战争达半个世纪之久。他是享寿长久者之一，正好弥补了波舒哀与狄德罗之间的裂缝，而把 17 世纪较温和、较严谨的怀疑主义带到 18 世纪的思想混战中。

　　他 1657 年 2 月 11 日生于里昂，甚为孱弱，人们生怕他在天黑前就死去，所以立刻让他受洗。他的所有循环系统都很脆弱，肺很不健康，甚至打弹子时也会呕血。但他节省精力，避免婚姻，禁绝欲望，充分睡眠，因而比同时代的人活得更长久，而且和伏尔泰谈话时还记得莫里哀。

　　他时常有写作冲动。他也梦想写戏剧，但他所写的剧本和歌剧牧歌、情诗都缺乏热情，由于冷酷而毫无生趣。法国的文学正失去其艺术之光和新思想时，丰特内尔发现科学可能成为比《启示录》更骇人的启示、哲学是一种超然于所有争战之上的悲天悯人之战后，他发现了自己。他不是一个战士，他太和蔼而不宜于争论，心胸极为开朗，不会在辩论中发脾气。他深知真理的相对性，不会把他的思想系在绝对的层面。然而，他"洒下了龙齿"（sowed dragon's teeth）。他和想象中的伯爵夫人故作交谈时，启蒙运动大军随着伏尔泰那匹风驰电掣的快马、费尔巴哈的骑兵团、百科全书派的工兵及狄德罗的炮兵蜂拥而起。

　　他对哲学的第一炮攻击是一篇 15 页的论文《寓言来源》（"L'Origine des Fables"），事实上这是一个对神的来源的社会性研究。我们几乎难以相信他的传记上所说的，这是他 23 岁时的作品，虽说他很世故地把原稿形式保留到 1724 年弛禁时，文章的精神却完全是"近代"的。它认为神话源于原始的想象，而不是僧侣的发明——最重要的是，它以为神话是因单纯心灵易于将过程人格化而产生的。这样一来，河流之所以流，是因为上帝倒了水，所有的自然作用也都成了神祇的作为。

　　　人们看到许多超乎他们能力之上的奇迹：击雷、兴风作浪……人类想象能制造这些现象的，是比他们具有更大能力的生灵。这些能力高超的生灵必须具备人形，因为人们无法想象出其他形象……因此神便是被赋予优越能力的人……原始人类不能想见比体力更值得崇拜的性质，他们不曾想到"智慧"、"正义"，也没有相当于此的字眼。

丰特内尔早于卢梭半个世纪驳斥卢梭对野蛮人的理想化，原始人是既笨又野蛮的，但是，他补充道："人类是很相似的，因此没有任何一个种族的愚昧不令我们战栗。"他还特意补充说他对神的自然解释并不适于基督教或犹太教的神。

丰特内尔一面把那篇小文章搁置以待安全时机，一面从卢奇安那里借用了一页和一个标题，于1683年1月出版了一本小书，称为《死者之语》(*Dialogues des Morts*)。这些想象出来的已逝大人物之间的交谈非常受欢迎，3个月中便再版，旋即又出了第三版。皮埃尔在他的《新闻》(*Nouvelles*)一刊中对它倍加赞赏。1683年末，该书已被译成意大利文和英文，时年26岁的丰特内尔也赢得了全欧的声名。交谈式的体裁在一个充满查禁风气的世界中是很有用的，几乎任何想法都可以通过交谈者之一说出，而被另一人"驳斥"，然后又被作者否认。然而，丰特内尔风趣的心情大于叛逆的念头，他讨论的问题都不过于激烈，没让任何神职人员受到打击。但这位从奢侈逸乐中心来的人，也承认纵欲派的生活是枉然的，因为它会因过度而减少快乐，并增加痛苦的来源和程度。荷马赞扬伊索用寓言来教人真理，却警告他说真理是人类最不重视的东西。"人类的精神非常同情于虚伪……真理只得假虚伪之形才会被人类以愉悦的心情接受。"丰特内尔说，"假如我手里掌握着所有的真理，我一定会小心翼翼地不让人们知道。"不过，那也许是因为对人类的同情及不顾一切的追求之故。

《死者之语》中最令人愉快的地方是蒙田遇见苏格拉底，其人必在地狱无疑，他们大谈起进步的观念：

蒙：这可是您——可敬的苏格拉底吗？见到您多令人高兴啊！我从刚踏入这里起一直在找您。终于，在把您的名字和美填满于书中后，我可以与您交谈了。

苏：我很高兴看到已逝的人竟曾是个哲学家。但是既然您最近方才打从那上边来……让我向您打听打听新闻。世界如何了？它难道不曾改变许多吗？

蒙：确是改变许多，您恐怕都要认不得啦！

苏：我很高兴听到这个消息。我一向相信它会变得比我在的时候更好或更具智慧。

蒙：您说什么？它比以往更疯狂、更腐败了。那才是我要与您讨论的改变。我一直都期望着从您那里得到您生活的时代，那个充满诚实与正义的时代的情形。

苏：我吗？恰好相反，一直都期望着知道一些您生活那时代的形形色色。什么？人类还没有改正古老的愚昧？……我希望事情能够转向理智那一面，也希望人类能从这许多年来得到经验。

蒙：人类从经验中得到益处？他们就好比是一再被捕捉的千万只同类鸟儿所生的小鸟。每个人开始新的生命，父母亲的错误又传给孩子了……任何时代的人类都具有相同的倾向，那是理智无法控制的。无论何时，有人类便有愚昧，甚至是相同的愚昧……

苏：因为您对您自己的时代感到愤慨，所以您把古代理想化了……我们活着的时候，对祖先的评价超过他们应得的，现在我们的后代又过度地赞美我们，然而我们的祖先、我们自己及我们的后代，却是不分轩轾的。

蒙：难道不是有些时代较富道德，而有些时代较邪恶吗？

苏：不见得。衣着会改变，但这并不是说身体的形态也会改变了。文雅与鄙俗、知与无知……不过是人类外在所有的，那些都会改变，心灵却丝毫不曾改变……百年之中的无数广大愚众中，自然这里或那里会有……几十个有理性的人。

这个悲观结论得出几年后，丰特内尔在《古今别话》（1688年1月）一书中采取了较为乐观的看法。在此，他做了一个有益的区分，在诗歌和艺术方面不曾有可见的进步，因为这些是依赖情感和想象的，是世世代代几乎不会改变的。但在科学和知识上，则出于缓慢的积累之故，我们可能超越前人。丰特内尔指出，每个国家都经过类似个人的几个阶段：婴儿时代，它全心全力求满足物质上的需要；年轻时代，它加上想象力、诗歌及艺术；成熟时，它可能达到科学与哲学的境界。

丰特内尔认为他能看到真理，是因为渐渐剔除了错误的观点。"古人已将可能形成的谬误理论——澄清，真使我们受惠不浅。"他假定笛卡儿已发现了一个新的、更好的推理模式——数学的推理，他希望科学能因此而跃进成长：

> 我们看看过去百年来在有偏见和障碍存在、科学界人士很少的情况下，科学取得的进步，我们几乎会受欺而对未来寄予过高的期望。我们的科学尚在褓褓之中，然而我们将见到新的科学会从空无一物中产生。

如此，丰特内尔构成了他的进步理论——《事物的进步》。一如百年后的孔多塞（Condorcet），他认为这个进步在将来是无可限量的，此处已出现"人类无可限量地臻于完美的可能"。进步的观念已全面传播开来了，经过18世纪而变成了今日思想的利器之一。

同时，想象力始终惹人注意的丰特内尔也走近了巴士底狱。约1685年，他出版了一篇简短的《婆罗洲之旅》。丰特内尔把这次航行描写得非常生动（继起者便是笛福和斯威夫特），以至皮埃尔在他的《新闻》中还把它当成真实的历史看待。它描述的伊内古和雷欧的冲突，便是对日内瓦和罗马间冲突的明显讽刺。法国政府推敲文字后，丰特内尔似乎难逃牢狱之灾了，因为这段取笑文字就是在《南特诏书》撤销令之后出现的。他于是迅速印行一首诗，高呼"路易大帝时代的宗教胜利"。他的道歉被接受了，事后丰特内尔故意让政府不懂他的哲学。

他折返科学，自承起在法国传播科学的责任。他太好安逸，不愿直接做实验或研究，但他很懂科学，一点一点地饰以文字技巧，而介绍给他智慧渐启的读者。为了普及哥白尼的科学，他创作了《世界多元性丛谈》（1686 年）——虽然时距哥白尼的"地转说"之出现已有143 年，但在法国很少人接受太阳中心论，即使大学生也不接受。

丰特内尔以巧妙和潇洒的笔调来处理这个问题。他设想自己和一位美丽的女侯爵讨论这个问题，6 篇《谈话》写的是"黄昏"，背景是女侯爵在里昂附近的花园。目的是要使法国人（或至少是沙龙中的仕女们）了解地球的自转和公转及笛卡儿的"旋涡理论"。为了增加吸引力，丰特内尔提出了月球和行星上是否有人居住的问题。他相信有，但顾虑到读者恐怕会被这世界上有人不是来自亚当和夏娃的想法困扰，他很谨慎地解释说，这些月球人或行星人其实并非是人类。但他揣测说他们可能有其他的感官，或许比我们的还要好，若是如此，他们将看到不同于我们所见的东西，这么说来，真理会不会是相对的？这个说法会引起大骚动，比哥白尼引起的骚动还大。丰特内尔为挽回事态，以手表做比较，指出宇宙的美与秩序，因而从宇宙的结构中引出一位聪明绝顶的造物者。

1688 年 12 月，丰特内尔再度冒着进巴士底狱的危险，匿名出版最大胆的短文《神谕历史》（"L'Histoire des Oracles"）。他坦承取材自范戴尔（van Dael）的作品《神谕论》（De Oraculis），但他以简捷活泼的体裁将之改写。一位读者说"他连哄带骗地把真理告诉我们"。于是他把数学比作爱人们："给数学家最少的原理，他便会从那里导出一个结果，你也得承认，从这个又导出另一个……"神学家早接受了一些异教圣谕，但认为其偶然的正确性来自魔鬼的灵感，他们认为这些圣谕在耶稣降生后便不再发生作用，这是教会神圣源流的明证。但是，丰特内尔证明它们直到 5 世纪还有作用。这篇论文和《寓言来源》，不仅是为启蒙运动所做的巧妙一击，也是研究神学问题的新历史方法——解释人类超俗信仰的来源，把超自然变成自然的。

《神谕历史》是丰特内尔的最后攻势。1691 年，他当选为法国国家科学院院士，提名时曾遭到拉辛和布瓦洛的反对。1697 年，他出任国家科学院常任秘书，担任此职达 42 年之久。他撰写了一部科学院的沿革史，并为去世者编撰了图文并茂的颂词，这些构成了一部 50 年来法国科学成就的简明史。除了从事科学工作外，丰特内尔还周旋于沙龙中，先是与朗贝尔夫人来往，继而是唐森夫人，再是若弗兰夫人沙龙中的常客。他在沙龙中颇受欢迎，人们之所以欢迎他，并不是因为他是一个有名气的作家，而是他始终彬彬有礼。他谨言慎行，不做无谓争辩，机智又不刺人，"与他同时代的人，没有人比他更开明而不具偏见"。但热心的唐森夫人说他在心肝处多了一个头脑（理智重于感情）。而在那个环境里长大的反上帝思想的青年，对他的中庸态度的了解，不如他对他们那种偏好教条思想与暴力了解来得多。他说："我被我周遭的必然性震慑。"年岁渐大，听觉日衰，他仍屹立如是。

约 50 岁时，他显然决心只和女士们进行精神上的交往，但对女士的殷勤并不减弱。90 岁时，有次遇见一位年轻貌美的女士，他对她慨叹："我现在如果是 80 岁多好。"近 98 岁时，他尚且伴着爱尔维修的一岁半女儿为新年舞会跳第一支开场舞。当和他一样大年纪的格里莫夫人对他说："看，我们这么大把年纪还活着。"他用手指压唇轻声说："小声点！夫人，上帝忘了把我抬回去了！"

但上苍还是找到了他。1757 年 1 月 9 日，在卧病一天后，终于把他静悄悄地带走了。他对他的朋友们说他因存在而感到痛苦，他可能是感到他的引力太大。他差 33 天就可活 100 年。他生于路易十四执政之前，在波舒哀主政的盛世成长，经过了废除令和龙骑兵之乱，他活着看到了百科全书派的出现，也听到了伏尔泰高呼哲学家们对罪恶作战。

第六章 | 斯宾诺莎
（1632—1677）

年轻的异端

在近代史中，这位奇特而可爱的人物以最大胆的尝试，寻求一种哲学，以取代已失落的宗教信仰。1632 年 11 月 24 日，他出生于阿姆斯特丹。他的先祖可以追溯到西班牙利昂省（León）布尔戈斯附近的伊史宾诺沙镇（Espinosa）人。他们是皈依了基督教的犹太人，为了逃避西班牙的宗教裁判所而移居葡萄牙。在贝雅（Beja）附近的威第哥拉居住一段日子后，这位哲学家的祖父和父亲又迁到法国的南特，又于 1593 年移居阿姆斯特丹。他们是最早定居于那个城市的犹太人，渴望享受乌得勒支联邦所保障的宗教自由。最迟于 1628 年，他的祖父已是阿姆斯特丹西班牙籍犹太裔的领袖，他的父亲数次出任当地犹太学校的监督和葡萄牙犹太会堂（synagogue）慈善组织的主席。母亲汉娜·德博拉由里斯本嫁到阿姆斯特丹。巴鲁克（Baruch）6 岁时，她撒手西归了，留给他家族遗传的肺病。他由父亲和第三任母亲抚养长大。"巴鲁克"在希伯来文中的意思是"庇佑"，这个孩子后来在正式的拉丁文文件中，就称为贝尼迪克特斯（Benedictus）。

巴鲁克在犹太会堂接受最出色的宗教教育，以《旧约》和《塔木德》为基础，也有一些研究希伯来哲学家的课程，尤其是伊本·埃兹拉（Abraham ibn Ezra）、迈蒙（Moses ben Maimon）、克莱卡斯（Hasdai Crescas）等人，或许也涉猎过一些犹太教的《秘学》。他的老师中有两个人，莫帖拉（Saul Morteira）与梅纳西·伊思雷尔，是犹太人中杰出的有才之士。在校外，巴鲁克以西班牙文接受许多世俗事务的教导，因为他父亲希望他以商为业。除西班牙文和希伯来文以外，他还学习葡萄牙文、荷兰文、拉丁文及后来接触的意大利文和法文。他养成了对数学的爱好，并将几何学作为他哲学方法与思想的最高理想。

一个心智异常灵活的青年，很自然地会对犹太公学教给他的教条产生一些疑问。也许他在那里就听过希伯来人的异端之说。伊本·埃兹拉早就指出，将《摩西五经》后半部归之于摩西，很不能让人信服。迈蒙尼德对《圣经》中晦涩难解的章节，曾提出寓言式的解释，而且有些怀疑个人的不朽，怀疑《创世记》中提到的违反世界的永生。克莱卡斯将延续归之于上帝，摒斥了所有以理智来证明意志的自由、灵魂的存在、上帝的存在等尝试。除这些杰出的正统犹太人以外，斯宾诺莎可能也读过格尔森（Levi ben Gerson）的作品，他将《圣经》的奇迹降低为自然的原因，并将信仰归于理智之下。他说："我们的理智要我们相信是真理的，《摩西五经》无法阻止我们去相信。"而此前不久，在阿姆斯特丹的宗社里，阿科斯塔曾向不朽的信仰挑战，而被处以破门律，并因此饮弹自尽（1647 年）。他感到他的家人和族人所信的神学已和他绝缘时，对那个犹在眼前的悲剧的回忆，一定加深了斯宾诺莎内心的混乱。

1654 年，他的父亲过世，有一个女儿要求继承所有的财产，斯宾诺莎诉之于公庭，胜诉后，再将所有的遗产转让给她，只留下一张床。现在，他自食其力，以磨眼镜、显微镜和望远镜的镜片为生。除了教授几个私人学生外，他在弗朗斯·恩德（Frans van den Ende）所办的拉丁语学校任教。恩德曾是耶稣会士、自由思想家、剧作家与革命家。斯宾诺莎在那里进修拉丁文，也许因为恩德的激励而研究笛卡儿、培根和霍布斯，他这时可能已涉猎了阿奎那的《神学大全》。他可能因校长的女儿坠入情网，但她较垂青于另一位更阔气的求婚者。就我们所知，斯宾诺莎在婚姻上没有再进一步。

同时，他对信仰已开始失去信心，20 岁以前，他已在某些刺激性的观念上冒险。这一个蜕变给他那颗敏感的心带来无比的煎熬与震栗，如思考万物或即上帝的本体，天使或即冥想的幻影。《圣经》中毫未述及不朽、灵魂与生命是合一的。在他父亲的有生之年，他还保留着这些堂皇异论，假使没有一些朋友用这类问题缠他的话，在他父亲谢世后，他还会保持沉默。犹豫了一阵后，他终于向他们表白自己信仰的动摇，于是他们上告于犹太会堂。

一般来说，阿姆斯特丹犹太宗社的领袖，在处理诘难基督教根基与犹太教教条的异端时，他们的立场十分为难。犹太人在荷兰共和国享有别的基督教国家所不许的宗教宽容。然而，如果他们容忍了那些可以动摇道德与社会秩序的宗教基础的观念，这种宗教宽容可能会被收回。根据住在荷兰的法国难民卢卡斯在斯宾诺莎去世那年所写的传记，在报告巴鲁克的怀疑时，学生们不实地加上一笔指控，指控他诋毁犹太人自视为上帝特别的选民，并诋毁他们相信上帝是《摩西法典》的作者。我们不知道这个记载有多少可信度。无论如何，犹太领袖一定痛恨任何信仰的分裂。这个信仰在犹太人历经几个世纪的苦难中，一直是力量之塔与慰藉之源。

长老们召见斯宾诺莎，申斥他辜负了他的师长对他将来在宗社中的希望。其中的一个老师伊思雷尔当时正在伦敦，另一位老师莫帖拉则恳请这位年轻人放弃他的异论。为了对长老们公平起见，我们必须注意到卢卡斯，虽然极同情斯宾诺莎，但他记载说，莫帖拉回忆起以前他教育这位爱徒所予的看顾时，巴鲁克说道，为了还报莫帖拉教他希伯来文之劳，他（斯宾诺莎）现在乐意教他的老师如何将自己逐出教会。这和我们在别处听说的斯宾诺莎的个性似乎大相径庭，而且

（套用一句西塞罗的话）天下最蠢的事，只有在哲学家的生平中才找得到。

我们听说，会堂的领袖愿意赠给斯宾诺莎年薪 1000 金币，如果他答应不再采取任何与犹太教敌对的立场，而且愿意常常在会堂中露面的话。起初长老们只打算对他处以"轻一点的破门律"，仅仅禁止他 30 天里不准与犹太宗社往来。我们听说，他以轻松的心情接受此项判决，说道："还好，他们没有逼我去做我不愿做的事。"可能他早已住到城里的犹太区之外了，一名狂徒曾企图行刺他，好在凶器只划破了斯宾诺莎的外衣。1656 年 7 月 24 日，犹太宗社的宗教与世俗当局在葡萄牙犹太会堂的讲坛，郑重宣布巴鲁克·斯宾诺莎被处以破门律，并附以其惯有的诅咒和禁绝：任何人不准和他交谈、通信，为之效劳，阅读其作品，或在 4 英尺之内接近他。莫帖拉在阿姆斯特丹的官员面前通知这些罪名和破门律，并要求将斯宾诺莎赶出城。他们宣判将斯宾诺莎"放逐几个月"。他住在城市附近的村子奥德克，但很快就回到阿姆斯特丹。

他对希伯来文的知识使他赢得以迈耶（Lodewijk Meyer）与德弗里斯（Simon de Vries）为首的一小圈学者朋友。迈耶曾获得哲学与医学学位，1666 年他出版了《圣经注解的神圣哲学》，此书将《圣经》屈于理智之下，这可能反映或者影响了斯宾诺莎的观点。德弗里斯是一位成功的商人，因喜欢斯宾诺莎而要赠他 2000 法郎，斯宾诺莎拒绝接受。德弗里斯临死之际，有意要斯宾诺莎成为他的继承人，因为他不曾结婚。斯宾诺莎劝他把全部财产留给一位兄弟，这位感激不尽的兄弟馈赠他 500 法郎，斯宾诺莎收下 300。另一位在阿姆斯特丹的朋友鲍梅斯德（Johan Bouwmeester）写信给斯宾诺莎说："爱我吧，因为我全心全意地爱着你。"友谊是斯宾诺莎生活中仅次于哲学的主要支柱。他在一封信中写道：

在我能力之外的一切事物中，我最珍惜的，莫过于有幸可以和真诚热爱真理的人交往。因为，在我的能力以外的事物中，我相信在这世上，除了这种人，就没有我们可以淡然爱之的了。

他不是隐士，也不是苦行者。他赞赏"佳肴美酒、美的欣赏与种花、听音乐、观戏剧"。那次未遂的谋杀，就是在他去观剧时发生的。他仍然不得不防备袭击，在他的图章戒指上有一个词——"Caute"——留心。但比起娱乐甚至友谊，他更爱隐居、读书和生活的宁静。据皮埃尔说，"由于他的朋友来访过密，打断了他的思虑"。斯宾诺莎于 1660 年离开阿姆斯特丹，住在莱茵河畔一个平静的村庄莱茵堡，该村距离莱顿 6 英里。社友会（Collegiants），类似教友派的门诺教派（Mennonite）支派，即以该地为主区，斯宾诺莎在他们其中的一个家庭很受欢迎。

这个朴素的居处，现已辟为斯宾诺莎纪念馆。在此处，这位哲学家写了几部较不重要的作品及《伦理学》（Ethics）的第 1 册。1662 年，他完成了《概论上帝、人类及其幸福》（*Short Treatise on God, Man, and His Well-Being*），但此书大多反映笛卡儿的观点。更有趣的是《智力的改造》（*De Intellectus Emendatione*），在同年没有写完就放弃了。在《智力的改造》中，我们可先获得斯宾诺莎哲学的见解。在开始的几个句子中，我们感觉出被驱逐的孤独：

> 随后经验告诉我，日常生活时常发生的事，都是徒劳无益的。我知道我害怕的及使我害怕的事，其中并无善恶存在，而心灵受到影响，最后我决心去探讨究竟有无真正是善的事物，或者能传递善的事物存在。借此可以影响心灵，以排斥其他所有的事物。

他觉得富贵不能致此，名誉（荣誉）也不能，肉体的快乐也枉然，苦难和忧伤则常混杂着这些快乐。"唯有深爱着永恒的事物，才能以快乐喂养心灵……免除所有的痛苦。"肯比斯或雅各布也可能这样写，斯宾诺莎确实一直有神秘主义的特征与心境，这可能源于犹太人的《秘学》，而在他独处时得到滋养。在他心中的"永恒的善"，可以名之为上帝，但只有在斯宾诺莎后来的定义中，上帝才包含具有创造力和法则的自然。"至善"，《智力的改造》中说："……是心灵与整个自然结合的知识……心灵越能体会自然的秩序，就越容易从无益的事物中解脱出来"。这是斯宾诺莎第一句"知识上对上帝的爱"——协调了个人与事物的本质和宇宙的法则。

这篇雄辩滔滔的小论文，也说出斯宾诺莎思想的目标，及他对科学和哲学的了解。"我希望把所有的科学引向一个方向或一个目标，即尽可能地为人类的完美努力，这么一来科学上每一件不能做此种努力的事物，都必须斥为无用。"这和我们听到的培根的论点有很大的不同。科学的进步，如果只是增加人类对事物的控制，而不曾改善他的性格和愿望，就是一种病症。因此，这一现代哲学的经典大作要被称为《伦理学》，而不管其冗长的形而上学的开端，也因此，其中有那么多篇幅用以分析人类被愿望所桎梏，并由理性解放。

神学与政治

阿姆斯特丹的绅士学者圈听说斯宾诺莎是莱茵堡的一名学生，并开始对笛卡儿的《哲学原理》做几何学的解说，他们不断请求他写完送给他们。他照办了，他们资助出版（1663 年）并名之为《笛卡儿哲学原理的几何表达》。我们只须注意此书的三点：此书显示笛卡儿的论点（如自由意志），而不是斯宾诺莎的论点；此书是斯宾诺莎生平以他的名字出版的仅有的书；在本书的附录《形而上学思想》（"Cogitata Metaphysica"）中，他阐明时间并非客观的实物，而是思想的模式。在斯宾诺莎的哲学中有不少康德的论点，这是其中之一。

在莱茵堡他交了几位新朋友。解剖学大家斯泰诺在那里和他熟识。皇家学会的奥尔登堡 1661 年来到莱顿，顺道去拜访斯宾诺莎，对他印象十分深刻，回到伦敦后，便与这位尚未刊著即已声名大噪的哲学家长期通信。另一位在莱茵堡的朋友柯尔巴（Adriaan Koerbagh），被阿姆斯特丹法院传讯（1668 年），以"暴烈地"反对时下的神学的罪名被控。一个官员想把斯宾诺莎牵涉为柯尔巴异说的来源，但柯尔巴否认，斯宾诺莎才被宽赦。但这位年轻的异端被判监禁 10 年，服刑 15 个月后便死在狱中。我们可以了解何以斯宾诺莎没有将他的论文匆忙出版的原因。

1663 年 6 月，他搬到靠近海牙的福尔堡（Voorburg）。他在一位艺术家的家里住了 6 年，依然磨镜片、写《伦理学》。荷兰联邦对抗路易十四的自卫战，使荷兰政府对思想的表达采取更严厉的限制。虽然如此，斯宾诺莎仍于 1670 年匿名出版了《神学政治论》（*Treatise on Theology and Politics*），成为《圣经》批评的里程碑。这本《神学政治论》的首页，就宣布其要旨："倡导思想和言论的自由不但可以接受，且不会对虔诚和大众的和平有偏见，而一旦被禁止，会对虔诚和大众的和平有危险。"斯宾诺莎不赞同苦修，支持宗教信仰的基础，但他要显示加在《圣经》里的人为虚妄，加尔文派教士即以此虚妄为其神学和褊狭的基础。荷兰的加尔文派教士运用他们的影响力反对维特兄弟领导的崇尚自由思想与和平谈判的党派，而斯宾诺莎热烈地倾心于那个党派和扬·维特：

> 我留意倾听哲学家们充斥于教会和国家中的争论、仇恨和倾轧之源……我决意重新评价《圣经》，以一种仔细、公正和毫不妥协的精神，不做任何有关《圣经》的假说。要是我没有看清其中传下的信条，决不将之归于《圣经》。这样战战兢兢，我构成了一种解释《圣经》的方法。

他特别提及理解《旧约》希伯来文的困难。马索略版本

（Masoretic text）充满原作者省略的母音与重音，一部分是凭臆测而成的，难以作为定论的范本。在这论文的前几章，他颇得益于迈蒙尼德的《疑难导读》（*Guide to the Perplexed*）。他跟伊本·埃兹拉及其他人一样询问《摩西五经》是否为摩西所著的问题。他否认约书亚著作《约书亚记》，他把《旧约》的史书归于公元前 5 世纪的记事教士伊萨拉。他认为《约伯记》是由非犹太人的作品而译为希伯来文的。这些结论并没有全部被后来的研究接受，但对了解《圣经》的组成是一个大胆的进步。这些结论比起更富学术性的西蒙的《新约批评》（*Critique du Vieux Testament*，1678 年）还早 8 年。斯宾诺莎指出，在好几个例子中，同样的故事或经过重复出现于《圣经》中的不同地方，有时用同样的话，有时则用改动了的句子，一方面表示是共同抄自早期的手稿，另一方面则引起何者才是上帝的圣道的问题。此外，年表也有相互抵触的地方。保罗给罗马人的《书信》中（第 3 章第 20—28 节）说人只能因信得救，而非靠行善。使徒雅各的《雅各书》（第 2 章第 24 节）所教的，恰巧相反。哪些才是上帝的观点和圣道呢？这位哲学家指出，这些不同的原文已经造成了神学家之间最厉害的甚至残酷的争吵，这不是一种宗教所应引发的嘉行。

《旧约》中的先知就是上帝的代言人吗？他们的知识显然并不曾超越当时的知识阶级。比如，约书亚认为太阳环绕地球，一直到他"停止"它，这是理所当然的事。先知之所以杰出，并不在于学识，而在于想象、热诚和感情的丰富，他们是伟大的诗人和演说家。他们或许曾被神启示，果真如此的话，这就是斯宾诺莎自认无法理解的一种过程。或许他们曾梦见上帝，他们可能相信了梦的真实性。因此我们读到亚比米勒（Abimelech）"神在梦中对他说"（《创世记》第 20 章第 6 节）时，先知身上的神性并不是他们的预言，而是他们崇高的生活。他们传教主要的主题是宗教赖于行善，不在于常做仪式。

载于《圣经》中的神迹，真的打断了自然普遍的运行吗？人类真的导致水火之灾？而人类的祈祷真的造福于世间？斯宾诺莎提出，这类的故事是《圣经》的作者用来使一般人了解，并感动他们向善或虔诚，我们不必相信这些：

> 因此，《圣经》说由于人类的罪恶，世间是邋遢之地，或说盲者因信仰而复明时，我们应留心的是何时《圣经》说上帝对人类的罪恶发怒，何时说他在悲伤，他后悔已答应过或做过的善事，或何时说他一看到征兆，就马上记起他答应过的事。这些或类似的措辞，若不是诗意地偶然说出，就是依照作者的意见和偏见叙述的。我们可以绝对肯定的是，真实地叙述于《圣经》中的每一件事，像其他的每一件事一样，都是依照自然法则必定要发生的。如果有任何一件记下的事可用确立的条件证明其违反自然的秩序，或无法从自然秩序中推论出来，我们就可以认为这是出自反宗教者之手，蒙骗入圣书之中的。因为凡是违反自然的，一定违反理性；凡是违反理性的，便是荒谬。

这可能是一位现代哲学家为理性所做的最坦率的独立宣言。迄至被接受时，这个独立宣言包含的革命作用，其意义与后果的深远要超过当时的战争与政治。

那么，在何种意义上说《圣经》就是上帝的圣道呢？唯有如此：《圣经》包含一种道德的法典，可以使人向善；也包含许多导致——或经改装为——人类恶行的事，对一般人（太过于担心日常的琐事，而没有闲暇或余力以从事知识上的培养）《圣经》可为道德上的恩赐。但宗教教义的强调都应侧重于行为，而非信条。信仰"一个上帝，他是一个热爱公正与慈悲的超人"，这已是很足够的信条，而其一般的礼拜"包含在公正和善待邻人的行动中"。其他的信条都不必要了。

除去教条，思想应该自由。《圣经》并不是要用来作科学或哲学的教本。这些都在自然中显示出来，这个自然的启示，就是最真实、最普遍的上帝的声音：

　　在信仰、神学与哲学之间……没有关联或关系……哲学在观点上，除了真理，没有终极。信仰追求的不过是服从与虔诚……信仰，因此允许在哲学思考上有最大的自由，准许我们不必受责地思考任何我们喜爱的事，而只反对诸如异端、分裂宗教者及教人倾向于产生愤恨和斗争观点的人。

　　如此，斯宾诺莎以其乐观的改变，更新了蓬波那齐（Pomponazzi）对神学与哲学两个真理之间的区别，它们虽然抵触，但可以允许同一个人有时作为一个市民，有时作为一个哲学家。斯宾诺莎予世俗官员以勒令服从法令之权。国家，好比个人，有自卫权。但他补充说：

　　在宗教方面情形就大为不同了。因为这方面包含了行之于外的行为，不如朴素老实的品格那样多，而立于法律与大众权威的范围之外。老实朴素的品格不是由法律的强迫或国家的权威产生的。世界上没有人可以被迫或经立法而得到幸福。达到此境的方法需要忠实而兄弟般的劝导，健全的教育最主要的是自由运用个人的判断……运用自由判断的最高权力与权威，是在每一个人的权力之内……而且由他自己解释宗教。

　　大众践行宗教应受国家的管制，因为宗教虽是塑造道德的主力，国家在影响大众行为的每一件事上，都应是至高无上的。斯宾诺莎和霍布斯一样，是伊拉斯信徒（Erastian），也跟他一样把教会置于国家之下，但他警告他的读者，"我这里说的，只限于外在的服从……无关于……内心的崇拜"。而且（可能是想到路易十四），他义愤填膺地坚决拒斥国家利用宗教以达到违反他认为的基本宗教——公正与慈善——的目的：

　　假如，在独裁的政策下，至高无上的神秘被用来蒙骗臣民、掩饰恐惧，以美丽的宗教外衣使之臣服，让人们可以勇敢地为奴役而战，好像为安全而战一样，抛头颅、洒热血，为了一个暴君的虚荣，非但不以为耻，还认为是无上的光荣。那么在一个自由的国家中，就不可能有这样有计划或意图的恶意手段。（那是）完全和大众的自由相悖的……当法律伸入思想的领域，观点被审判，并以同样的立足点被判有罪，那些保卫、追随这种观点的人，并不是因为大众的安全而牺牲，而是因其反对者的痛恨与残酷而牺牲。如果行为本身能够作为犯罪的依据，而语言可不受约束……煽动叛乱的言行，应剥夺其外表的任何口实，并用一条明确的分界线与单纯的争论相区别。

校订《圣经》时，斯宾诺莎面临基督徒与犹太人之间的根本争端。基督徒不奉《摩西律法》，是否背叛基督？他认为《摩西律法》是给犹太人在他们自己的国家内遵奉的，不是给别的国家，甚至也不是给住在异国的犹太人。唯有《摩西律法》中有关道德的法律（如十诫）才有永久而普遍的有效性。斯宾诺莎在讨论犹太教时，有几处地方对他被驱逐一事显示出强烈的愤恨，并急于为他被弃于犹太教会的教训之外而辩护。但他同犹太人一样，希望早日恢复一个自治的以色列，"我愿相信……他们甚至能够重新复兴自己的国家，而且上帝能再次选择他们"。

他曾数次研究《圣经》。显然，他读到《新约》时，越来越倾慕基督。他不接受基督死而复活的观念，但他十分同情耶稣的传教，并相信他已从上帝那里得到特别的启示：

> 一个人能只凭纯粹的直觉，而体会不包含于我们自然知识基础的观念，或不能从此推论出的观念，必然拥有远超乎其同一类人的心灵。我也不相信，除了基督，有任何人能得到这样的厚赐。上帝关于永生的圣意对他直接地显示出来，不用语言或视

觉。因此，上帝借着基督的心灵将他自己显示给基督的使徒，犹如他以前凭借超自然的声音把自己显示给摩西。依照这种解释，基督的声音，像摩西听到的声音，可以称之为上帝的声音，也可以说上帝的智慧（超乎人类的智慧）寄托于基督的人性中，而且基督就是永生之道。这时我必须声明，那些教条，那些某几个教会所称的有关基督的教条，我既不能证实，也不能否认，因为老实说我实在不懂……基督与上帝用心灵沟通。因此我们可以下结论说，除了基督，没有人不借着想象的帮助，无论用语言还是视觉，接受上帝的启示。

这株献给基督教主教的橄榄枝瞒不过他们，《神学政治论》是宗教与哲学的冲突中所做的最大胆的声明。此书几乎无法问世，那时阿姆斯特丹的教会会议（1670 年 6 月 30 日）向荷兰大公抗议，这样一本异端的书不应流传于一个基督教国家。海牙的一个宗教会议要求禁止并没收"这种破坏灵魂的书籍"。世俗的批评也加入攻击斯宾诺莎之列。有人称他为魔鬼的化身，拉克尔克形容他是"当时最有名的无神论者"，兰伯特（Lambert van Velthuysen）指控他"巧妙地介绍无神主义……从最根本破坏所有的崇拜与宗教"。幸好，扬·维特大公是景仰他的人，已经赐给他一小笔恩俸。只要维特能活着在位，斯宾诺莎就能得到他的保护，但这仅有两年的时间。

哲学家

1670 年 5 月，《神学政治论》出版不久，斯宾诺莎迁到海牙，这样可能比较接近维特及其他有影响力的朋友。他在韦伦的家里待了一年，而后迁到亨德里克在帕维龙的家。这栋建筑于 1927 年被一个国际委员会购置，保存为斯宾诺莎纪念堂（Domus Spinozana）。他在那里一直住到逝世。在最顶楼他占有一个房间，睡在一张白天可以叠入墙中的床上。他"有时一连 3 个月足不出户",皮埃尔说,也许他的病肺使他畏惧冬天的湿气。但访问他的人很多,(也是依据皮埃尔)"他时常访问要人……以谈论政治事件"。这些"他极为了解"。他继续磨镜片,惠更斯曾论及这些镜片之佳。关于他的开支,他有一本记录,使我们知道他每天花费 4.5 苏。他的朋友们坚持帮助他,因为他们一定看到他把自己困于屋内的情形及镜片磨出的尘埃,都在加重他得自遗传的疾病(肺病)。

一群暴徒在海牙街上刺杀了维特兄弟时,扬·维特给予斯宾诺莎的保护从此结束了(1672 年 8 月 20 日)。一听到这件谋杀案,斯宾诺莎就要出去当众指责他们是低贱的蛮人,但他的房东锁上了门,以防止他离开屋子。扬·维特遗嘱中留给斯宾诺莎每年 200 法郎。维特死后,行政大权落入亨利亲王之手,他需要加尔文派教徒的支持。《神学政治论》第二版于 1674 年出版时,亲王和荷兰议会颁布了一道法令,禁止此书出售。1675 年,海牙的加尔文派地方政府发布一项文告,命令所有的市民立刻报告想要印刷斯宾诺莎任何著作的任何企图。1650 年至 1680 年,教会一共发布 50 道诏令,禁止阅读或流传斯宾诺莎的作品。可这些禁令却把他的名声传入德国、英国和法国。1673 年 2 月 16 日,海德堡大学的教授法布里丘斯(Johann Fabritius),以倾向自由主义的巴拉丁选帝侯、路易斯亲王的名义,写信给"极为著名的哲学家"斯宾诺莎:

> 亲王殿下……命我写信给你……并问你是否愿意在他那所著名的大学中,接受一个哲学教授的普通教职。你会被付以当今一般教授享受的年薪。你在别处绝找不出一位比他更能赏识杰出天才的亲王,他认为你是其中的一位天才。你将有哲学思考的极大自由,他相信你不会误用才能,以扰乱大众建立起来的宗教……

斯宾诺莎于 3 月 30 日回信：

阁下：

　　假如我曾想要在任何一处担任教授的职位，我只期望亲王殿下和巴拉丁选帝侯经您供给我的教职……不过，因为我无意于公开的指导，我不能被说服去拥抱这个光荣的机会……因为第一，我想假如我要找出时间以指导青年，那我必须停止发展我的哲学。第二……我不知道在哪些范围之内，哲学思考的自由应被限制，以避免发生意图扰乱大众所建的宗教之事。因为由宗教的虔诚之爱引起的宗教分裂，并不如因人不同的脾气或爱好冲突引起的那样多……我过着隐居孤独的生活时，我已经历过这些事。将来我的品格提升到这种程度后，这些事应更令人惧怕。因此您知道，至高无上的先生，我并不希望拥有某些更好的财富，而是由于爱好宁静。

幸好斯宾诺莎拒绝了，因为翌年蒂雷纳破坏了巴拉丁，大学被关闭了。

1673 年 5 月，一支法国军队入侵荷兰联邦时，那支军队中的一名上校邀请斯宾诺莎去拜访在乌得勒支的孔德。斯宾诺莎与荷兰当局商量，后者因为亟须停战，可能已在这次邀请中看出一个打开和谈局面的机会。双方都给他发放安全通行证，这位哲学家便踏上乌得勒支之路。这时孔德已被路易十四调到另外的地方去了，他留言让斯宾诺莎等候他，但几个星期后另一个消息称，他被无限地拖延住了。卢森堡显然就在这时劝他呈献一本书给路易，保证他一定会获得宽厚的回应，这个提议没有受到理会。斯宾诺莎回到海牙，发现许多市民怀疑他叛国。含有敌意的群众聚在他屋子的四周，大声污辱他，并投掷石块。"不要担心，"他告诉他的房东，"我是无辜的，有许多居高位的……他们十分明白我为什么去乌得勒支。你听到门边有骚动的声音，我就立刻出去走向群众，即使他们会像对待善良的维特那样对待我。我是忠实的国民，国家的利益就是我的目标。"他的房东不让他出去，不久群众就散了。

现在他41岁，海牙的斯宾诺莎纪念堂中有一张他的肖像，飘动的黑发、浓眉、黑亮而稍忧郁的眼睛，长直的鼻子，总之是一张相当英俊的脸，如果只和哈尔斯画的笛卡儿相比的话。"他的仪容十分整洁，"卢卡斯说，"要是没有披上使绅士异于学究的衣服，他绝不离开屋子。"他的态度严肃温和。奥尔登堡注意到他"扎实的学问交融着仁慈与高雅"。"同斯宾诺莎相识的那些人，"皮埃尔写道，"……都说他易于相处、诚实、友善，而且极有品德。"他对邻居绝口不谈异说，相反他鼓励他们继续上教堂，有时伴着他们去听一次布道。更胜于其他现代哲学家的是他因自制而获得平静。他极少答复别人的批评，他对付的是思想，而不是对人的攻击。除了他的宿命论、他与群众的隔绝、他的疾病，他绝不是一个悲观主义者。"行由义，则善。"明白最坏的一面而相信最好的一面，可能就是他思想的座右铭。

朋友和仰慕者使他门庭若市。奇斯霍斯想要看一看《伦理学》的原稿。"我求您，"这位数学家和物理学家写道，"在我不能正确领会您的意思的地方，用您一贯的礼貌来帮助我。"可能由这位好学的学者，莱布尼茨得以接近斯宾诺莎（1676年）及我们猜想尚未出版的大作。在阿姆斯特丹，迈耶博士圈子中还在的人都来看望他或与他通信。鲍克瑟（Hugo Boxel）一再劝他承认鬼的存在。1675年，解剖学家斯泰诺从佛罗伦萨送来一个很动人的请求，要斯宾诺莎皈依天主教：

> 如果你要的话，我很乐意向你显示……你的教训比我们落后，虽然我希望你……会向上帝驳斥你自己的错误……这样，如有因你早先的著作而使一个人转变了对上帝的真正认识，公开撤回你的错误。由于你的示范作用，可以使100万人跟着你，犹

如跟着奥古斯丁一样，一起引向上帝。我全心全意地祈祷这个恩赐是属于你的。再见。

天主教的魅力已俘虏了布尔格（Albert Burgh），他是斯宾诺莎的朋友联省财政长康拉德·布尔格之子。阿尔伯特·布尔格像斯泰诺一样，在意大利旅行时改变了他的信仰。1675 年 9 月，他写信给斯宾诺莎，要他接受罗马天主教的信仰，挑战的意味多于请求：

> 你怎么知道，在过去世界上教过的哲学，或现在所教的，或将来教的哲学中，以你的哲学为最佳？你有没有仔细读过所有这些哲学，古老的和现代的，这些在此地、在印度和全世界各地所教的哲学？纵使你已合适地仔细读过它们，你怎么知道你所选的是最佳的？……
>
> 但是，假如你不相信基督，你比我所能说的还要可怜。但规正是很容易的：从你的罪恶中回头，认清你可怜而疯狂思想的极度傲慢……难道你，你这可怜的小人物，地上卑贱的小虫……竟敢，以你那不堪言的亵渎，把自己置于"化为人的，无垠的智慧"之上？
>
> 从你的原则中，你无法圆满地解释那些被魔鬼附身的人之间发生的惊人景象，所有这些，我都曾亲眼见过许多例子，而我也听过最确切的证据。

斯宾诺莎这样回答他（1675 年 12 月）：

> 别人说到我时我几乎不相信的事，最后都从你的信中了解了，这就是你不但已成为罗马教会的一分子……而且是它的一名尖刻的斗士，还学会了暴烈地向对方诅咒和发怒。我原不想回你的信……但有几位跟我一样对你的天赋期望很大的朋友，热切地

请我不能不尽一个朋友的义务，要我看在不久以前的你，而不是现在的你的份上……我已被这些劝说说服，而写给你这些话，我热切地请求你能以平静的心情来阅读。

我不愿在此重数神父和教皇的罪行，以使你转而离开他们，像反对罗马教会者常做的那样。因为他们时常恶意出版这些东西，而且其目的在于纷扰，而不在于指导。的确，我愿意承认，罗马教会里有学问、有德行的人，要比别的基督教会多。因为既然这个教会的信徒较多，他们的情况也较复杂……在每一个教会都有许多以公正和慈悲崇奉上帝的极老实的人……因为公正和慈悲是真正的天主教信仰最肯定的特征……无论什么地方有了这些，就有真正的基督存在，而缺乏了这些，就没有基督的存在。因为单以基督精神就能引导我们走向公正和慈悲的爱。如果你愿意把这些事实适当地在心中想一想，你就不致迷失，也不致使你的父母痛心了……

你问我，我怎么知道，在过去世界上教过的哲学，或现在教的，或将来要教的哲学中，以我的哲学为最佳。这个，我倒有更好的权利问你呢。因为我并不以为我已发现了最佳的哲学，不过我知道我认为（它）是真正的一个……可是你，自认为你至少发现了最佳的宗教，或者说发现了最佳的人物而轻信了他们，你怎么知道，在过去曾传授别的宗教的人之中，或现在正在传教的，或将来要传教的人之中，他们是最佳的人选呢？你有没有仔细读过这些宗教，古代的与现代的，这些传授于此地及印度，及全世界各地的宗教？纵使你已合适地审过它们，你怎么知道你所选的是最佳的？……

因为我运用我的理性，毫无抗议地接受存在于心中，而且不能被侮辱而败坏的真正的上帝的圣道，你就认为是傲慢和骄矜吗？把这致命的迷信拿开吧。如果你不愿加入野兽群中，那就鸣谢上帝赐予你的理智且培植它吧……如果你愿仔细审查教会的历

史（这方面我知道你是最不了解的），以了解许多教皇的传统是
多么的错误，及罗马教皇以何种……的方法，在基督出生之后的
600 年，而获得独立于教会之上的权利，我不会奇怪，最后你会
回到你的理智之中。我衷心地希望你会如此。再见。

布尔格加入圣方济教派，死在罗马的一个修道院中。

斯宾诺莎现存的书信，大部分是跟奥尔登堡往来的。我们惊奇地
发现大部分谈的都是科学，是斯宾诺莎进行物理和化学的实验，他的
信中画满了图样。通信中断于 1665 年，奥尔登堡于 1667 年被捕，以
私通外国的罪名被关在伦敦塔。一被释放，他即转向宗教。而他继
续和斯宾诺莎通信时（1675 年），他也努力劝说斯宾诺莎回到某种形
式的正统基督教中。他请求斯宾诺莎把基督复活的故事当作是真实
的，而非象征性的。"整个基督教及其真理，"他认为，"都依赖在这
个复活的事件之上。如果被推翻了，基督的使命及其天堂的教训都将
崩溃。"最后他放弃了斯宾诺莎，因为他认为斯宾诺莎是一个迷失者，
并中止了同斯宾诺莎的书信来往（1677 年）。

1662 年之后的几年，斯宾诺莎一直都在写《伦理学》。1662 年 4
月，他写信给奥尔登堡，说他想把它出版，不过"我自然害怕把神学
家……激怒，而用他们一向的愤恨攻击我，而我是最不愿争吵的"。
奥尔登堡力劝他出版，"不理神学的伪道者如何咆哮"，斯宾诺莎依然
犹豫着。他让几位朋友读过部分原稿，可能由于他们的批评，他一再
地删改。《神学政治论》引起的叫嚣使他有理由警惕。维特的谋杀案
及他拜访法军后人们对他的怀疑，更使他苦恼。一直到 1675 年，他
才把《伦理学》出版。他曾把结果报告给奥尔登堡：

　　7 月 22 日我接到你的信时，我正要前往阿姆斯特丹，想要出
版我曾写信告诉你的作品。我正在着手做这件事时，一个谣言传
开了，说是我有一本关于上帝的书正在付印，说是我在书中表示

没有上帝的存在。许多人相信这个谣言。因此某些神学家……抓住了机会，在亲王和官员面前抱怨我的不是……我一听到所有这些事，决定暂缓正在筹备的出版。

他抛弃了原稿，转而去写一篇论国家的论文《政治论》（"Tractatus Politicus"），但在完成之前，死神已接近他了。

1677 年 2 月 6 日，一位年轻的医生赫曼·舒勒写信给莱布尼茨："我担心斯宾诺莎先生即将离开我们，因为肺病好像日甚一日。"两个星期后，其余人都不在时，这位哲学家陷入了他最后的苦痛中。这时只有舒勒一人（并没有迈耶，如以往所假想的）和他在一起。斯宾诺莎遗言指示，把他那寒酸的所有物变卖还债，把他没有焚烧的遗稿匿名出版。他死于 1677 年 2 月 20 日，没有举行任何宗教仪式。他葬在海牙新教会的墓地，靠近扬·维特的墓。他的手稿——主要是《政治学》（*Tractatus politicus*）和《智力的改造》的论文，由迈耶、舒勒和其他人筹备付梓，1677 年底在阿姆斯特丹出版。

因此，我们最后才获得这本斯宾诺莎注入了他的生命与孤独的灵魂的书。

上帝

他称此书为《几何实证伦理学》，一来是他认为，所有的哲学是为正确的引导和睿智的生活而备的；二来与笛卡儿一样，他醉心于知识的禁欲主义及几何学的逻辑秩序，他希望以欧几里得的模式，建立起一个每一步都有逻辑前证可循的知识架构。这些（前证）最后一定会在普遍接受的公理中发现。他知道，这只不过是一种理想，而且也无法支持这项论证以驳斥谬误，因为他用同样的方法详释他不同意的笛卡儿哲学。然而，至少几何学的演绎，足以防止因情感而使理智为之失序、因滔滔雄辩而让遁词得以藏身的情形。他主张，应当像研讨圆形、三角形和矩形一样，冷静而客观地讨论人类的行为，乃至上帝本质之类的问题。他的推论层次虽未尽严整周密，却为他建立起一座外表宏伟而协调的理智大厦。虽然所用的是令培根为之蹙额的演绎法，他却认为这与其所有的经验相谐和。

斯宾诺莎先下定义，这些定义大部分取之于中古的哲学，他使用的好多词句，在当时早已和过去的意义有别，因此其中有些部分使他的思想暧昧不明。第三定义是其基本论据："我理解实体，生之于其内，思之由其体。"意思是说，关于（实体）的概念，不必借助另一种必须被形象化的物体的概念来了解。他所谓实体的意思，并非以近代物质组合的观念而论，我们若将此词指为本质或根本，则其意义即与他的意向相近了。再如，我们若就字面上取其拉丁语意，则指的是"处于某某统辖之下"，或为"某某的基础"，或是"扶持"等义。在他的函札中，他说"实体即存在"。就是他以存在或实物来界说实体的例子。因此，他可以说："存在与实体的本质相关联。"在实体中，本质与存在是合而为一的。我们或可以下结论：就斯宾诺莎而言，实体的意义是指最根本的物质，即万物之基。

这一实物，我们可以用两种形式理解：像总相或物质，像思想或心灵，这两类都是实体的"属性"，并非因为其内有许多特质，而是同样的一种实物，我们以感观，外在地认知它为物质；以意识，内在地理解它为思想。斯宾诺莎完全是一个一元论者：实物的两个形态，物质和思想并不是截然分立的实存体，它们是一个实物的内外二端，诸如身体与心灵、生理活动与对应的心理状态。严格来讲，斯宾诺莎比较近似唯心论者，而离唯物论者较远。他对属性下的定义是："凡心智，对构成其本质的实体的认知。"他认为（早在贝克莱出世之前），不论是物质或思想，我们仅凭领悟或思考了解实物。他相信，实物明示于前，是假形态，由"无限量的属性"来完成，而我们那不完善的官能，只能感觉其二。简而言之，我们所知觉到的实体或实物，是物质或心灵而已。实体与其属性本为一：实物是物质和心灵的统合，而它们的分化，也仅由我们对实体的理解的情形而定。暂且不十分斯宾诺莎式地来说：实物的外在知觉是物质，实物的内在知觉则是心灵。如果我们能用知觉自己一样的双重方式——内在地与外在地——知觉万物时，斯宾诺莎相信，我们一定会发现"天下万物均处于生气蓬勃的状态之中"。各物都有其心灵或生命的一些形式或程度。实体恒动，物质恒运不息，心灵恒以知觉、感觉、思维、欲求、遐思、回想、醒悟甚或入眠。

斯宾诺莎以为，上帝与实体一样，只是实物的基源及物质与心灵的统合。上帝并非物质（因此斯宾诺莎并非唯物论者），物质只是上帝固有的、基本的属性或形态。上帝也非心灵（因此斯宾诺莎也非唯心论者），心灵只是上帝固有的、基本的属性或形态。上帝与实体与自然为一，是宇宙万物的总体（因此，斯宾诺莎为一泛神论者）。

自然有两种形态，即身躯运动的力量和孕育滋长与知觉的力量，此即"能产的自然"（natura naturans）——自然"创造"或赋予生命。所有个体，所有肉体、植物、动物及人类的总和，即是能产的自然——孕育或"创造"自然。斯宾诺莎将这些孕育自然的各个存在体名为模式——实体、实物、心物及上帝的瞬乎变异与化身。它们是实体的一部分。此石头、此树木、此人类、此行星、此恒星，凡此显隐生息、神妙万状的各个形式——构成了"须臾即逝的秩序"。在《智力的改造》一书中，斯宾诺莎以"永恒不息的秩序"与之相对，以较严格的观点来说，即实物与上帝的源泉：

> 除了一套恒向、恒常的物体之外，我不以为能以一系列的原因与实存体，去理解一连串单独易变的物体，因为以人类的孱弱，不可能追寻这一连串单独易变的物体（每块石头，每朵鲜花，每一个人）……其存在与本质并不相衔接（它们存在，但并非必须），或者……是一个永恒的真理……此（本质）仅能就恒向、恒常的物体内求之，仅能就铭刻于这个物体，其全真典本

（true codes）的规律中寻找，所有单一物体，也据此组合排列。不仅如此，这些单独而易变的物体，须臾不离地依附于（可以这么说）这些恒向物。倘若没有这些，它们不仅无以存在，而且无从了解。

因此，一个单独特定的三角形，即是一个模式，或者它并非一定是该存在，只要它一存在，即将全面地遵循——并会具有力量——三角形的律则。一个特定的人是一个模式，他可以存在也可以不存在，但一旦他存在，他即拥有心物的本质与力量，并将遵循掌管躯体和思想运作的规律。这些力量与规律组成了"能产的自然"的自然律。套句神学上的术语，它们构成了上帝的旨意。物质模式的总和体就是上帝的躯体心灵，模式的总和体就是上帝的心灵，实体或实物的整个模式与属性，便是上帝："上帝包容万物。"

斯宾诺莎与经院学派一样，认为上帝的本质与存在同一——上帝的存在融合于我们对上帝本质的概念中。他以为上帝是所有存在的本身，他同意经院学派所说的我们能理解上帝的存在，却不能就其所有的属性以熟悉他真实的本质。与阿奎那的见解相符，认为断言上帝为男性，不仅荒谬也不合适。也与迈蒙尼德的论调相合，以为我们用以描述上帝的许多特质是据人类特质而举的不实比喻：

> 我们将上帝形容为立法者或君王，是公正、慈悲的典型，这仅只是转用凡夫俗子的见解和世俗的市井知识……上帝既不受制于情欲，更不为任何哀乐的情愫所左右……用凡人的本性去含混神性，也将轻用凡人的情欲去归属上帝，如果他们根本不明白情欲为何产生，这会更甚。

上帝并非常人，因为那意味着特定与有限的心灵，而本质上，上帝是所有心灵和物质的总和，"人类的心灵是有限智能的一部分"。不过，"倘使智能与意志专属于上帝的永恒本质，那么有些事更该以这两种属性去了解，而不是以所谓常人的理解"。"实际的智能……包括意志、欲望、爱心等，应当视为所产的自然，而不是能产的自然。"此即，个人具有欲望、情感和意志的心灵，是模式也是变异，为万物总体的上帝所包容，却不属于作为天地生命和规律的上帝。只有在规律运作于世界的意义下，意志才存在于上帝中，他的意志就是规律。

上帝不是一位蓄着胡须、高坐云端、君临宇宙的大家长。他是"永在万物心中的本因，而不是一时性的"。除非在有限实物的意义下，否则并无所谓创造——心物——只当作新个体的形式或模式。"上帝非限于某地，而是普天之下，率从其本质。"诚然，"本因"一词用于此颇不恰当，上帝是一切宇宙的本因，而非效果是瞻的本因，除非就所有事物的行为都必须循其本质这一观点而论，上帝是所有事物的本因。同理，三角形的本质，是它特质和行为的本因。只有在他不受制于任何外在本因与压力的观点下，而且只有用他自己的本质决定时，上帝才是"自由"的。然而，他"并不是出于意志的自由而动作"。他所有的动作，由其本质来决定——也可以说，所有事件由万物的固有本质与特质决定。自然中并无所谓上帝渴望达到某目的的意向。他既无欲，也无意，只有统括全部模式和有机体的欲望和意向。自然中只有因先在原因与固有特质必然产生的结果。世间也无神迹可言，因为上帝的意志和"恒向不移的自然秩序"是合而为一的。任何"连续的自然事件"中的分裂，只是一种自我矛盾。

人类只不过是宇宙中的一份子。自然中立于人和其他形体之间，我们断不可以善恶、美丑等字加诸自然或上帝之上，那些是一种限定词，外在的力量使它们决定了我们的好恶。

> 万物的完美，由其本质与力量单独决定。它们完美的程度，并非因其有好、恶于人类感官，也不是因其有利、偏于人类本性……因此，我们观念中的狂诞、荒谬或罪恶，只是由于我们知

之不全，并几乎全然漠视自然作为一个整体具有秩序并相互依存，以及欲将天下万物依人类理智的命令去排列。在实物之中，理智所认为之罪恶，并非混沌一体的自然秩序与规律方面的罪恶，而仅是我们理智规律方面的。

同样，自然中也没有美丑之分。

　　肉眼所见物体的美，并不足以涵盖此物体之特质，倘使我们视力远近不一，我们体质构造不同，则我们现在所认为美的，会反过来认作是丑……从显微镜下所见的玉手，会是恐怖异常的……我不将自然归为美丽或畸形、有序或混乱，只有在我们想象的关系上，万物才有美丑、严整或散乱之分。

只有当物体是附着于一个体系之下时，才有秩序，而且在该秩序中，一场毁灭性的暴风雨，就和阳光的艳丽或大海的壮阔一样自然。

有这样的"神学"论据，我们还称斯宾诺莎是无神论者，这能算公正吗？我们已经明白，他并非唯物论者，因为他并不以物质来认定上帝，他很清楚地说："凡认为《神学政治论》是基于合自然而成的上帝之体——视自然为一群特定量的物质——是大错而特错。"他认为，上帝是心也是物，他并不会缩减心灵而成为物质。心灵是唯一能探知的实物，又认为与心灵同性质的，也与物质相糅合。就这方面而言，他是泛灵论者，也是泛神论者，认为上帝无所不在。皮埃尔、休谟等人之视其为无神论者，或是就斯宾诺莎的否认上帝有感情、有欲念、有目的而下的断言。但他亲口驳斥道："泛泛者所加诸我的批评，一直不停且错误地非难我为无神论。"显然，他觉得将上帝归于心灵与心智足以使其免于无神论的谴责。不容否认的是，他也一再地以宗教的敬畏之词，那与迈蒙尼德和阿奎那对上帝的概念甚为契合之词来称述上帝。诺瓦里斯（Novalis）因而称斯宾诺莎为"沉浸于上帝的人"。

实际上，他沉浸于整个自然秩序中。对于他而言，这一永恒的一贯与运动，似乎是心仪神往和历久弥深的。在《伦理学》卷一，他完成了神学体系与科学形而上学。他觉得，在规律的世界中，任何典籍，无论再高贵、再华美，也不及神的启示伟大。科学家研究的规律，即便是最平凡的细节，都在阐明启示，因为"我们越了解单独的物体，我们也就越了解上帝"。斯宾诺莎似乎觉得，他已接受并出迎哥白尼潜存的挑战——以宇宙有价值的措辞，再去理解神性，而今已进一步地显示。斯宾诺莎的观点是，科学与宗教已不再抗衡，它们实为一体。

心灵

科学与哲学中，次于宇宙的本质和运作的最大难题，是心灵的本质和运作。如果无法使全能的善与自然的无所为和痛苦的灾难相调和，则很难理解空间明确的外在物体何以能成为体内的活动；再如，何以观念在不可思议的意识中能达成理想。

斯宾诺莎企图否定笛卡儿心与体是两种不同实体的假定，来避开一些问题。他相信，心体为一，并同为实物，在两种不同的形态和属性之下被感知，犹如总相与思想混于上帝一样。因此，躯体如何影响心灵，或心灵如何影响躯体，将不成其为问题，每个动作是心灵与躯体二者同时发生并协同一致的运作。斯宾诺莎界定心灵为"躯体的观念"，如心理学（不必是意识）与生理学的程序相关、相依即是一例。心灵是躯体感之于内，躯体是心灵展现于外。心理状态是肉体活动的内部或内在形态。"意志"的活动是肉体欲望的心理依属，而趋向于生理的表现。躯体中并无"意志"的活动，只有心理官能的一个单独活动。"意志"并非原因，它是活动的意识。"心灵的决定，及躯体的欲望和决断，是同一之物，就观念的属性而思考时，我们称其为决定；就全相的属性及就静与动的律则去推演时，则名其为决断。因此，我们活动的秩序和躯体的激情，其本质上与心灵的激情和秩序相同。"心与体包含的种种内在活动，其实际的过程并非两个分立实物、实体或动因的交互作用，而是一个实体的单独活动。躯体的每个过程，都与心灵的过程调和，"若不通过心灵的理解，则躯体无法发生任何作为"。但是，这一心智并不必一定要与思想发生关系，其或仅是一种感觉，但未必是意识。

在此基础上，斯宾诺莎着手知识过程的一种机械化阐释，或许是依从霍布斯，他以物理词汇来界定感觉、记忆与想象。他据此作为印象中许多知识根源是成之于外界物体的证据，但他同意理想主义者的说法："除非借其体内变化的观念，人类的心灵感觉不出外在躯体为一种实际存在。"理解和理智，知识的两个形式，得之于感觉；而第三个及较高的形式"直觉知识"，则得之于（斯宾诺莎认为）观念或事件的一种简明、分隔、直接和综合的理解。这是规律的宇宙系统的一部分，而不得之于感觉。

先于洛克和休谟，斯宾诺莎反对心灵为支配观的动因或存在体之说，"心灵"是为理解、记忆、想象、感觉及其他连续的普通或抽象词。"心灵的理念与心灵自身"在任何时刻，"是同一同然之物"，其间并无任何分立的"机能"，诸如智力或意志。同时，这些也是认知或意欲总量的抽象语词，"智能和意志，会以相同的态度与观念或意识相关系，犹如'石堆'之于石，或'人类'之于彼得或保罗"。观念和意志均不相同，"意志"的意欲或动作，仅是一己"肯定自身"的观念。

换言之，我们所谓的意志，只是欲望的总和和运动。"论及欲望……我认为，人类所有的努力、冲动、欲念和意图，并非经常与忽此忽彼、游离不定的另一者相对立。"深思熟虑是躯体和思想对于不同欲望的交叠支配，直至其中一欲望证明是强有力的，继续维持一致的心理状态，以转移至动作。显然（斯宾诺莎说）并无所谓的"自由意志"，任何实际的意志，只是最高的欲望而已。我们无外在阻碍，而得以表明本性和欲望的程度时，我们才是自由的，我们是我们自己的欲望。恰如一颗飞跃于空中的石头，心想依自己的意志而运动。

可能加尔文派宿命论的"意见特殊区"在笛卡儿与斯宾诺莎所居住的荷兰，已分享了伽利略的力学（牛顿的《数学原理》尚未问世），而且塑造了笛卡儿的机械论和斯宾诺莎决定论的心理学。决定论是不含神学的宿命论，其取代了上帝的原始轮回。斯宾诺莎深深接受机械论的逻辑，他不像笛卡儿，只限定于人群与动物，他也将之用于心灵，正如他一直以心灵和躯体为"一"一样。他论定躯体为一机械，却反对决定论认为道德无效或不真。道德家的告诫、哲学家的理想、公众谴责的耻辱及法庭的处罚等，不但仍具有价值而且是必需的，它们深深嵌入到每个人的生命和经验中，也深入造成其欲望及决定其意志的原因中。

人类

斯宾诺莎明显地在这一静态的哲学中，嵌入了两项具有动力的要素：其一即一般性的，物质与心灵无处不合，并赋万物以生气，其存在类似于我们所称的心灵或意志的东西中；其二即特殊性的，这一主要要素包括在所有"自存的努力"的物体中。与经院学派的哲学家一样，他说存在即活动，上帝是纯活动。也和叔本华（Schopenhauer）一样，视万物的本质在意志中；也同于近代物理学者，把物质化为能量——斯宾诺莎指出，每一存在体的本质，与其活动力相贯，"上帝的力量与其本质同然"。在这一形态下，上帝即能量。斯宾诺莎根据其活动及影响能力的本质分类方面，是从霍布斯而来。"万物的完美，主要是由其本质和能力来判断。"不过，斯宾诺莎的完美指的是完全。

最后他指出，德行是活动或行为的力量，"我认为德行与力量同为一物"。不过，我们要明白，这一力量，其驾驭自己的意义，高于对他者的。"每个人越是寻求有益于他之物，则越拥有德行……保持自我的努力，是德行的唯一基础。"斯宾诺莎所谓的德行，是生物学方面的，和达尔文派差不多，是指促成生存的任何特质；至少，在这一意义下，德行是其自身的报酬，"为了自己的缘故而生欲望，并非因为该物好或有用，使我们不得不生出德行的欲望来"。

　　自存的努力（存在的奋斗）是任何物体活动的本质，所有运动的本源及无止境的自我寻找。"假设，理智不与本性相违，则也可假定每人爱其自己，并寻求有益于己者——我的意思是说，真正有益于己者——因此，也时刻渴望能真正导其至完美（完全）的最伟大情况，末了，每个人即会努力保持其存在，直至其谢世。"这些欲望并不需要有意识，它们或许是存在于我们肉体中的无意识欲望，综合起来，它们便组成了人类的本质。我们用自己的欲望来审度万物，"我们不努力、期望、寻求或渴望任何东西，是因为我们认为如此是好的。我们审度一件东西是好的，是因为我们对它有欲望"。"我以为，所谓好，是我们确知其有益于我们。"这与边沁（Bentham）的功利主义如出一辙。

　　我们所有的欲望，以快乐或避免痛苦为目标。"快乐是人类较小的完美（完全的、全然的）状态的转渡。"快乐与任何增加具体心理活动的程序，与自我改进的经验或感觉同时发生，"快乐存在时，其人的力量也增加"[1]。任何活力衰退的感觉是虚弱而非德行，健康的人会很快地抛却悲伤、懊恼、谦卑与怜悯等感觉。而且，他会比一个孱弱的人更迅速地提供助力，因为乐于助人是极大的自信心。如果不妨碍更大或更持久的快乐，则任何快乐都是合理的，犹如伊壁鸠鲁，斯宾诺莎也认为知识的快乐是最大的。不过，他还有一段关于各种快乐的话：

　　　　不可能有太多的欢愉……无物足以解脱忧郁……迷信阻遏

---

[1] 尼采附和这一论点："何者为好？加强力量的心绪……何者为乐？力量增加的感觉。"

了欢笑……使物尽其用，并尽量去喜爱它们（当然无以满足，否则便不是喜爱），此为智者的一部分……节慎其饮食，喜好薰香、花草、衣着、运动和戏剧。

认为快乐是欲望实现的概念，其难题是欲望有时是相冲突的，只有碰到智者时，它们才会纳入和谐的层次中。欲望，通常是一个与源于肉体的欲念相关联的意识，而于不知不觉中，对许多欲念，我们只留下它因果的"似是而非的观念"。斯宾诺莎称这一混淆的欲望为感应，其或借情绪而传达。他说："体内活动力在增减躯体变化的同时，这些变化的观念也在增减。"——关于隐约的内分泌在情绪中的分量，显然先于兰格（C. G. Lange）和威廉·詹姆斯（William James）的理论而指出：情绪的肉体表达，是原因直接和本能的结果，意识感是肉体表现和反应的副产品或结果，而非其原因。斯宾诺莎暗示研究情绪——爱、憎、怒、惧等——及加于其上的理智力，"如同我们研讨线条、平面和物体的态度一样"。不是去赞赏或非难它们，而是去了解它们，因为"我们了解情绪越多，则化为我们的力量越多，而且心灵也就少被动一些"。这一情绪分析说，继之于霍布斯者多于笛卡儿，而其进一步充实，则有待穆勒（Johannes Müller）划时代的《人类心理》（*Physiologie des Menschen*，1840 年）的巨著，书中写道："暂且抛开心理的条件来说，关于激情及其相互关系的解释，当以斯宾诺莎所做的浅显说明为最佳。"他也进一步引述《伦理学》一书。

情绪变为激情时，由我们对它本源和意义的似是而非的观点，而使它外在的原因控制了我们的感觉和反应，如处于憎恨、愤怒、恐惧等情况时便是。"心灵受制于激情的多寡，应视其适应于观念的多寡。"一个理解力与思考力贫乏的人，特别容易受制于激情。斯宾诺莎的经典之作《人性枷锁》（*Of Human Bondage*），便是对这种人物的描述。一个行为暴烈的人是最激情的，外在刺激将冷静思考一扫无遗。"外在因素以许多方法来逼迫我们，就如同逆风逼迫浪花一样。

我们颤抖，同时对我们的结局和命运懵然无知。”

我们能将自己由枷锁中解脱出来，或多或少成为我们生命的主人吗？

理性

由于我们还留有一些本性，因此永不能完全控制“物性”，并因为情绪是我们运动的力量，理智只能是微光而非烈火。

然而，利用死后奖惩的想象以激励道德，不但是在鼓励迷信，也最不适合于一个成熟的社会。德行同时应该也是它自己的褒赏，如果我们欲将之界定，则它像是一个有能力、有智力、有体力的男子汉，而不是一个唯唯诺诺、低声下气、畏首畏尾的懦夫。斯宾诺莎愤懑于基督教视生为泪水之谷，视死为天堂、地狱之门。他觉得，“一个自由人，绝不去想死亡之事，他的智慧是用在人生的沉思，而非死亡”。

虽然如此，斯宾诺莎当时似乎也振翅于不朽的观点上。他的心灵与躯体为一物两态的理论，若就逻辑观点去审视它们的死亡，则同样为之束缚。他很明白地肯定“心灵的存在与想象力，心灵一旦停止确认躯体的存在，便立即消失殆尽”，“除非躯体存在，否则心灵将无由想象，也无从回忆”。卷五载有一些不甚了然的区分：“如果我们注意人们的一般见解，我们会发现他们的确意识到他们心灵的永恒，不过他们都将此混淆为持续的时间，并把它归于想象和记忆，他们相信这是死后还存在的。”可以说，心灵是和一特定体相结合的，即一系列暂时的观念、记忆和想象。躯体死亡时，它也终止存在，这是心灵的持续。不过，只要人类的心灵把永恒的万物想象成是宇宙的一部分及自然律的不变体系，则其可明视万物存于上帝之内，它不但成为神圣的永恒心灵的延展部分，本身也是永恒的：

　　　我们以两种方式，将万物想成是实际的，或认为它们以特定的时空关系存在，或认为它们包容于上帝中（永恒的秩序与律则），并依附于必然的神性（这些律则）。然而，这些我们以第二种方式去想象的物体，与我们想象在某一永恒物种之下的一样真实。同时，它们的观念也涵盖了上帝永恒和无限的本质。

我们不以时间的方式去观看万物时，我们会像上帝观看它们一样。在那个范畴上，我们的心灵成为神圣心灵的一部分，同时也分享了永恒：

> 我们将人类心灵归于非持续时，则可用时间来界定。可是，也并无一物能借上帝的本质在某一永恒的必然下去理解，此物必然会是专属于心灵的永恒部分……只有在永恒的物种下去理解万物，我们才确定心灵是永恒的。

斯宾诺莎倾其心力于作为结论的卷五《人性自由》（"Of Human Liberty"），以明确地表达自然伦理学学说。其基本观点可由此句看出："感情者，即当激情不再为激情，这一瞬间，我们对其形成的一种明晰可辨的观念。"就是说，外在事件环绕我们的感情，可借知识将激情转为自制的感情，迨其原因和本质变得清晰，而经记忆的经验，使其活动的结果得以预见。清理我们感情状态的方式之一，是观察使其成为自然因和自然果的事件。"心灵了解到万物皆必然时，即便有更强的力量于感情之上，也比较不被动。"一个人能想到自然和必然时，其必不至于激情化。若视犯过者为不能控制其环境的结果，则恼羞之怒也将平息；若视死亡为自然事，则对双亲谢世之痛也将稍敛。"努力于求知，是美德的不二法门。"斯宾诺莎认为此语使我们少受制于外在因素，而增加我们的自制力。知识即力量，而力量的最佳最有力形式，便是我们自己的力量。

因此，斯宾诺莎以欧几里得方式来塑造其理智的生活，回溯其三种知识，他形容感官上的知识，可使我们豁然开朗到不受制于外在影响。推理的知识（以理智而达到的）可使我们了然于事件的非个人与决定因素，而渐渐令我们不再囿于激情的桎梏。而直觉的知识——宇宙秩序的直接意识——可使我们自觉成为该秩序的一部分，并"与上帝契合"。"我们应当以一致的心灵，去期待与分担命运的两个方面，因为万物遵循上帝的外在命运，犹如三角形遵从其三个角之和为180度的本质一样。"唯一的真自由，是脱离缺乏思考的激情，恰如斯多葛学派常说的，凡能达到的，则将自在于任何情形、任何状态。知识的最大恩赐，在于使我们以理智去了解自己。

这个自然主义论点，使斯宾诺莎达到与基督类似的伦理学结论：

> 他真正地了解，万物从神祇原质的命定，而依照永恒的、自然的和规律的法则而运作，而且将发现并无一物值得憎恨、嘲笑或鄙夷，甚或为他人感伤。不过，只要人类的德行值得依赖，他自将努力去求全求乐……那些专对别人吹毛求疵，一味苛责恶德而却不谆谆善诱美德的人，对其本人和对方来说，都是无聊之举……一个坚强的人，不对人记恨，不对人大发雷霆，不对人嫉妒、怨尤及自责……依理智为导，并尽力以爱心与真情还报憎恨、狂愤、鄙夷等……而一个欲以恨以霸其耻者，则将以悔痛度日。憎恨因交相恨而增加，反之，因爱心而弃绝……依理智为引导的人……不仅对自己没有欲求，而且对他人也是。

有些人觉得，斯宾诺莎认为的，只有感情足以克制感情，是否即是借理智的抗拒以控制感情。如果理智不会被引发为感情化与狂热化，则答案是肯定的。"以知识即真理而言，善与恶的真知，并不能抑制感情，除非将其以感情视之。"此或需要由于虔诚和时间而得奉为神圣铭言的欲望来激起理智，并引导斯宾诺莎达于其思想的顶峰——理智的生活，成为被"上帝的智爱"激发的崇高的人士。斯宾诺莎认为，上帝是宇宙本身的基本实物与永恒律则，这一"上帝的智爱"非卑屈地邀宠于某种天神，而是明智而情愿地调适我们的观念，及引出万物的原质与世界的秩序。敬畏上帝的意志和知其然地接受自然律则，是合二为一的事。正如数学家视世界为一数学规则的部分时寻得的某种敬畏和狂喜之情一样。哲学家在默想伟大的宇宙静静地在宇宙律则的旋律中运作时，也会激起无比的乐趣。由于"爱是与外在原因的观念同在的乐趣"，因此我们由观察宇宙而获得了乐趣——也得之于我们自己——激起了对上帝的爱，并以其为一切的秩序与生命。"爱以快乐完全地充实了心灵，使之达到永恒与无限的存在。"这是对其自身原质必然结果的世界——上帝原质的——的观察，是圣者心灵的本源，它引其至于认知、明了有限性，接受并挚爱真理的平和。"心灵的至善是上帝的知识，心灵的至德是对上帝之知。"

斯宾诺莎的灵魂中融合了数学与神秘说两种成分，他仍不认为上帝精神能因人的爱而反照，或以神迹而灵验。在他孤独的哲学高空里，一直在寻找宇宙中可接受他敬爱和自信的东西。这位温文尔雅的异教徒，曾视宇宙为一个几何图解，最后终止于对蕴含上帝内万物的理解和专注，并因后裔的纷争而成为沉醉于上帝的"无神论者"。

国家

斯宾诺莎完成《伦理学》时，他也许与许多基督圣徒一样，觉得自己已经完成了一门为济助个人而远甚于指导一国公民的哲学。因此，1675年，基于认为人是"政治的动物"并能将理智应用于社会问题的这一观点，开始以一种解析激情一样的方式，以客观的、几何的、物理的方式，着手于其未完成的《政治论》：

> 我以我们通常应用数学时的精神自由，来审视科学的主体，我曾谨慎地不将力量花在愚弄、哀悼或詈骂人类的行为上，而在

求了解他们。在此目标之上，我也曾注意到激情，诸如爱、恨、怒、妒、贪、怜及其他心灵的不安等并非人类本性的恶的一面，而是与空气本质相关的冷热、风暴、雷电等性质一样。

因为人类的本性是政治的素材，斯宾诺莎觉得，研究一个国家当始于考虑人类的基本性格，如果我们去想象在社会组织以约束力、道德力和法律陶冶之前的人类，则我们对其了解将更真切些。倘使我们记得，在全然地或勉强地顺服于社会影响的情况下，他仍然被那种不法的冲动所搅动——这种冲动在"自然状态"中只能被对敌对势力的恐惧所抑制，则我们对之了解或将更真切些。斯宾诺莎与霍布斯一样，假定人类曾处于以上情况中，他对人类野性的设定，几乎与《利维坦》一样黑暗，在"罪恶之园"（Garden of Evil）中，个人的力量就是公理，并无罪可言，因为根本没有法律；也没有公正、偏私及对错可言，因为根本没有道德戒规。因此，"自然法……并无所禁……其并不反对倾轧、仇恨、愤怒、暴虐或因欲念所引发的任何东西"。依据"自然权力"——就"自然"是一种外于社会法治的观点来看——每个人的生存，在于其有能力自持与自保。而这仍为其同类和国家获取，所以人类会以其"自然权力"去役使或食用动物。

斯宾诺莎认为人类野性的改变，是由于其一出生便已生活在社会团体中，"由于所有人类对孤独的存在有所惧——因为在孤独下，人没有足够的能力以自卫、获取生活必需品——因此使其自然趋向于社会组织。"所以，人类不但具有社会的，而且具有个人主义的本能，社会与国家具有人类本性的根源，一旦人类与家庭成为一体，则"自然权力"或个人的力量便会受团体的权利和力量限制。无疑，人类勉强地接受这些限制；但他们接受是因为他们明白，社会组织是个人生存与发展的最有力的工具。至此，德行是为了"自存的努力"，可以再扩充至使团体生存的特质之中。社会组织，不约束国家，不左右文化——这是人类求其自存与发展下的一大收获。

由此，在伏尔泰回复卢梭之前，斯宾诺莎便有所论：

> 任讽刺家放怀狂笑世间事，任神学家去诟辱它们，任忧郁尽情去颂扬那朴野未开的孤立生活，任它们去鄙视人类而推崇野兽。莫去管它，人类会发现互助更能轻易地获其所需……一个受理智引导的人，其生活于法治国家之下，比居于法律之外更为自由。

斯宾诺莎也反对哲学上的无政府主义的乌托邦：

> 诚然，理智能抑制并转化为激情……可是我们知道……理智指出的路是非常险峻的。因此，劝自己信服群众……能导致依理智的简单指示而生活，则一定是诗人的黄金时代，或者是一些剧中的梦想。

国家的目的与功用，应当使其成员依理智而生活：

> 国家的最终目标，不在于驾驭人类或以恐惧制服他们，而是使人人无所恐惧，而且能在充分安全与不伤害自身和邻人的情况下而生活。国家的目标……并不是在使明理的人类成为粗野的兽类和机器（如在战时）。而在使他们的身体和心智安然地运作，它们致使人类依真正的理智而生活，而活动……国家的目的是真正的自由。

因此，斯宾诺莎重新争取言论自由，或至少思想的自由，但与霍布斯一样，最终屈服于神学的盲信和斗争的恐惧之下，他并未主张将教会置于国家治辖之下；而认为国家可以决定教百姓何种教义。

他着手讨论政府的传统形态，由于对路易十四入侵荷兰感到愤怒，他成为一个荷兰的爱国者。他不但一点也不称赞君主制，还激烈地驳斥霍布斯的绝对论：

> 一个人拥有一切权威时，就会假设，是经验在指导并促成和平与和谐。因为没有一个政治体系，也就一直没有显著的变化；同时，没有一个深孚众望的或民主的国家，会非常短命，而甚为动乱所扰。如果说，奴役、野蛮与摧残能算是和平的话，则和平会是降之于国家的大不幸。奴役不是和平，而是独夫揽权，因为和平并非只包括战争的离去，而是更包含了人类灵气的统一和和谐。

所谓"最佳政府"的贵族政体，如果其最佳是在于其不从属于阶级精神、派系倾轧及个人和家族的贪婪的话，则可以称是，"倘若，贵族们……不感情用事，并仅衷心依循大众福利……则无一政体堪与贵族政体媲美，然而经验告诉我们，一切恰恰与之相反"。

因此，斯宾诺莎开始描述他民主的期望，他并不盲目附和群众，他爱那遭暴民杀害的维特。"凡对百姓性情如何转变具有经验的人，几乎都会很丧气，因为大众是受情感而非理智摆布的。它先于各个事物之前，并会轻易地被贪婪和奢侈腐化。""我越来越相信民主是所有政府最自然的形式，也是最调和于个人自由的。基于此，没有人会将其自然权力绝对地让渡：他只将之委付多数。"斯宾诺莎主张，除未成年者、犯人与奴隶外，所有男性都应有选举权。他将女性除外，因为他判断，在策议和管理上，她们的天资和承受力不如男性。他认为，假如"国民军只由公民组成，而且无一人可免役"，则当以端良的举止与和平的政策鼓励统理官员，"因为，一个武装的人，是比一个非武装的人更来得独立"。他觉得，照应穷困者是整个社会的责任。同时，应当只有一种单一税：

田地、所有的土地及可以使用的物件和住舍等，都该是公产，就是说，拥有国产权的人每年将之租与公民……除此，各种税收，均将免除。

然而，就在他刚开始其学说最珍贵的部分时，死神将他的笔从他手中拿走了。

绵延不绝的影响

从把哲学固化为一种对人类迷茫思想的、高层次摸索的持续观念中，我们可以看出斯宾诺莎的体系，在他之后的 20 世纪，形成并分担了对近代世界的塑造。即使被逐出了教会，他仍不失其根基，仍不能忘却他熟读《旧约》、《塔木德》及诸犹太哲学家的时代。追忆异说时，埃兹拉、迈尼德斯、克莱卡斯、格尔森、阿科斯塔诸人，一定曾激起过他的注意。他在《塔木德》方面所受的训练，一定帮助他将《伦理学》塑造成为理智圣殿的逻辑观点。他说：有人从生物开始"他们的哲学"，"而有人从人类的心智开始，而我则始于上帝"。那就是犹太人的方式。

哲学家传统上大多称赞他的仔细——虽然，在区别生息万物的俗世与永恒律则的神世上，可以由柏拉图所分的各个存在体及他们在上帝的原型中找到一些痕迹。斯宾诺莎对美德的分析，也可由亚里士多德的《伦理学》中溯及其源。但是，他对朋友说："柏拉图、亚里士多德与苏格拉底，对我并无太多的影响。"与培根和霍布斯一样，他也喜欢德谟克利特、伊壁鸠鲁和卢克莱修。他的《伦理学》理想或传之于斯多葛学派，听来好像有些马可·奥勒留（Marcus Aurelius）的风格，但实际上完全暗合于伊壁鸠鲁。

他得之于经院学派哲学家的，比自己想象的要多，因为他们混在笛卡儿哲学中而将之传下，像阿奎那的《神学大全》一样，他们也尝试哲学的几何化阐释，他们把"实体"、"能产的自然"、"属性"、"本质"、"至善"等词语给了他，他们对上帝内存在与本质的确认，也成为他对实体内存在与本质的确定，进一步将人类的智能和意志隐含于上帝。

或许（如皮埃尔所想的）斯宾诺莎读过布鲁诺的作品，他接受布鲁诺"能产的自然"与"所产的自然"的区分，也采用布鲁诺"自我努力"的语词和观念，他也根据这个意大利人的观点而建立起身体与心灵、物质与精神及尘世与上帝的统合，和上知（the highest knowledge）能明见上帝内万物的概念——虽然德国神秘主义者也将这一观点完整地传入商业化的阿姆斯特丹。

笛卡儿的哲学理想更直接刺激了他，但神学的陈腔滥调令他生厌。他被笛卡儿为使哲学在组织与清晰上和欧几里得一致的雄心激励，他很可能列举笛卡儿的法则为其生活与事业的目标，他也欣然接受笛卡儿所谓的一个观念只要是"清晰可辨"便一定不假的见解。他接受并普及了笛卡儿哲学中关于世界是一种由某种初期的涡动而达于松果腺（the pineal gland）的因果机械论。他也承认在激情分析上受笛卡儿之惠。

霍布斯《利维坦》的拉丁文译本，显然影响了斯宾诺莎的思想。此处，机械论概念是在没有怜悯与畏惧的情况下完成的。心灵在笛卡儿那里是与躯体分离的，并具有自由和不朽的特征。至霍布斯时，它成为宇宙律则的附属，及非人身不朽甚或尽无不朽的唯一能力。根据《利维坦》，斯宾诺莎建立了一种可以接受的情感、智力、记忆与观念的分析，及人性的非感情分析，出于"自然状态"和"社会契约"的共同出发点，两位思想家却有完全不同的结论：霍布斯自其保皇者的立场，趋向于君主体制；斯宾诺莎发其荷兰的爱国心，归结于民主体制。不过，他以力量来避免权利的混淆，认为只有在"自然状态"的诸个体间和有效国际法建立之前的各个国家中间，这才是值得谅解的。

斯宾诺莎将所有这些影响，融和与塑造出一种思想架构，其清晰可见的逻辑、和谐及统一令人敬畏。如同其朋友与敌对者指出的，他的大殿中也有裂痕：奥尔登堡巧妙地批评《伦理学》开始的说理与主张，而雨伯威格（Uberweg）则认为它们是精确的德国式分析。逻辑是令人赞赏的，但它依据个人的经验时，则是危险的推论，它是依赖内在一贯而非客观事实的思考技巧。斯宾诺莎信任理智是他唯一的不当，他表示他对人类能理解上帝或基本实存与宇宙律则拥有信心。他一再宣称他能证明其理论，可以有解决所有问题和阻碍的信念。逻辑要怎样才算是知识的利器，一种探寻心灵的启发工具，而非世界的构造体呢？因此，决定论必然的逻辑，将意识降为一种副现象——即便没有它，由于因果关系而使肢体产生的心物活动仍会继续运作。但是，也没有一物会比意识更实在、更深刻，逻辑清楚之后，神秘仍然难以说明。

斯宾诺莎死后的一个世纪内，他那曲高和寡的哲学也遇到这些难题，不过他对《圣经》、预言、神迹的批评及他可爱而非人格化、不闻不问的上帝的概念，激起的愤怒也日益猛烈。犹太人认为他是忤逆子，基督徒咒骂他是哲学家中的撒旦，甚至连异端也抨击他。皮埃尔对斯宾诺莎万物、全人类都是也仅是实体、原因或上帝的唯一模式的观点颇不以为然。皮埃尔说，假如上帝是所有行为的实际动因、所有罪行和战祸的实际引因，一个土耳其人杀戮一个匈牙利人时，即是上帝在杀戮他自己。皮埃尔反驳（不谈罪恶的主观性）说这是"最荒诞不经的假设"。莱布尼茨有 10 年的时间（1676—1686 年）受斯宾诺莎影响甚巨，其单子（monads）是心力（psychic force）中心的理论，或得之于"天下万物均处于生气勃勃的状态中"。莱布尼茨曾宣称，他只对斯宾诺莎哲学的一段不表称心，即对宇宙活动中决定因素或神的意向的否认。公开反对斯宾诺莎的"无神论"趋于普遍时，莱布尼茨将之纳为他自己"自存的努力"的一部分。对法国的启蒙运动，斯宾诺莎是谨慎而近乎隐匿的。热情的领袖们以斯宾诺莎的《圣经》批评意见为其与教会对垒的武器，而且他们赞颂他的决定论、他关于自然主义的伦理学及对自然先定的拒斥。不过，宗教的术语和《伦理学》中明显的神秘色彩，也够他们头疼的了。我们足以想象，伏尔泰或狄德罗、爱尔维修或费尔巴哈就"对上帝的心智爱，是一种上帝爱其自己的爱"这句话的反应。

德国对斯宾诺莎这方面的思想反应更大。据雅克比（Friedrich Jacobi）的会谈报告（1780 年），莱辛不但承认斯宾诺莎思想贯穿了他整个生命，而且坚信"斯宾诺莎哲学甲天下"。泛神论对自然与上帝的严谨认知，震动了腓特烈大帝时代启蒙运动后的德国浪漫运动。雅克比，新德国哲学的宗师，是斯宾诺莎的最早护卫者之一（1785 年）。另一位德国浪漫主义者诺瓦里斯，称斯宾诺莎为"耽于上帝的人"。赫德认为他已由《伦理学》奠定了中和宗教与哲学的基础。自由主义的神学家施莱尔马赫（Schleiermacher）写道："神圣而被教会除名的斯宾诺莎。"年轻的歌德（他告诉我们）第一次阅读《伦理学》时，便被"改变"了。因此斯宾诺莎的思想，弥漫于（非情欲的）诗词和散文之内。由于呼吸了《伦理学》的沉静气息，才使他晚年能逐渐越出其《葛兹·冯·伯里欣根》（Götz von Berlichingen）和《少年维特之烦恼》的狂野的浪漫主义，而达到气派堂堂的平衡。康德曾一度使这一影响的涓流为之中断。黑格尔则明白表示："要做哲学家，先就要做个斯宾诺莎者。"同时，他重新将斯宾诺莎的上帝称为"绝对的理智"。也许斯宾诺莎"自存的努力"成为了叔本华的"生命意志"和尼采的"权力意志"（will to power）。

有一个世纪，英格兰对斯宾诺莎的认识，主要是口耳相传，因而称他是一个冷漠可怖的人。斯蒂林弗利特（1677 年）含糊地提及过他，"一个近代作家，我听说，（他）好像是时下那许多凡事都高颂为无神论的人之一"。一位苏格兰教授乔治·辛克莱（George Sinclair，1685 年）写道："一大群服膺霍布斯与斯宾诺莎主义的乱民，使宗教蒙尘，使《圣经》贬值。"伊夫林（约 1690 年）称《神学政治论》为

"邪书"，一本"对探寻神圣真理的卑劣阻碍"。贝克莱则将斯宾诺莎由"单薄无德的作家"提升为"我们近代非宗教者的伟大领袖"。1739年，不可知论的休谟，还战栗于"该知名无神论者"的"恐怖假设"、"那简直邪恶的斯宾诺莎"。不等浪漫主义由18世纪步入19世纪，斯宾诺莎实际已深入英国人心中，因而他比其他任何哲学家更深地影响了威廉·华兹华斯、柯尔律治、雪莱与拜伦等人具有活力的形而上学。雪莱在《麦布女王》（*Queen Mab*）的原注中，曾引证《神学政治论》，并着手翻译，拜伦也欣然为之作序，片断的译文后来落入英国批评家的手中，以为这是雪莱的作品，评之为："粗劣到无以出版……的学童的沉思。"乔治·艾略特（George Eliot）以坚强的毅力将《伦理学》翻译完成，而弗劳德（James Froude）和阿诺德（Matthew Arnold）两人的心路历程，即受斯宾诺莎左右。至于对人类智慧成果、宗教及哲学的影响，似将绵延无涯。伯里克利（Pericles）之所以出名，即在于其生于苏格拉底时代。

诸哲学家中，我们之所以特别钟爱斯宾诺莎，因为他是一位圣者，因为他著述并实践哲学。他拥有并包容了伟大宗教讴歌的美德，自从不许以科学之词去想象上帝以后，他找到了另一所非宗教的家。回首那奉献的生涯与缜密的思想，便感到其高洁的品质在鼓励着我们仔细地去思索人类。

第七章 | 莱布尼茨
（1646—1716）

法律哲学

斯宾诺莎和莱布尼茨两人的性格和思想有天壤之别。前者是一个孤独的犹太人，为犹太教所不容，又不愿接受基督教，穷困地住在一个小阁楼里，只完成了两部书，慢慢地发展出一套大胆独创、离弃一切宗教的哲学，44 岁就因肺病而死。后者则是一个通晓世故的德国人，忙着周旋于政治人物和宫廷之间，足迹几乎遍及整个西欧，接触到有关俄国和中国的知识，同时接受新教与旧教，欣然接受并利用了许多思想体系，写了约 50 篇的论文，极度乐观地拥抱上帝和这个世界，足足活了 70 岁。和前者唯一相同之处，是死后葬礼的冷清。就在同一个时代，世上出现了近代哲学里的两个极端。

在我们谈论此人如镶嵌细工一般多彩多姿的一切之前，让我们先介绍一些对德国做出比较次要的贡献的人物。普芬多夫（Samuel von Pufendorf）于 1632 年开始其职业生涯，与斯宾诺莎和洛克同年。他先在莱比锡和耶拿读书，后来前往哥本哈根，在一个瑞典外交官家中当教师。瑞典向丹麦宣战时，他与该外交官一起被捕。为了排遣烦闷，他在狱中构想了一套国际法。获释后他搬到莱顿，在那里出版了狱中所作，即《宇内法义》（*Elementa Jurisprudentiae Universalis*，1661年）。此书极得巴拉丁选帝侯查尔斯·路易斯的赞赏，这位选帝侯于是召他到海德堡去，为他开办了一个自然与国际法讲座——这是历史上第一个这类讲座。在此，普芬多夫写了一篇关于德国国家的专论《德意志帝国地位至上》（1669年），此文因攻击神圣罗马帝国及其皇帝而触怒了利奥波德一世。普芬多夫于是出走到了瑞典，在隆德大学（1670年）任教，并在此出版了他的杰作《自然法与国际法》（1672年）。普芬多夫企图调和霍布斯和格劳秀斯，他不把"自然律"认同为"任何一者对抗所有他者的斗争"，而把它认同为"正确理性"的指导。他把"自然权利"（natural rights）扩展到包括犹太人和土耳其人在内，而且辩称国际法不仅在基督教国家有效，即在他们与"异教徒"的关系上也同等有效。他早于卢梭几乎一个世纪，便宣称国家的意志是，而且应该是其成员意志的总和。他又认为把奴隶制度当作减少乞丐、浪人和窃贼的方法之一是值得称道的。

有些瑞典传教士认为这些理论太不重视上帝和《圣经》在政治学中的地位，便促请把普芬多夫遣回德国。但查理十一把他召到斯德哥尔摩，让他做皇帝史官。普芬多夫写了一部国王的传记和一部瑞典史作为回报。1687年，普芬多夫也许是有意于旅行，便写了一篇关于《基督教与一般生活的关系》的论文，题献给勃兰登堡选帝侯，文中力主容忍。他很快便奉召到了柏林，在此做了腓特烈·威廉的史官，受封为男爵，于1694年逝世。此后半个世纪中，他的著作在新教欧洲一直是政治法律哲学方面的权威，它们对社会关系的实际分析有助于削弱君权神授理论。

对人类事务加以神学的解释的情形已渐走下坡路，这在贝克尔（Balthasar Bekker）和托马修斯两人身上可以更明显地看出。贝克尔是一个荷兰传教士，在弗里斯兰传教，他的信仰因笛卡儿而产生了动摇，于是他主张把理性引用到《圣经》上。他把《圣经》里的魔鬼解释为一般的惑障或隐喻，追溯了"撒旦"观念在基督教之前的历史，认为这个观念是窜改基督教教义的，并总结说魔鬼只是一种神话而已。于是，他在一篇荷兰文的宣言《中了魔的世界》（1691 年）里把魔鬼剔除出去。教会对贝克尔大肆抨击，因为教会觉得对魔鬼的恐惧是智慧之始。魔鬼在声望上虽有所失，在信众方面却不受影响。

托马修斯继续了这场斗争。他一方面固然仍旧接受《圣经》为通往宗教和解脱的明灯，另一方面却要遵循理性的法则，只相信有证据的事，并鼓吹宗教上的宽容。他在莱比锡当自然法的教授时（1684—1690 年），由于见解、方法和语言上的独创而开罪了执事和教团方面。对当时的一些迷信他报以德国人强力的一笑，他和贝克尔一样认为应把魔鬼从宗教里剔出去，他公开指责巫术信仰是一种可耻的无知，认为对"巫婆"的迫害是一种残暴的罪行。由于他的影响，巫术案在德国乃告结束。使事情更糟的是，他不用拉丁语而改用德语教学生，致使教学的尊严丧失了大半。1688 年，他开始出版一种定期的关于书籍和思想意见的评论，我们本应称之为第一种严肃的德文期刊，但它深入浅出寄学术于幽默，并自称为"对各种各样愉快而有用的书籍和问题的诙谐而真诚、理智而傻气的想法"。他支持虔信派信徒反对正统僧侣，支持路德派和加尔文派信徒之间的通婚，这大大地震惊了当权者，于是他们禁止他写作或讲演，最后下令逮捕他（1690年）。他逃到了柏林，选帝侯腓特烈三世让他在哈勒有了一个教授的位子。他参加了那里组织大学的工作，并很快使其成为德国最有生气的知识中心。1709 年，莱比锡邀请他回去，他拒绝了。他在哈勒留了 34 年，直到去世。他开创了德国的启蒙运动，这个运动产生了莱辛和腓特烈大帝。

一些狂热者把他们的革新推展到了无神论的极端。荷尔斯泰因的克努岑（Matthias Knutzen）排斥了所有的迷信，宣称否认上帝。他主张用一种实证主义的"人文宗教"来替代基督教的教堂和教士——远为孔德的先驱——并把道德纯然建立在自然主义的良知教育上（1674 年）。他宣称有信徒 700 人，这也许是夸大之词。不过，我们可以看出，1662 年至 1713 年，在德国至少出版了 22 部以传播或驳斥无神论为目的的作品。

莱布尼茨深痛于这个"明显的自由思想者的胜利"，他于约 1700 年写道："我们这个时代，许多人对天启……或神迹根本没有多少尊敬。"1715 年，他又说："自然宗教变得衰微多了。许多人主张说灵魂是肉体性的，另外一些人则说上帝本身便是肉体性的。洛克先生和他的追随者怀疑灵魂是非物质性的，非自然消灭的。"莱布尼茨本人的信仰并不坚定，但身为一个周旋于上流社交场合及宫廷之间的人物，他倒想知道这与日俱长的理性主义将止于何处，将对教会、道德和君王造成何种影响。这些理性主义者是否能如愿以偿呢？是否为了子孙的健康、祖先的信仰将被解放呢？

生平

莱布尼茨在"三十年战争"结束时是一个 2 岁大的孩子，他生长在德国历史上最困难、最不愉快的时期之一。但他获得了当时可能有的任何教育机会，因为他父亲是莱比锡大学的道德与哲学教授。他小时是神童，热爱知识和书本。他父亲把自己的图书室开放给他，要他"取书、念书"。他 8 岁开始学拉丁文，12 岁学希腊文。他又潜读历史，终于成了一个"博学者"。15 岁时他进了大学，在此，激励人的托马修斯便是他的老师之一。20 岁时他申请法学博士学位，莱比锡大学因他的年少而拒绝了，但他很快便从阿尔特多夫的纽伦堡大学获得这个学位。他的博士论文给人很好的印象，随即被延聘为教授，但他没有接受，他说他"心目中别有他事"。在重要哲学家中很少有人站过大学的讲坛。

有了经济上的保障，又有了知识上的自由，他沉浸于所有那些冲激新生德国的运动和哲学。他在莱比锡研究了诸经院哲学体系，吸收了他们的术语和观念，如对上帝存在的本体论的证明。他吸收了整个笛卡儿派哲学的传统，却又在其中溶入了伽桑迪的反对意见和原子论思想。他接着读霍布斯，称赞他"极精审"，也接触了唯物论。他在纽伦堡住了一段时间（1666—1667年），尝试了玫瑰十字架兄弟会（Fraternitas Rosae Crucis）的神秘主义，这个组织是一些炼金士、医生和僧侣于约1654年创立的。他当了这个组织的秘书，埋头钻研炼金术，很像他未来的对手牛顿当时在剑桥的作为。他把所有的观念理论都摸尽、借用尽。尚不满22岁时，他写了一些论文，格局虽小却充满自信。

其中的一篇《法律教授与学习的一个新方法》引起了当时逗留在纽伦堡的一个外交官约翰·冯·波音堡的注意，他劝莱布尼茨把这篇文章题献给大主教美因茨选帝侯，并安排让他亲自进献。这个计划成功了。1667年，莱布尼茨开始为选帝侯服务，先当修订法律的助理，后来当了顾问。莱布尼茨在美因茨逗留了5年，熟悉了天主教的僧侣、神学和仪式，并开始梦想重新统一分歧的基督教教义。然而，选帝侯对路德不如对路易十四那样关心，因为这个贪得无厌的国王正向低地国和洛林推进他的军队，这太靠近德国了，而且看来他明显地急于吞噬莱茵河。怎样才能阻止他呢？

莱布尼茨对此倒有一个计策，其实是两个。这个计策就一个24岁的小伙子而言，是够精彩的了。第一个计策是联合德国西部诸邦成立莱茵河联邦以利共同防卫（1670年）。第二个是说服路易把埃及从土耳其人手中夺取过来，借此把路易的注意力从德国移开。当时法国与土耳其的关系很紧张，假使路易这时派出远征军征服埃及的话，他便能控制由欧洲经埃及到远东的贸易——包括荷兰人的贸易，能使法国领土免于战祸、结束奥斯曼对基督教世界的威胁，从而成为欧洲崇高的救星，而不是可怕的凶神了。波音堡写信这样告诉路易，还附了莱布尼茨亲笔写的计划大纲。法国外相蓬波纳侯爵邀请莱布尼茨（1672年2月）前去把计划呈献给国王。3月，这位26岁的政治家便首次往巴黎去了。

但战将们阻挠了他，也阻挠了他们自己。莱布尼茨到达巴黎时，路易已经和土耳其修好，并决定攻打荷兰，4月6日，他正式宣战。蓬波纳告知莱布尼茨说十字军已经过时了，并拒绝让他晋谒国王。这位哲学家依然存着希望，他拟了一份陈情书给法国政府，并致送一份摘要给波音堡。假如他的建议实行成功的话，攻取印度、掌握海权的将不是英国而是法国了。马汉将军说，路易这个"害死柯尔伯、葬送法国国运的决定，后人世世代代都感受到它的影响"。

波音堡还没接到莱布尼茨的摘要便死了。莱布尼茨对这样一位无私的朋友的猝死甚感哀痛。他没有再回到美因茨，这是部分原因；更重要的是，他已被巴黎的知识潮流迷住了，他发现这些潮流甚至比环绕在自由开明的选帝侯周遭的那些更为刺激。他认识了阿诺德、马勒布朗什、惠更斯和波舒哀。惠更斯把他引进了更高深的数学，莱布尼茨开始从事那些导引他进于微积分的极小计算。

1673年1月，他横渡海峡到了英国，为美因茨选帝侯游说查理二世。在伦敦，他认识了奥尔登堡和玻意耳，感受到了正在觉醒的科学的气息。3月，回到巴黎后，他用在数学上的精力越来越多。他设计了一种计算机，除了加减外尚能作乘除运算，比帕斯卡的有所改进。4月，他在不在场的情况下被选为皇家学会会员。1675年，他已发现了微分学。1676年，他发现微积分，而且制定了一套成功的符号系统。现在再也没有人指责莱布尼茨，说他的微积分剽窃自牛顿了。牛顿虽然于1666年已发现微积分，但他直到1692年才出版。莱布尼茨则在1684年发表了微分学，1686年发表了积分学。牛顿无疑是第一个发现者，而莱布尼茨又独立地达到他的发现，并在牛顿之前把它发表出来。再者，莱布尼茨的符号系统比牛顿的更为优越。

美因茨大主教于1673年逝世，莱布尼茨因此失去了公职。他很快便签了一个合同，为不伦瑞克-纽伦堡的约翰·腓特烈公爵服务，在位于汉诺威的公爵图书馆做主管。不过，此时莱布尼茨尚眷恋于巴黎，因此他在那里待到1676年，然后才悠闲地取道伦敦、阿姆斯特丹和海牙到汉诺威去。他在阿姆斯特丹曾与斯宾诺莎的弟子、在海牙和斯宾诺莎本人有过晤谈。斯宾诺莎有点不敢信任他，因为他正主张协调天主教和新教，这可能导致两派联合压制思想自由。莱布尼茨终于消除了这些疑团，于是斯宾诺莎允许他阅读《伦理学》的手稿，甚至让他抄录其中的章句。二人有了数次长谈。斯宾诺莎死后，莱布尼茨为了掩饰他受自这位犹太圣哲的深刻影响，确实煞费苦心。

　　他于 1676 年年底抵达汉诺威。在他此生的后 40 年中，他一直受聘于不伦瑞克的历任君王。他曾希望能被接纳做国家顾问，但这些公爵指派他照料图书馆，为王室写历史。他在这些工作上断断续续地有些好表现。他那部卷帙浩繁的《史书》（*Annales Brunsvicenses*）充满了辛勤得来的原始文件，因此阐释明晰。他在意大利所作的家族谱系研究，建立了伊斯特和不伦瑞克王室的共同来源。他极力想做一个德国爱国者，他呼吁德国人在法律方面使用本土语言，但自己又用拉丁文或法文从事论著，而且是"优秀欧洲人"和世界性心灵的一个光辉典型。他警告德国各君王说，他们惹是生非的妒忌心和对皇权的刻意削弱注定要使德国沦为实行中央集权的国家的牺牲品，沦为法、英、西三国无休无止的争战的战场。

　　他私下希望能为皇帝和帝国效劳，而不是为分崩离析的各邦效劳。他有许许多多的计划以从事政治、经济、宗教和教育上的改革。他也同意伏尔泰的看法，认为通过说服统治者以改革一个国家比慢慢教育群众要来得容易，因为吃和住就已够这些人操心了，再不用谈什么思想了。1680 年，皇家图书馆的管理员去世时，莱布尼茨毛遂自荐，申请这个职位。但他附加了一个条件：如果不让他同时加入皇帝的枢密院，他将不接受这个职位。他的申请被拒绝了。回到汉诺威后，他先从女选帝侯索菲亚，后从她的女儿索菲亚·夏洛特的友谊中得到一点慰藉。夏洛特给了他出入普鲁士宫廷的权利，帮助他创立了柏林学院（1700 年），并鼓励他著述他的《神正论》（*Théodicée*）。他又与欧洲思想界巨子通信，对哲学做了重大贡献，而且推动了一个基督教世界宗教再统一的勇敢计划，使他的地位高贵起来。

莱布尼茨与基督教

　　莱布尼茨本人是不是基督徒呢？表面上当然是的。一个像他这样热衷于由哲学进于政治的人，外表当然得披上与他的时代和地位相配的神学作为外衣。"我竭尽一切努力，"他在《神正论》序中说，"考虑建设的必要。"他生前发表的著作在信仰上都是典型的，它们为三位一体、神迹、圣恩、自由意志及永生辩护，它们攻击当时的自由思想家，认为他们是在彻底毁坏社会秩序的道德基础。然而，"他很少上教堂……有好几年之久没领圣礼"，汉诺威的淳朴居民戏称他为"什么也不信"。有些学者认为他同时具有两种相反的哲学：一种是供一般人消遣、博取公爵夫人们高兴用的，另一种则是"对斯宾诺莎学说中所有根本原理的明白肯定"。

　　他调和天主教与新教的努力引起了人们的指责，说他持"信教无差别论"。他的神学中充满了对和解与统一的热诚，他虽然回避传教士，却努力把他们拉拢在一起。因为他看得很深刻，他尽量不在乎表面的差异。如果基督教是一种政府形式的话，那么在他看来，教条上的差异似乎不是获致虔敬和善意的工具，而是秩序与和平的障碍。

　　1677年，神圣罗马帝国皇帝利奥波德一世派遣克罗地亚的挂名主教斯宾诺拉到汉诺威的宫廷，建议约翰·腓特烈公爵加入一个旨在使新教徒与罗马重新结合的运动。也许这一计划有其附属的政治意义：选帝侯此时很希望得到皇帝的支持，利奥波德则希望能有一个更坚强的德意志联邦以对抗土耳其人。有一阵子，斯宾诺拉风尘仆仆地奔走于维也纳与汉诺威，使这件事有了进展。1682年，波舒哀制定了《加利亚宣言》（*Gallican Declarations*），依此，法国僧侣公然反抗教皇。此时，莱布尼茨或许已希望法国能和德国结合在一个充分独立于教皇权限的天主教下，以缓和新教徒对古老教条的敌意。1683年，土耳其人进攻维也纳之际，斯宾诺拉在汉诺威召集了一个新教与天主教神学家会议，向他们提出了"所有基督徒宗教大结合原则"。

也许是因为这个会议，莱布尼茨匿名写了一篇文章，这是他死后人们在他的遗稿中发现的最奇怪的文章之一。这篇文章名为《神学系统》（"Systema Theologicum"），声称它陈述的是任何怀有善意的新教徒都能接受的天主教教义。1819 年，有一位天主教的编辑把它发表出来，作为莱布尼茨已私下叛依的证据。这篇文章更可能只是一个外交努力，以减少两教派之间在神学上的鸿沟。但这位编者说这篇文章天主教倾向极大，这并没错。此文以一段简短无偏的话开始：

> 在以长而虔诚的祈祷求请天助之后，我尽人类所能，撇开所有成见，去看宗教争端，如同我刚来自其他星球，是一个谦虚的学习者，对任何教派都一无所知，也不受任何义务羁绊一般。如此在适当的考虑后，我已获致了下面所要提出的结论。我认为我有义务执守这些结论，因为依我看来，无论是《圣经》还是古老的宗教传统，或理性的领导与事实的确切印证，都赞同让任何无偏见的人建立这些看法。

接着他公开宣示他对上帝、创世、原罪、涤罪所、化体论、修道誓愿、祈神、香料使用、宗教造像、法衣及国家对教会从属的等等信仰。这种对天主教宽大为怀的情形，或许会使人们对此文件产生怀疑，但一般都已相信这确是莱布尼茨的作品。也许他是希望借着支持天主教观点而在维也纳的天主教皇帝面前为自己开方便之门。莱布尼茨也和任何优秀的怀疑论者一样，喜欢天主教仪式的景象、声音与气氛：

> 音乐的旋律、优美的和声、赞美诗的诗意、祈祷文的美妙、灯光的闪烁、气味的芬芳、还有美丽的法衣、装饰着宝石的圣

瓶、珍贵的献礼、引发高贵思想的雕像与图画，艺术天才的光辉
创作……群众行列的宁静优美、装饰街道的华美的帏幔、钟声的
旋律等，总而言之，所有这些人类的虔敬本能，催促他们慷慨奉
献，以表崇拜的礼物与表征，我认为都不至于像某些人纯然天真
地要我们相信的那样，引起上帝的轻视。这无论如何是理智与经
验同样确认的事。

　　但所有这些论点都未能使新教徒动心。路易十四废除了《南特诏
书》，对法国新教徒发动了残酷的迫害，打破了这个局面。莱布尼茨
也离开了宗教问题而专心他事。

　　1687 年，他为了替他的《不伦瑞克王室年鉴》（*Annals of House of Brunswick*）搜求四散的档案，起程经历德、奥、意三国，做了一次
长达 3 年的旅行。在罗马时，有关当局以为他会皈依，便向他提供了
梵蒂冈图书馆管理者的职位，结果他谢绝了。他曾勇敢设法取消教会
方面不利于哥白尼和伽利略的敕令。回到汉诺威后，他开始了（1691
年）与波舒哀之间 3 年之久的通信，以期重启统一基督教世界的运
动。难道罗马教会不能召开一个包括新教和天主教领袖的真正全基督
教大会，以重新考虑乃至废除特伦特会议视新教徒为异教徒的苛刻烙
印吗？这位主教此时正以他的《新教会的转变》（1688 年）轰击这些
"异教徒"，他毫不妥协地回答说：如果新教徒希望重回神圣的教会
来，叫他们自己改变信仰以结束争端。莱布尼茨请求他重作考虑。波
舒哀给了他一点希望，说："我研究一下这个办法……我不久会告诉
你我的想法。"1691 年，莱布尼茨以其惯常的乐观写信给布里尼翁夫
人，说：

　　　国王的意思对此事甚为有利。教皇英诺森十一世和许多红衣
　　主教、皇家将军……及严肃的神学家，在仔细考虑了这件事后，
　　都做了极令人鼓舞的表示……只要法国国王和那些在这件事上得

到宠顾的高级主教能采取相同的步骤，那么这件事便不只是做得到而已，简直可说是成功在望了。这话一点也不夸大。

波舒哀给了他一个毫无通融余地的答复：特伦特会议的决定不能撤回，判定新教徒为异教徒是对的，教会方面绝无错误，除非新教徒在争论中的问题上事先采取教会的决定，天主教和新教领袖之间的会议并不能产生任何建设性的结果。莱布尼茨答复说教会曾屡次改变其观点与教诲，曾自相矛盾，曾毫无正当理由地判人罪名，驱逐人出教会。他声称他将"不管目前的分裂可能给教会带来的任何更进一步的害处"，他转而致力于表面上看来较有希望的调和新教路德派与加尔文派的工作。但他碰到了跟波舒哀一样高傲而令人难堪的顽拒。最后，他私下把所有这些敌对的神学派系都咒骂了一顿，声言只有两种书有价值，一是报告科学证明或实验的，一是包含历史、政治或地理的。到死为止他一直是个路德派信徒，但只是表面上的、马马虎虎的。

评洛克

莱布尼茨的作品有一半是"针对人身的论据"，或多或少是在讨论其他作家的观念时附带从事的。他篇幅最长的一部书多达 590 页，始于 1696 年他评论洛克的《人类悟性论》时所作的一篇 7 页的文章。当时，他对洛克此论仅从《宇内学志》中的摘要略知一二。此论法译本出现时（1700 年），莱布尼茨又为一家德文杂志写评论。他很快就看出了洛克的分析的重要性，并对他的风格大加赞赏。1703 年，他着手逐章批评这本书，这些批评后来构成了莱布尼茨的《人类认知新论》一书。1704 年，他听到了洛克的死讯，便终止了他的批评。此书直到 1765 年才发表，已经来不及涉及洛克对伏尔泰及其他法国启蒙运动导师的广泛影响，却影响了康德划时代的著作《纯粹理性批判》（*Critique of Pure Reason*）。它是心理学史上最重要的作品之一。

在形式上，它是"爱真理者"（Philalethes）的代表洛克与"爱上帝者"（Theophilus）的代表莱布尼茨之间的对话。这部对话现在还极受好评，而且对于那些心灵敏锐、时间充裕的人而言，仍是一部好书。在序言中，莱布尼茨表现了极度的谦虚，说他的论述是附骥于"一位杰出的英国人所作的'认知论'，当代最优美、最受尊重的作品之一"。对书中讨论的问题也陈述得清晰可喜："要知道是否心本身如亚里士多德及此论作者（洛克）主张的，为纯然空白，如同尚未写过字的字板一般，是否所有存在于心的一切都只是来自官能，或者是否心就如本人与柏拉图相信的，原本包含许多观念与信条的'原理'（principles），外界的事物只能不时地唤醒（使忆起）它们而已。"依莱布尼茨的观点，心不是一个被动接受经验的容器，它是一个复杂的器官，以其结构和功能转化感觉资料（data of sensation），就像消化道并不是个空袋子，而是一个消化食物并把它转化为身体及器官需要的系统。莱布尼茨在他的文章里概述并修正了洛克的说法："除了心本身以外，没有任何存在于心中的东西是不先存在于感官的。"如莱布尼茨指出的，洛克承认观念除了由外在的感觉获得之外，也能由"内省"获得，但把所有进入内省的成分都归源于感觉。相反，莱布尼茨认为心本身具有某些思想的"原理"或"范畴"，诸如"存在、本念、统一、认同、因、知觉、理智及其他许多感觉不能提供的观念"，而且这些认知的工具，这些心理消化的器官是"天生的"。不过，这里所说的"天生的"并不是指我们一生下来就能意识到它们，或在使用它们时总是意识到它们，而是说它们是心的本质结构或"自然倾向"的一部分。洛克觉得这些假设的天生原理是在思想中由最初感觉得来的观念交互作用逐渐发展而成的。但莱布尼茨进一步指出，如果没有这些原理，根本就不可能有观念，只能有一连串无秩序的感觉而已，就像如果没有胃中的消化液，食物便不能滋养我们，便也说不上是食物了。依此衡量标准，他大胆地认为，所有观念都是天生的，也就是说，是心施于感觉的转化作用的结果。但是，他承认这些天生的原理在初生时是混淆不清的，通过经验和使用后才变得清楚。

依莱布尼茨的判断，这些内在的原理包括所有"必然性真理（necessary truths），如我们在纯数学中可找得到的那些"，因为提供必然性原则（principle of necessity）的是心而不是感觉。任何感觉性的事物都是个别的、偶然的，最多只能给我们重复的序列（repeated sequence），而无法给我们必然的序列或原因（necessary sequence or cause，洛克曾承认这一点）。莱布尼茨认为所有我们的本能、我们的喜怒哀乐和所有理性的规则都是天生的——虽然它们只在通过经验时才能显示。在这些天生的思维规律中，有两条是特别基本的：其一是矛盾律（principle of contradiction）——互相矛盾的命题不能同时为真（如"假如 A 是圆形，则它不是方形"）；其一是充足理由律（principle of sufficient reason）——"没有任何事物会没有理由地是如此这般而不是别个样子"。莱布尼茨认为人的聪明才智之所以高于动物，是由于他能通过天生的理性原则的应用从个别经验推出一般观念来。

充足理由律作用于"证明上帝的存在及形而上学或自然神学的所有其他部分"。在这层意义上，我们的"上帝"的观念是先天的，虽然在某些人心中、在某些部落中，这个观念未被意识到或是混淆的，对"不朽"的观念我们也同样可以这么说。道德感也是先天的，这并不是指可能因时因地而异的个别内容或判断，而是一种分辨对与错的意识，这种意识是普遍的。

在莱布尼茨的心理学中，心是活动的，这不仅在于心以其结构与功能参与了任何观念的构成，而且在于其活动是连续不断的。莱布尼茨同意笛卡儿派主张的心总是在"想"，无论是醒是睡，或是无意识。"心灵的无思想状态和身体的绝对静止，在我看来都违反自然，世界上也没有这种例子。"有些心理活动是下意识的："若认为心灵除了那些它意识到的之外，就没有知觉，那是一个大错。"自莱布尼茨这种假设，现代心理学开始钻研某些学者称之的"无意识精神"，而自由思想家认为大脑或身体其他机能并不触发知觉。

莱布尼茨对身心之间的关系有许多话可说，但他离开了心理学的范围升入形而上学，要我们把整个世界看成和我们本身一样的心物单子。

单子

1714年在维也纳时，莱布尼茨遇到了萨伏依的尤金，此人和马尔巴勒一起使欧洲免于路易十四的臣服。这位亲王请莱布尼茨把他的哲学做一般人也能读懂的简单陈述，莱布尼茨便做了一篇只有90段的简洁论文，在他死后跟其他论文一起传了下来。1720年，有一个德译本出版，但其法文原本却到1839年才付梓，并由其编者命名为《单子论》。莱布尼茨可能是从布鲁诺那里取得了"单子"的名称，也可能是弗兰斯·凡·海尔蒙特（Frans van Helmont），此人用这个词描述上帝唯一直接创造的细微"种子"，这些种子再发展成为所有物质与生命的形式。英国医生格利森曾认为所有实存不仅具有"力"，而且具有本能与观念（1672年）。1686年起，在变幻不定、易于接受新观念的莱希尼兹心中也萌芽了一套相似的理论。他也许受了一些显微镜专家的作品的影响，这些人显示出即使在最小的细胞中也有着律动的生命。莱布尼茨总结说："在最小的物质中也有一个创造物世界——活的东西，动物……心灵……"每一份物质都可被看作一个充满着鱼的水池，而这些细小的鱼中，任何一条的任一滴血，又是另一个充满着鱼的水池，如此直到无穷。他对每个扩散物的无穷可分性大为感动，如同帕斯卡为之惊讶一样。

莱布尼茨主张，如果我们把穷极真实看作"能"，把世界看作力中心组成的，则可分性的神秘便缈然无踪。因为就如思想一般，力并不涵蕴广袤性。因此，他拒斥以德谟克利特的原子为宇宙终极构成者，而代之以非广袤性的力单元——单子。他不把本质界定为物质，而把它界定为能。（到此为止，莱布尼茨的看法和 20 世纪物理学是很一致的。）"物质"在任何地方都具有运动、行动和生命的本能。每个单子都会有感受或知觉。就其易感并反应于外界变化的意义上说，单子已有了初期的心。

如果我们"模仿我们对灵魂的想法"来想单子，将更能了解它们。灵魂是"一个单一、个别的人"，一个单独的自我，以其内在的意志抗拒任何在它之外的东西而获得它的途径。与任何单子基本上都是单独的一样，它是一个和所有其他力中心相持的个别的、独立的力中心。真实是一个由个别的力组成的宇宙，这些力经整体，即上帝的法则而统一、和谐。就如每一颗灵魂都异于所有其他灵魂，每个单子也都是独一无二的。在宇宙中，没有两个存在物是完全一样的，因为它们的异处构成了它们的个性。具有全然相同性质的两个事物只是不可分的同一的事物（"不可分辨律"）。每一颗灵魂都感受或知觉其周围的真实，对渐次较远的真实则渐不清楚，但在某种程度上它能感觉到整个真实。每个单子也都能感觉到整个宇宙，不论如何混淆、如何无意识。如此，它可以说是一面镜子，或多或少隐约反映并代表了整个世界。没有一颗个别的心能真正洞悉另一颗心，也没有一个单子能洞悉另一个单子，它没有途径可供这种直接交换，所以它也无法直接在任何其他单子中造成任何改变。

单子的确会变异，因为变异对它们的生命是必要的，但这些变异出自它们本身的挣扎。因为，如同每个自我都是欲望和意志，每个单子也都含着，同时也是一个内在的目的和意志，一个求发展的努力，这便是亚里士多德所说的作为每个生命的核心的实体，在这层意义上（如叔本华后来所说），力和意志是同一个基本真实的两种形式或程度。在自然中有一个内在的目的，在任何事物中都有一种寻求、一种欲望（appetition）、一种引导陶冶的目的，即使这一目的、这一意志在机械律的限制下活动。就我们自己而言，身体的运动只是一种内在欲求的可见的、机械的表现。同样地，在单子中，我们从外面所见的机械过程也只是一种内在力的外表而已。在我们混乱的知觉中，我们把外在的事物与"物质"同一，因为我们只见到它们的外在机制，我们不像在内省时一样看出其内在的、构成的生命力。在这套哲学中，唯物论者被动、无助的原子，被单子，即单元——活生生的个性与力的中心——取代了。世界不再是一架死机器，而成了变化、颤动的生命的舞台。

在变化中，最重要的一点是单子的"心"有意识的程度。就心的感性与反应的意味而言，所有的单子都有心，但并非所有的心都是有意识的。甚至我们奇妙的人类也会无意识地经历许多心理过程，如在做梦时或在我们密切注意某一情景的某些方面时，我们并不知道我们是正在知觉这一情景的许多其他要素——这些要素却可能被置于记忆中进入我们的睡梦，或从心的某些隐微角落中露出，进入后来的意识。又如我们意识到海浪的怒号或轻嘶时，我们知道每一个浪头及每一个浪头的每一成分都在冲击我们的耳朵，产生成百成千的个别印象，这些印象变成我们听到的海声。同样地，这些最简单的单子也感觉、知觉其周围的任何东西，不过其感觉、知觉是混沌而无意识的。在植物界，这些感觉变得较为清楚、较为专门化，并导致较特殊的反应。在成为动物的心灵的单子中，其有反应的知觉变成了记忆，记忆的交互作用产生意识。人是一个单子群，每一单子有自己的需要和目的，但这些质点在一个总摄的单子，即是人的生机与心灵的指导下，成为一个统一的活的官能整体。"心灵提升至理智的水平时，它被认为是心"，并依其知觉的必然关系和永恒真理的程度而提升其等级。知觉到宇宙的秩序与心时，它成为上帝之镜（mirror of God）。上帝，即主单子是纯净而充分意识的心，是不受结构和身体约束的。

这一哲学最困难的方面，是莱布尼茨的"先定和谐"（preestablished harmony）理论。一单子的内在生命与外在表现，即与其物质的外壳的关系是什么？我们要如何解释人的物理性的身体与其精神性的心之间的明显的交互作用呢？笛卡儿无可奈何地把这个问题推给松果腺，斯宾诺莎则以否定任何心物之间的分离或交互作用来回答这个问题，因为在他眼中，这两者只是同一过程与真实的外在、内在层面而已。莱布尼茨认为这两个层面是分离的、有区别的，又导致了这个问题，他否定它们之间的交互作用，却把这种物理和心路历程的同时性，归之于一种上帝预先奇妙地安排好的继续不断的共谋：

> 心灵遵循着它自己的法则，身体也遵循着它自己的法则，它们由所有物质之间一种先定的和谐并行，因为它们都是同一宇宙的各种表现……形体运作时犹如心灵不存在，心灵也好似并无身体存在一般地活动着，而两者仿佛互相影响地活动着……曾有人问过我，上帝为何不满足于制造所有灵魂的思想和修正而仍要制造一副无用之躯体呢？——没有身体，灵魂（据说）既无法移动，也不能感知。答案很简单。因为上帝的意思是物质的数量多比少好，他发觉让这些修正与某种外在的东西相应是好的。

莱布尼茨唯恐他这种快乐地以神为思想的替代的主张不能赢得广泛的赞许，他用海林克斯的机会论（occasionalism）和时钟观念予以润饰：各自独立运作却和谐得令人困惑的身和心，就像精巧地构作、上条并调整的两个时钟，其走动和报时完全一致，却无任何相互作用或相互影响。同样地，生理和心理的过程，虽然十分独立，从不互相作用，只能借着一个“神圣的、预先设定的巧妙设计，在一种先定的和谐中并行”。

我们可以认为，莱布尼茨设想却不喜说出的道理是：机械结构与生命、活动与思想之间表面上分开而却同时发生的过程，是同一的过程，从外面看来是物，从里面看来便是心。但这么说等于重复了斯宾诺莎，也将和他接受同样的命运了。

上帝是公正的吗？

在哲学的本质上披上神学外衣的需要，使莱布尼茨写了一本书，引发了伏尔泰的愤怒与机智。伏尔泰于是以为《最佳可能的世界》（*The Best of All Possible Worlds*）辩护的潘洛教授（Pangloss）来影射莱布尼茨，对他大加讽刺，几乎把他写成不是真正深刻的思想家。莱布尼茨在他有生之年出版的唯一完整的哲学著作是《神正论》（1710年）——这本书几乎是和笛卡儿的《第一哲学》（*Principles of First Philosophy*，1641年）一样令人感到安慰的一篇论述。所谓"神正论"（Theodicy）当然意指上帝的公正（justice）。

这本书与其他书一样，也是应时而发的。皮埃尔在《历史与文评汇编》的某一条中，对莱布尼茨表示极大赞赏之际，同时质问这位哲学家关于信仰与理智、人的自由与上帝的全能、人间的邪恶与神圣的善能力可以互相调和的观点。皮埃尔说我们最好放弃证明宗教信条的念头，因为那只不过使困难更清楚、更明显罢了。莱布尼茨在投给《学术工作史编》（1698年）的一篇文章中回答了这个问题。皮埃尔在其《汇编》再版中，在关于罗莱留斯（Rorarius）的那一条加上了一个充实的附记，再次以"那位伟大的哲学家"尊称莱布尼茨，但也进一步地指出莱布尼茨的一些晦涩不明处，尤其在先定和谐理论方面。莱布尼茨直接把答复寄给了皮埃尔（1702年），而未把它刊印出来。同年，他再次写信给这位鹿特丹学者，恭维他的"惊人的反应"和"无止境的研究"。在哲学史上，没有几个插曲像这次意见交换中双方表示出的礼让那么令人愉快。普鲁士女王索菲亚·夏洛特表示想知道莱布尼茨如何回答皮埃尔的质疑。皮埃尔去世的消息传来时，莱布尼茨正准备这样一篇陈述。于是他把他的答复加以修改和扩充，并将之出版，是为《神正论》。此时他已64岁，感受到了"大可能"（great perhaps）的接近，因此可能很渴望相信上帝对人类的公正。然而究竟为什么一位全能而仁慈的神创造的世界，会如此被战争屠杀、政治腐化、人类的残酷及灾难、地震、贫穷、疾病玷污呢？

　　这个"关于信仰与理性的对立的初步论文"把理性与圣徒描述为二者都是神圣天启的，因此不可能互相矛盾。皮埃尔曾怀疑为何一位能预见一切的善良上帝，竟允许夏娃被诱。莱布尼茨回答说为了使人能有道德，上帝必须给人自由意志，因此也给了犯罪的自由。自由意志似乎确是与科学、神学二者无法相容的，科学在任何地方都可见不可变易的法则的支配，而在有了上帝的先知和所有事情都预定的情形下，人类的自由似乎也丧失了。但是，（莱布尼茨说）我们顽固地、直接地意识到我们是自由的。虽然我们无法证实这一自由，我们还是要接受它，以它为任何道德责任感的准备物（prerequisite），并以它为视人为可笑无助生理机器的唯一可选物。

　　关于上帝的存在，莱布尼茨对传统的经院派议论已感满意。我们设想有一完美存在，又由于存在对完美是一个必要因素，因此必有一种完美（perfect being）存在。在所有直接原因和偶然性事件后，必有一个必然的非他因的存在。若说大自然的壮丽与秩序在圣智（指上帝）之外另有其根源，那简直是不可想象的事。创造者必定在他自身中无限地包含了在其创造物中所能发现的能力、知识和意志。神的设计和宇宙机械结构并不互相矛盾。上帝用机械结构来行其神奇，又偶尔插手世界机械，制造一两个奇迹。

　　灵魂当然是不灭的。死亡和出生一样，只是单子聚集物的形式变化而已，固有的灵魂和精气依然存在。除了上帝外，灵魂总是附着于身体，身体也总附着于灵魂，但身体如同灵魂，也有复活。（在此莱布尼茨是一个好天主教徒。）在人以下，灵魂的不灭是自然的现象，只有人的理性灵魂（rational soul）能享受意识得到的不灭。

　　善和恶是人类的词语，依我们的快乐和痛苦而定。这些词语不能应用到整个宇宙，除非假定人也有上帝才有的全知（omniscience）。"部分的不完美也许是求整体的更大完美必需的。"如此，犯罪是一种恶，但它是自由意志的结果，而自由意志是一种善，甚至亚当和夏娃的罪在某种意义上也是一种善，即是说一种有福的过错，因为它导致了基督的降临。"除了现象之外，在这个宇宙中……没有纷扰，没有混淆。"人的苦难"助成受苦者的更大的善"，甚至：

> 即使坚信那个确立的信条，认为应被永堕地狱的人的数目与被救的相比，大得不成比例，我们凝思上帝之城（the City of God）的真正浩大时，我们必须说，跟善比起来，恶似乎算不得什么……既然这个宇宙为我们所知的部分的比例与不为我们所知的部分相比几乎为零……则可能与整个宇宙的善事相比，所有的恶也几乎为零……人们甚至可以不同意人世间恶比善多。因为受福佑的人的光辉与完美，与被罪罚的人的悲惨与不完美相比，可能要大得不成比例，这是可能甚至很合理的事。

虽然以我们自私的眼光看来，世界可能是不完全的，但只要上帝使人是人类而又是自由的（left men human and free），这个世界已经是他可能创造出的最佳世界了。假使还可有更好的世界，我们可以确定上帝必已把它创造出来了：

> 由上帝的至高完美可推出，在造宇宙时他选择了可能的最佳设计，这一设计包含了最大的变化，却又具有最大的秩序。包含了安排最佳的情况、地点和时间，及以最简单的工具所造的最大效果。在创造物中包含了宇宙所能容纳的最多力量、最多知识、最多幸福与善。一切事物依其完善程度，都有权存在于上帝的理解中，而这些要求权是最可能的真善美的人间。

尾声

尽管如此，《神正论》仍成为莱布尼茨流行最广的一本书，他也因此被后代人称为"最佳可能世界先生"（the best-of-all-possible-worlds man）。我们想起他广泛惊人的知识兴趣时，对这位作者的尊敬便恢复起来了。虽然科学只是他思想的一个角落，他为之沉迷。他告诉皮埃尔，假如他能重新过一生，他要做生物学家。在那数学家辈出的时代中，他还是最深刻的数学家之一。他改进了笛卡儿衡量力的公式。[1] 他以物质为能的观念，在那个时代似乎是形而上学中的一个大胆尝试，但这个观念如今在物理学中已经很平常了。他把物质描述为我们对力的运作所生的混淆知觉。与当代的理论家一样，他拒斥牛顿的"绝对运动"。莱布尼茨认为运动"只是物体相对位置的改变，因此没有绝对可言，只在于关系"。他在康德之先即已把空间和时间阐述为并非客观实在，而是知觉的关系：空间是感知的共存，时间是感知的连续过程——这是相对论所取的看法。在他的最后一年（1715年），莱布尼茨与克拉克长期通信，探究重力问题。在遥远的距离，穿过表面上空虚的空间而作用的重力，对于他来说似是另一种玄秘的性质，他反对说这将成为永久的奇迹。克拉克回答说，说起奇迹，这还比不上"先定和谐"大。莱布尼茨担心牛顿的宇宙结构理论将产生许多无神论者。克拉克说，庄严宏大的宇宙秩序经过牛顿说明后，将更强化人们对神的信仰。后来证明莱布尼茨预想得对。

在生物学方面，莱布尼茨隐约认识到了进化观。与许多在他之前之后的思想家一样，他见到一个"连续律"（law of continuity）贯穿了有机世界，但他扩展这个观念到假设的无机世界。每个事物是一无穷系列的一点或一段，由无限中间形式和其他事物联络。可以说，有一微分贯穿了真实：

　　　　没有任一事物是突然被完成的。大自然不做跳跃，这是我的

---

[1] 笛卡儿的公式为 F=mv——力等于质量乘以速度。根据伽利略的著作改为 mv^2。现在的公式为 $1/2mv^2$。

一大箴言……这一连续律揭示出我们经中间物由小过渡到大，由大到小，在程度与分量上皆然。"这一点现在有许多物理学家表示疑问。"……人与动物联结，动物与植物联结，植物与化石联结，而化石又和那些被我们的感觉和想象呈现为全然是死的、无机的物体联结。

在这恢宏的连续中，所有的对比都在一个从最简单的物质到最复杂的、从最低的微生物到最崇高的统治者，天才、圣人的庞大的存在物及几乎不可知觉的差异的串联中消融了。

莱布尼茨的心似乎盖满了他描述的整个连续。他涉猎任何学科。他知道各国的历史，知道哲学的历史，他接触了许多国家的俗事。他对原子和上帝一样熟悉。1693 年，他印行了一篇关于地球起源的论文，悄悄地略去了《创世记》之说，他又在一篇专论《原始地球》（*Protogaea*）中建立了他的地理观，此论在他死后印行了出来（1749 年）。他认为，我们的行星曾经是一个白炽的球体，后来逐渐冷却、收缩并形成地壳，它冷却时，环绕它的蒸汽便凝成水流海洋——海洋因溶解地壳里的矿物变咸。后来的地理变化，或是由于水流冲刷地表而留下水成岩层，或是由于地下瓦斯爆炸而留下火成岩。同篇专论对化石做了极佳的解释，并迈向进化论。在他看来，值得相信在地壳的"巨大变化过程中，甚至各种动物也被变形"。他认为可能最早的动物是水生的，两栖类和陆地动物则由它们演变而来。与某些 19 世纪的乐观主义者一样，他在这个生物演化论（evolutionary transformism）中发现了"宇宙的永久而无限制的进步……进步将永不止息"的信仰基础。

莱布尼茨由生物学转到罗马法，然后转到了中国哲学。他的《中国近事》（*Novissima Sinaica*，1697 年）——"来自中国的最近消息"——热切地搜罗传教士和商贾从中国送来的报告。他相信在哲学、数学和医药方面，中国人的有些发现也许对西方文明有很大的帮助。他促进与俄罗斯的文化联系，想以之作为打开与东方文化交通的途径。他和20个国家、3种语言的许多学者、科学家和政治家通信，每年大约写300封信，有1.5万封信保存了下来。伏尔泰的信札数量尚可与之匹敌，但在知识面的广泛方面就逊色多了。莱布尼茨建议成立一个国际性的文化交易中心，让学者们借以交换意见观念。他也设计了一种国际语，在这套语言中，每一哲学或科学上的观念各有其符号或代码，如此思想家便可操作各种观念，就像数学家运用符号处理数目一样。由此，莱布尼茨近于建立起数理逻辑或符号逻辑。就在这种高贵的徒劳中，他把他自己分配在这许多方面，以至于除了一些片断外，他几乎没有留下任何东西。

这位博学者找不到时间来结婚。最后，50岁时，他有意结婚。但丰特内尔说："那位女士要求给点时间把这事考虑一下，而莱布尼茨因此有空闲重新考虑这事，他决定不结婚了。"旅行和从事外交后，他开始珍视起研究的幽静。这个一度曾以其心灵触角接触到半个世界的人，现在远离朋友，把朋友看成妨害工作的人了。他沉迷于阅读和写作，时常通宵达旦，很少留心到周日或假日。他没有仆人，请人到外边给他买饭，然后独自在房间里吃。假如他外出劳动，便是出去搜求资料，或追求他推进学术、科学或和睦的计划。

他梦想在各大首都设立学院，只成功了一处。柏林学院是由他创始设立的（1700年），并选他为首任校长。他在托尔高，后来又在卡尔斯巴德和佩尔蒙特见到了彼得大帝。他建议在圣彼得堡设立一所类似的学院，沙皇厚厚地赏赐了他，而且采取了他的由行政"学院"统治俄罗斯的建议。莱布尼茨并未活着看到圣彼得学院于1724年成立。1712年他在维也纳，试图找个神圣罗马帝国的职位，同时设想着另一个学院。他向查理六世提出一个计划，要设立一个不仅提倡科学，同时提倡教育、农业和工业的机构，并毛遂自荐领导这个机构。皇帝把他提高到贵族阶级，让他做了帝国的顾问（1712年）。

他长期不在汉诺威，使新的选帝侯乔治感到愤怒。莱布尼茨的薪水有一阵子曾被中断，他被警告说，中断 25 年后，该是他完成他的不伦瑞克王室历史的时候了。安妮女王死后，乔治离开汉诺威继承英国王位。乔治离开后 3 日，莱布尼茨便从维也纳到了汉诺威（1714年）。他本希望能被带到伦敦，在那里享受更高的职位和薪俸，他寄了一封修好的信给国王，但乔治一世答复说，在《年鉴》完成之前，莱布尼茨最好留在汉诺威。除此之外，英国对莱布尼茨与牛顿争微积分的创始者身份，至今犹不能原谅。

在失望与孤单中，他又挣扎了两年才相信宇宙的善意。这个在 18 世纪被怀念为乐观主义使徒的人，1716 年 11 月 14 日在汉诺威死于中风与结石。他的死并未引起柏林学院、在伦敦的德国朝臣或在国内的朋友们的注意。由于他的出国和他的深居简出，这些朋友已经和他隔阂了。没有僧侣来为这位曾经抵挡哲学、捍卫宗教的哲学家做宗教仪式。只有一个人，他的前秘书，参加了葬礼。一个当时在汉诺威的苏格兰人写道，莱布尼茨"并没被人们依他的真正地位——一国的国宝——安葬，毋宁说他是被当作强盗一般下葬的"。

批评家曾指责说莱布尼茨到处抄袭。他们在柏拉图那里找到了他的心理学，在经院哲学家那里找到了他的《神正论》，在布鲁诺那里找到他的单子，在斯宾诺莎那里找到了他的形而上学、伦理学和心身关系。但又有多少人能在这些问题上置一言呢？独创而愚昧要比独创而智慧容易得多。每个真理都有着上千的可能错误，人类虽极尽努力，仍然尚未历尽这些可能性。莱布尼茨也许有很多无意义的地方，但我们并不能十分确定究竟那是真正的无意义还是有意的粉饰。因此，他告诉我们说，上帝创造世界时，他在一道闪光中把任何将在历史上发生的事看得一清二楚。他说："我总在开始时是一个哲学家，而在结束时却成了一个神学家。"也就是说，他觉得如果哲学不导致德行与虔诚，便失去了目标。

他与洛克长期而温和的辩论，给他一种意义重大的思想主张。他也许夸大了"天生概念"的天生性，但他承认它们是能力、本能或性向，而不是概念。他成功地指明洛克的感觉论过度简化知识的过程，心本来是——即使在出生时只是粗糙的——主动接受、操作和变化感觉的器官。在此莱布尼茨像他的时空观点一样，成为康德的先驱。单子说真是困难重重，但是一个有启发性的尝试，试图借着使物质为心而非使心为物质，来沟通心与物之间的鸿沟。当然，莱布尼茨未能把机械结构和大自然的设计或身体上的机械结构跟意志的自由调和起来。而且，在斯宾诺莎把心和身联于一个两边过程后，莱布尼茨把它们再度分开，这在哲学中可说开了一步倒车。这位最有学问的哲人写神学时，仿佛自从圣奥古斯丁以来思想史上没有发生过什么一般。但尽管他有缺点，他在科学和哲学上的成就是伟大的。他是爱国者，而且也是"优秀欧洲人"，使德国在西方文明的发展上恢复到极高的地位。"所有使德国显赫的人中，"腓特烈三世写道，"托马修斯和莱布尼茨是给人类精神最大服务的人。"

他的神学在人类的道德良知之前丢了面子时，他的影响减小了。在他死后的 20 年中，沃尔夫（Christian von Wolff）给他的哲学做有系统的说明，经修改后他的哲学成为德国大学中的思想主流。在德国以外他的影响很小。虽然他的作品大多用法文写成，但它们都太支离破碎而不能形成一贯的或集中的力量，直到 1768 年还没有全集出现，而即使在那时，有些重要而非正统的内容都被摒除，必须等到 1901年才敢付梓。他的微积分学的符号系统注定要取胜，但有半个世纪之久，他的对手牛顿和洛克更受瞩目，成为法国启蒙运动的偶像人物。但即使在理性极盛时，布丰（Buffon）还是把莱布尼茨列为他那个时代最伟大的天才。20 世纪德国杰出的思想家施本格勒认为莱布尼茨"无疑是西方哲学最伟大的智者"。

总的说来，17 世纪是现代思想史上最多产的时期。培根、霍布斯、斯宾诺莎、洛克、皮埃尔、莱布尼茨，这一系列的人物热衷于理性，他们大多愉快地相信他们能够了解宇宙，甚至对上帝形成"清晰而明白的概念"（clear and distinct ideas），从而导致——除了最后一位以外——迷人的启蒙运动，引起在法国大革命时代宗教和政府的骚动。莱布尼茨预知那个结局，虽然他始终维护言论的自由，他力劝自由思想者考虑他们所说所写的话，对人们道德和精神产生的后果。约1700 年，他在《新编》（*Nouveaux Essais*）中道出了引人注目的警告：

> 我知道优越而善意的人们坚持说这些理论上的意见对实际的影响没有想象中的那么大，而且我知道有些人有着一种优良的性情，这些意见将不至于使他们自贬身价……举个例说，伊壁鸠鲁和斯宾诺莎过着一种足为榜样的生活，但他们的弟子和模仿者经常丧失这些理性。他们相信自己从一个监视的上帝和险恶的将来的困难恐惧中得以解脱，放松了对他们的野蛮感情的驾驭，使其心转向到别人的诱惑和腐化。我从一些已过世的人的性格了解到这回事。我也发现类似的意见，纡曲地渗入到过高贵生活的统治者和决策者的心中，溜进时髦的书本中，使一切事情倾向于威胁欧洲的大众革命。

这些句子，字里行间带着真诚的精神，我们也应尊重它表达的忠诚。即或启蒙运动打倒了教条，法国大革命为世界带来骚动，但一个史学家，应回顾这现代科学与哲学的第一阶段，应视其发生是予文明以解放，而不是对文明的破坏。正如莱基（Lecky）所说：

> 是这些 17 世纪的大师……教导人们用心智去探讨客观实在。因为打破了多年的封闭，而导致了一种追求真理的狂热，最后得以将各个知识范畴革新，这种原动力造成了一场重要运动，而刷新了历史、科学、神学——深入了不易触及的各部门，打破了旧日偏见、重新调整了我们的知识而改变我们所知的范畴和本质。然而，如果不是理性精神的扩散，这些都是不可能发生的。

　　因此，无论好坏，17 世纪奠定了近代思潮的初基。文艺复兴着重的是古典文物、天主教礼仪和艺术。宗教改革是在原始式的基督教和中古教条之间进行的。在此关键性时代，自伽利略到牛顿，自笛卡儿到皮埃尔，自培根到洛克，把世界带向一个未知的将来，那将来有着自由的种种威胁。17 世纪，可能比称为理性时代的 18 世纪更可称为理性时代，因为，虽然那时的思想家只是一小群人士的呼声，但他们表现得睿智中庸，对理性和自由的界限和困难，比法国启蒙时的那种激动有更深切的了解。但不管怎么说，现代历史中最伟大的戏剧已演完了第二幕，其余的正在进行，直到完成。

1643 年，路易十四继承父位成为法国国王，但朝政由马扎然独揽。

上　路易十三和路易十四时代的大法官皮埃尔·塞吉耶，投石党运动期间，曾举棋不定。

下左　以擅长辩论教义著称的波舒哀，支持法王路易十四，鼓吹绝对君权论。

下右　路易十三马上图

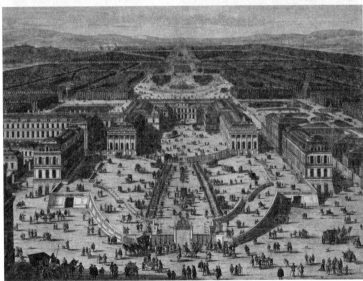

上 | 路易十四通过吞并佛兰德斯的部分领土及占领洛林和弗朗什·孔泰，扩展了法国的疆域。

下 | 路易十四营建新的行宫。他保护新的文化艺术，在他的时代，法国的生活方式和山河面貌都发生了新的变化。

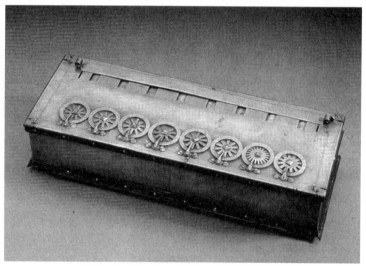

上左 | 法国外交大臣托尔西侯爵

上右 | 法国数学家、思想家帕斯卡正在研究摆线。

下 | 19 岁时，帕斯卡就发明了一种机械计算器。

上　根据拉封丹的寓言而来的一幅画，画中主人正在引诱女仆，却被他的邻居看在眼里。这表明了路易十四时期法国社会道德的松懈。

下　《舟发西苔岛》（华多，1717 年）。华多的绘画反映出当时的法国正从浮华的巴洛克时代进入洛可可时代。

《弹吉他的梅兹坦》(华多，1718 年)

《丑角吉尔》（华多，1718年）。华多的这幅画表现了一位喜剧人物特有的深刻情感和忧伤，及生活中矛盾的感受。

上 《法国喜剧演员》（华多，1720 年）

下 莫里哀正在给他的女仆读剧本。

对尼德兰的历史有重要影响的奥朗日家族群像，从左到右分别是威廉一世、莫里斯、腓特烈·亨利、威廉二世和威廉三世。

约翰·维特以高超的外交手腕争取了荷兰发展的外部环境、恢复了国家财政、扩展了荷兰在东印度群岛的商业优势。

荷兰海军上将勒伊特，在第二次和第三次荷兰战争的海战中为荷兰取得辉煌胜利。

上 | 17世纪，荷兰成为世界强国之一。荷兰地图被描绘为一只咆哮的狮子，以此来象征荷兰的强权。

下 | 荷属东印度公司在孟加拉的工厂。荷属东印度公司为荷兰在东印度建立了强大的商业帝国。

上　｜　善于创作日常生活情景画的扬·斯泰恩的《快乐的家庭》。

下左　《绘画的比喻》（维米尔，1665 年）表现了艺术家高超的技巧和炼金术士般的艺术生活。

下右　《戴耳环的女孩》（维米尔，1665—1667 年）

《帮厨女工》（维米尔，1658 年）

查理一世和他的家人。

上 | 特设法庭宣判将查理一世作为暴君、叛国者、杀人犯和人民公敌处决。在白厅宴会厅外设立的断头台上,查理一世被斩首。

下 | 查理一世恬不知耻,临死还自称是"人民的殉难者"。但面对王权的空缺,确实有部分民众将查理一世的死看成是殉道,毕竟那时将国王处死还绝无仅有。

克伦威尔是在清教徒思想观念熏陶下的最杰出的统治者。

上　在英国内战时期，克伦威尔作为主要将领之一，帮助推翻了斯图亚特王朝，并出任护国公。

下　克伦威尔决定解散旧国会，召集了他的火枪队，于 1653 年 4 月 20 日将议员们驱出议院；随后，建立了一个由他指定的国会。

IOANNES MILTON

历史学家、学者和小册子作者弥尔顿，也是最伟大的英语诗人之一。

上 克伦威尔拜访弥尔顿。查理一世被处死后，弥尔顿发表了很多政论小册子，表明了对革命的明显同情。

下 1666 年，伦敦发生英国历史上最严重的一次火灾。

上左 | 伦敦大火后，英国于 1667 年开始重建工作，雷恩负责建造了圣保罗大教堂及其周围的教堂群。

上右 | 动荡后的大多数英国人愿意回到稳定而合法的君主政体，流亡海外的查理二世于 1660 年 5 月被立为国王。

下 | 1660 年，流亡的查理二世到达阿姆斯特丹。

查理二世的情人内尔·格温。查理二世被人称为"快乐君主"不是没有道理，他一生寻欢作乐，身后留下至少 14 个私生子女。

詹姆士二世是查理一世的次子、查理二世的弟弟。

詹姆士二世是英国最后一个信奉罗马天主教的国王，他被废黜及威廉三世和玛丽二世的上台，确立了议会在英国的统治权力。

尼德兰执政、英国国王威廉三世，在欧洲大陆他反对法王路易十四，在大不列颠保证了新教和议会的胜利。

詹姆士二世之女、英格兰女王玛丽二世曾与其夫威廉三世共享英国王位。

英国女王安妮是斯图亚特王朝的最后一位君主。

彼得大帝是俄国历史上最杰出的统治者和改革者之一。

上 ｜ 在推行那些有用的国内改革措施之余，彼得大帝也常常蛮横地实行一些表面的欧化，如他发布剪去胡子和穿西装的命令，还亲自动手剪掉大贵族的大胡子。

下 ｜ 因为和瑞典争夺波罗的海，彼得大帝发动了持续 21 年的北方战争。为了赢得这场战争的胜利，他往往冒着危险亲临现场处理所有重要的事情。

彼得大帝于 1725 年 2 月 8 日病死于圣彼得堡，留下一个庞大而强盛的帝国。

17 世纪后，炼金术屡遭批判而不得不转向宗教，走上了更加神秘的道路。

正在配药的炼金术士。炼金术士除了希望将贱金属变成黄金，还希望发现一种能治百病的药方，而这种探索经历了从迷信到科学的历程。

上　17世纪储藏间的一角，各种艺术品、海洋生物标本和古代钱币摆放在一起。西方在全球的扩张增长了欧洲博物学家的见闻，丰富了他们的收藏。

下　列文虎克是17世纪最著名的显微镜专家之一，他的细致观察和精确解释导致了细菌学和原生动物学的建立。

当整个地球都留下了西方探险家的足迹，科学家们便在好奇心的驱使下开始了对这个星球的精确测量、细心观察记录以及对人文与自然特征的研究。

上 | 古代人普遍将天看成一个环绕地球的球，群星和太阳像宝石那样镶嵌在球的内表面上。

下 | 哥白尼日心说的天体模型。哥白尼日心说的发表标志着现代天文学时代的开端。

沉思中的天文学家。继哥白尼之后，开普勒发现行星运动原理，伽利略将望远镜用于天文观测，牛顿建立运动定律和引力定律，17世纪的天文学获得了巨大成就。

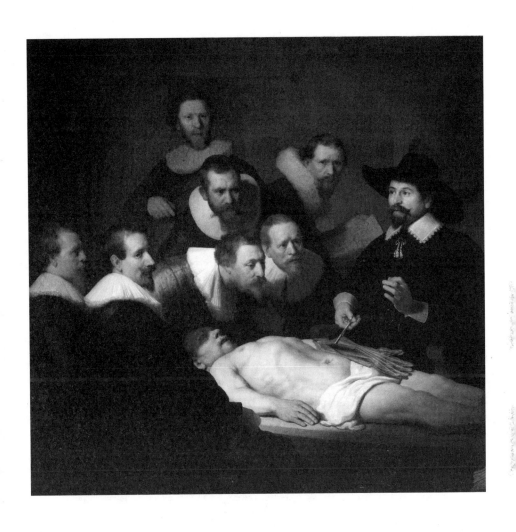

《杜尔博士的解剖学课》（伦勃朗，1632 年）。17 世纪的解剖学取得了很大发展，而且极大地推动了相关生理学的建立和发展。

英国物理学家和数学家牛顿，17 世纪科学革命的顶尖人物。

英国伟大的政治哲学家霍布斯。

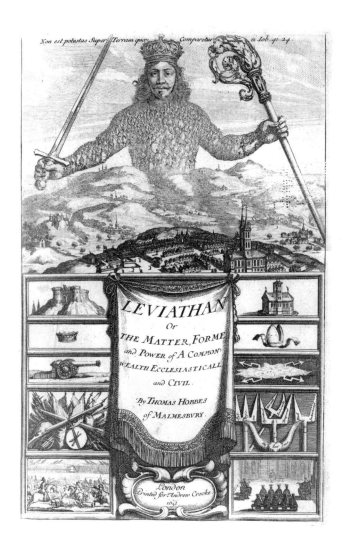

《利维坦》一书的封面，该书写于英国内战中。在此书中，霍布斯陈述了对社会基础与政府合法性的看法，提出了"社会契约说"。

英国哲学家洛克为现代科学奠定了认识论的基础。

17 世纪唯理论的代表人物斯宾诺莎。